Francesco Tesauro

COMPENDIO DI DIRITTO TRIBUTARIO

Settima edizione

UTET
GIURIDICA

Composizione: Integra Software Services Pvt.Ltd
Finito di stampare nel mese di agosto 2018
dalla L.E.G.O. S.p.A.
Viale dell'Industria, 2 - 36100 - Vicenza

INDICE SOMMARIO

CAPITOLO QUARTO

I PRINCÌPI COSTITUZIONALI

CAPITOLO QUINTO

L'OBBLIGAZIONE TRIBUTARIA E LE AGEVOLAZIONI

CAPITOLO SESTO

I SOGGETTI PASSIVI

CAPITOLO DECIMO

L'AVVISO DI ACCERTAMENTO

CAPITOLO UNDICESIMO

L'ELUSIONE

CAPITOLO DODICESIMO

LA RISCOSSIONE

CAPITOLO TREDICESIMO

I RIMBORSI

CAPITOLO QUATTORDICESIMO

LE SANZIONI AMMINISTRATIVE

CAPITOLO QUINDICESIMO

LE SANZIONI PENALI

CAPITOLO SEDICESIMO

IL PROCESSO

PARTE SPECIALE

CAPITOLO DICIASSETTESIMO

L'IMPOSTA SUL REDDITO DELLE PERSONE FISICHE

CAPITOLO DICIOTTESIMO
I SINGOLI REDDITI

CAPITOLO DICIANNOVESIMO

L'IMPOSTA SUL REDDITO DELLE SOCIETÀ

CAPITOLO VENTESIMO

I REDDITI TRANSNAZIONALI

CAPITOLO VENTUNESIMO

LE OPERAZIONI STRAORDINARIE

CAPITOLO VENTIDUESIMO

L'IMPOSTA SUL VALORE AGGIUNTO

CAPITOLO VENTITREESIMO

L'IMPOSTA DI REGISTRO E L'IMPOSTA SULLE SUCCESSIONI E DONAZIONI

CAPITOLO VENTIQUATTRESIMO

ALTRI TRIBUTI INDIRETTI

CAPITOLO VENTICINQUESIMO

I TRIBUTI DI COMUNI E REGIONI

CAPITOLO VENTISEIESIMO

LA FISCALITÀ DELL'UNIONE EUROPEA

PREMESSA ALLA SETTIMA EDIZIONE

Ogni nuova edizione, per essere aggiornata, comporta tagli, inserimenti e rifacimenti, per riflettere – senza alterare la natura istituzionale e le dimensioni dell'opera – l'evoluzione della legislazione, della dottrina e della giurisprudenza.

La presente edizione tiene conto delle novità intervenute nel tempo trascorso dalla precedente.

Mi limito a notare – con riguardo alla parte generale – che i capitoli maggiormente rivisti sono il secondo (relativo alle fonti), il terzo (in tema di interpretazione), il quinto (sull'obbligazione tributaria), il settimo (sulla dichiarazione), l'ottavo (sull'attività amministrativa), il decimo (relativo all'avviso di accertamento), i due capitoli sulle sanzioni (amministrative e penali), il sedicesimo (sul processo).

Rilevo, in particolare, che nel capitolo sull'attività dell'Amministrazione finanziaria si è dato maggiore risalto ai precetti posti dallo Statuto e all'autotutela.

Nel capitolo sull'avviso di accertamento si introduce il tema degli indici sintetici di affidabilità fiscale, in corso di elaborazione.

Nel capitolo sulla riscossione è registrata l'innovazione in tema di opposizione all'esecuzione.

Nel capitolo sulle sanzioni penali si è dato rilievo alla giurisprudenza in tema di prescrizione dei reati e in tema di *ne bis in idem*.

Il capitolo dedicato al processo include le novità del processo telematico e del giudizio di cassazione.

La parte speciale è frutto di una revisione che, in materia reddituale, recepisce le molteplici novità normative, fino alla L. 27 dicembre 2017, n. 205 (legge di bilancio per il 2018), in vigore dal 1° gennaio 2018.

Nella revisione del capitolo sull'Irpef è stato messo in rilievo che il principio della tassazione del reddito effettivo complessivo e il principio della progressività subiscono numerose deroghe (da ultimo, per effetto della cancellazione di alcune differenze di trattamento fiscale tra partecipazioni qualificate e non qualificate).

In tema di singoli redditi sono state recepite, tra le altre, le innovazioni riguardanti la tassazione dei dividendi, i piani individuali di risparmio e la c.d. IRI.

Il capitolo dedicato all'Ires è stato notevolmente ristrutturato, per tener conto delle modifiche in tema di bilanci, delle conseguenti modifiche alla disciplina fiscale, specie con riguardo alla estensione del principio di derivazione rafforzata ai soggetti ITA GAAP, e delle modifiche in tema di dividendi, anche con riguardo al regime di trasparenza.

Sono state recepite le variazioni alla disciplina delle CFC.

Aggiornamenti vari sono stati apportati alle imposte indirette, tra cui alcune modifiche all'Iva (in tema di fatturazione elettronica, rimborso dell'indebito, depositi Iva, ecc.) e la modifica all'art. 20 del testo unico del registro. Tra le imposte indirette è stata inserita la *web tax*.

Il diritto doganale è stato aggiornato alla luce del Codice doganale dell'UE.

Nel capitolo sul diritto dell'UE sono state segnalate le Direttive antielusive.

Si è tenuto conto di quanto previsto in materia fiscale dal D.l. 12 luglio 2018, n. 87, che, secondo l'incongrua dicitura del suo titolo, conterrebbe disposizioni «*per la dignità dei lavoratori e delle imprese*».

Milano, autunno 2018

Francesco Tesauro

PARTE GENERALE

CAPITOLO PRIMO

I TRIBUTI

SOMMARIO: 1. La nozione di tributo. – 2. Imposte, tasse, contributi. – 3. Le nozioni in uso nella giurisprudenza.

1. *La nozione di tributo.*

Nel linguaggio ordinario i termini tributo, imposta, tassa, contributo e simili sono sinonimi; nel linguaggio giuridico, invece, sono termini tecnici. Nel nostro ordinamento, non esistono definizioni legislative né del tributo, né delle sue specie. Il legislatore ne presuppone le nozioni, per cui è necessario assumerle nel significato che ad esse è attribuito nella tradizione dottrinale e giurisprudenziale.

Per definire il tributo occorre osservare innanzitutto che esso comporta il sorgere di una obbligazione, o altra forma di decurtazione patrimoniale. È da distinguere da altri istituti, che pure incidono sul patrimonio, ma comportano limitazioni o ablazioni di altro tipo (espropriazioni, imposizione di limiti o vincoli, ecc.). E va aggiunto che i suoi effetti sono definitivi, irreversibili: in ciò si distingue dai prestiti forzosi.

In secondo luogo, il tributo è caratterizzato da coattività, ossia è sempre imposto con un atto dell'autorità. Ciò lo distingue dalle entrate di diritto privato, caratterizzate da sinallagmaticità. L'ente pubblico impositore è quindi necessariamente provvisto di poteri autoritativi, allo scopo di costituire il rapporto tributario o anche soltanto per imporre il pagamento del dovuto. Possono esservi entrate pubbliche imposte coattivamente che non hanno carattere tributario (come le sanzioni), ma alla base del tributo vi è sempre un atto dell'autorità (legge o provvedimento).

Infine, il tributo è destinato a finanziare spese di interesse generale. Di regola, il gettito dei tributi non ha una destinazione prestabilita. Vi possono essere però tributi con destinazione specifica. I comuni possono istituire «*imposte di scopo*», per finanziare la realizzazione di determinate opere pubbliche. È imposta di scopo il canone radiotelevisivo, essendo destinato a finanziare la concessionaria del servizio pubblico radiotelevisivo. Il destinatario finale di un tributo può essere anche un soggetto di diritto privato, se svolge servizi di interesse generale. L'aggio dovuto all'agente della riscossione è un tributo di scopo, in quanto diretto a coprire i costi della riscossione.

Non ha rilievo, per la definizione del tributo, il motivo per cui è istituito. Un tributo può essere istituito per fini fiscali, ossia per procurare un'entrata all'ente pubblico, ma anche per fini extrafiscali (ad esempio, dazi protettivi, tributi ambientali).

2. *Imposte, tasse, contributi.*

Tributo è termine che indica un *genus*, comprendente – secondo la classificazione tradizionale – imposte, tasse e contributi; taluni aggiungono i monopoli fiscali.

La distinzione tra imposte e tasse, elaborata dai giuristi, corrisponde alla distinzione della scienza delle finanze, che collega le entrate al tipo di spese pubbliche che servono a finanziare. Essendovi spese pubbliche indivisibili e spese pubbliche divisibili, le entrate destinate a finanziare le spese indivisibili sono "imposte", quelle destinate a finanziare spese divisibili sono "tasse".

A) L'imposta è il tributo per eccellenza. All'interno del *genus* delle entrate tributarie, la caratterizzazione di specie diverse è possibile in ragione del tipo di presupposto, cui si collega il tributo. Il presupposto dell'imposta è un fatto economico posto in essere dal soggetto passivo, senza alcuna relazione specifica con una determinata attività dell'ente pubblico; è un evento cui sono estranei l'ente e l'attività pubblica (ad esempio, il conseguimento di un reddito, il possesso di un bene, la stipulazione di un contratto).

Le imposte sono dovute a titolo di solidarietà (*ex* artt. 2 e 53 Cost.) e sono commisurate alla dimensione economica del presupposto.

B) La tassa ha come presupposto un atto o un'attività pubblica, ossia l'emanazione di un provvedimento, o lo svolgimento di un servizio pubblico, specificamente riguardanti un determinato soggetto.

Vi sono infatti tasse collegate all'emanazione di atti o provvedimenti amministrativi (ad esempio, tasse sulle concessioni governative), tasse collegate ad una attività pubblica (come il contributo unificato per la iscrizione a ruolo delle cause civili, amministrative e tributarie) e tasse collegate alla fruizione di un bene pubblico (come l'occupazione di spazi pubblici) o di un servizio pubblico (ad esempio, raccolta dei rifiuti).

La tassa è, per così dire, un istituto di confine, essendo prossima, da un lato, ai proventi di diritto pubblico di natura non tributaria (prezzi pubblici, tariffe, canoni), e, dall'altro, ai corrispettivi di diritto privato (o entrate patrimoniali).

La distinzione tra servizi pubblici alla cui prestazione è collegato il pagamento di una tassa, e servizi pubblici per i quali è dovuto il pagamento di un corrispettivo, non dipende dalla natura del servizio, ma dal suo regime giuridico: la prestazione imposta coattivamente è una tassa; se, invece, ha base contrattuale, ha natura privatistica.

Nella tassa non vi è un rapporto di sinallagmaticità, o di corrispettività, tra prestazione tributaria e attività pubblica. Ciò spiega perché vi sono tasse, correlate ad un servizio pubblico, che sono dovute anche in casi in cui il servizio non è concretamente utilizzato: è il caso, ad esempio, della tassa sulla raccolta dei rifiuti.

Vi sono canoni, tariffe, prezzi, diritti che devono essere corrisposti da chi fruisce di un servizio pubblico, ma non sono tasse. Sono entrate di diritto pubblico non aventi natura fiscale. È il caso, ad esempio, del canone dovuto al Comune per l'erogazione dell'acqua potabile, anche se viene riscosso con gli strumenti propri delle entrate tributarie (ruolo e cartella di pagamento).

Nell'ambito della finanza locale, vi sono tasse che possono essere sostituite con proventi di natura non tributaria, come il canone per l'occupazione di spazi ed aree pubbliche e il canone per lo scarico e la depurazione delle acque reflue.

Il *nomen iuris* non è decisivo. Nonostante la denominazione, è una tassa il canone comunale sulla pubblicità. Il contributo unificato per le spese giudiziarie è una tassa e il canone televisivo è un'imposta.

C) Nella lingua comune, il termine contributo indica ciò che si dà per il raggiungimento di un fine al quale concorrono più persone. Nel linguaggio giuridico, è usato per designare sia istituti tributari, sia istituti non tributari (si pensi ai contributi al fondo comune delle associazioni e fondazioni).

Nel diritto tributario è denominato contributo (o tributo speciale) quel particolare tipo di tributo che ha come presupposto l'arricchimento (ad esempio, l'incremento di valore degli immobili) che determinate categorie di soggetti ritraggono dall'esecuzione di un'opera pubblica.

Sono inoltre contributi le prestazioni dovute a determinati enti pubblici per i loro fini istituzionali, come il contributo annuale al Consiglio nazionale forense dovuto dagli iscritti all'albo professionale degli avvocati, i contributi ai consorzi di bonifica, il contributo delle imprese del settore all'Autorità per le garanzie nelle comunicazioni.

D) Taluni includono tra le entrate tributarie anche quelle derivanti dai monopoli fiscali. Se la definizione di tributo è imperniata sui suoi caratteri strutturali, il monopolio fiscale non è un istituto tributario. Ciò che si paga per l'acquisto di un genere di monopolio non è un tributo, ma il corrispettivo di un normale contratto di compravendita. Se invece si ha riguardo alla funzione dei tributi (procacciare entrate all'ente pubblico), anche il monopolio è un tributo, quando ha per scopo di procurare entrate.

La nozione di monopolio fiscale è presente nel Trattato sul funzionamento dell'Unione europea, che sottopone alle regole della concorrenza anche le imprese che hanno carattere di monopolio fiscale (art. 106).

3. *Le nozioni in uso nella giurisprudenza.*

A) La definizione del concetto di tributo deve tener conto della molteplicità di norme per la cui interpretazione è elaborata. Ciò significa che il concetto di tributo non è necessariamente uno soltanto e che vi possono essere – e in effetti vi sono – più concetti, riferiti alle diverse norme a cui deve essere applicato.

La giurisprudenza costituzionale, con riguardo all'art. 75 Cost., che vieta il *referendum* abrogativo delle leggi tributarie, afferma che la nozione di tributo è caratterizzata dalla ricorrenza di due elementi essenziali: da un lato, l'imposizione di un sacrificio economico individuale realizzata attraverso un atto autoritativo di carattere ablatorio; dall'altro, la destinazione del gettito allo scopo di apprestare i mezzi per il fabbisogno finanziario necessario a coprire le spese pubbliche. È stato perciò affermato un concetto di tributo comprensivo anche dei contributi previdenziali e del contributo per il servizio sanitario.

La stessa definizione ampia di tributo vale per le disposizioni costituzionali che hanno funzione di garantire i diritti individuali. E cioè per interpretare l'art. 14, in tema di tutela del domicilio, che ammette accertamenti e ispezioni a fini fiscali e l'art. 20, che vieta speciali gravami fiscali a carico delle associazioni e istituzioni religiose.

B) La giurisprudenza ordinaria adotta una nozione di tributo piuttosto ampia, ma non tanto da comprendere le prestazioni previdenziali. In sostanza, sono considerate tributarie tutte le prestazioni imposte in via coattiva, ossia senza il consenso dell'obbligato, purché non rappresentino il corrispettivo sinallagmatico di una prestazione dell'ente impositore e siano destinate a finanziare le spese pubbliche in genere, o una determinata pubblica spesa.

La nozione di tributo ha rilevanza pratica per la delimitazione:

– delle controversie devolute alle commissioni tributarie (art. 1, D.lgs. 31 dicembre 1992, n. 546);

– dell'ambito di applicazione dello Statuto dei diritti del contribuente (L. 27 luglio 2000, n. 212);

– dell'ambito di applicazione della disciplina delle sanzioni amministrative per la violazione di norme tributarie (D.lgs. 18 dicembre 1997, n. 472);

– della norma, in tema di reddito d'impresa, che concerne la deducibilità degli «*oneri fiscali e contributivi*» (Tuir, art. 99).

CAPITOLO SECONDO

LE FONTI

1. *La riserva di legge.*

L'art. 23 Cost. dispone che «*Nessuna prestazione personale o patrimoniale può essere imposta se non in base alla legge*». La norma racchiude una riserva di legge e riproduce un principio classico delle democrazie liberali (*no taxation without representation*).

I problemi esegetici posti dall'art. 23 Cost. sono essenzialmente tre: nozione di legge; nozione di «*base*» legislativa; nozione di «*prestazione imposta*».

A) Il termine «*legge*» è assunto nell'art. 23 Cost. per indicare non soltanto la legge statale ordinaria (identificata in base ai criteri formali di cui agli artt. 71-74 Cost.), ma anche gli atti aventi forza di legge, e cioè i decreti legge e i decreti legislativi. Anche le leggi regionali (e provinciali, per Trento e Bolzano) soddisfano il precetto dell'art. 23 Cost.

Le riserva di legge non impedisce che in materia tributaria possano esservi fonti dell'Unione europea. Con l'adesione alla Comunità e all'UE, l'Italia ha operato una limitazione della propria sovranità, pienamente legittimata dall'art. 11 Cost. Le fonti dell'UE, quindi, non si pongono in contrasto con la riserva di legge.

B) La riserva di legge non riguarda tutte le norme tributarie, ma soltanto quelle di diritto sostanziale. L'art. 23 Cost. non riguarda, perciò, le norme formali (procedimentali e processuali). Oggetto della riserva di legge sono solo le norme impositrici, cioè le norme che definiscono i soggetti passivi, il presupposto, la base imponibile e la misura del tributo. Devono avere necessariamente forma legislativa anche le norme di favore, in quanto norme che pongono delle eccezioni o deroghe a fonti normative coperte dalla riserva di legge.

C) Le riserve di legge sono assolute, se la disciplina di una determinata materia è rimessa in modo esclusivo alla legge; sono invece relative, se la legge può limitarsi a disciplinare le linee fondamentali della materia, rimettendone il completamento a norme di rango inferiore. La riserva dell'art. 23 Cost. è relativa. È richiesta infatti soltanto una «*base*» legislativa. Non è necessario che la prestazione imposta sia regolata interamente dalla legge, ma la legge deve avere un contenuto minimo, al di sotto del quale la riserva non è rispettata.

Secondo la giurisprudenza costituzionale, la legge deve stabilire i soggetti passivi, il presupposto e la misura del tributo (Corte cost., 28 dicembre 2001, n. 435).

In particolare, la legge deve fissare la base imponibile e l'aliquota, ma l'art. 23 è rispettato anche quando la legge non indica l'aliquota, o le misure massime e minime dell'aliquota, ma fissa criteri e limiti idonei a delimitare e orientare le scelte fatte con fonti regolamentari. La legge può anche determinare un modulo procedimentale, con il concorso di organi tecnici, purché sia tale da delimitare la discrezionalità dell'autorità governativa (Corte cost., 5 febbraio 1986, n. 34).

D) L'art. 23 non concerne solo i tributi, ma tutte le «*prestazioni personali e patrimoniali imposte*», che è categoria più ampia del concetto di tributo. Essa comprende sia le prestazioni imposte «*in senso formale*», vale a dire imposte con un atto autoritativo, i cui effetti sono indipendenti dalla volontà del soggetto passivo, sia le «*imposizioni in senso sostanziale*», cioè le prestazioni di natura non tributaria, aventi funzione di corrispettivo, quando, per i caratteri e il regime giuridico dell'attività resa, sia pure su richiesta del privato, appare prevalente l'elemento dell'imposizione (Corte cost., 29 gennaio 2005, n. 66).

Una prestazione è da considerare imposta nei casi in cui l'obbligazione, pur nascendo da un contratto, costituisca corrispettivo di un servizio pubblico, che soddisfi un bisogno essenziale, e sia reso in regime di monopolio.

In tali situazioni, il cittadino è formalmente libero di stipulare o non stipulare il contratto, ma questa libertà è astratta, perché si riduce alla possibilità di scegliere tra la rinuncia al soddisfacimento di un bisogno essenziale e l'accettazione di obblighi e condizioni unilateralmente e autoritativamente prefissati.

In definitiva, la Corte considera compresi nell'art. 23 Cost., non solo i tributi, ma anche i corrispettivi di fonte contrattuale, in tutti i casi in cui vi siano dei profili autoritativi nella disciplina delle contrapposte prestazioni e, in particolare, quando il corrispettivo è fissato unilateralmente ed al privato è rimessa solo la libertà (formale) di richiedere o non richiedere la prestazione. In altri termini, l'art. 23 riguarda anche le tariffe e i corrispettivi dei servizi pubblici essenziali.

2. *Leggi tributarie e aiuti di Stato.*

Nessuna peculiarità presentano la formazione e l'approvazione delle leggi ordinarie dello Stato, quando contengono norme di imposizione tributaria: si applicano gli artt. 70 ss. Cost., ma le leggi tributarie non possono essere abrogate con *referendum* popolare (art. 75, comma 2, Cost.), perché i *referendum* abrogativi dei tributi si prestano ad operazioni di facile demagogia, con ripercussioni sull'equilibrio del bilancio (art. 81 Cost.).

Le leggi che contengono disposizioni tributarie di favore, se costituiscono «aiuti di Stato», devono essere autorizzate dalla Commissione europea. L'art. 108, par. 3, del Trattato sul funzionamento dell'Unione europea (TFUE) prevede che «*i progetti diretti a istituire o modificare aiuti*» siano previamente comunicati alla Commissione (c.d. obbligo di notifica). La Commissione, se ritiene che un progetto non sia compatibile con il mercato interno, inizia «*senza indugio*» la procedura di controllo. Lo Stato membro interessato non può dare esecuzione alle misure prima che la procedura sia conclusa (clausola di *stand still*).

2.1. *Lo Statuto dei diritti del contribuente.*

A) Importanti disposizioni in materia di leggi tributarie sono contenute nello Statuto dei diritti del contribuente, approvato con L. 27 luglio 2000, n. 212 (d'ora innanzi, lo Statuto).

Gli articoli dello Statuto vanno distinti in due gruppi. Il primo concerne la legge tributaria (artt. 1-4), il secondo disciplina i rapporti fisco-contribuente (artt. 5 ss.).

L'art. 1 contiene, innanzitutto, due autoqualificazioni: stabilisce che lo Statuto si pone «*in attuazione degli articoli 3, 23, 53 e 97 della Costituzione*»; e che è portatore di «*principi generali dell'ordinamento tributario*».

L'autoqualificazione come legge di attuazione costituzionale non significa che le disposizioni dello Statuto integrano le disposizioni costituzionali o che hanno rango costituzionale; lo Statuto è una legge ordinaria, e le sue norme non sono norme «interposte» tra le fonti di natura costituzionale e le norme ordinarie, cioè norme da assumere come parametro per valutare la costituzionalità delle leggi tributarie (Corte cost., ord., 6 luglio 2004 n. 216).

La qualificazione delle norme dello Statuto come principi generali ha valore per l'interpretazione delle leggi tributarie; le norme dello Statuto sono criteri-guida vincolanti per l'interprete (Cass., 16 gennaio 2015, n. 696).

B) Le disposizioni dello Statuto, secondo l'art. 1, comma 2, «*possono essere derogate o modificate solo espressamente e mai da leggi speciali*». Sono dunque disposizioni «*rinforzate*», per una duplice ragione: non vale per esse il disposto dell'art. 15 delle "preleggi", nella parte in cui prevede l'abrogazione «*per incompatibilità tra le nuove disposizioni e le precedenti*»; inoltre, l'art. 15 è derogato anche in tema di abrogazione espressa, perché le norme dello Statuto non possono essere abrogate da leggi speciali, ma solo da leggi generali.

A parte ciò, va tenuto presente che lo Statuto è una legge ordinaria; non è quindi invalida una deroga allo Statuto, contenuta in un atto con forza di legge. Una legge ordinaria, qual è lo Statuto, non può «*rafforzare*» l'efficacia delle proprie disposizioni, e limitare così la funzione legislativa.

2.2. *I decreti-legge.*

La funzione legislativa spetta al Parlamento, ma il Governo può emanare decreti con forza di legge, ossia decreti-legge e decreti legislativi.

I decreti-legge sono «*provvedimenti provvisori con forza di legge*», che possono essere adottati dal Governo «*in casi straordinari di necessità ed urgenza*»; hanno efficacia dal giorno della pubblicazione (se non è stabilita una data diversa), e perdono efficacia (*ex tunc*) se non sono convertiti in legge entro sessanta giorni dalla pubblicazione, ma il legislatore può disciplinare retroattivamente i rapporti giuridici sorti da decreti-legge non convertiti (art. 77 Cost.).

Del decreto-legge vi è un uso frequente in materia tributaria, specie quando occorre far fronte ad esigenze finanziarie che richiedono di essere soddisfatte con urgenza.

Secondo l'art. 4 dello Statuto, «*Non si può disporre con decreto-legge l'istituzione di nuovi tributi né prevedere l'applicazione di tributi esistenti ad altre categorie di soggetti*».

2.3. *I decreti legislativi.*

Il Parlamento può delegare al Governo l'esercizio della funzione legislativa «*con determinazione dei princìpi e criteri direttivi e soltanto per un tempo limitato e per oggetti definiti*» (art. 76 Cost.).

Il legislatore ricorre spesso al meccanismo della delega perché le norme tributarie, essendo caratterizzate da elevato tecnicismo, mal si prestano ad essere elaborate e discusse in sede parlamentare.

Il Parlamento si limita, perciò, a fissare nella legge di delega «*princìpi e criteri direttivi*», mentre l'esecutivo predispone il decreto delegato.

La riforma tributaria del 1971 è stata attuata appunto con una legge di delega (L. 9 ottobre 1971, n. 825). La fase finale di quella riforma è costituita dall'emanazione dei testi unici, tra cui il Tuir, cioè il Testo unico delle imposte sui redditi (D.P.R. 22 dicembre 1986, n. 917).

Anche per dare attuazione all'art. 119 Cost. si è fatto ricorso ad una legge di delega (L. 5 maggio 2009, n. 42, sul c.d. federalismo fiscale).

Infine, la L. 11 marzo 2014, n. 23, è una delega relativa ad aspetti importanti del sistema tributario (processo, elusione, interpelli, ecc.).

2.4. *I testi unici.*

Il Testo unico è un testo normativo che contiene la raccolta e la riunificazione di norme relative alla stessa materia.

Di solito, i testi unici sono oggetto di decreti legislativi.

Tra i testi vigenti vi sono il Testo unico delle imposte sui redditi (D.P.R. 22 dicembre 1986, n. 917), dell'imposta di registro (D.P.R. 26 aprile 1986, n. 131), delle imposte ipotecaria e catastale (D.lgs. 31 ottobre 1990, n. 347) e dell'imposta sulle successioni e donazioni (D.lgs. 31 ottobre 1990, n. 346).

3. *La potestà legislativa delle regioni.*

A) Secondo l'art. 117, comma 1, Cost., «*La potestà legislativa è esercitata dallo Stato e dalle Regioni nel rispetto della Costituzione, nonché dei vincoli derivanti dall'ordinamento comunitario e dagli obblighi internazionali*». La potestà legislativa è dunque ripartita tra Stato e regioni.

Lo Stato ha potestà legislativa esclusiva in materia di «*sistema tributario e contabile dello Stato*» e di «*perequazione delle risorse finanziarie*» (art. 117, comma 2).

La potestà legislativa regionale è concorrente o residuale. Nelle materie di legislazione concorrente, la potestà legislativa delle regioni trova un limite nei «*princìpi fondamentali*» fissati da leggi dello Stato (art. 117, comma 3); nella legislazione regionale concorrente è compreso il «*coordinamento della finanza pubblica e del sistema tributario*».

B) L'art. 119 prevede che regioni ed enti locali «*stabiliscono ed applicano tributi propri, in armonia con la Costituzione e secondo i princìpi di coordinamento della finanza pubblica e del sistema tributario*». Ma il termine «stabilire», ossia «disciplinare», ha valenza diversa, secondo che sia riferito alle regioni o agli enti locali, perché solo le regioni sono dotate di potestà legislativa.

Le regioni possono dunque legiferare in materia di tributi regionali e locali, ma nell'ambito segnato dai «*princìpi fondamentali*» (art. 117, comma 3) e dei «*princìpi di coordinamento della finanza pubblica e del sistema tributario*» (art. 119), fissati da leggi statali.

Nella Costituzione italiana non vi è, come in altre, la ripartizione dei tipi di tributi riservati allo Stato centrale, e dei tipi di tributo riservati agli enti sub-centrali. Spetta allo Stato il compito di stabilire per legge i «*princìpi fondamentali*» (art. 117, comma 3) e il «*coordinamento della finanza pubblica e del sistema tributario*» (*ex* art. 119, comma 2) e, quindi, definire i tributi, o tipi di tributo, regionali e locali. Lo Stato ha il compito di indicare quali oggetti imponibili e quali tributi possono essere oggetto di legislazione regionale.

C) In materia di tributi locali non vi è una riserva espressa a favore dello Stato o delle regioni. Possono esservi quindi tributi locali creati e disciplinati da leggi statali e tributi locali creati e disciplinati da leggi regionali. Si possono «*in astratto concepire situazioni di disciplina normativa sia a tre livelli (legislativa statale, legislativa regionale, e regolamentare locale), sia a due soli livelli (statale e locale, ovvero regionale e locale)»* (Corte cost., 26 gennaio 2004, n. 37).

L'art. 119 Cost. è stato attuato dalla L. 5 maggio 2009, n. 42, recante «*Delega al Governo in materia di federalismo fiscale, in attuazione dell'articolo 119 della Costituzione*», e dai successivi decreti delegati.

4. *I regolamenti.*

A) La potestà regolamentare è disciplinata dalla L. 23 agosto 1988, n. 400, secondo la quale i regolamenti governativi sono deliberati dal Consiglio dei Ministri, dopo aver sentito il parere del Consiglio di Stato; sono poi sottoposti al visto ed alla registrazione della Corte dei conti, emanati con decreto del Presidente della Repubblica e pubblicati nella Gazzetta Ufficiale.

Tali regolamenti disciplinano:

a) l'esecuzione delle leggi e dei decreti legislativi (regolamenti esecutivi);

b) l'attuazione e l'integrazione delle leggi e dei decreti legislativi recanti norme di principio (regolamenti attuativi e integrativi);

c) le materie in cui manchi la disciplina da parte di leggi o di atti aventi forza di legge, sempre che non si tratti di materie comunque riservate alla legge (regolamenti indipendenti);

d) l'organizzazione e il funzionamento delle amministrazioni pubbliche secondo le disposizioni dettate dalla legge (regolamenti organizzatori);

e) l'organizzazione del lavoro e i rapporti di lavoro dei pubblici dipendenti in base agli accordi sindacali.

Nei casi sopra indicati, il Governo dispone di una potestà regolamentare generale, esercitabile anche senza specifica autorizzazione legislativa.

L'art. 17, comma 2, contempla i regolamenti delegati, attraverso i quali trova attuazione il fenomeno della c.d. delegificazione.

Secondo tale disposizione, il Governo è titolare di una potestà esercitabile previa autorizzazione legislativa, nelle materie non coperte da riserva assoluta di legge; le leggi, autorizzando l'esercizio della potestà regolamentare del Governo, «*determinano le norme generali regolatrici della materia e dispongono l'abrogazione delle norme vigenti, con effetto dall'entrata in vigore delle norme regolamentari*» (regolamenti delegati, che, quando abrogano norme di legge, sono detti delegificanti).

Dato che il diritto tributario sostanziale è oggetto di una riserva relativa di legge, possono aversi, in tale materia:
– regolamenti esecutivi (lett. a), che possono essere emessi anche in assenza di apposita norma autorizzativa, e
– regolamenti delegati (e delegificanti), che possono essere emessi in base ad una norma espressa, purché la legge detti la disciplina di base della materia, come richiesto dall'art. 23 Cost.

I regolamenti attuativi e integrativi (ipotesi *sub* b) non sono ammissibili in diritto tributario per le materie coperte da riserva di legge; in tali materie, una norma di legge che si limiti ad indicare solo dei principi, e non la disciplina richiesta dall'art. 23 Cost., non potrebbe essere integrata o attuata da un regolamento; i regolamenti in esame, dunque, possono essere ammessi solo per quella parte della disciplina di un tributo che non è coperta dalla riserva di legge. Infine, nella materia coperta dalla riserva di legge *ex* art. 23 Cost., non sono ammessi regolamenti c.d. indipendenti (ipotesi *sub* c).

B) I regolamenti ministeriali sono adottati nelle materie di competenza di un singolo Ministro, quando la legge espressamente conferisca tale potere. Se la materia è di competenza di più ministri, sono adottati regolamenti interministeriali, sempre in virtù di autorizzazione legislativa, con decreto del Presidente del Consiglio.

Anche i regolamenti ministeriali e interministeriali sono adottati previo parere del Consiglio di Stato, sono sottoposti al visto e alla registrazione della Corte dei conti e sono pubblicati nella Gazzetta Ufficiale.

Tra i tanti decreti ministeriali in materia tributaria, ricordiamo il decreto che fissa l'aggiornamento dei valori catastali; il regolamento in materia di dichiarazione dei redditi; il decreto che fissa le quote di ammortamento; il regolamento che prevede presunzioni di cessione e acquisto ai fini Iva, il c.d. redditometro.

Sovente le norme di legge restano inoperanti a lungo perché non è emanato il regolamento attuativo.

C) Non di rado le leggi autorizzano il Ministro ad emanare decreti «*non aventi valore regolamentare*». In tal modo, non viene seguita la procedura prevista per i decreti con valore di regolamento (parere del Consiglio di Stato, ecc.) e non è infranta la norma costituzionale che limita il potere regolamentare dello Stato alle sole materie di legislazione esclusiva (art. 117, comma 5, Cost.).

D) La legge (statale o regionale) deve avere un contenuto minimo, come prevede l'art. 23. La legge deve disciplinare almeno le caratteristiche basilari del tributo, nei suoi profili soggettivi ed oggettivi, demandando solo l'ulteriore disciplina alla fonte secondaria, espressione dell'autonomia dell'ente locale.

La riserva di legge in materia di prestazioni imposte *ex* art. 23 non è solo riserva di legge statale, ma riserva di legge statale e regionale.

Le regioni hanno potestà regolamentare generale (con esclusione delle materie appartenenti alla potestà legislativa esclusiva dello Stato). Le regioni possono dunque emanare regolamenti anche in materia tributaria.

Gli enti locali, non avendo potestà legislativa, possono disciplinare con regolamento i tributi propri, ma in via secondaria, con norme attuative o integrative delle norme primarie, contenute in leggi statali o regionali. L'art. 119 Cost., riconoscendo anche agli enti locali il potere di disciplinare i propri tributi, ha il senso di dare copertura costituzionale alla potestà regolamentare degli enti sub-regionali in materia tributaria.

L'art. 52, D.lgs. 15 dicembre 1997, n. 446, disciplina la potestà regolamentare delle province e dei comuni, stabilendo che tale potestà può avere per oggetto, in generale, le entrate tributarie. Ma, data la riserva di legge *ex* art. 23 Cost., gli enti locali non possono disporre in materia di fattispecie imponibili, soggetti passivi ed aliquota massima.

5. *Il diritto dell'Unione europea.*

A) L'ordinamento dell'Unione europea ha una posizione di primato rispetto all'ordinamento nazionale.

Nelle materie appartenenti alla sfera di competenza dell'UE, valgono le norme dell'Unione, non quelle nazionali. Il giudice nazionale, in quelle materie, deve applicare le norme dell'Unione, non quelle nazionali. In caso di incompatibilità, le norme nazionali non devono essere applicate.

B) Le basi del diritto dell'UE sono poste dal Trattato sull'Unione europea (TUE), dal Trattato sul funzionamento dell'UE (TFUE) e dalla «*Carta dei diritti fondamentali dell'Unione europea*» (nota come Carta di Nizza).

L'art. 6 TUE prevede che l'Unione riconosce i diritti, le libertà e i principi sanciti nella «*Carta dei diritti fondamentali dell'Unione europea*», cui è riconosciuto lo stesso valore giuridico dei trattati.

Prevede, inoltre, che l'Unione aderisce alla CEDU (Carta dei Europea dei Diritti dell'Uomo) e che i diritti fondamentali, garantiti dalla CEDU e risultanti dalle tradizioni costituzionali comuni agli Stati membri, fanno parte del diritto dell'Unione in quanto princìpi generali.

C) Il diritto europeo «*derivato*» è costituito dagli atti normativi emessi dagli organi dell'Unione (regolamenti, direttive, decisioni, sentenze). Si aggiunga la *soft law*: raccomandazioni e pareri.

I regolamenti dell'UE sono l'equivalente delle leggi negli ordinamenti statali e sono direttamente applicabili. A norma dell'art. 288 TFUE, i regolamenti hanno portata generale (nel senso che si rivolgono a categorie di destinatari determinate in modo astratto); sono obbligatori in tutti i loro elementi (e, quindi, devono essere applicati in modo integrale), e sono direttamente applicabili negli ordinamenti degli Stati membri. La «*diretta applicabilità*» vuol dire che le norme dei regolamenti dell'UE entrano immediatamente in vigore in tutti gli Stati dell'Unione, rendendo non più applicabili le norme nazionali.

Gli Stati non devono e non possono emanare norme per recepire i regolamenti dell'UE nell'ordinamento interno, e neppure norme riproduttive (perché ciò occulterebbe la provenienza delle norme dall'UE); gli Stati possono emanare norme di attuazione dei regolamenti, ma solo quando è previsto dalla normativa europea.

D) Le direttive, secondo l'art. 288 TFUE, vincolano gli Stati membri per quanto riguarda il risultato da raggiungere, mentre è rimessa alla discrezionalità degli Stati l'adozione degli strumenti e dei mezzi per raggiungerlo.

Le direttive, inoltre, a differenza dei regolamenti, non hanno portata generale, ma si rivolgono solo agli Stati membri. Esse sono dunque uno strumento di legislazione indiretta (o a due stadi), essendo necessario che gli Stati recepiscano le direttive.

Se però gli Stati non adottano norme di recepimento, viene riconosciuto alle direttive il c.d. effetto diretto, quando contengono disposizioni precise e incondizionate, la cui applicazione non richiede l'emanazione di disposizioni ulteriori (*self executing*). Scaduto il termine, entro cui gli Stati devono attuare le direttive, le disposizioni precise e incondizionate acquistano «efficacia diretta» nell'ordinamento dello Stato inadempiente.

Il c.d. effetto diretto comporta che i singoli acquistano diritti che i giudici nazionali devono tutelare, e gli Stati non possono opporsi, invocando norme nazionali contrarie al diritto comunitario (ciò equivarrebbe ad invocare, da parte dello Stato inadempiente, la propria inadempienza come ostacolo all'efficacia diretta).

Tali princìpi sono stati recepiti anche dalla giurisprudenza italiana e molte sentenze riguardano direttive in materia tributaria. Ad esempio, possono avere efficacia diretta le disposizioni che impongono agli Stati solo obblighi negativi. Si pensi, in materia tributaria, alle norme delle direttive che prevedono delle esenzioni, e che possono essere applicate senza bisogno di norme di recepimento.

E) Le decisioni sono atti dell'UE che riguardano casi specifici; sono simili ai provvedimenti amministrativi, hanno effetto diretto e sono obbligatori per i destinatari in esse indicati. Interessano in modo particolare il diritto tributario le decisioni della Commissione, che ordinano agli Stati di revocare i benefici fiscali, in quanto aiuti di Stato non compatibili con il TFUE. Anche le sentenze della Corte di giustizia hanno «*effetto diretto*» negli ordinamenti degli Stati membri. Le raccomandazioni e i pareri (c.d. *soft law*), invece, non sono vincolanti.

6. *Le convenzioni internazionali e la CEDU.*

A) Nel diritto internazionale pubblico vi sono norme tributarie che derivano da convenzioni la cui ratifica, a norma dell'art. 80 Cost., deve essere autorizzata con legge. Per effetto della legge che ne autorizza la ratifica, e ne ordina l'esecuzione, le norme delle convenzioni diventano norme interne di legge.

Secondo l'art. 117, comma 1, Cost., il legislatore deve rispettare i «*vincoli derivanti dall'ordinamento comunitario e dagli obblighi internazionali*». Le norme di legge, che non rispettano gli obblighi derivanti dalle convenzioni internazionali, tra cui la CEDU, non sono disapplicabili (come accade per le norme nazionali non compatibili con il diritto dell'UE), ma incostituzionali, per violazione dell'art. 117 Cost.: le norme internazionali rilevano come «norme interposte» (Corte cost., nn. 348 e 349 del 2007).

B) Le convenzioni internazionali in materia tributaria riguardano soprattutto la doppia imposizione dei redditi, dei patrimoni e delle successioni; riguardano, inoltre, i dazi.

Le convenzioni internazionali in materia tributaria prevedono, inoltre, la collaborazione tra autorità fiscali di Stati diversi, la lotta all'evasione e all'elusione fiscale internazionale, ecc.

Di regola, le norme delle convenzioni, in quanto norme speciali, prevalgono sulle norme interne: ad esempio, se una convenzione tra l'Italia e un altro Stato prevede che determinati redditi prodotti in Italia da un soggetto residente nell'altro Stato non sono tassabili in Italia, quei redditi non possono essere tassati in Italia, anche se, di regola, i redditi dei non residenti prodotti in Italia sono soggetti alle nostre imposte sul reddito (Tuir, art. 23). Peraltro, nei casi in cui la norma interna è più favorevole di quella del trattato, si applica la norma interna (Tuir, art. 169).

7. *Efficacia delle norme tributarie nel tempo.*

A) Le leggi, dopo l'approvazione parlamentare e la promulgazione da parte del Presidente della Repubblica, sono pubblicate nella Gazzetta ufficiale ed entrano in vigore a partire dal quindicesimo giorno successivo alla pubblicazione. Anche i regolamenti entrano in vigore il quindicesimo giorno successivo alla loro pubblicazione.

Occorre però distinguere l'«*entrata in vigore*» (art. 73 Cost.), o «*inizio della obbligatorietà*» (art. 10 delle preleggi), dalla «*efficacia nel tempo*» (art. 11 delle preleggi). Di regola, la data di entrata in vigore è anche la data a partire dalla quale inizia l'efficacia.

Vi possono però essere casi nei quali entrata in vigore (o vigenza) ed efficacia non coincidono; si tratta dei casi in cui il momento dell'entrata in vigore indica soltanto che un testo normativo è perfetto e vale come tale, ma i suoi effetti sono differiti, o retroagiscono.

B) Secondo l'art. 11 delle preleggi «*La legge non dispone che per l'avvenire: essa non ha effetto retroattivo*».

Inoltre, per le leggi tributarie, l'art. 3 dello Statuto stabilisce che le nuove disposizioni non possono prevedere adempimenti a carico dei contribuenti la cui scadenza sia fissata anteriormente al sessantesimo giorno dalla data della loro entrata in vigore.

L'art. 3 dello Statuto vieta anche la c.d. *piccola retroattività*. Prevede infatti che le modifiche dei tributi periodici si applicano dal periodo d'imposta successivo a quello in corso alla data in cui entrano in vigore. La norma è da intendersi riferita a modifiche peggiorative per il contribuente.

La regola generale è dunque l'irretroattività. Ma è regola che può essere derogata da altre norme di legge.

Invece, i regolamenti non possono derogare all'art. 11 delle «preleggi», e possono essere retroattivi solo se una norma di legge lo consente espressamente.

C) La retroattività può concernere la fattispecie dell'imposta, gli effetti od entrambi gli elementi della norma tributaria. La retroattività attiene alla fattispecie quando viene istituito un tributo che colpisce fatti del passato.

La retroattività attiene invece agli effetti quando, ad un fatto che si verifica dopo l'entrata in vigore della legge, sono collegati effetti che invece riguardano il passato; ad esempio, ad una legge di condono che, alla presentazione (ora per allora), di una dichiarazione, colleghi la definizione di tributi relativi a periodi d'imposta pregressi.

La retroattività attiene ad entrambi gli elementi della norma quando la nuova legge considera fatti del passato e a tali fatti collega effetti *ex tunc*. È il caso delle leggi che disciplinano gli effetti dei decreti legge non convertiti, o di leggi che prorogano norme di esenzione o agevolazione già scadute.

D) Una volta individuato il momento in cui inizia l'efficacia di una legge, può essere dubbio quale sia il trattamento giuridico di fatti o situazioni che avvengono in parte sotto l'impero di una legge, in parte sotto l'impero della legge successiva.

Ciascuna legge regola i fatti che si verificano dopo la sua entrata in vigore (e prima della cessazione della sua efficacia). Possono esservi situazioni o accadimenti che iniziano ma non si concludono sotto l'impero di una legge, e che non sono regolati né da tale legge, né da quella successiva (non dalla prima, perché incompiuti; non dalla seconda, perché già *in itinere*). Di solito, il legislatore risolve i problemi che si pongono in caso di successione di leggi con norme apposite (norme di diritto transitorio).

E) Le norme procedimentali e processuali sono, di regola, norme ad applicazione immediata, e cioè norme che si applicano anche ai procedimenti e ai processi in corso di svolgimento al momento dell'entrata in vigore delle nuove norme, pur se il procedimento o il processo riguardano fatti accaduti in precedenza. Ad esempio, le norme (anche regolamentari) che fissano presunzioni da applicare nella quantificazione delle basi imponibili si applicano anche a periodi d'imposta anteriori alla loro entrata in vigore (è il caso del redditometro e degli studi di settore).

Ciò vale anche per le norme processuali. Ad esempio, la norma che impedisce di dar corso all'esecuzione forzata sulla prima casa si applica subito, anche ai processi in corso alla data della sua entrata in vigore.

F) Le leggi cessano di essere efficaci quando sono abrogate, quando sono dichiarate incostituzionali, e – in caso di «leggi temporanee» – quando scade il termine previsto.

L'abrogazione di una legge può avvenire in tre modi: «*per dichiarazione espressa del legislatore, o per incompatibilità tra le nuove disposizioni e le precedenti o perché la nuova legge regola l'intera materia già regolata dalla legge anteriore*» (art. 15 delle «preleggi»).

Con l'abrogazione, l'efficacia della legge abrogata cessa *ex nunc*: continua a regolare i fatti avvenuti nel tempo che va dalla sua entrata in vigore (o dal diverso momento in cui inizia la sua efficacia) alla data della sua abrogazione. Una legge tributaria abrogata continua ad essere applicabile ai fatti avvenuti prima dell'abrogazione, e continuano ad essere dovuti i tributi sorti in relazione a presupposti d'imposta avvenuti sotto il suo vigore.

Invece, la dichiarazione di incostituzionalità di una legge ne fa cessare l'efficacia *ex tunc*; la legge giudicata illegittima è da considerare come mai esistita; tutti i relativi effetti sono da considerare come mai venuti ad esistenza. I tributi riscossi in base a norme dichiarate incostituzionali debbono essere rimborsati, se il rimborso non sia impedito, ad esempio, dal fatto che è trascorso il termine per richiederlo o da un provvedimento divenuto definitivo.

Infine, le norme nazionali (legislative o regolamentari), pur rimanendo formalmente vigenti, cessano di essere applicabili quando la materia è regolata da norme dell'UE direttamente applicabili o dotate di «*effetto diretto*».

G) Come già notato, per le disposizioni dello Statuto non vale il disposto dell'art. 15 delle «preleggi», nella parte in cui prevede l'abrogazione «*per incompatibilità tra le nuove disposizioni e le precedenti*»; inoltre, l'art. 15 è derogato anche in tema di abrogazione espressa, perché le norme dello Statuto non possono essere abrogate da leggi speciali, ma solo da leggi generali.

H) Le leggi tributarie non possono essere abrogate con *referendum* (art. 75 Cost.). La giurisprudenza costituzionale adotta una nozione di tributo particolarmente ampia, comprensiva dei contributi previdenziali; inoltre, tra le leggi tributarie sottratte al *referendum*, sono comprese non solo le leggi sostanziali (quelle che istituiscono e regolano un tributo), ma anche quelle strumentali (come le norme sulle ritenute e sulla riscossione).

8. *Efficacia delle norme tributarie nello spazio.*

A) La legge tributaria esplica i suoi effetti in tutto il territorio politico nazionale. Si applica, quindi, di regola, a tutti i presupposti che si verificano entro tale ambito, se non vi sono norme che escludono determinate zone del territorio politico. Le norme emanate da enti diversi dallo Stato (leggi e regolamenti regionali, regolamenti comunali, ecc.) esplicano i loro effetti nel territorio su cui ha potestà l'ente.

Le leggi tributarie si applicano ai fatti che si verificano nel territorio dello Stato (principio di territorialità), ma certe imposte prescindono dalla territorialità e tassano anche fatti accaduti all'estero, dando rilievo determinante ad altri elementi (ad esempio di natura personale).

Le imposte personali sui redditi sono informate al principio per cui, nei confronti dei soggetti fiscalmente residenti, si tassa il complesso dei redditi posseduti, indipendentemente dal luogo di produzione; in tal modo, la legge fiscale italiana attribuisce rilievo a fatti accaduti all'estero. Nei confronti dei non residenti, invece, si tassano soltanto i redditi prodotti nello Stato.

La territorialità svolge un ruolo assai rilevante nell'Iva: è principio fondamentale dell'imposta quello della imponibilità delle operazioni effettuate nello Stato, e quindi la non imponibilità delle operazioni non effettuate nello Stato.

L'imposta di registro si applica, di regola, agli atti giuridici formati nello Stato; si applica però anche agli atti formati all'estero che esplicano effetti di natura reale o locatizia su beni situati nello Stato. L'imposta sulle successioni si applica, nel caso di residenti, su tutti i beni, anche se situati all'estero (criterio personale); si applica solo sui beni situati in Italia (criterio territoriale), se il *de cuius* non è residente in Italia.

B) La legge tributaria non può avere efficacia oltre i limiti del territorio sottoposto alla sovranità dello Stato e in questo territorio è unica ed esclusiva. Al di fuori del territorio dello Stato valgono le leggi tributarie degli altri Stati.

Peraltro, le convenzioni internazionali e le direttive dell'UE prevedono – come si vedrà – la collaborazione tra amministrazioni finanziarie per lo scambio di informazioni e per l'assistenza in materia di accertamento e riscossione dei tributi.

CAPITOLO TERZO

INTERPRETAZIONE E ANALOGIA

1. *Peculiarità della legislazione tributaria.*

L'interpretazione e, prima ancora, la stessa conoscenza delle leggi tributarie presentano difficoltà non lievi, per più ragioni.

A) In primo luogo, come è agevole constatare compulsando una raccolta di leggi tributarie, non vi è né un codice, né un testo unico, largamente comprensivo di tutta la materia, o delle basi della materia.

Non a caso, il diritto tributario è stato definito polisistematico, per il fatto che «*all'ordinamento tributario afferiscono produzioni normative non coordinate e spesso inquadrate in microsistemi settoriali che rendono particolarmente difficile l'individuazione di princìpi generali*» (Corte cost., n. 84 del 1989). Le fonti non sono disposte in modo ordinato e organico. Quasi mai un testo contiene tutta la disciplina di una determinata materia.

Ad esempio, la disciplina delle dichiarazioni dei redditi è in parte nel D.P.R. 29 settembre 1973, n. 600 (che è un decreto delegato), in parte nel D.P.R. 22 luglio 1988, n. 322 (che è un regolamento). Il ravvedimento operoso, realizzato con una dichiarazione in aumento, è nell'art. 13 del D.lgs. 18 dicembre 1997, n. 472 (che disciplina le sanzioni amministrative) e il termine per rettificare le nuove dichiarazioni è nell'art. 1, comma 640, della L. 23 dicembre 2014 (legge di stabilità per il 2015).

La riscossione delle principali imposte è disciplinata dal D.P.R. 29 settembre 1973, n. 602, ma le norme sulle ritenute sono nel D.P.R. 29 settembre 1973, n. 600 e sono innumerevoli le altre fonti della materia, su temi particolari, o per determinate imposte. La disciplina degli accertamenti esecutivi dovrebbe essere contenuta nel D.P.R. n. 600 del 1973, ed è invece nell'art. 29 del D.l. 31 maggio 2010, n. 78.

Le imposte sui redditi sono regolate da un Testo unico (D.P.R. 22 dicembre 1986, n. 917), ma non si contano le norme complementari, legislative e regolamentari, da reperire in altri testi (norme di attuazione, norme sugli ammortamenti, sugli enti non commerciali e sulle Onlus, sui costi e proventi illeciti, sui contribuenti minimi, sulle società immobiliari di comodo, sui proventi e costi illeciti, ecc.).

Sono numerosi i regolamenti che implementano le leggi (in tema di autotutela, interpelli, redditometro, consolidato e trasparenza, *black list*).

B) Un secondo motivo è legato alla iperlegificazione ed alla instabilità di questo settore dell'ordinamento. Il legislatore produce con continuità norme per motivi di gettito e per adeguare la legislazione alle nuove realtà economiche e ai nuovi istituti giuridici. Le leggi tributarie sono continuamente ritoccate e modificate per individuare nuovi oggetti imponibili e nuove fonti di entrata, per «tappare» lacune, perfezionare *technicalities*, impedire pratiche elusive.

Sono note la prassi delle leggi finanziarie o di stabilità o di bilancio, in cui pochi articoli recano centinaia di commi, e la prassi dei maxiemendamenti governativi.

Le norme tributarie nascono, sovente, per far fronte a situazioni di emergenza. Sono frequenti i decreti-legge, sottoposti a numerosi emendamenti in sede di conversione.

Sono poi frequenti, in materia tributaria, le «leggi a termine»: ad esempio leggi che concedono una agevolazione, ma solo fino ad una certa data.

C) Vi sono leggi tributarie relative a singoli tributi che richiedono la conoscenza di nozioni e discipline estranee alla formazione culturale tipica del giurista. Ad esempio, lo studio delle norme sui redditi di capitale richiede competenze in materia finanziaria; le norme sui redditi d'impresa possono essere comprese a fondo solo se si hanno adeguate nozioni in tema di conto economico. Sono poi numerose le norme che descrivono e prescrivono dei calcoli, e, quindi, non sono immediatamente comprensibili.

D) Altre difficoltà interpretative sono legate alla tecnica legislativa.

Tutta la legislazione, non solo quella tributaria, presenta difetti tecnici; di certo la tecnica con cui sono redatte le leggi tributarie non aiuta l'interprete.

Data la complessità ed estensione della legislazione tributaria, quando vengono emanate nuove norme, è difficile che il legislatore operi su di un terreno vergine. Occorre tener conto di testi normativi preesistenti, nei quali le nuove norme si inseriscono con aggiunte, sostituzioni, cancellature, ecc.: l'interprete deve dunque mettere a confronto più testi, per verificare quale sia quello finale. Per questo motivo, spesso, le nuove disposizioni non prefigurano dei comportamenti, ma modificano testi precedenti; sono «norme su norme».

Non a caso, il legislatore esclude l'applicazione di sanzioni quando la violazione dipende da obiettive condizioni di incertezza sulla portata e sull'ambito di applicazione della norma tributaria violata (cfr. l'art. 10 dello Statuto, l'art. 8, del D.lgs. 31 dicembre 1992, n. 546 e l'art. 6, comma 2, del D.lgs. 18 dicembre 1997, n. 472).

E) Nello Statuto vi è una disposizione dedicata alla «*Chiarezza e trasparenza delle disposizioni tributarie*» (è l'art. 2), in cui sono formulati alcuni precetti di tecnica legislativa, ma il legislatore li rispetta quasi mai.

2. *L'interpretazione delle leggi tributarie sostanziali.*

L'interpretazione delle leggi tributarie è tema che merita di essere esaminato con riguardo alle norme tributarie sostanziali, disciplinanti *an* e *quantum* dei singoli tributi; per le altre norme (procedimentali, processuali, penali, ecc.), non si pone alcun problema peculiare.

Anche per le norme tributarie sostanziali, peraltro, non esistono criteri interpretativi peculiari.

Nessuno ritiene che la legge tributaria deve essere intesa *pro fisco* o *contra fiscum*, così da pervenire ad una estensione o restrizione della materia imponibile.

La giurisprudenza, peraltro, è consolidata nel ritenere che le norme che accordano esenzioni o agevolazioni, in quanto deroghe ad una regola generale, siano da interpretare sempre restrittivamente.

3. *L'interpretazione letterale.*

A) L'interpretazione inizia dal testo della legge. Nelle leggi tributarie sono frequenti i termini tecnici e tecnicizzati.

Sintagmi come «capacità contributiva», «responsabile d'imposta», «sostituto d'imposta», «avviso di accertamento», «residenza fiscale», «domicilio fiscale», «stabile organizzazione», «tassazione per trasparenza» evocano, per il tributarista, precisi riferimenti normativi e, quindi, significati tecnicamente precisi.

B) Il significato che l'interprete deve attribuire ad un termine può derivare da una definizione data dal legislatore.

Talvolta, nell'*incipit* di un testo legislativo, sono poste le definizioni dei termini usati in quel testo. È il caso dell'art. 1, D.lgs. 10 marzo 2000, n. 74, che disciplina i reati tributari, e dell'art. 1, D.lgs. 26 ottobre 1995, n. 504 (Testo unico delle accise).

Di uno stesso termine possono esservi più definizioni: ad esempio, la nozione civilistica di residenza non coincide con quella di «residenza fiscale»; la nozione di «domicilio fiscale» è propria del diritto tributario, ed è diversa sia dal domicilio civilistico, sia dal concetto di domicilio usato nel codice penale e nell'art. 14 Cost.

Della nozione di imprenditore, nel diritto tributario vi è una definizione ai fini delle imposte sui redditi e una definizione ai fini dell'Iva, e nessuna di tali definizioni coincide del tutto con quella civilistica.

C) La fattispecie delle norme tributarie può essere formata da istituti e termini di altri settori dell'ordinamento.

In tal caso, di regola, l'interprete deve attribuire ai termini usati nella legge tributaria lo stesso significato che hanno nel settore giuridico di provenienza.

Occorre dunque muovere dal presupposto che la legge tributaria accoglie la medesima nozione che di un atto o istituto è delineata nel settore giuridico di provenienza (c.d. principio della costanza semantica).

Ciò non esclude che possano esservi casi particolari in cui ad un termine si debba attribuire, per motivi propri del diritto tributario, un significato e caratteri diversi da quelli del settore cui appartiene. Ad esempio, il termine possesso, nelle leggi tributarie, è sovente usato nel significato di proprietà.

3.1. *L'interpretazione sistematica.*

A) Le singole disposizioni debbono essere interpretate come componenti di un sistema: del sistema normativo di cui fa parte (come il sistema di ciascuna imposta) e di ogni elemento extratestuale che possa essere utile all'interprete (lavori preparatori, *sedes materiae*, *ratio legis*, princìpi generali, ecc.). E, pur quando il testo è chiaro, può essere opportuno, o necessario, confrontare e convalidare l'interpretazione letterale con quella sistematica.

E talvolta l'interpretazione extratestuale può prevalere su quella letterale.

B) Occorre dunque tener conto della volontà del legislatore storico (e, quindi, dei lavori preparatori) e del legislatore in senso astratto (e, quindi, della *ratio legis*).

Considerare, secondo le regole comuni dell'interpretazione, la *ratio legis*, significa che l'interprete di leggi tributarie deve dare rilievo alla *ratio* del tributo: deve cioè tener conto dello specifico fenomeno economico, espressivo di capacità contributiva, che il legislatore ha avuto di mira e che esprime la *ratio* del tributo. Ogni operazione interpretativa deve essere coerente con la *ratio* del tributo.

Ad esempio, in materia di Iva, *ratio* del tributo è colpire il fatto di capacità contributiva espresso dal consumo; da ciò deriva la neutralità del tributo per ogni soggetto che non sia consumatore; come ulteriore conseguenza, sono da adottare le interpretazioni coerenti con il principio di neutralità e da respingere quelle incoerenti.

In materia di imposte sui redditi, un criterio interpretativo è il c.d. principio di simmetria, in base al quale ad un costo deducibile da un soggetto deve corrispondere un provento imponibile per un altro soggetto, e viceversa.

Occorre tener conto della funzione delle leggi tributarie, e, quindi, valutare la sostanza economica dei fatti tassati, considerando che il legislatore li eleva a presupposto dei tributi in quanto li considera indici di capacità contributiva.

3.2. *L'interpretazione conforme.*

A) Anche l'interpretazione conforme, o adeguatrice, è una forma di interpretazione sistematica. Dall'ordinamento gerarchico delle fonti deriva il principio per cui, nell'interpretare un testo normativo, si deve privilegiare l'interpretazione conforme al testo gerarchicamente sovraordinato.

Le leggi devono essere interpretate in modo da risultare conformi alle norme costituzionali, alle norme dell'Unione europea (Trattati, Carta di Nizza, diritto derivato) e alle convenzioni internazionali, tra cui la CEDU.

Seguendo il criterio della interpretazione conforme, i decreti delegati devono essere interpretati in modo da risultare conformi alle leggi di delegazione, i regolamenti devono essere interpretati in modo da risultare conformi alle norme di legge, ecc.

B) Le disposizioni tributarie devono essere interpretate in conformità alle norme dello Statuto dei diritti del contribuente perché, come già notato, le norme dello Statuto sono qualificate come norme attuative dei princìpi costituzionali e come princìpi generali dell'ordinamento tributario. Esse sono perciò importanti criteri-guida per l'interprete; ogni dubbio interpretativo, che attenga ad ambiti materiali disciplinati dallo Statuto, deve essere risolto in senso conforme ai princìpi statutari.

Ad esempio, ogni dubbio sull'efficacia nel tempo di una norma tributaria deve essere risolto in modo conforme al principio di irretroattività, sancito dall'art. 3 dello Statuto.

3.3. *Il bilanciamento.*

Il bilanciamento (o ponderazione) è una tecnica argomentativa alla quale si ricorre quando, ad una data fattispecie, sono applicabili più norme o princìpi in conflitto. In tal caso l'interprete deve stabilire quale norma o princìpio sia assiologicamente prevalente e, quindi, da applicare.

Vi sono casi in cui, in materia tributaria, la Corte costituzionale ha stabilito se, nel conflitto tra interesse fiscale e tutela del contribuente, dovesse prevalere l'uno o l'altro (come vedremo nel capitolo sui princìpi).

4. *Le leggi interpretative.*

A) Le leggi interpretative riguardano una disposizione di incerto significato; dato tale presupposto, il legislatore, dettando una norma interpretativa, impone una determinata interpretazione (tra le due o più possibili). Il testo interpretato resta immutato, ma sono normativamente eliminate, tra le due o più norme potenzialmente contenute nel testo originario, le interpretazioni (ossia le norme) considerate errate, e ne sopravvive una soltanto.

L'esistenza di dubbi e controversie sul senso di una disposizione non è però un presupposto indeclinabile delle leggi di interpretazione autentica, che possono essere adottate dal legislatore anche per modificare interpretazioni giurisprudenziali divergenti con la linea del diritto perseguita. Vi sono, insomma, norme solo apparentemente interpretative.

B) Le leggi interpretative non sostituiscono la disposizione interpretata; si hanno così due disposizioni coesistenti, quella interpretata e quella interpretativa. Non si ha invece una legge interpretativa quando una norma viene sostituita da un'altra norma, formulata in modo da eliminare le ambiguità di significato presenti in quella abrogata.

Le disposizioni interpretative sono, per loro natura, retroattive.

Perciò è importante distinguere tra disposizioni interpretative (retroattive) e disposizioni innovative (non retroattive).

Tutte le volte che la disposizione preesistente è sostituita da una nuova disposizione, non siamo in presenza di una disposizione interpretativa.

Accade però, nella pratica, che nuove disposizioni, che sostituiscono disposizioni previgenti, ma con formulazione più chiara o più completa, vengano considerate interpretative. In realtà, in tali casi, non si è in presenza di disposizioni interpretative, ma di (nuove) disposizioni che talora possono essere assunte come argomento di interpretazione della disposizione sostituita.

C) Una disposizione, che si autoqualifica come interpretativa, ma detta una interpretazione non riconducibile ad una delle alternative potenzialmente desumibili dal testo della disposizione interpretata, non è propriamente interpretativa, ma innovativa. Lo scopo della nuova norma non è tanto quello di rendere chiaro un testo oscuro, ma di modificare retroattivamente una data disciplina, dissimulando il suo carattere innovativo. La forma interpretativa della legge è solo un mezzo per occultare la retroattività dell'innovazione.

L'uso improprio della legge di interpretazione è stato censurato raramente dalla Corte costituzionale, nella cui giurisprudenza prevale l'orientamento secondo cui il legislatore può usare l'interpretazione autentica (anche) per correggere un diritto vivente politicamente sgradito. Insomma, *nulla quaestio* se una legge si autodefinisce interpretativa ma in realtà è una legge innovativa.

Vi sono però limiti costituzionali che le leggi interpretative devono rispettare. Anche le leggi interpretative incontrano i limiti della retroattività. L'irretroattività della legge «*costituisce fondamentale valore di civiltà giuridica e principio generale dell'ordinamento, al quale il legislatore deve in via di principio attenersi*», astenendosi dall'emanare disposizioni retroattive (apparentemente interpretative) che non trovino adeguata giustificazione sul piano della ragionevolezza, o che si pongano in contrasto con valori e interessi costituzionalmente protetti, tra cui l'affidamento del cittadino nella certezza del diritto (Corte cost., n. 229 del 1999).

L'art. 53 Cost. è un limite alla retroattività delle leggi tributarie in quanto richiede che la capacità contributiva sia attuale. Valgono anche per le leggi interpretative i limiti alla retroattività che la Corte ha affermato per le ordinarie leggi impositive.

D) Per limitare l'adozione di leggi interpretative, il legislatore, nell'art. 1, comma 2, dello Statuto, prevede che le norme interpretative, in materia tributaria, sono ammesse solo in casi eccezionali, solo con legge ordinaria e qualificando come tali le disposizioni di interpretazione autentica.

La norma dello Statuto non è diretta contro le leggi autenticamente interpretative, ma contro la prassi (deplorevole) di leggi apparentemente interpretative, che modificano retroattivamente le norme tributarie a favore del fisco.

5. *I testi interpretativi e le circolari.*

L'interpretazione delle leggi è presente sia nei testi istituzionalmente interpretativi, sia nei testi applicativi (atti amministrativi e giudiziali).

Le leggi sono interpretate, come è noto, dalla dottrina e dagli operatori pratici.

L'Amministrazione finanziaria svolge quotidianamente opera di interpretazione, nei suoi atti applicativi e in atti espressamente interpretativi (circolari, risoluzioni, note, pareri).

Di solito, all'emanazione di una nuova legge, l'Amministrazione finanziaria fa seguire una circolare, con la quale ne illustra agli uffici periferici il significato.

L'interpretazione dell'Amministrazione finanziaria viene sovente sollecitata da quesiti posti dagli uffici periferici o dai contribuenti, in relazione a casi specifici; la risposta a tali quesiti costituisce occasione per altri esercizi di interpretazione della legge.

Inoltre, l'Amministrazione si esprime con i pareri resi in risposta agli interpelli e, nelle «istruzioni» che accompagnano i modelli di dichiarazione dei redditi e di dichiarazione Iva, sono contenute molteplici opzioni interpretative.

Ciò che può dar pregio alle interpretazioni dell'Amministrazione finanziaria è il fatto che i funzionari conoscono la storia della disposizione da interpretare, le ragioni per cui è stata formulata in un certo modo, ecc. Tutto ciò può rendere preziose le interpretazioni dell'Amministrazione finanziaria, soprattutto quando si riferiscono a disposizioni impregnate di «tecnicismo», la cui lettura richiede competenze specialistiche. Va comunque tenuto presente che le interpretazioni dell'Amministrazione non provengono da un organo imparziale, ma dalla parte interessata a che le questioni dubbie siano risolte a suo favore.

Le circolari sono atti interni all'Amministrazione. Non sono fonti di diritto, e quindi, non sono vincolanti nell'ordinamento giuridico generale, ma solo all'interno dell'ordinamento amministrativo. Le circolari non sono vincolanti né per i contribuenti, né per i giudici.

Essendo atti interni, non ha rilievo neppure la loro violazione da parte dell'Amministrazione finanziaria, che, del resto, è libera di conservare, correggere o modificare il proprio orientamento. Le circolari ministeriali sono fonte di «legittimo affidamento» del contribuente in ordine al comportamento da tenere nell'applicazione delle leggi tributarie.

6. *L'analogia.*

A) L'art. 12 delle "preleggi" indica due forme di analogia: l'applicazione di norme dettate per casi simili o materie analoghe (*analogia legis*) e il ricorso ai princìpi generali dell'ordinamento (*analogia juris*).

L'analogia non è ammessa per le leggi penali e per quelle «*che fanno eccezione a regole generali o ad altre leggi*» (art. 13 delle "preleggi"). In diritto tributario, la giurisprudenza considera eccezionali le norme di favore (esenzioni, agevolazioni, condoni, ecc.), escludendo perciò l'analogia.

B) All'analogia si ricorre per porre rimedio ad una lacuna. Deve trattarsi, però, di una lacuna tecnica. Di una lacuna, cioè, che non permette di applicare una legge.

L'analogia è certamente da escludere per le norme tributarie sanzionatorie.

Non è ammissibile l'integrazione analogica delle fattispecie imponibili, perché non sono ammesse aggiunte, neppure nel caso in cui non è previsto come tassabile un fatto simile a quelli tassabili, pur se esprime pari o maggiore capacità contributiva di quelli previsti come tassabili.

Diverse però sono le ragioni, su cui viene fondato tale divieto. Per alcuni, il divieto di analogia deriva dall'art. 23 Cost. Ma questa argomentazione non è da condividere: la situazione non cambierebbe se la materia dell'imposizione non fosse coperta da riserva di legge.

Più semplicemente, le norme tributarie impositrici non possono essere integrate analogicamente perché non possono presentare lacune in senso tecnico. Se una legge tributaria omette di tassare una fattispecie simile a quelle previste come tassabili, la lacuna è ideologica, non tecnica; mancano, perciò, i presupposti dell'analogia.

Se una legge tributaria stabilisce che A sia tassato, e non prevede che anche B sia tassato, non siamo di fronte ad un caso in cui l'interprete non può derivare dalla legge la risposta al quesito se B sia tassabile o no. La mancata tassazione di B può essere considerata una lacuna della legge solo dal punto di vista ideologico, *de lege ferenda*, ma ciò non autorizza l'interprete ad addizionare, ai casi previsti, casi di imponibilità non previsti.

Le leggi tributarie impositrici sono leggi, per loro intrinseca natura, complete; l'interprete non ha nulla da completare.

In ciò, le norme tributarie impositrici si atteggiano come le norme penali. D'altro canto, quando è violata una norma tributaria impositrice (ossia quando un soggetto si sottrae all'imposizione), risulta violata, al tempo stesso, anche la norma che punisce l'evasione (con sanzione penale o amministrativa).

Il divieto di analogia delle norme tributarie impositrici combacia con il divieto di analogia delle corrispondenti norme sanzionatorie. Se così non fosse, ed estendessimo analogicamente un'imposta a casi non previsti espressamente dalla legge tributaria, dovremmo poi considerare non punibile l'evasione, non potendo parallelamente estendere la norma punitiva.

Ciò che è stato detto per le norme impositrici vale anche per le norme che stabiliscono esenzioni o agevolazioni, le quali si pongono come norme di deroga rispetto alle norme impositrici. Anche tali norme forniscono un catalogo per sua natura completo, sicché non è ammessa alcuna possibilità di integrazione. In tal senso è fermamente orientata anche la giurisprudenza.

C) È dunque vietata l'analogia per le norme che indicano che cosa è tassabile, quale è la misura del tributo, chi è debitore d'imposta; non è invece da escludere, *a priori* e in generale, l'integrazione analogica quando si riscontra una lacuna in altre discipline tributarie (norme sui procedimenti, norme processuali, ecc.). Può trattarsi di analogia mediante ricorso ad altre norme tributarie, o a norme di altri settori dell'ordinamento.

Possono darsi, infatti, nel diritto tributario, le lacune c.d. tecniche.

Ad esempio, avremmo delle lacune tecniche se una legge tributaria istituisse un tributo senza disciplinarne l'applicazione, cioè senza indicare i criteri di determinazione della base imponibile, o i criteri di valutazione di elementi illiquidi della base imponibile, o le modalità di formulazione e presentazione della dichiarazione, o le modalità di pagamento, ecc. In simili ipotesi, l'interprete può ricorrere all'analogia, riferendosi ai tributi simili.

Se vi sono lacune nella disciplina dell'obbligazione tributaria possono ritenersi applicabili le norme del codice civile, ad esempio in tema di decadenza, prescrizione, solidarietà, compensazione, interessi. In materia di vizi della volontà nella dichiarazione dei redditi possono applicarsi analogicamente le norme del codice civile in materia di contratto.

D) Anche in diritto tributario si applicano i princìpi del diritto dell'UE e i princìpi generali dell'ordinamento. I procedimenti tributari, come vedremo, sono regolati dai princìpi generali dei procedimenti amministrativi, fissati dalla L. 7 agosto 1990, n. 241, che richiama i princìpi del diritto dell'Unione europea.

Sono perciò da considerare operanti nel diritto interno i princìpi generali del diritto dell'UE, come ad esempio il diritto di difesa, l'obbligo del contraddittorio nei procedimenti amministrativi e il principio di proporzionalità.

Vi sono princìpi generali desumibili dal codice civile, ma applicabili anche in campo tributario, come il diritto alla ripetizione dell'indebito (art. 2033 c.c.).

Il principio di buona fede è un principio generale non solo del diritto civile, ma anche del diritto tributario, come previsto espressamente dallo Statuto.

Secondo l'art. 1 dello Statuto «*le disposizioni della presente legge costituiscono princìpi generali dell'ordinamento tributario*», applicabili a qualsiasi istituto del diritto tributario.

Sono infine da ricordare i princìpi generali sanciti in modo espresso per una imposta o per alcune imposte, e non per altre: ad esempio, il divieto di doppia imposizione, enunciato solo in materia di imposte sui redditi, ma applicabile a qualsiasi tributo.

CAPITOLO QUARTO

I PRINCÌPI COSTITUZIONALI

1. *Il dovere di concorrere alle spese pubbliche.*

L'art. 53 Cost. dispone che «*Tutti sono tenuti a concorrere alle spese pubbliche in ragione della loro capacità contributiva*» e che «*Il sistema tributario è informato a criteri di progressività*». Concorrere alle spese pubbliche è uno dei «*doveri inderogabili di solidarietà politica, economica e sociale*», sanciti dall'art. 2 Cost. All'art. 2 si collega anche il principio di progressività.

Il fondamento e la giustificazione costituzionale del dovere tributario non risiedono dunque in un rapporto commutativo del singolo con lo Stato, ma nel dovere di solidarietà cui sono tenuti tutti i membri della collettività. Il singolo deve contribuire alle pubbliche spese, non in rapporto a ciò che riceve dallo Stato, ma in ragione della sua capacità contributiva.

In una concezione di tipo corrispettivo del rapporto tributario non vi sarebbe posto né per il principio di capacità contributiva, né per la progressività. Nella concezione accolta nella Costituzione, invece, il singolo non deve contribuire in ragione di ciò che riceve, ma in ragione delle sue capacità. Ciò spiega anche perché l'art. 53 esige che il sistema tributario sia improntato a criteri di progressività.

2. *La funzione extrafiscale dei tributi.*

Funzione naturale dei tributi è procurare entrate allo Stato (e agli altri enti pubblici), ma ogni tributo ha anche funzioni extrafiscali. Esempi classici di tributi con fini extrafiscali sono i dazi all'importazione, che mirano a proteggere la produzione nazionale. Hanno finalità extrafiscale i tributi ambientali, che tendono a disincentivare attività inquinanti. L'accisa sui tabacchi mira a scoraggiarne il consumo (Corte cost., n. 83 del 2015).

L'insieme dei tributi, nel disegno costituzionale, non deve semplicemente coprire le spese pubbliche, perché il finanziamento delle pubbliche spese è, a sua volta, un mezzo per fini di uguaglianza sostanziale e di coesione sociale fissati dalla Costituzione e dal diritto dell'UE.

La Costituzione non accoglie il concetto della finanza pubblica come finanza «neutrale», ma ne delinea un concetto «funzionale»: il tributo è mezzo di attuazione del principio di solidarietà e strumento per l'adempimento dei fini sociali, che la Costituzione assegna alla Repubblica.

Lo Stato non deve limitarsi a garantire il libero svolgimento della vita economica e sociale, ma deve «*rimuovere gli ostacoli di ordine economico e sociale, che, limitando di fatto la libertà e l'uguaglianza dei cittadini, impediscono il pieno sviluppo della persona umana*» (art. 3 Cost.). Le regioni devono rimuovere «*ogni ostacolo che impedisce la piena parità degli uomini e delle donne nella vita sociale, culturale ed economica*» (art. 117 Cost.).

Le norme di imposizione tributaria, e anche le norme fiscali di favore, sono strumenti essenziali dell'azione pubblica rivolta al perseguimento dei fini sociali indicati nella Costituzione e nel diritto dell'UE.

Il principio secondo cui il sistema tributario dev'essere informato a criteri di progressività implica che i tributi devono avere finalità redistributive.

I tributi, quindi, non sono soltanto lo strumento giuridico attraverso cui lo Stato si procura le risorse necessarie al suo funzionamento, ma possono e devono avere anche funzioni extrafiscali (funzioni redistributive; fini di solidarietà verso categorie e zone svantaggiate; finalità di incentivo o disincentivo di talune attività economiche o di particolari consumi, ecc.).

Anche i tributi con preminenti finalità extrafiscali, comunque, devono essere collegati a fatti espressivi di capacità contributiva.

3. *Limiti costituzionali delle leggi tributarie.*

La funzione legislativa in materia fiscale è limitata non solo da norme che la riguardano in modo specifico (come l'art. 23 e l'art. 53 Cost.), ma anche da altre norme della Costituzione.

Le leggi tributarie non devono ledere i diritti e le libertà costituzionalmente garantite. Perciò, ad esempio, la tassazione dei redditi da lavoro deve rispettare il principio per cui la retribuzione deve assicurare al lavoratore un'esistenza libera e dignitosa (art. 36 Cost.); la tassazione degli immobili non deve ostacolare l'accesso del risparmio popolare alla proprietà dell'abitazione (art. 47 Cost.); il regime fiscale dei redditi familiari non deve porsi in contrasto con la tutela costituzionale della famiglia (art. 29 Cost.). Il diritto di agire in giudizio (art. 24 Cost.) non esclude le spese di giustizia, che però non devono pregiudicarne l'esercizio, specie per i non abbienti.

L'esercizio delle libertà costituzionalmente garantite non deve essere ostacolato da oneri fiscali: la libera manifestazione del pensiero (art. 21 Cost.), il diritto di accesso ai «beni comuni», l'accesso a *internet*, ecc., non possono essere impediti da oneri fiscali. La libertà religiosa non può essere pregiudicata da «*speciali gravami fiscali*» (art. 20 Cost.).

Come già detto in tema di fonti, il legislatore deve rispettare i «*vincoli derivanti dall'ordinamento comunitario e dagli obblighi internazionali*» (art. 117 Cost.). Le norme di legge, che non rispettano gli obblighi derivanti dalle convenzioni internazionali, tra cui la CEDU, sono incostituzionali.

4. *Il principio di capacità contributiva.*

A) Per capacità contributiva di un soggetto si intende la sua capacità economica. Fatto espressivo di capacità contributiva è un fatto di natura economica, un fatto che esprime forza economica. Le leggi tributarie, in effetti, collegano di regola i tributi a fatti di natura economica, che costituiscono presupposto e base di commisurazione dell'obbligazione tributaria. Ed è difficile indicare tributi non collegati a fatti di natura economica.

La capacità contributiva deve risultare da «*indici concretamente rivelatori di ricchezza, dai quali sia razionalmente deducibile l'idoneità soggettiva all'obbligazione d'imposta*» (Corte cost., n. 200 del 1976). Ma gli indici non sono un numero chiuso.

La scelta dei presupposti d'imposta rientra nella discrezionalità del legislatore, con il solo limite della non arbitrarietà. A molti è parso che, con la sentenza n. 156 del 2001, in tema di Irap, la Corte abbia adottato, in luogo della precedente concezione piuttosto ristretta del principio di capacità contributiva, una concezione più elastica. È nell'ambito di questa concezione più comprensiva che è stata ritenuta costituzionalmente legittima anche un'imposta sulle imprese (come l'Irap), che assume come presupposto il valore lordo della produzione, a prescindere dal reddito, e colpisce, quindi, anche imprese che chiudono l'esercizio in perdita.

B) Vi sono indici diretti e indici indiretti di capacità contributiva.

Fatto direttamente espressivo di capacità contributiva è, per eccellenza, il reddito. Il reddito complessivo delle persone fisiche, al netto delle spese di produzione, e con la previsione di deduzioni (dal reddito) e detrazioni (dall'imposta) di particolari oneri (personali e familiari), si presta, più di ogni altra forma di ricchezza, a rispecchiare la capacità contributiva complessiva delle persone fisiche, ed a fungere da base di commisurazione dell'imposta progressiva sul reddito globale (imposta cui è assegnata la funzione di connotare in senso progressivo l'intero sistema tributario).

Insieme con il reddito, sono indici diretti di capacità contributiva il patrimonio e gli incrementi (fisici e di valore) del patrimonio. Si spiega, così, la legittimità costituzionale delle imposte sugli immobili, dell'imposta sulle successioni e donazioni e delle imposte sugli incrementi di valore degli immobili.

C) Sono, invece, indici indiretti di capacità contributiva il consumo e gli affari (colpiti dalle imposte indirette, come le imposte di fabbricazione, l'imposta sul valore aggiunto, l'imposta di registro, ecc.).

Se, in generale, il consumo di beni o servizi è indice di capacità contributiva perché implica disponibilità economica (da cui la legittimità costituzionale dell'Iva), ciò non vale per ogni consumo: vi sono spese che non sono indice di capacità contributiva e, quindi, non possono essere tassate (si pensi alla spesa sanitaria, che non a caso è esente da Iva).

Altro indice indiretto è il trasferimento di un bene (tassato dall'imposta di registro), la cui giustificazione costituzionale discende dall'assunto che ogni trasferimento implica disponibilità di ricchezza corrispondente al valore della contrattazione, sia per il cedente, sia per l'acquirente (Corte cost., n. 34 del 1987).

Devono essere considerate conformi al principio di capacità contributiva le imposte collegate all'uso di un documento, al compimento di un atto giuridico, a condizione che si tratti di fatti che rinviano a realtà economiche espressive di capacità economica.

5. *Intangibilità del minimo vitale.*

Non tutti i fatti economici sono espressivi di capacità contributiva. Non lo è il minimo vitale. Un reddito minimo non è indice di capacità contributiva. Il tributo non deve intaccare i mezzi economici necessari per il soddisfacimento dei bisogni essenziali. Ciò implica che nell'imposta sul reddito delle persone fisiche deve essere previsto un sistema di detrazioni o un «minimo imponibile» (*no tax area*); e che il prelievo sugli enti collettivi non deve metterne a repentaglio la sopravvivenza e la vitalità. Allo stesso principio sono da ricondurre anche le norme che limitano, per il fisco, la espropriabilità delle pensioni, degli stipendi e della prima casa (D.P.R. 29 settembre 1973, n. 602, artt. 72-*bis* e 76).

5.1. *Il limite massimo.*

Il secondo limite attiene alla misura massima del tributo, che «*non può essere mai fissato ad un livello superiore alla capacità contributiva dimostrata dall'atto o dal fatto economico*» (Corte cost., n. 200 del 1972).

Non vi è, però, nella giurisprudenza costituzionale, alcuna indicazione precisa di quale sia il limite massimo della tassazione. La Corte costituzionale ha solo precisato che rientra nella discrezionalità del legislatore fissare la misura del tributo; e che la Corte può sindacare le scelte del legislatore solo «*sotto il profilo della assoluta arbitrarietà o irrazionalità delle norme*» (Corte cost., n. 92 del 1972). In questa valutazione occorre tener conto di tutti i tributi che gravano su di una medesima manifestazione di ricchezza.

6. *Il requisito di effettività. Forfettizzazioni e svalutazione monetaria.*

A) Occorre che il fatto tassato sia rivelatore di capacità contributiva effettiva, non apparente o fittizia.

Il requisito di effettività richiede che le basi imponibili non includano componenti meramente nominali, senza tener conto in alcun modo della svalutazione della moneta, neppure quando diviene molto elevata.

A proposito dei tributi sull'incremento di valore degli immobili, la cui base imponibile include incrementi puramente nominali di ricchezza, il principio di capacità contributiva non è violato per il solo fatto che una riduzione del valore della moneta faccia aumentare l'incidenza di un tributo, ma in casi di particolare gravità la base imponibile dev'essere calcolata tenendo conto della svalutazione monetaria (Corte cost., n. 126 del 1979).

B) Non devono essere lesive del principio di effettività della capacità contributiva le norme che collegano i tributi a parametri legalmente predeterminati. Il reddito catastale, le forfetizzazioni dei redditi o del volume d'affari dei contribuenti minori, gli studi di settore, sono legittimi, se non sono privi di flessibilità.

La Corte costituzionale non ha giudicato incostituzionale il sistema catastale, in quanto ha ritenuto che la capacità contributiva non è rivelata soltanto dal reddito effettivo, ma anche dal reddito medio ordinario (Corte cost., n. 431 del 1987).

È stata invece dichiarata incostituzionale la norma che imponeva di valutare le aziende agricole, agli effetti dell'imposta di registro, al lordo delle passività (Corte cost., n. 69 del 1965).

C) Le presunzioni legali sono legittime, se non costituiscono una base fittizia di imposizione, e cioè se corrispondono all'*id quod plerumque accidit* e ammettono la prova contraria. Sono quindi illegittime le presunzioni legali assolute (Corte cost., n. 41 del 1999).

6.1. *Il requisito di attualità. Tributi retroattivi e pagamenti anticipati.*

A) Per essere effettiva la capacità contributiva deve essere attuale. Il requisito di attualità non è che un aspetto della effettività: il tributo, nel momento in cui trova applicazione, deve essere correlato ad una capacità contributiva in atto, non passata o futura.

I tributi retroattivi colpiscono fatti pregressi e, quindi, una capacità contributiva del passato. Essi ledono il principio di capacità contributiva se i fatti del passato non esprimono una capacità contributiva attuale (Corte cost., n. 9 del 1959).

Per tale motivo è stata ritenuta incostituzionale la tassazione retroattiva degli incrementi di valore delle aree fabbricabili, che colpiva incrementi di valore realizzati nei dieci anni precedenti (Corte cost., n. 44 del 1966). Non è stata invece ritenuta incostituzionale una norma impositiva che colpisce redditi conseguiti in passato, retroagendo per un periodo di tre anni (Corte cost., n. 315 del 1994).

B) I tributi retroattivi possono ledere il principio di certezza del diritto. L'irretroattività è un principio generale dell'ordinamento, cui il legislatore deve attenersi «*in quanto la certezza dei rapporti preteriti costituisce un indubbio cardine della civile convivenza e della tranquillità dei cittadini*» (Corte cost., n. 155 del 1990).

Perciò le norme retroattive sono legittime solo se «*trovino adeguata giustificazione sul piano della ragionevolezza e non si pongano in contrasto con altri valori e interessi costituzionalmente protetti*» (Corte cost., n. 419 del 2000).

Oltre che la distanza temporale, ha rilievo la prevedibilità del tributo retroattivo. L'affidamento riposto dal cittadino nel principio di irretroattività e nella certezza del diritto non deve essere leso dal sopravvenire di tributi retroattivi non prevedibili (Corte cost., n. 315 del 1994).

C) Il requisito di effettività impedisce al legislatore anche di imporre pagamenti anticipati di tributi che si collegano a presupposti d'imposta che si verificheranno in futuro; anche qui, però, la rigorosa deduzione che si trae dalla premessa deve essere attenuata quando, ad esempio, il prelievo anticipato non è del tutto scollegato dal presupposto (si pensi agli acconti delle imposte sul reddito dovuti nel corso del periodo d'imposta).

Il legislatore può dunque imporre pagamenti anticipati rispetto al presupposto, ma è necessario: a) che la fattispecie cui si collega il prelievo anticipato non sia del tutto avulsa dal presupposto (cioè non violi il requisito di «effettività»); b) che l'obbligo di versamento non sia incondizionato (deve essere cioè data la possibilità al contribuente di non versare se prevede di non produrre reddito); c) che al prelievo anticipato si saldi la previsione di meccanismi di riequilibrio (Corte cost., n. 77 del 1967)

7. *Capacità contributiva e principio di uguaglianza.*

A) Dall'art. 53 Cost., combinato con il principio di uguaglianza (art. 3 Cost.), discende il principio di eguaglianza tributaria, in base al quale «*a situazioni uguali devono corrispondere uguali regimi impositivi e, correlativamente, a situazioni diverse un trattamento tributario disuguale*» (Corte cost., n. 120 del 1972).

In altri termini, più estesamente:

– il principio di uguaglianza postula trattamenti uguali di situazioni uguali, trattamenti diversi di situazioni diverse; in materia tributaria, ciò significa tassazione uguale di situazioni uguali sotto il profilo della capacità contributiva, trattamenti diseguali dove la capacità contributiva è diversa;

– spetta al legislatore, nella sua discrezionalità, stabilire se due situazioni sono uguali o diverse, ma la Corte può sindacare le scelte del legislatore se sono irragionevoli.

Sono quindi incostituzionali le norme che non prevedono parità di trattamento tra fatti che esprimono pari capacità contributiva, o che dispongono pari trattamento fiscale tra fatti che sono espressione di diversa capacità contributiva.

In tal modo, il principio di capacità contributiva integra il principio di uguaglianza, in quanto esprime il criterio con cui valutare, in materia tributaria, se due situazioni meritano o no parità di trattamento.

B) Nelle questioni di costituzionalità che coinvolgono il principio di uguaglianza occorre mettere a confronto la norma di legge sospettata di incostituzionalità con un'altra disciplina legislativa (c.d. *tertium comparationis*) e valutare se è giustificata o irragionevole la disparità di trattamento.

In tema di Ilor, è stato giudicato contrario al principio di uguaglianza che i lavori autonomi fossero colpiti come gli imprenditori (Corte cost., n. 42 del 1980); analogamente, in tema di presunzioni bancarie, è stato considerato irragionevole applicare ai lavoratori autonomi la presunzione secondo cui ad un prelevamento non giustificato corrisponda un elemento attivo non registrato (Corte cost., n. 228 del 2014).

Le norme che imponevano decurtazioni delle retribuzioni dei magistrati, ma non delle altre categorie di pubblici dipendenti (*tertium comparationis*), sono state dichiarate illegittime (Corte cost., n. 223 del 2012), come le norme che ponevano un contributo di perequazione a carico dei titolari di trattamenti pensionistici ordinari superiori ad un dato importo, ma non a carico di altre categorie comparabili (*tertium comparationis*) aventi pari reddito (Corte cost., n. 116 del 2013).

C) Il principio di uguaglianza, imponendo al legislatore di trattare in modo uguale le situazioni che esso stesso mostra di considerare uguali, esige che la legge non detti discipline contraddittorie; esige, cioè, coerenza interna alla legge tributaria.

Il canone di coerenza, riferito alla disciplina di un tributo, implica che – assunto un presupposto quale indice di una particolare capacità contributiva – ogni fattispecie imponibile sia espressione di quella particolare ipotesi di capacità contributiva.

Di questo ordine concettuale la Corte costituzionale ha fatto applicazione nel dichiarare incostituzionale la tassazione con Ilor dei redditi di lavoro autonomo. Individuato nei redditi di provenienza patrimoniale il presupposto del tributo, la Corte ha dichiarato incostituzionale la tassazione dei redditi di lavoro autonomo, non per difetto di capacità contributiva, ma per mancanza della peculiare capacità contributiva che è espressa dai redditi derivanti da patrimonio e per violazione del principio di uguaglianza (Corte cost., n. 42 del 1980).

7.1. *Principio di uguaglianza e agevolazioni fiscali.*

Il problema del rispetto del principio di uguaglianza non si pone soltanto per le norme impositive (e, in generale, per le norme che pongono trattamenti deteriori), ma anche per le norme di favore.

Il legislatore non viola il principio di uguaglianza se concede agevolazioni per scopi costituzionalmente riconosciuti; in sostanza, se il trattamento differenziato trova giustificazione in una norma costituzionale. Si comprende, in questa prospettiva, la costituzionalità delle agevolazioni fiscali che si ricollegano alle norme costituzionali concernenti, ad esempio, la cultura (art. 9), la famiglia (art. 31), la salute (art. 32), la scuola (artt. 33 e 34), il lavoro (art. 35), la montagna (art. 44), la cooperazione (art. 45), il risparmio (art. 47), l'ambiente (artt. 9, 32 e 117). Anche nelle norme degli statuti regionali è possibile trovare la base giustificativa delle agevolazioni fiscali.

Le norme agevolative, poiché derivano da scelte legislative discrezionali, possono essere censurate dalla Corte solo se sono irragionevoli (Corte cost., n. 134 del 1982).

La giurisprudenza costituzionale relativa alle agevolazioni è piuttosto scarsa. Raramente viene sollevata una questione di costituzionalità perché è stata illegittimamente concessa una agevolazione. Di solito, infatti, le questioni di costituzionalità non vengono sollevate per ottenere la eliminazione di un beneficio, ma perché un beneficio è accordato ad alcuni e non ad altri. La questione è posta per ottenere la estensione di una norma di favore. Non si giudica di per sé incostituzionale una norma agevolativa, ma si ritiene contrario al principio di uguaglianza che una agevolazione non sia estesa anche ad altre categorie, oltre quella prevista.

Come in tutte le questioni in cui è evocato il principio di uguaglianza, è necessario confrontare la norma che concede l'agevolazione con la disciplina prevista per la categoria cui l'agevolazione è negata, ossia, in pratica, con la disciplina ordinaria del tributo, che funge da *tertium comparationis*.

Ad esempio, la Corte ha ritenuto incostituzionale che l'esenzione prevista per gli atti del procedimento di divorzio non si applicasse alla separazione, estendendo alla separazione l'esenzione prevista per il divorzio (Corte cost., n. 154 del 1999).

8. *Obblighi dei terzi, norme formali e rimborso dell'indebito.*

A) L'art. 53, in quanto esige che ciascuno sia tenuto a contribuire in ragione della propria capacità contributiva, pone un requisito soggettivo: occorre cioè che il presupposto sia espressione dell'attitudine a contribuire del soggetto passivo del tributo. Occorre dunque che l'obbligazione tributaria sia posta a carico di chi ha realizzato il presupposto del tributo. È violato l'art. 53 Cost. se il tributo ricade su di un soggetto che non realizza il presupposto.

Vi sono anche norme che pongono obblighi a carico di soggetti diversi da coloro cui è imputabile il presupposto, ma l'art. 53 non è violato se il «terzo» è posto in grado di far ricadere l'onere economico del tributo su chi ne realizza il presupposto.

Ciò legittima le norme che prevedono obbligazioni in solido a carico di soggetti che non realizzano il presupposto, perché chi paga il tributo ha diritto di regresso negli confronti dei coobbligati. È quindi legittima la figura del responsabile d'imposta.

È legittima inoltre la figura del sostituto d'imposta, che non è «inciso» in via definitiva dal tributo, potendone riversare – mediante ritenuta o rivalsa – l'onere economico su colui che realizza il presupposto.

B) Il principio di capacità contributiva riguarda la disciplina sostanziale dei tributi, non le norme formali (procedimentali e processuali).

Devono pertanto essere conformi al principio di capacità contributiva le norme che disciplinano i tributi (presupposto, base imponibile, aliquota, soggetti passivi), il diritto al rimborso dell'indebito, ed ogni altro profilo di diritto sostanziale (ad esempio, l'obbligo di anticipare il pagamento del tributo).

Se dunque vi sono norme procedimentali o processuali che non tutelano adeguatamente il contribuente, con il rischio che vengano pretesi dei tributi in assenza di fatti che li giustifichino, la tutela costituzionale non è data dall'art. 53 Cost., ma da altre norme costituzionali (come gli artt. 24 e 111).

C) Il principio costituzionale sancito nell'art. 53, se da un lato vieta che vi siano prelievi non collegati ad un fatto espressivo di capacità contributiva, dall'altro richiede che il fisco non trattenga prelievi avvenuti indebitamente, e, quindi, in assenza di capacità contributiva. Il non poter ottenere il rimborso dell'imposta indebitamente pagata viola il principio di capacità contributiva.

9. *Interesse fiscale e diritti inviolabili.*

All'interesse fiscale è dato, nella Costituzione, un particolare rilievo: il dovere tributario è un dovere inderogabile di solidarietà (art. 2), a cui sono tenuti tutti, in ragione della loro capacità contributiva (art. 53).

L'interesse fiscale è il valore costituzionale che legittima le norme che tutelano il fisco, anche se si tratta di discipline che differiscono da quelle del diritto comune: «*la materia tributaria, per la sua particolarità e per il rilievo che ha nella Costituzione l'interesse dello Stato alla percezione dei tributi, giustifica discipline differenziate*» (Corte cost., n. 283 del 1987).

La tutela costituzionale dell'interesse fiscale dev'essere però coordinata con la tutela di altri principi costituzionali, tra cui quello di capacità contributiva; e non deve mai ledere i diritti inviolabili, di cui all'art. 2 Cost., tra cui i diritti sanciti negli artt. 13, 14 e 15 e il diritto di difesa, *ex* art. 24 Cost. Vi è, in altri termini, un problema di «bilanciamento» tra interesse fiscale e diritti individuali.

Vi sono sentenze con cui la Corte, richiamando l'esigenza di tutelare l'interesse fiscale, ha giustificato la legittimità costituzionale di norme poste a tutela del fisco in deroga al principio di uguaglianza: ad esempio, in nome di tale interesse, è stata giustificata l'esistenza di una procedura esecutiva particolare per i crediti fiscali (Corte cost., n. 87 del 1962), e la previsione di presunzioni non provviste dei requisiti di gravità, precisione e concordanza (Corte cost., n. 283 del 1987).

In altri casi, si è ritenuto che la tutela dell'interesse fiscale non potesse giustificare la lesione di altri principi costituzionali, come il diritto di difesa. L'interesse del cittadino alla tutela giurisdizionale e quello generale della comunità alla riscossione dei tributi devono essere «*armonicamente coordinati*». Da ciò le molte sentenze che hanno dichiarato incostituzionali norme che, dettate a tutela dell'interesse fiscale, ledevano però il diritto di difesa.

Si possono ricordare la sentenza che dichiarò illegittimo il *solve et repete* (Corte cost., n. 21 del 1961); la sentenza che dichiarò incostituzionale la c.d. supersolidarietà tributaria (Corte cost., n. 48 del 1968); le sentenze che dichiararono incostituzionali le norme che subordinavano la tutela giurisdizionale al previo esperimento dei ricorsi amministrativi (tra le tante Corte cost., n. 406 del 1993).

10. *Tributi commutativi e servizi pubblici essenziali.*

A) Il fondamento di un tributo può essere costituito, oltre che dalla capacità contributiva, da altri fatti, ugualmente idonei a giustificare la previsione di una prestazione di natura tributaria. Secondo la scienza delle finanze, vi sono servizi indivisibili e servizi divisibili. I servizi pubblici indivisibili devono essere necessariamente finanziati dalla «fiscalità generale», cioè con le imposte, non essendovi la possibilità di individuare chi ne fruisce in modo distinto. Si applica, quindi, necessariamente, il principio di capacità contributiva.

Invece, quando è individuabile chi fruisce del servizio pubblico (servizi divisibili), il relativo finanziamento può essere fondato sul principio del beneficio, o controprestazione. Può essere posto, cioè, in tutto o in parte, a carico di chi fruisce del servizio, in base a tariffa o applicando una tassa.

Secondo la giurisprudenza costituzionale, il principio della capacità contributiva non riguarda «*né una singola imposizione ispirata a principi diversi da quello della progressività, né [...] la spesa per i servizi generali [...] coperta da imposte indirette o da entrate che siano dovute esclusivamente da chi richiede la prestazione dell'ufficio organizzato per il singolo servizio o da chi ne provoca l'attività*» (Corte cost., n. 78 del 2016).

Ciò non implica, però, che si possa sempre prescindere dalla capacità contributiva. Lo Stato deve stabilire i livelli essenziali delle prestazioni concernenti i diritti civili e sociali e garantirli in tutto il territorio nazionale (art. 117, comma 2, Cost.). I servizi pubblici essenziali devono dunque essere assicurati a tutti, nel rispetto del principio di capacità contributiva. La Costituzione prevede che siano assicurati a tutti il diritto alla salute (art. 32), all'istruzione (art. 34), alla tutela giurisdizionale (art. 24).

Occorre dunque distinguere tra servizi pubblici essenziali (sanità, giustizia, istruzione, servizio idrico ed elettrico, fruizione di taluni «beni comuni», come l'acqua, la rete, ecc.) e servizi non essenziali.

Il legislatore non può porre il costo di un servizio pubblico essenziale a carico di chi ne fruisce, senza tener conto della sua capacità contributiva (quale che sia il mezzo tecnico-giuridico del concorso). Ciò implica che il costo del servizio può essere posto a carico di chi può sostenerlo, ma che devono essere previste esenzioni per chi è privo di capacità contributiva.

La tassa non è dunque al di fuori dell'art. 53; e non lo sono neppure i prezzi e le tariffe (come la tariffa del servizio idrico), se relativi alla fruizione di un servizio pubblico essenziale.

È solo per il finanziamento dei servizi pubblici non essenziali che non vige il principio di capacità contributiva; per tali servizi, sono ammissibili modalità di finanziamento che prescindono dalla capacità contributiva di chi li usa, ma si basano sul principio del beneficio.

La giurisprudenza costituzionale in tema di spese per i servizi giudiziari distingue tra spese la cui entità è misurabile per ogni singolo atto, e che quindi possono gravare individualmente su chi vi ha dato occasione, e spese della organizzazione generale dei servizi giudiziari, che è sostenuta dallo Stato nell'interesse indistinto di tutta la collettività, e che, di conseguenza, deve gravare indistintamente su tutta la collettività, in proporzione della capacità contributiva di ognuno dei suoi membri (Corte cost., n. 30 del 1964).

B) Sono tributi commutativi, cioè fondati sul principio di controprestazione, i tributi ambientali, ispirati al principio «*chi inquina paga*», sancito dall'art. 191 del TFUE. L'uso particolare (ed inquinante) di un bene comune, quale è l'ambiente, è tassato non in quanto indice di capacità contributiva, ma perché chi usa in modo particolare un «bene comune» deve corrispondere un tributo, che ha natura commutativa.

11. *La progressività.*

L'art. 53, comma 2, della Costituzione, prevede che «*Il sistema tributario è informato a criteri di progressività*».

Il principio di progressività indica che il sistema tributario non ha soltanto lo scopo di fornire mezzi finanziari allo Stato, ma anche funzioni redistributive, per il raggiungimento dei fini di giustizia sociale fissati dalla Costituzione.

Il principio di progressività non riguarda i singoli tributi ma il sistema nel suo complesso: i singoli tributi possono essere ispirati a criteri diversi.

Il precetto costituzionale può essere attuato con un tributo sul reddito globale a carattere progressivo (qual è, nel sistema vigente, l'imposta sul reddito delle persone fisiche), che abbia valore caratterizzante di tutto il sistema tributario (e che, perciò, non può essere trasformato in tributo proporzionale, quale sarebbe la *flat tax*).

CAPITOLO QUINTO

L'OBBLIGAZIONE TRIBUTARIA E LE AGEVOLAZIONI

1. *L'obbligazione tributaria.*

A) L'obbligazione tributaria non si differenzia, concettualmente, dall'obbligazione del diritto privato, disciplinata nel codice civile.

Dell'obbligazione tributaria, però, vi è una disciplina propria nel diritto tributario: è un'obbligazione di diritto pubblico e, quando la disciplina tributaria presenta delle lacune, l'interprete può colmarla ricorrendo alle norme del codice civile, ma solo se ricorrono i presupposti dell'analogia. E l'analogia è possibile quando:

a) la disciplina tributaria presenti delle lacune in senso tecnico;

b) le norme del codice (assunte come «diritto comune» delle obbligazioni, private e pubbliche) siano suscettibili di essere estese oltre l'ambito del diritto privato;

c) le norme del codice siano compatibili con le peculiarità del diritto tributario.

È necessario ricorrere all'analogia quando il diritto tributario non disciplina aspetti essenziali dell'obbligazione tributaria, ad esempio in materia di *mora debendi*, solidarietà, prescrizione.

B) L'obbligazione tributaria è una obbligazione legale. Tale definizione indica, in primo luogo, che la disciplina dell'obbligazione (soggetti passivi, presupposto, quantificazione, adempimento, ecc.), è stabilita dalla legge (e da altre fonti normative che, nel rispetto dell'art. 23 Cost., possono concorrere a disciplinarla).

Ciò non vuol dire che, sol che si realizzi il presupposto, sorge l'obbligazione: vedremo infatti che il verificarsi del presupposto del tributo non sempre determina, di per sé, il sorgere dell'obbligazione, perché, nello schema tipico di attuazione dei tributi, l'obbligazione presuppone il compimento, da parte dell'ente impositore o dei soggetti passivi del tributo, di determinati atti giuridici (dichiarazione, avviso di accertamento).

L'obbligazione tributaria non è dunque un'obbligazione legale nel senso che la sua origine e misura deriva esclusivamente nella legge, poiché la sua formazione e misura può derivare anche da atti del contribuente o dell'Amministrazione finanziaria. Si consideri, ad esempio, che:

– vi sono regimi fiscali che si applicano a seguito di opzione del contribuente: è il caso del consolidato (Tuir, artt. 117 e 130), del regime di trasparenza nell'Ires (Tuir, art. 115) e della *tonnage tax* (Tuir, art. 155);

– le plusvalenze dei beni relativi all'impresa possono essere tassate, per scelta del contribuente, in modo dilazionato (Tuir, art. 86, comma 4);

– i contributi e liberalità concorrono a formare il reddito d'impresa come sopravvenienze attive nell'esercizio in cui sono incassate oppure, a scelta del contribuente, in modo dilazionato (Tuir, art. 88, comma 3, lett. b);

– le quote degli ammortamenti sono stabilite dal contribuente, nei limiti dei coefficienti previsti con decreto ministeriale;

– nell'imposta di registro applicata con il sistema del c.d. prezzo-valore la base imponibile dell'imposta sulle cessioni di abitazioni dipende da una scelta dell'acquirente, che può optare per l'applicazione del tributo sul valore catastale, invece che sul valore venale (L. 23 dicembre 2005, n. 266, art. 1, comma 497).

2. *Il presupposto.*

La fattispecie che dà vita – in modo diretto o mediato – all'imposta è variamente denominata: presupposto, fatto imponibile, fatto generatore, situazione-base. Il termine presupposto è quello usato nel Testo unico delle imposte sui redditi; nelle direttive dell'UE si usa l'espressione fatto generatore. Nell'Iva si parla di operazioni imponibili. Nelle imposte di registro e sulle successioni il legislatore usa l'espressione oggetto dell'imposta.

Il presupposto è l'evento che determina – direttamente o indirettamente – il sorgere dell'obbligazione tributaria.

Come ogni fattispecie, il presupposto è connotato dal legislatore (esplicitamente o implicitamente) sotto diversi profili: oggettivo, soggettivo, spaziale e temporale.

Presupposto e oggetto dell'imposta sono nozioni intese talora come coincidenti (ad esempio, nell'imposta di registro e nell'imposta sulle successioni).

Le due espressioni sono però usate anche con significati distinti, in quanto il termine presupposto è preferito nei discorsi giuridici, mentre l'oggetto è un termine usato con significato economico.

La distinzione tra presupposto e oggetto dell'imposta rende ragione delle divergenze di classificazione che si riscontrano a proposito di taluni tributi che vengono considerati indiretti da chi tiene conto del profilo giuridico formale, ed imposte dirette da chi ne considera l'oggetto economico.

Emblematico il caso dell'imposta di registro e dell'imposta sulle successioni (e donazioni), considerate imposte sui trasferimenti nelle classificazioni giuridiche ed imposte sul patrimonio nelle classificazioni economiche.

2.1. *Imposte dirette e indirette; reali e personali.*

Le imposte sono distinte in dirette e indirette: le prime sono quelle che colpiscono il reddito o il patrimonio, le seconde tutte le altre (imposte sui consumi, sui trasferimenti, sugli affari, ecc.).

Le imposte dirette colpiscono una manifestazione diretta di capacità contributiva, le altre una manifestazione indiretta. Le formule imposte dirette e imposte indirette, infine, sono assai comode per designare sinteticamente gruppi di tributi che presentano discipline comuni sotto svariati aspetti: ad esempio, in materia di privilegi, si parla di tributi diretti nell'art. 2752 c.c. e di tributi indiretti nell'art. 2758 c.c.

Le imposte sul reddito sono ulteriormente distinte in personali e reali, a seconda che, nella loro disciplina, abbia o non abbia rilievo qualche elemento che attiene alla persona del soggetto passivo, come ad esempio la situazione familiare.

Risponde al modello dell'imposta personale l'Irpef, che colpisce tutti i redditi di un soggetto, con aliquote progressive, e tiene conto, oltre che delle spese di produzione del reddito, anche di situazioni personali (accordando deduzioni dal reddito e detrazioni dall'imposta, per ragioni estranee alla formazione del reddito).

2.2. *Imposte istantanee e periodiche.*

Il presupposto dell'imposta può essere un fatto istantaneo o un fatto di durata; di qui la distinzione tra imposte istantanee e periodiche.

Le imposte istantanee hanno per presupposti fatti singoli. Ad ogni fatto imponibile corrisponde una distinta obbligazione. Sono istantanee, ad esempio, le imposte che prendono in considerazione il patrimonio in un dato istante; l'imposta di registro, che tassa gli atti giuridici; l'imposta sulle successioni, che colpisce l'asse ereditario al momento della morte del *de cuius*.

Sono periodiche le imposte che hanno come presupposto una fattispecie che si prolunga nel tempo, per cui assume rilievo giuridico un insieme di fatti che si collocano in un dato arco temporale («periodo d'imposta»). Sono periodiche le imposte sui redditi e l'imposta sul valore aggiunto.

Il rapporto obbligatorio delle imposte periodiche deriva dal verificarsi dei presupposti impositivi, anno per anno. Perciò al credito fiscale non si applica il termine di prescrizione quinquennale, previsto dall'art. 2948, n. 4, c.c., «*per tutto ciò che deve pagarsi periodicamente ad anno o in termini più brevi*», ma il termine di prescrizione decennale previsto dall'art. 2946 c.c.

Ciascuna imposta periodica è determinata dai fatti che si sono verificati nel (o che sono imputati al) singolo periodo d'imposta, ma ciò non significa netta cesura tra i fatti di ciascun periodo: in materia di redditi d'impresa, sono numerosi i fatti ad efficacia pluriennale (ad esempio, acquisti ammortizzabili) e le connessioni tra un periodo e l'altro (per esempio, le rimanenze finali di un periodo sono anche le giacenze iniziali del periodo successivo).

Alla fattispecie caratterizzata da un dato periodo di tempo (periodo d'imposta) corrispondono distinti rapporti d'imposta e, quindi, distinti procedimenti attuativi.

Lo Statuto dei diritti del contribuente prevede che le modifiche della disciplina delle imposte periodiche «*si applicano solo a partire dal periodo d'imposta successivo a quello in corso alla data di entrata in vigore delle disposizioni che le prevedono*» (art. 3).

Le imposte sul patrimonio hanno come riferimento il patrimonio in un dato istante di tempo.

L'imposta comunale sugli immobili (Imu) si applica annualmente, ma la sua base imponibile è il valore degli immobili alla data del 1° gennaio di ogni anno. Tra i tributi comunali hanno carattere periodico l'imposta sulla pubblicità, la tassa per l'occupazione di spazi ed aree pubbliche e la tassa rifiuti.

3. *La misura dell'imposta. La base imponibile.*

A) La quantificazione del debito d'imposta dipende, innanzitutto, dalla base imponibile, che è concetto diverso da quello di presupposto.

Presupposto è ciò che provoca l'applicabilità di un tributo (l'*an debeatur*); base imponibile ciò che ne determina la misura (il *quantum*). Presupposto d'imposta può essere il possesso o l'acquisto di un bene, il conseguimento di un reddito, la stipulazione di un contratto, ecc.

Può aversi identificazione o sovrapposizione di concetti: il reddito, ad esempio, è al tempo stesso presupposto e base imponibile.

B) La base imponibile è costituita, nella maggior parte delle imposte, da una grandezza monetaria. In materia di imposte dirette (Irpef, Ires), la base imponibile è un importo netto, pari a ciò che residua dopo avere applicato al reddito lordo tutte le deduzioni e riduzioni previste; per l'Imu sugli immobili iscritti in catasto, la base imponibile è pari ad un multiplo della rendita catastale rivalutata.

Nelle imposte indirette la base imponibile varia da tributo a tributo: ad esempio nell'Iva è costituita dal corrispettivo delle cessioni e delle prestazioni di servizi; nell'imposta di registro dal valore del bene o del diritto cui si riferisce l'atto registrato.

La base imponibile è in molti casi una somma algebrica di elementi positivi e negativi (è dunque un importo netto); in altri casi, è un importo unitario, senza deduzioni.

Se gli elementi della base imponibile non sono entità monetarie, ma beni o servizi, sarà necessario quantificarne il valore in moneta (Tuir, art. 9, commi 3 e 4).

Le norme sulla base imponibile sono sovente particolarmente complesse. Il legislatore non si limita a stabilire quale sia la base imponibile di un tributo (reddito, patrimonio ereditario, corrispettivo contrattuale, ecc.), ma detta anche norme che fissano la composizione della base imponibile ed i criteri di valutazione. Si considerino, ad esempio, le norme sul reddito d'impresa, le norme sul valore degli immobili o delle aziende ai fini delle imposte sui trasferimenti, ecc.

Se la base imponibile è un valore netto, si hanno due serie di norme: da un lato, norme sui componenti positivi (ricavi, compensi, ecc.); dall'altro, norme sui componenti negativi (costi, spese, ecc.). Le deduzioni dalla base imponibile possono dipendere o da ragioni di tecnica tributaria o da ragioni extrafiscali (ad esempio, agevolative).

C) La base imponibile può essere costituita, oltre che da una grandezza monetaria (come il reddito), anche da cose, misurate secondo le loro caratteristiche di misura e peso, o considerate nella loro unità. Ad esempio, le imposte di fabbricazione o accise hanno per base imponibile le unità di prodotto; l'imposta di pubblicità ha come base imponibile il mezzo pubblicitario, misurato in base alle sue dimensioni e caratteristiche; la tassa sulla raccolta dei rifiuti è rapportata alla superficie degli immobili.

3.1. *Imposte fisse, proporzionali, progressive.*

A) L'imposta può essere stabilita in misura fissa. È il caso dell'imposta (o tassa) di registro, dovuta in misura fissa per ogni atto di cui si chiede la registrazione, e di varie ipotesi di imposta di bollo e di tasse sulle concessioni governative (ad esempio, tassa sul passaporto, sulla licenza di caccia e di pesca, sul porto d'armi).

Imposta capitaria è quella dovuta da ogni individuo in misura fissa.

B) Un secondo tipo di tributo è quello proporzionale, cioè con tasso fisso. L'aliquota non muta con il variare della base imponibile. Ad esempio, vi sono aliquote fisse per l'imposta di registro e per l'imposta sul valore aggiunto. Anche l'aliquota dell'Ires è fissa.

Vi possono essere, nella disciplina di una medesima imposta, più aliquote fisse: è il caso, ad esempio, dell'imposta di registro (ove vi sono aliquote diverse a seconda del tipo di atto tassato), o dell'imposta sul valore aggiunto (ove si hanno aliquote diverse per gruppi di beni e servizi).

La varietà di aliquote può dipendere tanto da motivi tributari (in ragione del diverso grado di capacità contributiva espresso dagli oggetti tassati), quanto da ragioni extrafiscali (ossia agevolative).

La *flat tax* (tassa piatta) è un tributo sul reddito delle persone fisiche con aliquota unica; è quindi un tributo proporzionale, che però può avere aspetti di progressività se vi è un minimo esente e un sistema di detrazioni e deduzioni.

C) L'imposta progressiva aumenta più che proporzionalmente con l'aumento della base imponibile. Vi è una progressività per classi, una progressività per scaglioni, una progressività continua ed una progressività per detrazioni.

Nell'Irpef, è adottata la progressività per scaglioni (Tuir, art. 11). L'imponibile è diviso in scaglioni; ad ogni scaglione di reddito corrisponde un'aliquota via via crescente (che non varia all'interno dello scaglione). L'imposta complessiva è data dalla somma degli importi corrispondenti ai diversi scaglioni.

L'imposta sulle successioni e donazioni presenta aliquote differenziate in ragione del rapporto tra *de cuius* ed erede, più basse per i parenti, più elevate per gli estranei (D.l. 3 ottobre 2006, n. 262, conv. con L. 24 novembre 2006, n. 286, art. 2).

D) Le imposte sono regressive quando l'aliquota diminuisce con l'aumentare della base imponibile, mentre, nelle imposte graduali, la base imponibile è divisa in più «gradi», a ciascuno dei quali corrisponde una determinata aliquota.

4. *Sovrimposte e addizionali.*

Vi è sovrapposizione di fattispecie quando la fattispecie imponibile di un tributo («*imposta madre*»), viene usata come fattispecie di un'altra imposta («*imposta figlia*»).

L'imposta figlia è denominata «sovrimposta» o «addizionale». Ad esempio, le addizionali comunali, provinciali e regionali all'Irpef sono determinate applicando l'aliquota alla stessa base imponibile dell'Irpef.

È denominato addizionale (o imposta addizionale) anche il tributo la cui misura è ragguagliata ad una frazione o multiplo di quanto dovuto per l'imposta di base. È un'addizionale anche l'aggio spettante all'agente della riscossione, che è pari ad una percentuale della somma iscritta a ruolo.

5. *Esenzioni, agevolazioni e spese fiscali.*

A) Le esenzioni sono disposizioni che sottraggono, in tutto o in parte, all'applicazione di un tributo, ipotesi che sarebbero imponibili in base alla definizione generale del presupposto.

Le esenzioni possono essere temporanee (ad esempio, esenzioni o riduzione d'imposta concessa alle nuove imprese per un decennio) e permanenti.

Vi sono esenzioni di carattere soggettivo, di carattere oggettivo ed esenzioni miste, ossia che richiedono sia un requisito soggettivo, sia un requisito oggettivo.

Esenzione soggettiva è, ad esempio, l'esenzione dall'imposta comunale sugli immobili (Imu) degli immobili posseduti dallo Stato, dalle regioni, dalle province, ecc.; esenzione soggettiva è l'esenzione dei redditi degli ambasciatori e agenti diplomatici degli Stati esteri accreditati in Italia.

Esenzione oggettiva è l'esenzione dall'imposta comunale sugli immobili (Imu) dei fabbricati classificati o classificabili nelle categorie catastali da E/1 a E/9 e dei terreni agricoli ricadenti in aree montane.

Un caso di esenzione mista è l'esenzione dalle imposte sui redditi dei redditi dei terreni e dei fabbricati appartenenti allo Stato, alle regioni, alle province, ai comuni e ai relativi consorzi, che si applica solo per gli immobili destinati ad usi o servizi di pubblico interesse (D.P.R. 29 settembre 1973, n. 601, art. 5).

La distinzione tra esenzioni soggettive e oggettive ha rilievo pratico perché le esenzioni oggettive non vengono meno se muta la proprietà del cespite. Invece, una esenzione soggettiva non opera più quando la proprietà del bene è trasferita ad un soggetto non esente.

B) L'agevolazione (o misura di favore), in deroga a quanto previsto in via ordinaria, riduce il *quantum* dell'imposta. Per individuare le agevolazioni è necessario, in primo luogo, definire il trattamento fiscale ordinario (il *benchmark* di riferimento); in secondo luogo, occorre distinguere, tra le disposizioni «riduttive», quelle che hanno natura agevolativa.

Vi sono, nella disciplina dei tributi, norme di segno positivo (ad esempio, le norme sui componenti positivi del reddito) e norme di segno negativo (riguardanti i costi, le deduzioni dall'imponibile, le esenzioni, ecc.), che escludono o riducono l'imposta.

La riduzione dell'imposta può dipendere da motivi tecnico-tributari o da finalità extrafiscali. Vanno perciò distinte le norme con finalità fiscale da quelle con fini extrafiscali.

Vi sono elementi che riducono la base imponibile o l'imposta (come i costi che si deducono dal reddito lordo, le detrazioni forfettarie dall'imposta spettanti ai lavoratori dipendenti, le detrazioni nell'Iva, ecc.), che non sono agevolazioni, ma elementi costitutivi del regime ordinario.

Gli strumenti tecnici con cui può essere realizzata una agevolazione sono molteplici: tassazione parziale della base imponibile, deduzioni dalla base imponibile, detrazioni dall'imposta, riduzioni di aliquote, regimi di differimento o sospensione dell'imposta, regimi sostitutivi, crediti d'imposta, ecc.

L'agevolazione può consistere anche in un aumento "artificiale" dei costi, come nel caso in cui l'ammortamento è ammesso in misura maggiorata rispetto al costo effettivo (L. 28 dicembre 2015, n. 208, art. 1, comma 91).

In tema di aliquote, vi possono essere aliquote ridotte rispetto all'aliquota ordinaria, da considerare agevolazioni. Ad esempio, l'aliquota ridotta per l'acquisto della «prima casa» è un'aliquota agevolata rispetto al trattamento ordinario delle cessioni di immobili.

Vi sono tributi con una sola aliquota ordinaria (come l'Ires), o con aliquote ordinarie crescenti (come l'Irpef). Anche rispetto a tali aliquote (ordinarie) vi sono aliquote che rappresentano delle agevolazioni. Ad esempio, è un'agevolazione l'applicazione agli enti non commerciali dell'aliquota dimezzata (D.P.R. 29 settembre 1973, n. 601, art. 6).

Le esenzioni e le agevolazioni possono costituire «*aiuti di Stato*», ai sensi dell'art. 107 del Trattato sul funzionamento dell'UE.

C) Vi sono casi nei quali l'esenzione deriva da fattispecie da cui non scaturisce alcun effetto giuridico; in tali casi, la conseguenza dell'esenzione è la non applicazione dell'imposta. L'esenzione non è il portato di una norma autonoma e la disposizione che la prevede concorre a delimitare in negativo il presupposto del tributo.

Talvolta il legislatore esenta una fattispecie da una imposta perché prevede l'applicazione di un'altra imposta. Ad esempio, vi sono dei proventi che sono esenti dalle normali imposte sul reddito, ma sono assoggettati a ritenuta alla fonte a titolo d'imposta.

Le esenzioni, dunque, possono comportare tanto l'esonero da qualsiasi imposta, quanto l'applicazione di un'imposta alternativa; e solo se l'imposta sostitutiva comporta un minore onere economico per il contribuente si può affermare che ha natura agevolativa. Perciò dalle imposte sostitutive può derivare, ma non necessariamente, un trattamento di favore.

Nell'Iva, le esenzioni dall'Iva escludono che sia dovuta l'imposta, ma le operazioni esenti devono essere fatturate e contabilizzate.

D) Per individuare le fattispecie esenti si possono seguire due criteri, uno di tipo logico, uno di tipo nominalistico. In base a quello logico, sono esenzioni tutti i casi che sono in rapporto di deroga rispetto alla norma che definisce il presupposto (quale che sia la terminologia usata dal legislatore).

Oltre a tale criterio, possono essere considerate esenzioni quelle che il legislatore qualifica (e disciplina) espressamente come tali, anche se non sono in rapporto di deroga o eccezione rispetto alla regola generale. Ad esempio, le esenzioni dall'Iva, elencate nell'art. 10, D.P.R. 26 ottobre 1972, n. 633, devono essere considerate tutte come esenzioni (cui si applica la relativa disciplina), ed è superfluo verificare se rappresentino una eccezione rispetto alla categoria generale delle operazioni imponibili.

E) Occorre distinguere le esenzioni dalle esclusioni. Le esenzioni costituiscono una deroga alla disciplina generale del tributo; le esclusioni, invece, risultano da enunciati con cui il legislatore chiarisce i limiti di applicabilità del tributo, senza derogare a quanto risulta dagli enunciati generali. L'esclusione è, insomma, una disposizione che concorre a definire il presupposto ed a cui non corrisponde una norma diversa da quella che definisce il presupposto. Ad esempio, è una esclusione, non una esenzione, la disposizione secondo cui non concorrono alla formazione del reddito i sovrapprezzi di emissione delle azioni e gli interessi di conguaglio versati dai sottoscrittori di nuove azioni: essi non sono, per la società che li riceve, redditi, ma componenti del capitale (Tuir, art. 91).

Nella disciplina del reddito d'impresa, alcune plusvalenze sono, a certe condizioni, esenti da imposta. Il legislatore precisa che le plusvalenze delle partecipazioni non sono tassate «*in quanto esenti*»; per i dividendi, invece, il legislatore specifica che non sono tassati «*in quanto esclusi*». La distinzione non è priva di rilievo, perché i costi inerenti ai proventi «*esclusi*» sono deducibili, e invece i costi inerenti ai proventi «*esenti*» non sono deducibili (Tuir, artt. 89 e 109, comma 5).

F) Anche le agevolazioni fiscali possono essere sottoposte a condizione (sospensiva o risolutiva).

La condizione risolutiva fa cessare un'agevolazione, rendendo dovuto il pagamento dell'imposta.

Se la condizione è sospensiva, vi è dapprima una situazione di pendenza, che può atteggiarsi in modi diversi.

Può darsi che, durante la pendenza, il contribuente non goda di alcun trattamento di favore; quando si avvererà la condizione, il contribuente cesserà di essere soggetto ad imposta.

Se la condizione non si verificherà, cesserà di operare il regime di favore e sarà dovuta l'imposta per effetto congiunto dell'ordinario presupposto e della fattispecie secondaria, che ha eliso gli effetti dell'esenzione.

G) Nel contesto della riforma tributaria degli anni '70, la materia delle esenzioni e agevolazioni è stata riordinata e ridisciplinata dal D.P.R. 29 settembre 1973, n. 601, ove sono previste, oltre ad alcune (poche) agevolazioni di carattere soggettivo, agevolazioni per l'agricoltura, per la cooperazione, per il settore del credito, di carattere territoriali ed altre.

H) Le esenzioni e le agevolazioni sono degli introiti mancati, equivalenti a spese dello Stato (*tax expenditures*).

Le *tax expenditures* sono elencate nel *Rapporto annuale sulle spese fiscali* che è allegato allo stato di previsione dell'entrata del Bilancio di previsione dello Stato.

6. *I regimi fiscali sostitutivi.*

Il legislatore può stabilire, con una norma derogatoria, che talune categorie di fatti siano sottratte all'applicazione d'una imposta, cui sarebbero ordinariamente soggette, e siano soggette ad altro, speciale regime.

Si ha, in tal caso, un «regime fiscale sostitutivo». Ciò può avvenire sia per scopi di agevolazione (e, quindi, per motivi extrafiscali), sia per motivi di tecnica impositiva (ossia di semplificazione del meccanismo impositivo).

In materia di regimi sostitutivi previsti nel settore delle imposte indirette, si consideri, ad esempio, l'imposta sostitutiva dovuta dagli enti che effettuano operazioni di credito a medio o lungo termine, oppure operazioni di credito, in determinati settori (credito all'artigianato, alla cooperazione, ecc.); tali enti, in luogo delle imposte di registro, di bollo, ipotecarie e catastali che sarebbero dovute secondo le norme che regolano tali imposte, sono soggetti ad un'unica imposta, la cui aliquota si applica all'ammontare dei finanziamenti erogati (D.P.R. 29 settembre 1972, n. 601, art. 15 e ss.).

Nel settore dell'imposizione sui redditi, i regimi sostitutivi sono previsti soprattutto per le rendite finanziarie. Pongono in essere dei regimi sostitutivi le norme che sottopongono determinati redditi a ritenuta alla fonte a titolo d'imposta.

Rispetto al regime normale, in tali ipotesi si hanno le seguenti differenze:

– soggetto passivo del tributo sostitutivo non è colui che percepisce il reddito ma il sostituto;

– il reddito è tassato in via autonoma, con aliquota fissa; non è quindi componente del reddito complessivo del percettore, ed è sottratto alla progressività (nel caso di reddito soggetto ad Irpef);

– la tassazione alla fonte in via definitiva sostituisce ogni imposta diretta (Tuir, artt. 3 e 91).

7. *I crediti d'imposta.*

L'espressione «*credito d'imposta*» è generalmente usata per indicare un credito del contribuente verso il fisco (e non il credito del fisco verso il contribuente).

L'ordinamento positivo conosce più tipi di crediti d'imposta.

A) Vi sono, innanzitutto, crediti d'imposta accordati per motivi di tecnica tributaria, ossia per porre rimedio a fenomeni di doppia imposizione.

È il caso del credito d'imposta attribuito a coloro che percepiscono redditi di fonte estera; il credito serve ad evitare che all'imposta pagata all'estero si sommi l'imposta dovuta al fisco italiano (Tuir, art. 165).

Vi sono, poi, crediti d'imposta accordati per ragioni extrafiscali. Si tratta in realtà di finanziamenti, di cui i beneficiari fruiscono compensando i crediti così attribuiti con i debiti d'imposta. Questi crediti non sono quindi fiscali in sé, ma per il modo della loro attuazione.

B) Vi sono crediti d'imposta rimborsabili e non rimborsabili.

I crediti non rimborsabili sono utilizzati solo a compensazione del debito d'imposta, e, se vi è un'eccedenza, il contribuente non ha diritto al rimborso. In sostanza, tali crediti equivalgono a delle detrazioni.

Ad esempio, il credito d'imposta per redditi prodotti all'estero equivale ad una detrazione, perché – se l'imposta pagata all'estero è più elevata di quella dovuta in Italia – il credito è attribuito in misura limitata, ossia in misura non superiore all'imposta dovuta in Italia sul reddito prodotto all'estero (Tuir, art. 165, comma 1).

In genere non sono rimborsabili, ma equivalgono a delle detrazioni, i crediti d'imposta previsti per motivi agevolativi.

C) I crediti d'imposta possono essere ceduti *ex* art. 1260 c.c., mediante contratto stipulato con atto pubblico, o scrittura privata autenticata, che dev'essere notificato all'ente pubblico cui spetta ordinare il pagamento (D.P.R. 29 settembre 1973, n. 602, art. 43-*bis*).

I crediti Ires risultanti dalle dichiarazioni dei redditi di società che fanno parte di un gruppo possono essere ceduti ad altre società del gruppo (D.P.R. 29 settembre 1973, n. 602, art. 43-*ter*).

CAPITOLO SESTO

I SOGGETTI PASSIVI

1. *Contribuente, residenza e domicilio fiscali.*

Il termine contribuente, nelle leggi tributarie, indica il debitore dell'imposta o, più genericamente, il soggetto passivo di rapporti tributari. Talvolta è usato nel senso di obbligato principale (ossia di soggetto che ha realizzato il presupposto del tributo).

Ogni contribuente ha il «*domicilio fiscale*» in un comune dello Stato. Il comune di domicilio fiscale è il comune in base a cui si individua l'ufficio territorialmente competente ad amministrare la posizione fiscale di un contribuente (D.P.R. 29 settembre 1973, n. 600, art. 31; D.P.R. 26 ottobre 1972, n. 633, art. 40).

Ai fini delle imposte sui redditi, il domicilio fiscale delle persone fisiche è nel comune dell'anagrafe in cui sono iscritte; per le società e per gli enti è nel comune in cui hanno la sede legale; i non residenti sono domiciliati nel comune in cui hanno prodotto il reddito. Nel comune di domicilio fiscale devono essere notificati al contribuente gli atti dell'Amministrazione finanziaria.

Il domicilio fiscale è concetto diverso da quello di residenza fiscale. La residenza è nozione del diritto sostanziale. I residenti sono soggetti ad imposta in Italia per tutti i redditi, anche prodotti all'estero; i non residenti sono tassati solo per i redditi prodotti in Italia.

2. *La soggettività tributaria.*

Oltre alle persone fisiche e agli enti collettivi dotati di personalità giuridica possono essere titolari di situazioni giuridiche fiscali anche soggetti non personificati. Sono infatti soggetti passivi d'imposta anche le società di persone, le associazioni non riconosciute e, nell'Ires, «*le altre organizzazioni non appartenenti ad altri soggetti passivi, nei confronti delle quali il presupposto si verifica in modo unitario e autonomo*» (Tuir, art. 73). Tra i soggetti passivi dell'Iva sono comprese le organizzazioni senza personalità giuridica (D.P.R. 26 ottobre 1972, n. 633, art. 4).

3. *La solidarietà tributaria.*

Gli obblighi formali e l'obbligazione tributaria possono essere imposti a più soggetti, tenuti in solido. Anche l'obbligazione tributaria, dunque, come quella di diritto civile, può essere un'obbligazione solidale (passiva). Secondo l'art. 1292 c.c., «*l'obbligazione è in solido quando più debitori sono obbligati tutti per la medesima prestazione, in modo che ciascuno può essere costretto all'adempimento per la totalità e l'adempimento da parte di uno libera gli altri*».

Il soggetto passivo del tributo è tenuto anche all'adempimento di obblighi formali, come la presentazione della dichiarazione. Se la dichiarazione è presentata da uno solo, anche gli altri sono liberati.

Nelle leggi tributarie sono indicati i casi in cui l'obbligazione è solidale, ma non vi è null'altro. Spetta perciò all'interprete ricostruire la disciplina della solidarietà tributaria, facendo riferimento alle norme del codice civile.

3.1. *La solidarietà paritaria.*

Vi sono due tipi di solidarietà tributaria: quella paritaria e quella dipendente. Nella solidarietà paritaria il presupposto del tributo è riferibile in modo indistinto ad una pluralità di soggetti; nel caso di solidarietà dipendente vi è un obbligato principale, che pone in essere il presupposto del tributo, e un obbligato dipendente (il c.d. responsabile d'imposta), che è obbligato (in solido), perché realizza una fattispecie collaterale.

La solidarietà paritaria è presente soprattutto nel campo delle imposte indirette. Ad esempio:

– nell'imposta di registro, quando viene stipulato un contratto da registrare in termine fisso, le parti contraenti sono obbligate in solido;

– l'imposta sulle successioni è dovuta dagli eredi in solido;

– le imposte ipotecarie sono dovute, oltre che da coloro nel cui interesse è fatta la richiesta di trascrizione, anche dai debitori contro cui è iscritta o rinnovata l'ipoteca.

Il reddito è per sua natura riferibile ad un soggetto soltanto, e quindi le previsioni di solidarietà, soprattutto in materia di imposte personali, hanno natura eccezionale. Un caso di solidarietà paritaria per le imposte sui redditi è quello degli eredi del contribuente, che sono tenuti in solido ad assolvere i debiti d'imposta del *de cuius* (D.P.R. 29 settembre 1973, n. 600, art. 65).

3.2. *La solidarietà dipendente e il responsabile d'imposta.*

Secondo una terminologia consolidata dall'uso è "responsabile d'imposta" il debitore che non realizza il presupposto del tributo, ma è tuttavia obbligato in solido con il soggetto che realizza il presupposto (obbligato principale). Secondo la definizione contenuta nel D.P.R. 29 settembre 1973, n. 600, art. 64, il responsabile d'imposta «*è obbligato al pagamento dell'imposta insieme con altri, per fatti o situazioni esclusivamente riferibili a questi*».

Ciò che distingue il responsabile d'imposta dal coobbligato della solidarietà paritaria è il fatto che la sua responsabilità non deriva dall'aver concorso a realizzare il presupposto dell'imposta, ma dall'aver posto in essere una fattispecie ulteriore e diversa.

Tra fattispecie principale – cui si collega il debito dell'obbligato principale – e fattispecie secondaria, da cui deriva l'obbligazione del responsabile, vi è un rapporto di "pregiudizialità-dipendenza": l'obbligazione del responsabile, in tanto esiste, in quanto esiste quella principale. Il responsabile è coobbligato in via dipendente.

Ciò non ha rilievo nei confronti del fisco: nei rapporti esterni, il responsabile è un coobbligato in solido, come nella solidarietà paritaria.

Nei rapporti interni, invece, solidarietà paritaria e dipendente differiscono, perché il responsabile d'imposta, se paga il tributo, ha diritto di regresso nei confronti dell'obbligato principale (invece, nella solidarietà paritaria, il coobbligato che paga l'intero ha diritto di regresso *pro quota*).

Ecco alcuni casi notevoli di solidarietà dipendente.

A) In ambito Ires, se è adottato il regime di trasparenza, la società partecipata non è debitrice d'imposta per il proprio reddito, ma è obbligata come garante del debito fiscale dei soci. Infatti, ciascun socio risponde (come obbligato principale) del debito tributario inerente al proprio reddito, ma «*la società partecipata è solidalmente responsabile con ciascun socio per l'imposta, le sanzioni e gli interessi*» (Tuir, art. 115, comma 8).

Nel consolidato nazionale, ogni società controllata risponde dei debiti che si collegano alla sua dichiarazione dei redditi (oltre che degli interessi e sanzioni). Risponde dell'imposta in quanto soggetto che realizza il reddito; e risponde delle sanzioni in quanto scaturiscono da violazioni che essa ha commesso (Tuir, art. 127).

È però obbligata anche la controllante. La quale è debitrice, oltre che dell'imposta liquidata con la dichiarazione del reddito consolidato, anche delle maggiori imposte derivanti da avvisi di rettifica di tale dichiarazione, con interessi e sanzioni. La capogruppo è responsabile anche di debiti fiscali che scaturiscono da redditi delle controllate (dichiarati o accertati). Si tratta di solidarietà dipendente, perché il presupposto è realizzato dalla o dalle controllate.

B) Vi sono infine dei casi in cui la solidarietà tributaria sorge dalla volontà del coobbligato.

La dichiarazione dei redditi congiunta dei coniugi comporta la responsabilità del coniuge in riferimento ai maggiori redditi accertati nei confronti dell'altro coniuge; la predisposizione della dichiarazione congiunta costituisce libera manifestazione di volontà del contribuente in ordine alle relative conseguenze giuridiche (Cass., 26 marzo 2009, n. 7266).

Le aziende di credito che rilascino fideiussione ai soggetti passivi dell'Iva che conseguono rimborsi d'imposta rispondono, insieme con il garantito, dell'obbligo di restituire al fisco le somme indebitamente rimborsate (D.P.R. 26 ottobre 1972, n. 633, art. 38-*bis*).

C) Nell'imposta di registro, il notaio, o altro pubblico ufficiale, che redige un atto o lo autentica, è obbligato al pagamento dell'imposta (principale) insieme con le parti contraenti; le parti realizzano il presupposto del tributo, ed il notaio è tenuto in quanto «responsabile» (T.u. registro, art. 57).

D) Dalla sostituzione a titolo d'imposta scaturisce un rapporto giuridico di solidarietà dipendente nel caso in cui il sostituto sia iscritto a ruolo per imposte, sanzioni e interessi relativi a redditi per i quali non ha effettuato né le ritenute né i versamenti; anche qui la solidarietà non è paritaria perché il sostituto è obbligato per un reddito altrui (D.P.R. 29 settembre 1973, n. 602, art. 35).

E) La solidarietà tributaria può dipendere anche da norme civilistiche. I soci delle società in nome collettivo e i soci accomandatari delle società in accomandita rispondono solidalmente e illimitatamente dei debiti delle società, compresi i debiti fiscali (artt. 2291 e 2313 c.c.).

F) Il rappresentante fiscale ai fini Iva del soggetto non residente risponde, con il rappresentato, dei debiti d'imposta del rappresentato (D.P.R. 26 ottobre 1972, n. 633, art. 17).

G) Il cessionario d'azienda risponde di talune imposte e sanzioni dovute dal cedente, riferibili alle violazioni commesse nell'anno in cui è avvenuta la cessione e nei due precedenti, ma con il beneficio della preventiva escussione del cedente, ed entro il limite del valore dell'azienda. La responsabilità del cessionario non è soggetta ad alcuna limitazione qualora la cessione sia stata attuata in frode dei crediti tributari (D.lgs.18 dicembre 1997, n. 472, art. 14).

4. *I rapporti interni tra condebitori.*

I rapporti interni tra condebitori d'imposta sono rapporti di diritto privato.

Si applica l'art. 1298 c.c., secondo cui l'obbligazione solidale, nei rapporti interni, si divide per quote, e le quote si presumono uguali, se non risulta diversamente; inoltre, secondo l'art. 1299 c.c., chi ha pagato l'intero ha diritto di regresso per la quota che compete a ciascuno di essi.

L'art. 1298 c.c. stabilisce la divisione del debito nei rapporti interni in base al criterio dell'interesse per il quale l'obbligazione è stata contratta, ma nella solidarietà tributaria occorre riferirsi al rapporto di ciascun condebitore con il presupposto dell'imposta.

5. *La sostituzione tributaria e le ritenute.*

A) Vi è sostituzione tributaria nei casi in cui un soggetto, detto sostituto, è obbligato, quando corrisponde somme (o valori) al sostituito, ad operare una ritenuta e a versare all'erario quanto ritenuto.

Secondo la definizione legislativa, sostituto è «*chi, in forza di disposizione di legge, è obbligato al pagamento di imposte in luogo di altri, per fatti o situazioni a questi riferibili ed anche a titolo di acconto*» (D.P.R. 28 settembre 1973, n. 600, art. 64).

Obbligato al pagamento è dunque il sostituto, che non realizza il presupposto, ma il suo obbligo di versamento presuppone il diritto-dovere di operare la ritenuta nei confronti del sostituito.

Operare la ritenuta è, di regola, non solo un diritto, ma anche un obbligo, la cui violazione è punita con sanzione amministrativa (D.lgs. 18 dicembre 1997, n. 471, artt. 13 e 14).

Diversi dalla sostituzione (detta anche tassazione alla fonte) sono i «*regimi fiscali sostitutivi*», che comportano la sottoposizione di un presupposto d'imposta, in via derogatoria, ad un regime fiscale speciale.

B) Il termine «sostituzione» non deve far pensare che vi sia una doppia movenza legislativa. E cioè, dapprima, l'istituzione dell'imposta a carico di colui che realizza il presupposto; e, poi, la «sostituzione» di tale soggetto.

Non esiste, in altri termini, un fenomeno giuridico di vera sostituzione, perché vi è, dall'origine, l'imposizione di un obbligo a carico del sostituto, il quale è diverso dall'ordinario soggetto passivo perché non realizza il presupposto. Il sostituto non è dunque un obbligato che «sostituisce» un altro soggetto, obbligato prima di lui.

La sostituzione è una garanzia per il fisco, in quanto l'obbligo è posto a carico di un soggetto che non paga con risorse proprie, avendo il diritto-dovere di trattenere, da ciò che corrisponde al reddituario, un importo pari alla somma di cui è debitore verso il fisco.

C) In concreto – come risulta dagli artt. 23 ss., D.P.R. 29 settembre 1973, n. 600 –, sono sostituti d'imposta i soggetti passivi Ires, le società di persone, le associazioni, gli imprenditori individuali, coloro che esercitano arti e professioni e i curatori fallimentari; essi devono effettuare le ritenute quando corrispondono: a) somme o valori che costituiscono reddito di lavoro dipendente o reddito assimilato a quello di lavoro dipendente; b) compensi di lavoro autonomo e alcuni redditi diversi; c) provvigioni inerenti a rapporti di commissione, agenzia, mediazione, rappresentanza di commercio e procacciamento di affari; d) interessi, dividendi e altri redditi di capitale; e) compensi per avviamento commerciale; f) premi e vincite.

Si può dire, in sintesi, che le ritenute interessano tutte le categorie reddituali, salvo i redditi fondiari e d'impresa, ma vi sono imprenditori le cui provvigioni sono soggette a ritenuta.

D) Tra sostituto e sostituito intercorre il rapporto di rivalsa, in base al quale il primo ha il diritto-dovere di effettuare le ritenute. Il rapporto di rivalsa è un rapporto tra privati, ossia un rapporto di diritto privato. I rapporti fiscali sono solo quelli che intercorrono tra fisco e contribuenti. Qui, abbiamo norme (sulla sostituzione e sulle ritenute) che, anche se contenute in leggi tributarie, ed anche se hanno *ratio* tributaria, operano sul rapporto tra sostituto e sostituito, e ne modificano la disciplina civilistica.

Il sostituto, quando corrisponde le somme soggette a ritenuta, ha il diritto-dovere di trattenerne una frazione. L'obbligazione privatistica del sostituto verso il sostituito è quindi adempiuta ed estinta con la corresponsione di una somma minore di quella dovuta; ciò in forza della norma sulla ritenuta, che si riflette sul rapporto civilistico.

5.1. *Le ritenute a titolo d'imposta.*

A) La sostituzione tributaria può essere a titolo d'imposta (detta anche a titolo definitivo) e a titolo d'acconto.

La sostituzione a titolo d'imposta comporta l'applicazione d'una aliquota fissa su di un determinato provento, che è così sottratto alla sua inclusione, secondo le norme dell'Irpef, nel reddito complessivo del percipiente (soggetto a tassazione progressiva). Essa realizza, al tempo stesso, una sostituzione in senso oggettivo (un regime fiscale sostitutivo) e in senso soggettivo (in quanto l'obbligazione tributaria è posta a carico di un soggetto diverso da colui che percepisce il reddito).

B) La sostituzione d'imposta costituisce una deroga rispetto alla tassazione globale e progressiva delle persone fisiche; è perciò prevista in un numero limitato di casi, tra cui:

a) le ritenute sui compensi corrisposti ai lavoratori autonomi non residenti (D.P.R. 29 settembre 1973, n. 600, art. 25);

b) le ritenute sui redditi di capitale spettanti a non residenti (D.P.R. 29 settembre 1973, n. 600, art. 26);

c) le ritenute su taluni redditi di capitale e sulle vincite (D.P.R. 29 settembre 1973, n. 600, art. 30).

C) Il sostituto a titolo definitivo, a differenza del sostituto a titolo d'acconto, è unico debitore, verso il fisco, dell'imposta dovuta sul presupposto realizzato dal sostituito.

L'imposta dovuta dal sostituto è un'imposta con aliquota fissa; è dunque un'imposta proporzionale, diversa dall'ordinario debito Irpef, caratterizzato da progressività.

Tra fisco e sostituito non v'è alcun rapporto; quest'ultimo non deve neppure dichiarare i proventi soggetti alla ritenuta alla fonte a titolo d'imposta.

Tra sostituto e sostituito v'è un rapporto privatistico: *in primis*, v'è il rapporto di base (privatistico) che vede il sostituto in posizione debitrice verso il sostituito (ad esempio, debito di interessi della banca verso i depositanti).

Ma il sostituto estingue il suo debito verso il sostituito versandogli, non quanto dovuto secondo il rapporto civilistico originario, ma una minor somma, come conseguenza del diritto di operare una ritenuta sulle somme che corrisponde al sostituito.

Dal punto di vista della rivalsa non vi è differenza tra sostituzione a titolo d'imposta e d'acconto, salvo l'obbligo del sostituto, nel secondo caso, del rilascio di una certificazione della ritenuta effettuata.

D) La posizione del sostituito muta se il sostituto omette sia le ritenute, sia il versamento; in tal caso, sostituto e sostituito diventano obbligati in solido, per imposte, sanzioni e interessi (D.P.R. 29 settembre 1973, n. 602, art. 35).

Ciò non vuol dire che sostituto e sostituito sono entrambi obbligati verso il fisco sin da quando si verifica il presupposto, perché l'obbligazione tributaria è posta anche a carico del sostituito solo come conseguenza della duplice omissione del sostituto.

Bisogna dunque distinguere la situazione originaria (nella quale tra fisco e sostituito non corre alcun rapporto), e la situazione successiva, di natura «patologica», da cui scaturisce la solidarietà tra sostituto e sostituito.

Il sostituito è coobbligato solo quando il sostituto non effettua la ritenuta e non versa, ed è per ciò iscritto a ruolo: è solo da questa *«fattispecie successiva»* (omesso versamento e omessa ritenuta), che scaturisce la coobbligazione solidale del sostituito. La norma ha scarsa applicazione. La sostituzione è prevista in molti casi per tutelare il segreto sull'identità del reddituario (ciò vale per i redditi di capitale) o quanto il sostituito non è facilmente raggiungibile (soggetti residenti all'estero).

E) La figura della sostituzione a titolo d'imposta è da distinguere da quella del responsabile d'imposta.

Come abbiamo visto, vi è un responsabile d'imposta quando l'obbligazione tributaria ricade, oltre che su colui che realizza il presupposto, anche – solidalmente – su di un altro soggetto: detto, appunto, responsabile d'imposta.

Anche nella sostituzione a titolo d'imposta il soggetto passivo è un soggetto diverso da colui che realizza il presupposto, ma mentre nella solidarietà vi sono più soggetti passivi (l'obbligato principale e il responsabile), nella sostituzione d'imposta, invece, di regola, il soggetto passivo è uno soltanto (il sostituto). Solo se il sostituto non opera la ritenuta e non provvede al versamento, alla sua obbligazione si aggiunge quella del sostituito, sicché essi diventano obbligati in solido verso il fisco: si realizza così una obbligazione solidale successiva e dipendente.

5.2. *Le ritenute a titolo d'acconto.*

A) Nella sostituzione a titolo d'acconto, il sostituto non è debitore in luogo del soggetto che sarebbe obbligato secondo i criteri generali della soggettività passiva dell'obbligazione, ma è soggetto passivo di un autonomo obbligo di versamento (previa effettuazione delle ritenute), al quale non è riferibile alcuna idea di sostituzione.

Il sostituto a titolo d'acconto nei confronti del fisco non è soggetto passivo dell'obbligazione tributaria commisurata al presupposto, ma è tenuto per obblighi di natura diversa, che hanno come fattispecie l'erogazione di somme al sostituito, e che consistono nell'operare una ritenuta e nel versare una somma pari alla ritenuta.

Il sostituito è obbligato sull'intero suo reddito, comprese le somme assoggettate a ritenuta. Le ritenute di acconto, per chi le subisce, costituiscono un acconto dell'imposta che sarà dovuta sui redditi di quel periodo d'imposta. Chi subisce la ritenuta acquisisce un diritto di pari ammontare nei confronti del fisco, che sarà indicato nella dichiarazione dei redditi e sarà detratto dal debito d'imposta di quell'anno.

La sostituzione a titolo d'acconto realizza dunque una forma di riscossione anticipata e non pone deroghe alla progressività: essa ha perciò una sfera di applicazione assai ampia.

B) La misura delle ritenute e del versamento deriva da una aliquota che, nella più parte dei casi, è fissa; nel caso dei redditi di lavoro dipendente è invece variabile, perché dipende dall'ammontare globale della retribuzione annua, in modo che l'ammontare delle ritenute possa coincidere con l'imposta dovuta se quei redditi sono gli unici del sostituito.

La posizione del sostituito, nei confronti del fisco, è quella di qualsiasi altro percettore di reddito: le somme che percepisce, al lordo della ritenuta, sono componenti del suo reddito complessivo, ma, subendo le ritenute, acquista il diritto di dedurre, dall'imposta globalmente dovuta, l'importo delle ritenute.

Il sostituito, subendo le ritenute, viene assoggettato ad una tassazione anticipata, da cui deriva il diritto di detrarre, dall'imposta di quel periodo, le ritenute subite.

Egli deve includere le somme percepite tra le componenti del suo reddito complessivo; la sua obbligazione tributaria, correlata a quel periodo d'imposta, si collega al suo reddito globale, comprensivo delle somme assoggettate (o assoggettabili) a ritenuta. Può detrarre le somme che gli sono state ritenute; nei confronti dell'adempimento della sua obbligazione d'imposta, le ritenute subìte fungono da acconti.

Se il sostituto opera la ritenuta, ma non versa, il sostituito acquista ugualmente una sorta di credito verso il fisco: questo rapporto sostituito-fisco è indipendente dal rapporto sostituto-fisco; se il fisco non riceve il versamento, può agire solo nei confronti del sostituto.

C) Più problematica, perché non regolata espressamente dalla legge, è la situazione che si prospetta quando non sono operate le ritenute d'acconto.

Se il sostituito include quelle somme nei suoi redditi complessivi, e quindi si costituisce debitore, esso – adempiendo – libera anche il sostituto. Ma, se il sostituito non si costituisce debitore, il fisco non può pretendere due volte l'imposta, una volta nei confronti del sostituto, ed una volta nei confronti del sostituito. Il sostituto che non effettua le ritenute d'acconto rimane obbligato nei confronti del fisco; al tempo stesso, permane il suo diritto-dovere di rivalersi sul sostituito (c.d. «rivalsa successiva»).

Nessuna norma pone, a carico del sostituito, l'obbligo di corrispondere al fisco le somme che dovevano formare oggetto di ritenuta; non è infatti previsto, per la sostituzione d'acconto, che vi sia solidarietà tra sostituto e sostituito per le ritenute non operate e non versate. Perciò, il fisco può emettere, nei confronti del sostituto, avviso di accertamento, per stabilire che ha omesso di effettuare le ritenute e di versarle; può inoltre accertare, nei confronti del sostituito, il reddito che gli è stato corrisposto dal sostituto, e non è stato dichiarato. Ma l'importo delle ritenute (non effettuate e non versate) può essere richiesto solo al sostituto; al sostituito, potrà essere richiesta soltanto la differenza tra imposta globale riferibile al complesso dei suoi redditi, ed importo delle ritenute, dovute dal sostituto.

Secondo la giurisprudenza, invece, il fisco può non solo accertare, nei confronti del sostituito, i redditi sui quali è stata omessa la ritenuta d'acconto, ma anche riscuotere la relativa imposta.

6. *Traslazione e rivalsa.*

A) Ogni contribuente cerca di trasferire ad altri l'onere del tributo. La traslazione delle imposte, in quanto fenomeno economico, è studiata dalla scienza delle finanze. Può essere giuridicamente regolata o giuridicamente irrilevante. Occorre distinguere tra contribuente di diritto e contribuente di fatto; il primo è il debitore, che è tenuto a pagare il tributo, il secondo colui che sopporta l'onere del tributo, senza poterlo riversare su altri.

B) Vi sono tributi, posti a carico di un soggetto, che però sono destinati a gravare economicamente su altri soggetti. È il caso delle imposte sui consumi, delle quali sono debitori gli operatori economici (fabbricanti, commercianti, ecc.), ma che sono destinate a gravare sui consumatori. Il trasferimento dell'onere tributario dal soggetto passivo al consumatore può verificarsi come fatto puramente economico (traslazione di fatto), mediante inglobamento dell'onere tributario nel prezzo del bene.

Ma vi sono casi nei quali è espressamente conferito al soggetto passivo del tributo il diritto di rivalsa. Ad esempio, i soggetti passivi delle accise hanno diritto di rivalsa verso i cessionari dei prodotti per i quali hanno assolto il tributo. I soggetti passivi dell'Iva hanno il diritto (e l'obbligo) di addebitare l'imposta ai loro clienti (cessionari di beni e committenti di servizi). Quando è previsto il diritto di rivalsa, la traslazione è l'effetto economico della rivalsa.

Nei casi in cui il soggetto passivo del tributo è diverso dal soggetto che pone in essere il fatto economico, colpito dal tributo (il consumo), è necessario che il debitore del tributo sia in grado di trasferirne l'onere economico sul soggetto che realizza il fatto espressivo di capacità contributiva: quando ciò non si verifica, il tributo non si realizza in conformità alla sua *ratio*.

C) Nei casi sopra indicati, colui che realizza il presupposto di fatto del tributo (produzione o scambio di un bene) ne è anche soggetto passivo; il legislatore, accordando la rivalsa, mira a far ricadere l'onere economico del tributo su di un soggetto diverso, dando veste (e presidio) formale alla traslazione. Ma vi sono anche dei casi in cui il soggetto passivo dell'imposta è un soggetto diverso da colui che realizza il presupposto; ci riferiamo alle figure del «sostituto d'imposta» e del «responsabile d'imposta».

Essi hanno diritto di rivalsa nei confronti di colui che ha posto in essere il presupposto; le leggi tributarie prevedono espressamente tale diritto.

Ma, in generale, ha diritto di rivalsa, verso colui che realizza il presupposto dell'imposta, ogni «terzo» che sia tenuto a corrispondere il tributo, ossia ogni soggetto che sia obbligato a pagare il tributo per un presupposto realizzato da altri. Tale diritto, se non è previsto dalle norme tributarie, è comunque desumibile dai princìpi civilistici dell'ingiustificato arricchimento.

D) La rivalsa, oltre che da norme tributarie, può derivare da norme civilistiche (artt. 964, 1008, 1025 e 1961 c.c.) o da clausole contrattuali.

La rivalsa è dunque istituto che assume diversa configurazione, a seconda che abbia fondamento civilistico o fondamento in una norma tributaria: nel primo caso, la rivalsa è rimessa alla libera determinazione delle parti, sicché non si tratta di «rivalsa» intesa come istituto tipico del diritto tributario, ma di mera traslazione economica, attuata liberamente dalle parti, nell'esercizio della loro autonomia negoziale. Vi sono dunque casi in cui la funzione della rivalsa è estranea al diritto tributario; l'onere del tributo, in tali casi, è oggetto di un rapporto privatistico, e può essere oggetto di negoziazione, come ogni altro onere economico.

Perciò, quando si ha traslazione economica dell'imposta, attuata in forza di un patto contrattuale, o di una norma civilistica, non si ha una figura fiscale: l'onere economico dell'imposta, trasferito da un soggetto (venditore) alla controparte, non ha natura tributaria, ma di integrazione del corrispettivo.

Invece, quando la rivalsa è prevista da norme tributarie, per finalità tributarie, occorre considerare il rapporto di rivalsa come parte del tributo inteso come istituto giuridico, ossia come insieme di norme rispondenti ad una *ratio* unitaria. Il rapporto di rivalsa è un rapporto di tipo privatistico, ma ciò non impedisce di includerlo – nei casi in cui ha fondamento tributario – nell'insieme delle norme che costituiscono il tributo. Si ha, in tal caso, un rapporto di diritto privato inserito in un istituto di diritto pubblico, quale è il tributo.

E) Accanto al diritto di rivalsa è da ricordare il diritto di surrogazione. A colui che ha pagato un'imposta dovuta per un presupposto riferibile ad altri è applicabile l'art. 1203, n. 3, c.c., secondo cui chi, essendo tenuto, con altri o per altri, al pagamento di un tributo, ed ha assolto il debito d'imposta, può surrogarsi, nei confronti del debitore d'imposta che ha posto in essere il presupposto, nei diritti del fisco; il suo credito è assistito dagli stessi privilegi da cui è garantito il credito del fisco.

7. *I patti di accollo dell'imposta.*

La rivalsa dell'imposta può essere facoltativa, obbligatoria o vietata.

È obbligatoria quando il legislatore vuole che l'onere del tributo sia trasferito dal soggetto passivo ad altri (è obbligatoria, ad esempio, la rivalsa Iva, e, di regola, quella del sostituto). Se la rivalsa è obbligatoria, sono nulli i patti con cui l'avente diritto rinuncia alla rivalsa, accollandosi in via definitiva l'onere economico del tributo.

Se non vi sono norme che vietano la rivalsa, i privati sono liberi di stipulare patti di accollo dell'imposta.

Sono leciti i patti con i quali un soggetto (accollante) si impegna, verso un altro soggetto (accollato), a far fronte ad un determinato debito d'imposta, o ad oneri tributari che dovessero sopravvenire a carico dell'altro soggetto. Ad esempio, in un contratto di mutuo, può esservi inserita una clausola di accollo sul mutuatario delle imposte facenti carico al mutuante sugli interessi del mutuo, in modo da consentire al mutuante un utile annuo netto predeterminato; in caso di intestazione fiduciaria, il fiduciante può impegnarsi a tenere indenne il fiduciario degli oneri fiscali conseguenti all'intestazione.

Sono leciti i c.d. patti di netto, con cui, ad esempio, una società di calcio si obbliga a pagare al calciatore una retribuzione al netto dell'Irpef.

L'accollo può essere meramente interno al rapporto tra contribuente accollato ed accollante, senza produrre effetti per il creditore; in tal caso, il fisco non acquisisce alcun diritto nei confronti dell'accollante. Oppure può trattarsi di accollo con rilievo «esterno», che attribuisce al creditore (accollatario) il diritto di agire verso l'accollante. È a tale genere di patti che si riferisce l'art. 8, comma 2, dello Statuto, prevedendo che «*È ammesso l'accollo del debito d'imposta altrui senza liberazione del contribuente originario*».

È appena il caso di aggiungere che l'accollo di imposte è sempre cumulativo, mai liberatorio (per il debitore d'imposta).

8. *I successori delle persone fisiche.*

La successione ereditaria, comportando il subentro degli eredi in tutte le situazioni giuridiche (trasmissibili) che facevano capo al defunto, implica anche il subentro degli eredi nelle situazioni giuridiche di natura tributaria.

Si applica l'art. 752 c.c., a norma del quale gli eredi non rispondono in solido dei debiti ereditari, ma in proporzione delle rispettive quote.

Tale disposizione riguarda in generale anche i debiti tributari del *de cuius*, con la eccezione dei debiti per imposte sui redditi, per i quali vi è una norma *ad hoc* che dispone la solidarietà degli eredi (D.P.R. 29 settembre 1973, n. 600, art. 65).

Gli eredi di un soggetto obbligato a presentare la dichiarazione dei redditi succedono al *de cuius* nel relativo obbligo, con una proroga del termine.

Anche in materia di Iva, gli obblighi fiscali derivanti da operazioni effettuate dal contribuente deceduto passano agli eredi (D.P.R. 26 ottobre 1972, n. 633, art. 35-*bis*).

Per le altre imposte, se non vi sono disposizioni specifiche, si applicano i princìpi civilistici.

8.1. *I successori delle società estinte.*

La cancellazione di una società dal registro delle imprese ne determina l'estinzione. Ne segue un fenomeno successorio. I diritti e i beni si trasferiscono ai soci; anche le obbligazioni si trasferiscono ai soci, i quali rispondono dei debiti relativi all'imposta sul reddito delle società nei limiti dei beni ricevuti durante la liquidazione e nei due anni precedenti la messa in liquidazione (D.P.R. 29 settembre 1973, n. 602, art. 36, comma 3).

La società cancellata sopravvive, a certi effetti, per il fisco: «*Ai soli fini della validità e dell'efficacia degli atti di liquidazione, accertamento, contenzioso e riscossione dei tributi e contributi, sanzioni e interessi, l'estinzione della società di cui all'articolo 2495 del codice civile ha effetto trascorsi cinque anni dalla richiesta di cancellazione dal Registro delle imprese*» (D.lgs. 21 novembre 2014, n. 175, art. 28, comma 4).

CAPITOLO SETTIMO

LA DICHIARAZIONE

1. *Lo schema* standard *di attuazione dei tributi.*

L'attuazione delle leggi d'imposta segue un modello *standard* ed è affidata, *in primis*, agli stessi contribuenti, ai quali sono imposti obblighi molteplici di attuazione dei tributi (obblighi di contabilità, autoliquidazione, versamento, dichiarazione, ecc.).

Il tributo deve infatti trovare compiuta attuazione senza interventi dell'Amministrazione finanziaria. Se il contribuente non dichiara integralmente il tributo, o non versa, è compito dell'Amministrazione finanziaria emettere un avviso di accertamento, entro termini previsti a pena di decadenza, per determinare il tributo e irrogare le sanzioni amministrative. Distinto dal potere di determinare il tributo è quello di riscuotere, anche coattivamente, le somme non versate.

2. *Le scritture contabili.*

A) L'applicazione delle imposte sui redditi e dell'Iva comporta, innanzitutto, adempimenti contabili. Prima che dalle norme fiscali, gli imprenditori sono obbligati a tenere la contabilità dal codice civile; le norme fiscali, però, impongono degli obblighi ulteriori, anche a soggetti che non sono obbligati a tenere la contabilità secondo le norme del codice civile.

Gli obblighi fiscali sono infatti imposti a tutti i soggetti che sono imprenditori commerciali secondo le norme tributarie, e quindi anche a soggetti che non sono imprenditori commerciali in senso civilistico; inoltre, vi sono obblighi fiscali di contabilità imposti ai lavoratori autonomi, che non hanno obblighi di contabilità secondo il codice civile.

B) All'interno della categoria (fiscale) degli imprenditori commerciali bisogna distinguere tra imprenditori in regime di contabilità ordinaria e imprenditori in regime di contabilità semplificata (imprese minori).

Sono obbligati alla contabilità ordinaria le società e gli enti commerciali soggetti all'imposta sul reddito delle società (Ires), i *trust*, gli imprenditori individuali e le società di persone con ricavi superiori a un dato ammontare (art. 13 del D.P.R. 29 settembre 1973, n. 600; d'ora innanzi D.P.R. n. 600).

Gli imprenditori commerciali in regime di contabilità ordinaria debbono tenere:

a) il libro giornale e il libro degli inventari;

b) i registri prescritti ai fini dell'imposta sul valore aggiunto;

c) le scritture ausiliarie (conti di mastro) in cui registrare gli elementi patrimoniali e reddituali che concorrono alla formazione del reddito;

d) le scritture ausiliarie di magazzino;

e) il registro dei cespiti.

Ai fini dell'imposta sul valore aggiunto debbono essere tenuti due registri: quello delle fatture emesse (da cui l'Iva a debito) e quello degli acquisti (da cui l'Iva a credito). Ogni operazione fiscalmente rilevante (imponibile, non imponibile o esente) deve essere fatturata e le fatture devono essere annotate, entro quindici giorni dalla loro emissione, nell'apposito registro. Nel registro degli acquisti devono essere annotate le fatture e le bollette doganali relative ai beni e servizi acquistati o importati.

C) Il regime di contabilità semplificata, come previsto dal D.P.R. n. 600, art. 18, si applica alle imprese minori, ossia agli imprenditori individuali e alle società di persone che conseguono in un anno ricavi non superiori a una determinata soglia (400.000,00 euro per le imprese che prestano prevalentemente servizi e 700.000,00 per le altre).

La contabilità fiscale semplificata è composta, essenzialmente, dai due registri Iva, ove sono annotati gli acquisti e le vendite (integrati dall'annotazione di operazioni non rilevanti ai fini Iva, ma rilevanti ai fini reddituali). Le imprese minori non sono obbligate a tenere le scritture contabili di cui consta la contabilità ordinaria (libro giornale, libro degli inventari, scritture ausiliarie) e la dichiarazione dei redditi viene elaborata sulla base dei dati desunti dai registri Iva. Perciò, la contabilità fiscale semplificata rileva i flussi reddituali ma non la situazione patrimoniale.

Lo «statuto fiscale» dell'impresa minore non ha rilievo soltanto ai fini degli obblighi contabili, ma anche ad altri fini. Infatti, nei confronti dell'impresa minore:

– vi sono regole peculiari (di diritto sostanziale) per la determinazione del reddito imponibile (Tuir, art. 66);

– vi sono regole peculiari per l'accertamento, da parte degli uffici, del reddito imponibile.

D) I lavoratori autonomi devono tenere i due registri Iva (registro dei corrispettivi e registro degli acquisti) e, ai fini delle imposte sui redditi, un registro dal quale risultino le somme incassate, le spese fatte e il valore dei beni da ammortizzare (D.P.R. n. 600, art. 19, commi 1 e 2). In parallelo con le «imprese minori», i lavoratori autonomi che realizzano entrate inferiori ad una certa soglia possono limitarsi a tenere i registri Iva, ivi annotando anche i dati necessari ai fini delle imposte dirette (D.P.R. 9 dicembre 1996, n. 695, art. 3). È comunque in facoltà dei lavoratori autonomi optare per il regime di contabilità ordinaria.

Gli imprenditori e altri sostituti d'imposta devono tenere i libri paga e i libri matricola, in cui annotare le somme corrisposte ai dipendenti, le ritenute effettuate e le detrazioni applicate (D.P.R. n. 600, art. 21).

E) L'art. 2220 c.c. e l'art. 8, comma 5, dello Statuto, prevedono che le scritture contabili devono essere conservate per dieci anni, ma, se sono in corso procedure di accertamento, devono essere conservate fino a quando non siano definiti gli accertamenti (D.P.R. n. 600, art. 22, secondo comma).

F) I contribuenti possono essere assistiti da «*Centri autorizzati di assistenza fiscale*»: i «Caaf delle imprese» assistono gli imprenditori nella tenuta della contabilità e nella preparazione e spedizione della dichiarazione dei redditi (L. 30 dicembre 1991, n. 413, art. 78).

I lavoratori dipendenti e i pensionati sono assistiti, nei loro adempimenti fiscali, dai «Caaf dipendenti» (costituiti dalle organizzazioni sindacali).

3. *La dichiarazione d'imposta in generale.*

Nella disciplina di quasi tutte le imposte ai contribuenti è imposto l'obbligo di presentare una dichiarazione all'Amministrazione finanziaria, nella quale devono essere indicati il presupposto e l'ammontare dell'imposta.

La dichiarazione dei redditi e Irap e la dichiarazione Iva devono essere presentate ogni anno, in quanto concernono tributi periodici, la cui base di commisurazione può variare di anno in anno.

Vi sono poi tributi la cui base imponibile può permanere invariata nel tempo; di conseguenza, la dichiarazione ha efficacia fino a quando non si verifichino variazioni. Ciò vale per alcuni tributi locali: imposta comunale sugli immobili, tassa rifiuti, tassa occupazione spazi pubblici, ecc.

Altri tributi, a carattere istantaneo (come l'imposta di registro e sulle successioni), richiedono che la dichiarazione sia presentata ogni volta che si verifica il presupposto.

4. *La dichiarazione dei redditi. I soggetti obbligati.*

La dichiarazione dei redditi soggetti a Irpef dev'essere presentata, per regola generale, da ogni soggetto che, nel periodo d'imposta, abbia «*posseduto*» redditi (D.P.R. n. 600, art. 1; D.P.R. 22 luglio 1998, n. 322, art. 1).

A tale regola generale va aggiunto che:

– la dichiarazione deve essere presentata anche se dai redditi che si dichiarano non consegue alcun debito d'imposta (cioè alcun obbligo di versamento);

– i soggetti obbligati alla tenuta di scritture contabili (ossia imprenditori e lavoratori autonomi) devono presentare annualmente la dichiarazione, anche se non hanno prodotto redditi.

Analogamente, i soggetti passivi Iva devono presentare la dichiarazione annuale, anche se non hanno effettuato operazioni imponibili (D.P.R. 22 luglio 1998, n. 322, art. 8).

Si desume da tali regole che la fattispecie, da cui scaturisce l'obbligo di dichiarazione, non coincide con il presupposto dei tributi sul reddito; vi sono insomma casi in cui vi è l'obbligo di presentare la dichiarazione, ma non vi è alcun debito d'imposta.

Non devono presentare la dichiarazione i soggetti che possiedono soltanto redditi esenti o redditi soggetti a ritenuta alla fonte a titolo d'imposta o redditi fondiari inferiori ad un dato importo, purché non obbligati alla tenuta di scritture contabili (D.P.R. n. 600, art. 1, comma 4).

Inoltre, non devono presentare la dichiarazione i soggetti che hanno redditi di ammontare inferiore al minimo imponibile.

4.1. *I contenuti.*

A) Il contenuto caratteristico della dichiarazione dei redditi è dato dalla «*indicazione degli elementi attivi e passivi necessari per la determinazione degli imponibili secondo le norme che disciplinano le imposte stesse*» (D.P.R. n. 600, art. 1, comma 2). Devono essere dichiarati anche i redditi soggetti a tassazione separata.

Nella dichiarazione Irpef devono essere indicati, oltre ai dati ed elementi necessari per determinare i singoli redditi e il reddito complessivo, anche gli elementi necessari per determinare l'imposta dovuta e la somma da versare (D.P.R. n. 600, art. 2). Sono quindi da indicare gli oneri deducibili, l'imposta lorda, le detrazioni dall'imposta, l'imposta netta, le ritenute e i versamenti d'acconto, i crediti d'imposta, e, infine, il saldo finale (somma da versare o credito).

Anche nella dichiarazione Ires devono essere indicati i dati e gli elementi necessari per la determinazione dei redditi e dell'imposta (D.P.R. 29 settembre 1973, n. 600, art. 4).

Inoltre, sia nella dichiarazione Irpef, sia nella dichiarazione Ires, devono essere indicati dati ed elementi necessari per l'effettuazione dei controlli, con altri elementi, richiesti nel modello di dichiarazione.

Si aggiunga il c.d. monitoraggio: devono essere indicati anche i trasferimenti da e verso l'estero e la disponibilità di investimenti all'estero (D.l. 28 giugno 1990, n. 167, conv. dalla L. 4 agosto 1990, n. 227).

La dichiarazione dei redditi è dunque un atto il cui contenuto è vario e complesso, in relazione alle molteplici funzioni che assolve.

B) La dichiarazione è anche la sede nella quale si esercitano delle opzioni: la scelta del regime di contabilità; la scelta tra rimborso e riporto a nuovo dei crediti d'imposta; l'opzione in materia di tassazione separata, ecc.

Per alcune componenti del reddito d'impresa sono previste delle opzioni (in materia di rateizzazione delle plusvalenze realizzate, di sopravvenienze attive costituite da contributi o liberalità, di ammortamenti, di spese per studi e ricerche e per pubblicità e propaganda).

Se vi sono perdite d'impresa pregresse, il contribuente deve decidere, nella dichiarazione, se utilizzarle a compensazione del reddito dell'esercizio.

Per effetto di tali opzioni, la base imponibile e l'imposta non dipendono solo dalla legge, ma anche da scelte del contribuente, la cui volontà concorre, quindi, a determinare il *quantum* del tributo.

L'opzione (e la revoca) di regimi speciali di determinazione delle imposte dirette e dell'Iva o di regimi contabili (ad esempio, opzione per il regime ordinario in luogo di quello forfetario), se non sono esercitate nella dichiarazione, possono essere desunte anche da comportamenti concludenti del contribuente o dalla modalità di tenuta delle scritture contabili (D.P.R. 10 novembre 1997, n. 442, art. 1).

Altre opzioni che possono essere effettuate in dichiarazione concernono la destinazione dell'otto per mille alla Chiesa Cattolica o ad altra confessione religiosa, del cinque per mille agli enti *non profit* e del due per mille ad un partito politico.

4.2. *I modelli.*

A) La dichiarazione deve essere redatta, a pena di nullità, utilizzando il modello (telematico o cartaceo) approvato annualmente dall'Amministrazione finanziaria (D.P.R. 22 luglio 1998, n. 322, art. 3).

I lavoratori dipendenti e i pensionati, se la loro situazione reddituale non è complessa, possono presentare una dichiarazione semplificata (mod. 730).

I contribuenti con periodo di imposta coincidente con l'anno solare presentano la «*dichiarazione unificata annuale*», che è un atto a contenuto plurimo, comprendente la dichiarazione dei redditi, dell'Irap, dell'Iva e di sostituto d'imposta (D.P.R. 22 luglio 1998, n. 322, art. 3).

B) L'Agenzia delle entrate mette a disposizione dei contribuenti, per via *internet*, un modello precompilato di dichiarazione dei redditi, utilizzando le informazioni ritraibili dall'Anagrafe tributaria (ad esempio, dichiarazione dell'anno precedente e versamenti effettuati), le modifiche catastali e dati relativi agli oneri deducibili dal reddito e detraibili dall'imposta (interessi passivi, premi assicurativi, contributi previdenziali e assistenziali, previdenza complementare, spese sanitarie e universitarie, premi assicurativi, ecc.).

Il contribuente può modificare e integrare il modello precompilato.

4.3. *Natura giuridica. Dichiarazioni di scienza e opzioni.*

A) La dichiarazione dei redditi deve contenere l'«*indicazione degli elementi attivi e passivi necessari per la determinazione degli imponibili*» (D.P.R. n. 600, art. 1, comma 2), con la esposizione di altri fatti, dati, notizie.

Si tratta di contenuti "narrativi", che rappresentano altrettante dichiarazioni di scienza. Va però aggiunto che il contribuente deve non soltanto esporre fatti e dati, ma anche qualificarli giuridicamente. Ad esempio, ogni reddito dichiarato deve essere qualificato, inquadrandolo nella categoria a cui appartiene (reddito di impresa, di lavoro autonomo, ecc.).

Nella dichiarazione Iva, le operazioni rilevanti sono indicate non come mero fatto storico, ma come operazioni imponibili, non imponibili, o esenti.

La dichiarazione contiene dunque non solo la esposizione di fatti, ma, anche, la qualificazione giuridico-tributaria di tali fatti.

A ciò seguono degli effetti giuridici, che la legge ricollega a quanto dichiarato.

Si tratta di effetti che derivano dalla dichiarazione non in quanto «voluti» dal dichiarante, ma in quanto previsti dalla legge; la dichiarazione fiscale non è una dichiarazione di volontà, non è un negozio, ma un mero atto, le cui conseguenze giuridiche sono predeterminate dalla legge.

B) Nella dichiarazione dei redditi e Iva vi sono anche – come abbiamo visto – delle opzioni, ossia delle dichiarazioni di volontà, a cui sono applicabili talune norme in tema di volontà contrattuale (ad esempio in materia di errore).

La dichiarazione è dunque un mero atto, o atto giuridico in senso stretto, ma può contenere anche delle opzioni, cioè dichiarazioni di volontà, e quindi è un atto a contenuto eventualmente misto.

Vi sono opzioni che influiscono sulla misura del debito d'imposta: e ciò dimostra che il debito non sorge per effetto del solo presupposto di fatto, ma anche con il concorso della dichiarazione del contribuente, che opera come mero atto e, per gli effetti dipendenti da opzioni, anche come dichiarazione di volontà.

La giurisprudenza ammette che gli errori commessi nel formulare le opzioni siano rettificabili ai sensi dell'art. 1427 c.c.

Inoltre, in caso di errori nella opzione o revoca dei regimi di determinazione dell'imposta o dei regimi contabili, hanno rilievo i comportamenti concludenti, come previsto dal D.lgs. 10 novembre 1997, n. 442, art. 1, a norma del quale «*L'opzione e la revoca di regimi di determinazione dell'imposta o di regimi contabili si desumono da comportamenti concludenti del contribuente o dalle modalità di tenuta delle scritture contabili. La validità dell'opzione e della relativa revoca è subordinata unicamente alla sua concreta attuazione sin dall'inizio dell'anno o dell'attività*».

4.4. *Trasmissione telematica e termini di presentazione.*

A) Le dichiarazioni sono trasmesse al fisco in via telematica direttamente dal contribuente o per il tramite di intermediari abilitati (professionisti, Caaf, ed altri). Ma il dichiarante deve conservare l'originale cartaceo (da esibire in caso di controlli).

Le dichiarazioni Irpef e Irap devono essere presentate (*rectius*: trasmesse) entro il 30 settembre dell'anno successivo al periodo d'imposta; le dichiarazioni Ires entro il nono mese successivo alla chiusura del periodo d'imposta (D.P.R. 22 luglio 1998, n. 322, art. 2, comma 1).

La dichiarazione può essere presentata in forma cartacea dalle persone fisiche che non sono obbligate alla tenuta delle scritture contabili; in tal caso, è presentata per il tramite di una banca o di un ufficio postale tra il 1° maggio ed il 30 giugno.

La dichiarazione deve essere sottoscritta dal contribuente o dal legale rappresentante delle società o enti, altrimenti è nulla.

In caso di dichiarazione non sottoscritta, la nullità è sanata se la sottoscrizione è apposta entro trenta giorni da quando l'ufficio invita a sottoscrivere (D.P.R. 22 luglio 1998, n. 322, art. 1, comma 3).

B) Sono valide le dichiarazioni presentate con ritardo non superiore a novanta giorni, ma si applica una sanzione amministrativa per il ritardo (D.P.R. 22 luglio 1998, n. 322, art. 2, comma 7). Le dichiarazioni presentate con ritardo non superiore a novanta giorni non sono considerate omesse agli effetti del reato di omessa dichiarazione (D.lgs. 10 marzo 2000, n. 74, art. 5).

Le dichiarazioni presentate con ritardo superiore a novanta giorni si considerano omesse, con la conseguenza che l'accertamento avrà la forma dell'accertamento d'ufficio. Esse costituiscono però titolo per la riscossione delle imposte dovute in base agli imponibili in esse indicati c delle ritenute indicate dai sostituti d'imposta (D.P.R. 22 luglio 1998, n. 322, art. 2, comma 7). Queste dichiarazioni, dette «ultratardive», sono insomma prese in considerazione dal fisco solo «*in utilibus*».

4.5. *Gli effetti della dichiarazione dei redditi.*

Funzioni ed effetti della dichiarazione possono essere schematizzati da quattro punti di vista, come illustrato qui di seguito.

A) La dichiarazione è, innanzitutto, un atto che assume un particolare rilievo nel procedimento amministrativo di determinazione dell'imposta. La dichiarazione ha, insomma, *rilevanza procedimentale.*

Essa è sottoposta al controllo dell'Amministrazione (per la c.d. liquidazione automatica e per il controllo formale); in seguito, condiziona il controllo sostanziale, determina i metodi di rettifica del reddito dichiarato, il tipo di avviso di accertamento, ecc. L'ufficio è legittimato a rettificare in modo analitico o sintetico il reddito, in relazione alla completezza della dichiarazione; in caso di omissione o nullità della dichiarazione, l'Amministrazione finanziaria emetterà un avviso di accertamento d'ufficio.

La dichiarazione resa da soggetti che sono obbligati a presentarla anche in assenza di redditi (imprenditori e lavoratori autonomi), che non reca l'indicazione di un reddito (ma di una perdita), è un adempimento formale, rilevante ai fini del procedimento di controllo per quel periodo e per i periodi d'imposta successivi, e può avere valore sostanziale in ordine alle entità e ai valori che transitano da un periodo d'imposta al successivo.

Nel quadro del rilievo procedimentale della dichiarazione, ne va considerato anche il *rilievo probatorio.* La dichiarazione esonera l'ufficio dal provare i fatti in essa esposti; invece, tutto ciò che non emerge dalla dichiarazione dev'essere provato dall'Amministrazione finanziaria.

Poiché dichiarare un presupposto d'imposta vuol dire dichiarare un fatto che determina per il dichiarante il sorgere d'un debito, la dichiarazione era considerata – in passato – come una confessione. Ciò comportava l'applicabilità della disciplina legale della confessione come mezzo di prova, ai sensi degli artt. 2730 ss. c.c. (efficacia di piena prova, revocabilità solo previa dimostrazione «*che è stata determinata da errore di fatto o da violenza*», ecc.).

La dichiarazione, nella parte in cui reca l'indicazione di fatti sfavorevoli al dichiarante, è una confessione (stragiudiziale), ma ad essa non è applicabile la disciplina civilistica della confessione, perché mancano i presupposti per applicare (analogicamente) la disciplina (civilistica) della confessione nel procedimento amministrativo d'imposizione o nel processo tributario.

La dichiarazione tributaria non può avere efficacia vincolante, né efficacia di prova piena contro colui che l'ha resa, perché verte su diritti non disponibili (art. 2733 c.c.).

B) Rispetto al sorgere dell'obbligazione tributaria, la dichiarazione è da considerare diversamente a seconda che si segua la teoria costitutiva o quella dichiarativa. Secondo la teoria costitutiva, la dichiarazione è elemento della fattispecie costitutiva dell'obbligazione, mentre, secondo la teoria dichiarativa, il presupposto, da solo, determina (per legge) il sorgere dell'obbligazione tributaria, per cui la dichiarazione è estranea al congegno che genera l'obbligazione.

C) La dichiarazione è titolo per la riscossione dell'imposta liquidata in base a quanto dichiarato. L'Amministrazione finanziaria, effettuando la c.d. liquidazione automatica e il controllo formale, ai sensi degli artt. 36-*bis* e 36-*ter*, D.P.R. n. 600, può porre in riscossione (mediante iscrizione a ruolo) le somme non versate, ma dovute in base alla stessa dichiarazione.

D) Infine, la dichiarazione dei redditi è titolo costitutivo di un credito del contribuente, nel caso in cui l'ammontare complessivo dei crediti di imposta, dei versamenti e delle ritenute è superiore all'ammontare dell'imposta netta sul reddito complessivo; ed il contribuente ha diritto, a sua scelta, di computare l'eccedenza in diminuzione dell'imposta del successivo periodo d'imposta o di chiederne il rimborso nella stessa dichiarazione dei redditi, che è dunque, alternativamente, titolo per la riscossione o titolo per il rimborso. La dichiarazione che espone un credito vale come istanza di rimborso.

5. *Dichiarazione integrativa in aumento e ravvedimento operoso.*

Le dichiarazioni, una volta presentate, sono acquisite in modo definitivo dal fisco; il contribuente non può revocarle; può, però, rettificarle, in più o in meno, presentando una nuova dichiarazione.

Le dichiarazioni dei redditi, dell'Irap, dei sostituti d'imposta e dell'Iva possono essere integrate con la presentazione di una nuova dichiarazione, per porre rimedio ad errori od omissioni, indicando un maggiore imponibile, o una maggiore imposta o un minore credito, nel termine entro cui l'ufficio può rettificarle, cioè entro la fine del quinto anno successivo a quello in cui è stata presentata la dichiarazione da rettificare (D.P.R. 22 luglio 1998, n. 322, art. 2, comma 8 e art. 8, comma 6-*bis*).

La sanzione è ridotta in caso di ravvedimento operoso, cioè con la presentazione della nuova dichiarazione e il versamento dell'imposta, degli interessi e della sanzione ridotta.

La nuova dichiarazione, con valore di ravvedimento operoso – cioè con il beneficio di sanzioni ridotte – può essere presentata anche quando la violazione sia stata già constatata o siano iniziati accessi, ispezioni, verifiche o altre attività amministrative di accertamento delle quali l'autore o i soggetti solidalmente obbligati abbiano avuto formale conoscenza. Questa preclusione, però, non opera per i tributi amministrati dall'Agenzia delle entrate e dall'Agenzia delle dogane (D.lgs. 18 dicembre 1997, n. 472, comma 1-*ter*).

Il termine per la rettifica è duplice. Resta fermo il termine per la rettifica della prima dichiarazione, ma il termine per la rettifica dei nuovi elementi dichiarati decorre da quando è presentata la nuova dichiarazione (L. 23 dicembre 2014, n. 190, art. 1, comma 640).

5.1. *Dichiarazione integrativa in diminuzione.*

A) Le dichiarazioni possono essere rettificate anche in diminuzione. Secondo giurisprudenza consolidata, la dichiarazione non è atto negoziale, ma mera dichiarazione di scienza e giudizio, per cui è rettificabile per far valere errori commessi nella sua redazione e che comportano un prelievo indebito.

Con riguardo alle dichiarazioni dei redditi, Irap, dei sostituti e dell'Iva, le dichiarazioni in diminuzione (cioè indicanti un minore imponibile, o una minore imposta, o un maggior credito d'imposta), possono essere presentate nel termine entro cui l'ufficio può esercitare il potere di rettifica (D.P.R. 22 luglio 1998, n. 322, art. 2, comma 8).

Decorso questo termine, viene meno la possibilità di presentare una dichiarazione correttiva, che l'ufficio deve prendere in considerazione se notifica un avviso di accertamento.

Ma non viene mai meno, però, per il contribuente, la possibilità di far valere, in sede ammnistrativa e processuale, gli errori, di fatto o di diritto, commessi a suo danno, con l'indicazione di un maggiore imponibile, di un maggiore debito d'imposta o di un minore credito (D.P.R. 22 luglio 1998, n. 322, art. 2, comma 8-*bis*).

In caso di iscrizione a ruolo di un debito dichiarato ma non versato, il contribuente, impugnando il ruolo, può far valere gli errori commessi nella dichiarazione.

B) Il credito derivante dalla dichiarazione integrativa in diminuzione dei redditi può essere utilizzato in compensazione, a norma dell'art. 2, comma 8-*bis*, del D.P.R. 22 luglio 1998, n. 322.

Analogamente, il credito derivante dalla dichiarazione integrativa in diminuzione dell'Iva può essere utilizzato in compensazione, applicando le disposizioni dell'art. 8, comma 6-*ter*, del D.P.R. 22 luglio 1998, n. 322. Se è stato effettuato un versamento che risulta indebito in base alla dichiarazione integrativa, il contribuente può presentare istanza di rimborso, nel termine previsto per tale istanza.

6. *La dichiarazione nulla, incompleta e infedele.*

Ai fini delle sanzioni amministrative, la dichiarazione può essere «omessa», «nulla», «incompleta» o «infedele».

La dichiarazione è omessa quando non è stata presentata affatto e quando è stata presentata oltre 90 giorni dalla scadenza.

La legge qualifica come «nulla» la dichiarazione non redatta secondo i modelli ministeriali e quella non sottoscritta.

Dal punto di vista dell'accertamento, la dichiarazione nulla è equiparata a quella omessa; l'Amministrazione finanziaria può emettere un «accertamento d'ufficio», e quindi può accertare il reddito globale delle persone fisiche con metodo sintetico (invece che analitico) e quello d'impresa e di lavoro autonomo con metodo induttivo-extracontabile (invece che analitico-contabile).

Dichiarazione omessa e nulla sono sanzionate allo stesso modo (D.lgs. 18 dicembre 1997, n. 471, art. 1, comma 1; sanzione dal 120 al 240 per cento dell'imposta dovuta).

La dichiarazione è «infedele» quando un reddito netto non è indicato nel suo esatto ammontare; è «incompleta» quando è omessa l'indicazione di una fonte reddituale; le due fattispecie sono comunque trattate allo stesso modo dal punto di vista della sanzione amministrativa: il D.lgs. 18 dicembre 1997, n. 471, art. 1, comma 2, prevede una sanzione dal 90 al 180 per cento della maggiore imposta non dichiarata.

CAPITOLO OTTAVO

L'ATTIVITÀ AMMINISTRATIVA

SOMMARIO: 1. Le agenzie. – 2. Regole generali dell'attività amministrativa in campo tributario. – 3. Il potere impositivo. Natura vincolata e indisponibilità. – 4. I princìpi dello Statuto. Collaborazione e buona fede. – 4.1. Il legittimo affidamento del contribuente. – 4.2. I doveri informativi dell'Amministrazione finanziaria. – 5. Il contraddittorio procedimentale. – 6. Gli interpelli. – 7. L'autotutela. – 8. Il Garante del contribuente.

1. *Le agenzie.*

L'attività amministrativa in campo tributario è affidata all'Agenzia delle entrate, che amministra tutti i tributi statali, ad eccezione di quelli doganali e delle accise, che sono di competenza dell'Agenzia delle dogane.

Al vertice dell'Agenzia delle entrate vi è un Direttore generale, da cui dipendono le Direzioni regionali. I compiti strettamente operativi sono svolti dagli uffici dell'Agenzia delle entrate, che controllano le dichiarazioni, svolgono indagini, emettono gli accertamenti, formano i ruoli di riscossione, dispongono i rimborsi, rappresentano l'Agenzia in sede contenziosa, ecc.

L'attività investigativa è svolta anche dalla Guardia di finanza.

Allo Stato spetta la titolarità dell'obbligazione tributaria (cioè il credito), alle Agenzie l'esercizio dei poteri amministrativi.

2. *Regole generali dell'attività amministrativa in campo tributario.*

A) L'attività dell'Amministrazione finanziaria è un'attività vincolata, sottoposta al principio di legalità, inteso in senso sostanziale, in quanto la legge regola i contenuti dei suoi provvedimenti (art. 23 Cost.).

La disciplina dei procedimenti tributari si trae, innanzitutto, dalla L. 7 agosto 1990, n. 241, che regola i procedimenti amministrativi e, inoltre, dallo Statuto dei diritti del contribuente.

Si applicano poi regole contenute in specifici testi normativi: il D.P.R. 29 settembre 1973, n. 600, in tema di accertamento delle imposte sui redditi; il D.P.R. 26 ottobre 1972, n. 633, in tema di accertamento dell'Iva; il D.P.R. 29 settembre 1973, n. 602, in tema di riscossione; il D.lgs. 18 dicembre 1997, n. 472, in materia di sanzioni.

Le norme legislative sui procedimenti tributari devono essere interpretate e integrate in base ai princìpi che si traggono dalla Costituzione (principio di legalità), dalla Convenzione europea per la salvaguardia dei diritti dell'uomo (CEDU) e dai Trattati UE (tra cui la Carta dei diritti fondamentali dell'UE, nota come Carta di Nizza).

B) L'Amministrazione finanziaria non agisce solo come soggetto che emana atti autoritativi. La trama dei rapporti tra Agenzia delle entrate e contribuente è molto più ricca, principalmente per effetto della legge sui procedimenti amministrativi, dello Statuto, e di altri specifici interventi normativi.

Esistono infatti anche istituti non autoritativi, come il regime di adempimento collaborativo, l'interpello, l'accertamento con adesione, la conciliazione, l'autotutela, gli accordi preventivi.

Lo Statuto prevede, come vedremo, che i rapporti tra fisco e contribuente siano improntati al principio di collaborazione e buona fede.

Si aggiungano i doveri informativi dell'Agenzia e le azioni finalizzate ad agevolare il contribuente nell'assolvimento degli obblighi tributari (dichiarazione precompilata, tutoraggio, ecc.).

C) La legge L. 7 agosto 1990, n. 241, si applica solo in parte al diritto tributario.

Vale in ambito tributario l'art. 1, che fissa, come princìpi generali dell'attività amministrativa, i princìpi di economicità, efficacia, pubblicità e trasparenza, ed i princìpi dell'ordinamento dell'UE.

Si applicano in materia tributaria il capo primo (ove sono enunciati i princìpi generali ed è sancito l'obbligo di motivazione dei provvedimenti amministrativi), il capo secondo (che disciplina la figura del responsabile del procedimento), ed il capo quarto-*bis* (in tema di efficacia e invalidità dei provvedimenti amministrativi).

Gli atti tributari devono pertanto indicare il responsabile del procedimento, come previsto dall'art. 7, comma 2, lett. a), dello Statuto.

In materia tributaria non si applicano le norme della L. n. 241 concernenti le attività discrezionali (come le norme sulle conferenze di servizi).

L'art. 13, comma 2, della L. n. 241, prevede che le norme in tema di partecipazione del cittadino al procedimento non si applicano ai procedimenti tributari, rinviando alle «*particolari norme che li regolano*», cioè alle norme delle leggi tributarie.

Anche in materia di accesso agli atti non si applica la L. n. 241. L'accesso può essere esercitato solo dopo la conclusione del procedimento tributario.

D) Importante è, nella L. 241, il richiamo ai «*princìpi dell'ordinamento comunitario*» (ora dell'UE). Si tratta dei princìpi della Carta di Nizza e dei princìpi elaborati dalla giurisprudenza della Corte di giustizia, sulla base di regole comuni al diritto nazionale degli Stati membri, che riguardano sia l'attività amministrativa degli organi e degli uffici dell'Unione europea, sia l'attività delle pubbliche amministrazioni nazionali, quando operano in applicazione di normative dell'UE.

Tra i princìpi dell'UE sul giusto procedimento, che possono interessare l'attività delle agenzie fiscali, vi sono il principio del contraddittorio, l'obbligo di motivazione, la risarcibilità dei danni prodotti dalle pubbliche amministrazioni, il termine ragionevole nel quale le pubbliche amministrazioni debbono pronunciarsi, il principio di proporzionalità, il principio di buona fede e la tutela del legittimo affidamento.

3. *Il potere impositivo. Natura vincolata e indisponibilità.*

Il potere impositivo è un potere vincolato.

L'Amministrazione finanziaria non può disporre né del potere impositivo, né dei suoi diritti di credito (c.d. indisponibilità dell'obbligazione tributaria). Perciò è nulla, ad esempio, la clausola contrattuale con la quale un comune rinuncia all'applicazione di un tributo.

Per tale motivo, tra i modi di estinzione dell'obbligazione tributaria, non vi è né la novazione, né la remissione del debito.

Il principio in esame non esclude però che l'Amministrazione finanziaria possa riconoscere l'illegittimità (totale o parziale) di un atto impositivo, e ritirarlo in via di autotutela, determinando così l'estinzione del processo; disporre della lite, decidendo di non resistere ad un ricorso; di non impugnare una pronuncia sfavorevole; di non coltivare un gravame o rinunciarvi.

È ammessa anche l'acquiescenza tacita, ai sensi dell'art. 329 c.p.c., da parte dell'Amministrazione finanziaria, rispetto ad una pronuncia delle commissioni tributarie, perché il carattere vincolato del potere impositivo e il principio di indisponibilità dell'obbligazione tributaria non sottraggono l'Amministrazione finanziaria alle ordinarie regole del processo.

4. *I princìpi dello Statuto. Collaborazione e buona fede.*

L'art. 10, comma 1, dello Statuto prevede che «*I rapporti tra contribuente e amministrazione finanziaria sono improntati al principio della collaborazione e della buona fede*».

È così enunciato un principio che riguarda in generale l'attività dell'Amministrazione finanziaria e i rapporti con i contribuenti.

La norma si riferisce alla buona fede in senso oggettivo, che è regola di *fair play*, di correttezza. La buona fede in senso soggettivo, invece, è la convinzione di agire correttamente, secondo le regole.

L'Amministrazione deve, ad esempio: correggere gli errori macroscopici in cui sia incorso in buona fede il contribuente; ritirare gli atti impositivi illegittimi (c.d. autotutela); rimborsare al contribuente il costo delle fideiussioni rilasciate per ottenere la sospensione del pagamento o la rateizzazione o il rimborso del tributo qualora venga «*definitivamente accertato che l'imposta non era dovuta o era dovuta in misura minore rispetto a quella accertata*» (art. 8 dello Statuto); non dare applicazione retroattiva ai suoi ripensamenti interpretativi sfavorevoli per il contribuente.

4.1. *Il legittimo affidamento del contribuente.*

A) L'art. 10 dello Statuto tutela il legittimo affidamento del contribuente, quale corollario del principio di collaborazione e buona fede.

Il legittimo affidamento è un principio generale dell'ordinamento. Regola tutti i rapporti di diritto pubblico ed è reso esplicito, in materia tributaria, dall'art. 10 dello Statuto.

Costituisce situazione tutelabile quella caratterizzata: a) da un'apparente legittimità e coerenza dell'attività dell'Amministrazione finanziaria, in senso favorevole al contribuente; b) dalla buona fede del contribuente, rilevabile dalla sua condotta, in quanto connotata dall'assenza di qualsiasi violazione del dovere di correttezza, e c) dall'eventuale esistenza di circostanze specifiche e rilevanti, idonee a indicare la sussistenza dei due presupposti che precedono.

Da ciò deriva che le circolari ministeriali generano nel contribuente un legittimo affidamento in ordine al comportamento da tenere nei confronti dell'Amministrazione, che non deve discostarsi dalle indicazioni fornite nelle circolari.

B) L'art. 10, comma 2, dello Statuto, prevede, quale conseguenza del legittimo affidamento, che non sono irrogate sanzioni né richiesti interessi moratori al contribuente che «*si sia conformato a indicazioni contenute in atti dell'amministrazione finanziaria, ancorché successivamente modificate dall'amministrazione medesima, o qualora il suo comportamento risulti posto in essere a seguito di fatti direttamente conseguenti a ritardi, omissioni od errori dell'amministrazione stessa*».

Escluse le sanzioni e gli interessi, il tributo resta dovuto.

C) L'Amministrazione può modificare l'interpretazione di una disposizione di legge. Ma se il *revirement* è peggiorativo per il contribuente (ad esempio, è ritenuto tassabile un fatto in precedenza ritenuto non tassabile; è ritenuto indeducibile un costo di cui era stata affermata la deducibilità), non deve essere leso l'affidamento che il contribuente ha riposto in documenti ufficiali dell'Amministrazione.

Se il contribuente si è comportato in un certo modo facendo affidamento sulla interpretazione ministeriale e, in seguito, l'interpretazione muta *in pejus*, il nuovo orientamento non deve essere applicato per il passato (ma la giurisprudenza è orientata in senso diverso).

4.2. *I doveri informativi dell'Amministrazione finanziaria.*

Tra le previsioni dello Statuto che devono essere considerate applicazione dei princìpi enunciati nell'art. 10 vi sono quelle relative agli obblighi di informazione imposti all'Amministrazione, che deve:

– assumere iniziative volte a consentire la conoscenza delle disposizioni legislative e amministrative vigenti in materia tributaria, anche curando la predisposizione di testi coordinati messi a disposizione dei contribuenti presso ogni ufficio impositore (art. 5, comma 1);

– assumere iniziative di informazione elettronica, tale da consentire aggiornamenti in tempo reale, ponendola a disposizione gratuita dei contribuenti (art. 5, comma 1);

– portare a conoscenza dei contribuenti le circolari e le risoluzioni da essa emanate, nonché ogni altro atto o decreto che dispone sulla organizzazione, sulle funzioni e sui procedimenti (art. 5, comma 2);

– garantire al contribuente l'effettiva conoscenza degli atti a lui destinati, senza violare il diritto alla riservatezza (art. 6, comma 1);

– informare il contribuente di ogni fatto o circostanza a sua conoscenza dai quali possa derivare il mancato riconoscimento di un credito ovvero l'irrogazione di una sanzione, richiedendogli di integrare o correggere i suoi atti (art. 6, comma 2);

– garantire che i modelli di dichiarazione, le istruzioni e, in generale, ogni comunicazione siano comprensibili anche ai contribuenti sforniti di conoscenze in materia tributaria e che il contribuente possa adempiere le obbligazioni tributarie con il minor numero di incombenti e nelle forme meno costose e più agevoli (art. 6, comma 3);

– assicurare al contribuente residente all'estero le informazioni sulle modalità di applicazione delle imposte, l'utilizzazione di moduli semplificati e agevolazioni relative agli adempimenti fiscali (art. 14);

– pubblicizzare i pareri resi in risposta agli interpelli, quando siano di interesse generale (art. 11, comma 6).

Si aggiunga che l'Agenzia delle entrate deve mettere a disposizione del contribuente i dati di cui dispone relativi a ricavi, compensi, agevolazioni, detrazioni, crediti d'imposta.

Inoltre, l'Amministrazione deve:

– non richiedere al contribuente documenti ed informazioni già in possesso dell'Amministrazione finanziaria o di altra pubblica amministrazione (art. 6, comma 4);

– prima di procedere ad iscrizione a ruolo in base alla dichiarazione, invitare il contribuente a fornire i chiarimenti necessari o a produrre i documenti mancanti (art. 6, comma 5);

– motivare i propri atti; in caso di motivazione *per relationem*, rendere disponibile l'atto richiamato; indicare l'ufficio presso cui si possono ottenere informazioni e il mezzo di impugnazione (art. 7);

– svolgere gli accessi, le ispezioni e le verifiche con particolari modalità, per non turbare l'attività del contribuente (art. 12).

È da inquadrare nel rapporto collaborativo il potere del Ministro, previsto dall'art. 9 dello Statuto, di rimettere in termine i contribuenti che non hanno potuto adempiere gli obblighi tributari per cause di forza maggiore e di sospendere o differire il termine per l'adempimento degli obblighi tributari in caso di eventi eccezionali ed imprevedibili.

5. *Il contraddittorio procedimentale.*

A) Non vi sono, in diritto tributario, norme che prevedano come obbligatorio, in via generale, il contraddittorio procedimentale.

Vi sono però casi in cui è previsto come obbligatorio:

– l'ufficio deve comunicare al contribuente l'esito del controllo automatico e del controllo formale della dichiarazione, quando emerge un risultato diverso da quello dichiarato; è illegittima la cartella di pagamento emessa a seguito di controllo formale, senza il preventivo avviso bonario (D.P.R. 29 settembre 1973, n. 600, artt. 36-*bis* e 36-*ter*);

– l'art. 6, comma 5, dello Statuto, prevede che l'ufficio, prima di procedere alle iscrizioni a ruolo derivanti dalla liquidazione di tributi che sono stati dichiarati, e qualora sussistano incertezze su aspetti rilevanti della dichiarazione, deve invitare il contribuente a fornire i chiarimenti necessari o a produrre i documenti mancanti;

– l'art. 10-*bis*, comma 6, dello Statuto, prevede che l'ufficio, prima di emettere l'accertamento di una operazione considerata elusiva, deve notificare al contribuente una richiesta di chiarimenti;

– l'ufficio, quando intende rettificare il reddito in via sintetica, ha l'obbligo di invitare il contribuente a fornire dati e notizie rilevanti ai fini dell'accertamento e, successivamente, di avviare il procedimento di accertamento con adesione (D.P.R. 29 settembre 1973, n. 600, art. 38, comma 7);

– se vi è stato un interpello, l'atto di accertamento, che disconosce deduzioni, detrazioni, crediti d'imposta, o altre posizioni soggettive del contribuente, deve essere preceduto, a pena di nullità, dalla notifica di una richiesta di chiarimenti da fornire entro sessanta giorni (D. lgs. 24 settembre 2015, n. 156, art. 6, comma 2);

– l'art. 12, comma 7, dello Statuto, prevede che, al termine delle verifiche, deve essere redatto un processo verbale, da consegnare all'indagato, il quale dispone di sessanta giorni per presentare osservazioni e richieste all'ufficio impositore.

B) In caso di accertamento in base agli studi di settore («*standardizzato*»), il contraddittorio non è previsto a pena di nullità, ma la giurisprudenza lo ritiene necessario, perché è solo a seguito del contraddittorio che si può pervenire alla determinazione del reddito.

Il contraddittorio è da considerare obbligatorio anche in caso di accertamenti fondati su indagini bancarie, perché le presunzioni operano solo se è dato modo al contribuente di provare il contrario, ma la giurisprudenza lo ritiene facoltativo (Cass., 5 dicembre 2014, n. 25770).

C) Il contraddittorio nei procedimenti amministrativi è obbligatorio secondo il diritto dell'Unione europea, come affermato dalla Corte di giustizia (sentenza 18 dicembre 2008, *Sopropé*, C-349/07).

La Carta di Nizza prevede espressamente «*il diritto di ogni individuo di essere ascoltato prima che nei suoi confronti venga adottato un provvedimento individuale che gli rechi pregiudizio*» (art. 41).

Da ciò deriva che il contraddittorio è obbligatorio nelle materie in cui vale il diritto dell'UE.

E la Cassazione (sez. un., 9 dicembre 2015, n. 24823) ha perciò statuito che il contraddittorio è obbligatorio per i tributi armonizzati (Iva, accise, dazi doganali), ma non per gli altri tributi (imposte dirette, tributi locali, ecc.).

La distinzione operata dalla giurisprudenza è criticabile, perché l'art. 1 della L. n. 241 richiama i princìpi dell'UE, con norma applicabile a tutti i tributi.

Secondo la giurisprudenza dell'UE, la violazione del contraddittorio rende annullabile il provvedimento adottato «*soltanto se, in mancanza di tale irregolarità, tale procedimento avrebbe potuto comportare un risultato diverso*» (Corte di giustizia, 3 luglio 2014, *Kamino*, C-129/13 e C-130/13).

6. *Gli interpelli.*

A) L'art. 11 dello Statuto attribuisce ai contribuenti il diritto di interpellare l'Agenzia delle entrate per ottenere un parere, in relazione ad una fattispecie concreta e personale. Sono previsti quattro tipi di interpelli.

Vi è innanzitutto l'interpello "*ordinario*", che si divide in "*interpretativo*" (riguardante le norme tributarie in generale, quando vi siano condizioni di obiettiva incertezza) e "*qualificatorio*" (relativo ad esempio alla qualificazione di una struttura come stabile organizzazione, di una spesa come di rappresentanza).

Il secondo tipo di interpello è detto "*probatorio*", perché concerne la sussistenza delle condizioni per l'adozione di specifici regimi fiscali. Questo tipo di interpello si può presentare solo nei casi espressamente previsti, tra cui l'istanza relativa al consolidato, quella concernente le «*imprese estere controllate*», quella riguardante le società «*non operative*».

Il terzo tipo di interpello ("*anti-abuso*") è relativo all'applicazione della disciplina antielusiva.

Infine, il quarto tipo di interpello, c.d. "*disapplicativo*", è proposto per ottenere un provvedimento che disponga la disapplicazione di norme che «*limitano deduzioni, detrazioni, crediti d'imposta, o altre posizioni soggettive del soggetto passivo altrimenti ammesse dall'ordinamento tributario, fornendo la dimostrazione che nella particolare fattispecie tali effetti elusivi non possono verificarsi*» (Statuto, art. 11, comma 2; D.lgs. 5 agosto 2015, n. 128, art. 1, comma 3).

B) L'istanza dev'essere inoltrata all'Agenzia delle entrate o delle Dogane, che deve rispondere per iscritto (entro novanta giorni, in caso di interpello ordinario, ed entro centoventi giorni negli altri tre casi).

La risposta vincola l'Amministrazione finanziaria, ma solo con riferimento alla questione oggetto dell'istanza e limitatamente al richiedente.

Quando la risposta non è comunicata entro il termine previsto, il silenzio equivale a condivisione, da parte dell'Agenzia, della soluzione prospettata dal contribuente.

Gli atti dell'Agenzia, difformi dalla risposta, espressa o tacita, sono nulli.

C) Il parere (espresso o tacito) non vincola il contribuente. L'affidamento del contribuente nella risposta ricevuta è tutelato dalla illegittimità che inficia gli atti dell'Amministrazione contrastanti con i pareri resi (in via espressa o tacita).

Se il contribuente si attiene alla risposta dell'Agenzia, o se la risposta al quesito prospettata dal contribuente è accolta dall'Agenzia (in modo espresso o con il silenzio), non possono essere emanati atti d'imposizione o sanzionatori difformi dalla risposta al quesito.

Se la risposta è negativa, il contribuente che non intende adeguarsi ha dinanzi a sé due alternative. Può presentare la dichiarazione discostandosi dal parere ed impugnare poi l'eventuale avviso di rettifica, insieme con il parere. Oppure presentare una dichiarazione conforme al parere, versare l'imposta e poi presentare istanza di rimborso.

D) L'interpello obbliga l'Amministrazione a rispondere solo se concerne una disposizione la cui interpretazione si presenti obiettivamente incerta. «*Non ricorrono condizioni di obiettiva incertezza quando l'amministrazione ha compiutamente fornito la soluzione per fattispecie corrispondenti a quella rappresentata dal contribuente*», rendendola pubblica.

In secondo luogo, l'interpello deve riguardare l'applicazione della disposizione da interpretare ad un caso personale e concreto.

L'istanza non può dunque essere presentata a scopo accademico, ma solo da chi svolge un'attività che comporta l'applicazione delle norme cui si riferisce l'interpello. Inoltre, l'istanza deve essere preventiva: deve cioè riguardare, ad esempio, una disposizione di significato incerto, da applicare in una dichiarazione dei redditi non ancora presentata.

Nell'istanza è onere del contribuente indicare quale sia la sua interpretazione, altrimenti, in caso di silenzio, non può aversi l'assenso tacito.

E) Una forma speciale di interpello è prevista per le imprese che intendano effettuare nuovi investimenti di rilevanti dimensioni, allo scopo di conoscere il parere dell'Agenzia in merito al trattamento fiscale del piano di investimenti e delle operazioni straordinarie pianificate (D.lgs. 14 settembre 2015, n. 147, art. 2).

7. *L'autotutela.*

A) Nel potere di emettere un atto è insito anche quello di ritirarlo o di emendarlo, quando appaia viziato all'autorità che l'ha emanato: ciò è espressione del potere di autotutela delle pubbliche amministrazioni, le quali, in ossequio al principio di legalità e di buona fede, hanno il dovere di emendare gli atti viziati o di annullarli. I rimedi a disposizione dell'Amministrazione sono molteplici:

– l'avviso di accertamento già emesso può essere sostituito da un accertamento con adesione;

– in pendenza di giudizio la lite può essere composta con la conciliazione;

– in corso di lite, l'Amministrazione può riconoscere la fondatezza del ricorso o non impugnare la sentenza ad essa sfavorevole;

– infine, l'Amministrazione può, in via di autotutela, annullare o riformare l'atto che riconosce viziato.

B) Fino a che non spira il termine di decadenza, l'Amministrazione, dopo aver emesso un avviso di accertamento, può provvedere nuovamente. Il potere impositivo non si esaurisce con l'emanazione di un solo atto.

Se l'Amministrazione intende emanare un nuovo atto, che aggrava la posizione del contribuente, vi sono dei limiti, come la disposizione che, in tema di accertamenti integrativi delle imposte sui redditi e dell'Iva, subordina il nuovo accertamento alla sopravvenuta conoscenza di nuovi elementi

(D.P.R. 29 settembre 1973, n. 600, art. 43; D.P.R. 26 ottobre 1972, n. 633, art. 57).

Al di fuori di questa ipotesi, l'Amministrazione può esercitare nuovamente il potere impositivo: ad esempio può sostituire l'atto emanato con motivazione carente, con un nuovo atto, diversamente motivato, o riformare l'atto già emanato.

C) Il potere di autotutela in diritto tributario è espressamente riconosciuto e regolato (art. 2-*quater*, D.l. 30 settembre 1994, n. 564, conv. con L. 30 novembre 1994, n. 656, e modificato dall'art. 27, L. 18 febbraio 1999, n. 28).

Nella disciplina dell'autotutela tributaria si parla di annullamento e di revoca degli atti illegittimi e infondati. L'annullamento è da riferire agli atti che presentano vizi di legittimità, ossia vizi di forma o procedimentali; la revoca è da riferire agli atti infondati, ossia viziati nel contenuto.

Nel regolamento si prevede, a titolo esemplificativo, che l'autotutela può essere esercitata per errore di persona; evidente errore logico o di calcolo; errore sul presupposto dell'imposta; doppia imposizione; mancata considerazione di pagamenti di imposta; mancanza di documentazione successivamente sanata dalla produzione entro i termini di decadenza; sussistenza dei requisiti per fruire di deduzioni, detrazioni o regimi agevolativi, precedentemente negati; errore materiale del contribuente, facilmente riconoscibile dall'Amministrazione.

L'autotutela può essere esercitata a seguito di richiesta del contribuente o d'ufficio, sia in pendenza di giudizio, sia dopo che l'atto è divenuto definitivo, e può riguardare qualsiasi atto dell'Amministrazione finanziaria.

L'utilità pratica dell'autotutela emerge soprattutto quando l'atto è divenuto definitivo: anche l'atto definitivo (non impugnato o impugnato senza successo) può essere oggetto di autotutela.

Neppure il giudicato impedisce in assoluto l'autotutela, purché il ritiro dell'atto avvenga per motivi che non contraddicono il contenuto del giudicato, come si deduce con argomentazione *a contrario* dal regolamento, ove è previsto che l'ufficio non può annullare il suo atto «*per motivi sui quali sia intervenuta sentenza passata in giudicato favorevole all'Amministrazione finanziaria*» (D.m. 11 febbraio 1997, art. 1, comma 2).

D) L'autotutela, nel diritto amministrativo, è discrezionale. Presuppone, oltre che l'illegittimità dell'atto, un interesse pubblico, attuale e concreto, alla rimozione dell'atto. La discrezionalità è prevista dalla legge (L. 7 agosto 1990, n. 241, artt. 21-*quinquies* e 21-*nonies*).

Invece, nelle norme sull'autotutela tributaria non si parla mai di interessi da valutare, ma solo di atti illegittimi o infondati, da annullare o revocare, perché l'autotutela tributaria riflette la natura non discrezionale, ma vincolata, dell'attività impositiva.

Il legislatore considera cioè l'autotutela fiscale come una funzione giustiziale, di fronte alla quale cedono le considerazioni della mera utilità economica e, in certi limiti, anche la esigenza di certezza e stabilità degli atti e rapporti giuridici definitivi.

Il ritiro o la correzione dell'atto viziato vanno compiuti in applicazione della regola di buona fede e del principio di legalità. La correzione presuppone dunque il vizio e null'altro. Ossia è giustificata soltanto dal dovere di ripristinare la legalità.

Secondo la giurisprudenza, invece, l'autotutela tributaria, come quella amministrativa, sarebbe discrezionale e non sindacabile (Corte cost., n. 181 del 2017).

E) L'esercizio del potere di autotutela tributaria dev'essere considerato doveroso se sopravvengono fatti che obbligano l'autorità amministrativa a riesaminare un atto, anche se definitivo.

Ciò vale se sopravviene un giudicato penale assolutorio (Corte cost., n. 120 del 1992).

Inoltre, può essere necessario riesaminare e rimuovere atti amministrativi definitivi, per tener conto di obblighi sopravvenuti derivanti dal diritto dell'UE (Corte di giustizia, 13 gennaio 2004, *Kühne & Heitz*, C-453/00).

8. *Il Garante del contribuente.*

Presso ogni Direzione regionale dell'Agenzia delle entrate è istituito il Garante del contribuente, che è persona scelta e nominata dal presidente della commissione tributaria regionale, all'interno di determinate categorie (magistrati; professori universitari; notai; dirigenti dell'Amministrazione finanziaria; ufficiali della Guardia di finanza; professionisti designati dagli ordini professionali).

Il Garante è autonomo rispetto all'Amministrazione ed ha il compito di tutelare il contribuente «*che lamenti disfunzioni, irregolarità, scorrettezze, prassi amministrative anomale o irragionevoli o qualunque altro comportamento suscettibile di incrinare il rapporto di fiducia tra cittadini e Amministrazione finanziaria*» (Statuto, art. 13, comma 6).

Il Garante non è dotato di poteri autoritativi; la sua è una funzione di impulso e di persuasione morale.

Infatti, può soltanto:

– stimolare «*le procedure di autotutela nei confronti di atti amministrativi di accertamento o di riscossione notificati al contribuente*»;

– rivolgere raccomandazioni ai dirigenti degli uffici ai fini della tutela del contribuente e della migliore organizzazione dei servizi;

– richiamare gli uffici al rispetto dei loro obblighi in materia di informazione del contribuente, al rispetto dei diritti del contribuente in caso di accessi, ispezioni e verifiche e al rispetto dei termini previsti per il rimborso d'imposta;

– prospettare al Ministro dell'Economia e delle Finanze i casi in cui possono essere esercitati i poteri di rimessione in termini del contribuente;

– individuare i casi di particolare rilevanza in cui le disposizioni in vigore o i comportamenti dell'Amministrazione determinano pregiudizi per i contribuenti o conseguenze negative nei loro rapporti con l'Amministrazione.

CAPITOLO NONO

L'ISTRUTTORIA

1. *La liquidazione delle dichiarazioni in via informatica.*

Il primo controllo delle dichiarazioni dei redditi ha per oggetto la mera "liquidazione" (ossia calcolo) delle imposte dovute e dei rimborsi spettanti in base alle stesse dichiarazioni. Il controllo è eseguito mediante procedure automatizzate, entro l'inizio del periodo di presentazione delle dichiarazioni relative all'anno successivo (termine ordinatorio).

La liquidazione, regolata dall'art. 36-*bis*, D.P.R. 29 settembre 1973, n. 600, è un controllo che riguarda solo i dati dichiarati dal contribuente e consiste nella verifica e rettifica degli errori formali e di calcolo. Concerne dunque un numero chiuso di ipotesi.

Se risulta che l'importo autoliquidato e versato dal contribuente è inferiore a quello da versare in base alla dichiarazione, non viene emesso un avviso di accertamento, ma si procede direttamente alla riscossione della somma non versata.

In dettaglio, sulla base dei dati dichiarati e dei dati tratti dall'Anagrafe tributaria, l'Amministrazione finanziaria:

– corregge gli errori materiali e di calcolo commessi dai contribuenti nella determinazione degli imponibili, delle imposte, e nel riporto delle eccedenze delle imposte derivanti da precedenti dichiarazioni;

– riduce le detrazioni d'imposta, le deduzioni dal reddito e i crediti d'imposta indicati in misura superiore a quella prevista dalla legge o non spettanti sulla base di quanto dichiarato;

– controlla che i versamenti siano tempestivi e corrispondenti a quanto dichiarato.

Anche le dichiarazioni annuali dell'Iva sono soggette ad un controllo mediante procedure automatizzate, utilizzando i dati desumibili dalle stesse dichiarazioni e in possesso dell'Anagrafe tributaria (D.P.R. 26 ottobre 1972, n. 633, art. 54-*bis*).

L'Amministrazione corregge gli errori materiali e di calcolo commessi dai contribuenti nella determinazione del volume d'affari e delle imposte e nel riporto delle eccedenze di imposta risultanti dalle precedenti dichiarazioni; inoltre, controlla la corrispondenza con quanto dichiarato dei versamenti eseguiti a titolo di acconto e di conguaglio e delle liquidazioni periodiche.

Il risultato del controllo, se diverso dal dichiarato, deve essere comunicato al contribuente, che è invitato con avviso bonario a versare la maggiore somma così liquidata; se il contribuente non versa, la somma è iscritta a ruolo, insieme alla sanzione; se il contribuente versa, è evitata l'iscrizione a ruolo e la sanzione è ridotta ad un terzo (D.lgs. 18 dicembre 1997, n. 462, art. 2).

1.1. *Il controllo formale delle dichiarazioni.*

A) Alla liquidazione ora descritta può seguire il c.d. controllo formale della dichiarazione, disciplinato dall'art. 36-*ter*, D.P.R. 29 settembre 1973, n. 600, a cui gli uffici dell'Agenzia delle entrate provvedono nel termine (non perentorio) del 31 dicembre del secondo anno successivo a quello di presentazione della dichiarazione.

Il controllo formale è svolto in base ai criteri selettivi fissati dal Ministro dell'economia e finanze e riguarda alcune «voci» della dichiarazione, che devono essere giustificate documentalmente.

Non si tratta dunque di mera liquidazione del dovuto, ma di controllo delle dichiarazioni, anche in base a dati esterni alle dichiarazioni.

È prevista una forma di contraddittorio (eventuale): il contribuente e il sostituto d'imposta possono essere invitati, anche telefonicamente o in forma scritta o telematica, a fornire chiarimenti in ordine ai dati contenuti nella dichiarazione e ad eseguire o trasmettere ricevute di versamento e altri documenti non allegati alla dichiarazione o difformi dai dati forniti da terzi.

Per effetto del controllo formale, gli uffici:

a) escludono lo scomputo delle ritenute d'acconto non documentate;

b) escludono le detrazioni d'imposta non spettanti in base ai documenti richiesti ai contribuenti o agli elenchi, riguardanti gli oneri deducibili, comunicati all'Anagrafe tributaria da banche, assicurazioni ed altri enti;

c) escludono le deduzioni dal reddito non spettanti in base ai documenti richiesti ai contribuenti o agli elenchi comunicati all'Anagrafe, e menzionati nella lett. b);

d) quantificano i crediti d'imposta spettanti in base ai dati risultanti dalle dichiarazioni e ai documenti richiesti ai contribuenti;

e) liquidano la maggiore imposta sul reddito delle persone fisiche e i maggiori contributi dovuti sull'ammontare complessivo dei redditi risultanti da più dichiarazioni o certificati, presentati per lo stesso anno dal medesimo contribuente;

f) correggono gli errori materiali e di calcolo contenuti nelle dichiarazioni dei sostituti d'imposta.

B) L'esito del controllo formale deve essere comunicato al contribuente o al sostituto d'imposta con l'indicazione dei motivi che hanno dato luogo alla rettifica degli imponibili o di altri dati dichiarati (oneri deducibili, detrazioni, imposta dovuta, ritenute alla fonte, ecc.), anche per consentire al contribuente e al sostituto di indicare all'ufficio dati ed elementi non considerati o valutati erroneamente.

Come per il controllo automatico, anche il risultato del controllo formale, se diverso dal dichiarato, deve essere comunicato al contribuente, che è invitato (con avviso c.d. bonario) a versare la maggiore somma così liquidata.

Se il contribuente non versa, la somma è iscritta a ruolo, insieme alla sanzione; se il contribuente versa, è evitata l'iscrizione a ruolo e la sanzione è ridotta ad un terzo (D.lgs. 18 dicembre 1997, n. 462, art. 2).

La notifica dell'avviso bonario è obbligatoria. La cartella di pagamento è nulla, se non è stata preceduta dall'avviso bonario.

2. *Il controllo sostanziale.*

A) Il controllo sostanziale delle dichiarazioni è svolto dall'Agenzia delle entrate e dalla Guardia di finanza. Primaria fonte di dati è l'Anagrafe fiscale. Ogni contribuente, anche virtuale, ha un numero di codice fiscale ed è iscritto nell'Anagrafe tributaria, in cui sono raccolti «*i dati e le notizie risultanti dalle dichiarazioni e dalle denunce presentate agli uffici dell'Amministrazione finanziaria e dai relativi accertamenti, nonché i dati e le notizie che possono comunque assumere rilevanza ai fini tributari*» (D.P.R. 29 settembre 1973, n. 605, art. 1). La raccolta dei dati avviene utilizzando il codice fiscale, la cui indicazione è obbligatoria in una vasta serie di atti (contratti soggetti a registrazione, dichiarazioni presentate al fisco, ricorsi, atti amministrativi, ecc.). L'Anagrafe registra anche i rapporti bancari.

Nell'Anagrafe sono registrati anche gli acquisti e le operazioni rilevanti ai fini Iva, di importo non inferiore a 3.000 euro (c.d. spesometro), utilizzabili, come vedremo, per l'accertamento sintetico.

B) Gli uffici dell'Amministrazione finanziaria eseguono il controllo sostanziale delle dichiarazioni (e la individuazione dei soggetti che ne hanno omesso la presentazione) avvalendosi dei dati acquisiti secondo le norme che disciplinano i suoi poteri di indagine e delle informazioni di cui siano comunque in possesso. Può trattarsi anche di notizie tratte dalla stampa o da *Internet* (*Facebook*, *Twitter*, *Instagram*, ecc.).

L'Agenzia delle entrate dunque può porre a base degli accertamenti ogni elemento probatorio, di cui non sia impedita l'utilizzabilità da disposizioni espresse di legge o dalla violazione di diritti del contribuente costituzionalmente garantiti.

Si è ritenuto, perciò, che gli uffici possono avvalersi anche di dati bancari illecitamente acquisiti all'estero, trasmessi alla nostra Amministrazione finanziaria nel rispetto delle procedure internazionali sullo scambio di informazioni tra le amministrazioni fiscali, poiché il segreto bancario non è costituzionalmente garantito.

2.1. *Inviti e richieste.*

A) L'ufficio può invitare il contribuente a comparire di persona per fornire dati e notizie rilevanti ai fini dell'accertamento nei suoi confronti, anche in relazione ai dati e alle notizie acquisiti in sede bancaria e postale.

Inoltre, può invitare il contribuente ad esibire o trasmettere atti e documenti; ai soggetti obbligati alla tenuta della contabilità può essere richiesta l'esibizione dei bilanci o delle scritture contabili.

In terzo luogo, l'ufficio può inviare ai contribuenti questionari relativi a dati e notizie di carattere specifico rilevanti ai fini dell'accertamento nei loro confronti.

B) L'Amministrazione finanziaria deve acquisire d'ufficio (ai sensi dell'art. 6, comma 4, dello Statuto) le informazioni già possedute da altre pubbliche amministrazioni che riguardino lo *status* del contribuente.

C) Per quanto riguarda le richieste a terzi, bisogna distinguere quelli che hanno veste pubblicistica dai soggetti di diritto privato.

L'ufficio può richiedere agli organi e alle amministrazioni dello Stato, agli enti pubblici non economici, alle società di assicurazione, agli enti che effettuano pagamenti e riscossioni per conto terzi o che svolgono attività di intermediazione e gestione finanziaria, la comunicazione di dati e notizie relativi a determinati soggetti o categorie di soggetti.

Inoltre, l'ufficio può richiedere ai notai, ai procuratori del registro, ai conservatori dei registri immobiliari e ad ogni altro pubblico ufficio copia di atti depositati presso di essi.

Per quanto riguarda gli altri terzi, il fisco può chiedere ai soggetti obbligati alla tenuta di scritture contabili dati e documenti relativi ad attività svolte nei confronti di clienti, fornitori e prestatori di lavoro autonomo.

Ad ogni altro soggetto possono essere chiesti atti e documenti fiscalmente rilevanti concernenti specifici rapporti intrattenuti con il contribuente (D.P.R. 29 settembre 1973, n. 600, art. 32).

2.2. *Indagini bancarie.*

A) Per il fisco il segreto bancario non esiste. Come affermato dalla Corte costituzionale (sentenza n. 51 del 1992), il dovere di riservatezza, connesso con il segreto bancario, non può essere di ostacolo all'accertamento degli illeciti tributari; non sono applicabili al riguardo le garanzie proprie dei diritti di libertà personale, non essendovi, alla base del segreto bancario, valori della persona umana da tutelare, ma, più semplicemente, interessi patrimoniali.

Ciò non significa che le indagini bancarie non siano soggette a vincoli e limiti. Le indagini bancarie possono essere svolte dall'Agenzia delle entrate e anche dalla Guardia di finanza, che può agire anche in veste di polizia giudiziaria, secondo le norme del codice di procedura penale (D.P.R. 29 settembre 1973, n. 600, artt. 32, comma 1, n. 7 e 33, comma 6, e D.P.R. 26 ottobre 1972, n. 633, artt. 51, comma 1, n. 7 e 52, comma 11).

Gli uffici dell'Agenzia delle entrate devono essere autorizzati dalla Direzione regionale e la Guardia di finanza deve essere autorizzata dal

Comandante di zona, ma la mancanza dell'autorizzazione non rende inutilizzabili i dati (come vedremo nel capitolo sul processo).

Le banche devono comunicare all'Anagrafe tributaria il nome dei loro clienti e la natura dei rapporti intrattenuti. Agenzia delle entrate e Guardia di finanza svolgono le indagini richiedendo alle banche «*dati, notizie e documenti relativi a qualsiasi rapporto intrattenuto od operazione effettuata, ivi compresi i servizi prestati, con i loro clienti, nonché alle garanzie prestate da terzi*».

La richiesta può essere indirizzata, oltre che alle banche, a Poste italiane Spa, agli intermediari finanziari, alle imprese di investimento, agli organismi di investimento collettivo del risparmio, alle società di gestione del risparmio e alle società fiduciarie. Alle società fiduciarie può essere richiesto, tra l'altro, di comunicare le generalità dei soggetti per conto dei quali esse hanno operato.

Se la banca non risponde tempestivamente, gli uffici fiscali hanno facoltà di disporre l'accesso di propri impiegati presso la banca per rilevare direttamente i dati e le notizie. La banca deve dare immediatamente notizia al contribuente delle richieste ricevute.

B) Ai dati bancari sono collegate due presunzioni, una generica ed una specifica (D.P.R. 29 settembre 1973, n. 600, art. 32, comma 1, n. 2; D.P.R. 26 ottobre 1972, n. 633, art. 51, comma 2, n. 2).

Secondo la prima, l'ufficio può fondare gli avvisi di accertamento sui dati bancari, «*se il contribuente non dimostra che ne ha tenuto conto per la determinazione del reddito soggetto ad imposta o che non hanno rilevanza allo stesso fine*».

In base alla seconda presunzione, più specifica, concernente solo gli imprenditori, l'ufficio può porre come ricavi, alla base delle rettifiche e degli accertamenti, non solo gli importi riscossi, ma anche i prelevamenti «*se il contribuente non ne indica il beneficiario e sempreché non risultino dalle scritture contabili*».

È facile comprendere perché gli incassi siano assunti come prova di ricavi.

Altra cosa sono i prelevamenti (di contanti, o mediante bonifici bancari o emissione di assegni), che di per sé sono un costo o impiego di reddito. La norma pone una doppia presunzione: che il prelevamento sia stato utilizzato per un acquisto non contabilizzato, inerente all'attività d'impresa; e che al costo non contabilizzato corrisponda un ricavo pure non contabilizzato. La presunzione è relativa; il contribuente può superarla indicando il beneficiario del prelevamento. Ai fini Iva, dai prelevamenti che non trovano riscontro nella contabilità deriva la presunzione che siano stati pagati beni o servizi non fatturati.

La presunzione collegata ai prelevamenti, prevista solo per gli imprenditori, era stata estesa ai lavoratori autonomi, ma l'estensione è stata dichiarata incostituzionale (Corte cost., n. 228 del 2014). Per i lavoratori autonomi, quindi, permane la presunzione legata agli incassi, ma non vi è alcuna presunzione legale con riguardo ai prelevamenti.

La presunzione opera solo per importi superiori a euro 1.000 giornalieri e, comunque, a euro 5.000 mensili.

C) L'ufficio può chiedere dati e notizie al contribuente, invitandolo a comparire di persona o inviandogli questionari.

È previsto che le presunzioni operano se il contribuente non fornisce la prova contraria, e ciò implica che le presunzioni non possano essere poste a base degli accertamenti se non è stata data al contribuente la possibilità di provare il contrario, prima dell'emissione dell'avviso. Ma, secondo giurisprudenza consolidata, il contraddittorio non è qui obbligatorio.

2.3. *Accessi, ispezioni e verifiche.*

La forma principale di controllo dei contribuenti è la verifica, che consiste in una serie di operazioni che iniziano con l'accesso in un luogo, seguito da ispezioni documentali e da altri controlli e si conclude con la redazione di un processo verbale di constatazione.

L'art. 14 Cost. dispone che il domicilio è inviolabile, ma ammette che vi si possono eseguire ispezioni, perquisizioni e sequestri «*nei casi e modi stabiliti dalla legge secondo le garanzie prescritte per la tutela della libertà personale*» (ossia con la garanzia dell'autorizzazione, data con atto motivato, dell'autorità giudiziaria). È poi prevista una riserva di legge: gli accertamenti e le ispezioni sono ammessi per fini fiscali (ed altri), ma devono essere regolati da «*leggi speciali*». Vale qui la nozione penalistica di domicilio, che designa l'abitazione e gli altri luoghi di privata dimora (art. 614 c.p.).

La tutela costituzionale del domicilio non riguarda l'accesso nei locali destinati all'esercizio di attività economiche (commerciali, agricole, artistiche o professionali) e l'accesso nei locali degli enti non commerciali e delle Onlus. Per accedere in tali locali, non si richiede l'autorizzazione dell'autorità giudiziaria, ma l'autorizzazione del capo dell'ufficio o del Comandante di zona, con provvedimento che ne indica lo scopo.

Nel caso di accesso nei locali destinati all'esercizio di arti e professioni è richiesta la presenza del titolare dello studio (o di un suo delegato). Vi è qui da tutelare il segreto professionale; perciò, è necessaria l'autorizzazione del Procuratore della Repubblica «*per l'esame di documenti e la richiesta di notizie relativamente ai quali è eccepito il segreto professionale*» (D.P.R. 26 ottobre 1972, n. 633, art. 52, comma 3).

Sono fatte salve le garanzie previste dall'art. 103 c.p.p. per gli avvocati che abbiano incarichi difensivi in un processo penale.

Per l'accesso nelle abitazioni è necessaria, oltre all'autorizzazione del capo dell'ufficio dell'Agenzia o del Comandante di zona della Guardia di finanza, e in ossequio a quanto previsto dall'art. 14 Cost., anche l'autorizzazione del Procuratore della Repubblica, che può essere concessa, con atto motivato, soltanto in presenza di gravi indizi di violazione delle norme fiscali, ed allo scopo di reperire libri, registri, documenti e altre prove delle violazioni.

L'autorizzazione del Procuratore della Repubblica è necessaria anche per procedere a perquisizioni personali ed all'apertura coattiva di plichi sigillati, borse, casseforti, mobili, ripostigli e simili.

Il provvedimento del Procuratore della Repubblica deve essere motivato con la indicazione dei gravi indizi di violazione delle norme fiscali, per le quali si autorizza l'accesso. Tale atto può essere sindacato dal giudice tributario, sia sotto il profilo della adeguatezza della motivazione, sia sotto il profilo della gravità degli indizi di evasione. Se l'atto è illegittimo le prove raccolte non sono utilizzabili.

2.4. *Garanzie e diritti statutari del contribuente sottoposto a verifiche.*

A) Secondo l'art. 12, comma 1, dello Statuto, gli accessi, le ispezioni e le verifiche fiscali nei locali destinati all'esercizio di attività commerciali, industriali, agricole, artistiche o professionali sono effettuati sulla base di esigenze effettive di indagine e controllo sul luogo. Essi si svolgono, salvo casi eccezionali e urgenti, durante l'orario ordinario di esercizio delle attività e con modalità tali da arrecare la minore turbativa possibile allo svolgimento delle attività stesse nonché alle relazioni commerciali o professionali del contribuente.

L'art. 12, comma 2, dello Statuto prevede che, quando inizia la verifica, «*il contribuente ha diritto di essere informato delle ragioni che l'abbiano giustificata e dell'oggetto che la riguarda, della facoltà di farsi assistere da un professionista abilitato alla difesa dinanzi agli organi di giustizia tributaria, nonché dei diritti e degli obblighi che vanno riconosciuti al contribuente in occasione delle verifiche*».

Su richiesta del contribuente, l'esame dei documenti amministrativi e contabili può essere effettuato nell'ufficio dei verificatori o presso il professionista che lo assiste o rappresenta.

Delle osservazioni e dei rilievi del contribuente e del professionista, che eventualmente lo assista, deve darsi atto nel processo verbale delle operazioni di verifica.

B) Nel corso della verifica possono essere eseguite ispezioni su libri, registri, documenti e altre scritture che si trovano nei locali, compresi quelli la cui tenuta e conservazione non sono obbligatori.

La verifica contabile è una forma specifica di controllo, rivolta ad esaminare completezza, esattezza e veridicità della contabilità, sulla scorta delle fatture ed altri documenti, anche mediante confronto con documenti e scritture contabili di terzi (c.d. controllo incrociato).

Le verificazioni sono controlli sugli impianti, sul personale dipendente, sull'impiego di materie prime ed altri acquisti, e su ogni altro elemento utile ai fini del controllo dell'esatto adempimento delle norme fiscali.

C) L'art. 12, comma 5, dello Statuto, prevede che la permanenza degli operatori civili o militari dell'Amministrazione finanziaria, dovuta a verifiche presso la sede del contribuente, non può superare i trenta giorni lavorativi di effettiva presenza, prorogabili per ulteriori trenta giorni nei casi di particolare complessità dell'indagine individuati e motivati dal dirigente dell'ufficio.

Il periodo di permanenza presso la sede del contribuente (come l'eventuale proroga), non può essere superiore a quindici giorni di effettiva presenza nei casi di verifica presso la sede di imprese in contabilità semplificata e lavoratori autonomi.

Gli operatori possono ritornare nella sede del contribuente, decorso tale periodo, per esaminare le osservazioni e le richieste eventualmente presentate dal contribuente dopo la conclusione delle operazioni di verifica ovvero, previo assenso motivato del dirigente dell'ufficio, per specifiche ragioni.

Il contribuente, nel caso in cui ritenga che i verificatori procedano con modalità non conformi alla legge, può rivolgersi anche al Garante del contribuente.

D) Nel corso della verifica il contribuente è tenuto ad ottemperare agli inviti e alle richieste dell'Amministrazione.

La mancata collaborazione, oltre ad essere punita con sanzione amministrativa, pregiudica le successive facoltà di difesa del contribuente, dato che «*Le notizie e i dati non addotti e gli atti, i documenti, i libri e i registri non esibiti o non trasmessi in risposta agli inviti dell'ufficio non possono essere presi in considerazione a favore del contribuente, in sede amministrativa e contenziosa*» (D.P.R. 29 settembre 1973, n. 600, art. 32, comma 3; D.P.R. 26 ottobre 1972, n. 633, art. 52).

Il dovere di collaborazione incontra un limite nel diritto del contribuente di rimanere in silenzio e di non produrre documenti – diritto desumibile dal principio dell'equo processo, sancito dall'art. 6 CEDU –, se ciò comportasse il rischio di essere accusato di evasione in sede penale (Corte EDU, 5 aprile 2012, *Chambaz*).

2.5. *La chiusura delle verifiche e i processi verbali.*

La descrizione dettagliata delle operazioni compiute nel corso delle indagini è effettuata nel «*processo verbale di verifica*», redatto giornalmente; in esso devono essere riportate le ispezioni e rilevazioni eseguite, le richieste fatte al contribuente e le risposte ricevute.

Deve essere redatto, infine, il «*processo verbale di constatazione*», che sintetizza i dati rilevati (scopo dell'accesso, documenti esaminati, violazioni riscontrate, ecc.).

Prevede l'art. 12, comma 7, dello Statuto, che, dal rilascio della copia del processo verbale di chiusura delle operazioni da parte degli organi di controllo, decorre un termine di sessanta giorni, entro cui il contribuente può comunicare «*osservazioni e richieste*», che devono essere valutate dagli uffici impositori.

L'avviso di accertamento deve tener conto, in motivazione, delle osservazioni e richieste del contribuente ed è invalido se emanato prima della scadenza di tale termine.

L'avviso può essere notificato prima della scadenza del termine dilatorio di sessanta giorni solo per ragioni di «*particolare e motivata urgenza*», indicate nella motivazione dell'avviso.

Redigere il processo verbale e rilasciarne copia è un obbligo dei verificatori, per dare modo al contribuente, oltre che di presentare «*osservazioni e richieste*», di definire il rapporto d'imposta mediante ravvedimento operoso.

Le garanzie così previste (rilascio di processo verbale, termine dilatorio di sessanta giorni) si applicano solo in caso di accessi, ispezioni e verifiche fiscali effettuate presso il contribuente; non si applicano agli accertamenti bancari e alle indagini effettuate dall'ufficio presso la sua sede ("a tavolino"), ad esempio previo invio di questionari.

3. *Collaborazione dei comuni.*

I comuni possono partecipare all'attività di accertamento segnalando all'Agenzia delle entrate e alla Guardia di finanza elementi utili ad integrare i dati contenuti nelle dichiarazioni presentate dai contribuenti.

L'Agenzia delle entrate deve mettere a disposizione dei comuni le dichiarazioni delle persone fisiche, perché, prima di emettere avvisi di accertamento sintetico, gli uffici devono segnalarlo ai comuni, che possono comunicare ogni elemento in loro possesso utile alla determinazione del reddito complessivo.

Il comune di domicilio fiscale del contribuente deve segnalare all'Agenzia qualsiasi integrazione degli elementi contenuti nelle dichiarazioni presentate dalle persone fisiche e, in caso di omissione della dichiarazione, dati, fatti ed elementi rilevanti.

4. *Rapporti tra istruttoria amministrativa e processo penale.*

A) La verifica fiscale è un'attività di natura amministrativa, ma la Guardia di finanza e i funzionari dell'Agenzia sono anche organi di polizia giudiziaria, per cui se, nel corso di una verifica, emergono notizie di reato, ogni successiva fase del procedimento, finalizzata ad assicurare «*le fonti di prova e raccogliere quant'altro possa servire per l'applicazione della legge penale*» (art. 220 disp. att. c.p.p.), dovrà svolgersi applicando il codice di procedura penale (altrimenti i risultati dell'indagine non potranno essere utilizzati).

B) La Guardia di finanza, operante come polizia giudiziaria, può trasmettere agli uffici fiscali «*documenti, dati e notizie*» reperiti in sede di indagini preliminari, ma occorre un'autorizzazione dell'autorità giudiziaria, che può essere concessa anche in deroga al segreto investigativo previsto dall'art. art. 329 c.p.p. (D.P.R. 29 settembre 1973, n. 600, art. 33 e D.P.R. 26 ottobre 1972, n. 633, art. 63).

5. *Epilogo dell'istruttoria.*

Dopo la conclusione della verifica il processo verbale è esaminato dall'Agenzia delle entrate; inoltre, il verbale è trasmesso alla Procura della Repubblica, se i verificatori ritengono di aver rilevato fatti penalmente rilevanti.

Il contribuente può presentare all'Agenzia delle entrate, entro sessanta giorni, una memoria difensiva, contenente «*osservazioni e richieste*». L'ufficio deve valutare la memoria e tenerne conto nella motivazione dell'avviso di accertamento.

Il contribuente può ricorrere al ravvedimento operoso anche dopo che una violazione è stata rilevata. È infatti prevista – se è presentata dichiarazione integrativa ed è pagato il tributo – la riduzione della sanzione ad un quinto del minimo nel caso in cui il contribuente regolarizzi gli errori e le omissioni, anche se incidenti sulla determinazione o sul pagamento del tributo, dopo la constatazione della violazione mediante processo verbale (D.lgs. 18 dicembre 1997, n. 472, art. 13, comma 1, *b-quater*).

Infine, il contribuente può presentare istanza di accertamento con adesione, alla quale può seguire la formazione di un «*accertamento con adesione*» (D.lgs. 19 giugno 1997, n. 218, art. 7).

Se non vi è ravvedimento operoso o accertamento con adesione, l'ufficio può emettere un avviso di accertamento; può, inoltre, notificare un atto di contestazione delle sanzioni amministrative.

CAPITOLO DECIMO

L'AVVISO DI ACCERTAMENTO

1. *Natura giuridica dell'avviso di accertamento.*

L'atto conclusivo del procedimento amministrativo di applicazione delle imposte è un provvedimento denominato «*avviso di accertamento*».

L'avviso di accertamento non è un atto discrezionale, ma espressione di una funzione vincolata; e da ciò deriva che in esso non è riscontrabile il vizio di eccesso di potere, che può aversi solo negli atti discrezionali.

Ciò non significa che l'atto non sia frutto di scelte e di valutazioni.

L'atto d'imposizione è esecuzione della legge, ma in esito ad apprezzamenti di fatti e valutazione giuridiche. Ed il sindacato giurisdizionale, cui è soggetto, non ha mai per oggetto profili di opportunità, ma è un sindacato di legittimità, che può riguardare vizi relativi al presupposto di fatto e vizi relativi ai profili di diritto.

L'Amministrazione finanziaria opera delle scelte quando decide quali soggetti sottoporre a controllo, ma, una volta effettuato il controllo, non esiste discrezionalità in ordine all'*an* e al contenuto del provvedimento da emanare.

L'avviso di accertamento è dunque, in sintesi, un provvedimento amministrativo vincolato, che determina autoritativamente l'obbligazione tributaria.

2. *Contenuto precettivo e sottoscrizione.*

Nell'avviso di accertamento possiamo distinguere (come nelle sentenze) due parti: motivazione e dispositivo, o parte precettiva.

A) L'avviso di accertamento, in materia di imposte sui redditi, è disciplinato dal D.P.R. 29 settembre 1973, n. 600, che indichiamo, di seguito, come D.P.R. n. 600.

L'art. 42 del D.P.R. n. 600 stabilisce che l'avviso di accertamento «*deve recare l'indicazione dell'imponibile o degli imponibili accertati, delle aliquote applicate e delle imposte liquidate, al lordo e al netto delle detrazioni, delle ritenute d'acconto e dei crediti d'imposta*».

Non tutte queste indicazioni appartengono al contenuto indeclinabile ed essenziale dell'atto: le statuizioni sulle detrazioni, sui crediti d'imposta, sulle ritenute, sono eventuali, non ricorrono in tutti gli avvisi di accertamento.

Ciò che appare essenziale è soltanto la determinazione dell'imponibile; vi sono, infatti, ipotesi in cui l'atto non va oltre tale determinazione.

Solitamente, l'avviso statuisce sull'imposta dovuta. Ma vi sono anche «avvisi senza imposta».

Una prima ipotesi di «avviso senza imposta» è data dall'accertamento dei redditi ai quali si applica il «principio di trasparenza». Si tratta dei redditi delle società di persone, con cui è determinato l'imponibile della società, da imputare, *pro quota*, a ciascun socio, agli effetti dell'imposta dovuta dal socio e dei redditi delle società di capitali, nel caso in cui si applica il «principio di trasparenza». Anche l'avviso emesso per l'accertamento «unitario» dei redditi delle associazioni professionali vale solo ai fini della successiva determinazione dei redditi degli associati.

Un'altra ipotesi è quella degli accertamenti di redditi per i quali hanno rilievo anche le perdite. Se, ad esempio, una società commerciale ha dichiarato una perdita, e l'avviso di accertamento riduce la perdita dichiarata, un simile avviso non contiene alcuna statuizione sull'imposta, ma ha rilievo per il «riporto a nuovo» della perdita nei periodi d'imposta successivi (Tuir, artt. 8 e 84).

B) Nell'Iva, l'avviso di accertamento può contenere una nuova determinazione non solo dell'imposta dovuta, ma anche dell'imposta detraibile o rimborsabile (art. 56 del D.P.R. 26 ottobre 1972, n. 633, indicato, qui di seguito, come D.P.R. n. 633).

L'ufficio, dunque, con la rettifica della dichiarazione, determina autoritativamente il *quantum* delle varie «operazioni» (imponibili, non imponibili, attive e passive, ecc.), calcolando l'imposta dovuta sulle operazioni imponibili, l'imposta detraibile, e, infine, la somma riscuotibile o rimborsabile. È da escludere, quindi, un accertamento che riguardi soltanto l'imponibile.

Se il contribuente non presenta la dichiarazione, l'ufficio determina induttivamente l'ammontare imponibile complessivo e l'aliquota applicabile, computando in detrazione i versamenti effettuati (D.P.R. n. 633, art. 55).

C) Nell'imposta di registro, la rettifica ha per oggetto il valore venale dei beni (immobili, aziende, ecc.) o diritti sui quali deve essere applicato il tributo. A ciò si aggiunge la liquidazione dell'imposta, con gli interessi e le sanzioni. L'art. 52 del T.u. del registro dispone che tale atto deve contenere «*l'indicazione del valore attribuito a ciascuno dei beni o diritti in esso descritti, degli elementi (...) in base ai quali è stato determinato, l'indicazione delle aliquote applicate e del calcolo della maggiore imposta, nonché dell'imposta dovuta in caso di presentazione del ricorso*».

D) Gli avvisi di accertamento contengono di regola anche l'irrogazione di sanzioni, ad esempio, per dichiarazione infedele o omessa (D.lgs. 18 dicembre 1997, n. 472, art. 17).

E) L'avviso di accertamento dev'essere sottoscritto dal capo dell'ufficio o da altro impiegato della carriera direttiva da lui delegato, altrimenti è nullo (D.P.R. n. 600, art. 42).

2.1. *La motivazione.*

A) Si applica anche agli atti dell'Amministrazione finanziaria l'art. 3, L. 7 agosto 1990, n. 241, secondo cui ogni provvedimento amministrativo deve essere motivato indicando «*i presupposti di fatto e le ragioni giuridiche*

che hanno determinato la decisione dell'amministrazione, in relazione alle risultanze dell'istruttoria».

Tale disposizione è richiamata dall'art. 7, comma 1, dello Statuto, che ribadisce l'obbligo di motivare gli atti tributari indicandone «*i presupposti di fatto e le ragioni giuridiche*».

Nelle singole leggi d'imposta vi sono altre disposizioni, che precisano il contenuto della motivazione.

L'avviso di accertamento delle imposte sui redditi deve essere motivato indicando, con i presupposti di fatto, le ragioni giuridiche che lo hanno determinato, in relazione alle disposizioni del decreto sull'accertamento che sono state applicate, con «*distinto riferimento ai singoli redditi delle varie categorie*» e con «*la specifica indicazione dei fatti e delle circostanze che giustificano il ricorso a metodi induttivi o sintetici e delle ragioni del mancato riconoscimento di deduzioni e detrazioni*» (D.P.R. n. 600, art. 42).

Negli avvisi in materia di Iva, oltre ai presupposti di fatto e alle ragioni giuridiche, «*devono essere indicati specificamente, a pena di nullità, gli errori, le omissioni e le false o inesatte indicazioni su cui è fondata la rettifica e i relativi elementi probatori. Per le omissioni e le inesattezze desunte in via presuntiva devono essere indicati i fatti certi che danno fondamento alla presunzione*» (D.P.R. n. 633, art. 56).

B) Se, prima dell'emanazione dell'avviso di accertamento, il contribuente interviene nel procedimento esponendo le sue ragioni, sorge l'obbligo della motivazione "rafforzata", cioè contenente l'esame delle deduzioni difensive del contribuente.

Se il contribuente, dopo il rilascio del processo verbale di chiusura delle operazioni di verifica, comunica all'ufficio «*osservazioni e richieste*», la motivazione dell'avviso di accertamento ne deve tener conto (art. 12, comma 7, dello Statuto).

C) Gli avvisi di accertamento possono essere motivati richiamando altri atti (motivazione *per relationem*). L'art. 7, comma 1, dello Statuto, prevede che l'atto richiamato deve essere allegato. Nelle singole leggi d'imposta si ammette che l'atto richiamato possa non essere allegato, ma l'avviso di accertamento ne deve riprodurre il contenuto essenziale (D.P.R. n. 600, art. 42; D.P.R n. 633, art. 56, comma 5). La motivazione dell'avviso dev'essere dunque autosufficiente.

Possono non essere allegati gli atti già conosciuti dal contribuente, come il processo verbale di constatazione, o già notificati o comunque noti o in possesso del contribuente.

D) La motivazione dev'essere chiara (art. 7 dello Statuto). Il contribuente dev'essere posto in condizione di conoscere i presupposti di fatto e le ragioni giuridiche che sono alla base del provvedimento impositivo, in modo da consentirgli sia di valutare l'opportunità di esperire l'impugnazione giudiziale, sia, in caso positivo, di contestare efficacemente *l'an* e il *quantum debeatur*.

E) L'art. 7, comma 2, dello Statuto (la cui rubrica è «*Chiarezza e motivazione degli atti*»), prevede che gli atti dell'Amministrazione finanziaria e degli agenti della riscossione devono tassativamente indicare:

a) l'ufficio presso il quale è possibile ottenere informazioni complete in merito all'atto notificato o comunicato e il responsabile del procedimento;

b) l'organo o l'autorità amministrativa presso i quali è possibile promuovere un riesame anche nel merito dell'atto in sede di autotutela;

c) le modalità, il termine, l'organo giurisdizionale o l'autorità amministrativa cui è possibile ricorrere in caso di atti impugnabili.

Non si tratta, peraltro, di indicazioni la cui omissione renda invalido l'atto.

3. *La notificazione.*

L'avviso di accertamento deve essere notificato al suo destinatario. La notificazione non è soltanto il modo con cui tale atto viene portato a conoscenza del destinatario, ma la modalità con cui l'avviso di accertamento viene ad esistenza: l'atto d'imposizione, in tanto esiste, ed esplica effetti, in quanto sia notificato.

A) La notificazione dell'avviso di accertamento e, in generale, degli atti tributari, è regolata dall'art. 60 del D.P.R. n. 600, che richiama le norme del codice di procedura civile in tema di notificazione degli atti processuali (artt. 137 e seguenti), aggiungendo le seguenti regole:

a) la notificazione degli atti tributari è eseguita dai messi comunali o da messi speciali autorizzati dall'Agenzia delle entrate;

b) il messo deve fare sottoscrivere dal consegnatario l'atto o l'avviso ovvero indicare i motivi per i quali il consegnatario non ha sottoscritto;

b-*bis*) se il consegnatario non è il destinatario dell'atto o dell'avviso, il messo consegna o deposita la copia dell'atto da notificare in busta che provvede a sigillare e su cui trascrive il numero cronologico della notificazione, dandone atto nella relazione in calce all'originale e alla copia dell'atto stesso. Sulla busta non sono apposti segni o indicazioni dai quali possa desumersi il contenuto dell'atto. Il consegnatario deve sottoscrivere una ricevuta e il messo dà notizia dell'avvenuta notificazione a mezzo di lettera raccomandata;

c) salvo il caso di consegna dell'atto o dell'avviso in mani proprie, la notificazione deve essere fatta nel comune di domicilio fiscale del destinatario;

d) in facoltà del contribuente di eleggere domicilio presso una persona o un ufficio nel comune del proprio domicilio fiscale per la notificazione degli atti o degli avvisi che lo riguardano;

e) se l'atto non è consegnato in mani proprie, si applica l'art. 139 c.p.c.; l'atto è quindi da notificare presso la casa di abitazione o l'ufficio del destinatario; se non è possibile consegnare la copia dell'atto per irreperibilità del destinatario o per mancanza di persone abilitate a riceverla, il messo deve depositare l'atto in comune, affiggere un avviso sulla porta della casa o dell'ufficio del destinatario e dargliene notizia a mezzo raccomandata con avviso di ricevimento (art. 140 c.p.c.).

Quando nel comune nel quale deve eseguirsi la notificazione non vi è abitazione, ufficio o azienda del contribuente, il citato art. 60, lett. e), dispone che l'avviso del deposito prescritto dall'art. 140 c.p.c., in busta chiusa e sigillata, si affigge nell'albo del comune, e la notificazione, ai fini della decorrenza del termine per ricorrere, si ha per eseguita nell'ottavo giorno successivo a quello di affissione.

La notificazione alle persone giuridiche si esegue nella loro sede, mediante consegna dell'atto al rappresentante o alla persona incaricata di ricevere la copia o ad altra persona addetta alla sede; regole analoghe valgono per gli enti privi di personalità; se la notificazione non può essere eseguita presso la sede, l'atto è notificato secondo le regole previste per le persone fisiche, con riferimento al rappresentante dell'ente, se indicato nell'atto da notificare (art. 145 c.p.c.).

e-*bis*) il contribuente che non ha la residenza nello Stato, non vi ha eletto domicilio né nominato un rappresentante fiscale, può comunicare all'ufficio l'indirizzo estero per la notificazione degli avvisi e degli altri atti che lo riguardano; salvo il caso di consegna dell'atto o dell'avviso in mani proprie, la notificazione è eseguita mediante spedizione a mezzo di lettera raccomandata con avviso di ricevimento;

f) non si applicano agli atti tributari le disposizioni in tema di notificazione a persona di residenza, dimora e domicilio sconosciuti (art. 143 c.p.c.), a militari in attività di servizio (art. 146 c.p.c.), mediante pubblici proclami (art. 150 c.p.c.) e in forme ordinate dal giudice (art. 151 c.p.c.).

B) La notifica deve considerarsi avvenuta, per il notificante, con il compimento delle sole formalità che non sfuggono alla sua disponibilità, fermo restando che gli effetti della notifica sono condizionati al perfezionamento del procedimento anche per il destinatario.

Gli effetti della notificazione a mezzo del servizio postale si producono per il notificante al momento della consegna dell'atto al personale del servizio postale. Rileva quindi che la consegna avvenga prima dello spirare del termine di decadenza gravante sull'ufficio, anche se la ricezione sia successiva a tale data (D.P.R. n. 600, art. 60, comma 4).

Per il destinatario rileva la data in cui l'atto è ricevuto (attestata dall'avviso di ricevimento); da tale data decorre il termine per impugnare.

C) Poiché la notificazione dell'avviso di accertamento avviene, oltre che secondo le norme tributarie, secondo le norme del codice di procedura civile, si applicano alle notifiche viziate le norme sulla sanatoria delle notifiche previste dall'art. 156 c.p.c.; il ricorso contro l'avviso di accertamento sana i vizi di notifica, in quanto dimostra che l'atto è stato ricevuto e che la notifica ha raggiunto il suo scopo. Non sono però sanabili le notificazioni da considerare giuridicamente inesistenti.

3.1. *La notificazione telematica.*

L'art. 60, ultimo comma, del D.P.R. n. 600, prevede che la notificazione degli avvisi e degli altri atti che devono essere notificati alle imprese individuali o costituite in forma societaria e ai professionisti iscritti in albi o elenchi istituiti con legge dello Stato può essere effettuata a mezzo di PEC, all'indirizzo risultante dall'indice nazionale degli indirizzi di posta elettronica certificata (INI-PEC).

Ai fini del rispetto dei termini di prescrizione e decadenza, la notificazione si intende perfezionata per il notificante nel momento in cui il suo gestore della casella di posta elettronica certificata gli trasmette la ricevuta di accettazione con la relativa attestazione temporale che certifica l'avvenuta spedizione del messaggio.

Per il destinatario la notifica si intende perfezionata alla data della consegna contenuta nella ricevuta che il gestore della casella di posta elettronica certificata del destinatario trasmette all'ufficio o nel quindicesimo giorno successivo a quello della pubblicazione dell'avviso nel sito *internet* della società InfoCamere Scpa.

3.2. *I termini della notificazione.*

A) Come già detto a proposito della chiusura delle verifiche, l'art. 12, comma 7, dello Statuto, prevede che l'avviso di accertamento non può essere notificato prima che siano decorsi 60 giorni dalla consegna del processo verbale al contribuente, per consentirgli di presentare «*osservazioni e richieste*» all'ufficio impositore. L'avviso notificato anzitempo è invalido, «*salvo casi di particolare e motivata urgenza*».

B) La notificazione dev'essere effettuata non oltre un termine previsto a pena di decadenza.

Ciò significa che la notifica deve essere richiesta entro quella data. Come già osservato, per il notificante vale la data in cui la notificazione è richiesta. Per il destinatario, invece, vale la data della ricezione; da tale data decorre il termine per impugnare.

Se la notificazione non avviene entro quel termine, l'atto notificato in ritardo è annullabile.

Per le imposte sui redditi e per l'Iva l'avviso deve essere notificato entro il 31 dicembre del quinto anno successivo a quello in cui è stata presentata la dichiarazione.

Nei casi di omessa presentazione della dichiarazione il termine scade il 31 dicembre del settimo anno successivo a quello in cui la dichiarazione avrebbe dovuto essere presentata. Vale lo stesso termine in caso di dichiarazione nulla (D.P.R. n. 600, art. 43 e D.P.R. n. 633, art. 57).

Per l'imposta di registro vi è un termine di decadenza di cinque anni per l'accertamento dell'imposta sugli atti non registrati, a decorrere da quando doveva essere richiesta la registrazione, di tre anni per riliquidare l'imposta principale o suppletiva e di due anni per la rettifica del valore imponibile (D.P.R. 26 aprile 1986, n. 131, art. 76).

In caso di presentazione di dichiarazione integrativa, il termine per la rettifica dei nuovi elementi dichiarati decorre dalla data di presentazione della nuova dichiarazione (L. 23 dicembre 1914, n. 190, art. 1, comma 640).

4. *Gli effetti dell'avviso di accertamento sull'obbligazione tributaria.*

A) Abbiamo visto che, secondo lo schema *standard* di applicazione delle leggi d'imposta, il verificarsi del presupposto d'imposta determina, per il contribuente, obblighi di pagamento e di dichiarazione.

Il legislatore può prevedere che il contribuente, per il solo fatto che è realizzato il presupposto del tributo, debba adempiere, senza bisogno di denunce o altri atti («*tributi senza imposizione*»). Ma, nei principali tributi, il contribuente è tenuto a dichiarare il presupposto e il debito d'imposta.

La dichiarazione è un atto che concorre, con il presupposto, a costituire l'obbligazione e ne condiziona la esigibilità.

Anche se al contribuente si impone di versare prima di dichiarare, il fisco non può riscuotere se non sulla base del dichiarato (e, poi, dell'accertato).

B) Se l'obbligazione, come prefigurata dalla legge, non è integralmente dichiarata dal contribuente e, in tal modo, resa esigibile, si rende necessaria l'emanazione di un atto impositivo (avviso di accertamento o altro atto autoritativo). Di un atto, cioè, che rechi la statuizione autoritativa dell'esistenza e della misura dell'obbligazione tributaria.

La dottrina è però divisa sulla questione se gli effetti dell'avviso di accertamento siano di natura dichiarativa o costitutiva.

Secondo la teoria dichiarativa, l'obbligazione tributaria sorge non appena si verifica il presupposto di fatto del tributo; l'obbligazione così nata *ex lege*, direttamente dal presupposto, deve poi essere dichiarata dallo stesso contribuente e accertata dall'Amministrazione finanziaria (con l'avviso di accertamento). L'avviso è perciò, secondo questa teoria, un provvedimento con effetti di mero accertamento dell'obbligazione tributaria.

Per la teoria costitutiva, invece, anche se, dal presupposto di fatto, o dalla somma del presupposto e della dichiarazione, scaturisce una obbligazione di fonte legale, l'atto impositivo ha comunque valore costitutivo dell'obbligazione tributaria.

L'obbligazione che è oggetto dell'avviso è una obbligazione che, in precedenza, doveva essere dichiarata dal contribuente, ma non è stata dichiarata affatto, o è stata dichiarata in misura inferiore a quanto dovuto. Il rimedio è appunto l'avviso di accertamento, che fa nascere l'obbligazione non dichiarata, o non dichiarata nella giusta misura.

Per questa teoria, non vi è alcuna prova dell'essere, l'obbligazione tributaria definita dall'avviso di accertamento, già sorta per legge, come conseguenza del presupposto; perciò l'avviso ha valore costitutivo dell'obbligazione.

L'Amministrazione è titolare di poteri autoritativi; non lo è il contribuente: perciò la dichiarazione è un mero atto (costitutivo d'un effetto che ha la sua fonte nella legge); l'avviso di accertamento, invece, è espressione di una potestà amministrativa, con effetto costitutivo del rapporto.

L'avviso di accertamento svolge una funzione essenziale, perché, se il contribuente non presenta la dichiarazione, o la presenta con contenuti inesatti, il fisco, per ottenere che sia attuata la legge tributaria, deve necessariamente emettere l'avviso di accertamento; senza avviso di accertamento non sorge l'obbligazione tributaria, come prefigurata e voluta dalla legge.

L'avviso di accertamento è dunque un presupposto necessario per permettere all'Amministrazione finanziaria di agire, anche coattivamente, nei confronti del contribuente.

Per riscuotere, sono necessari o la dichiarazione o l'avviso di accertamento. L'avviso di accertamento, quando non è titolo esecutivo, è necessario per legittimare l'Amministrazione a riscuotere (in base all'avviso, se esecutivo, o mediante iscrizione a ruolo).

Dichiarazione e avviso di accertamento non sono dunque mera ricognizione d'un rapporto obbligatorio già sorto *ex lege*. La dichiarazione concorre a costituire l'obbligazione, con il presupposto. L'avviso di accertamento costituisce l'obbligazione che il contribuente ha omesso di dichiarare, o non ha dichiarato in modo integrale.

C) Il divario tra effetto dichiarativo ed effetto costitutivo si attenua non poco, se si considera che l'effetto di accertamento non è la semplice, platonica affermazione di esistenza d'una situazione giuridica soggettiva, ma è «statuizione» di quella situazione, che l'atto costituisce nuovamente, in rapporto di «concorso di fattispecie» con la precedente fonte genetica della situazione giuridica accertata.

Ora, mentre l'atto d'imposizione, concepito come dichiarativo, è *naturaliter* retroattivo, non può dirsi, per contro, che la concezione costitutiva comporti, necessariamente, che l'atto abbia effetti *ex nunc*.

La soluzione del problema è da ricercare nel diritto positivo. E il diritto positivo indica che l'avviso di accertamento è retroattivo. Esso dà vita a un debito che doveva sorgere già per effetto della dichiarazione. L'avviso di accertamento ha quindi efficacia retroattiva, con riferimento al momento in cui il debito d'imposta doveva sorgere come effetto della dichiarazione. In coerenza con ciò, il contribuente è tenuto a corrispondere gli interessi sulla maggiore imposta a partire da quando doveva essere effettuato il versamento dell'imposta (o della maggiore imposta), che doveva essere dichiarata e versata in precedenza (D.P.R. 29 settembre 1973, n. 602, art. 20; L. 26 gennaio 1961, n. 29, art. 3).

4.1. *Gli effetti esecutivi.*

L'avviso di accertamento in materia di imposte sui redditi, Irap e Iva e il provvedimento sanzionatorio sono titoli esecutivi (D.l. 31 maggio 2010, n. 78, conv. con L. 30 luglio 2010, n. 122, art. 29, comma 1, lett. a).

L'avviso deve contenere anche l'intimazione ad adempiere quando è decorso il termine per la proposizione del ricorso, con l'avvertimento che, decorsi 30 giorni dal termine per il pagamento, la riscossione delle somme richieste viene affidata all'Agente della riscossione, il quale porrà in essere la procedura di esecuzione forzata.

L'avviso non è dunque seguito dalla iscrizione a ruolo e dalla cartella di pagamento, ma è già esso titolo esecutivo (come il ruolo) e precetto.

Occorre perciò che il contribuente versi, se non presenta ricorso, le intere imposte accertate (con le sanzioni ridotte) o, in caso di presentazione del ricorso, un terzo delle maggiori imposte accertate (D.P.R. 29 settembre 1973, n. 602, art. 15).

A partire dal giorno successivo al termine per la presentazione del ricorso alle somme indicate nell'avviso sono da aggiungere gli interessi di mora (dal giorno successivo a quello di notifica dell'atto), l'aggio per l'agente della riscossione (interamente a carico del debitore), e il rimborso delle spese di esecuzione (D.lgs. 13 aprile 1999, n. 112, art. 17).

Sono titoli esecutivi anche gli «*atti di rideterminazione*», cioè gli atti di intimazione, con rideterminazione del dovuto, emanati quando, dopo l'avviso di accertamento, sia necessario ricalcolare le somme da riscuotere. Ciò avviene a seguito di un accertamento con adesione, se il contribuente, dopo aver versato la prima rata, omette di versare le rate successive (dato che l'atto di accertamento stabilisce la somma dovuta, non le frazioni inadempiute). Ed avviene quando, in corso di giudizio, dopo una sentenza, è necessario ricalcolare la somma da riscuotere.

5. *Avviso annullabile e avviso nullo.*

A) Nelle leggi tributarie sono numerosi i casi in cui si prevede in modo espresso che una regola dev'essere osservata sotto comminatoria di «*nullità*». Ad esempio, in materia di imposte dirette, è stabilita in modo esplicito la «*nullità*» degli avvisi di accertamento non motivati o privi di altre indicazioni essenziali, come le aliquote applicate (D.P.R. n. 600, art. 42).

Nello Statuto è sancita espressamente la «*nullità*» degli atti impositivi antielusivi non preceduti dalla richiesta di chiarimenti o non motivati (art. 10-*bis*, comma 6) e degli atti non conformi alle risposte agli interpelli (art. 11, comma 2).

In questi casi, il termine nullità è usato in senso debole, e cioè non per indicare che l'atto è privo di effetti (come il contratto nullo), ma che l'atto, anche se viziato, è efficace, e che, se impugnato, può essere annullato.

La nullità degli atti tributari non è dunque come la nullità dei contratti, ma è come l'illegittimità-annullabilità dei provvedimenti amministrativi. Gli atti tributari nulli in senso debole, infatti, sono efficaci; ed il rimedio contro di essi è l'azione di impugnazione, soggetta a decadenza, dinanzi al giudice tributario.

B) Quando la nullità non è espressamente prevista l'interprete deve valutare la *ratio* della norma violata.

Deve ritenersi invalidante la violazione delle norme: a) dirette a garantire che l'atto amministrativo sia conforme ai suoi presupposti di fatto e di diritto; b) limitanti i poteri dell'Amministrazione finanziaria, a tutela di interessi privati costituzionalmente riconosciuti.

La violazione delle norme che impongono il contraddittorio procedimentale è invalidante, perché sono norme dirette ad assicurare il buon esito del procedimento.

È il caso dell'avviso di accertamento emesso *ante tempus*, senza rispettare il termine dilatorio di sessanta giorni dal rilascio del processo verbale, previsto dall'art. 12, comma 7, dello Statuto, per dar modo al contribuente di presentare osservazioni e richieste prima dell'emanazione dell'avviso.

Come vedremo in tema di prove inutilizzabili, è annullabile l'avviso di accertamento emesso in base a prove raccolte mediante accesso in abitazioni, senza la previa autorizzazione del Procuratore della Repubblica, essendo, tale prescrizione, un limite ai poteri di indagine, a tutela di un interesse costituzionalmente protetto.

C) L'art. 21-*octies*, L. n. 241 del 1990 esclude che sia annullabile «*il provvedimento adottato in violazione di norme sul procedimento o sulla forma degli atti qualora, per la natura vincolata del provvedimento, sia palese che il suo contenuto dispositivo non avrebbe potuto essere diverso da quello in concreto adottato*».

La norma è da interpretare nel senso che non sono invalidanti tutte le violazioni delle norme sul procedimento o sulla forma degli atti, ma solo quelle che possono aver influito sul contenuto dell'atto.

I vizi non invalidanti sono (mere) irregolarità. Ad esempio, l'avviso di accertamento è semplicemente irregolare se non è osservato l'art. 7, comma 2, dello Statuto, in tema di indicazione degli organi cui si può inoltrare richiesta di riesame o il ricorso, o se al contribuente è data una indicazione inesatta circa l'estensione temporale di una verifica. In tema di imposta di registro, l'omessa indicazione, nell'avviso di rettifica e di liquidazione, dell'imposta dovuta in caso di presentazione del ricorso, è considerata una semplice irregolarità, se la somma sia ricavabile dall'atto mediante un semplice calcolo aritmetico.

D) Altra cosa è la nullità prevista dall'art. 21-*septies*, comma 1, L. 7 agosto 1990, n. 241 (legge sul procedimento amministrativo), secondo cui «*È nullo il provvedimento amministrativo che manca degli elementi essenziali, che è viziato da difetto assoluto di attribuzione, che è stato adottato in violazione o elusione del giudicato, nonché negli altri casi espressamente previsti dalla legge*».

Questa norma, dettata per il diritto amministrativo in generale, impone di distinguere, anche in diritto tributario, tra nullità in senso forte e nullità in senso debole, ovvero tra provvedimento privo di effetti e provvedimento annullabile.

Applicando l'art. 21-*septies*, comma 1 della L. n. 241 del 1990, anche i provvedimenti dell'Amministrazione finanziaria, quindi, sono nulli in senso forte, per mancanza di elementi essenziali, cioè quando l'avviso di accertamento non è sottoscritto; quando è intestato ad un soggetto inesistente, cioè ad una persona defunta, o ad una società estinta; quando la notifica è giuridicamente inesistente; quando l'atto è totalmente privo di elementi essenziali, come la motivazione o la parte dispositiva.

Il provvedimento impositivo, inoltre, è nullo quando è «*viziato da difetto assoluto di attribuzione*», ossia emesso in situazione di carenza di potere. È il caso di un avviso di accertamento che abbia per oggetto un tributo inesistente, o emesso da un soggetto o organo privo di potestà impositiva.

Infine, è nullo il provvedimento amministrativo «*negli altri casi espressamente previsti dalla legge*».

L'art. 21-*septies* è norma di diritto sostanziale, che individua le cause della nullità, ma non disciplina il trattamento processuale.

E poiché non sono ammesse, nel processo tributario, azioni meramente dichiarative, il contribuente non può agire contro il provvedimento nullo, ma deve impugnare il primo atto successivo, richiedendo in via pregiudiziale l'accertamento della nullità dell'avviso di accertamento, e, di conseguenza, l'annullamento dell'atto successivo.

E) La giurisprudenza, invece, ritiene che, anche quando il provvedimento tributario è nullo ai sensi dell'art. 21-*septies*, comma 1, L. n. 241 del 1990, la nullità equivale ad annullabilità, per cui deve essere fatta valere mediante ricorso al giudice tributario, nel termine di decadenza stabilito per l'impugnazione di tali atti.

Ciò in quanto, secondo la giurisprudenza, il legislatore tributario avrebbe ricompreso – nella categoria unitaria della «*nullità tributaria*» – tutti i vizi di invalidità, riconducendoli tutti nello schema della annullabilità.

In sostanza, la giurisprudenza nega che in diritto tributario valga il sistema dualistico delle invalidità in vigore nel diritto amministrativo, per cui, anche quando il provvedimento tributario è nullo in senso forte, la nullità dovrebbe essere fatta valere mediante ricorso al giudice tributario, nel termine di decadenza previsto dall'art. 21 del D.lgs. n. 546.

Il sistema dualistico del diritto amministrativo cederebbe il posto, nel diritto tributario, ad un sistema monistico: tutti i vizi sarebbero vizi di illegittimità-annullabilità, da far valere mediante azione di annullamento.

La tesi non è da condividere, non essendovi motivo per escludere che abbia valore, anche per il diritto tributario, la categoria delle nullità in senso forte, e che gli atti tributari affetti da tale forma grave di invalidità siano privi di efficacia.

Il contribuente, non essendo ammessa un'autonoma azione di mero accertamento della nullità, deve impugnare, come già detto, il primo atto successivo.

6. *Il divieto di doppia imposizione.*

In generale, vi è doppia imposizione se uno stesso presupposto è tassato più volte, con la stessa imposta o con più imposte, nei confronti dello stesso soggetto o di soggetti diversi. Occorre distinguere varie ipotesi di doppia imposizione e stabilire quando è vietata.

Una prima distinzione è tra doppia imposizione interna e internazionale; per impedire o attenuare la seconda, cioè la tassazione dello stesso presupposto da parte di due Stati diversi, sono stipulate apposite convenzioni internazionali.

Altra rilevante distinzione è tra doppia imposizione in senso economico e in senso giuridico. La prima si verifica quando il legislatore prevede che uno stesso fatto economico sia tassato con più imposte, e non è vietata, ma, anzi, voluta dal legislatore.

È invece vietata la doppia tassazione in senso giuridico, che si verifica quando l'Amministrazione emette più avvisi di accertamento, per tassare più volte lo stesso presupposto nei confronti dello stesso soggetto o di soggetti diversi.

Il divieto di doppia imposizione è esplicitamente enunciato per le imposte dirette (D.P.R. n. 600, art. 67; Tuir, art. 163), ma è un principio generale dell'ordinamento tributario.

Come i giudici non possono pronunciarsi due volte sulla medesima controversia (*ne bis in idem*), così l'Amministrazione finanziaria non può accertare due volte, a carico dello stesso soggetto, la stessa imposta, su di un medesimo presupposto.

Inoltre, il divieto significa che lo stesso presupposto non può essere imputato a soggetti diversi; ad esempio, lo stesso reddito non può essere imputato a Tizio, poi a Caio. Il divieto opera anche quando sono coinvolte imposte simili: un reddito non può essere tassato prima con Ires come reddito di una società di capitali, poi con Irpef come reddito di una persona fisica.

Ancora: se un atto è stato tassato con Iva, non può essere poi nuovamente tassato con imposta (proporzionale) di registro.

Il divieto di doppia imposizione implica che non possono coesistere due atti impositivi sullo stesso presupposto e che il secondo atto d'imposizione è illegittimo per il solo fatto che realizza una duplicazione. Per evitare il vizio di duplicazione uno dei due atti deve essere ritirato.

7. *Definizioni consensuali del rapporto d'imposta.*

Il contribuente, al quale sia notificato un avviso di accertamento, ha dinanzi a sé diverse alternative:

– può presentare istanza di accertamento con adesione (accertamento che, come vedremo, comporta un ridimensionamento del tributo e la riduzione delle sanzioni ad un terzo del minimo edittale);

– può definire solo le sanzioni, pagando un terzo di quanto irrogato, entro il termine per ricorrere, e impugnare l'avviso di accertamento nella parte concernente il tributo e gli interessi (D.lgs. 18 dicembre 1997, n. 472, artt. 16, comma 3, e 17, comma 2).

– può prestare acquiescenza, cioè non impugnare. Se non impugna e non presenta istanza di accertamento con adesione, le sanzioni irrogate sono ridotte a un terzo, ma occorre però che le somme complessivamente dovute (per imposte, interessi e sanzioni ridotte) siano pagate prima che scada il termine per proporre ricorso (D.lgs. 19 giugno 1997, n. 218, art. 15, commi 1 e 2-*bis*).

8. *Tipologia degli accertamenti. L'accertamento analitico del reddito delle persone fisiche.*

L'avviso di accertamento assume denominazioni diverse a seconda del metodo con cui viene determinato l'imponibile. Si distingue, sotto questo profilo, tra accertamento analitico e sintetico, analitico-contabile ed induttivo (o extracontabile), presuntivo, ecc. Per analizzare la materia, bisogna distinguere non solo tra le varie imposte, ma anche tra accertamento del reddito complessivo e accertamento di singoli redditi.

L'accertamento analitico del reddito delle persone fisiche ricostruisce l'imponibile considerandone le singole componenti; più precisamente, l'accertamento analitico è effettuato quando sono note le fonti dei redditi e si perviene al reddito complessivo sommando i redditi delle singole fonti e categorie; deve perciò essere motivato «*con riferimento analitico ai redditi delle varie categorie*» (D.P.R. n. 600, art. 38).

All'accertamento di un maggior reddito l'ufficio può pervenire anche mediante presunzioni, semplici o legali. Ad esempio, sono fonti di presunzione le movimentazioni bancarie; l'accertamento di redditi extracontabili di una società può far presumere che quei redditi siano stati distribuiti ai soci, se la società è a ristretta base azionaria o a base familiare.

8.1. *L'accertamento sintetico del reddito delle persone fisiche.*

A) Il reddito complessivo delle persone fisiche può essere determinato con metodo sintetico, in base alle spese sostenute (D.P.R. n. 600, art. 38, comma 4).

L'accertamento analitico, invece, come abbiamo visto, ha per oggetto fonti reddituali e redditi appartenenti a specifiche categorie; la determinazione analitica del reddito complessivo è quindi la somma di redditi appartenenti a specifiche categorie.

L'ufficio può adottare il metodo sintetico mettendo a confronto il reddito dichiarato e quello accertabile in via sintetica, senza bisogno di verificare previamente la congruità dei singoli redditi dichiarati.

Dato il suo carattere presuntivo, l'accertamento sintetico non è ammesso per qualsiasi scostamento tra quanto dichiarato e reddito accertabile, ma solo quando il reddito accertabile si discosta di almeno un quinto da quello netto dichiarato (D.P.R. n. 600, art. 38, comma 6).

Oggetto dell'accertamento sintetico è il reddito complessivo del contribuente, ma sono deducibili gli oneri previsti dall'art. 10 Tuir; si applicano inoltre le detrazioni dall'imposta.

B) L'accertamento sintetico ha come base «*le spese di qualsiasi genere sostenute nel periodo d'imposta*».

Occorre prendere in considerazione tutto ciò che il contribuente e il suo nucleo familiare hanno speso nel periodo d'imposta (per consumi e per investimenti) e la c.d. quota risparmio. Se la somma è superiore al reddito netto dichiarato si presume che la differenza sia reddito imponibile non dichiarato.

C) L'ufficio può avvalersi del c.d. redditometro. Infatti, la ricostruzione sintetica del reddito «*può essere altresì fondata sul contenuto induttivo di elementi indicativi di capacità contributiva individuato mediante l'analisi di campioni significativi di contribuenti, differenziati anche in funzione del nucleo familiare e dell'area territoriale di appartenenza, con decreto del Ministero dell'Economia e delle Finanze da pubblicare nella Gazzetta Ufficiale con periodicità biennale*». Il decreto è aggiornato dopo aver sentiti l'Istituto nazionale di statistica (ISTAT) e le associazioni maggiormente rappresentative dei consumatori per gli aspetti riguardanti la metodica di ricostruzione induttiva del reddito complessivo in base alla capacità di spesa e alla propensione al risparmio dei contribuenti (D.P.R. n. 600, art. 38, comma 5).

Per gli accertamenti relativi agli anni dal 2011 fino al periodo d'imposta in corso al 31 dicembre 2016 è da applicare il D.m. 16 settembre 2015.

Per gli anni successivi dovrà essere emanato un nuovo decreto ministeriale.

Al citato decreto del 2015 è allegata una tabella che elenca le spese per consumi e per investimenti da prendere in considerazione. Le spese sono le più varie. Si va dalle spese per alimenti e abbigliamento e per l'abitazione (mutuo, affitto, condominio, combustibili), alle spese mediche, per l'istruzione, per il tempo libero, ecc.

Le spese sono quantificate tenendo conto della spesa media, per gruppi e categorie di consumi, del nucleo familiare del contribuente.

L'ufficio può utilizzare anche voci di spesa non comprese nella tabella e prendere in considerazione la quota risparmio.

Per gli incrementi patrimoniali occorre verificare l'ammontare speso in un dato periodo d'imposta (meno la somma presa a mutuo), la quota-risparmio presuntivamente accantonata negli anni che precedono l'investimento, i disinvestimenti dello stesso anno e dei quattro anni precedenti.

Gli uffici si avvalgono, oltre che dei dati che raccolgono direttamente, dei dati presenti nell'Anagrafe tributaria, nella quale sono registrate, tra le altre, le operazioni comunicate dai soggetti Iva (c.d. spesometro).

D) Gli accertamenti basati sul redditometro (come quelli basati sugli studi di settore) sono definiti accertamenti «standardizzati». Le presunzioni contenute nel redditometro hanno natura di presunzioni semplici; perciò non hanno valore di per sé, ma devono essere corroborate da prove raccolte dal fisco volta per volta, in esito al contraddittorio endoprocedimentale.

Il decreto ministeriale racchiude un regolamento; pertanto, le sue previsioni potrebbero essere annullate dal giudice amministrativo o disapplicate dal giudice tributario.

E) È espressamente previsto l'obbligo del contraddittorio. L'ufficio deve invitare il contribuente a comparire (di persona o per mezzo di rappresentanti) per fornire dati e notizie rilevanti ai fini dell'accertamento e, successivamente, deve avviare il procedimento di accertamento con adesione.

L'avviso di accertamento dev'essere motivato indicando anche le ragioni per cui non sono state accolte le deduzioni con cui il contribuente ha inteso giustificare il maggior reddito.

F) L'ufficio deve indicare nell'avviso di accertamento e provare in giudizio i fatti su cui si basa la presunzione di un reddito non dichiarato.

Il contribuente può difendersi dimostrando, in sede amministrativa o contenziosa, che il finanziamento degli elementi considerati dall'ufficio «*è avvenuto con redditi diversi da quelli posseduti nello stesso periodo d'imposta, o con redditi esenti o soggetti a ritenuta alla fonte a titolo di imposta o, comunque, legalmente esclusi dalla formazione della base imponibile*» (D.P.R. n. 600, art. 38, comma 4).

Il contribuente può dunque opporre di aver utilizzato redditi soggetti a ritenuta alla fonte di titolo di imposta, redditi esenti, redditi di anni precedenti, beni ricevuti per successione o donazione, liberalità elargite da familiari, somme provenienti da disinvestimenti, risarcimenti, vincite, somme prese a prestito, ecc.

8.2. *L'accertamento analitico-contabile dei redditi d'impresa.*

L'accertamento analitico-contabile dei redditi d'impresa è effettuato determinando o rettificando (anche in base a presunzioni) singole componenti (attive o passive) del reddito; esso presuppone che la contabilità, nel suo complesso, sia attendibile, e che se ne determinino o rettifichino singole componenti; ecco perché è detto analitico-contabile.

L'art. 39, comma 1, del D.P.R. n. 600, descrive quattro ipotesi di rettifica analitico-contabile, riducibili a tre.

La prima si ha quando si riscontra la violazione di una norma in materia di reddito d'impresa, che può comportare variazioni in aumento del reddito fiscale rispetto all'utile civilistico. Si pensi, ad esempio, al caso in cui siano state dedotte quote di ammortamento superiori a quelle ammesse, o al caso in cui siano dedotti componenti passivi non deducibili (erogazioni liberali, oneri fiscali, ecc.).

L'art. 39 ipotizza in secondo luogo che sia riscontrato che non vi è corrispondenza tra dichiarazione e bilancio (cioè discordanza tra dichiarazione, bilancio e scritture contabili), o (terza ipotesi) che siano rinvenute altre prove documentali (le risposte ai questionari, l'esame di atti o documenti del contribuente o di altri soggetti, l'esame dei conti bancari, ecc.), da cui risultino «*in modo certo e diretto*» gli elementi probatori che determinano la rettifica.

Il quarto caso è quello dell'accertamento detto analitico-induttivo, che è basato su presunzioni. Nell'art. 39 si prevede che possa essere affermata l'esistenza di attività non dichiarate o l'inesistenza di passività dichiarate «*anche sulla base di presunzioni semplici, purché queste siano gravi, precise e concordanti*».

Ma va aggiunto che gli accertamenti analitico-induttivi «*possono essere fondati anche sull'esistenza di gravi incongruenze tra i ricavi, i compensi e i corrispettivi dichiarati e quelli fondatamente desumibili dalle caratteristiche e dalle condizioni di esercizio della specifica attività svolta, ovvero dagli studi di settore*» (D.l. 30 agosto 1993, n. 331, conv. dalla L. 29 ottobre 1993, n. 427, art. 62-*sexies*, comma 3).

L'accertamento analitico-induttivo può dunque essere fondato, oltre che su presunzioni gravi, precise e concordanti, anche su gravi incongruenze (ad esempio, discordanze tra prezzo di vendita di un bene e suo valore corrente).

Anche nell'Iva, l'accertamento analitico investe singole componenti dell'imponibile, dell'imposta o delle detrazioni (D.P.R. n. 633, art. 54); nelle altre imposte indirette (come l'imposta di registro), non ha ragion d'essere la distinzione tra più metodi di accertamento, salvo ipotesi particolari.

8.3. *Gli indici di affidabilità fiscale.*

A) Il reddito degli imprenditori può essere determinato su base contabile quando l'impresa ha una certa dimensione e tiene in modo sistematico la contabilità (ordinaria). Non è invece possibile fare affidamento sulla contabilità per l'accertamento del reddito delle imprese minori e dei lavoratori autonomi.

Sono state perciò adottate procedure di accertamento «standardizzato», come gli studi di settore, con cui le imprese erano divise in gruppi omogenei (*cluster*), in base ad una molteplicità di fattori (modelli organizzativi, tipo di clientela, area di mercato, modalità di svolgimento dell'attività). Sulla base di tali elaborazioni era individuato l'ammontare presunto dei ricavi o compensi.

B) Dal 2018 gli studi di settore sono sostituiti gradualmente dagli indici sintetici di affidabilità fiscale.

Con D.M. 23 marzo 2018 sono stati approvati i primi 69 indici di affidabilità fiscale, con vigenza dal periodo d'imposta 2018.

Gli indici, elaborati con una metodologia basata su analisi di dati e informazioni relativi a più periodi d'imposta:

– «*rappresentano la sintesi di indicatori elementari tesi a verificare la normalità e la coerenza della gestione aziendale o professionale*»;

– «*esprimono su una scala da 1 a 10 il grado di affidabilità fiscale riconosciuto a ciascun contribuente*» (D.l. 24 aprile 2017, n. 50, conv. con L. 21 giugno 2017, n. 96, art. 9-*bis*).

I dati rilevanti per la elaborazione degli indici sono tratti, innanzitutto, dalle dichiarazioni dei contribuenti, che devono contenere i dati economici, contabili e strutturali rilevanti per l'applicazione degli indici; sono tratti, poi, dalle molteplici fonti informative di cui dispone l'Agenzia delle entrate (Anagrafe tributaria, INPS, Ispettorato nazionale del lavoro, Guardia di finanza ecc.).

Ai contribuenti in regola con gli indici sono riconosciuti i seguenti benefici:

a) l'esonero dall'apposizione del visto di conformità per la compensazione di crediti per un importo non superiore a 50.000 euro annui relativamente all'Iva e per un importo non superiore a 20.000 euro annui relativamente alle imposte dirette e all'Irap;

b) l'esonero dall'apposizione del visto di conformità ovvero dalla prestazione della garanzia per i rimborsi Iva per un importo non superiore a 50.000 euro annui;

c) l'esclusione dell'applicazione della disciplina delle società non operative (società di comodo) di cui all'art. 30 della L. 23 dicembre 1994, n. 724;

d) l'esclusione degli accertamenti basati sulle presunzioni semplici;

e) l'anticipazione di almeno un anno, con graduazione in funzione del livello di affidabilità, dei termini di decadenza per l'attività di accertamento delle imposte dirette e dell'Iva;

f) l'esclusione della determinazione sintetica del reddito complessivo di cui all'art. 38 del D.P.R. n. 600, a condizione che il reddito complessivo accertabile non ecceda di due terzi il reddito dichiarato.

C) Agli indici di affidabilità sono riferibili gli orientamenti giurisprudenziali in materia di studi di settore, che sono stati definiti «*atti amministrativi generali di organizzazione*», applicabili solo dopo che l'ufficio ha svolto un'attività istruttoria, in contraddittorio con il contribuente, per verificare se vi sono, nel caso concreto, ragioni che confermano i ricavi indicati negli studi di settore o ragioni che giustificano i ricavi in misura inferiore (Cass., 28 luglio 2006, n. 17229).

Secondo la giurisprudenza, gli studi di settore costituiscono un sistema di presunzioni semplici, la cui gravità, precisione e concordanza non è determinata *ex lege*, ma nasce dal contraddittorio con il contribuente. Per tale ragione il contraddittorio è da attivare obbligatoriamente, pena la nullità dell'avviso di accertamento (Cass. 10 dicembre 2009, n. 26635).

8.4. *L'accertamento induttivo-extracontabile dei redditi d'impresa.*

L'accertamento analitico, anche se analitico-induttivo, presuppone l'attendibilità complessiva della contabilità, e consta della rettifica di singoli componenti reddituali (sia pure di componenti di grande rilievo, come nel caso in cui venga rettificato induttivamente l'ammontare dei ricavi).

Molto diverso è invece il metodo dell'accertamento da adottare quando la contabilità è complessivamente inattendibile o si verificano altre circostanze che possono legittimare un accertamento induttivo.

L'ufficio può procedere ad accertamento induttivo-extracontabile solo nei quattro casi tassativamente indicati dalla legge nell'art. 39 del D.P.R. n. 600, e cioè:

i) quando il reddito di impresa non è stato indicato nella dichiarazione;

ii) quando, dal verbale di ispezione, risulta che il contribuente non ha tenuto o ha sottratto all'ispezione una o più delle scritture contabili prescritte ai fini fiscali o quando le scritture non sono disponibili per causa di forza maggiore;

iii) quando le omissioni e le false o inesatte indicazioni accertate mediante verbale di ispezione o le irregolarità formali delle scritture contabili sono così gravi, numerose e ripetute da rendere nel complesso inattendibili le scritture stesse per mancanza delle garanzie proprie di una contabilità sistematica;

iv) quando il contribuente non ha dato seguito all'invito a trasmettere o esibire atti o documenti e non ha risposto al questionario.

In presenza di tali situazioni, all'ufficio sono attribuite tre facoltà:

a) può avvalersi «*dei dati e delle notizie comunque raccolti o venuti a sua conoscenza*»;

b) può prescindere in tutto o in parte dalle risultanze del bilancio e delle scritture contabili (se esistenti);

c) può avvalersi anche di presunzioni prive dei requisiti di gravità, precisione e concordanza.

Nell'*iter* che l'ufficio deve seguire, occorre distinguere l'accertamento dei presupposti che legittimano l'adozione del metodo induttivo dalla determinazione (induttiva) del reddito. Si tratta cioè di distinguere il giudizio di complessiva inattendibilità della contabilità (il giudizio sul presupposto che legittima l'adozione del metodo induttivo) dal giudizio di stima del reddito.

L'ufficio può ritenere inattendibile la contabilità solo in base a prove circostanziate circa le irregolarità contabili; a questi fini, non può servirsi di dati astratti (la redditività media del settore, dati statistici circa i ricavi), ma deve basarsi su prove concrete, riguardanti il singolo contribuente.

Una volta appurata, in concreto, l'inattendibilità della contabilità, si apre una seconda fase, volta a ricostruire il reddito: in questa fase, l'ufficio può prescindere dalla contabilità e servirsi di dati ed elementi comunque raccolti (raccolti in sede di indagini non riguardanti il singolo contribuente) e di presunzioni non assistite dai requisiti di gravità, precisione e concordanza. È solo in questa seconda fase che l'ufficio può utilizzare medie statistiche ed altri consimili dati di carattere astratto, non desunti dalla situazione concreta del singolo contribuente.

9. *L'accertamento dell'interposizione fittizia.*

Un'apposita disposizione considera l'accertamento dei redditi in caso di interposizione fittizia (D.P.R. n. 600, art. 37, comma 3).

Se di un reddito appare titolare Tizio, che è un soggetto fittiziamente interposto, essendo il reddito di Caio (interponente), la tassazione deve colpire l'interponente (titolare effettivo), non l'interposto. Perciò, «*in sede di rettifica o di accertamento d'ufficio sono imputati al contribuente i redditi di cui appaiono titolari altri soggetti quando sia dimostrato, anche sulla base di presunzioni gravi, precise e concordanti, che egli ne è l'effettivo possessore per interposta persona*». Nelle situazioni in cui vi sia divario tra titolarità apparente e possesso effettivo di un reddito, l'imposta dev'essere posta a carico del possessore effettivo, non del soggetto interposto.

Pertanto, se un cespite, del quale è intestatario Tizio, è in realtà di Caio (effettivo possessore), la tassazione deve colpire il proprietario (o possessore) effettivo. Ugualmente, se un reddito, che è frutto dell'attività di Caio, appare come reddito di Tizio, la tassazione deve colpire chi, avendo svolto l'attività, ha acquisito il diritto al compenso.

L'interposizione fittizia appartiene al campo dell'evasione (commessa dal titolare effettivo del reddito, fittiziamente imputato ad un altro soggetto).

In caso di interposizione reale, il fenomeno è da ricondurre all'elusione, e, quindi, devono essere applicati gli strumenti previsti per l'elusione dall'art. 10-*bis* dello Statuto.

L'interposizione fittizia è ravvisata, ad esempio, nei conti correnti bancari intestati ai soci o agli amministratori di una società (quali soggetti interposti), ma in realtà riferibili alla società; in questi casi, la società è il possessore effettivo, al quale riferire i movimenti bancari e, quindi, il reddito conseguente.

L'interposizione fittizia è una caratteristica delle frodi Iva, dette «frodi carosello», nelle quali vi è un soggetto interposto tra l'effettivo cedente e l'effettivo cessionario di un bene. Ad esempio, il cedente è un soggetto residente all'estero; la merce è acquistata senza Iva (trattandosi di acquisto intracomunitario) dal soggetto interposto, che la rivende all'interponente, ma omette di versare l'Iva incassata. In tal caso, l'evasione consiste nel mancato versamento dell'Iva interna da parte della società interposta, che, di solito, è insolvente; ed il fisco agirà, per recuperare il tributo, nei confronti dell'interponente, considerando indebita la detrazione dell'Iva versata all'interposto.

Nell'interposizione fittizia vi è dunque un soggetto interponente (il vero titolare del reddito), ed un soggetto interposto (titolare apparente). Ora, se il soggetto interposto dichiara il reddito di cui è titolare apparente e paga la relativa imposta, e, in seguito, l'Amministrazione accerta il reddito imputandolo all'interponente, si ha un fenomeno di doppia imposizione. Il legislatore ha espressamente previsto che il soggetto interposto possa richiedere il rimborso di quanto versato, ma solo dopo che è divenuto definitivo l'accertamento emesso nei confronti del titolare effettivo del reddito (D.P.R. 29 settembre 1973, n. 600, art. 37, comma 4).

10. *L'accertamento delle obbligazioni solidali.*

A) Quando vi è solidarietà, vi sono più soggetti nei confronti dei quali può essere esercitato il potere impositivo; solidarietà equivale quindi a «co-soggezione».

In passato, l'Amministrazione finanziaria e la giurisprudenza ritenevano che l'avviso di accertamento, notificato ad uno soltanto dei condebitori, fosse efficace nei confronti di tutti; se l'avviso non era impugnato dal condebitore al quale era stato notificato, si riteneva che gli effetti valessero nei confronti di tutti, anche nei confronti dei condebitori ai quali non era stato notificato. Lo stesso ordine di idee veniva esteso ad altri atti (atti della riscossione, sentenze, ecc.). Questa dottrina è stata contraddistinta con il termine di solidarietà formale, o solidarietà processuale, o «supersolidarietà».

La Corte costituzionale (con sentenza n. 48 del 1968) ne ha dichiarata l'illegittimità costituzionale, per contrasto con l'art. 24 Cost., in quanto comportava lesione del diritto di difesa dei condebitori nei cui confronti un atto poteva esplicare effetti senza che ad essi fosse notificato (e quindi senza essere posti in condizione di impugnarlo).

Dopo la sentenza della Corte costituzionale si è consolidata l'idea che l'obbligazione solidale tributaria non differisce, né per struttura, né per disciplina, da quella di diritto civile, e che devono essere applicate, con gli adattamenti imposti dalle particolarità della materia, le norme del codice civile (artt. 1292 ss.).

Tali norme sono ispirate al concetto per cui gli effetti degli atti compiuti da o nei confronti di un condebitore, se sono favorevoli, possono estendersi agli altri condebitori; se sono sfavorevoli, non si estendono; se sono «neutri», si estendono se l'interessato ne vuole profittare.

B) Nella solidarietà vi è una pluralità di debitori per un'unica prestazione, e l'adempimento di uno libera tutti; da ciò deriva la facoltà del creditore di rivolgersi a sua scelta ad uno o ad alcuni o a tutti i debitori.

L'Amministrazione finanziaria non è obbligata a notificare l'avviso di accertamento a tutti i coobbligati. L'obbligo di rivolgersi a tutti non ha alcuna ragion d'essere se, in definitiva, uno soltanto dei debitori può essere costretto ad adempiere, con efficacia liberatoria per tutti. Da ciò, in diritto tributario, la facoltà di notificare l'accertamento ad uno, o ad alcuni debitori; e, di riflesso, l'esclusione dell'obbligo di notificare l'avviso a tutti.

Pertanto, come il creditore (di diritto privato), può, a sua scelta, pretendere la prestazione dall'uno o dall'altro o da tutti i coobbligati, così l'Amministrazione finanziaria può, a sua scelta, emettere l'avviso di accertamento nei confronti di uno solo, o di alcuni, o di tutti i coobbligati.

L'avviso esplica effetti solo nei confronti del soggetto che ne è il destinatario ed al quale è notificato.

I soli casi nei quali l'atto produce effetti verso soggetti diversi dai suoi destinatari sono i seguenti:

- quando vi sia successione nel debito d'imposta;
- quando l'amministrazione sia titolare di privilegio speciale, perché in tal caso l'atto emesso nei confronti del soggetto passivo legittima l'esecuzione sul bene, anche se di proprietà di terzi.

C) Il principio secondo cui l'avviso di accertamento è efficace soltanto nei confronti del coobbligato a cui è indirizzato ed a cui è notificato vale anche in caso di solidarietà dipendente. L'avviso di accertamento, notificato solo all'obbligato principale, non produce effetti nei confronti del coobbligato dipendente.

L'obbligato dipendente, cui sia notificato l'avviso di accertamento, può contestare sia di essere coobbligato, sia l'obbligazione principale. Nei rapporti tra coobbligati e fisco non vi è dunque differenza tra solidarietà paritaria e solidarietà dipendente.

L'Amministrazione finanziaria, dunque, che voglia ottenere il pagamento del tributo dall'obbligato dipendente, deve notificargli l'avviso di accertamento, indicando, in motivazione, non solo i presupposti di fatto e le ragioni giuridiche dell'imposta, ma anche la fattispecie ulteriore, da cui scaturisce l'obbligazione del coobbligato dipendente.

D) Dato che l'avviso di accertamento esplica effetti solo nei confronti del condebitore al quale è notificato, è solo quel condebitore che può essere iscritto a ruolo.

Il fisco può iscrivere a ruolo un condebitore, in quanto quella iscrizione a ruolo sia legittimata da un avviso di accertamento emesso nei confronti di quel condebitore.

Invece, nella prassi, accade che vengano iscritti a ruolo soggetti nei confronti dei quali non vi è un titolo che legittimi la riscossione, o che, fatta l'iscrizione a ruolo di un soggetto, si pretenda, sulla base di quella iscrizione, di agire nei confronti di altri soggetti.

Nei casi in cui, dopo che l'avviso di accertamento è stato emesso nei soli confronti dell'obbligato principale, e dopo che tale avviso è stato iscritto a ruolo, non può essere notificato all'obbligato dipendente, come primo atto, la cartella di pagamento (o l'intimazione ad adempiere) all'obbligato dipendente.

Occorre invece che vi sia non solo un titolo che legittimi l'iscrizione a ruolo (dichiarazione o avviso di accertamento) ma anche iscrizione a ruolo del soggetto, nei cui confronti si pretende di riscuotere.

E) L'avviso di accertamento deve essere notificato a ciascun condebitore nel termine di decadenza, perché alla decadenza non può essere applicato l'art. 1310 c.c., secondo cui gli atti con i quali il creditore interrompe la prescrizione contro uno dei debitori in solido hanno effetto anche nei riguardi degli altri debitori.

Peraltro, nella disciplina delle sanzioni amministrative, è previsto che la notifica tempestiva dell'atto sanzionatorio ad uno degli autori della violazione produce la proroga di un anno del termine per la notifica agli altri (D.lgs. 18 dicembre 1997, n. 472, art. 20, comma 2).

F) Gli atti intervenuti tra uno dei coobbligati e il creditore non incidono sui rapporti interni tra coobbligati, perché non hanno effetti vincolanti per i terzi. I rapporti interni restano regolati dall'art. 1298 c.c., secondo cui l'obbligazione solidale si divide, nei rapporti interni, secondo la misura della riferibilità del presupposto del tributo a ciascun condebitore.

Da ciò deriva che il condebitore che riceve l'avviso di accertamento, e paga l'imposta, non acquista per ciò solo il diritto di regresso nei confronti del coobbligato, né il coobbligato può ritenersi libero da qualsiasi vincolo, per il fatto di non aver ricevuto l'avviso di accertamento. Se i condebitori impugnano l'accertamento con esiti diversi, i diversi giudicati non influiscono sui rapporti interni. Nella lite tra condebitori in materia di regresso, il giudice deve accertare *ex novo*, ma solo *incidenter tantum*, il debito d'imposta. Chi, ad esempio, si è liberato del rapporto esterno per un fatto che non attiene al debito nella sua oggettività, resta tuttavia obbligato nei rapporti interni.

11. *L'accertamento parziale.*

L'avviso di accertamento è emesso, di regola, dopo che l'ufficio ha svolto un esame complessivo della situazione del contribuente, ai fini reddituali e ai fini dell'imposta sul valore aggiunto. È dunque unico e globale. Vi sono però dei casi in cui è consentito all'Amministrazione di emettere atti di accertamento c.d. parziali; accertamenti, cioè, che non presuppongono un esame complessivo.

A) Un primo caso è rappresentato dalle «segnalazioni» provenienti dal Centro informativo delle imposte dirette, dalla Guardia di finanza, da pubbliche amministrazioni ed enti pubblici (D.P.R. n. 600, art. 41-*bis*).

L'oggetto delle segnalazioni è costituito da dati concernenti un determinato reddito o da elementi che incidono sulle deduzioni, sulle esenzioni o sulle agevolazioni; di regola, quindi, l'accertamento parziale è un accertamento «analitico». In base a tali segnalazioni, l'Ufficio può rettificare la dichiarazione accertando un reddito non dichiarato, il maggiore ammontare di un reddito parzialmente dichiarato, o la non spettanza di deduzioni, esenzioni o agevolazioni.

L'accertamento parziale, in queste ipotesi, si caratterizza dunque sotto due profili: per l'oggetto delle segnalazioni e per la loro provenienza da fonti esterne all'ufficio.

In secondo luogo, è parziale anche l'accertamento eseguito dall'ufficio svolgendo accessi, ispezioni e verifiche o altre attività istruttorie, ai sensi dell'art. 32, comma 1, nn. 2, 3 e 4, D.P.R. n. 600 (invitando il contribuente a comparire, a esibire documenti, a rispondere a questionari).

B) Anche in materia di Iva, qualora dagli accessi, ispezioni e verifiche svolte dallo stesso Ufficio, o da segnalazioni provenienti dalla Direzione centrale accertamento, da una Direzione regionale ovvero da un ufficio della medesima Agenzia ovvero di altre Agenzie fiscali, dalla Guardia di finanza o da pubbliche amministrazioni ed enti pubblici oppure dai dati in possesso dell'anagrafe tributaria, risultino «*elementi che consentono di stabilire l'esistenza di corrispettivi o di imposta in tutto o in parte non dichiarati o di detrazioni in tutto o in parte non spettanti*», l'Ufficio può emettere un avviso «parziale», accertando l'imposta o la maggiore imposta dovuta o il minor credito spettante, o l'imposta o la maggiore imposta non versata (D.P.R. n. 633, art. 54, comma 5).

C) Alla natura «parziale» di tale accertamento si collegano due conseguenze: a) la prima è che resta impregiudicata l'ulteriore eventuale attività istruttoria e la possibilità di emanare un successivo avviso di accertamento, anche in base ad elementi già acquisiti dall'ufficio al momento dell'emissione dell'accertamento parziale; b) la seconda è che l'accertamento parziale non richiede la collaborazione del comune.

11.1. *L'accertamento integrativo o modificativo.*

La regola secondo cui l'avviso di accertamento è unico e globale, e, quindi, l'ufficio, nell'emettere un accertamento, deve esaurire la sua azione utilizzando tutti i dati in suo possesso, non impedisce all'ufficio di emettere accertamenti integrativi o modificativi, a seguito della «*sopravvenuta conoscenza di nuovi elementi*» (D.P.R. n. 600, art. 43).

Occorre la sopravvenuta conoscenza di elementi non soltanto non conosciuti, ma neppure conoscibili, quando fu notificato il precedente accertamento.

Tale disposizione concerne soltanto gli accertamenti integrativi (comportanti cioè un aumento dell'imponibile o dell'imposta) o modificativi (comportanti, ad esempio, una diversa qualificazione del reddito), ma non impedisce all'ufficio l'esercizio del potere di ridurre o annullare il precedente accertamento (perché, ad esempio, si avvede di aver errato a danno del contribuente). Il potere di autocorrezione (o autotutela) non è limitato dalla norma sugli accertamenti integrativi, che ha solo lo scopo di evitare una pluralità di accertamenti per lo stesso periodo d'imposta.

11.2. *L'accertamento con adesione.*

A) L'accertamento con adesione (in passato denominato concordato) è un particolare atto di accertamento, previsto in materia di imposte sui redditi e Iva e per alcune imposte indirette (imposta sulle successioni e donazioni, di registro, ipotecaria e catastale).

In materia di imposte sui redditi e Iva, il contribuente può prendere l'iniziativa dopo che sono stati effettuati accessi, ispezioni o verifiche, presentando una istanza con cui chiede all'ufficio di formulare una proposta.

Inoltre, il contribuente può presentare l'istanza dopo che gli è stato notificato un avviso di accertamento. La presentazione dell'istanza sospende per novanta giorni il termine per la proposizione del ricorso e per il pagamento (D.lgs. 19 giugno 1997, n. 218, art. 6).

L'istanza avvia un confronto tra contribuente ed ufficio, che, entro quindici giorni dalla ricezione dell'istanza, deve inviare al contribuente un invito a comparire.

Se dal contraddittorio scaturisce un accordo, ad esso segue la redazione di un atto di accertamento, sottoscritto dal titolare dell'ufficio e, per adesione, dal contribuente.

Nell'accertamento per adesione sono indicati, come nell'accertamento ordinario, gli elementi e la motivazione su cui la definizione si fonda, nonché la liquidazione delle maggiori imposte, delle sanzioni e delle altre somme eventualmente dovute, anche in forma rateale. Se viene concordato il reddito di una attività soggetta ad Iva, la quantificazione vale anche ai fini dell'Iva.

L'accertamento con adesione ha dunque contenuto analogo all'accertamento normale; dev'essere infatti motivato e deve contenere la liquidazione delle imposte e degli altri importi dovuti ma, a differenza dell'accertamento ordinario, non è notificato al contribuente, perché, come detto, è un atto dell'ufficio sottoscritto anche dal contribuente.

Per il contribuente, un incentivo a definire il rapporto tributario mediante accertamento con adesione è dato dalle sanzioni, che sono applicate in misura pari ad un terzo del minimo edittale.

Inoltre, un altro beneficio per il contribuente può consistere nella riduzione alla metà delle pene previste per i reati tributari e nella non applicabilità delle sanzioni accessorie, se il debito tributario derivante dall'accertamento con adesione è assolto prima dell'apertura del dibattimento di primo grado (D.lgs. 10 marzo 2000, n. 74, art. 13).

B) L'accertamento con adesione è un accertamento che nasce definitivo; esso impegna il contribuente ed impegna anche l'ufficio: il contribuente non può proporre ricorso (avendo prestato adesione) e l'ufficio non può modificarlo.

Vi sono però dei casi, tassativamente previsti, in cui l'accertamento con adesione (relativo alle imposte sui redditi o all'Iva) può essere integrato con un successivo accertamento; ciò è consentito:

a) se sopravviene la conoscenza di nuovi elementi, dai quali si desume un maggior reddito superiore al cinquanta per cento del reddito definito e comunque non inferiore a 77.468,53 euro;

b) se la definizione riguarda accertamenti parziali;

c) se la definizione riguarda redditi derivanti da partecipazione nelle società di persone, o da associazioni, o da aziende coniugali non gestite in forma societaria;

d) se l'azione accertatrice è esercitata nei confronti della società o dell'associazione o dell'azienda coniugale di cui alla lett. c), alle quali partecipa il contribuente nei cui riguardi è intervenuta la definizione. In caso di trasparenza, l'ufficio competente a gestire il procedimento di adesione è quello competente all'accertamento nei confronti della società trasparente.

C) Il versamento delle somme dovute per effetto dell'accertamento con adesione deve essere eseguito entro venti giorni dalla redazione dell'atto di accertamento.

Le somme dovute possono essere versate anche ratealmente in un massimo di otto rate trimestrali di pari importo o in un massimo di sedici rate trimestrali se le somme dovute superano i 150.000 euro. L'importo della prima rata deve essere versato entro venti giorni.

La definizione si perfeziona con il versamento dell'intero importo dovuto entro venti giorni dalla sottoscrizione dell'accertamento con adesione, oppure, in caso di rateizzazione, con il pagamento della prima rata (D.lgs. 19 giugno 1997, n. 218, art. 9). Il perfezionamento dell'accertamento con adesione rende inefficace l'avviso di accertamento.

D) L'accertamento con adesione può riguardare, come accennato, anche le imposte sulle successioni e donazioni, le imposte di registro ed ipotecarie e catastali (D.lgs. 19 giugno 1997, n. 218, art. 3).

Qui l'accertamento con adesione ha per oggetto il valore dei beni e diritti indicati in ciascun atto, denuncia o dichiarazione che ha formato oggetto di imposizione. Il valore definito vincola l'ufficio ad ogni ulteriore effetto limitatamente ai menzionati tributi. Sono escluse adesioni parziali riguardanti singoli beni o diritti contenuti nello stesso atto, denuncia o dichiarazione.

Se un atto contiene più disposizioni che non derivano necessariamente, per la loro intrinseca natura, le une dalle altre, ciascuna di esse, se soggetta ad autonoma imposizione, costituisce oggetto di definizione come se fosse un atto distinto.

A seguito della definizione, le sanzioni dovute per ciascun tributo oggetto dell'adesione si applicano nella misura di un terzo del minimo previsto dalla legge.

L'accertamento definito con adesione non è soggetto ad impugnazione e non è integrabile o modificabile da parte dell'ufficio.

E) Sulla natura giuridica dell'accertamento con adesione vi sono, in dottrina, due orientamenti. Vi è un orientamento che utilizza concetti privatistici e vi ravvisa un contratto (in particolare, una transazione).

Secondo altri, invece, l'atto dell'ufficio resta pur sempre un atto (unilaterale) di accertamento, esternato in un documento che contiene anche l'adesione del contribuente. Secondo questa tesi, l'accertamento con adesione – pur essendo la conseguenza di un accordo – ha la sostanza di un normale accertamento, salvo la circostanza che ad esso il contribuente presta la sua adesione (con gli effetti esaminati).

Vero è che l'accertamento con adesione non è elaborato unilateralmente dall'ufficio, ma è il risultato di un contraddittorio e di un accordo. Esso è, comunque, una forma di esercizio del potere impositivo; non può essere, perciò, un atto di diritto privato. La formalizzazione dell'accordo non avviene in forme privatistiche, ma con un provvedimento impositivo, accettato dal contribuente.

12. *L'accertamento d'ufficio.*

L'avviso di rettifica presuppone che sia stata presentata la dichiarazione ed è così denominato perché il suo contenuto ha come termine di riferimento la dichiarazione. Per le imposte sui redditi e per l'Iva, l'accertamento d'ufficio viene emesso quando non è stata presentata, o è nulla, la dichiarazione (D.P.R. n. 600, art. 41; D.P.R. n. 633, art. 55).

Anche in tale caso, vale la regola che l'accertamento deve essere analitico, e può essere sintetico o induttivo solo se l'ufficio non ha potuto raccogliere elementi idonei per una determinazione analitica dell'imponibile.

La legge stabilisce che l'ufficio può avvalersi anche di presunzioni prive dei requisiti di gravità, precisione e concordanza e può prescindere dalla dichiarazione, se presentata, e dalle scritture contabili, anche se regolarmente tenute. Ma s'intende che l'uso di tali facoltà non deve essere arbitrario e deve trovare giustificazione nel caso concreto.

I redditi fondiari, comunque, sono sempre determinati catastalmente.

13. *L'avviso di liquidazione.*

Nell'accertamento dell'imposta di registro, la legge distingue tra determinazione del valore imponibile e determinazione (o liquidazione) dell'imposta. Quando rettifica il valore imponibile, l'ufficio deve altresì liquidare l'imposta, con interessi e sanzioni (T.u. del registro, art. 52).

Può esservi, poi, come atto autonomo, l'avviso di liquidazione, nei casi in cui – essendo già determinato l'imponibile – si tratta solo di liquidare l'imposta e chiederne il pagamento. Ad esempio, la rettifica della liquidazione dell'imposta (principale) liquidata in sede di registrazione di un atto può essere fatta con avviso di liquidazione. La nuova liquidazione del tributo, dopo una sentenza che riduce l'imponibile accertato, è fatta con avviso di liquidazione. La liquidazione non è operazione puramente matematica: essa implica la qualificazione giuridica dell'atto registrato, la scelta dell'aliquota, ed altre scelte. Perciò l'avviso di liquidazione, in quanto atto determinativo dell'imposta, è un atto impositivo, le cui determinazioni hanno valore autoritativo e divengono definitive se non impugnate. In quanto atto con cui viene richiesto il pagamento dell'imposta, l'avviso di liquidazione è atto della procedura di riscossione; se ad esso non segue il pagamento del tributo, l'Amministrazione iscrive a ruolo il debito.

14. *L'atto di recupero.*

L'atto di recupero è emesso quando il contribuente utilizza indebitamente un credito d'imposta (L. 30 dicembre 2004, n. 311, art. 1, comma 421).

Con tale atto l'Amministrazione finanziaria accerta l'insussistenza o la non spettanza di un credito d'imposta e riscuote che non sono state versate perché il relativo debito è stato indebitamente compensato.

L'atto di recupero è un atto impositivo, che dev'essere motivato e notificato come gli avvisi di accertamento, ed è titolo esecutivo.

15. *L'ingiunzione fiscale.*

La disciplina generale dell'ingiunzione è nel R.d. 14 aprile 1910, n. 639, ove sono raccolte le norme della procedura coattiva per la riscossione delle entrate patrimoniali dello Stato e degli altri enti pubblici e delle tasse e imposte indirette sugli affari.

L'ingiunzione fiscale era, in passato, atto della riscossione delle tasse e imposte indirette, con funzioni di precetto e di titolo esecutivo, e, quando non era preceduta da un atto di accertamento, aveva anche funzioni di accertamento del tributo.

Il D.P.R. 28 gennaio 1988, n. 43, ha generalizzato le modalità di riscossione mediante ruolo; dopo tale riforma, l'ingiunzione ha perduto le funzioni di titolo esecutivo e di precetto, ma è rimasta in vita come atto di accertamento delle imposte indirette, per i tributi (dazi doganali e accise) per le quali la legge non prevede l'avviso di accertamento come atto tipico.

Inoltre, l'ingiunzione è l'atto con cui gli enti locali provvedono alla riscossione coattiva dei tributi (e di altre entrate), se la riscossione è curata in proprio dagli enti locali o è affidata a soggetti terzi (D.l. 13 maggio 2011, n. 70, conv. con L. 12 luglio 2011, n. 106, art. 7, comma 2, lett. *gg-quater*).

CAPITOLO UNDICESIMO

L'ELUSIONE

SOMMARIO: 1. Premessa. – 2. L'elusione, o abuso, secondo l'art. 10-*bis* dello Statuto. – 3. Inopponibilità delle operazioni elusive e imposte dovute. – 3.1. Le sanzioni. – 4. Accertamento e riscossione delle imposte eluse. – 5. L'onere della prova. – 6. L'interpello ordinario in materia di elusione. – 7. Le norme con *ratio* antielusiva. – 7.1. La disapplicazione delle norme con *ratio* antielusiva. – 8. La riqualificazione dei negozi giuridici.

1. *Premessa.*

A) Nel precedente capitolo è stato studiato l'accertamento di imposte evase.

Diversa dall'evasione è l'elusione, o abuso del diritto, perché l'elusione non è violazione, ma aggiramento dei precetti fiscali. Come vedremo, il comportamento elusivo è un comportamento formalmente conforme alla lettera delle norme fiscali (norme impositive o di favore), ma non alla loro *ratio*. Per cui il risparmio fiscale che ne deriva è abusivo.

Elusione e abuso sono termini equivalenti. Chi elude abusa delle norme fiscali, conseguendo risultati indebiti.

Se il vantaggio fiscale non è indebito, non vi è elusione, ma «legittimo risparmio d'imposta».

Ecco perché l'elusione, o abuso, si distingue, da un lato, dall'evasione, e, dall'altro, dal legittimo risparmio fiscale.

B) Prima che fosse disciplinata nello Statuto, l'elusione era prevista dall'art. 37-*bis*, D.P.R. 29 settembre 1973, n. 600 (ora abrogato), che recitava: «*Sono inopponibili all'Amministrazione finanziaria gli atti, i fatti e i negozi, anche collegati tra loro, privi di valide ragioni economiche, diretti ad aggirare obblighi o divieti previsti dall'ordinamento tributario, e a ottenere riduzioni d'imposte o rimborsi, altrimenti indebiti*».

Tale disposizione si applicava in un numero circoscritto di casi (per lo più operazioni straordinarie). La giurisprudenza aveva però ritenuto esistente nel nostro ordinamento, a prescindere dall'art. 37-*bis*, D.P.R. n. 600 del 1973, una clausola generale antielusiva non scritta, ossia un divieto generale di abuso del diritto fiscale.

Essa era stata influenzata dalla giurisprudenza della Corte di giustizia, che aveva affermato il principio secondo cui i singoli non possono avvalersi abusivamente delle norme comunitarie. Il *leading case* è la sentenza 21 febbraio 2006, *Halifax*, C-255/02, in cui la Corte di giustizia aveva affermato che il soggetto passivo dell'Iva non ha il diritto di detrarre l'imposta assolta "a monte" quando vengono poste in essere operazioni che, nonostante l'applicazione formale delle condizioni previste dalle norme, procurano un vantaggio fiscale la cui concessione è contraria all'obiettivo perseguito da quelle disposizioni ed hanno essenzialmente lo scopo di ottenere un vantaggio fiscale.

Le sentenze dell'UE vincolano solo per le imposte armonizzate, ma la Cassazione aveva dapprima esteso il principio alle imposte dirette, poi ravvisato il fondamento del principio generale antielusivo nel principio di capacità contributiva.

Coesistevano così, nel nostro ordinamento, l'art. 37-*bis* del D.P.R. n. 600 e la clausola generale non scritta, applicata dalla giurisprudenza. Occorreva un riordino, cui ha provveduto il D.lgs. 5 agosto 2015, n. 128, che ha inserito nello Statuto l'art. 10-*bis*.

2. *L'elusione, o abuso, secondo l'art. 10-*bis *dello Statuto.*

A) L'art. 10-*bis*, comma 1, dello Statuto, già citato, definisce «*abuso del diritto una o più operazioni prive di sostanza economica che, pur nel rispetto formale delle norme fiscali, realizzano essenzialmente vantaggi fiscali indebiti*». I dati cruciali sono tre: assenza di sostanza economica; rispetto formale delle norme; realizzo di vantaggi fiscali indebiti.

L'operazione elusiva, o abusiva, è dunque una operazione priva di sostanza economica. Ossia, secondo l'art. 10-*bis*, comma 2, lett. a), è una operazione costituita da fatti, atti o contratti, anche tra loro collegati, «*inidonei a produrre effetti significativi diversi dai vantaggi fiscali*».

Una operazione è elusiva non solo se è del tutto priva di sostanza economica, ma anche se, pur avendo contenuto economico, la sua giustificazione essenziale è di natura fiscale.

Un esempio di operazione priva di sostanza economica è la costituzione, in un paradiso fiscale, di una società che non svolge alcuna attività, avente il solo scopo di detenere partecipazioni i cui proventi non sono tassati o sono tassati in misura blanda in quello Stato.

Un altro esempio di operazione priva del tutto di sostanza economica è dato dalle «esportazioni a U», nelle quali, al fine di usufruire della restituzione di dazi per l'esportazione, le merci vengono consegnate al destinatario estero e poi restituite, senza alcuna utilizzazione, all'esportatore.

L'art. 10-*bis*, comma 2, lett. a), precisa che sono indici di mancanza di sostanza economica, in particolare, «*la non coerenza della qualificazione delle singole operazioni con il fondamento giuridico del loro insieme e la non conformità dell'utilizzo degli strumenti giuridici a normali logiche di mercato*».

B) Non sono elusive, perché non vi è assenza di sostanza economica, le operazioni giustificate «*da valide ragioni extrafiscali, non marginali, anche di ordine organizzativo o gestionale, che rispondono a finalità di miglioramento strutturale o funzionale dell'impresa ovvero dell'attività professionale del contribuente*» (art. 10-*bis*, comma 3).

Questo requisito implica che l'operazione economica sia motivata, in modo essenziale, da ragioni extrafiscali. Si richiede, in altri termini, che lo scopo economico dell'operazione sia tale, per cui l'operazione sarebbe stata compiuta anche senza vantaggi fiscali.

Nella norma non rientrano solo le operazioni del tutto prive di ragioni economiche, per le quali il risparmio fiscale è l'unica ragione dell'operazione, ma anche le operazioni che hanno scopi deboli, non essenziali, e come fine essenziale quello fiscale, senza il quale l'operazione non sarebbe stata posta in essere. Non è dunque necessario che quello fiscale sia l'unico scopo dell'operazione, ma è necessario che sia essenziale.

C) L'operazione elusiva è caratterizzata da «*rispetto formale delle norme fiscali*». L'elusione, come già detto, è diversa dall'evasione perché non è violazione, ma aggiramento, e quindi rispetto formale, di norme fiscali.

La distinzione tra aggiramento e violazione è stata espressamente ribadita dal legislatore con la disposizione secondo cui «*In sede di accertamento l'abuso del diritto può essere configurato solo se i vantaggi fiscali non possono essere disconosciuti contestando la violazione di specifiche disposizioni tributarie*» (art. 10-*bis*, comma 12).

D) Le operazioni elusive realizzano vantaggi fiscali indebiti. I vantaggi, anche non immediati, sono indebiti, se realizzati «*in contrasto con le finalità delle norme fiscali o con i princìpi dell'ordinamento tributario*» (art. 10-*bis*, comma 2, lett. b). Vi è qui una endiadi: si vuol dire che il contrasto deve riguardare norme fiscali che siano espressione di un principio. L'elusione è insomma da riferire ad una norma precisa, che sia espressione di un principio, non ai princìpi generali dell'ordinamento tributario.

E) Non vi è abuso, ma «*legittimo risparmio d'imposta*», se è stata esercitata «*la libertà di scelta del contribuente tra regimi opzionali diversi offerti dalla legge e tra operazioni comportanti un diverso carico fiscale*» (art. 10-*bis,* comma 4).

Per accertare l'elusione occorre confrontare due comportamenti: quello, fiscalmente meno oneroso, che è stato posto in essere, e quello alternativo, ma più oneroso, che poteva essere adottato.

Ponendo a confronto le due alternative non vi è elusione se i due schemi sono fiscalmente equivalenti.

Vi è elusione solo se uno dei due modelli si pone come modello-*standard*, come operazione economica fisiologica, che il contribuente avrebbe dovuto seguire, in linea con la *ratio*, oltre che con la lettera, delle norme impositive.

Ad esempio, come ritenuto in giurisprudenza, non costituisce pratica abusiva – essendo rimessa all'esercizio dell'autonomia privata – la ricerca di una forma di finanziamento ritenuta più opportuna per l'impresa, pur se comporti un risparmio fiscale. Il principio è stato affermato con riguardo ad una operazione di «*sale and lease back*» di un immobile, ritenendo non indebito il vantaggio fiscale derivante dal più favorevole regime di deduzione dei canoni di *leasing*, rispetto a quello previsto per le quote di ammortamento del costo di acquisto del bene, deducibili per un minor importo e scaglionate in un più lungo periodo. Si è ritenuto che rientra nella libera determinazione dell'imprenditore la facoltà di optare per l'acquisto della proprietà – versando immediatamente l'intero prezzo della compravendita – o di impiegare qualsiasi altro strumento finanziario che pur gli consenta il medesimo risultato dell'utilizzo del bene, compreso, per l'appunto, il «*sale and lease back*».

3. *Inopponibilità delle operazioni elusive e imposte dovute.*

A) La conseguenza delle operazioni elusive consiste in ciò, che «*non sono opponibili all'amministrazione finanziaria, che ne disconosce i vantaggi determinando i tributi sulla base delle norme e dei princìpi elusi e tenuto conto di quanto versato dal contribuente per effetto di dette operazioni*».

La conseguenza dei comportamenti elusivi è dunque la loro inopponibilità (che è una forma di inefficacia relativa) all'Amministrazione finanziaria, alla quale è attribuito il potere di imporre il pagamento del tributo dovuto in base alla norma elusa. L'atto impositivo antielusivo applica, così, non l'imposta prevista per la fattispecie realizzata, ma l'imposta prevista dalla norma elusa (l'imposta dovuta in relazione alla fattispecie che doveva essere realizzata).

A tale avviso di accertamento il contribuente non può opporre di non dovere l'imposta perché il comportamento effettivamente tenuto è diverso da quello sul quale si fonda la pretesa fiscale; ciò in quanto il comportamento effettivamente posto in essere non è opponibile all'Amministrazione.

Gli avvisi emessi in applicazione della norma antielusiva sono dunque speciali atti d'imposizione, che, ferme restando le imposte dovute sul comportamento effettivamente posto in essere, impongono il pagamento della differenza tra imposte dovute in base alla norma elusa (e dunque su una fattispecie che non è stata posta in essere) ed imposte versate per il comportamento realizzato.

B) Ai negozi che eludono norme fiscali non si applica l'art. 1344 c.c., secondo cui è nullo, per illiceità della causa, il contratto che «*costituisce il mezzo per eludere l'applicazione di una norma imperativa*». Questa disposizione non è applicabile ai contratti che eludono norme fiscali, perché le norme imperative alle quali si riferisce l'art. 1344 c.c. sono le norme (civilistiche) proibitive, le norme, cioè, che vietano il compimento di determinati negozi.

Ciò è confermato dall'art. 10, comma 3, dello Statuto, ove si prevede che «*Le violazioni di disposizioni di rilievo esclusivamente tributario non possono essere causa di nullità del contratto*».

Inoltre, la frode alla legge è da tener distinta dalla frode ai creditori. L'art. 1344 c.c. sancisce la nullità dei negozi oggettivamente considerati. Nel caso, invece, di negozio in frode ai terzi (privati o fisco), il negozio non è nullo in sé; la conseguenza civilistica è la revocabilità *ex* art. 2901 c.c., da parte dei creditori danneggiati; la conseguenza fiscale è la inopponibilità al fisco del negozio elusivo.

3.1. *Le sanzioni.*

Statuisce l'art. 10-*bis*, comma 13, dello Statuto, che «*Le operazioni abusive non danno luogo a fatti punibili ai sensi delle leggi penali tributarie. Resta ferma l'applicazione delle sanzioni amministrative*».

La norma sancisce l'irrilevanza penale delle condotte abusive, ma statuisce che si applicano le sanzioni amministrative, se vi è differenza tra imposta dichiarata e imposta accertata.

4. *Accertamento e riscossione delle imposte eluse.*

A) L'avviso di accertamento che accerta un'imposta elusa dev'essere preceduto, a pena di nullità, dalla notifica al contribuente di un atto nel quale il fisco indica i motivi per i quali ritiene configurabile un abuso di diritto e richiede al contribuente di fornire chiarimenti. Il contribuente deve rispondere entro sessanta giorni.

La richiesta di chiarimenti dev'essere notificata nei modi previsti per gli avvisi di accertamento – quindi ai sensi dell'art. 60 del D.P.R. n. 600 – entro il termine di decadenza previsto per la notifica dell'atto impositivo.

Se, tra la data in cui il fisco riceve la risposta del contribuente, ovvero di inutile decorso del termine di 60 giorni, e la decadenza del fisco dal potere impositivo, intercorrono meno di 60 giorni, il termine di decadenza è prorogato per dare all'amministrazione 60 giorni di tempo per elaborare e notificare l'atto impositivo.

B) La motivazione dell'avviso di accertamento deve indicare, a pena di nullità: a) la condotta ritenuta abusiva; b) le norme e i princìpi elusi; c) gli indebiti vantaggi fiscali realizzati; d) le ragioni per cui l'ufficio non ha condiviso i chiarimenti forniti dal contribuente.

L'avviso di accertamento con cui si contesta l'elusione non deve contenere altri rilievi, che devono essere accertati con distinto avviso di accertamento. Perciò l'avviso di accertamento antielusivo è emesso «*senza pregiudizio dell'ulteriore azione accertatrice*»: ed è dunque possibile la successiva emissione di altro avviso di accertamento, senza preclusioni derivanti dall'accertamento antielusivo.

C) La riscossione provvisoria dell'imposta oggetto dell'accertamento antielusivo, degli interessi e delle sanzioni è consentita, per due terzi, solo dopo la sentenza di primo grado.

5. *L'onere della prova.*

In tema di onere della prova, l'art. 10-*bis* prevede che l'Amministrazione finanziaria deve provare la condotta abusiva del contribuente, ossia la condotta che deve essere indicata nella richiesta di chiarimenti e nell'avviso di accertamento.

Il contribuente ha l'onere di provare i fatti, che sono alla base delle ragioni extrafiscali che giustificano la sua condotta.

6. *L'interpello ordinario in materia di elusione.*

Poiché può essere dubbio se un comportamento sia elusivo, il legislatore espressamente prevede, come già visto, che il contribuente può presentare istanza, a norma dell'art. 11 dello Statuto, per ottenere un parere riguardante l'applicazione della disciplina dell'abuso ad una determinata fattispecie.

7. *Le norme con* ratio *antielusiva.*

L'elusione può essere contrastata, oltre che con norme di portata generale, a contenuto espressamente antielusivo, come l'art. 10-*bis* dello Statuto, anche con norme antielusive specifiche, cioè da norme la cui antielusività non è esplicita, ma risiede nella sua *ratio*.

Si tratta di norme con cui il legislatore interviene sulla disciplina sostanziale di un tributo allo scopo di impedire pratiche elusive.

Norme antielusive specifiche sono, ad esempio, quelle che limitano il riporto in avanti delle perdite. Per ragioni antielusive si prevede che le perdite non possano essere computate quando «*la maggioranza delle partecipazioni aventi diritto di voto nelle assemblee ordinarie del soggetto che riporta le perdite venga trasferita o comunque acquisita da terzi*» e quando «*venga modificata l'attività principale in fatto esercitata nei periodi d'imposta in cui le perdite sono state realizzate*» (Tuir, art. 84).

Altre disposizioni riguardano il riporto delle perdite a seguito di fusione. Se una società acquista la partecipazione totalitaria in una società inattiva, ma avente diritto a dedurre perdite, e la incorpora, lo scopo dell'operazione non appare essere quello di unire due organismi produttivi, ma di acquisire il diritto di dedurre le perdite. Per contrastare queste pratiche elusive il legislatore ha posto dei limiti alla deducibilità, da parte della società incorporante, delle perdite della incorporata (Tuir, art. 172, comma 7).

Anche per impedire un abuso il legislatore esclude, nella disciplina del consolidato nazionale e della trasparenza delle società di capitali, l'utilizzabilità delle perdite fiscali realizzate prima dell'adozione del consolidato nazionale o della trasparenza (Tuir, artt. 118, comma 2, e 115, comma 3). Si ha di mira, con tali norme, l'acquisto di società portatrici di perdite fiscali effettuato allo scopo di compensare le perdite di tali società con il reddito delle altre società partecipanti al consolidato o al regime di trasparenza.

La deduzione dei canoni di *leasing* dal reddito d'impresa è ammessa soltanto se la durata del contratto non è inferiore ai due terzi del periodo di ammortamento ordinario del bene oggetto di *leasing* (Tuir, art. 102, comma 7). Si vuole in tal modo impedire l'aggiramento della disciplina fiscale degli ammortamenti mediante l'utilizzo di un *leasing* di durata molto breve, che consenta la deduzione del costo del bene in un arco temporale inferiore a quello dell'ammortamento fiscale.

È una norma antielusiva quella sul *transfer price*, in base alla quale, nei trasferimenti infragruppo, è rilevante il valore normale, non il prezzo pattuito (Tuir, art. 110, comma 7).

Tale regola è evidentemente diretta ad evitare che, tra società d'un medesimo gruppo, vengano pattuiti prezzi dei beni difformi dal valore normale, al fine di eludere le imposte dovute in Italia (spostando utili dalla società italiana a quella situata in un Paese a più bassa fiscalità).

Ugualmente antielusiva è la legislazione CFC (*controlled foreign companies*), che concerne la tassazione degli utili derivanti dalla partecipazione in società controllate, con sede in Stati o territori a fiscalità privilegiata, e che comporta che gli utili siano tassati secondo il principio di trasparenza, e non quando sono distribuiti (Tuir, art. 167).

7.1. *La disapplicazione delle norme con* ratio *antielusiva.*

Le norme con *ratio* antielusiva negano, in via astratta e generale, un determinato beneficio, ma l'art. 1, comma 3, D.lgs. 5 agosto 2015, n. 128, stabilisce che possono essere disapplicate «*le norme tributarie che, allo scopo di contrastare comportamenti elusivi, limitano deduzioni, detrazioni, crediti d'imposta o altre posizioni soggettive altrimenti ammesse dall'ordinamento tributario*», nel caso in cui non possono verificarsi effetti elusivi.

Il contribuente ha l'onere di dimostrare che gli effetti elusivi non possono verificarsi.

Ad esempio, la deduzione delle perdite di anni pregressi è ammessa entro dati limiti, fissati per ragioni antielusive. Il contribuente può esperire l'interpello disapplicativo per ottenere il diritto di dedurre le perdite oltre i limiti consentiti, se dimostra che non c'è elusività.

Il contribuente deve presentare istanza al Direttore regionale dell'Agenzia delle entrate; e nell'istanza deve: a) descrivere compiutamente l'operazione; b) dimostrare che non possono verificarsi effetti elusivi; c) indicare le norme di cui chiede la disapplicazione. L'istanza è accolta o respinta, con provvedimento definitivo, dal Direttore regionale dell'Agenzia delle entrate.

8. *La riqualificazione dei negozi giuridici.*

L'art. 20 del Testo unico del registro dispone che «*L'imposta è applicata secondo la intrinseca natura e gli effetti giuridici dell'atto presentato alla registrazione, anche se non vi corrisponda il titolo o la forma apparente, sulla base degli elementi desumibili dall'atto medesimo, prescindendo da quelli extratestuali e dagli atti ad esso collegati, salvo quanto disposto dagli articoli successivi*».

La clausola generale antielusiva e l'art. 20 del Testo unico del registro sono norme diverse: la prima colpisce, come visto, gli atti privi di sostanza economica, la seconda atti la cui apparenza non corrisponde alla sostanza.

La prima rende inopponibili gli effetti dell'operazione elusiva, per cui si applica l'imposta dovuta in base alla norma elusa; invece, in caso di riqualificazione, si applica l'imposta dovuta sul negozio realmente posto in essere.

Se l'Amministrazione applica la clausola antielusiva generale, la procedura da seguire è quella prevista nell'art. 10-*bis* dello Statuto.

Se, invece, il fisco ricorre alla riqualificazione di un negozio, ai fini dell'imposta di registro, devono essere applicate le norme di tale imposta in tema di procedimento impositivo, riscossione e sanzioni.

CAPITOLO DODICESIMO

LA RISCOSSIONE

1. *Aspetti generali.*

Il testo fondamentale della riscossione è il D.P.R. 29 settembre 1973, n. 602 (indicato, qui di seguito, come D.P.R. n. 602).

Alla riscossione dei tributi erariali provvede l'Agenzia delle entrate-Riscossione, le cui funzioni possono essere così sintetizzate: a) incassare le somme pagate mediante versamento diretto e quelle iscritte a ruolo; b) gestire il conto fiscale; c) promuovere l'esecuzione forzata; d) eseguire i rimborsi.

I contribuenti devono versare di propria iniziativa le somme dovute (c.d. autotassazione), altrimenti l'Amministrazione finanziaria deve emanare atti diretti a provocare il pagamento.

Abbiamo, così, una fondamentale distinzione, tra: a) riscossione c.d. spontanea, che è realizzata con i c.d. «versamenti diretti»; b) riscossione in base ad atti emessi dall'Amministrazione finanziaria.

L'adempimento dell'obbligazione tributaria avviene in forme tipiche, rigidamente disciplinate. L'ente impositore non può riscuotere, se non nei modi previsti dalla legge, né il contribuente può liberarsi in forme diverse da quelle stabilite dalla legge.

2. *La riscossione delle imposte sui redditi. Le ritenute dirette.*

L'art. 1 del D.P.R. n. 602 stabilisce che le imposte sui redditi sono riscosse mediante: a) ritenuta diretta; b) versamenti diretti del contribuente all'agente della riscossione e alla Tesoreria provinciale dello Stato; c) iscrizione nei ruoli.

Le ritenute dirette sono operate dalle amministrazioni pubbliche. Si tratta di ritenute simili a quelle dei sostituti, e sono dette dirette perché fatte dallo stesso creditore (considerando tutte le amministrazioni pubbliche come articolazioni dello Stato creditore d'imposta).

Alla ritenuta diretta, con applicazione delle stesse norme che valgono per i sostituti, sono soggetti: i redditi di lavoro dipendente e di lavoro autonomo, alcune provvigioni, i redditi di capitale, i contributi ed i premi e vincite (D.P.R. 29 settembre 1973, n. 600, artt. 29 e 30).

Nei casi ora indicati, le amministrazioni statali devono operare le ritenute e trasferirne l'importo alla Tesoreria dello Stato, secondo le norme della contabilità pubblica (D.P.R. n. 602, art. 2).

Le ritenute dirette, come le ritenute operate dai sostituti, sono eseguite, a seconda dei casi, a titolo d'acconto o a titolo d'imposta.

3. *Riscossione anticipata e versamenti diretti.*

A) La forma di riscossione più importante, dal punto di vista del gettito, è il versamento diretto. È così denominato il pagamento di somme effettuato dal contribuente in esecuzione di un obbligo stabilito dalla legge ed in base ad autonoma liquidazione della somma da versare (c.d. autoliquidazione o autotassazione); viene detto diretto per distinguerlo da quello fatto a seguito di iscrizione a ruolo (D.P.R. n. 602, artt. 3 e 3-*bis*).

Le imposte sui redditi e l'Iva sono imposte periodiche: ciò significa che ad ogni periodo d'imposta (anno solare o esercizio sociale) corrisponde una obbligazione tributaria, il cui presupposto si perfeziona quando si conclude il periodo d'imposta.

Ma la riscossione dell'imposta avviene già nel corso del periodo d'imposta. È perciò una riscossione anticipata, attuata con versamenti diretti. Vi sono, nel corso del periodo d'imposta, obblighi di versamento, distinti dall'obbligazione tributaria. Solo a consuntivo, quando sarà presentata la dichiarazione annuale, si potrà verificare se i meccanismi della riscossione anticipata hanno condotto alla riscossione di un importo inferiore, pari o maggiore del *quantum* dell'obbligazione tributaria di quel periodo.

La riscossione anticipata avvicina, fin quasi a renderli coevi, i fatti imponibili e il pagamento del tributo (*pay as you earn*). Questa forma di riscossione precede sia il presupposto (che si realizza con il decorso dell'intero periodo d'imposta), sia la dichiarazione.

Occorre distinguere l'obbligazione tributaria di periodo (che è collegata alla totalità dei fatti rilevanti che si verificano nel periodo d'imposta) dai singoli obblighi di versamento. Solo l'obbligazione tributaria costituisce causa di attribuzione definitiva delle somme riscosse; i singoli obblighi di versamento ed i singoli titoli di riscossione consentono al fisco di riscuotere ma non di ritenere: alla fine, comunque, riscosso e dovuto devono coincidere.

B) La riscossione anticipata è realizzata, oltre che dalle ritenute dirette: a) mediante versamento delle ritenute d'acconto, da parte dei sostituti; b) mediante versamento di acconti, da parte del contribuente (D.P.R. n. 602, artt. 1, 3 e 3-*bis*).

I sostituti devono versare mensilmente, entro il giorno 16, le ritenute operate nel mese precedente (D.P.R. n. 602, art. 8).

Inoltre, ciascun contribuente deve effettuare, nel corso del periodo d'imposta, due versamenti d'acconto, che hanno come parametro l'imposta dovuta per il precedente periodo e valgono come acconti dell'imposta dovuta per il periodo in corso.

Ai sensi dell'art. 17, D.P.R. 7 dicembre 2001, n. 435, i versamenti di acconto dell'Irpef, dell'Ires e dell'Irap devono essere eseguiti in due rate.

La prima rata è pari al 40% dell'acconto e dev'essere versata nel termine previsto per il versamento del saldo dovuto in base alla dichiarazione relativa all'anno d'imposta precedente; la seconda rata dev'essere versata nel mese di novembre. Per i soggetti passivi Ires, il cui periodo d'imposta non coincide con l'anno solare, la scadenza è l'ultimo giorno dell'undicesimo mese del periodo d'imposta.

A fondamento di tali norme sta la presunzione che il reddito si riproduce di anno in anno (almeno) nella medesima misura. Il contribuente può versare meno di una certa percentuale di quanto dovuto per l'anno precedente se prevede di produrre un reddito inferiore e di dover pagare un'imposta minore, ma assume, in tal caso, il rischio di una sanzione amministrativa, se la sua previsione dovesse rivelarsi errata.

L'Iva dev'essere versata entro il giorno 16 di ciascun mese, in base alle liquidazioni mensili (oppure dopo il compimento di ciascun trimestre). Entro il 27 dicembre deve essere versato un acconto calcolato in base all'ultima liquidazione dell'anno.

Dopo che il periodo d'imposta si è concluso, con la presentazione della dichiarazione dei redditi e della dichiarazione annuale Iva, deve essere versato il saldo che risulta dovuto in base alla stessa dichiarazione (D.P.R. 26 ottobre 1972, n. 633, art. 30).

C) Possono essere versate cumulativamente sia le imposte dirette e le ritenute, sia altre imposte (Iva, Irap, ecc.), sia i contributi previdenziali e assistenziali. Sono versati «unitariamente» anche i tributi dovuti agli enti locali e le somme dovute ad altri enti (Camere di commercio, ecc.).

I versamenti unitari hanno il pregio di consentire la compensazione tra partite attive e passive del contribuente, coinvolgendo non solo imposte diverse, ma anche i rapporti con gli enti previdenziali e gli enti locali.

D) I versamenti diretti sono effettuati o direttamente presso gli uffici dell'agente della riscossione, o mediante delega irrevocabile ad una banca o alle Poste, ma vi sono casi in cui il versamento deve essere effettuato per via telematica, direttamente o per il tramite di un intermediario abilitato. Il destinatario è l'agente della riscossione o la Tesoreria provinciale dello Stato.

3.1. *La compensazione.*

L'art. 8, comma 1, dello Statuto, prevede che l'obbligazione tributaria può essere estinta per compensazione. Il principio così espresso non è direttamente applicabile perché non sono state emanate le norme attuative. La compensazione è quindi ammessa solo nei casi e modi previsti da regolamenti attuativi della disposizione statutaria o da norme di legge.

Perciò, in sede di versamenti c.d. unitari, i debiti fiscali e previdenziali del contribuente possono essere assolti mediante compensazione con i crediti dello stesso contribuente, ma solo nei limiti espressamente previsti.

Dobbiamo distinguere tra compensazione verticale ed orizzontale.

La compensazione verticale interessa un singolo tributo; con essa, è compensato il debito relativo ad una data imposta con i crediti, relativi alla stessa imposta, sorti in periodi d'imposta precedenti e non chiesti a rimborso (ad esempio, utilizzo del credito Irpef a scomputo del versamento dell'acconto relativo alla stessa imposta). Se la dichiarazione dei redditi reca un saldo attivo, *«il contribuente ha diritto, a sua scelta, di computare l'eccedenza in diminuzione dell'imposta relativa al periodo d'imposta successivo o di chiederne il rimborso in sede di dichiarazione dei redditi»* (Tuir, art. 11).

La compensazione orizzontale coinvolge non solo imposte diverse, ma anche i debiti per contributi previdenziali; coinvolge cioè enti creditori diversi (Stato, enti locali, Inps, Inail, ecc.). I debiti che devono essere soddisfatti mediante versamento con il modello F24 possono essere compensati con crediti spettanti al contribuente, ma entro limiti predeterminati. Ad esempio, i debiti fiscali o previdenziali possono essere compensati con un credito del contribuente risultante dalla dichiarazione dei redditi o dalla dichiarazione Iva.

4. *La riscossione in base agli avvisi di accertamento esecutivi.*

Ai fini delle imposte sui redditi (Irpef e Ires), dell'Irap e dell'Iva, gli avvisi di accertamento sono anche atti della riscossione e titoli esecutivi. Diventano esecutivi quando è decorso il termine utile per la proposizione del ricorso: termine che è di sessanta giorni dal ricevimento dell'avviso, ma prolungato dal periodo feriale e dall'istanza di accertamento con adesione (D.l. 31 maggio 2010, n. 79, art. 29, conv. con L. 30 luglio 2010, n. 122). Gli avvisi esecutivi devono contenere (anche) l'intimazione ad adempiere al pagamento degli importi dovuti.

Il contribuente, se propone ricorso contro un accertamento esecutivo, deve versare, a titolo provvisorio, un terzo dell'imposta accertata, con gli interessi; deve versare, cioè, gli stessi importi che, come vedremo, possono essere iscritti a ruolo a titolo provvisorio, ai sensi dell'art. 15 del D.P.R. n. 602; non deve versare nulla per le sanzioni, che sono da pagare solo a seguito di sentenza sfavorevole per il contribuente.

Se non propone ricorso, il contribuente deve versare l'intero, con la riduzione delle sanzioni prevista in caso di mancato ricorso. Devono essere versati anche, come si vedrà, interessi per ritardata iscrizione a ruolo e, dopo la notifica dell'avviso esecutivo, interessi di mora e aggio.

Se il contribuente non adempie anche quando sono decorsi trenta giorni dal termine ultimo per il pagamento, la riscossione è affidata in carico all'agente della riscossione. L'agente della riscossione comunica la presa in carico al debitore, oltre che con raccomandata semplice, anche a mezzo posta elettronica.

L'esecuzione può iniziare dopo che sono decorsi 180 giorni dall'affidamento all'agente.

5. *La riscossione mediante ruolo.*

A) Il ruolo è il mezzo di riscossione di tutti i tributi per i quali la riscossione non avviene mediante ritenuta alla fonte, o versamento diretto, o in base all'avviso di accertamento e all'atto sanzionatorio esecutivi.

Le norme del D.P.R. n. 602, riguardanti le imposte sui redditi, si applicano anche per la riscossione coattiva delle imposte indirette, con la eccezione delle norme che si riferiscono in modo specifico alle imposte dirette (D.lgs. 26 febbraio 1999, n. 46, art. 19).

Il ruolo è usato anche per la riscossione delle entrate degli enti locali che abbiano affidato il servizio di riscossione all'Agenzia delle entrate-Riscossione (D.P.R. n. 602, art. 103).

Se la riscossione non è affidata all'agente, il recupero coattivo dei tributi locali avviene mediante ingiunzione fiscale, ai sensi del R.d. 14 aprile 1910, n. 639.

B) L'Agenzia delle entrate forma il ruolo iscrivendo le somme da riscuotere.

Il ruolo è un atto amministrativo collettivo, che racchiude un elenco di somme da riscuotere (per imposte, interessi, sanzioni).

Il ruolo è sottoscritto, anche mediante firma elettronica, dal titolare dell'ufficio o da un suo delegato; la sottoscrizione attribuisce al ruolo effetti di titolo esecutivo (D.P.R. n. 602, art. 12, comma 4).

Il ruolo è quindi inviato in via telematica all'agente, che rende note ai contribuenti le singole iscrizioni mediante notifica della cartella di pagamento.

5.1. *Iscrizioni a ruolo in base alla dichiarazione. L'invito al pagamento.*

A) Le iscrizioni a ruolo presuppongono un titolo che le legittimi. Titoli che le legittimano sono la dichiarazione, l'avviso di accertamento, il provvedimento sanzionatorio e l'atto di contestazione di sanzioni.

L'iscrizione a ruolo ha per base la dichiarazione in tre ipotesi:

– in caso di mancato versamento di somme che risultano dovute per effetto della liquidazione contenuta nella stessa dichiarazione;

– quando, dai controlli automatici e dal controllo formale della dichiarazione, risulta riscuotibile una somma maggiore di quella versata;

– quando vi siano da riscuotere imposte su redditi soggetti a tassazione separata.

B) Prima del ruolo formato per riscuotere somme che risultano dovute in base al controllo automatico e al controllo formale della dichiarazione dei redditi, l'ufficio deve interpellare il contribuente e inviargli una comunicazione, invitandolo a versare la somma dovuta (D.P.R. 29 settembre 1973, n. 600, artt. 36-*bis* e 36-*ter*).

Anche nell'Iva, la liquidazione dell'imposta contenuta nella dichiarazione è controllata dall'Amministrazione finanziaria con procedure automatiche; se è dovuta un'imposta maggiore, o se non è stata versata l'imposta dichiarata, il contribuente è invitato a versarla, altrimenti la somma dovuta è iscritta a ruolo (D.P.R. 26 ottobre 1972, n. 633, artt. 54-*bis* e 60).

Le iscrizioni a ruolo in esito al controllo formale della dichiarazione devono essere precedute dal contraddittorio con il contribuente, attivato mediante avviso c.d. bonario. La cartella di pagamento è nulla, se non è preceduta dall'avviso bonario.

Ai sensi dell'art. 6 dello Statuto, «*Prima di procedere alle iscrizioni a ruolo derivanti dalla liquidazione di tributi risultanti da dichiarazioni, qualora sussistano incertezze su aspetti rilevanti della dichiarazione, l'Amministrazione finanziaria deve invitare il contribuente, a mezzo del servizio postale o con mezzi telematici, a fornire i chiarimenti necessari o a produrre i documenti mancanti entro un termine congruo e comunque non inferiore a trenta giorni dalla ricezione della richiesta*». È espressamente sancita la nullità degli atti emessi in violazione di tale disposizione.

5.2. *Iscrizioni a ruolo in base agli avvisi di accertamento.*

A) Sono riscosse mediante ruolo le somme dovute in base agli avvisi di accertamento, nei casi in cui gli avvisi di accertamento non hanno valore di titolo esecutivo.

Occorre distinguere tra iscrizioni provvisorie e iscrizioni a titolo definitivo.

Le iscrizioni provvisorie sono quelle eseguite in base ad un avviso di accertamento non definitivo, perché impugnato. Il ricorso, proposto contro un avviso di accertamento, ne sospende solo in parte l'esecuzione perché, in pendenza del giudizio di primo grado, può essere iscritto a ruolo un terzo dell'imposta, o della maggiore imposta accertata, con gli interessi (D.P.R. n. 602, art. 15).

Dopo le sentenze delle commissioni, diventano esigibili ulteriori frazioni del tributo, con interessi e sanzioni (D.lgs. 31 dicembre 1992, n. 546, art. 68). In particolare:

a) dopo la sentenza della commissione tributaria provinciale che respinge il ricorso, il ricorrente deve versare i due terzi del tributo (con gli interessi, e previa detrazione di quanto già pagato);

b) in caso di accoglimento parziale del ricorso, da parte della commissione tributaria provinciale, il ricorrente deve versare l'intero ammontare che risulta dovuto in base a tale sentenza, se inferiore o pari ai due terzi dell'importo del tributo controverso, ovvero una somma pari ai due terzi dell'importo del tributo controverso (detratte le somme già versate);

c) la sentenza della commissione tributaria regionale rende riscuotibile l'intero importo che risulta dovuto (dedotto il versato).

Dopo una sentenza della Corte di cassazione che annulla con rinvio, essendo venuta meno ogni precedente sentenza, può essere iscritto a ruolo, se non già riscosso, l'importo riscuotibile in pendenza del primo grado.

B) Le norme sulla riscossione del tributo, dopo la sentenza di primo e secondo grado, si applicano anche alle sanzioni amministrative (D.lgs. 18 dicembre 1997, n. 472, art. 19). Se pende processo penale si applica l'art. 21, D.lgs. 10 marzo 2000, n. 74.

Se è stato impugnato un avviso di accertamento che è titolo esecutivo, l'ufficio dell'Agenzia, dopo le sentenze delle commissioni tributarie sfavorevoli per il contribuente, deve emettere un atto di «*intimazione ad adempiere*», in cui è ricalcolato il dovuto.

Se non vi è da eseguire un avviso di accertamento con valore di titolo esecutivo, la riscossione di quanto dovuto a seguito delle sentenze avviene mediante iscrizione a ruolo e notifica di cartella di pagamento.

Le riscossioni in base ad accertamenti esecutivi impugnati e le iscrizioni a titolo provvisorio sono iscrizioni fatte in base ad un atto *sub judice*, la cui sorte dipende dall'esito del processo. Esse producono per il fisco un'entrata non definitiva perché, se l'avviso di accertamento è annullato, l'indebito che ne risulta dev'essere rimborsato.

Le iscrizioni a titolo definitivo sono quelle che hanno come titolo legittimante le dichiarazioni e gli accertamenti definitivi. Esse appaiono destinate alla riscossione di somme definitivamente dovute: ciò, però, non è vero in senso assoluto.

Infatti, in primo luogo, il contribuente può sempre far valere errori commessi a suo danno nella dichiarazione, emendandola e impugnando l'iscrizione a titolo definitivo che su di essa si fondi. Inoltre, gli accertamenti definitivi possono essere rimossi dalla stessa Amministrazione in via di autotutela e, infine, vi è l'ipotesi che venga esperita con successo un'azione di revocazione straordinaria contro una sentenza tributaria passata in giudicato.

Non è previsto un termine per le iscrizioni a ruolo a titolo definitivo, ma le relative cartelle di pagamento devono essere notificate ai contribuenti entro un termine previsto a pena di decadenza.

5.3. *Riscossione straordinaria.*

In presenza di fondato pericolo per la riscossione, quando sono decorsi sessanta giorni dalla notifica degli avvisi di accertamento e della intimazione ad adempiere, può essere disposta la riscossione delle somme in essi indicate, nel loro ammontare integrale, comprensivo di interessi e sanzioni.

L'agente della riscossione, senza notifica della cartella di pagamento, procede ad espropriazione forzata con i poteri, le facoltà e le modalità previste dalle disposizioni che disciplinano la riscossione a mezzo ruolo.

Inoltre, in deroga alle regole della riscossione provvisoria, la legge prevede dei «*ruoli straordinari*», in cui sono iscritte, in via anticipata rispetto ai tempi ordinari, le somme per le quali vi sia fondato pericolo di non riscuoterle. Il pericolo dev'essere indicato nella motivazione. Possono essere in tal modo iscritte a ruolo per intero somme (per imposte, interessi e sanzioni) che, invece, sarebbero da riscuotere solo in parte, o non sarebbero da riscuotere, nelle more del processo di primo grado (D.P.R. n. 602, art. 11 e 15-*bis*).

5.4. *Cartella di pagamento e intimazione ad adempiere.*

A) L'agente della riscossione deve rendere note ai contribuenti le iscrizioni a ruolo che li riguardano mediante notificazione della cartella di pagamento.

Nella cartella sono indicate le imposte iscritte a ruolo, gli interessi, le sanzioni e l'aggio da corrispondere all'agente della riscossione, la data in cui il ruolo è stato reso esecutivo, la descrizione delle partite, le modalità di pagamento.

La cartella si riferisce a tutte le iscrizioni dei ruoli di un dato periodo riguardanti un singolo contribuente. Perciò il suo contenuto può essere eterogeneo: una singola cartella può contenere iscrizioni di tributi erariali e locali ed anche di entrate non tributarie (contributi previdenziali, sanzioni amministrative, canoni, ecc.).

Nella cartella deve essere indicato, a pena di nullità, il responsabile del procedimento di iscrizione a ruolo e del procedimento di emissione e di notificazione della cartella (D.l. 31 dicembre 2007, n. 248, art. 36, comma 4-*ter*, conv. con L. 28 febbraio 2008, n. 31).

B) La cartella di pagamento deve contenere «*l'intimazione ad adempiere l'obbligo risultante dal ruolo entro il termine di sessanta giorni dalla notificazione, con l'avvertimento che, in mancanza, si procederà ad esecuzione forzata*».

La notifica della cartella equivale quindi alla notifica del titolo esecutivo e del precetto dell'esecuzione forzata ordinaria. Se il contribuente non paga, l'agente della riscossione può intraprendere l'azione esecutiva, senza altro avviso, 60 giorni dopo la notifica della cartella.

Decorso un anno dalla notifica della cartella di pagamento, senza che sia iniziata l'esecuzione forzata, l'intimazione ad adempiere esaurisce il suo effetto. Per iniziare l'esecuzione forzata è necessaria la notifica di una nuova intimazione (D.P.R. n. 602, art. 50).

5.5. *Motivazione del ruolo e della cartella.*

Il ruolo è titolo esecutivo, e lo Statuto stabilisce che «*sul titolo esecutivo va riportato il riferimento all'eventuale precedente atto di accertamento ovvero, in mancanza, la motivazione della pretesa tributaria*» (art. 7, comma 3).

L'iscrizione a ruolo viene portata a conoscenza del contribuente mediante la cartella di pagamento; la motivazione del titolo esecutivo deve dunque essere riprodotta nella cartella.

È necessaria l'indicazione del titolo in base al quale è effettuata l'iscrizione a ruolo. Quando il ruolo è meramente «riproduttivo» di un atto precedente (ad esempio, iscrizione a ruolo in base ad avviso di accertamento), basta l'indicazione dell'atto precedente.

Se non sono già noti al contribuente da atti precedenti, nel ruolo e nella cartella devono essere indicati i presupposti di fatto e la ragione giuridica che ne sono il fondamento, secondo la regola generale in materia di motivazione degli atti amministrativi.

5.6. *Notificazione della cartella. Modalità telematica e termini.*

A) Ai sensi dell'art. 26, D.P.R. n. 602, la cartella è notificata dagli ufficiali della riscossione o da altri soggetti abilitati dall'agente della riscossione o dai messi comunali o dagli agenti della polizia municipale, applicando l'art. 60 del D.P.R. 29 settembre 1973, n. 600.

La notifica può essere eseguita anche mediante invio di raccomandata postale con avviso di ricevimento e in modalità telematica.

L'agente della riscossione deve conservare per cinque anni la matrice o la copia della cartella con la relazione dell'avvenuta notificazione o l'avviso di ricevimento ed ha l'obbligo di farne esibizione su richiesta del contribuente o dell'Amministrazione (D.P.R. n. 602, art. 26, comma 5).

B) Le cartelle devono essere notificate entro un termine perentorio, «*non essendo consentito, dall'art. 24 Cost., lasciare il contribuente assoggettato all'azione esecutiva del fisco per un tempo indeterminato e comunque, se corrispondente a quello ordinario di prescrizione, certamente eccessivo e irragionevole*» (Corte cost., n. 280 del 2005). Perciò è previsto che la cartella sia notificata entro un termine previsto, a pena di decadenza, dall'art. 25 del D.P.R. n. 602.

Le cartelle di pagamento relative alle imposte sui redditi e all'Iva devono essere notificate:

a) entro il 31 dicembre del terzo anno successivo a quello di presentazione della dichiarazione, per le somme che risultino dovute a seguito dell'attività di liquidazione prevista dall'art. 36-*bis*, D.P.R. 29 settembre 1973, n. 600;

b) entro il 31 dicembre del quarto anno successivo a quello di presentazione della dichiarazione, per le somme che risultino dovute a seguito di controllo formale previsto dall'art. 36-*ter*, D.P.R. 29 settembre 1973, n. 600;

c) entro il 31 dicembre del secondo anno successivo a quello in cui l'accertamento è divenuto definitivo, per le somme dovute in base agli accertamenti (D.P.R. n. 602, art. 17).

Dalla data della notificazione decorre il termine di 60 giorni, dopo il quale l'agente della riscossione può iniziare l'esecuzione forzata (D.P.R. n. 602, art. 50).

5.7. *Scadenza del pagamento, rateazione, versamenti tardivi.*

Il pagamento delle somme iscritte a ruolo deve essere eseguito entro sessanta giorni dalla notificazione della cartella di pagamento.

Il contribuente che si trova in una «*temporanea situazione di obiettiva difficoltà*» può chiedere una rateazione. La competenza in materia spetta all'agente della riscossione (D.P.R. n. 602, art. 19).

6. *Interessi e aggio.*

Sono dovuti «*interessi per ritardata iscrizione a ruolo*» sulle imposte iscritte a ruolo a seguito di liquidazione e di controllo formale della dichiarazione, a partire dal giorno successivo a quello di scadenza e fino alla data di consegna dei ruoli all'agente della riscossione (D.P.R. n. 602, art. 20).

Analoghi interessi si applicano sulle imposte dovute a seguito di avviso di accertamento, a partire dalla data in cui avrebbe dovuto essere effettuato il versamento se le imposte fossero state dichiarate, e fino alla data di consegna dei ruoli all'agente della riscossione.

Sono dovuti «*interessi di mora*» se il contribuente non versa le somme iscritte a ruolo (D.P.R. n. 602, art. 30).

Anche sulle somme dovute per tasse e imposte indirette sugli affari si applicano «*interessi di mora*», da computarsi per ogni semestre compiuto, a decorrere dal giorno in cui il tributo è divenuto esigibile (L. 26 gennaio 1961, n. 29, art. 3).

Gli oneri di riscossione posti a carico del contribuente (il c.d. aggio) sono dovuti in misura pari al 3 per cento delle somme iscritte a ruolo, se il pagamento avviene entro 60 giorni dalla notifica della cartella; ammonta al 6 per cento se il pagamento avviene dopo (D.lgs. 13 aprile 1999, n. 112, art. 17).

7. *Natura giuridica ed effetti del ruolo.*

A) Il ruolo è un atto collettivo, riguardante una molteplicità di soggetti e di iscrizioni.

L'effetto è duplice: da un lato, il ruolo attualizza un obbligo di versamento, che deve essere adempiuto entro sessanta giorni dalla notifica della cartella di pagamento; dall'altro, se l'obbligo non è adempiuto, il ruolo legittima l'esecuzione forzata.

Nel caso in cui è fondato sulla dichiarazione dei redditi, il ruolo ha per oggetto un debito che doveva essere soddisfatto dal contribuente già in precedenza, mediante versamento diretto. In questo caso, dunque, il ruolo e la successiva cartella di pagamento pongono un nuovo termine all'adempimento, a seguito del quale, se persiste l'inadempimento, può avere inizio l'esecuzione forzata.

B) In linea di principio, il ruolo (come l'avviso di accertamento) esplica effetti solo nei confronti del soggetto a cui si rivolge. In particolare, tale principio vale per i titoli esecutivi, come stabilito dall'art. 474 c.p.c. E vale, quindi, anche per l'avviso di accertamento con effetti esecutivi.

Persiste peraltro la prassi, da reputare abusiva, di sottoporre ad esecuzione forzata, in base alla iscrizione a ruolo di un soggetto, il patrimonio di altri soggetti (coobbligati in via paritaria o dipendente).

Nel caso di pluralità di soggetti obbligati in solido, il ruolo ha dunque efficacia solo nei confronti dei soggetti che sono iscritti.

In caso di solidarietà, l'agente della riscossione, per i tributi indiretti, per i tributi locali e per altre entrate, notifica la cartella di pagamento solo al primo dei soggetti iscritti, mentre agli altri invia una mera comunicazione (D.l. 13 maggio 1991, n. 151, convertito con L. 12 luglio 1991, n. 202, art. 11, comma 1),

Resta fermo che, in caso di solidarietà, l'Amministrazione finanziaria può agire solo nei confronti dei soggetti ai quali abbia notificato l'avviso di accertamento; e che non può esservi iscrizione a ruolo di un soggetto, se non sulla base dell'avviso di accertamento emesso nei confronti di quel soggetto, né efficacia della iscrizione a ruolo di un obbligato nei confronti di altri coobbligati.

Né tale ordine di idee viene meno in caso di solidarietà dipendente, non essendovi norme che estendano al coobbligato dipendente gli effetti degli atti emessi nei confronti dell'obbligato principale.

Il ruolo, in conclusione, non ha efficacia verso i terzi.

8. *La sospensione amministrativa del ruolo.*

Il ricorso contro il ruolo non sospende la riscossione; ma il contribuente può chiedere la sospensione del ruolo all'Agenzia delle entrate, che può accordarla fino alla pubblicazione della sentenza della commissione tributaria provinciale, e può revocarla «*ove sopravvenga fondato pericolo per la riscossione*» (D.P.R. n. 602, art. 39, comma 1).

9. *Prescrizione del credito tributario.*

A) L'attività dell'amministrazione finanziaria è soggetta a termini di decadenza, entro i quali devono essere notificati gli atti d'imposizione e degli atti della riscossione.

Il credito tributario è poi soggetto a prescrizione (art. 2934 c.c.).

Nulla è previsto nella legislazione tributaria per le imposte dirette e per l'Iva. Si applica perciò il termine di prescrizione decennale previsto dall'art. 2946 c.c.

In materia di imposte indirette, invece, sono espressamente previsti termini di prescrizione dell'imposta, decorrenti dall'accertamento divenuto definitivo: il termine è decennale per l'imposta di registro.

Analogamente, in materia di imposta sulle successioni, al termine di decadenza cui è soggetta l'attività di accertamento e liquidazione, segue la prescrizione decennale dell'imposta accertata in via definitiva.

B) Per alcuni tributi locali, la giurisprudenza ritiene applicabile la prescrizione quinquennale, prevista dall'art. 2948, n. 4, c.c., in quanto considera tali tributi come prestazioni periodiche dovute annualmente (Cass., 10 dicembre 2014, n. 26013).

C) Secondo la giurisprudenza, il diritto alla riscossione di un'imposta, conseguente ad avviso di accertamento divenuto definitivo, perché confermato con sentenza passata in giudicato, è soggetto al termine di prescrizione di dieci anni previsto dall'art. 2953 c.c., in quanto il titolo, sulla base del quale viene intrapresa la riscossione, non sarebbe più l'atto amministrativo, ma la sentenza.

In realtà, le sentenze che respingono i ricorsi rendono definitivo l'atto impositivo e la riscossione avviene in base all'atto impositivo: la somma da riscuotere è iscritta a ruolo a titolo definitivo e si applica il termine di decadenza di due anni da quando l'avviso di accertamento è divenuto definitivo, previsto dall'art. 25, comma 1, lett. c), D.P.R. n. 602.

L'art. 2953 c.c. non può dunque essere applicato, anche perché concerne i casi in cui è prevista la prescrizione più breve di dieci anni, non quando vi sono termini di decadenza.

10. *La riscossione dell'imposta di registro e delle altre imposte indirette.*

A) Nell'imposta di registro, come vedremo, occorre distinguere tra imposta «*principale*» (da versare in sede di registrazione), «*suppletiva*», se diretta a correggere errori od omissioni dell'ufficio, «*complementare*» in ogni altro caso.

In caso di ricorso contro l'avviso di accertamento che accerti un maggior valore, l'imposta complementare che ne consegue è riscossa, in pendenza del giudizio di primo grado, nella misura di un terzo (T.u. registro, art. 56). Dopo la decisione della commissione provinciale e della decisione di appello si applicano le norme contenute nell'art. 68, D.lgs. 31 dicembre 1992, n. 546, che sono comuni a tutte le imposte. Le imposte suppletive sono riscosse dopo la sentenza di secondo grado.

B) Vi sono imposte indirette il cui pagamento è connesso alla presentazione della dichiarazione (imposta sulle assicurazioni, imposta sulla pubblicità, imposta sugli intrattenimenti, ecc.). Inoltre, vi sono pagamenti senza dichiarazione: ad esempio, le tasse sulle concessioni governative sono assolte mediante versamento su di un conto corrente postale intestato all'Ufficio concessioni governative di Roma.

11. *Responsabilità di liquidatori, amministratori e soci.*

I liquidatori di società o altri enti, soggetti all'Ires, rispondono in proprio del pagamento delle imposte dovute dalla società o ente, quando, pur disponendo delle risorse per pagare le imposte, abbiano assegnato beni ai soci o pagato crediti di ordine inferiore a quelli tributari, senza avere prima soddisfatto i crediti tributari (D.P.R. n. 602, art. 36).

La responsabilità dei liquidatori, dunque, non sorge quando sorge il debito d'imposta, ma da una fattispecie successiva, che ha natura di illecito (omesso pagamento delle imposte).

La responsabilità dei liquidatori ha per oggetto le imposte dovute per il periodo della liquidazione e per quelli anteriori ed è commisurata all'importo dei crediti del fisco che avrebbero trovato capienza in sede di graduazione dei crediti.

Le stesse norme valgono per gli amministratori in carica all'atto dello scioglimento della società o dell'ente, se non si sia provveduto alla nomina dei liquidatori, e per gli amministratori che, nel corso degli ultimi due periodi di imposta precedenti alla messa in liquidazione, hanno compiuto operazioni di liquidazione ovvero hanno occultato attività sociali.

Infine, i soci o associati, che hanno ricevuto nel corso degli ultimi due periodi di imposta precedenti alla messa in liquidazione danaro o altri beni sociali in assegnazione dagli amministratori o hanno avuto in assegnazione beni sociali dai liquidatori, sono responsabili del pagamento delle imposte dovute dai liquidatori nei limiti del valore dei beni ricevuti, salvo le maggiori responsabilità stabilite dal codice civile.

La responsabilità di liquidatori, amministratori e soci è accertata dall'ufficio con avviso di accertamento, che, secondo la giurisprudenza, è da notificare entro il termine decennale di prescrizione.

12. *Concordato preventivo e transazione fiscale.*

A) La legge fallimentare consente all'imprenditore che si trova in stato di crisi o di insolvenza di proporre ai creditori un concordato preventivo, sulla base di un piano nel quale si preveda la ristrutturazione dei debiti, la soddisfazione parziale dei crediti, ecc.

Il concordato preventivo può avere per oggetto anche i debiti fiscali (Iva compresa). Il debitore può proporre il pagamento, parziale o anche dilazionato, dei tributi (e relativi accessori).

Il fisco vota come gli altri creditori; come tutti i creditori potrà essere assoggettato al volere della maggioranza.

Il concordato omologato è obbligatorio per tutti i creditori anteriori al decreto di apertura della procedura, cioè anche per il fisco, ai sensi dell'art. 184 della legge fallimentare.

B) L'imprenditore che propone il concordato preventivo può anche proporre una transazione fiscale, prevista dall'art. 182-*ter* della legge fallimentare.

Il debitore non è obbligato a seguire il procedimento previsto per la transazione fiscale; è quindi ammissibile una proposta concordataria che preveda la falcidia dei crediti tributari, senza transazione fiscale.

La transazione fiscale comporta l'apertura, nel procedimento concordatario, di un sub-procedimento, che inizia con la presentazione, da parte del debitore, della proposta di concordato (e della relativa documentazione), al Tribunale, all'Agenzia delle entrate e all'agente della riscossione. Tale adempimento è finalizzato a invitare l'ufficio fiscale a certificare l'ammontare complessivo del debito tributario mediante la comunicazione del debito già accertato e di quello conseguente alla liquidazione delle dichiarazioni, «*al fine di consentire il consolidamento del debito fiscale*».

Il consolidamento del debito tributario si riferisce al quadro di insieme dei debiti tributari, tale da consentire di valutare la congruità della proposta con riferimento alle risorse necessarie a far fronte al complesso dei debiti. Inoltre, tale quadro del debito complessivo cristallizza la pretesa tributaria alla data di presentazione della domanda, così come quantificata dall'ufficio, escludendo la possibilità di ulteriori accertamenti (anche se non sia ancora maturata la decadenza) e la facoltà del debitore di contestare le pretese fiscali, anche se non ancora definitive.

C) La transazione fiscale, pur se così denominata nella rubrica dell'art. 182-*ter* della legge fallimentare, non è una transazione. Non vi è la stipula di un accordo contenente reciproche concessioni e non si tende a risolvere o prevenire una lite tra il fisco e il debitore; è quindi improprio parlare di transazione.

La c.d. transazione fiscale implica che il credito privilegiato del fisco può essere falcidiato in presenza delle stesse condizioni che consentono la falcidia di qualunque altro credito privilegiato.

Le agenzie fiscali, che per legge non hanno la disponibilità della obbligazione tributaria, e quindi non possono di regola accettare di ridurre l'obbligazione tributaria, possono però aderire ad una proposta di concordato che preveda anche la falcidia dei crediti tributari.

13. *Privilegi e fideiussioni.*

A) I crediti tributari sono assistiti da privilegi speciali e generali, sui mobili e sugli immobili. Il codice civile prevede:

a) privilegio generale sui mobili del debitore (art. 2752 c.c.), per crediti e sanzioni per imposte sui redditi, Irap, Iva e tributi locali;

b) privilegi speciali sui mobili: i crediti per i tributi indiretti hanno privilegio sui mobili ai quali i tributi si riferiscono; uguale privilegio hanno i crediti di rivalsa Iva (art. 2758 c.c.); i crediti per Irpef e per Ires hanno privilegio sopra i mobili che servono all'esercizio dell'impresa e sulle merci (art. 2759 c.c.);

c) privilegio generale immobiliare: i crediti per Ires e Irpef, limitatamente alla quota imputabile a redditi immobiliari o fondiari non determinabili catastalmente, hanno privilegio sugli immobili del debitore situati nel comune in cui il tributo si riscuote (art. 2771 c.c.);

d) privilegio speciale immobiliare per tributi indiretti, in relazione agli immobili cui il tributo si riferisce (art. 2772 c.c.).

B) Per ottenere il rimborso del credito Iva annuale, o relativo a periodi inferiori all'anno, il contribuente deve prestare una garanzia; ciò per assicurare all'Amministrazione finanziaria il recupero del rimborso che dovesse risultare indebito.

La sospensione della riscossione può essere subordinata, con provvedimento discrezionale della commissione tributaria, alla prestazione di una garanzia bancaria o assicurativa.

Nello Statuto dei diritti del contribuente, all'art. 8, si prevede che l'Amministrazione finanziaria è tenuta a rimborsare il costo delle fideiussioni, se viene accertato che l'imposta non è dovuta.

14. *Ipoteca e sequestro.*

A) L'Agenzia delle entrate, dopo che sono stati notificati un atto di contestazione di sanzioni, o un provvedimento di irrogazione di sanzioni, o un processo verbale di constatazione, o un avviso di accertamento, può chiedere al Presidente della commissione tributaria provinciale l'iscrizione di ipoteca e l'autorizzazione a procedere, a mezzo di ufficiale giudiziario, al sequestro conservativo dei beni del contribuente, compresa l'azienda (D.lgs. 18 dicembre 1997, n. 472, art. 22).

Le misure cautelari possono essere richieste se l'Amministrazione finanziaria ha il fondato timore di perdere la garanzia del proprio credito.

B) La richiesta avvia un procedimento in sede giurisdizionale. L'istanza deve essere motivata e deve essere notificata alle parti interessate, le quali possono, entro venti giorni dalla notifica, depositare memorie e documenti difensivi. Il Presidente fissa con decreto la trattazione dell'istanza per la prima camera di consiglio utile, disponendo che ne sia data comunicazione alle parti almeno dieci giorni prima. In caso di eccezionale urgenza o di pericolo nel ritardo, il Presidente, ricevuta l'istanza, provvede con decreto motivato. Contro il decreto è ammesso reclamo al collegio entro trenta giorni.

Il collegio, sentite le parti in camera di consiglio, provvede con sentenza (appellabile).

C) Le disposizioni dell'art. 22, D.lgs. 18 dicembre 1997, n. 472, devono essere integrate dalle disposizioni del codice civile e del codice di procedura civile.

A norma dell'art. 2808 c.c., l'ipoteca si costituisce mediante iscrizione nei registri immobiliari ed attribuisce al creditore il diritto di espropriare, anche nei confronti del terzo acquirente, i beni ipotecati e di essere soddisfatto con preferenza sul prezzo ricavato dall'espropriazione.

A norma dell'art. 671 c.p.c., il giudice, su istanza del creditore che ha fondato timore di perdere la garanzia del proprio credito, può autorizzare il sequestro conservativo di beni mobili o immobili del debitore o delle somme e cose a lui dovute, nei limiti in cui la legge ne permette il pignoramento. L'art. 22 cit. prevede che possa essere sequestrata anche l'azienda.

I beni sequestrati sono sottratti alla libera disponibilità del debitore proprietario e sono sottoposti a custodia. Il sequestro conservativo, a norma dell'art. 2906 c.c., rende inefficaci, in pregiudizio del creditore sequestrante, le alienazioni e gli altri atti che hanno per oggetto la cosa sequestrata, in conformità delle regole stabilite per il pignoramento (inefficacia relativa).

D) I provvedimenti cautelari, emessi sulla base di un processo verbale, perdono efficacia se, nel termine di centoventi giorni dalla loro adozione, non viene notificato atto di contestazione o di irrogazione.

Questo termine di efficacia non vale per le misure cautelari richieste dall'Agenzia sulla base di un atto impositivo, che conservano validità a favore dell'agente della riscossione dopo la iscrizione a ruolo.

I provvedimenti perdono efficacia a seguito della sentenza, anche non passata in giudicato, che accoglie il ricorso o la domanda. La sentenza costituisce titolo per la cancellazione dell'ipoteca.

E) Ai sensi del D.P.R. n. 602, art. 77, può iscrivere ipoteca l'agente della riscossione, quando è decorso inutilmente il termine di sessanta giorni dalla notifica della cartella di pagamento. L'ipoteca può essere iscritta sugli immobili del debitore e dei coobbligati per un importo pari al doppio dell'importo complessivo del credito per cui si procede. Occorre che il credito non sia inferiore a 20.000 euro.

L'ipoteca non deve essere preceduta dall'intimazione ad adempiere, e, prima di iscriverla, deve esserne data comunicazione al contribuente, concedendogli un termine di trenta giorni perché possa esercitare il proprio diritto di difesa o pagare il dovuto. L'iscrizione non preceduta dalla comunicazione è nulla.

14.1. *Il fermo amministrativo dei rimborsi.*

Il fermo amministrativo, previsto dal regolamento di contabilità (art. 69, ultimo comma, R.d. 18 novembre 1923, n. 2440), è il provvedimento con cui una amministrazione pubblica, debitrice verso un privato, sospende il pagamento di un suo debito se è a sua volta creditrice verso il privato.

Questo istituto è usato dal fisco per sospendere i rimborsi nei confronti di contribuenti che siano in posizione di debito. Viene così impedita anche la compensazione, che è da dichiarare solo dopo che cessa la ragione della misura cautelare.

La sospensione dei rimborsi può essere disposta, in base ad una espressa previsione, a fronte del debito del contribuente per tributi e sanzioni tributarie, se è stato notificato un atto di contestazione o di irrogazione della sanzione, o un atto di accertamento di tributi, anche non definitivo (D.lgs. 18 dicembre 1997, n. 472, art. 23).

Simile al fermo dei pagamenti è la disposizione cautelare che vieta alle amministrazioni pubbliche e alle società a prevalente partecipazione pubblica di effettuare pagamenti a favore di soggetti che siano inadempienti all'obbligo di versamento risultante da una cartella di pagamento (D.P.R. n. 602, art. 48-*bis*).

14.2. *Il fermo dei beni mobili registrati.*

Ben diverso dal fermo amministrativo dei pagamenti è il fermo di beni mobili registrati (veicoli, autoscafi, aerei), disposto dall'agente della riscossione, a norma dell'art. 86, comma 1, del D.P.R. n. 602, allorquando, dopo 60 giorni dalla notifica della cartella di pagamento, o 90 giorni dalla notifica dell'avviso di accertamento esecutivo, non sia avvenuto il versamento.

La procedura è avviata dall'agente della riscossione con la notifica al debitore (e ai coobbligati) di una comunicazione preventiva contenente l'avviso che, in mancanza del pagamento delle somme dovute entro il termine di 30 giorni, sarà eseguito il fermo, mediante iscrizione del provvedimento che lo dispone nei registri mobiliari. Il fermo comporta il divieto di circolazione del veicolo. La violazione del divieto è punita con una sanzione pecuniaria e con la confisca del veicolo.

15. *L'esecuzione forzata tributaria.*

A) L'esecuzione forzata tributaria è disciplinata dal D.P.R. n. 602 e, dove non dispone la legislazione tributaria, si applica il codice di procedura civile.

L'esecuzione è promossa dall'agente della riscossione, in forza di un titolo esecutivo costituito da un provvedimento amministrativo (avviso di accertamento esecutivo, provvedimento sanzionatorio, ruolo).

L'avviso di accertamento e l'intimazione ad adempiere hanno efficacia esecutiva all'atto della notifica. In essi deve esservi l'avvertimento che, decorsi 30 giorni dal termine per il pagamento, la riscossione è affidata all'agente della riscossione, anche ai fini dell'esecuzione forzata, che può avere inizio 180 giorni dopo l'affidamento.

Se il contribuente propone ricorso contro l'avviso di accertamento e presenta istanza di sospensione, l'esecuzione non può essere iniziata fino alla pronuncia sulla sospensione, con un limite massimo di 120 giorni.

B) Scaduto inutilmente il termine di 60 giorni dalla notificazione della cartella di pagamento (che ha anche valore di precetto), l'agente della riscossione può iscrivere ipoteca sugli immobili, disporre il fermo dei beni mobili e iniziare l'esecuzione forzata. Quando sia decorso un anno dalla notifica della cartella di pagamento, l'esecuzione forzata deve essere preceduta dalla notifica di un avviso di intimazione ad adempiere entro cinque giorni (D.P.R. n. 602, art. 50).

C) In tema di espropriazione, va premesso che non possono essere espropriati i «*beni essenziali*», individuati con decreto ministeriale (D.P.R. n. 602, art. 76, lett. a-*bis*).

L'espropriazione immobiliare può essere avviata se il credito supera 120 mila euro, se è stata iscritta ipoteca e sono decorsi almeno sei mesi senza che il debito sia stato estinto (D.P.R. n. 602, art. 76, lett. b).

La «*prima casa*» non può essere espropriata. Per quanto riguarda le imprese, i limiti alla pignorabilità previsti dal codice di procedura civile per le ditte individuali sono estesi alle società di capitale e più in generale alle società dove il capitale prevalga sul lavoro (D.P.R. n. 602, art. 76).

Il pignoramento si esegue mediante trascrizione di un avviso di vendita.

Il prezzo base dell'incanto è pari al valore determinato in base alla rendita catastale agli effetti dell'imposta di registro, moltiplicato per tre.

Se non è possibile determinare in tal modo il prezzo base, l'agente della riscossione richiede l'attribuzione della rendita catastale del bene all'Agenzia delle entrate; se si tratta di terreni per i quali gli strumenti urbanistici prevedono la destinazione edificatoria, il prezzo è stabilito con perizia dell'Agenzia delle entrate.

Se la vendita non ha luogo al primo incanto si procede al secondo incanto con un prezzo base inferiore di un terzo a quello precedente. Se la vendita non avviene nemmeno al secondo incanto, si procede ad un terzo incanto, con un prezzo base inferiore di un terzo a quello del precedente incanto. Se anche il terzo incanto ha esito negativo l'immobile è devoluto allo Stato per il prezzo base del terzo incanto.

D) L'esecuzione mobiliare è eseguita secondo le norme del diritto processuale comune, mediante processo verbale notificato al debitore (D.P.R. n. 602, art. 65).

E) Il pignoramento presso terzi, oltre che nelle forme del diritto comune (citazione del terzo ai sensi dell'art. 543 c.p.c.), può essere eseguito dall'agente della riscossione ordinando al terzo di corrispondere al fisco quanto dovuto dal terzo al contribuente. Può essere, in tal modo, «*bloccato*» il conto corrente bancario (D.P.R. n. 602, artt. 72 e 72-*bis*).

Gli stipendi possono essere pignorati in misura pari a un decimo, per importi fino a 2.500 euro; in misura pari a un settimo per importi da 2.500 a 5.000 euro; in misura pari a un quinto per importi superiori a 5.000 euro (D.P.R. n. 602, art. 72-*ter* e art. 545, comma 4, c.p.c.).

15.1. *Le opposizioni nel processo esecutivo.*

Nell'esecuzione forzata tributaria le opposizioni si propongono al giudice ordinario. Il contribuente può proporre (oltre ai ricorsi contro il titolo esecutivo dinanzi al giudice tributario):

– l'opposizione all'esecuzione, ai sensi dell'art. 615 c.p.c. (per effetto di Corte cost., n. 114 del 2018);

– l'opposizione agli atti esecutivi, che però non è ammessa quando concerne la regolarità formale o la notificazione del titolo esecutivo (dato che tali questioni sono da proporre alle commissioni tributarie).

È ammessa l'opposizione di terzo, entro la data fissata per il primo incanto (D.P.R. n. 602, art. 52).

La procedura esecutiva può essere sospesa dal giudice dell'esecuzione qualora «*ricorrano gravi motivi e vi sia fondato pericolo di grave e irrevocabile danno*» (D.P.R. n. 602, art. 60).

Chi si ritenga leso dall'esecuzione forzata può agire dinanzi al giudice ordinario contro l'agente della riscossione, dopo il compimento della procedura, per il risarcimento dei danni (D.P.R. n. 602, art. 59).

CAPITOLO TREDICESIMO

I RIMBORSI

1. *I rimborsi da indebito.*

A) Vi sono tre tipi di crediti dei contribuenti: a) crediti per rimborsi «da indebito»; b) crediti di rimborso «non da indebito» risultanti dalla dichiarazione dei redditi o dalla dichiarazione Iva, o per il rimborso di altre somme «debitamente» versate; c) crediti d'imposta in senso stretto.

La prima figura, quella del rimborso di indebiti, è riportabile al principio sancito dall'art. 2033 c.c.

B) Le fonti dell'indebito tributario sono molteplici. Può accadere che manchi *ab origine*, o che venga meno, la norma di legge, alla quale si ricollega l'imposta che è stata pagata. Può accadere che un tributo sia assolto senza un fondamento legislativo, o in base ad un decreto-legge non convertito (di solito, però, il legislatore fa salvi gli effetti dei decreti non convertiti). Altre due ipotesi (ma solo teoriche) sono l'abrogazione retroattiva della norma impositiva o l'introduzione retroattiva di una norma di favore.

Sono poi da considerare la dichiarazione di incostituzionalità di una norma impositiva e il diritto al rimborso che tragga origine dal diritto dell'UE.

Le sentenze che dichiarano incostituzionale una norma la eliminano con effetto retroattivo per cui i pagamenti fatti in base alla norma dichiarata incostituzionale assumono *ex post* la qualifica di pagamenti non dovuti: il rimborso è però escluso quando il pagamento si ricollega ad un «*rapporto esaurito*». Con questa espressione ci si riferisce al caso in cui il pagamento è stato effettuato in esecuzione di un atto impositivo definitivo (avviso di accertamento non impugnato, o divenuto definitivo per effetto di sentenza passata in giudicato), o al caso in cui sia scaduto il termine (di decadenza o di prescrizione) entro cui il rimborso deve essere richiesto.

Analogamente, se un'imposta è stata pagata in base ad una norma nazionale dichiarata incompatibile con il diritto dell'UE, il giudice è tenuto a non applicare la norma nazionale. In una simile ipotesi, l'imposta pagata è da rimborsare, applicando i termini e le procedure di rimborso previste dalle norme nazionali.

Le situazioni che consolidano i pagamenti fatti in base a norme incostituzionali (i c.d. rapporti esauriti) valgono anche per l'indebito comunitario, che perciò può essere impedito da atti definitivi o da termini scaduti.

C) Le altre ipotesi di fattispecie generatrici di pagamenti indebiti si collegano agli atti attraverso i quali viene data applicazione ai tributi (dichiarazione, avviso di accertamento, atti della riscossione).

Pagamento indebito può aversi, innanzitutto, perché viene presentata una dichiarazione erronea (meglio: inesatta). Se viene dichiarata e versata un'imposta non dovuta, o maggiore del dovuto, il contribuente ha diritto al rimborso.

L'importo da pagare stabilito da un avviso di accertamento è dovuto, per il solo fatto che così stabilisce l'avviso di accertamento; il versamento, dunque, della somma fissata dall'avviso non è, di per sé, un versamento indebito. L'indebito si profila solo se, e nella misura in cui, l'avviso è annullato: in tal caso, ciò che è stato pagato in base all'atto annullato assume la qualifica di indebito (totalmente o parzialmente). E l'ufficio deve rimborsare.

Un'altra serie di ipotesi, nelle quali può aversi indebito, attiene alla riscossione. Si pensi, innanzitutto, alla effettuazione indebita di ritenute dirette e di versamenti diretti.

Per le somme iscritte a ruolo, potrebbe darsi un vizio «proprio» del ruolo (ad esempio, perché viene iscritta a ruolo una somma superiore a quella dovuta in base alla dichiarazione o all'accertamento, per errore materiale, duplicazione, ecc.).

Analogamente, può esservi un errore nella riscossione di una imposta indiretta (errore materiale o di calcolo nella liquidazione dell'imposta principale; vizio della liquidazione del tributo, racchiusa nell'omonimo avviso, ecc.).

2. *Tutela del diritto al rimborso. Regole generali.*

Nell'art. 21, D.lgs. 31 dicembre 1992, n. 546, che disciplina il processo tributario, vi sono le regole generali in materia di tutela del diritto al rimborso, così riassumibili:

– la domanda di rimborso, in mancanza di disposizioni specifiche, deve essere presentata entro due anni dal pagamento oppure, se posteriore, dal giorno in cui è sorto il diritto alla restituzione;

– se la domanda è esplicitamente respinta, il rifiuto espresso è atto impugnabile dinanzi alla commissione tributaria provinciale;

– se l'Amministrazione rimane inerte per novanta giorni dalla presentazione della domanda di rimborso, il silenzio si interpreta come rifiuto e l'interessato può proporre ricorso alla commissione tributaria provinciale;

– in caso di silenzio, pertanto, il contribuente può ricorrere solo dopo il novantesimo giorno dalla presentazione della domanda, ma non oltre la prescrizione del diritto alla restituzione.

2.1. *Il rimborso delle ritenute dirette e dei versamenti diretti.*

Per il rimborso delle ritenute dirette e dei versamenti diretti è necessario che sia presentata istanza all'Agenzia delle entrate entro il termine di decadenza di 48 mesi dal versamento (D.P.R. 29 settembre 1973, n. 602, artt. 37 e 38)

L'istanza di rimborso può essere presentata sia dal sostituto, sia dal sostituito.

Il termine decorre, per il sostituito, da quando ha subito la ritenuta, e, per il sostituto, da quando ha versato, se la ritenuta e il versamento sono indebiti *ab origine.*

Il sostituito può tutelarsi in due modi: può esporre, in sede di dichiarazione, le ritenute subite, e computarle anche se non dovevano essere effettuate, e può, inoltre, presentare domanda di rimborso.

Secondo giurisprudenza consolidata, la procedura dell'art. 38, D.P.R. 29 settembre 1973, n. 602, dev'essere osservata in tutti i casi di rimborso di versamenti diretti indebiti. La norma riguarda quindi, ad esempio, il contribuente che abbia versato, sulla base della dichiarazione dei redditi, una somma superiore a quella dovuta a causa di un errore commesso nella compilazione della dichiarazione. La norma si applica anche al rimborso dell'imposta non dovuta perché dichiarata incostituzionale o perché dichiarata non compatibile con il diritto dell'UE.

Il termine di 48 mesi decorre dalla data del versamento o della ritenuta, ma solo se la ritenuta o il versamento sono indebiti *ab origine*. Il termine decorre, invece, dal versamento del saldo nel caso in cui il relativo diritto derivi da un'eccedenza degli importi anticipatamente corrisposti rispetto all'ammontare del tributo che risulti al momento del saldo, oppure rispetto ad una successiva determinazione in via definitiva dell'obbligazione tributaria.

Il termine di 48 mesi non si applica alle istanze di rimborso dei crediti d'imposta (rimborsi «non da indebito»).

2.2. *Il rimborso di somme riscosse mediante ruolo.*

A) Per le somme riscosse mediante ruolo la legge non disciplina espressamente la domanda di rimborso.

Quando vi è iscrizione a ruolo di una somma non dovuta, il contribuente può tutelarsi impugnando il ruolo e chiedendo, cumulativamente, sia l'annullamento del ruolo, sia la condanna dell'Amministrazione a rimborsare l'indebito.

Secondo la giurisprudenza, quando una somma è stata riscossa mediante ruolo, non se ne può ottenere la restituzione se non è stato previamente impugnato il ruolo: la restituzione, secondo questa concezione, presuppone l'annullamento del ruolo ed è, quindi, una conseguenza della sentenza che accoglie l'impugnazione del ruolo.

Questo orientamento della giurisprudenza non è da condividere.

Se infatti il ruolo è un atto della riscossione, che nulla dispone in ordine all'esistenza dell'obbligazione tributaria, si deve di conseguenza ritenere che la mancata impugnazione del ruolo non preclude il rimborso delle somme indebite.

Se il ruolo non è impugnato, non ne deriva che la somma iscritta, in ipotesi non dovuta, diventi dovuta (e non ripetibile).

Il ruolo non è atto costitutivo o accertativo dell'obbligazione tributaria, ma mero strumento di riscossione, ossia, atto che legittima la riscossione di una somma e che, in caso di inadempimento, vale come titolo esecutivo.

Da ciò discende che la mancata impugnazione del ruolo consolida gli effetti del ruolo (azione esecutiva), ma non impedisce il rimborso dell'indebito.

B) Peraltro, la preclusione non opera per qualsiasi tipo di iscrizione a ruolo e per qualsiasi titolo di indebito.

La preclusione non opera, in primo luogo, per le iscrizioni a ruolo a titolo provvisorio. La sorte di tali iscrizioni dipende dal titolo (avviso di accertamento) in base al quale, in presenza di ricorso contro l'avviso, sono state formate. Perciò, la sorte di ciò che viene riscosso in base ad una iscrizione provvisoria dipende dall'esito del processo riguardante l'avviso di accertamento: se il ricorso contro l'avviso viene respinto, ciò che è stato riscosso in base alla iscrizione provvisoria viene definitivamente acquisito dal fisco, in conseguenza del fatto che è divenuto definitivo il titolo della iscrizione a ruolo. Se, invece, il ricorso contro l'avviso è accolto, ciò che è stato riscosso dovrà essere rimborsato, perché è venuto meno il titolo della iscrizione a ruolo. È quindi evidente che il ruolo legittima l'esecuzione forzata, ma non determina la definitiva attribuzione al fisco delle somme riscosse, perché il titolo di attribuzione definitiva è dato dall'avviso di accertamento, non dal ruolo.

In secondo luogo, la preclusione non opera «*quando emergono errori materiali o duplicazioni dovuti all'ufficio delle imposte*», perché, in tale ipotesi, l'ufficio deve rimborsare le somme indebitamente iscritte a prescindere da qualsiasi iniziativa di parte (D.P.R. 29 settembre 1973, n. 602, art. 41, comma 1).

Non vi è, quindi, alcuna preclusione quando il ruolo, dovendo riprodurre un atto precedente (dichiarazione o avviso), illegittimamente se ne discosti, perché in tal caso il vizio è imputabile all'ufficio. E il rimborso deve essere effettuato d'ufficio. Se così non fosse sarebbe vanificato il principio del rimborso *ex officio* delle somme riscosse per un motivo imputabile allo stesso ufficio.

2.3. *Il rimborso di imposte indirette.*

Mentre, per le imposte dirette, la disciplina del rimborso è unitariamente posta nel decreto sulla riscossione, per le imposte indirette le norme sul rimborso sono disseminate nei testi normativi relativi alle singole imposte.

Nonostante ciò (e con l'importante eccezione dell'Iva), la disciplina del rimborso è uniforme, in quanto deve essere sempre chiesta all'Agenzia che gestisce il tributo indebitamente pagato, ed il termine per richiedere il rimborso è, di regola, un termine di decadenza, decorrente da quando è avvenuto il pagamento indebito.

Un termine decadenziale di tre anni dal pagamento è previsto per l'imposta di registro, per l'imposta sulle successioni e donazioni, per l'imposta ipotecaria e catastale, per l'imposta sugli intrattenimenti, per le tasse sulle concessioni governative, per il bollo pagato in modo virtuale, per i tributi doganali.

Per l'imposta sul valore aggiunto è previsto un termine biennale (D.P.R. n. 633, art. 30-*ter*, comma 1).

2.4. *Il termine residuale biennale.*

Per richiedere il rimborso di imposte non dovute, se non vi è un termine specifico, si applica l'art. 21, comma 2, D.lgs. n. 546 del 1992, il quale dispone che la domanda di restituzione, «*non può essere presentata dopo due anni dal pagamento ovvero, se posteriore, dal giorno in cui si è verificato il presupposto per la restituzione*».

La domanda di restituzione, cui si riferisce il citato comma 2 dell'art. 21, è quella menzionata nell'art. 19, comma 1, lett. g), vale a dire la domanda «*della restituzione di tributi, sanzioni pecuniarie ed interessi o altri accessori non dovuti*».

Vi sono rimborsi «da indebito» e rimborsi «non da indebito». Il termine biennale concerne le domande di rimborso «da indebito», proposte ai sensi dell'art. 2033 c.c.

Il termine non si applica ai rimborsi «non da indebito», come i crediti d'imposta esposti nella dichiarazione Iva.

2.5. *Il rimborso d'ufficio.*

Di regola, il rimborso deve essere richiesto dall'interessato; vi sono poi dei casi in cui la legge dispone espressamente che il rimborso deve essere disposto d'ufficio. Ora, quando è richiesta l'istanza di parte, operano i termini decadenziali sopra indicati; quando non è richiesta l'istanza di parte, opera soltanto il termine di prescrizione del diritto.

Devono essere rimborsate d'ufficio, dopo la sentenza della commissione tributaria provinciale, le somme riscosse in via provvisoria nel corso del giudizio di primo grado (D.lgs. 31 dicembre 1992, n. 546, art. 68, comma 2)

L'obbligo del rimborso d'ufficio è un effetto della sentenza, che annulla (in tutto o in parte) un provvedimento impositivo, con la conseguenza che la somma versata in via provvisoria risulta *ex post* (in tutto o in parte) non dovuta.

Inoltre, deve essere eseguito d'ufficio il rimborso di somme indebitamente riscosse a causa di errori materiali o duplicazioni imputabili all'ufficio dell'Agenzia delle entrate (D.P.R. 29 settembre 1973, n. 602, art. 41).

3. *Rimborso dei crediti da dichiarazione.*

Vi sono crediti del contribuente che non derivano da un pagamento indebito; si tratta di figure peculiari (fisiologiche) del diritto tributario.

A) Vi sono innanzitutto i crediti emergenti dalla dichiarazione dei redditi, che sorgono quando l'imposta dovuta risulti inferiore alla somma dei versamenti d'acconto, delle ritenute d'acconto e dei crediti d'imposta.

Il saldo creditorio che risulta dalla dichiarazione dei redditi (dopo le compensazioni con il debito d'imposta): a) può essere riportato all'anno successivo; b) può essere chiesto a rimborso; c) può essere ceduto (Tuir, art. 11, comma 4).

I rimborsi risultanti dalla liquidazione della dichiarazione dei redditi sono eseguiti d'ufficio, secondo una procedura automatizzata (D.P.R. 29 settembre 1973, n. 602, art. 41 e 42-*bis*).

B) Nell'Iva, è fisiologico che l'imposta relativa agli acquisti (Iva a credito) possa risultare, nelle liquidazioni infrannuali o a chiusura del periodo d'imposta, superiore all'imposta dovuta sulle operazioni imponibili (Iva a debito): si hanno, così, dei crediti del contribuente verso il fisco, non derivanti da pagamenti indebiti, ma dal peculiare meccanismo di tale tributo.

La determinazione finale annuale del tributo, che il contribuente espone nella dichiarazione, può dunque comportare un debito o un credito (D.P.R. 26 ottobre 1972, n. 633, art. 30).

L'eccedenza è un credito del contribuente che può essere: a) compensato con debiti d'imposta diversi dall'Iva; b) riportato a nuovo, per essere compensato con i debiti degli anni successivi; c) chiesto a rimborso.

La compensazione è la regola. Il rimborso è infatti riservato: a chi cessa l'attività; a chi esercita in prevalenza attività che comportano vendite con aliquote inferiori a quelle degli acquisti; a chi effettua operazioni «non imponibili» (esportazioni) per almeno il 25% della sua attività; a chi opera prevalentemente fuori del territorio dello Stato; ai non residenti.

Il rimborso può essere chiesto da qualsiasi soggetto passivo, quando la dichiarazione sia risultata a credito per due anni di seguito. Inoltre, può essere chiesto il rimborso dell'imposta relativa all'acquisto o all'importazione di beni ammortizzabili, nonché di beni e servizi per studi e ricerche.

C) Nell'imposta di registro e nell'imposta sulle successioni vi sono ipotesi di crediti del contribuente alla restituzione di imposte «*regolarmente percette*»: cioè di somme dovute quando sono state versate, ma da restituire per ragioni sopravvenute. È il caso, ad esempio, della imposta pagata sul dichiarato per un contratto il cui corrispettivo, determinato in via definitiva, risulti inferiore al dichiarato.

3.1. *Il rimborso d'ufficio dei crediti da dichiarazione.*

Per il rimborso di crediti esposti nelle dichiarazioni Iva e nelle dichiarazioni dei redditi il contribuente non ha l'onere di presentare istanza di rimborso, essendo sufficiente la mera esposizione del credito d'imposta nella dichiarazione.

L'esposizione di un credito di imposta nella denuncia dei redditi vale come istanza di rimborso ai sensi dell'art. 38, D.P.R. 29 settembre 1973, n. 602; dall'istanza decorre il termine di prescrizione decennale *ex* art. 2946 c.c.

Analogamente, in materia di Iva, il rimborso chiesto nella dichiarazione annuale non deve essere seguito da apposita istanza. Il diritto al rimborso si prescrive in dieci anni. Non si applica, dunque, a tali crediti, il termine biennale di decadenza, che riguarda i rimborsi da indebito.

4. *Interessi per ritardato rimborso.*

In caso di ritardo nel rimborso di imposte sui redditi, il contribuente ha diritto agli interessi di mora, nella misura del 6 per cento, per ognuno dei semestri interi, escluso il primo, compresi tra la data del versamento e la data dell'ordinativo di rimborso (D.P.R. 29 settembre 1973, n. 602, art. 44).

Quando il diritto al rimborso sorge con la dichiarazione, gli interessi decorrono dal secondo semestre successivo alla presentazione della dichiarazione.

Anche per i rimborsi di tasse e imposte indirette sugli affari e ritenute indebitamente pagate spettano al contribuente gli interessi di mora, nella misura del 3 per cento, da computarsi per ogni semestre intero (L. 26 gennaio 1961, n. 29).

In materia di crediti Iva, il computo per semestri interi non è previsto. Per i crediti da dichiarazione sono dovuti interessi del 2 per cento annuo, con decorrenza dal novantesimo giorno successivo alla presentazione della dichiarazione (D.P.R. 26 ottobre 1972, n. 633, art. 38-*bis*).

L'anatocismo è escluso: gli interessi per ritardato rimborso non producono interessi (D.l. 4 luglio 2006, n. 223, conv. dalla L. 4 agosto 2006, n. 248, art. 37).

CAPITOLO QUATTORDICESIMO

LE SANZIONI AMMINISTRATIVE

1. *La distinzione tra illeciti amministrativi e illeciti penali.*

A) La violazione delle norme tributarie è costantemente accompagnata da sanzioni (di natura amministrativa, civile e penale). La tipologia degli illeciti è legata a quella delle sanzioni. Un comportamento, o una omissione, non sono illeciti «ontologicamente», ma in quanto sono assunti dal diritto come fatti, per i quali è comminata una sanzione.

Vi è una correlazione biunivoca tra tipo di sanzione e tipo di illecito. Le sanzioni penali sono contrassegnate da un determinato *nomen* (perciò questo criterio di classificazione degli illeciti è definito «nominalistico»): il codice penale classifica e denomina le sanzioni penali e, dal *nomen* della sanzione, si deduce se l'illecito è di natura penale o amministrativa, e, se è di natura penale, si stabilisce se è un delitto o una contravvenzione.

Ai reati e alle sanzioni penali si contrappongono le violazioni e le sanzioni amministrative.

B) La disciplina generale delle sanzioni amministrative tributarie è contenuta nel D.lgs. 18 dicembre 1997, n. 472 (indicato, qui di seguito, come D.lgs. n. 472), i cui princìpi generali rispecchiano i princìpi generali degli illeciti amministrativi, contenuti nella L. 24 novembre 1981, n. 689, che aveva avvicinato per molti aspetti gli illeciti amministrativi a quelli penali.

C) La distinzione tra sanzioni amministrative e penali, adottata nel nostro ordinamento, non ha rilievo agli effetti delle garanzie previste dalla CEDU. Da tempo la Corte di Strasburgo (sent. 8 giugno 1976, *Engels*), adotta criteri sostanzialistici, in base ai quali anche le sanzioni amministrative, se hanno carattere punitivo, sono da considerare di natura penale, con la conseguenza che anche ad esse devono applicarsi le garanzie previste per le sanzioni penali, tra cui il principio del giusto processo, il principio di legalità e il divieto di *ne bis in idem* (Corte EDU, 4 marzo 2014, *Grande Stevens*).

2. *Carattere punitivo delle sanzioni amministrative.*

Secondo il sistema abrogato, risalente alla L. 7 gennaio 1929, n. 4, le sanzioni amministrative avevano natura risarcitoria. Ecco perché destinatari della sanzione non erano solo le persone fisiche, ma anche le società e gli altri enti collettivi; quando vi era una pluralità di trasgressori, essi rispondevano in solido del pagamento della sanzione; in caso di morte del trasgressore, l'obbligo di pagare la sanzione passava agli eredi.

Il D.lgs. n. 472 del 1997 ha riformato radicalmente il sistema.

Secondo la riforma attuata dal D.lgs. n. 472 i caratteri dell'illecito amministrativo e delle relative sanzioni sono molto prossimi agli illeciti e alle sanzioni del diritto penale. Il principio ispiratore della disciplina è che la sanzione deve punire il trasgressore persona fisica. Perciò ha rilievo l'elemento soggettivo (colpa o dolo); in caso di concorso di autori dell'illecito la responsabilità non è solidale; la sanzione non si trasmette agli eredi.

Nel 2003, però, è stato introdotto un sistema dualistico. Il principio «personalistico», secondo cui la sanzione «*è riferibile alla persona fisica che ha commesso o concorso a commettere la violazione*», ha cessato di aver valore per gli illeciti delle società e degli enti con personalità giuridica, perché l'art. 7, D.l. 30 settembre 2003, n. 269, ha disposto che «*Le sanzioni amministrative relative al rapporto fiscale proprio di società o enti con personalità giuridica sono esclusivamente a carico della persona giuridica*».

Coesistono dunque nel diritto vigente due modelli: uno che si applica alle società ed enti con personalità giuridica, l'altro che si applica a tutti gli altri soggetti (persone fisiche, società di persone ed altri enti non personificati).

Le norme del D.lgs. n. 472, che dispongono o presuppongono l'irrogazione della sanzione alle persone fisiche che hanno agito per una società o ente con personalità giuridica, non si applicano alle persone giuridiche. Non risultano applicabili alle persone giuridiche, ad esempio, le norme in tema di capacità di intendere e volere (art. 4), colpevolezza (art. 5), cause di non punibilità legate a stati psicologici (art. 6).

2.1. *Il principio di legalità.*

L'art. 3 del D.lgs. n. 472, comma 1, dispone che «*Nessuno può essere assoggettato a sanzioni se non in forza di una legge entrata in vigore prima della commissione della violazione ed esclusivamente nei casi considerati dalla legge*». In questa proposizione sono contenuti tre princìpi:

a) solo la legge può comminare sanzioni (*nulla poena sine lege*);

b) deve trattarsi di legge entrata in vigore prima della violazione (divieto di retroattività);

c) la legge deve prevedere il fatto e la sanzione (principio di tassatività della previsione sanzionatoria); non sono ammesse estensioni analogiche delle norme sanzionatorie.

I commi 2 e 3 sono conformi al principio del *favor rei*. Il comma 2 prevede che «*Se la sanzione è stata già irrogata con provvedimento definitivo il debito residuo si estingue, ma non è ammessa ripetizione di indebito*». Anche qui viene riprodotto un principio penalistico: quello della retroattività della *abolitio criminis* (art. 2, comma 2, c.p.).

Il comma 3 (corrispondente all'art. 2, comma 3, c.p.), dispone che «*Se la legge in vigore al momento in cui è stata commessa la violazione e le leggi posteriori stabiliscono sanzioni di entità diversa, si applica la legge più favorevole, salvo che il provvedimento di irrogazione sia divenuto definitivo*». Mentre il comma 2 concerne il caso in cui la violazione cessi del tutto di essere punita, il comma 3 ha riguardo al caso in cui la violazione continua ad essere illecito amministrativo, e viene mutata l'entità della sanzione. La nuova legge è retroattiva se dispone una sanzione più lieve; non lo è se la aggrava.

2.2. *La colpevolezza.*

Perché vi sia un illecito, devono ricorrere due elementi: a) un comportamento (commissivo od omissivo) che viola una norma; b) un elemento soggettivo, di natura psicologica, e cioè l'imputabilità e la colpevolezza.

L'imputabilità è data dalla capacità di intendere e di volere; per colpevolezza, invece, si intende il dolo e la colpa.

Per quanto riguarda la colpevolezza, gli illeciti amministrativi tributari sono disciplinati in maniera identica alle contravvenzioni: ai fini della colpevolezza, occorre o la colpa o il dolo. Non è sufficiente la mera volontarietà del comportamento sanzionato, ma è richiesta anche la colpevolezza del trasgressore, cui deve potersi rimproverare di avere tenuto un comportamento, se non doloso, quanto meno colposo, cioè negligente.

3. *Sanzione pecuniaria e sanzioni accessorie.*

Il principale tipo di sanzione amministrativa si concreta nell'obbligo di pagare una somma di danaro, cui si aggiungono sanzioni accessorie, con contenuto interdittivo.

La misura della sanzione pecuniaria: a) può variare tra un minimo ed un massimo; b) può essere pari ad una frazione o ad un multiplo del tributo cui si riferisce la violazione; c) può essere stabilita in misura fissa.

Quando è fissata tra un minimo o un massimo, la sanzione è irrogata in una misura determinata discrezionalmente, avendo riguardo alla gravità della violazione (desunta anche dalla condotta dell'agente), all'opera svolta dall'agente per l'eliminazione o l'attenuazione delle conseguenze, alla sua personalità (desunta anche dai suoi precedenti fiscali) e alle sue condizioni economiche e sociali (D.lgs. n. 472, art. 7).

L'obbligazione relativa alla sanzione pecuniaria non produce interessi e non è trasmissibile agli eredi.

Le sanzioni accessorie sono: a) l'interdizione dalla carica di amministratore, sindaco o revisore di società di capitali; b) l'interdizione dalla partecipazione a gare pubbliche; c) l'interdizione dal conseguimento di licenze, concessioni o autorizzazioni; d) la sospensione, per un massimo di sei mesi, dall'esercizio di attività di lavoro autonomo o di impresa (D.lgs. n. 472, art. 21).

4. *Concorso, progressione, continuazione e recidiva.*

Come nel codice penale, in materia di sanzioni amministrative tributarie vige il principio del cumulo materiale delle pene (cioè si applicano e si sommano tante sanzioni, quante sono le violazioni commesse), che è però derogato dal c.d. cumulo giuridico, in base al quale si applica una sola sanzione, ma maggiorata. Tra le due forme di cumulo, si applica sempre quello più favorevole per il trasgressore.

L'art. 12 del D.lgs. n. 472 prevede quattro ipotesi di unificazione delle sanzioni: il concorso formale, il concorso materiale, la progressione e la continuazione.

A) Nei primi tre casi la sanzione è aumentata da un quarto al doppio.

Vi è concorso formale quando un soggetto, con una sola azione, viola più norme, anche relative a tributi diversi. Il concorso formale è omogeneo quando, con una sola azione od omissione, si commettono diverse violazioni della medesima disposizione; è invece eterogeneo quando, con una sola azione od omissione, vengono violate disposizioni diverse (anche relative a tributi diversi). È il caso, ad esempio, della mancata registrazione dei ricavi che, se non emendata in sede di dichiarazione, costituisce violazione sia delle norme relative all'imposta sui redditi e all'Irap, sia delle norme relative all'Iva.

A norma dell'art. 12, comma 1, quando un soggetto, con una sola azione od omissione, viola più disposizioni, relative allo stesso tributo o relative a tributi diversi (concorso formale omogeneo o eterogeneo), si applica (soltanto) la sanzione più grave, aumentata da un quarto al doppio (cumulo giuridico).

Lo stesso calcolo va fatto in caso di concorso materiale, ossia quando la medesima disposizione è violata più volte, ossia quando taluno «*commette, anche con più azioni od omissioni, diverse violazioni formali della medesima disposizione*» (D.lgs. n. 472, art. 12, comma 1).

Ciò avviene, ad esempio, quando nelle fatture viene ripetutamente indicato in modo errato il codice fiscale. Oppure quando è omessa (o errata) l'indicazione del codice fiscale nella dichiarazione annuale dell'imposta sui redditi o dell'Iva, oppure quando è omessa (o è inesatta) l'indicazione reiterata nel tempo di alcuni elementi identificativi del contribuente sugli scontrini, o sulle ricevute fiscali, o sulle bolle di accompagnamento.

B) Si applica la sanzione più grave, aumentata da un quarto al doppio, anche in caso di «*progressione*», ossia quando taluno, «*anche in tempi diversi, commette più violazioni che, nella loro progressione, pregiudicano o tendono a pregiudicare la determinazione dell'imponibile ovvero la liquidazione anche periodica del tributo*» (D.lgs. n. 472, art. 12, comma 2). La nozione di progressione rispecchia il concetto penalistico di «*medesimo disegno criminoso*» (art. 81, comma 2, c.p.), ma se ne differenzia perché è una nozione oggettiva, sganciata da elementi soggettivi (come il dolo).

Gli elementi della progressione sono i seguenti:

a) una molteplicità di violazioni, commesse anche in tempi diversi;

b) l'unitarietà di tali violazioni, data dalla loro «progressione» e dall'unico fine (alterare la determinazione dell'imponibile o la liquidazione del tributo).

Anche la progressione quindi comporta l'applicazione di un'unica sanzione, secondo lo schema del cumulo giuridico.

La progressione è una nozione propria al diritto tributario, caratterizzata dalla convergenza obiettiva di più trasgressioni rispetto alla determinazione dell'imponibile o alla liquidazione anche periodica del tributo.

Per la norma, quindi, ciò che rileva è la commissione di violazioni che, in forza del loro legame strutturale, ovvero in ragione della loro connessione funzionale ed oggettiva, sono riunibili in ragione della loro progressione da comportamento prodromico ad evasione.

Ad esempio, vi è progressione quando un imprenditore omette di fatturare una operazione, e, perciò, l'operazione non viene poi considerata negli adempimenti successivi (registrazione, dichiarazione, ecc.). O in caso di mancata emissione, reiterata nel tempo, di scontrini fiscali, seguita da omessa registrazione e infedele dichiarazione.

In sede di accertamento con adesione, di mediazione e di conciliazione giudiziale, le disposizioni sulla determinazione di una sanzione unica in caso di progressione si applicano separatamente per ciascun tributo e per ciascun periodo d'imposta. La sanzione conseguente alla rinuncia all'impugnazione dell'avviso di accertamento e alla definizione agevolata non può stabilirsi in progressione con violazioni non indicate nell'atto di contestazione o di irrogazione delle sanzioni.

C) L'art. 12, comma 3, dispone che, se le violazioni rilevano ai fini di più tributi, occorre applicare un ulteriore aumento, pari al 20%. Si considera quale sanzione base, cui riferire l'aumento da un quarto al doppio, quella più grave, aumentata del 20%. Ad esempio, se la violazione più grave comporta una sanzione di 300.000 euro, è necessario aumentarla del 20%, per ottenere la sanzione base (360.000 euro), cui apportare l'aumento del quarto (90.000 euro). Si ottiene così, con il cumulo giuridico, la sanzione di 450.000 euro.

Si ottiene un risultato inferiore con il cumulo materiale se, ad esempio, alla sanzione più grave (300.000 euro) si aggiunge una sanzione che non raggiunge la misura di 150.000 euro.

D) L'art. 12, comma 5, del D.lgs. n. 472, in tema di continuazione, dispone che «*Quando violazioni della stessa indole vengono commesse in periodi d'imposta diversi, si applica la sanzione base aumentata dalla metà al triplo*».

Se le violazioni rilevano ai fini di più tributi, la sanzione base è aumentata di un quinto (comma 3); se vi è continuazione, la sanzione deve essere aumentata prima dalla metà al triplo (comma 5), e, poi, dal quarto al doppio (a causa della pluralità di violazioni, ai sensi del comma 1). Il concorso e la continuazione sono interrotti dalla constatazione della violazione.

L'ufficio, se emette in tempi diversi gli accertamenti relativi a periodi d'imposta diversi, deve determinare la sanzione complessiva tenendo conto dei provvedimenti già emessi. In sede processuale, il giudice che prende cognizione dell'ultimo avviso di accertamento deve rideterminare la sanzione unica complessiva tenendo conto delle sentenze precedenti.

E) La sanzione è aumentata fino alla metà in caso di recidiva, e cioè nei confronti di chi, nei tre anni precedenti, sia incorso in altra violazione della stessa indole (art. 7, comma 3). Vi è recidiva non solo quando le violazioni ripetute riguardano la stessa disposizione, ma anche quando riguardano disposizioni della stessa indole.

La recidiva è compatibile con la continuazione, per cui, prima di unificare la sanzione in applicazione del principio della continuazione, la sanzione determinata per la violazione commessa nel quarto anno può essere previamente aumentata per effetto della recidiva.

Per esempio, se il contribuente ha commesso una violazione per infedele dichiarazione per quattro periodi d'imposta, la sanzione per il quarto anno può essere aumentata fino alla metà, per effetto della recidiva; e poi, qualora risulti più grave, essere ulteriormente aumentata dalla metà al triplo in applicazione della continuazione.

4.1. *Il principio di proporzionalità.*

La misura della sanzione dev'essere proporzionata alla gravità della violazione commessa.

Perciò l'art. 7, comma 4, del D.lgs. n. 472, dispone che la sanzione può essere ridotta fino alla metà del minimo qualora concorrano circostanze che rendono manifesta la sproporzione tra l'entità del tributo, cui la violazione si riferisce, e la sanzione.

Il comma 4-*bis* prevede che la sanzione è ridotta della metà in caso di presentazione di una dichiarazione o di una denuncia entro trenta giorni dalla scadenza del termine.

5. *I responsabili in solido del pagamento della sanzione.*

A) Abbiamo visto che nel sistema coesistono due princìpi: il principio per cui sono punite solo le persone fisiche ed il principio (introdotto nel 2003) per cui sono punite le società ed enti con personalità giuridica.

Ora, quando è punita una persona fisica, l'obbligo di pagare la sanzione è posto anche a carico del contribuente che ne ha beneficiato (se diverso dal trasgressore). Della violazione risponde infatti, a titolo di garanzia, anche la società o ente senza personalità giuridica, o persona fisica, che ha beneficiato dell'illecito, con diritto di regresso verso il trasgressore.

Il diritto di regresso verso l'autore materiale permette di ritenere non contraddetto, almeno formalmente, il principio della personalità della sanzione.

La responsabilità solidale di soggetti diversi dall'autore dell'illecito si ha quando la violazione incide sulla determinazione dell'obbligazione ovvero sul pagamento del tributo, ed è commessa dal rappresentante legale, o dall'amministratore, o da un dipendente di una società od ente senza personalità giuridica nell'esercizio delle proprie funzioni. La stessa regola vale per il rappresentante negoziale di una persona fisica.

B) Quando l'autore della violazione è diverso dal contribuente che ne ha beneficiato, e la violazione non è stata commessa con dolo o colpa grave, l'autore non risponde per più di 50.000 euro (art. 11, D.lgs. n. 472).

Perciò, quando l'autore della violazione ha agito come rappresentante di una persona fisica o per conto di un ente o società senza personalità giuridica (come amministratore, legale rappresentante, dipendente), e non ha agito con dolo o colpa grave, la sua responsabilità è limitata a 50.000 euro.

Inoltre, la distinzione ha rilievo per i consulenti, essendo previsto che gli illeciti commessi nella risoluzione di problemi di speciale difficoltà sono punibili solo se commessi con colpa grave o con dolo.

La legge definisce grave la colpa «*quando l'imperizia o la negligenza del comportamento sono indiscutibili e non è possibile dubitare ragionevolmente della portata della norma violata e di conseguenza risulta evidente la macroscopica inosservanza di elementari obblighi tributari*». Questa disposizione limita fortemente la nozione di colpa grave, allargando, così, l'applicabilità dei benefici connessi alla natura non grave della colpa.

5.1. *La responsabilità in solido del cessionario di azienda.*

La cessione d'azienda è un fenomeno che il legislatore tributario prende in considerazione per il timore che i debiti tributari del cedente, non assolti al momento della cessione, restino definitivamente insoluti.

Ecco perché il cessionario d'azienda è responsabile, in solido con il cedente, per il pagamento delle sanzioni derivanti da violazioni commesse dal cedente (D.lgs. n. 472, art. 14).

In particolare, il cessionario risponde delle sanzioni riferibili alle violazioni commesse nell'anno in cui è avvenuta la cessione e nei due precedenti, nonché di quelle già irrogate e contestate nel medesimo periodo (anche se riferite a violazioni commesse in epoca anteriore).

La responsabilità del cessionario non è soggetta ad alcuna limitazione quando la cessione sia stata fatta per frodare il fisco; la frode è presunta (con presunzione legale relativa) quando il trasferimento si verifichi entro sei mesi dalla constatazione di un reato.

Al cessionario è accordato il beneficio della preventiva escussione del cedente e la sua responsabilità è limitata dal valore dell'azienda acquistata.

Per evitare che il cessionario diventi responsabile, al buio, di debiti che non conosce, la sua responsabilità riguarda soltanto il debito risultante, alla data del trasferimento, dagli atti della Direzione regionale dell'Agenzia delle entrate.

Inoltre, gli uffici sono tenuti a rilasciare un certificato sull'esistenza di contestazioni in corso e su quelle già definite, ma non estinte. Il certificato, se negativo, esonera da responsabilità il cessionario (che è liberato anche nel caso in cui il certificato non sia rilasciato entro quaranta giorni dalla richiesta).

5.2. *Concorso di persone. Responsabilità del professionista e dell'autore mediato.*

Se la violazione della norma finanziaria è commessa da più persone, esse – dato il principio di personalità – non sono obbligate in solido, ma ciascuna è responsabile della sanzione ad essa singolarmente irrogata.

Valgono qui considerazioni simili a quelle che sono formulate per il concorso di persone nei reati (art. 110 c.p.). Vi è concorso di persone quando l'illecito è commesso da più persone, ma non è necessario che tutti i soggetti realizzino compiutamente il fatto illecito; un soggetto è punibile quando contribuisca alla commissione dell'illecito, sia a livello materiale, sia a livello psicologico.

Ad esempio, il concorso psichico può consistere in suggerimenti o consigli che favoriscano la violazione della norma tributaria.

Può concorrere nella violazione il professionista che suggerisca al trasgressore la condotta punita.

Peraltro, se al consulente tributario è richiesta la soluzione di problemi di speciale difficoltà, vi è punibilità solo in caso di dolo o colpa grave (analogamente a quanto previsto dall'art. 2236 c.c.).

L'autore materiale dell'illecito non è punito quando ricorre la figura dell'autore mediato: ossia quando l'autore materiale dell'illecito è stato determinato a compiere la violazione con violenza o minaccia o perché indotto incolpevolmente in errore.

Sono state prospettate due ipotesi di autore mediato.

La prima è quella del soggetto che viene indotto, senza sua colpa, a commettere un illecito dal parere di un professionista.

La seconda è quella del socio di una società di persone che, non essendo amministratore, e non avendo potuto esaminare la documentazione della società, riporta nella sua dichiarazione il reddito che gli è imputabile in base a quanto risulta dalla dichiarazione della società. In tal caso, dell'infedeltà della dichiarazione del reddito di partecipazione potrebbe considerarsi responsabile, quale autore mediato, il socio amministratore che ha predisposto la dichiarazione della società.

La regola per cui, in caso di concorso, si applicano tante pene quanti sono i trasgressori, non opera «*quando la violazione consiste nell'omissione di un comportamento cui sono obbligati in solido più soggetti*»; in tale ipotesi, «*è irrogata una sola sanzione e il pagamento eseguito da uno dei responsabili libera tutti gli altri, salvo il diritto di regresso*» (D.lgs. n. 472, art. 9).

Vi è solidarietà tra i trasgressori solo quando la violazione consiste nell'inadempimento di un'obbligazione solidale; in tal caso, l'illecito è imputato a tutti, la sanzione è uguale per tutti e il pagamento eseguito da uno dei responsabili libera tutti, salvo il diritto di regresso.

6. *Le cause di non punibilità.*

A) Nel D.lgs. n. 472 del 1997 sono previste cinque cause di esclusione della punibilità: 1) l'errore incolpevole sul fatto; 2) l'errore di diritto, derivante da ignoranza inevitabile della legge tributaria; 3) l'incerta portata della legge tributaria; 4) l'imputabilità ad un terzo del mancato pagamento del tributo; 5) la forza maggiore.

La prima esimente è data dall'errore incolpevole, di fatto o di diritto, che determini un errore sul fatto costitutivo dell'illecito.

In secondo luogo, non è punibile chi ha commesso l'illecito per errore, in quanto ignorava la legge tributaria, a condizione che si tratti di ignoranza inevitabile.

La terza causa di non punibilità è l'incertezza normativa: non sono punibili «*le violazioni determinate da obiettive condizioni di incertezza sulla portata e sull'ambito di applicazione delle disposizioni alle quali si riferiscono, nonché quelle causate da indeterminatezza delle richieste di informazioni o dei modelli per la dichiarazione o il pagamento*» (D.lgs. n. 472, art. 6).

Questa esimente si fonda sul dato oggettivo dell'incertezza della norma; invece, l'esimente relativa all'ignoranza inevitabile è un dato soggettivo.

La quarta causa di non punibilità si ha quando il contribuente, il sostituto o il responsabile «*dimostrino che il pagamento del tributo non è stato eseguito per fatto denunciato all'autorità giudiziaria e addebitabile esclusivamente a terzi*» (questa esimente ha riguardo al caso in cui venga dato incarico ad un terzo, ad esempio il «fiscalista», di provvedere al pagamento di un'imposta, e l'incaricato ometta di farlo).

La quinta causa di non punibilità è la forza maggiore.

B) Lo Statuto dei diritti del contribuente (art. 10, comma 3) esclude la punibilità della «*mera violazione formale senza alcun debito di imposta*».

«*Non sono inoltre punibili le violazioni che non arrecano pregiudizio all'esercizio delle azioni di controllo e non incidono sulla determinazione della base imponibile dell'imposta e sul versamento del tributo*» (D.lgs. n. 472, art. 6, comma 5-*bis*).

Va notato che le violazioni non punibili sono quelle «*meramente*» formali, da tenere distinte dalle violazioni formali punibili (non meramente formali), alle quali si applica il cumulo previsto dall'art. 12, comma 1.

Secondo lo Statuto (artt. 10 e 11), a tutela dell'affidamento, non possono essere irrogate sanzioni a chi si è conformato a indicazioni contenute in atti dell'Amministrazione finanziaria, né al soggetto il cui comportamento risulti posto in essere a seguito di fatti direttamente conseguenti a ritardi, omissioni od errori dell'Amministrazione stessa, né a chi ha presentato interpello e non ha ricevuto risposta.

C) Infine, la sanzione per infedele dichiarazione non è applicata nei casi in cui vengano rettificati i prezzi di trasferimento se l'impresa comunichi preventivamente all'Agenzia di aver predisposto la documentazione che spiega come sono quantificati i corrispettivi praticati con le imprese estere del gruppo e la loro corrispondenza con il valore normale e, in sede istruttoria, la consegni ai verificatori (D.lgs. 18 dicembre 1997, n. 471, art. 1, comma 6).

7. *Il ravvedimento operoso.*

Il contribuente può estinguere l'illecito se rimedia alla violazione commessa mediante il c.d. ravvedimento, cioè pagando, oltre imposte e interessi, la sanzione ridotta (D.lgs. n. 472, art. 13),

L'importo della sanzione da versare varia da un decimo ad un quinto del minimo, in relazione al tempo del ravvedimento.

Per i tributi amministrati dall'Agenzia delle entrate e delle Dogane (quindi, in pratica, per i tributi erariali), il ravvedimento è ammesso anche quando la violazione sia stata già constatata o siano iniziati accessi, ispezioni, verifiche o altre attività amministrative di accertamento delle quali l'autore o i soggetti solidalmente obbligati abbiano avuto formale conoscenza.

8. *Estinzione dell'illecito e della sanzione amministrativa.*

Occorre distinguere tra estinzione dell'illecito ed estinzione della sanzione (*rectius*: dell'obbligazione prevista a titolo di sanzione).

A) Il modo naturale di estinzione della sanzione pecuniaria è il pagamento dell'obbligazione sanzionatoria.

In caso di impugnazione del provvedimento sanzionatorio dinanzi alle commissioni tributarie, le sanzioni sono riscosse, nella stessa misura delle imposte, dopo la sentenza di primo e di secondo grado (D.lgs. n. 472, art. 19).

La commissione tributaria regionale può sospendere l'esecuzione; la sospensione deve essere concessa se viene prestata idonea garanzia, anche a mezzo di fideiussione bancaria o assicurativa.

Infine, quando la sanzione amministrativa riguarda un fatto che potrebbe avere rilevanza penale, la riscossione della sanzione amministrativa è sospesa, fino a quando non si conclude il processo penale; e – dato che sanzioni amministrative e penali sono alternative – la sanzione amministrativa non è esigibile, se il processo penale si conclude con sentenza di condanna (D.lgs. 10 marzo 2000, n. 74, artt. 19 e 21).

B) Vi è un termine di decadenza, decorso il quale, se l'Amministrazione non ha agito, l'illecito si estingue.

In particolare, l'atto di contestazione o l'atto di irrogazione devono essere notificati, a pena di decadenza, nel termine di cinque anni dalla commissione della violazione o nel diverso termine previsto per l'accertamento dei singoli tributi. Se la notificazione è stata eseguita tempestivamente ad almeno uno degli autori dell'infrazione o degli obbligati in solido, il termine è prorogato di un anno.

Distinto dal termine di decadenza è il termine di prescrizione del credito, relativo ad una sanzione già irrogata. Qui il termine è di cinque anni, ma l'impugnazione del provvedimento di irrogazione interrompe la prescrizione, che non corre fino alla definizione del procedimento.

C) La morte della persona fisica che ha commesso la violazione estingue l'illecito e, se è stata già irrogata, si estingue la sanzione.

Non cessa, però, la responsabilità solidale dei soggetti tenuti a titolo di garanzia (ad esempio, responsabilità delle società per le sanzioni irrogate al legale rappresentante o all'amministratore), anche quando non sia stata ancora irrogata la sanzione amministrativa nei confronti della persona fisica che ha commesso la violazione. Da ciò deriva che la sanzione può essere irrogata anche dopo la morte del trasgressore, allo scopo di ottenere il pagamento della sanzione da parte dei coobbligati.

D) Definizione agevolata (o in via breve). Gli effetti dell'illecito cessano se, nel termine di sessanta giorni dalla notificazione dell'atto di contestazione o dell'avviso di accertamento, il trasgressore o uno degli obbligati in solido paga un terzo della sanzione (D.lgs. 18 dicembre 1997, n. 472, art. 16, comma 3 e art. 17, comma 2).

9. *Cenni sui singoli illeciti e sulle singole sanzioni.*

Gli obblighi dei contribuenti possono essere distinti in tre gruppi: a) obblighi formali, di documentazione e contabilizzazione; b) obblighi relativi alle dichiarazioni; c) obblighi relativi alla riscossione. Questi raggruppamenti ci sono utili per fornire un quadro sintetico della misura delle principali sanzioni pecuniarie.

Le sanzioni amministrative in materia di imposte dirette, Irap e Iva sono previste dal D.lgs. 18 dicembre 1997, n. 471.

La violazione degli obblighi inerenti alla documentazione e registrazione di operazioni imponibili ai fini Iva è punito con sanzione compresa fra il 90 e il 180% dell'imposta relativa all'imponibile non documentato e non registrato (D.lgs. n. 471, art. 6).

Chi non tiene o non conserva le scritture contabili è punito con sanzione amministrativa da euro 1.000 a euro 8.000 (D.lgs. n. 471, art. 9).

Le sanzioni per la violazione degli obblighi relativi alla dichiarazione sono rapportati all'entità dell'imposta non dichiarata. La sanzione da applicare quando la dichiarazione dei redditi, Irap o Iva è stata omessa va dal 120 al 240% dell'imposta non dichiarata; invece, quando la dichiarazione è infedele o incompleta, la sanzione va dal 90% al 180% dell'imposta non dichiarata (D.lgs. n. 471, artt. 1 e 5).

Se la dichiarazione omessa è presentata entro il termine di presentazione della dichiarazione relativa al periodo d'imposta successivo e, comunque, prima dell'inizio di qualunque attività amministrativa di accertamento di cui abbia avuto formale conoscenza, si applica la sanzione amministrativa dal sessanta al centoventi per cento dell'ammontare delle imposte.

La dichiarazione infedele o incompleta è punita con sanzione amministrativa dal novanta al centoottanta per cento della maggior imposta dovuta (D.lgs. 18 dicembre 1997, n. 471, art. 1, comma 2); la sanzione è aumentata della metà quando la violazione è realizzata mediante l'utilizzo di documentazione falsa o per operazioni inesistenti, mediante artifici o raggiri, condotte simulatorie o fraudolente ed è ridotta quando la maggiore imposta è di piccolo ammontare e quando la violazione deriva da errori di imputazione temporale.

Le sanzioni relative alla riscossione sono più lievi: chi non esegue i versamenti diretti è soggetto ad una sanzione pari al 30% dell'importo non versato.

Per i versamenti effettuati con un ritardo non superiore a 90 giorni la sanzione del 30% è ridotta alla metà; la sanzione è ulteriormente ridotta se il ritardo non supera i 30 e i 15 giorni.

Se il ritardo è maggiore si applicano le disposizioni in tema di ravvedimento operoso.

10. *I procedimenti applicativi.*

La competenza in materia di sanzioni è attribuita allo stesso ufficio che è competente per l'accertamento del tributo.

Vi sono tre modalità applicative.

La prima trova applicazione quando la sanzione è collegata al tributo (come la sanzione per infedele dichiarazione); in tal caso, la sanzione è irrogata, senza previa contestazione, con l'avviso di accertamento (D.lgs. n. 472, art. 17).

Entro il termine previsto per la proposizione del ricorso, il trasgressore e gli obbligati in solido possono definire la controversia con il pagamento di un importo pari ad un terzo della sanzione irrogata.

La seconda modalità riguarda le sanzioni per omesso o ritardato pagamento dei tributi: queste sanzioni, non richiedendo particolari indagini, possono essere irrogate mediante iscrizione a ruolo, senza previa contestazione.

Vi è infine il procedimento ordinario, che inizia con la notificazione di un «*atto di contestazione*», che deve essere motivato, a pena di nullità, indicando i fatti attribuiti al trasgressore, le prove, le norme sanzionatorie e i criteri seguiti nel determinare la sanzione contestata (D.lgs. n. 472, art. 16).

Il trasgressore e gli obbligati in solido, nel termine previsto per la proposizione del ricorso, possono:

a) definire la controversia con il pagamento di un terzo della sanzione indicata nell'atto di contestazione (ciò impedisce l'irrogazione delle sanzioni accessorie);

b) produrre deduzioni difensive;

c) impugnare l'atto dinanzi alla commissione tributaria.

Il valore giuridico dell'atto di contestazione dipende dal comportamento del trasgressore: nei primi due casi, l'atto di contestazione rimane tale; nel terzo caso, si trasforma in provvedimento irrogativo, sottoposto al giudizio della commissione.

Quando sono presentate le deduzioni, l'ufficio deve esaminarle e può, entro un anno, irrogare le sanzioni (con provvedimento che deve avere, a pena di nullità, una motivazione rafforzata, ossia una motivazione che tiene conto delle deduzioni difensive).

CAPITOLO QUINDICESIMO

LE SANZIONI PENALI

1. *I reati in materia di imposte sui redditi e Iva.*

A) I reati relativi alle imposte sui redditi e all'imposta sul valore aggiunto – previsti dal D.lgs. 10 marzo 2000, n. 74 (i cui articoli, in questo capitolo, sono citati senza altre indicazioni) – possono essere distinti tra reati fraudolenti e non fraudolenti.

I reati di frode sono la dichiarazione fraudolenta (art. 2), l'emissione di fatture false (art. 8), l'occultamento e la distruzione della contabilità (art. 10) e la sottrazione fraudolenta al pagamento di imposte (art. 11).

Per i reati di frode le pene sono più severe (reclusione fino a sei anni).

Gli altri reati sono la dichiarazione infedele (art. 4), l'omessa dichiarazione (art. 5), l'omesso versamento di ritenute (art. 10-*bis*) e dell'Iva (art. 10-*ter*), l'indebita compensazione (art. 10-*quater*) e il reato di false dichiarazioni e di esibizione di documenti falsi.

Tutti i reati hanno natura di delitti. La sanzione è sempre costituita dalla (sola) reclusione; non è mai prevista la multa.

B) Nell'art. 1 sono poste le definizioni di fattura, dichiarazioni, fine di evadere le imposte, imposta evasa, soglia di punibilità.

L'imposta evasa è data dalla differenza tra imposta effettivamente dovuta e imposta dichiarata, al netto delle somme versate.

L'imposta effettivamente dovuta è quella da dichiarare, calcolata applicando le norme fiscali sostanziali che disciplinano le imposte sui redditi e l'Iva, al netto delle somme versate.

2. *Le due forme di dichiarazione fraudolenta.*

A) I reati relativi alla dichiarazione sono tre: dichiarazione fraudolenta, infedele ed omessa. Non sono reato le violazioni tributarie commesse «a monte» della dichiarazione, come, ad esempio, l'omessa registrazione dei corrispettivi. Ciò che rileva è dunque, in particolare, la violazione dell'obbligo di dichiarazione: i fatti prodromici non sono puniti, neanche a titolo di tentativo.

B) La prima forma di dichiarazione fraudolenta – prevista dall'art. 2 del D.lgs. n. 74 – è data dalla indicazione, in una delle dichiarazioni relative alle imposte sui redditi o all'Iva, di costi fittizi, sulla base di fatture o altri documenti che si riferiscono ad operazioni inesistenti.

Il reato è commesso se una o più fatture o altri documenti (ricevute fiscali, schede carburanti, scontrini fiscali), relativi ad operazioni inesistenti, siano registrati nelle scritture contabili obbligatorie, o detenuti a fini di prova nei confronti dell'Amministrazione finanziaria.

L'utilizzazione fraudolenta di fatture o altri documenti per operazioni inesistenti, con riguardo all'Iva, è costituita sia dalla inesistenza oggettiva, sia dalla inesistenza soggettiva dell'operazione rappresentata; invece, ai fini delle imposte dirette, il reato è integrato solo dalla inesistenza oggettiva (non dalla inesistenza soggettiva).

La condotta punita è articolata in due fasi: la prima è l'annotazione o detenzione di documenti falsi, la seconda è l'utilizzo di tali documenti nella dichiarazione dei redditi o Iva.

La pena va da un minimo di un anno e sei mesi ad un massimo di sei anni di reclusione; comporta, quindi, la possibilità di intercettazioni telefoniche e di custodia cautelare, ai sensi degli artt. 266 e 280 c.p.p.

C) La seconda ipotesi di dichiarazione fraudolenta – prevista dall'art. 3 – si verifica quando nella dichiarazione sono omessi elementi attivi, o sono indicati elementi passivi fittizi, o crediti e ritenute fittizi, *«compiendo operazioni simulate oggettivamente o soggettivamente ovvero avvalendosi di documenti falsi o di altri mezzi fraudolenti idonei ad ostacolare l'accertamento e ad indurre in errore l'amministrazione finanziaria»*.

Il reato, dunque, può riguardare elementi sia attivi, sia passivi. Occorre che all'omissione di elementi attivi, e alla indicazione di elementi passivi fittizi, si aggiunga la presenza di dati falsi o fraudolenti. Non sono prese qui in considerazione le fatture false, ma altre falsità: operazioni simulate, documenti falsi diversi dalle fatture, altri mezzi fraudolenti in genere, che siano tali da ingannare il fisco.

Il reato è commesso se i documenti falsi sono registrati nelle scritture contabili obbligatorie o sono detenuti a fini di prova nei confronti dell'Amministrazione finanziaria.

Non costituiscono mezzi fraudolenti «*la mera violazione degli obblighi di fatturazione e di annotazione degli elementi attivi nelle scritture contabili o la sola indicazione nelle fatture o nelle annotazioni di elementi attivi inferiori a quelli reali*».

Vi è una duplice soglia di punibilità. Il reato è commesso se:
– l'evasione è superiore, per la singola imposta, a 30.000 euro;
– l'ammontare complessivo degli elementi attivi sottratti all'imposizione, anche mediante indicazione di elementi passivi fittizi, è superiore al 5% dell'ammontare complessivo degli elementi attivi indicati in dichiarazione, o, comunque, è superiore a 1.500.000 euro, o l'ammontare complessivo dei crediti e delle ritenute fittizie in diminuzione dell'imposta è superiore al 5% dell'ammontare dell'imposta medesima o comunque a 30.000 euro.

La pena va da un anno e sei mesi a sei anni di reclusione; sono possibili, quindi, intercettazioni telefoniche e custodia cautelare.

2.1. *La dichiarazione infedele.*

A) Il reato di dichiarazione infedele, previsto dall'art. 4, è realizzato dalla indicazione di elementi attivi inferiori a quelli reali, o di elementi passivi fittizi, per importi superiori a determinate soglie. Il reato è commesso quando, congiuntamente:

a) l'imposta evasa è superiore, con riferimento ad una delle singole imposte, a 150.000 euro;

b) l'ammontare complessivo degli elementi attivi sottratti all'imposizione, anche mediante indicazione di elementi passivi fittizi, è superiore al

10% dell'ammontare complessivo degli elementi attivi indicati in dichiarazione, o, comunque, è superiore a 3 milioni di euro.

Non è richiesta la contabilizzazione di dati falsi; perciò il reato può essere commesso anche da chi non è soggetto ad obblighi di contabilità.

B) La legge prevede espressamente:

– che «*non si tiene conto della non corretta classificazione, della valutazione di elementi attivi o passivi oggettivamente esistenti, rispetto ai quali i criteri concretamente applicati sono stati comunque indicati nel bilancio ovvero in altra documentazione rilevante ai fini fiscali, della violazione dei criteri di determinazione dell'esercizio di competenza, della non inerenza, della non deducibilità di elementi passivi reali*»;

– che non danno luogo a fatti punibili le valutazioni che, singolarmente considerate, differiscono in misura inferiore al 10% da quelle corrette. Degli importi compresi in tale percentuale non si tiene conto nella verifica del superamento delle soglie di punibilità.

C) La dichiarazione infedele è punita con la reclusione da uno a tre anni e le soglie di punibilità sono elevate. Non sono possibili né le intercettazioni telefoniche né la custodia cautelare.

2.2. *La dichiarazione omessa.*

Ai sensi dell'art. 5, l'omessa presentazione della dichiarazione è punita quando la singola imposta non dichiarata è superiore a 50.000 euro.

Trattandosi di dichiarazione omessa, non è qui configurabile una soglia basata sul rapporto tra elementi attivi da dichiarare ed elementi dichiarati.

È esclusa la rilevanza penale di un ritardo nella presentazione della dichiarazione contenuto nel limite di novanta giorni, e, inoltre, non è considerata omessa, ai fini penali, la dichiarazione non sottoscritta o non redatta su uno stampato conforme al modello prescritto.

È prevista la pena della reclusione da un anno e sei mesi a quattro anni.

È reato anche l'omessa dichiarazione del sostituto d'imposta, che è punito con la reclusione da uno a tre anni se, essendovi obbligato, non presenta la dichiarazione, ma solo quando l'ammontare delle ritenute non versate è superiore a 150.000 euro.

3. *Emissione di fatture false.*

Ai sensi dell'art. 8, commette reato chiunque emette o rilascia fatture o altri documenti per operazioni inesistenti, al fine di consentire a terzi l'evasione delle imposte sui redditi o sul valore aggiunto. Questo reato è punito come la dichiarazione fraudolenta (reclusione da un anno e sei mesi a sei anni).

Le false fatture possono riguardare operazioni «*oggettivamente*» inesistenti, cioè cessioni non effettuate o servizi non resi.

Possono inoltre riguardare beni ceduti o servizi resi da un soggetto diverso da chi emette la fattura; in tal caso, la fattura è relativa ad operazioni «*soggettivamente*» inesistenti.

In entrambi i casi, la fattura è ideologicamente falsa e realizza il reato in esame.

L'emissione di fatture false è un reato di pericolo astratto, per la cui configurazione è sufficiente il mero compimento dell'atto tipico. Non ha rilievo se il destinatario utilizzi le fatture false.

L'emissione di false fatture è considerata e punita in modo autonomo rispetto al reato dell'utilizzatore perché ha uno spiccato rilievo nell'ambito dei fenomeni evasivi: si pensi, in particolare alle società (c.d. cartiere) create allo scopo di «vendere» fatture false agli imprenditori, che se ne servono per dedurre costi fittizi ai fini reddituali e per detrarre l'Iva.

Emettere ed utilizzare fatture false sono due delitti previsti in modo separato: chi emette e chi utilizza fatture false non sono puniti a titolo di concorso nell'altro delitto.

4. *Occultamento e distruzione di documenti contabili.*

È reato – previsto e punito dall'art. 10 – l'occultamento o la distruzione totale o parziale, per fini di evasione, di documenti o scritture contabili di cui sia obbligatoria la conservazione, in modo da non consentire la ricostruzione dei redditi o del volume di affari. La pena è quella della reclusione da un anno e sei mesi a sei anni. Non è prevista alcuna soglia minima di punibilità.

5. *Omessi versamenti e indebita compensazione.*

A) Ai sensi dell'art. 10-*bis*, costituisce delitto, ed è punito con la reclusione da sei mesi a due anni, l'omesso versamento di ritenute. Il reato può essere commesso dai sostituti, in presenza di tre condizioni: a) le ritenute risultano dovute sulla base della dichiarazione del sostituto o dalla certificazione rilasciata ai sostituiti; b) il versamento non è stato effettuato entro il termine per la presentazione della dichiarazione annuale dei sostituti d'imposta (30 settembre); c) l'ammontare non versato è superiore a 150.000 euro nel periodo d'imposta.

Non viene in considerazione l'omesso versamento delle ritenute alle scadenze mensili (punito con sanzione amministrativa), ma l'omesso versamento delle ritenute complessivamente effettuate nel corso dell'anno.

B) Ai sensi dell'art. 10-*ter*, chi presenta la dichiarazione Iva, ma non versa il dovuto, commette reato se non versa, entro il termine per il pagamento dell'acconto relativo al periodo d'imposta successivo, l'Iva dovuta in base alla dichiarazione annuale, per un importo superiore a 250.000 euro per ciascun periodo d'imposta.

La pena comminata è la reclusione da sei mesi a due anni.

Questo reato è diretto a contrastare, tra gli altri, il fenomeno riscontrato nelle c.d. frodi carosello, nelle quali vi sono soggetti che incassano l'Iva, la dichiarano, ma non la versano.

C) Infine, ai sensi dell'art. 10-*quater*, è punito con la reclusione da sei mesi a due anni chi non versa le somme dovute, utilizzando in compensazione, ai sensi dell'art. 17, D.lgs. 9 luglio 1997, n. 241, crediti non spettanti, per un importo annuo superiore a 50.000 euro.

Se l'indebita compensazione concerne crediti inesistenti, la pena va da un anno e sei mesi a sei anni. Rileva, quindi, la distinzione tra crediti non spettanti e crediti inesistenti.

6. *Sottrazione fraudolenta al pagamento di imposte.*

La c.d. frode sottrattiva, prevista dall'art. 11, è commessa da chi, al fine di sottrarsi al pagamento delle imposte sul reddito o dell'Iva, aliena simulatamente o compia altri atti fraudolenti sui propri beni o su beni altrui, tali da rendere in tutto o in parte inefficace la riscossione coattiva delle imposte.

La pena è la reclusione da sei mesi a quattro anni.

Si tratta di un reato di pericolo. Il delitto perciò si perfeziona per il solo fatto che vengano posti in essere atti che potrebbero rendere inefficace la procedura coattiva; non è necessario l'evento, e cioè che la procedura coattiva venga attuata e risulti vana.

Va precisato che:

– la soglia di punibilità è di 50.000,00 euro, riferita all'ammontare complessivo delle imposte, degli interessi e delle sanzioni amministrative;

– la pena è la reclusione da uno a quattro anni, ma, se l'ammontare di imposte, interessi e sanzioni è superiore a 200.000 euro, è prevista una aggravante (reclusione da un anno a sei anni);

– è fatta salva l'applicazione di figure di reato più gravi, come la bancarotta fraudolenta patrimoniale.

7. *False dichiarazioni ed esibizione di documenti falsi.*

Chiunque, a seguito delle richieste effettuate nell'esercizio dei poteri di cui agli artt. 32 e 33, D.P.R. 29 settembre 1973, n. 600, e agli artt. 51 e 52, D.P.R. 29 settembre 1972, n. 633, esibisce o trasmette al fisco atti o documenti falsi in tutto o in parte ovvero fornisce dati e notizie non rispondenti al vero, è punito ai sensi dell'art. 76, D.P.R. 28 dicembre 2000, n. 445,.che richiama il codice penale (D.l. 6 dicembre 2011, n. 201, conv. con L. 22 dicembre 2011, n. 2014, art. 11, comma 1).

È quindi da applicare l'art. 483 c.p., secondo cui «*Chiunque attesta falsamente al pubblico ufficiale, in un atto pubblico, fatti dei quali l'atto è destinato a provare la verità, è punito con la reclusione fino a due anni*».

8. *Riciclaggio e autoriciclaggio.*

A) La trattazione dei reati fiscali va completata rilevando che i reati di evasione possono essere seguiti dal reato di riciclaggio, previsto dall'art. 648-*bis* c.p., a norma del quale è punito chiunque «*fuori dai casi del concorso nel reato, sostituisce o trasferisce denaro, beni o altre utilità provenienti da delitto non colposo, ovvero compie in relazione ad essi operazioni, in modo da ostacolare l'identificazione della loro provenienza delittuosa*». Tale condotta è punita con la reclusione da quattro a dodici anni e con la multa da 1.032 a 15.493 euro.

Ai fini dell'integrazione della condotta criminosa è quindi essenziale che il riciclatore sia estraneo al reato presupposto, cioè al fatto illecito il cui frutto è il denaro o il bene riciclato.

Ritiene la giurisprudenza che tutti i delitti dolosi, e quindi anche quello di frode fiscale, possono fungere da reato presupposto del riciclaggio. Il riferimento dell'art. 648-*bis* c.p. alle «*altre utilità*» può ricomprendere il risparmio di chi non paga le imposte dovute.

B) Chi commette un reato di evasione – come la dichiarazione fraudolenta – può poi incorrere nel reato di autoriciclaggio, previsto dall'art. 648-*ter*, comma 1, c.p., che punisce con la pena della reclusione da due a otto anni e della multa da euro 5.000 a euro 25.000 chiunque, avendo commesso o concorso a commettere un delitto non colposo, impiega, sostituisce, trasferisce, in attività economiche, finanziarie, imprenditoriali o speculative, il denaro, i beni o le altre utilità provenienti dalla commissione di tale delitto, in modo da ostacolare concretamente l'identificazione della loro provenienza delittuosa.

Se il reato presupposto è un delitto non colposo punito con la reclusione inferiore nel massimo a cinque anni (come i reati di dichiarazione omessa o infedele) si applica la pena della reclusione da uno a quattro anni e della multa da euro 2.500 a euro 12.500.

Non è punibile chi ha destinato il denaro, i beni o le altre utilità alla mera utilizzazione o al godimento personale.

9. *Esclusione di responsabilità amministrativa dei soggetti collettivi.*

Non si applica ai reati tributari il D.lgs. 8 giugno 2001, n. 231, che prevede la responsabilità amministrativa degli enti, in conseguenza di reati commessi nel loro interesse o a loro vantaggio, da persone che rivestono funzioni di rappresentanza, di amministrazione o di direzione.

10. *Cause di non punibilità.*

A) Ai sensi dell'art. 13, i reati di omesso versamento di ritenute certificate, omesso versamento dell'Iva e indebita compensazione non sono punibili se, prima della dichiarazione di apertura del dibattimento di primo grado, i debiti tributari sono totalmente estinti.

B) I reati di dichiarazione infedele ed omessa non sono punibili se i debiti tributari (compresi interessi e sanzioni) sono estinti integralmente a seguito di ravvedimento operoso o di presentazione della dichiarazione omessa entro il termine per la presentazione della dichiarazione relativa al periodo d'imposta successivo, a condizione, però, che ravvedimento o presentazione della dichiarazione intervengano prima che l'autore del reato abbia formale conoscenza di accessi, ispezioni, verifiche o dell'inizio di qualunque attività di accertamento amministrativo o di procedimenti penali.

C) Come per le sanzioni amministrative, anche per i reati fiscali è previsto (all'art. 15) che non sono punibili «*le violazioni di norme tributarie dipendenti da obiettive condizioni di incertezza sulla loro portata e sul loro ambito di applicazione*».

11. *Circostanze del reato.*

A) L'art. 13-*bis* prevede, al di fuori dei casi di non punibilità, la diminuzione fino alla metà delle pene (senza applicazione delle pene accessorie), nel caso in cui il debito tributario sia estinto mediante pagamento integrale prima dell'apertura del dibattimento di primo grado.

Ai sensi dell'art. 14, la pena principale è diminuita fino alla metà e non si applicano le pene accessorie quando – essendo i debiti tributari estinti per prescrizione o per decadenza – l'imputato venga ammesso a risarcire il danno arrecato all'erario.

L'imputato può chiedere di essere ammesso a pagare, prima della dichiarazione di apertura del dibattimento di primo grado, una somma, da lui indicata, a titolo di equa riparazione dell'offesa recata all'interesse pubblico. Il giudice, sentito il pubblico ministero, se ritiene congrua la somma, fissa con ordinanza un termine non superiore a dieci giorni per il pagamento.

Nel caso di assoluzione o di proscioglimento la somma pagata è restituita.

B) L'art. 12 prevede che la condanna per taluno dei delitti in esame comporta, in aggiunta alla pena principale, anche l'irrogazione di pene accessorie, di tipo interdittivo.

Le pene accessorie sono le seguenti:

a) l'interdizione dagli uffici direttivi delle persone giuridiche e delle imprese per un periodo non inferiore a sei mesi e non superiore a tre anni;

b) l'incapacità di contrattare con la pubblica amministrazione per un periodo non inferiore ad un anno e non superiore a tre anni;

c) l'interdizione dalle funzioni di rappresentanza e assistenza in materia tributaria per un periodo non inferiore ad un anno e non superiore a cinque anni;

d) l'interdizione perpetua dall'ufficio di componente di commissione tributaria;

e) la pubblicazione della sentenza a norma dell'art. 36 c.p.

La condanna per frode (dichiarazione fraudolenta ed emissione di fatture false) importa altresì l'interdizione dai pubblici uffici per un periodo non inferiore ad un anno e non superiore a tre anni.

12. *Sequestro e confisca per equivalente.*

La confisca è una sanzione penale che si applica al prezzo, prodotto o profitto del reato (art. 240 c.p.). L'art. 321, comma 2, c.p.p. consente, già nella fase delle indagini preliminari, il sequestro preventivo delle cose che possono essere oggetto di confisca. Può essere applicato l'art. 322-*ter* c.p., che prevede la confisca per equivalente, ossia la confisca di beni per un valore corrispondente al prezzo, prodotto o profitto del reato.

La confisca per equivalente si applica anche ai reati tributari previsti dal D.lgs. n. 74, il cui art. 12-*bis* dispone che, in caso di condanna o di applicazione della pena su richiesta delle parti (c.d. patteggiamento) per uno dei delitti fiscali previsti dal D.lgs. n. 74, «*è sempre ordinata la confisca dei beni che ne costituiscono il profitto o il prezzo, salvo che appartengano a persona estranea al reato, ovvero, quando essa non è possibile, la confisca di beni, di cui il reo ha la disponibilità, per un valore corrispondente a tale prezzo o profitto*».

Il sequestro preventivo finalizzato alla confisca di denaro (o di altri beni fungibili o di beni direttamente riconducibili al profitto di un reato tributario commesso dagli organi della persona giuridica) è consentito nei confronti della persona giuridica che abbia la disponibilità del profitto o di beni direttamente riconducibili al profitto del reato.

La confisca non può essere disposta (e il sequestro deve essere revocato) quando il contribuente paghi il dovuto, perché in tal modo viene meno il presupposto della confisca, cioè il vantaggio economico tratto dal reato.

13. *Il principio di specialità.*

A) Sanzione penale e sanzione amministrativa, per un medesimo fatto, non possono cumularsi (*ne bis in idem* sostanziale). Il sistema è improntato alla regola della unicità della sanzione, quale conseguenza del principio di specialità, in forza del quale, quando uno stesso fatto è punito sia con sanzione penale, sia con sanzione amministrativa, si applica solo la disposizione speciale (D.lgs. 10 marzo 2000, n. 74, art. 19, comma 1). Si applica, insomma, lo stesso principio che vale, ai sensi dell'art. 15 c.p., quando un medesimo fatto è previsto da più norme penali.

B) Per individuare quale, tra due disposizioni astrattamente applicabili, è quella che deve essere concretamente applicata – escludendo l'altra – è necessario confrontare le due norme e stabilire quale delle due è generale, ossia di portata più ampia, e quale è invece speciale, ossia di portata più ristretta.

La norma generale è quella che ha un minor numero di elementi caratterizzanti rispetto all'altra (e quindi un ambito di applicazione più ampio).

La fattispecie della norma speciale presenta tutti gli elementi della norma generale e, inoltre, dei connotati ulteriori; perciò, chi viola la norma speciale viola, necessariamente, anche la norma generale.

Possono poi darsi casi di violazione della norma generale che non ricadono anche nella fattispecie della norma speciale, e ciò accade quando non ricorrono gli elementi ulteriori, presenti solo nella fattispecie speciale.

Ora, dal confronto tra norme sanzionatorie amministrative e penali, emerge che le norme penali presentano, costantemente, un elemento in più, vale a dire il dolo; di regola, la norma penale è speciale rispetto a quella che prevede l'illecito amministrativo. E, quindi, il principio di specialità, secondo l'attuale legislazione, comporta costantemente l'applicazione della sanzione penale.

C) Il principio di specialità non opera per gli illeciti commessi in ambito societario.

Quando, per la sanzione amministrativa, è solidalmente responsabile (con la persona fisica che ha commesso un illecito) una società, l'obbligazione pecuniaria che grava sulla società si cumula con la sanzione penale irrogabile alla persona fisica (D.lgs. n. 74, art. 19, comma 2).

Perciò, se il principio di specialità comporta l'esclusione delle sanzioni amministrative nei confronti della persona fisica autrice della violazione, permane la responsabilità per tali sanzioni dei soggetti indicati nell'art. 11, comma 1, D.lgs. 18 dicembre 1997, n. 472.

In sostanza, il principio di specialità impedisce che, per il medesimo fatto, la sanzione penale e quella amministrativa vengano inflitte alla stessa persona, ma non impedisce che vengano applicate sanzioni diverse a soggetti diversi (sanzione penale all'amministratore e sanzione amministrativa alla società).

D) Processo penale e processo tributario si svolgono in modo indipendente: quando vi è contemporanea pendenza, non deve essere sospeso né il processo tributario, né il processo penale. Non esiste, dunque, alcuna «pregiudizialità» di un processo rispetto all'altro.

Peraltro, dato il rapporto di alternatività tra sanzioni penali e sanzioni amministrative, occorre vedere quale rapporto vi sia tra i due processi, nell'ipotesi in cui un medesimo fatto è punibile sia come illecito amministrativo, sia come illecito penale.

In tale ipotesi, la sanzione penale esclude quella amministrativa, ma, anche se pende un processo penale, la cui conclusione potrebbe escludere la sanzione amministrativa, l'ufficio «*irroga comunque le sanzioni amministrative relative alle violazioni tributarie fatte oggetto di notizia di reato*» (D.lgs. n. 70, art. 21, comma 1).

In pendenza del processo penale, il provvedimento di irrogazione della sanzione amministrativa resta sospeso; quando si conclude il processo penale, la sanzione amministrativa, se è da eseguire, viene eseguita, o diventa definitivamente ineseguibile.

In particolare, se il processo penale si conclude con una condanna, la sanzione penale rende ineseguibile la sanzione amministrativa.

Se, invece, il processo penale si conclude con l'archiviazione, o con sentenza irrevocabile di assoluzione (al termine del dibattimento) o di proscioglimento (al termine dell'udienza preliminare), la sanzione amministrativa diviene eseguibile.

13.1. Ne bis in idem.

A) Il principio *ne bis in idem* impedisce sanzioni doppie e che si svolgano due processi sanzionatori per uno stesso fatto (art. 649 c.p.p.).

L'art. 4 del Protocollo 7 della CEDU prevede che «*Nessuno potrà essere perseguito o condannato penalmente dalla giurisdizione dello stesso Stato per un'infrazione per cui è già stato scagionato o condannato a seguito di una sentenza definitiva conforme alla legge ed alla procedura penale di tale Stato*».

Anche l'art. 50 della Carta dei diritti fondamentali dell'Unione Europea (Carta di Nizza) dispone che «*Nessuno può essere perseguito o condannato per un reato per il quale è già stato assolto o condannato nell'Unione a seguito di una sentenza penale definitiva*».

La Corte di Strasburgo ha stabilito, nella sentenza 4 marzo 2014, *Grande Stevens*, che il *ne bis in idem* impedisce che possa avere svolgimento un processo penale dopo che è stata applicata in via definitiva una sanzione amministrativa (equiparabile ad una sanzione penale).

B) La Corte EDU ha poi modificato in parte la sua giurisprudenza, pronunciandosi su un caso (norvegese) di due contribuenti che erano stati perseguiti e puniti due volte (in un procedimento amministrativo e in uno penale) per lo stesso fatto.

La Grande Camera della Corte di Strasburgo (sentenza 15 novembre 2016, ricorsi n. 24130/11 e 29758) ha escluso che vi sia violazione del *ne bis in idem* quando i due procedimenti si svolgano parallelamente e siano tra loro connessi, i fatti accertati in un procedimento siano richiamati nell'altro procedimento e la pena inflitta nel processo penale sia determinata tenendo conto della sanzione amministrativa.

C) Non vi è violazione del principio *ne bis in idem* quando, per uno stesso fatto, è applicata una sanzione penale alla persona fisica e una sanzione amministrativa alla società contribuente.

Ha statuito la Corte di giustizia (sentenza 5 aprile 2017, *Orsi e Baldetti*, C-217/15 e C-350/15) che l'art. 50 della Carta dei diritti fondamentali dell'UE non osta ad una normativa nazionale, come quella italiana, che consente di avviare procedimenti penali per omesso versamento dell'Iva dopo l'irrogazione di una sanzione tributaria definitiva per i medesimi fatti, qualora tale sanzione sia stata inflitta ad una società dotata di personalità giuridica, mentre detti procedimenti penali sono stati avviati nei confronti di una persona fisica.

14. *La prescrizione. La sentenza* Taricco.

A) Dal 2011 i termini di prescrizione dei reati tributari (salvo quelli di omesso versamento, indebita compensazione e sottrazione fraudolenta al pagamento di imposte) si prescrivono in otto anni.

Tenuto conto che l'interruzione della prescrizione non può comportare l'aumento di più di un quarto del tempo necessario a prescrivere (art. 161, c.p.), il termine massimo della prescrizione è di dieci anni.

B) La Corte di giustizia, nella sentenza 8 settembre 2015, *Taricco*, C-105/14, ha ritenuto che la norma italiana, secondo cui l'atto interruttivo comporta il prolungamento del termine di prescrizione di un quarto, «*è idonea a pregiudicare gli obblighi imposti agli Stati membri dall'articolo*

325, paragrafi 1 e 2, TFUE nell'ipotesi in cui detta normativa nazionale impedisca di infliggere sanzioni effettive e dissuasive in un numero considerevole di casi di frode grave che ledono gli interessi finanziari dell'Unione europea, o in cui preveda, per i casi di frode che ledono gli interessi finanziari dello Stato membro interessato, termini di prescrizione più lunghi di quelli previsti per i casi di frode che ledono gli interessi finanziari dell'Unione europea».

Da ciò la Corte di giustizia ha dedotto che il giudice nazionale non deve dichiarare prescritto il reato, quando ciò impedisce al fisco di rispettare gli obblighi di tutela penale effettiva in materia di evasione Iva.

La Corte costituzionale, invece, nella sentenza n. 115 del 2018, ha ritenuto inapplicabile la sentenza *Taricco*, perché in contrasto con il principio di determinatezza in materia penale, consacrato dall'art. 25, secondo comma, Cost.

15. *Il processo per reati tributari.*

A) Dei reati tributari, come di ogni altro reato, giudica il giudice penale, secondo le norme del codice di procedura penale: qui, va solo accennato a qualche peculiarità del processo penale per reati tributari ed ai rapporti con il processo tributario.

B) Processo tributario e processo penale si svolgono in modo indipendente (c.d. doppio binario). Dall'art. 3 c.p.p. si desume che il processo penale non può essere sospeso per la pendenza di un procedimento o processo tributario.

Si aggiunga che l'art. 479 c.p.p. permette la sospensione del dibattimento nel caso in cui la decisione sull'esistenza del reato dipenda dalla risoluzione di una controversia civile o amministrativa di particolare complessità, per la quale sia già in corso un procedimento presso il giudice competente, ma solo se la legge non pone limitazioni alla prova. E, nel processo tributario, vi sono limitazioni probatorie (è vietata la prova per testimoni) estranee al processo penale, per cui la pendenza del processo tributario non autorizza la sospensione del dibattimento nel processo penale.

C) Il giudice penale deve accertare l'evasione in modo autonomo, senza essere vincolato dagli accertamenti amministrativi e dalle sentenze del giudice tributario. Può, quindi, ritenere superata la soglia di punibilità, anche in contrasto con quanto accertato dall'Amministrazione finanziaria o dal giudice tributario.

Inoltre, il giudice penale, dovendo accertare l'imposta «*effettivamente*» evasa, deve applicare le norme in materia di prove previste dagli artt. 187 e seguenti del c.p.p. e non è vincolato dalle presunzioni previste in materia tributaria.

I due processi possono quindi concludersi con accertamenti di fatto contrastanti e il giudice penale può quantificare l'imposta evasa (ai fini del superamento della soglia di punibilità o per valutare la gravità del reato) in misura diversa rispetto al giudice tributario.

D'altro canto, gli accertamenti di fatto, contenuti nelle sentenze penali passate in giudicato, non vincolano il giudice tributario, che non può basarsi su prove testimoniali e può avvalersi di presunzioni che non hanno valore nel processo penale.

CAPITOLO SEDICESIMO

IL PROCESSO

1. *La giurisdizione e le commissioni tributarie.*

A) Il processo tributario è disciplinato dal D.lgs. 31 dicembre 1992, n. 546 (i cui articoli saranno citati di seguito senza altre indicazioni). L'art. 1 attribuisce la giurisdizione in materia tributaria alle commissioni tributarie (provinciali e regionali) e richiama il codice di procedura civile per la disciplina dei casi non regolati dal D.lgs. n. 546.

La giurisdizione tributaria comprende «*tutte le controversie aventi ad oggetto i tributi di ogni genere e specie, comunque denominati, compresi quelli regionali, provinciali e comunali e il contributo per il Servizio sanitario nazionale, nonché le sovrimposte e le addizionali, le relative sanzioni nonché gli interessi e ogni altro accessorio*».

Inoltre, appartengono alla giurisdizione delle commissioni le controversie in materia catastale, promosse dai singoli possessori.

È ammesso il regolamento preventivo di giurisdizione, dinanzi alla Corte di Cassazione, secondo le norme del codice di procedura civile.

B) Le commissioni si articolano in commissioni tributarie provinciali e regionali e sono composte da giudici onorari. I membri delle commissioni tributarie sono scelti per titoli dal Consiglio di Presidenza della Giustizia tributaria, secondo graduatorie formate in base a criteri e punteggi predeterminati e sono nominati dal Presidente della Repubblica, su proposta del Ministro dell'Economia e delle Finanze.

Possono far parte della commissione provinciale, tra gli altri, i giudici ordinari, amministrativi, contabili e militari, i dipendenti civili dello Stato, i ragionieri con dieci anni di attività, i laureati in giurisprudenza o economia da due anni, altri professionisti con dieci anni di attività (ingegneri, architetti, geometri, periti agrari, edili e industriali, dottori agronomi). Possono essere quindi membri delle commissioni anche magistrati non togati, senza la garanzia che siano dotati di adeguata preparazione giuridico-tributaria.

Si è perciò in attesa di una riforma.

1.1. *La giurisdizione dell'AGO e del giudice amministrativo.*

A) Alla giurisdizione tributaria sono attribuite «*tutte le controversie aventi ad oggetto i tributi di ogni genere e specie*», ma appartengono alla giurisdizione del giudice ordinario le controversie riguardanti l'esecuzione forzata tributaria. La competenza, per tali controversie, è attribuita al Tribunale, ai sensi dell'art. 9 c.p.c.

Le questioni riguardanti il titolo esecutivo (ruolo o accertamento esecutivo) devono essere sollevate mediante ricorso alle commissioni tributarie. Anche l'impugnazione dell'ipoteca e del fermo di beni mobili registrati appartiene alla giurisdizione del giudice tributario. Alla giurisdizione ordinaria è lasciata la sfera residuale dell'espropriazione forzata tributaria.

Si propongono al giudice ordinario le cause di danni contro le agenzie fiscali e contro l'agente della riscossione (D.P.R. 29 settembre 1973, n. 602, art. 59).

B) Le commissioni tributarie possono essere adite solo mediante ricorso contro uno degli atti (individuali) indicati come impugnabili; gli atti amministrativi che non sono impugnabili dinanzi al giudice tributario possono essere impugnati dinanzi al giudice amministrativo.

Sono infatti impugnabili dinanzi al giudice amministrativo gli atti amministrativi generali e i regolamenti (statali, regionali, degli enti locali ecc.); tali atti possono essere disapplicati dal giudice tributario, senza esclusione della «*impugnazione nella diversa sede competente*» (cioè il ricorso al Tar), come prevede l'art. 7 del D.lgs. n. 546.

Il contribuente, quindi, può chiedere alle commissioni tributarie la disapplicazione dei regolamenti e degli atti amministrativi generali e può (anche) impugnarli dinanzi al giudice amministrativo per chiederne l'annullamento.

Inoltre, sono impugnabili dinanzi al giudice amministrativo gli atti tributari individuali non impugnabili dinanzi alle commissioni, come gli atti istruttori che hanno come destinatari soggetti diversi dal contribuente, i provvedimenti di fissazione del domicilio fiscale e il diniego di accesso agli atti del procedimento.

2. *Le parti e la difesa tecnica.*

A) Il ricorrente è obbligato a farsi assistere da un difensore tecnico, con la eccezione delle controversie relative a tributi di importo inferiore ad euro 3.000 e di quelle promosse da soggetti che si difendono da soli, essendo abilitati all'assistenza tecnica.

L'art. 12, comma 3, consente l'assistenza tecnica, oltre che agli avvocati, anche ad altre categorie di professionisti, tra cui i soggetti iscritti nella sezione A dell'albo dei dottori commercialisti e degli esperti contabili, i consulenti del lavoro e altri soggetti iscritti in particolari albi (indicati nell'art. 12).

Gli ingegneri, gli architetti, i geometri, i periti industriali, i dottori agronomi e forestali, gli agrotecnici e i periti agrari sono abilitati per le cause in materia catastale. Per le controversie doganali sono abilitati gli spedizionieri.

B) Parte necessaria del processo tributario è il soggetto (ufficio o ente) che ha emesso l'atto impugnato, o non ha emesso l'atto richiesto, ossia l'ufficio dell'Agenzia delle entrate e dell'Agenzia delle dogane, l'agente della riscossione, uno degli altri enti impositori e i gestori dei tributi locali.

Se il ricorso è proposto dopo che si è formato il silenzio-rifiuto rispetto ad una istanza di rimborso, legittimato a resistere è l'ufficio o ente a cui è stata presentata l'istanza.

L'ufficio dell'Agenzia delle entrate e dell'Agenzia delle dogane e l'agente della riscossione stanno in giudizio direttamente, cioè senza difesa tecnica.

2.1. *Il processo con pluralità di parti.*

A) Le parti del processo tributario possono essere più di due. Può infatti applicarsi l'art. 103 c.p.c. (ricorso proposto da più parti o contro più parti); è ammissibile il ricorso collettivo, proposto da più soggetti (ad esempio, obbligati in solido) contro il medesimo atto.

Si applica anche l'art. 104 c.p.c. (ricorso contro più atti); è dunque ammissibile il ricorso cumulativo, proposto ad esempio dallo stesso contribuente contro più avvisi di accertamento relativi a più annualità della stessa imposta.

L'art. 14 riconosce la legittimazione ad intervenire o ad essere chiamati in causa a due categorie di soggetti: a) a chi è destinatario dell'atto impugnato; b) a chi è parte del rapporto controverso.

L'art. 14 prevede inoltre la chiamata in giudizio, che può avvenire su istanza di parte (art. 106 c.p.c.) o per ordine del giudice (art. 107 c.p.c.).

B) Nel processo tributario vi è litisconsorzio necessario quando l'oggetto del ricorso «*riguarda inscindibilmente più soggetti*» (art. 14).

La giurisprudenza ha precisato che il litisconsorzio necessario, nel processo tributario, «*presuppone, in primo luogo, che la fattispecie costitutiva dell'obbligazione, rappresentata dall'atto autoritativo impugnato, presenti elementi comuni ad una pluralità di soggetti e, in secondo luogo, che siano proprio gli elementi comuni ad essere posti a fondamento del ricorso proposto da uno dei soggetti obbligati*» (Cass., 15 giugno 2010, n. 14378).

Si è perciò ritenuto esservi litisconsorzio necessario nelle cause di impugnazione degli atti di accertamento dei redditi delle società di persone. Società e soci devono essere parti dello stesso processo.

È espressamente previsto il litisconsorzio necessario (di consolidante e consolidata) nelle cause di impugnazione degli avvisi di rettifica del reddito delle società consolidate (D.P.R. 29 settembre 1973, n. 600, art. 40-*bis*, comma 2).

C) Se vi è litisconsorzio necessario, il ricorso deve essere proposto congiuntamente dai «colegittimati necessari». Se le parti presentano ricorsi distinti, il giudice deve disporne la riunione. Se i ricorsi sono proposti dinanzi a commissioni diverse, la riunione deve essere disposta dinanzi al giudice preventivamente adito, ai sensi dell'art. 39 c.p.c. Se una o più parti non hanno ricevuto la notifica dell'avviso di accertamento, o, avendola ricevuta, non hanno impugnato, il giudice deve disporre l'integrazione del contraddittorio, mediante chiamata in causa entro un termine stabilito a pena di decadenza.

Il giudizio celebrato senza la partecipazione di tutti i litisconsorti necessari è viziato da nullità assoluta, rilevabile in ogni stato e grado del procedimento, anche di ufficio.

3. *Le azioni esperibili.*

A) Nel processo tributario possono essere esperite azioni di impugnazione e azioni di condanna. Le azioni di impugnazione sono rivolte contro un atto autoritativo, per ottenerne l'annullamento.

Il carattere impugnatorio del processo tributario comporta che:

a) il ricorrente non può agire in via preventiva, con azione di mero accertamento, senza che l'amministrazione abbia emesso un atto autonomamente impugnabile;

b) il ricorrente non può sottoporre al giudice questioni estranee all'atto impugnato;

c) l'Amministrazione finanziaria, costituendosi in giudizio, non esercita un autonomo potere di azione, ma si limita a difendere l'atto impugnato e non può fondare la sua difesa su ragioni di fatto o giuridiche diverse da quelle indicate nella motivazione dell'atto impugnato;

d) non sono ammesse domande riconvenzionali, né da parte dell'Amministrazione, né da parte del contribuente.

B) Il contribuente che mira ad ottenere un rimborso può esperire un'azione di condanna, ma, prima di agire in giudizio, deve presentare istanza di rimborso, e, poi, impugnare il rifiuto, espresso o tacito.

Se l'Amministrazione risponde negativamente in modo espresso, il ricorso deve essere presentato entro sessanta giorni dalla notificazione del rifiuto.

Se invece l'Amministrazione rimane inerte, il ricorso non è soggetto al termine decadenziale di sessanta giorni, entro cui devono essere impugnati i provvedimenti, ma non può essere presentato prima di novanta giorni dalla presentazione dell'istanza.

Il mero annullamento del rifiuto, di per sé, non soddisfa il bisogno di tutela del ricorrente; alla domanda di annullamento del rifiuto deve aggiungersi la richiesta di una sentenza di condanna, in base alla quale poter agire mediante ricorso per l'ottemperanza.

Il contribuente deve quindi proporre una domanda dal contenuto complesso, chiedendo che, accertato il suo credito, il rifiuto di rimborso sia annullato e l'Amministrazione condannata a pagare.

L'azione che viene proposta nei confronti del silenzio-rifiuto non è un'azione di annullamento, ma un'azione diretta a far accertare il credito (insoddisfatto) del ricorrente e ad ottenere una pronuncia di condanna.

3.1. *Gli atti impugnabili.*

A) Gli atti impugnabili sono indicati nell'art. 19, che impone di distinguere tra atti «*autonomamente impugnabili*» – che sono un numero chiuso – ed atti ad impugnazione differita.

Sono autonomamente impugnabili i seguenti atti:

a) l'avviso di accertamento del tributo;

b) l'avviso di liquidazione del tributo;

c) il provvedimento che irroga le sanzioni;

d) il ruolo e la cartella di pagamento;

e) l'avviso di mora;

e-*bis*) l'iscrizione di ipoteca sugli immobili di cui all'art. 77, D.P.R. 29 settembre 1973, n. 602, e successive modificazioni;

e-*ter*) il fermo di beni mobili registrati di cui all'art. 86, D.P.R. 29 settembre 1973, n. 602, e successive modificazioni;

f) gli atti relativi alle operazioni catastali indicate nell'art. 2, comma 2;

g) il rifiuto espresso o tacito della restituzione di tributi, sanzioni pecuniarie ed interessi o altri accessori non dovuti;

h) il diniego o la revoca di agevolazioni o il rigetto di domande di definizione agevolata di rapporti tributari.

L'elenco degli atti impugnabili non ammette analogia. Ammette solo interpretazioni estensive, per cui devono essere considerati autonomamente impugnabili tutti gli atti impositivi, che hanno effetti simili agli avvisi di accertamento, anche se denominati diversamente. È il caso dell'ingiunzione fiscale e dei c.d. atti di recupero.

B) Gli atti, elencati nell'art. 19, del D.lgs. n. 546, sono impugnabili in quanto lesivi. Non sono impugnabili gli atti non direttamente lesivi, come gli atti interni all'Amministrazione (tra cui le circolari e le risoluzioni), né gli atti che sono espressione di una funzione consultiva (come i pareri in risposta agli interpelli).

Tra gli atti autonomamente impugnabili vi sono il ruolo e la cartella di pagamento.

La Cassazione ammette che l'iscrizione a ruolo possa essere impugnata anche se non sia stata resa nota ed efficace mediante notifica della cartella, qualora l'agente della riscossione abbia rilasciato il c.d. estratto di ruolo (Cass., sez. un., 2 ottobre 2015, n. 19704).

I ricorsi proposti contro la cartella, entro sessanta giorni dalla notifica, con cui sono fatti valere vizi del ruolo, sono, propriamente, ricorsi contro il ruolo: la legittimazione passiva spetta all'Agenzia delle entrate, o ad altro ente impositore, da cui proviene il ruolo.

Vi sono poi ricorsi con cui sono dedotti vizi della cartella, o della notifica della cartella; in tal caso, la legittimazione passiva spetta all'agente della riscossione, poiché si pone in discussione il suo operato.

L'avviso di mora, menzionato dall'art. 19 del D.lgs. n. 546, è stato sostituito dalla «*intimazione ad adempiere*» (prevista dal D.P.R. 29 settembre 1973, n. 602, art. 50), che è un atto dell'agente della riscossione.

Il ricorso contro l'intimazione ad adempiere è da proporre o per vizi intrinseci, o perché non è stata preceduta dalla notifica della cartella di pagamento, o perché il credito è prescritto. Se è stata preceduta dalla notifica della cartella non può essere impugnata per ragioni che dovevano essere fatte valere impugnando il ruolo o la cartella.

A proposito di fermo amministrativo dei beni mobili registrati va notato che l'agente della riscossione, dopo aver emesso il provvedimento di fermo, e prima di iscriverlo nei registri, deve inviare al contribuente moroso un avviso ad adempiere entro venti giorni, decorsi i quali il fermo diventa operativo. È da tale avviso (o preavviso) che decorre il termine per impugnare.

L'agente della riscossione, prima di iscrivere ipoteca ai sensi dell'art. 77 D.P.R. n. 602 del 1973, deve comunicarlo al contribuente. L'impugnazione deve essere proposta entro 60 giorni dalla comunicazione (Cass., s.u., 18 settembre 2014, n. 19668).

C) Gli atti non compresi nell'elenco sono impugnabili – in via differita – solo se producono effetti lesivi, e sono impugnabili insieme con il primo atto successivo, compreso nell'elenco degli atti autonomamente impugnabili. Ciò significa, in pratica, che il contribuente, ricevuto un atto non compreso nell'elenco, deve attendere che gli venga notificato un atto autonomamente impugnabile, e proporre ricorso contro entrambi.

Atti ad impugnazione differita sono le risposte negative agli interpelli, quando non hanno valore consultivo, ma sono il rigetto di una istanza, come le risposte negative agli interpelli disapplicativi di norme antielusive, che possono essere impugnate insieme con il successivo atto impositivo (D.lgs. 24 settembre 2015, n. 156, art. 6).

Atti ad impugnazione differita sono i provvedimenti, emessi dal Procuratore della Repubblica, con cui è autorizzata la perquisizione domiciliare e/o personale da parte degli organi fiscali inquirenti; questi provvedimenti sono impugnabili insieme con l'atto finale del procedimento.

D) Gli atti endoprocedimentali non sono impugnabili. I loro vizi, se si ripercuotono sul provvedimento finale, devono esser fatti valere impugnando il provvedimento finale. Ciò vale in particolare per il processo verbale di constatazione, redatto a conclusione di una verifica.

In tema di atti istruttori che non hanno come destinatario il contribuente, ma altri soggetti, va rilevato che i terzi, non potendo impugnare l'atto finale davanti alle commissioni tributarie, possono chiedere tutela al giudice amministrativo o al giudice ordinario, a seconda della situazione soggettiva di cui si lamenti la lesione.

E) Il ricorso, come detto, può essere proposto contro gli atti impugnabili elencati nell'art. 19, comma 1, e contro «*ogni altro atto per il quale la legge ne preveda l'autonoma impugnabilità*». Inoltre, il citato art. 19, comma 3, dispone espressamente che «*Gli atti diversi da quelli indicati non sono impugnabili autonomamente*».

È quindi *contra legem* il filone giurisprudenziale che considera impugnabili tutti gli atti che «*risultino comunque idonei a portare a conoscenza i presupposti di fatto e le ragioni in diritto della pretesa impositiva o del diniego del diritto vantato dal contribuente*» (Cass., 6 novembre 2013, n. 24916). Non sono da condividere le sentenze che hanno ritenuto impugnabili atti non riconducibili all'elenco contenuto nel citato art. 19, tra cui gli inviti al pagamento, le fatture emesse per la riscossione della tariffa o tassa rifiuti; il bollettino di conto corrente postale relativo al versamento dell'imposta sulla pubblicità.

L'impugnabilità di un atto implica che l'atto, se non è impugnato nei termini, diventa definitivo. Ma la Cassazione ha escogitato la categoria degli atti ad impugnazione facoltativa. L'impugnazione così ammessa è tale solo in apparenza, visto che non si dirige contro un atto autoritativo, ma è, in realtà, un'azione di mero accertamento (azione che la Cassazione non ammette nel processo tributario). Per di più, il contribuente, dopo aver impugnato l'avviso «bonario» o altro atto non lesivo, non potrà poi fare a meno di impugnare l'atto impositivo, che fosse successivamente notificato.

3.2. *Disapplicazione dei regolamenti e degli atti generali.*

Dinanzi al giudice tributario non si possono impugnare né gli atti amministrativi generali, né i regolamenti, ma se ne può dedurre la illegittimità, per ottenerne la disapplicazione.

Ciò significa che il ricorrente può impugnare, ad esempio, un avviso di accertamento, deducendo, come motivo di ricorso, il vizio di un regolamento, che si riflette (viziandolo) sull'atto impugnato.

Il giudice, se ritiene che il vizio sussiste, dovrà giudicare l'atto impugnato come se non esistesse la norma regolamentare ritenuta viziata, ovvero come atto su cui si riflette il vizio dell'atto regolamentare. La norma illegittima non è annullata, ma disapplicata; il vizio della norma è conosciuto *incidenter tantum*, e la norma, disapplicata nel caso singolo, conserva la sua vigenza ed efficacia *erga omnes*.

I regolamenti e gli atti amministrativi generali possono essere impugnati dinanzi al giudice amministrativo, che può annullarli.

4. *Il processo tributario telematico.*

Il processo tributario può svolgersi anche in forma telematica.

La procedura ruota intorno al Sistema Informativo della Giustizia Tributaria – SIGIT, che mette in contatto le parti con le commissioni, riceve i *files*, li controlla e rilascia le ricevute, forma il fascicolo telematico, ecc.

Gli atti e i provvedimenti del processo (compresi quelli del procedimento di mediazione) sono formati come documenti informatici sottoscritti con firma elettronica qualificata o firma digitale, e sono notificati mediante PEC.

5. *Il ricorso (cartaceo e digitale).*

A) Il processo inizia con ricorso alla commissione tributaria provinciale nel cui ambito ha sede l'ufficio o ente che ha emesso l'atto che si impugna. La competenza territoriale delle commissioni dipende infatti dalla sede di chi ha emesso l'atto contro cui si ricorre (art. 4, comma 1).

Il ricorso deve contenere l'indicazione:

a) della commissione tributaria cui è diretto;

b) del ricorrente e del suo legale rappresentante, della relativa residenza o sede legale o del domicilio eventualmente eletto nel territorio dello Stato;

c) del soggetto contro cui il ricorso è proposto;

d) dell'atto impugnato e dell'oggetto della domanda;

e) dei motivi.

Il ricorso privo di queste indicazioni, o non sottoscritto, è inammissibile.

Il ricorso deve essere sottoscritto dal difensore del ricorrente e contenere l'indicazione della categoria cui appartiene il difensore e l'incarico (salvo che il ricorso non sia sottoscritto da chi si difende in proprio).

Nel ricorso deve essere indicato anche l'indirizzo di PEC del difensore, poiché le comunicazioni sono effettuate anche mediante posta elettronica certificata. L'indicazione della PEC equivale alla comunicazione del domicilio eletto.

Nel ricorso devono essere indicati – ma non a pena di inammissibilità – il codice fiscale del ricorrente e del difensore.

È da indicare, infine, il valore della lite, ai fini del calcolo del contributo unificato.

Nel ricorso possono essere inserite l'istanza di sospensione dell'atto impugnato e l'istanza di discussione in pubblica udienza.

Quando la notifica avviene mediante consegna diretta o spedizione postale, si considera originale l'atto consegnato o spedito e, nella copia che si deposita in giudizio, deve esserne attestata la conformità all'originale (art. 22, comma 3).

B) Il ricorso è un atto il cui contenuto tipico ed essenziale è una domanda, ossia una richiesta, motivata, che il ricorrente rivolge al giudice.

Perciò il ricorso non può non contenere l'indicazione, oltre che dei soggetti, dell'oggetto del processo, che è costituito dal *petitum* (ovvero: oggetto della domanda) e dalla *causa petendi* (ovvero: motivo o motivi del ricorso).

Oggetto della domanda è il provvedimento che il ricorrente chiede al giudice, ossia, nei processi d'impugnazione, l'annullamento, totale o parziale, dell'atto impugnato; il motivo del ricorso, in tali processi di impugnazione, è costituito dalla deduzione di un vizio (invalidante) dell'atto impugnato.

Nei processi di rimborso, invece, il ricorrente chiede al giudice l'accertamento di un suo credito nei confronti dell'Agenzia delle entrate o di altro ente impositore e la condanna a soddisfarlo (previo annullamento dell'atto di rifiuto espresso del rimborso).

In tali processi, oltre ad impugnare il rifiuto dell'Agenzia delle entrate o di altro ente impositore, occorre indicare il fatto da cui scaturisce il diritto al rimborso (pagamento indebito), la ragione giuridica per cui lo si ritiene indebito, e chiedere la condanna dell'Agenzia (o di altro ente impositore).

C) L'art. 19, comma 3, dispone che: «*Ognuno degli atti autonomamente impugnabili può essere impugnato solo per vizi propri*». Ogni atto può essere impugnato solo per i vizi che lo concernono (vizi propri), non per vizi che riguardano atti precedenti (anche perché la mancata impugnazione di un atto preclude la deducibilità successiva del vizio).

Perciò i vizi dell'avviso di accertamento non possono essere dedotti nel ricorso contro il ruolo o contro la cartella. Nel caso, invece, di iscrizione a ruolo fatta in base alla dichiarazione, i vizi della dichiarazione, che si riflettono sulla iscrizione a ruolo, possono essere fatti valere impugnando il ruolo.

Nel ricorso contro un avviso di liquidazione non possono essere sollevate questioni che, concernendo la determinazione dell'imponibile, devono essere proposte nel ricorso contro l'avviso di accertamento della base imponibile.

L'art. 19, comma 3, prevede che «*La mancata notificazione di atti autonomamente impugnabili, adottati precedentemente all'atto notificato, ne consente l'impugnazione unitamente a quest'ultimo*». Questa disposizione non può essere riferita all'avviso di accertamento: un avviso non notificato è giuridicamente inesistente; e quindi non può essere impugnato. Il non essere non è. Il giudice può solo dichiararne il non essere in via incidentale. La norma ha senso solo per gli atti che hanno valore anche se non notificati, come in passato l'iscrizione e l'attribuzione di rendita nel catasto immobili.

5.1. *Reclamo e mediazione.*

A) Per le controversie relative a tributi di importo non superiore a 50.000 euro, il ricorso – prima che effetti processuali – produce gli effetti di un reclamo, ossia avvia il procedimento amministrativo di mediazione (nel significato dell'inglese *mediation*). Il ricorso può contenere una motivata proposta di mediazione.

Il ricorso non è procedibile fino alla scadenza del termine di novanta giorni dalla notifica, che è il termine entro il quale deve essere conclusa la procedura di mediazione. Si applica la sospensione feriale dei termini processuali.

Il termine per la costituzione in giudizio del ricorrente decorre dalla scadenza del termine entro cui dev'essere conclusa la mediazione. La Commissione, se rileva che la costituzione è avvenuta in data anteriore, rinvia la trattazione della causa per consentire l'esame del reclamo.

L'Amministrazione finanziaria, se non accoglie il reclamo o la proposta di mediazione formulata dal ricorrente, può avanzare una propria proposta.

B) La mediazione tributaria non è una vera mediazione. Il legislatore fiscale ha usato un termine che ricorda la mediazione del processo civile, ma qui non vi è un «*terzo imparziale*». Il reclamo deve essere esaminato da «*apposite strutture diverse ed autonome da quelle che curano l'istruttoria degli atti reclamabili*», ma si tratta pur sempre di strutture dell'amministrazione resistente.

C) Nelle controversie aventi ad oggetto un atto impositivo o di riscossione, la mediazione si perfeziona con il versamento, entro il termine di venti giorni dalla data di sottoscrizione dell'accordo, dell'intera somma dovuta ovvero della prima rata.

Nelle controversie aventi per oggetto la restituzione di somme la mediazione si perfeziona con la sottoscrizione di un accordo nel quale sono indicate le somme dovute con i termini e le modalità di pagamento. L'accordo costituisce titolo per il pagamento delle somme dovute al contribuente.

D) Le sanzioni amministrative sono ridotte al 35 per cento del minimo previsto dalla legge.

La riscossione e il pagamento delle somme dovute in base all'atto oggetto di reclamo sono sospesi fino alla scadenza del termine previsto per la conclusione del procedimento di mediazione, ma, in caso di mancato perfezionamento della mediazione, sono dovuti gli interessi.

5.2. *L'iter processuale.*

A) Il ricorso deve essere portato a conoscenza prima della controparte, mediante notifica, e poi del giudice, mediante costituzione in giudizio.

La notifica può essere fatta in tre modi. Il più semplice, e più usato, è la spedizione postale (con plico senza busta, raccomandato e con avviso di ricevimento). L'altro è la consegna dell'atto alla controparte. In questi due casi il ricorrente spedisce o consegna l'originale del ricorso alla controparte e ne deposita copia conforme per la costituzione in giudizio.

Infine, la notifica può essere eseguita secondo le norme del codice di procedura civile. In quest'ultima ipotesi il pubblico ufficiale consegna copia autentica dell'atto al destinatario della notifica e restituisce l'originale al ricorrente, con la relazione di notifica.

B) La notificazione del ricorso deve essere eseguita entro sessanta giorni dal ricevimento della notifica dell'atto contro cui si ricorre (art. 21, comma 1). Il ricorso contro il rifiuto tacito di restituzione non può essere proposto prima di novanta giorni dalla presentazione della domanda di restituzione (ma non dopo la prescrizione del diritto al rimborso).

Infine, il termine per impugnare, pur essendo un termine di decadenza, è sospeso per novanta giorni dalla presentazione di una istanza di accertamento con adesione.

C) Il ricorrente, entro trenta giorni dalla notifica del ricorso, deve costituirsi in giudizio, depositando il fascicolo nella segreteria della commissione. È ammessa la spedizione postale. Nel fascicolo deve essere inserito il ricorso (originale o copia, a seconda di come è avvenuta la notifica), con i documenti che vengono prodotti (tra cui la prova della notifica).

La parte resistente si costituisce in giudizio depositando il fascicolo, con le controdeduzioni e con i documenti. Nelle controdeduzioni, «*espone le sue difese prendendo posizione sui motivi dedotti dal ricorrente e indica le prove di cui intende valersi, proponendo altresì le eccezioni processuali e di merito che non siano rilevabili d'ufficio e instando, se del caso, per la chiamata di terzi in causa*» (art. 23, comma 3).

La mancata costituzione del ricorrente rende inammissibile il ricorso (art. 22, comma 1). Solo il ricorrente è titolare del diritto di azione; se il ricorrente non si costituisce in giudizio, non può costituirsi in giudizio l'altra parte.

La parte resistente, se non si costituisce in giudizio, non ha il diritto di ricevere l'avviso di fissazione dell'udienza (art. 31), né la notifica dell'istanza di pubblica udienza (art. 33), né la comunicazione del dispositivo (art. 37).

Inoltre, se vi è rinuncia al ricorso del ricorrente, il processo si estingue senza bisogno di accettazione della parte non costituita (art. 44).

D) La segreteria deve inserire i fascicoli delle parti nel fascicolo del processo, che dev'essere sottoposto al presidente della commissione, il quale deve compiere un esame preliminare del ricorso e, se riscontra uno dei casi di «*inammissibilità manifesta*» (espressamente previsti), deve dichiararla. Altrimenti assegna il ricorso ad una sezione. Il presidente della sezione ha il potere di dichiarare la sospensione, l'interruzione e l'estinzione del processo. Contro i provvedimenti presidenziali è ammesso reclamo al collegio (art. 28).

E) Il passo successivo del processo è la fissazione, da parte del presidente della sezione, dell'udienza per la sospensione dell'atto impugnato (se richiesta) e dell'udienza di trattazione, di cui deve essere dato avviso alle parti costituite almeno trenta giorni liberi prima (art. 31). L'omissione di questo adempimento, o la violazione del termine, incidono sul contraddittorio; se l'udienza si tiene senza che le parti (o una delle parti) siano state ritualmente avvertite, la decisione è nulla.

F) Le parti possono produrre documenti inserendoli nel fascicolo con cui si costituiscono in giudizio, oppure come allegati delle memorie difensive, o con apposita nota, fino a venti giorni liberi prima dell'udienza (art. 32). E possono presentare memorie fino a dieci giorni liberi prima dell'udienza (art. 32).

Il doppio termine è stato fissato per dar modo alle parti di predisporre la memoria tenendo conto dei documenti eventualmente prodotti dall'avversario.

Nel caso di trattazione in camera di consiglio sono consentite brevi repliche scritte fino a cinque giorni liberi prima dell'udienza.

La trattazione della controversia da parte del collegio può avvenire in pubblica udienza o in camera di consiglio.

La pubblica udienza deve essere richiesta da una delle parti (art. 33, comma 1), con atto autonomo oppure nel ricorso o in altro atto processuale, purché si tratti di atto notificato alle altre parti costituite e depositato in segreteria dieci giorni liberi prima dell'udienza.

In mancanza di istanza di pubblica udienza, la trattazione avviene in camera di consiglio (cioè in modo non pubblico, e senza la partecipazione delle parti).

L'udienza pubblica si svolge nel modo seguente: dopo la relazione di uno dei componenti del collegio, le parti sono ammesse alla discussione; quindi il collegio delibera la decisione in camera di consiglio.

Come nel processo civile, la sentenza è resa pubblica mediante deposito nella segreteria (nel termine di trenta giorni dalla deliberazione). Il segretario deve far risultare il deposito apponendo sulla sentenza la firma e la data.

La segreteria della commissione deve quindi comunicare il dispositivo alle parti costituite (entro dieci giorni dal deposito).

5.3. *La conciliazione.*

A) Anche il processo tributario può estinguersi perché le parti si conciliano. La conciliazione può avvenire in udienza o fuori udienza. Le parti che, fuori udienza, raggiungono un accordo conciliativo, devono presentare istanza congiunta (sottoscritta personalmente o dai difensori) per la definizione totale o parziale della controversia (art. 48).

Se la data di trattazione è già fissata e sussistono le condizioni di ammissibilità, la commissione pronuncia sentenza di cessazione della materia del contendere. Se l'accordo conciliativo è parziale, la commissione dichiara con ordinanza la cessazione parziale della materia del contendere e procede alla ulteriore trattazione della causa.

La conciliazione si perfeziona con la sottoscrizione dell'accordo, nel quale sono indicate le somme dovute con i termini e le modalità di pagamento. L'accordo costituisce titolo per la riscossione delle somme dovute all'ente impositore e per il pagamento delle somme dovute al contribuente.

B) L'art. 48-*bis* prevede che ciascuna parte, entro il termine entro cui possono essere depositate memorie, può presentare istanza per la conciliazione totale o parziale della controversia.

All'udienza la commissione, se sussistono le condizioni di ammissibilità, invita le parti alla conciliazione, rinviando eventualmente la causa alla successiva udienza per il perfezionamento dell'accordo.

La conciliazione si perfeziona con la redazione del processo verbale nel quale sono indicate le somme dovute con i termini e le modalità di pagamento. Il processo verbale costituisce titolo per la riscossione di quanto dovuto all'ente impositore e per il pagamento delle somme dovute al contribuente.

La commissione dichiara con sentenza l'estinzione del giudizio per cessazione della materia del contendere.

C) L'art. 48-*ter* prevede che le sanzioni amministrative si applicano nella misura del 40% del minimo previsto dalla legge, se la conciliazione è perfezionata nel corso del primo grado di giudizio, e nella misura del 50% del minimo previsto dalla legge, in caso di perfezionamento nel corso del secondo grado di giudizio.

Il versamento delle somme dovute o, in caso di rateizzazione, della prima rata, deve essere eseguito entro 20 giorni dalla data di sottoscrizione dell'accordo conciliativo raggiunto fuori udienza o dalla data di redazione del processo verbale relativo alla conciliazione realizzata in udienza.

In caso di mancato pagamento delle somme dovute nel termine previsto, o anche di una sola delle rate diverse dalla prima entro il termine di pagamento della rata successiva, il fisco iscrive a ruolo le residue somme dovute e la sanzione per omesso versamento, pari al 60% del residuo importo dovuto.

Per il versamento delle somme dovute si applicano le disposizioni, anche sanzionatorie, previste per l'accertamento con adesione dall'art. 8, D.lgs. 19 giugno 1997, n. 218.

D) La conciliazione è sottoposta al vaglio del giudice tributario, che ha il potere-dovere di valutarne la legittimità formale (ossia, il rispetto delle regole procedimentali enunciate dalla norma), e la sua ammissibilità. Il giudice non deve dichiarare estinto il processo quando non sussistono i presupposti processuali della conciliazione (ad esempio, quando il ricorso introduttivo è inammissibile), o quando la conciliazione abbia per oggetto materie non conciliabili. Non è sindacabile il merito dell'accordo.

E) Non tutte le controversie possono essere conciliate. L'assenza di limiti espliciti non comporta, per l'Amministrazione, l'esonero dalle regole che disciplinano il suo agire, come se, nella conciliazione, l'Amministrazione finanziaria potesse disporre del credito fiscale, come un privato.

L'Amministrazione, in definitiva, non può accedere ad alcuna soluzione che non appaia conforme al diritto e che non rappresenti la giusta composizione della lite.

F) Come l'accertamento con adesione, la conciliazione tributaria è considerata, da una parte della dottrina, un accordo transattivo, e poiché la transazione non può avere per oggetto diritti non disponibili, nella conciliazione (come nell'accertamento con adesione) viene ravvisata una deroga alla indisponibilità del rapporto d'imposta.

Questa tesi non è accettabile, perché non consona all'oggetto pubblicistico del processo tributario. La transazione (come disciplinata dal codice civile) è realizzata attraverso reciproche concessioni: le parti private, per mettere fine alla lite, possono disporre liberamente dei loro diritti.

La conciliazione tributaria ha natura diversa da quella di diritto civile, pur avendo anch'essa la comune funzione di dirimere una lite, perché l'Amministrazione non è libera di disporre del suo diritto; può accordarsi con il contribuente, ma solo per realizzare la giusta composizione della lite.

Vi è sì un accordo tra le parti, ma l'atto, che scaturisce dall'accordo, è un provvedimento amministrativo, che rettifica l'atto impugnato, con la contestuale accettazione del contribuente (come nell'accertamento con adesione).

La conciliazione, insomma, consta di un atto autoritativo, al quale si aggiunge, dall'esterno – senza fondersi con esso, data la loro eterogeneità – il consenso del contribuente.

6. *La sospensione cautelare.*

A) L'avviso di accertamento è dotato di efficacia immediata, che è però sospesa (in parte) dalla presentazione di ricorso, per i tributi cui si applica l'art. 15, D.P.R. 29 settembre 1973, n. 602. In base a tale disposizione, dopo la presentazione del ricorso, dev'essere pagato un terzo dell'imposta (con gli interessi).

Il ricorso contro un avviso di accertamento impedisce quindi solo in parte l'esecuzione dell'atto impugnato; non la impedisce affatto se è impugnata l'iscrizione a ruolo o la cartella di pagamento.

Il ricorrente può chiedere al giudice di sospendere l'esecuzione dell'atto impugnato, ai sensi dell'art. 47.

La sospensione è legata a due presupposti: a) il *fumus boni iuris* (ossia la probabile fondatezza del ricorso); b) il *periculum in mora* (ossia il pericolo che, nelle more del processo, si verifichi un danno grave e irreparabile).

La decisione sulla domanda cautelare spetta al collegio ma, in caso di «*eccezionale urgenza*», il presidente può disporre la sospensione in via interinale, ossia fino alla decisione del collegio.

Il collegio decide in camera di consiglio, dopo aver sentito le parti e dopo aver «*delibato*» (ossia: esaminato sommariamente) il merito; la pronuncia ha la forma dell'ordinanza, deve essere motivata, e non è impugnabile.

La sospensione può anche essere parziale e può essere subordinata alla prestazione di idonea garanzia (mediante cauzione o fideiussione bancaria o assicurativa).

Gli effetti della sospensione cessano con la pubblicazione della sentenza di primo grado; si applica poi l'art. 68.

B) La sospensione della riscossione può essere chiesta anche in appello.

Se la sentenza appellata respinge o dichiara inammissibile il ricorso, la sospensione dell'efficacia dell'avviso di accertamento si riduce. La sentenza è esecutiva, nel senso che è riscuotibile una frazione ulteriore del tributo, in aggiunta a quella riscuotibile dopo la presentazione del ricorso. È questa la misura in cui l'atto impugnato, a norma dell'art. 68, comma 1, diventa eseguibile, *ope legis*, a seguito della sentenza che dichiara inammissibile o respinge il ricorso. Tale sentenza, quindi, è esecutiva, nel senso che rende esecutiva una frazione ulteriore dell'atto impugnato.

Non è una sentenza di condanna (del contribuente), ma una sentenza a contenuto dichiarativo; la sua esecutività incide sull'esecutività dell'atto impugnato.

È portato infatti ad esecuzione l'avviso di accertamento impugnato, se è esecutivo, o il ruolo, se l'avviso è iscritto a ruolo, o il c.d. atto di rideterminazione del dovuto (del tributo o delle sanzioni) a seguito di sentenze.

L'art. 52 prevede che «*L'appellante può chiedere alla commissione regionale di sospendere in tutto o in parte l'esecutività della sentenza impugnata, se sussistono gravi e fondati motivi*».

Se dunque l'esecuzione dell'atto d'imposizione impugnato dipende dalla sentenza sottoposta a gravame, si comprende in che senso in appello la sospensione ha riguardo alla sentenza appellata. La sospensione della riscossione, cessata (parzialmente) per effetto della sentenza impugnata, può essere ripristinata dal giudice di appello, nell'esercizio dei suoi poteri cautelari.

L'atto da eseguire resta l'atto impugnato, ma in appello l'esecuzione dell'atto impugnato dipende dalla sentenza appellata. Accogliendo l'istanza cautelare dell'appellante, il giudice di appello fa cessare l'effetto della sentenza di primo grado nella parte in cui rende eseguibile l'atto impugnato.

C) La sospensione della sentenza implica sospensione dell'effetto della sentenza sulla esecuzione dell'atto impugnato, ma non incide sull'importo riscuotibile in pendenza del primo grado.

Il contribuente può richiedere la sospensione integrale della riscossione, ponendo ad oggetto dell'istanza direttamente l'atto impugnato (invece che la sentenza).

L'istanza cautelare può così riguardare non solo l'importo reso riscuotibile dalla sentenza di primo grado sfavorevole al contribuente, ma anche l'importo riscuotibile in primo grado, dopo la presentazione del ricorso.

È infatti previsto che il contribuente «*può comunque chiedere la sospensione dell'esecuzione dell'atto se da questa può derivargli un danno grave e irreparabile*».

Accogliendo *in toto* tale istanza, è integralmente sospesa la riscossione dell'atto impugnato.

D) Se in appello è emessa sentenza negativa per il contribuente, viene meno la sospensione dell'atto impugnato (dipendente dalla pendenza del processo) ed è riscuotibile tutto il dovuto, ai sensi dell'art. 68, comma 1 (dedotto ovviamente il riscosso).

L'art. 62-*bis* prevede, come la norma relativa all'appello, che la parte che ha proposto ricorso in Cassazione – dimostrando di avere depositato il ricorso in Cassazione – «*può chiedere alla commissione che ha pronunciato la sentenza impugnata di sospenderne in tutto o in parte l'esecutività allo scopo di evitare un danno grave e irreparabile*».

La sospensione presuppone qui il *periculum in mora*, ma non il *fumus*.

Il giudice di secondo grado, sospendendo l'esecutività della (sua) sentenza, ne sospende l'effetto che incide sulla esecutività dell'atto impugnato. Viene sospeso quel particolare effetto *ex lege* di tale sentenza, che consiste nel determinare la cessazione della sospensione; viene, in tal modo, ripristinata la sospensione della riscossione.

Anche qui l'istanza può avere per oggetto direttamente l'atto impugnato. «*Il contribuente può comunque chiedere la sospensione dell'esecuzione dell'atto se da questa può derivargli un danno grave e irreparabile*».

Le norme procedurali sono simili a quelle previste in appello.

Il presidente fissa con decreto la trattazione della istanza di sospensione per la prima camera di consiglio utile disponendo che ne sia data comunicazione alle parti almeno dieci giorni liberi prima.

In caso di eccezionale urgenza il presidente può disporre con decreto motivato la sospensione dell'esecutività della sentenza fino alla pronuncia del collegio.

Il collegio, sentite le parti in camera di consiglio, provvede con ordinanza motivata non impugnabile.

La sospensione può essere subordinata alla prestazione della garanzia di cui all'art. 69, comma 2. Si applica la disposizione dell'art. 47, comma 8-*bis*.

E) Nel processo tributario le sentenze di condanna sono sentenze che condannano al rimborso in favore del contribuente. L'art. 69 stabilisce che tali sentenze sono immediatamente esecutive (come le sentenze in materia catastale). «*Tuttavia il pagamento di somme dell'importo superiore a diecimila euro, diverse dalle spese di lite, può essere subordinato dal giudice, anche tenuto conto delle condizioni di solvibilità dell'istante, alla prestazione di idonea garanzia*».

Il pagamento delle somme dovute a seguito della sentenza deve essere eseguito entro 90 giorni dalla sua notificazione o dalla presentazione della garanzia.

In caso di mancata esecuzione della sentenza il contribuente può richiedere l'ottemperanza alla commissione tributaria provinciale o, se il giudizio è pendente nei gradi successivi, alla commissione tributaria regionale.

Dal canto suo, la parte pubblica condannata, appellando la sentenza di primo grado, «*può chiedere alla commissione regionale di sospendere in tutto o in parte l'esecutività della sentenza impugnata, se sussistono gravi e fondati motivi*» (art. 52).

Inoltre, la stessa parte, se ricorre in Cassazione, «*può chiedere alla commissione che ha pronunciato la sentenza impugnata di sospenderne in tutto o in parte l'esecutività allo scopo di evitare un danno grave e irreparabile*» (art. 62-*bis*).

7. *Sospensione, interruzione ed estinzione del processo.*

A) L'art. 2, comma 3, prevede che «*il giudice tributario risolve in via incidentale ogni questione da cui dipende la decisione delle controversie rientranti nella propria giurisdizione, fatta eccezione per le questioni in materia di querela di falso e sullo stato o la capacità delle persone, diversa dalla capacità di stare in giudizio*».

Pertanto, il processo tributario non deve essere sospeso in caso di pregiudizialità esterna, cioè se pende una questione pregiudiziale dinanzi al giudice civile, o dinanzi al giudice amministrativo, né quando pende processo penale per i medesimi fatti che sono da accertare nel processo tributario.

La sospensione necessaria è prevista dall'art. 39 solo «*quando è presentata querela di falso o deve essere decisa in via pregiudiziale una questione sullo stato o la capacità delle persone, salvo che si tratti della capacità di stare in giudizio*».

B) Se la causa pregiudiziale è di natura tributaria, la causa dipendente deve essere sospesa. L'art. 39, comma l-*bis*, prevede infatti che la commissione tributaria dispone la sospensione del processo in ogni caso in cui essa stessa o altra commissione tributaria deve risolvere una controversia dalla cui definizione dipende la decisione della causa.

Il processo tributario, quindi, deve essere sospeso quando la causa pregiudiziale sia pendente dinanzi ad altro giudice tributario. Occorre però che le parti della causa pregiudiziale siano le medesime della causa dipendente.

Ad esempio, se è impugnato un diniego di condono, vi è pregiudizialità tra causa sul condono e causa sulla controversia condonata. Ancora, dev'essere sospesa la causa su una singola annualità di un tributo, se pende causa sul diniego di esenzione decennale.

C) Il processo tributario, secondo regole comuni a tutti i processi, deve essere sospeso: a) quando è presentato regolamento preventivo di giurisdizione; b) quando è sollevata una questione di costituzionalità; c) quando la commissione dispone il rinvio pregiudiziale alla Corte di giustizia dell'UE, ai sensi dell'art. 267 del TFUE; d) quando viene presentato il ricorso per ricusazione del giudice.

D) La sospensione è dichiarata con ordinanza: durante la sospensione non possono essere compiuti atti del processo. Quando cessa la causa della sospensione, deve essere presentata istanza di trattazione entro sei mesi, altrimenti il processo si estingue.

E) L'interruzione del processo tributario è disciplinata in modo assai simile al processo civile. In estrema sintesi, si ha interruzione del processo quando muore la parte privata o il suo legale rappresentante o il suo difensore, quando la parte perde la capacità di stare in giudizio, o il difensore dall'albo è radiato dall'albo, ecc.

Come già detto nel capitolo sui soggetti, la cancellazione di una società dal registro delle imprese ne determina l'estinzione secondo l'art. 2495 c.c., ma, per il diritto tributario, si prevede, con norma speciale, che, la società sopravvive per cinque anni dopo la cancellazione (D.lgs. 21 novembre 2014, n. 175, art. 28, comma 4). Trascorso tale termine, il processo tributario si interrompe e subentrano i soci (Cass., sez. un., 12 marzo 2013, n. 6070).

Le conseguenze dell'interruzione sono analoghe a quelle della sospensione. Non possono essere compiuti atti del processo e, se non è presentata tempestivamente istanza per la ripresa, il processo si estingue.

F) Il processo può estinguersi per rinuncia al ricorso, per inattività delle parti o per cessazione della materia del contendere.

La rinuncia non ha effetto se non è accettata dalle altre parti costituite che abbiano «*effettivo interesse*» alla prosecuzione del processo. In linea generale, è da escludere che la parte pubblica abbia interesse alla prosecuzione del processo, salvo che per le spese del giudizio.

Per inattività delle parti il processo si può estinguere nei casi in cui l'impulso di parte è previsto come necessario per la prosecuzione del giudizio: e, quindi, nel caso in cui la parte non si attivi a seguito di sospensione o interruzione, o nel caso in cui non ottemperi all'ordine di integrare il contraddittorio, o non riassuma dopo una sentenza declinatoria della competenza o dopo una sentenza di rinvio della Cassazione.

Si ha cessazione della materia del contendere quando viene meno l'oggetto del processo, ossia l'atto impugnato: ad esempio quando avviene la conciliazione; quando l'Amministrazione ritira l'atto impugnato; quando il contribuente si avvale di condoni o sanatorie.

8. *I provvedimenti del giudice.*

Il giudice tributario, come il giudice civile, può emettere sentenze, ordinanze e decreti. I provvedimenti collegiali hanno la forma di sentenza o di ordinanza.

Il collegio pronuncia sentenza quando definisce il giudizio; e cioè quando decide il ricorso o dichiara l'estinzione del giudizio. Non sono ammesse sentenze non definitive o limitate ad alcune domande.

Il collegio pronuncia ordinanza quando non definisce il giudizio. Ad esempio, quando dispone la sospensione dell'atto impugnato, la sospensione o l'interruzione del processo, l'assunzione di mezzi di prova, la riunione dei processi.

I decreti sono atti del presidente che regolano lo svolgimento del processo. Sono dunque atti generalmente ordinatori. Il presidente pronuncia decreto, ad esempio, quando assegna il ricorso ad una sezione e quando riunisce dinanzi ad una medesima sezione ricorsi pendenti dinanzi a sezioni diverse.

Il presidente della singola sezione emette decreto quando fissa l'udienza di trattazione della controversia e nomina il relatore, quando dispone la riunione dei ricorsi, quando dichiara l'inammissibilità manifesta del ricorso, quando dispone la sospensione e l'estinzione del processo (artt. 27, 29, 41, 44, 45 e 46).

9. *L'istruzione probatoria.*

A) La materia delle prove è regolata dal D.lgs. n. 546 e da norme del codice di procedura civile. La norma-cardine in tema di prove è quella secondo cui il giudice, «*salvi i casi previsti dalla legge, deve porre a fondamento della decisione le prove proposte dalle parti*» (art. 115 c.p.c.). La raccolta delle prove è quindi dominata dal principio dispositivo. Il giudice deve pronunciare in base alle prove fornite dalle parti; solo nei casi previsti dalla legge la prova può essere assunta d'ufficio dal giudice.

A norma dell'art. 115 c.p.c., il giudice deve tener conto anche dei «*fatti non specificamente contestati dalla parte costituita*». È così codificato «il principio di non contestazione», o «principio dell'onere di contestazione», in base al quale devono ritenersi provati i fatti affermati da una parte e non tempestivamente contestati dall'altra parte.

B) I poteri istruttori delle commissioni tributarie rispecchiano quelli degli uffici impositori. Dispone infatti l'art. 7 che «*le commissioni tributarie, ai fini istruttori e nei limiti dei fatti dedotti dalle parti, esercitano tutte le facoltà di accesso, di richiesta di dati, di informazioni e chiarimenti conferiti agli uffici tributari e all'ente locale da ciascuna legge d'imposta*».

Quando occorra acquisire «*elementi conoscitivi di particolare complessità*», le commissioni tributarie possono richiedere una relazione ad organi tecnici di una pubblica amministrazione (compresa la Guardia di finanza), oppure disporre una consulenza tecnica, secondo le regole del codice di procedura civile (art. 7, comma 2).

Va aggiunto che il giudice tributario:

– su istanza di parte, può ordinare all'altra parte o ad un terzo di esibire in giudizio un documento o altra cosa di cui ritenga necessaria l'acquisizione al processo (art. 210 c.p.c.);

– può richiedere d'ufficio alla pubblica amministrazione le informazioni scritte relative ad atti e documenti dell'amministrazione stessa, che è necessario acquisire al processo (art. 113 c.p.c.).

C) Il processo tributario è un processo di parti, ed il potere di indicare i fatti rilevanti per il giudizio appartiene in via esclusiva alle parti. Il giudice, pertanto, non può indagare su fatti che non siano stati indicati dalle parti, come precisa il citato art. 7, che circoscrive i poteri istruttori del giudice «*nei limiti dei fatti dedotti dalle parti*»; inoltre, i poteri probatori del giudice sono esercitabili a fini istruttori, non a fini decisori.

9.1. *Le prove escluse.*

A) Nel processo tributario non sono ammessi il giuramento e la testimonianza (art. 7, comma 4); non sono perciò applicabili le norme del codice civile e del codice di procedura civile relative a tali mezzi di prova.

Ciò però non comporta, secondo la giurisprudenza, l'inutilizzabilità delle dichiarazioni di terzi riprodotte nei processi verbali della Guardia di finanza o dell'Amministrazione finanziaria.

Si ritiene che il giudice tributario può prendere in considerazione le dichiarazioni stragiudiziali come semplici indizi, sicché la decisione non può essere fondata soltanto su di esse, ma sono necessari anche altri elementi di prova (Corte cost., 21 gennaio 2000, n. 18).

Si ammette che anche le parti private – per il principio di parità delle armi, sancito dall'art. 111 Cost. – abbiano la facoltà di produrre in giudizio dichiarazioni scritte di terzi, al fine di contrastare l'efficacia probatoria delle dichiarazioni di terzi prodotte dall'Amministrazione finanziaria.

B) In materia di imposte sui redditi, «*Le notizie e i dati non addotti e gli atti, i documenti, i libri e i registri non esibiti o non trasmessi in risposta agli inviti dell'ufficio non possono essere presi in considerazione, a favore del contribuente, ai fini dell'accertamento in sede amministrativa e contenziosa*» (D.P.R. 29 settembre 1973, n. 600, art. 32, comma 4). Per l'Iva vi è una norma analoga (D.P.R. 26 ottobre 1972, n. 633, art. 52, comma 5).

La preclusione opera soltanto in presenza di una specifica richiesta da parte dell'Amministrazione e di un rifiuto o di un occultamento da parte del contribuente.

Il contribuente può superare questa preclusione se deposita, con il ricorso, i documenti non esibiti in fase amministrativa, dichiarando di non aver potuto adempiere alle richieste dell'ufficio per causa a lui non imputabile.

C) Nel processo tributario, come nel processo penale, non sono utilizzabili le prove acquisite illegittimamente. Prima che nel processo, le prove acquisite illegittimamente non sono utilizzabili in sede amministrativa. Nel valutare la fondatezza di un avviso di accertamento non bisogna tener conto delle prove acquisite illegittimamente.

Non sono utilizzabili i documenti acquisiti nel corso di un accesso che sia stato eseguito senza autorizzazione del Procuratore della Repubblica o dell'autorità giudiziaria, o a seguito di autorizzazione illegittima, essendo qui in gioco la tutela del domicilio (art. 14 Cost.).

Invece, non è ritenuta invalidante la mancanza di autorizzazione della direzione regionale dell'Agenzia e del comandante di zona della Guardia di finanza per lo svolgimento di indagini bancarie, trattandosi di atto interno. Analogamente, sono considerate utilizzabili le prove acquisite in sede penale e trasmesse all'Amministrazione finanziaria senza autorizzazione dell'autorità giudiziaria, essendo, tale autorizzazione, intesa a tutelare il processo penale, non il contribuente.

9.2. *Le prove ammesse.*

A) Nel processo tributario sono ammesse le presunzioni semplici. Non si applica l'art. 2729, comma 2, c.c., secondo cui le presunzioni semplici sono escluse nei casi in cui non è ammessa la prova testimoniale. L'Amministrazione finanziaria può porre (e pone frequentemente) a fondamento dei suoi atti presunzioni semplici, quali sono, ad esempio, i criteri di quantificazione del reddito contenuti negli studi di settore e nel redditometro.

Le presunzioni semplici devono essere basate su elementi «*gravi, precisi e concordanti*» (art. 2729 c.c.).

Ma il diritto tributario conosce anche presunzioni che possiamo definire «semplicissime», non essendo richiesto che gli indizi siano gravi, precisi e concordanti. Tali presunzioni sono previste per la quantificazione extracontabile (ossia induttiva) del reddito d'impresa e dell'imponibile Iva.

B) Il giudice valuta le prove «*secondo il suo prudente apprezzamento, salvo che la legge disponga altrimenti*» (art. 116 c.p.c.). Ma sono numerosi i casi nei quali l'efficacia di un mezzo di prova è predeterminata dalla legge. L'atto pubblico, a norma dell'art. 2700 c.c., «*fa piena prova, fino a querela di falso, della provenienza del documento dal pubblico ufficiale che lo ha formato, nonché delle dichiarazioni delle parti e degli altri fatti che il pubblico ufficiale attesta avvenuti in sua presenza o da lui compiuti*». I verbali delle verifiche, quindi, fanno piena prova, fino a querela di falso, dei fatti compiuti dal verbalizzante o avvenuti in sua presenza, mentre, per tutto il resto, sono liberamente valutabili. A parte ciò, i verbali non sono mezzi di prova: sono, piuttosto, veicoli attraverso cui le prove raccolte dai verbalizzanti pervengono nel processo.

C) La confessione non è espressamente disciplinata nel processo tributario. Si applicano le norme del codice civile, ma la confessione, resa su fatti relativi a diritti non disponibili (sono tali i fatti relativi ai tributi e alle relative infrazioni), non ha valore di prova piena (artt. 2733 e 2735 c.c.). È quindi liberamente apprezzata dal giudice.

Valgono come confessione le dichiarazioni che il contribuente faccia, nel processo o in atti extraprocessuali, di fatti a sé sfavorevoli. La stessa dichiarazione dei redditi e le altre dichiarazioni fiscali costituiscono dichiarazioni di fatti sfavorevoli al dichiarante, e, dunque, confessioni stragiudiziali.

Valore di confessione stragiudiziale viene data anche alle dichiarazioni rese nelle risposte ai questionari, o documentate nei verbali redatti in seguito a convocazione del contribuente presso l'ufficio, o in sede di accesso, se il verbale che le documenta è stato sottoscritto dal contribuente.

D) Gli elementi probatori raccolti nel corso di indagini di polizia giudiziaria sono coperti dal segreto (art. 329 c.p.p.), ma il magistrato penale può autorizzarne l'utilizzazione fiscale, se ritiene che non vi sia pregiudizio per le indagini penali (D.P.R. 29 settembre 1973, n. 600, art. 33).

E) Gli accertamenti di fatto contenuti nelle sentenze penali passate in giudicato vincolano i giudizi civili e amministrativi, secondo l'art. 654 c.p.p., ma solo se la legge regolatrice del processo in cui hanno rilievo i medesimi fatti non ponga limitazioni di prova.

Secondo la giurisprudenza consolidata, il giudicato penale non vincola il giudice tributario, perché nel processo tributario vi sono limiti probatori (tra cui il divieto di prove testimoniali) estranei al processo penale e perché nel processo tributario possono assumere valore delle presunzioni, che non possono dare fondamento ad una sentenza penale.

Ciò non significa, peraltro, che il giudicato penale non abbia valore per il giudice tributario. La sentenza penale non è di per sé una prova, ma il veicolo attraverso cui le prove raccolte nel processo penale sono portate a conoscenza del giudice tributario, che può prenderle in considerazione compiendone una autonoma valutazione.

10. *L'onere della prova.*

A) La giurisprudenza, applicando l'art. 2697 c.c., pone a carico dell'Amministrazione finanziaria l'onere di provare gli elementi attivi della base imponibile, considerati come fatti costitutivi, essendo il fisco «*attore in senso sostanziale*». Invece l'onere di provare gli elementi negativi (i costi) è ritenuto gravare sul contribuente, sempre ai sensi dell'art. 2697 c.c.

Va però considerato che il processo tributario è un processo d'impugnazione di provvedimenti amministrativi. E l'Amministrazione può emanare un provvedimento solo dopo che ha acquisito la prova dei fatti, indicati in motivazione, su cui il provvedimento si fonda.

Perciò il problema della prova (e del relativo onere), prima che nel processo, si pone nel procedimento impositivo. E assumono rilievo le norme che regolano l'indagine amministrativa, e che prevedono poteri e doveri dell'Amministrazione, la cui inosservanza può riverberarsi sulla legittimità del provvedimento impositivo, dato che l'atto amministrativo non può essere emesso, se non sulla base di prove che lo giustifichino.

B) Se è contestata la legittimità formale di un provvedimento, è a carico dell'Amministrazione l'onere di provare di averlo formato rispettando le regole procedurali, di cui è lamentata la violazione.

Ad esempio, in caso di notifica anzitempo dell'avviso di accertamento, è a carico dell'Amministrazione l'onere della prova dei motivi di urgenza che ne hanno determinato l'emissione anticipata.

È sempre l'Amministrazione onerata della prova se, ad esempio, il ricorrente lamenta che l'atto è stato emesso senza contraddittorio.

C) In tema di contenuto dell'atto impugnato, l'onere della prova è a carico dell'Amministrazione non solo quando accerta elementi attivi, ma anche quando disconosce i costi dedotti.

Anche il disconoscimento dei costi si traduce in accertamento di un maggior imponibile. E l'Amministrazione, come già detto, può emettere un avviso con cui disconosce dei costi, solo se ha acquisito, nel procedimento, la prova dei fatti posti a fondamento della indeducibilità.

Anche per i costi, dunque, l'Amministrazione deve acquisirne la prova in sede amministrativa, prima di emettere un atto che li disconosce. E nel processo l'Amministrazione ha l'onere di provare di aver acquisito la prova nell'istruttoria del procedimento.

Perciò l'Amministrazione non può riprendere a tassazione un costo, se non ha previamente richiesto al contribuente di esibire i documenti di cui il contribuente deve essere in possesso (fatture ricevute, quietanze, ecc.).

In tale fase il contribuente ha l'onere di produrre le prove dei costi, prove che l'Amministrazione ha il potere/dovere di chiedergli. Sarebbe illegittimo un avviso che contestasse dei costi, senza previa indagine.

L'Amministrazione può fondare il provvedimento sulla mancata produzione, in fase amministrativa, da parte del contribuente, dei documenti che gli sono stati chiesti.

È il caso, ad esempio, di un accertamento induttivo emesso sulla base della circostanza che il contribuente non ha risposto ai questionari, o alla richiesta di esibire documenti e libri contabili.

D) Anche quando si discute dell'applicazione di una esenzione o di una norma agevolativa l'Amministrazione deve provare i fatti, in base a cui ha emesso il provvedimento; dopo che ciò è avvenuto, grava invece sul contribuente l'onere di provare i fatti, dai quali dipende l'applicazione della norma di favore.

E) Nei processi di rimborso, il ricorrente ha l'onere di provare i fatti costitutivi del diritto di credito che deduce in giudizio, come nei giudizi civili di ripetizione dell'indebito. Non ha l'onere di provare che non ha traslato su altri l'onere del tributo.

11. *Le sentenze tributarie.*

A) La sentenza che respinge il ricorso è una sentenza di mero accertamento che, rilevata l'insussistenza dei vizi denunciati, accerta l'insussistenza del diritto potestativo all'annullamento dell'atto impugnato.

Invece, la sentenza che accoglie il ricorso (per motivi formali o sostanziali) è una sentenza di accertamento costitutivo, in quanto accerta il diritto all'annullamento e lo attua, annullando l'atto impugnato.

B) Nel definire la tipologia delle sentenze tributarie, la giurisprudenza ritiene che, quando l'impugnazione verte su vizi formali dell'atto particolarmente gravi (ad esempio, difetto assoluto di motivazione, incompetenza dell'ufficio), il giudice può annullare integralmente l'atto impugnato.

Invece, se il giudizio verte sui vizi sostanziali dell'atto impugnato (e quindi sull'*an* o sul *quantum* dell'imposta, in caso di impugnazione dell'avviso di accertamento), la sentenza – secondo la giurisprudenza – sostituisce l'atto impugnato, sia quando respinge, sia quando accoglie il ricorso. Perciò il processo tributario è definito come processo di impugnazione-merito, intendendo dire con ciò che la sentenza sostituisce l'atto impugnato.

L'orientamento della giurisprudenza non è da condividere. Infatti, la sentenza che respinge il ricorso si limita a dichiarare che non sussistono i vizi denunciati e che il ricorrente non ha diritto all'annullamento dell'atto impugnato; e non v'è motivo di pensare che sia o debba essere sostituito un atto, in cui non si rinvengono vizi.

In realtà, come già detto, le sentenze che accolgono le domande di impugnazione contengono, da un lato, l'accertamento del diritto (del ricorrente) all'annullamento, e, dall'altro, l'annullamento (totale o parziale) dell'atto impugnato.

Se il giudice accoglie totalmente una domanda di annullamento integrale dell'atto, l'atto è eliminato e, cadendo l'atto, cadono anche i suoi effetti (l'obbligazione tributaria).

Anche nel caso in cui il giudice accoglie in parte il ricorso, e, ad esempio, riduce la base imponibile determinata da un avviso di accertamento, si ha un annullamento parziale: cade, con la parte di atto annullato, la parte corrispondente di effetti. L'atto è idealmente scisso in due parti: una parte legittima, una illegittima. Quella illegittima è eliminata; resta quella legittima. Anche qui, una pronuncia sostitutiva non ha ragion d'essere. Non è pensabile che il giudice statuisca la eliminazione della parte dell'atto giudicata legittima, o non impugnata, e la riproduca con identico contenuto. Anche quando l'annullamento è parziale, dunque, la sentenza di accoglimento del ricorso non sostituisce l'atto impugnato, vale a dire non è un nuovo atto impositivo, di matrice giudiziale.

C) Le sentenze che accolgono le domande di rimborso sono sentenze di condanna. Il contribuente non deve limitarsi a impugnare il provvedimento negativo, chiedendone l'annullamento, o a censurare il silenzio, ma deve chiedere che venga accertato il suo diritto al rimborso e che l'Amministrazione sia condannata a rimborsare.

Ne deriva che le sentenze che accolgono domande di rimborso hanno un contenuto complesso, perché devono contenere, in primo luogo, l'annullamento del diniego, e, dall'altro, l'accertamento del credito del ricorrente e la condanna dell'Amministrazione a rimborsare.

Nel caso di ricorsi proposti a seguito di silenzio, non c'è alcuna statuizione di annullamento, ma soltanto l'accertamento del credito e la condanna dell'amministrazione.

Le sentenze di condanna sono esecutive: il contribuente può esperire il giudizio di ottemperanza.

11.1. *La cosa giudicata: limiti oggettivi.*

A) Le sentenze tributarie passano in giudicato (in senso formale) quando non sono più soggette a impugnazione ordinaria (appello, cassazione, revocazione ordinaria), ma solo a revocazione straordinaria.

La riscossione a titolo definitivo presuppone una sentenza passata in giudicato in senso formale (D.P.R. 29 settembre 1973, n. 602, art. 14). Le sentenze passate in giudicato possono essere impugnate solo con revocazione straordinaria (art. 69).

La cosa giudicata sostanziale è invece l'accertamento irrevocabile di una situazione giuridica soggettiva (art. 2909 c.c.): nel processo tributario è l'accertamento (positivo o negativo) del diritto potestativo all'annullamento dell'atto impugnato, seguito, in caso di accoglimento, dall'annullamento dell'atto impugnato.

B) Oggetto, ed anche limite, del giudicato, è dunque la statuizione relativa all'impugnazione di un determinato atto.

Perciò il giudicato relativo ad un determinato tributo non vincola per altri tributi. Il giudicato che annulla un avviso di accertamento in materia di tributi diretti non esplica effetti in materia di Iva, anche se relativo alla stessa annualità e scaturente dalla medesima indagine di fatto. Reciprocamente, un giudicato relativo all'Iva non vincola in materia reddituale. L'accertamento che risolve questioni di fatto relative ad un periodo d'imposta non estende i suoi effetti ad un altro periodo di imposta.

C) Ritiene però la giurisprudenza che il giudicato tributario possiede (ove non si risolva nell'annullamento dell'atto per vizi formali o di motivazione) una potenziale capacità espansiva in altri giudizi tra le stesse parti.

Nonostante l'autonomia dei periodi d'imposta, il giudicato relativo ad un periodo vincola anche per altri periodi, nel caso in cui la pronuncia investa fatti a rilevanza pluriennale.

Il giudicato che annulla l'avviso di accertamento perché riconosce la spettanza di un'agevolazione pluriennale, relativa ad una determinata annualità, vale per tutti i periodi di durata dell'agevolazione, se il diritto all'agevolazione scaturisce da un fatto con valenza per tutta la durata del beneficio; ha, invece, valore per il singolo periodo d'imposta, se l'agevolazione dipende dall'attività concretamente svolta in ciascun periodo. Analoghe considerazioni valgono, ad esempio, per una sentenza che riguardi l'ammortamento di costo, essendovi alla base un fatto con valore pluriennale.

Invece gli accertamenti, relativi ad un periodo di imposta, non vincolano per altri periodi, se relativi a fatti che possono variare.

11.2. *La cosa giudicata: limiti soggettivi.*

A) Il giudicato vale solo tra le parti del processo, i loro eredi ed aventi causa. Non vale per i terzi e, soprattutto, non può pregiudicarli. È da richiamare, al riguardo, la sentenza della Corte costituzionale n. 48 del 1968 – già citata in tema di accertamento delle obbligazioni solidali – che dichiarò incostituzionale la c.d. supersolidarietà tributaria, ritenendo illegittimo «*un sistema che toglie ad alcuni condebitori di un tributo ogni possibilità di difesa autonoma del proprio interesse perché fa espandere fino a loro gli effetti del giudicato ottenuto nei confronti di altro coobbligato*».

Il principio del contraddittorio e il diritto di difesa impediscono di opporre il giudicato a chi non ha partecipato al processo o non è stato messo in grado di esserne parte.

Ne scaturisce, non solo nella solidarietà paritaria, ma anche nella solidarietà dipendente, che il giudicato non opera *ultra partes*. Il giudicato pronunciato tra l'Amministrazione finanziaria e un condebitore non può essere opposto ad altri condebitori, come il responsabile d'imposta. Il terzo, se una norma lo prevede (come l'art. 1306 c.c.), può profittare del giudicato *inter alios*, ma non può esserne pregiudicato.

Perciò, ad esempio, il giudicato che respinge il ricorso della società non può essere opposto ai soci, perché ciò comporterebbe una lesione del loro diritto di difesa (art. 24 Cost.).

B) Se i coobbligati impugnano l'atto impositivo con distinti ricorsi, gli esiti possono essere tanti, quanti sono i processi instaurati. La sentenza che respinge il ricorso di un condebitore non pregiudica gli altri, perché, secondo l'art. 1306 c.c., «*la sentenza, pronunciata tra il creditore ed uno dei debitori in solido non ha effetto contro gli altri debitori*».

Un problema, che non trova soluzione in alcuna norma espressa, si presenta quando l'avviso di accertamento non è impugnato da tutti i soggetti a cui è stato notificato.

Può accadere che un avviso di accertamento sia notificato a due coobbligati in solido e sia impugnato da uno soltanto, che ne ottiene l'annullamento con sentenza definitiva. Può, il debitore inerte, a cui l'Amministrazione finanziaria domandi il pagamento dell'imposta sulla base dell'avviso divenuto definitivo nei suoi confronti, opporsi alla riscossione, facendo valere il giudicato ottenuto dal condebitore?

La giurisprudenza ritiene applicabile l'art. 1306, comma 2, c.c., a norma del quale il giudicato intervenuto in un processo tra il creditore ed uno dei condebitori in solido può essere opposto al creditore anche dai condebitori che non hanno partecipato al processo; si ritiene, quindi, che la sentenza di annullamento dell'avviso di accertamento, ottenuta da un condebitore, possa essere opposta al fisco dagli altri condebitori, compreso chi non ha impugnato l'accertamento.

Si ritiene peraltro che il condebitore può invocare il giudicato favorevole, formatosi fra un altro condebitore e l'Amministrazione finanziaria, solo in via di eccezione (per contrastare la pretesa di pagamento del maggior tributo), non in via di azione (per la ripetizione di quanto già pagato), e si ammette però che il coobbligato possa agire in ripetizione se ha pagato il tributo per evitare l'esecuzione forzata.

Infine, secondo la giurisprudenza, il giudicato favorevole ottenuto da altro condebitore non può esser fatto valere dal coobbligato nei cui confronti si sia direttamente formato un giudicato sfavorevole.

Si può risolvere la questione considerando che: i) il processo tributario è un processo costitutivo rivolto all'annullamento di atti autoritativi; ii) i ricorsi dei condebitori in solido hanno per oggetto un identico atto impositivo; iii) l'annullamento di un atto vale *erga omnes*. Ciò implica che se un condebitore impugna, ed un altro condebitore non impugna, l'annullamento ottenuto dal condebitore impugnante è annullamento dell'unico atto impositivo ed esplica i suoi effetti verso tutti i condebitori. Per tale motivo dell'annullamento può giovarsi anche il condebitore rimasto inerte.

12. *La pronuncia sulle spese.*

A) L'art. 15, come l'art. 92 c.p.c., accoglie il principio della condanna del soccombente alle spese del giudizio, che sono liquidate con la sentenza.

La regola generale è dunque – anche nel processo tributario – quella della soccombenza, che può essere derogata, in base all'art. 15, comma 2, disponendo la compensazione, in tutto o in parte, «*soltanto in caso di soccombenza reciproca o qualora sussistano gravi ed eccezionali ragioni che devono essere espressamente motivate*».

Si applicano i commi primo e terzo dell'art. 96 c.p.c., in tema di responsabilità aggravata. Pertanto:

– se risulta che la parte soccombente ha agito o resistito in giudizio con mala fede o colpa grave, il giudice, su istanza dell'altra parte, la condanna, oltre che alle spese, al risarcimento dei danni, che liquida, anche di ufficio, nella sentenza.

– in ogni caso, quando pronuncia sulle spese ai sensi dell'art. 91 c.p.c. (ossia a seguito di rifiuto di proposta conciliativa), il giudice, anche d'ufficio, può condannare la parte soccombente al pagamento, a favore della controparte, di una somma equitativamente determinata.

Le spese di giudizio comprendono, oltre al contributo unificato, gli onorari e i diritti del difensore, le spese generali e gli esborsi sostenuti, oltre il contributo previdenziale e l'Iva, se dovuti.

Con l'ordinanza che decide sulle istanze cautelari la commissione provvede anche sulle spese della relativa fase. E la pronuncia sulle spese conserva efficacia anche dopo il provvedimento che definisce il giudizio, salvo diversa statuizione espressa nella sentenza di merito.

B) I compensi agli incaricati dell'assistenza tecnica sono liquidati sulla base dei parametri previsti per le singole categorie professionali.

Nella liquidazione delle spese a favore dell'ente impositore, dell'agente della riscossione e dei gestori dei tributi locali, se assistiti da propri funzionari, si applicano le disposizioni per la liquidazione del compenso spettante agli avvocati, con la riduzione del 20%.

La riscossione a favore del fisco avviene mediante iscrizione a ruolo a titolo definitivo dopo il passaggio in giudicato della sentenza.

C) Nelle controversie soggette alla mediazione le spese di giudizio sono maggiorate del 50% a titolo di rimborso delle maggiori spese del procedimento.

Qualora una delle parti abbia formulato una proposta conciliativa, non accettata dall'altra parte senza giustificato motivo, restano a carico di quest'ultima le spese del processo ove il riconoscimento delle sue pretese risulti inferiore al contenuto della proposta ad essa effettuata. Se è intervenuta conciliazione le spese si intendono compensate, salvo che le parti stesse abbiano diversamente convenuto.

D) La decisione sulle spese è pronunciata d'ufficio; non è necessaria né una esplicita richiesta di condanna, né la nota spese.

Il giudice deve provvedere alle spese anche in caso di estinzione del giudizio per cessazione della materia del contendere. In base al principio di soccombenza virtuale il giudice deve condannare il contribuente che rinuncia al ricorso o l'Amministrazione che ritira l'atto impugnato, salvo che sussistano giusti motivi per compensare.

13. *Ottemperanza alle sentenze di condanna.*

A) Il capo IV del D.lgs. n. 546, intitolato all'esecuzione delle sentenze delle commissioni tributarie, riguarda, in realtà, solo le sentenze di condanna.

Per le sentenze emesse nei processi di impugnazione non è configurabile una esecuzione in senso stretto. Le sentenze che annullano un atto amministrativo non hanno bisogno di esecuzione perché si eseguono da sé.

Le sentenze che, invece, respingono l'impugnazione di un atto impositivo sono sentenze puramente dichiarative: resta in vita l'atto impugnato ed è portato ad esecuzione l'atto impugnato, non la sentenza (art. 68).

B) La sentenza di condanna al pagamento di somme in favore del contribuente sono immediatamente esecutive e il giudizio di ottemperanza può essere promosso dal contribuente per ottenere l'esecuzione di sentenze di condanna dell'Amministrazione finanziaria, anche non definitive.

Il pagamento delle somme dovute a seguito della sentenza di condanna deve essere eseguito entro novanta giorni dalla sua notificazione ovvero dalla presentazione della garanzia, disposta dal giudice per i rimborsi di importo superiore a 10.000 euro.

In caso di mancata esecuzione della sentenza il contribuente può richiedere l'ottemperanza a norma dell'art. 70 alla commissione tributaria provinciale ovvero, se il giudizio è pendente nei gradi successivi, alla commissione tributaria regionale.

Il giudizio di ottemperanza può essere promosso inoltre dopo che la sentenza di condanna è passata in giudicato, in base alla copia autentica della sentenza «*spedita in forma esecutiva a norma dell'art. 475 del codice di procedura civile*».

Il ricorso per ottemperanza può essere proposto dopo che è scaduto il termine per l'adempimento degli obblighi posti dalla sentenza passata in giudicato a carico dell'Amministrazione finanziaria o di altro ente impositore. In mancanza di un termine, il ricorso è proponibile dopo che sono trascorsi trenta giorni da un atto di messa in mora notificato a mezzo di ufficiale giudiziario.

La competenza spetta alla commissione tributaria provinciale, quando la sentenza cui ottemperare è di tale organo. Quando cioè è una sentenza che non è stata appellata, o è stata impugnata, ma la commissione regionale ha dichiarato inammissibile o improcedibile l'appello.

Invece, se la commissione regionale si è pronunciata nel merito, e la sentenza è passata in giudicato, la competenza per l'ottemperanza spetta sempre alla commissione regionale, dato che la pronuncia di appello sostituisce quella appellata, anche quando conferma la sentenza appellata.

Se la sentenza della commissione tributaria regionale è impugnata e la Cassazione respinge il ricorso, il giudicato cui si riferisce l'ottemperanza promana dalla sentenza della commissione tributaria regionale, dinanzi a cui deve quindi essere proposto il ricorso per ottemperanza.

C) La disciplina del procedimento di ottemperanza diverge da quella ordinaria. Il ricorrente deve depositare il ricorso in doppio originale presso la segreteria della commissione; sarà poi la segreteria a comunicarlo alla controparte, che può, entro venti giorni, «*trasmettere le proprie osservazioni alla commissione tributaria, allegando la documentazione dell'eventuale adempimento*».

Decorso tale termine, il presidente della commissione fissa il giorno per la trattazione non oltre novanta giorni dal deposito del ricorso. Il ricorso è trattato in camera di consiglio, ma con facoltà di intervento delle parti, che devono essere avvisate almeno dieci giorni liberi prima.

Il collegio adotta le disposizioni intese a realizzare l'ottemperanza con sentenza. Realizzata l'ottemperanza, il collegio dichiara chiuso il procedimento con ordinanza.

D) Il fatto che l'ottemperanza possa riguardare sentenze che non indicano puntualmente l'obbligo che ne consegue comporta che il giudizio di ottemperanza è un giudizio «*caratterizzato da un misto di poteri cognitori ed esecutivi, nel quale il giudice deve prioritariamente individuare gli obblighi non adempiuti, valutando la portata del dispositivo della sentenza da ottemperare in una con la motivazione*» (Cass., 1° marzo 2004, n. 4126).

Segue la tipica attività di merito dell'ottemperanza, che consiste nell'adozione di provvedimenti in luogo dell'amministrazione inadempiente.

E) Appartiene alla discrezionalità del giudice dell'ottemperanza individuare i mezzi idonei ad assicurare l'esecuzione del giudicato.

L'art. 70, comma 7, dispone che il collegio, se lo ritiene opportuno, può delegare un proprio componente o nominare un commissario al quale fissa un termine congruo per i necessari provvedimenti attuativi.

Può essere dunque nominato un commissario *ad acta*, cui può essere conferito il potere di avvalersi della struttura dell'Amministrazione finanziaria, che è tenuta a fornire l'assistenza necessaria per la sollecita adozione del provvedimento commissariale.

Per il pagamento di somme dell'importo fino a 10.000 euro e comunque per il pagamento delle spese di giudizio il ricorso è deciso da un giudice singolo.

F) Le sentenze della Commissione tributaria provinciale, emesse nel giudizio di ottemperanza, non sono appellabili e possono essere impugnate solo in Cassazione (art. 70, comma 10). Sono impugnabili tutte le sentenze, non soltanto quelle che provvedono sull'ottemperanza.

Inoltre, la disposizione secondo cui il ricorso per cassazione contro le sentenze di ottemperanza è ammesso «*per inosservanza delle norme sul procedimento*», è stata interpretata, alla luce dell'art. 111 Cost., nel senso il ricorso può essere proposto per ogni violazione di legge, con riferimento tanto alla legge regolatrice del rapporto sostanziale controverso che a quella regolatrice del processo.

14. *Le impugnazioni in generale.*

L'art. 49 richiama le norme del codice sulle impugnazioni, «*fatto salvo quanto disposto nel presente decreto*».

I mezzi di impugnazione, nel processo tributario, sono: i) l'appello alla commissione tributaria regionale, contro le sentenze della commissione tributaria provinciale; ii) il ricorso per cassazione, contro la sentenza della commissione tributaria regionale; iii) la revocazione.

Non sono ammessi né l'opposizione di terzo, né il regolamento di competenza.

15. *L'appello.*

A) Le sentenze delle commissioni tributarie provinciali possono essere appellate con ricorso alla commissione tributaria regionale nella cui regione ha sede la commissione che ha pronunciato la sentenza appellata.

L'appello è una impugnazione sostitutiva. Ciò implica che:

i) oggetto del giudizio di appello è lo stesso oggetto del giudizio di primo grado (nelle impugnazioni rescindenti l'oggetto del nuovo giudizio è invece la sentenza impugnata); ciò significa, nel processo tributario, che in appello l'oggetto del giudizio è, come in primo grado, l'annullamento dell'atto impugnato, o la condanna al rimborso;

ii) l'appello è mezzo di impugnazione "a critica libera"; i motivi non sono predeterminati (invece, il ricorso per cassazione e il ricorso per revocazione sono "a critica vincolata", perché ammessi solo per motivi predeterminati);

iii) in tema di cognizione del giudice di appello opera il principio devolutivo; in Cassazione, invece, la cognizione è limitata dai motivi;

iv) la decisione di appello prende il posto, sia in caso di accoglimento, sia in caso di rigetto, della pronuncia impugnata; invece, la decisione della Cassazione, in caso di rigetto, lascia in vita la sentenza impugnata.

B) L'atto di appello deve essere proposto nel termine di 60 giorni dalla notificazione (ad istanza di parte) della sentenza di primo grado; in assenza di notificazione, opera il termine «lungo» previsto dall'art. 327 c.p.c. (sei mesi dal deposito della sentenza).

La parte appellata, se è anch'essa soccombente, può a sua volta appellare proponendo, nell'atto di controdeduzioni, appello incidentale.

L'art. 61 dispone che nel procedimento di appello si osservano le norme dettate per il primo grado.

L'appello deve contenere, tra l'altro, a pena di inammissibilità, l'esposizione dei fatti, l'oggetto della domanda e i motivi specifici dell'impugnazione.

Occorre distinguere i motivi del ricorso di primo grado (che sono censure rivolte contro il provvedimento impugnato) dai motivi dell'appello, che sono, invece, critiche rivolte alla sentenza di primo grado.

L'appellante ha un doppio onere: riproporre i motivi di critica del provvedimento, dedotti nel ricorso di primo grado, e censurare la sentenza che non li ha accolti.

Poiché l'appello non è un rimedio rescindente, ma sostitutivo, non hanno rilievo i vizi di procedura del primo grado, salvo quelli che comportano la rimessione. L'appellante deve necessariamente formulare motivi e conclusioni di merito; può dedurre motivi solo di rito se ne deriva la rimessione in primo grado.

15.1. *L'oggetto del giudizio di appello.*

A) L'oggetto del giudizio di appello è delimitato dall'atto di appello (principale e incidentale), e cioè dai motivi e dal *petitum* dell'appello.

Se non viene richiesta la riforma integrale, si avrà una scissione della prima sentenza, perché vi sarà una parte che sarà sostituita dalla pronuncia di appello, ed una parte, non impugnata, che passerà in giudicato. Si forma, così, il c.d. giudicato interno o parziale, derivante dalla c.d. acquiescenza impropria (art. 329 c.p.c.).

B) Non sono ammesse domande nuove. La norma riguarda solo il contribuente, che, se appella, non può proporre domande non proposte in primo grado, non può formulare un *petitum* diverso o più ampio di quello formulato in primo grado, né possono essere dedotti, a sostegno della domanda, motivi non dedotti in primo grado.

Il contribuente, nelle azioni di rimborso, può però domandare gli interessi maturati dopo la sentenza di primo grado.

Non sono ammesse neanche nuove eccezioni; il divieto è da riferire alle eccezioni in senso proprio (anche se, nella prassi, i motivi di ricorso sono spesso, ma impropriamente, indicati come eccezioni). Il contribuente che deduce un vizio dell'atto impugnato non formula una «eccezione» in senso proprio, ma deduce un motivo, a sostegno della sua domanda. L'Amministrazione, a sua volta, che si oppone ai motivi di ricorso, non formula eccezioni in senso proprio, ma semplici difese; il divieto di nuove eccezioni non impedisce, dunque, nuove deduzioni difensive.

Le nuove eccezioni, vietate in appello, sono soltanto le eccezioni in senso sostanziale, non rilevabili d'ufficio, come, ad esempio, l'eccezione di prescrizione del diritto di rimborso, opposta dall'Amministrazione al contribuente (art. 2938 c.c.).

C) In relazione ai capi che hanno formato oggetto di impugnazione opera il c.d. effetto devolutivo, per cui le deduzioni ed i materiali acquisiti in primo grado passano automaticamente all'esame del secondo giudice.

L'effetto devolutivo automatico non opera però in modo illimitato, in quanto «*le questioni e le eccezioni non accolte nella sentenza della commissione provinciale, che non sono espressamente riproposte in appello, si intendono rinunciate*» (art. 56). Questa norma non riguarda l'appellante, ma la parte vittoriosa in primo grado, che ha l'onere di riproporre le questioni non accolte (perché ritenute infondate o perché assorbite), altrimenti si presume che vi abbia rinunciato.

D) In appello possono essere prodotti nuovi documenti. Ma il giudice non può disporre nuove prove, salvo che non le ritenga necessarie ai fini della decisione (art. 58).

15.2. *Le sentenze di appello.*

Anche le decisioni di appello possono avere contenuto soltanto processuale o contenuto di merito. Le decisioni di merito sostituiscono quelle di primo grado, sia quando accolgono, sia quando respingono l'appello; in altri termini, sia quando riformano, sia quando confermano la prima decisione.

Le sentenze di puro rito sono così classificabili:

i) decisioni dichiarative della inammissibilità dell'appello;

ii) decisioni di estinzione del giudizio di appello;

iii) decisioni di rimessione al primo giudice.

Nei primi due casi, cessa il processo e passa in giudicato la decisione di primo grado; nel terzo caso, il processo prosegue (anzi: ricomincia) in primo grado.

Il giudice di appello, di regola, decide la causa (nel merito o in rito); deve invece rimettere la causa al primo giudice solo quando, in primo grado, si siano verificate anomalie particolarmente gravi, che giustificano un rifacimento del primo giudizio.

Si tratta di casi tassativamente previsti (art. 59), e cioè:

a) quando dichiara la competenza declinata o la giurisdizione negata dal primo giudice;

b) quando nel giudizio di primo grado il contraddittorio non è stato regolarmente costituito o integrato;

c) quando la sentenza impugnata ha erroneamente dichiarato estinto il processo in sede di reclamo contro il provvedimento presidenziale;

d) quando il collegio della commissione tributaria provinciale non era legittimamente composto;

e) quando manca la sottoscrizione della sentenza di primo grado.

16. *Il giudizio di cassazione.*

A) Le sentenze delle commissioni tributarie regionali sono impugnabili dinanzi alla Corte di Cassazione, ai sensi dell'art. 62, D.lgs. n. 546, che richiama le norme del codice di procedura civile.

Il ricorso per cassazione è proponibile per i motivi indicati nell'art. 360, comma 1, c.p.c., e cioè:

1) per motivi attinenti alla giurisdizione;

2) per violazione delle norme sulla competenza, quando non è prescritto il regolamento di competenza;

3) per violazione e falsa applicazione di norme di diritto e dei contratti e accordi collettivi nazionali di lavoro;

4) per nullità della sentenza o del procedimento;

5) per omesso esame circa un fatto decisivo per il giudizio che è stato oggetto di discussione tra le parti.

È da notare che non possono essere riproposte al giudice di cassazione questioni di fatto: il ricorrente non può censurare il merito della decisione, e può ricorrere unicamente per il motivo di cui al n. 5, comma 1, dell'art. 360 c.p.c.

Inoltre, ai sensi dell'art. 348-*ter*, comma 5, c.p.c., non può essere proposto ricorso ai sensi dell'art. 360, comma 1, n. 5, quando la sentenza d'appello ha confermato la decisione di primo grado circa le questioni di fatto (doppia conforme).

Il ricorso *per saltum*, previsto dall'art. 360, comma 2, c.p.c. è ammesso anche per l'impugnazione delle sentenze tributarie, ma solo se il ricorso è proposto per il motivo di cui all'art. 360, comma 1, n. 3, c.p.c.

B) Il termine per proporre ricorso in Cassazione è quello «breve» di sessanta giorni dalla notificazione della sentenza della commissione tributaria regionale. Se la sentenza non è notificata, il ricorso deve essere proposto entro sei mesi dal deposito.

La parte contro cui è proposto il ricorso può contraddire mediante un controricorso, che può contenere anche il ricorso incidentale.

C) I ricorsi sono decisi dalla "sezione filtro" (sezione sesta), dalla sezione semplice (la quinta, per le cause tributarie) o dalle sezioni unite.

I ricorsi sono esaminati, in prima battuta, *ex* art. 376 c.p.c., dal primo presidente, che separa i ricorsi da mandare alle sezioni unite da quelli che vanno alla "sezione filtro" (sezione sesta).

La causa è decisa dalla sezione sesta, in camera di consiglio, se il ricorso principale e il ricorso incidentale sono inammissibili o sono da accogliere o da rigettare per manifesta fondatezza o infondatezza (art. 376, primo comma, c.p.c.).

Su proposta del relatore, il presidente della sezione fissa con decreto l'adunanza della sezione indicando se è stata ravvisata un'ipotesi di inammissibilità o di manifesta infondatezza o fondatezza del ricorso.

Almeno venti giorni prima dell'adunanza il decreto presidenziale è notificato agli avvocati delle parti, i quali hanno facoltà di presentare memorie, non oltre cinque giorni prima (art. 380-*bis* c.p.c.).

La sezione sesta può non condividere la proposta del relatore e rimettere la causa alla sezione semplice.

D) La controversia, se supera il vaglio della "sezione filtro", è decisa dalla sezione semplice, di regola, con ordinanza in camera di consiglio (art. 375 c.p.c.).

La data della camera di consiglio è comunicata agli avvocati delle parti e al pubblico ministero almeno quaranta giorni prima (art. 380-*bis1* c.p.c.).

Il pubblico ministero può depositare in cancelleria le sue conclusioni scritte non oltre venti giorni prima dell'adunanza in camera di consiglio.

Le parti possono depositare le loro memorie non oltre dieci giorni prima dell'adunanza in camera di consiglio.

E) L'art. 374 c.p.c. prevede la pronuncia a sezioni unite quando debbono essere decise questioni attinenti alla giurisdizione, quando vi sono questioni già decise in modo difforme dalle sezioni semplici, e quando si tratta di questioni di diritto della massima importanza.

F) La controversia è trattata in pubblica udienza solo in due ipotesi (art. 375, comma 2, c.p.c.):

– quando la pubblica udienza sia resa opportuna dalla particolare rilevanza della questione di diritto sulla quale la Corte si deve pronunciare;

– quando il ricorso sia stato rimesso alla sezione semplice dalla sezione sesta.

L'udienza è comunicata agli avvocati almeno venti giorni prima (art. 377 c.p.c.).

Possono essere depositate memorie prima dell'udienza (entro cinque giorni).

All'udienza, dopo la relazione, il pubblico ministero espone le sue conclusioni motivate e, quindi, i difensori delle parti svolgono le difese.

Non sono ammesse repliche.

L'art. 384, penultimo comma, c.p.c. prevede che la Corte, se rileva d'ufficio una questione, non deve pronunciare "a sorpresa", ma deve sollecitare il contraddittorio, assegnando al pubblico ministero e alle parti un termine – da 20 a 60 giorni – perché formulino le loro osservazioni.

G) Il giudizio di cassazione, se viene accolto il ricorso, si conclude con una sentenza che annulla la sentenza impugnata, senza rinvio o con rinvio dinanzi alla commissione tributaria regionale (e, in alcuni casi, alla commissione tributaria provinciale).

La Cassazione può anche pronunciare nel merito, ma solo quando non sono necessari ulteriori accertamenti di fatto.

La Corte pronuncia ordinanza, e non sentenza, quando accoglie o rigetta il ricorso per manifesta fondatezza o infondatezza e quando lo dichiara inammissibile.

17. *Il giudizio di rinvio.*

Dopo la sentenza della Cassazione che annulla con rinvio la causa deve essere riassunta (art. 63).

La Cassazione rinvia, di regola, alla commissione regionale ed il rinvio si caratterizza in modo diverso a seconda del motivo. Il giudizio di rinvio è «prosecutorio» quando la Cassazione rinvia per aver riscontrato nella sentenza impugnata i vizi dell'art. 360, comma 1, n. 3, c.p.c.; in tal caso il giudizio prosegue in sede di rinvio facendo applicazione del principio di diritto enunciato dalla Cassazione.

Negli altri casi il rinvio ha natura «restitutoria». Il processo regredisce là dove si è verificato il vizio e riprende senza il vincolo del princìpio di diritto enunciato dalla Cassazione.

La riassunzione deve essere fatta nei confronti di tutte le parti personalmente entro il termine perentorio di sei mesi dalla pubblicazione della sentenza della Cassazione, nelle forme previste per il giudizio di secondo grado. In assenza di riassunzione, o se la riassunzione non è tempestiva, o il processo di rinvio si estingue, si estingue l'intero processo. Con la conseguenza che l'atto impugnato diventa definitivo.

In sede di rinvio, si osservano le norme stabilite per il procedimento davanti al giudice del rinvio: le parti conservano la posizione che avevano nel precedente procedimento; restano ferme le domande assunte in precedenza e non sono ammesse nuove produzioni o acquisizioni probatorie, a meno che dalla sentenza della Cassazione non sia derivato un mutamento processuale che le renda necessarie. Sono fatti salvi «*gli adeguamenti imposti dalla sentenza di cassazione*».

La Cassazione rinvia alla commissione tributaria provinciale quando accerta anomalie del giudizio svoltosi in primo grado e cassa una sentenza della commissione tributaria regionale che avrebbe dovuto rinviare, ed erroneamente non ha rinviato, alla commissione provinciale.

18. *La revocazione.*

A) La revocazione è un mezzo di impugnazione che si propone allo stesso giudice che ha emesso la sentenza da revocare. Si fonda sul presupposto che i vizi della sentenza, che possono essere dedotti come motivi di revocazione, siano tali da essere riconosciuti dallo stesso giudice che l'ha pronunciata.

La revocazione è proponibile nel processo tributario per i motivi previsti dall'art. 395 c.p.c., e cioè:

1) se le sentenze sono l'effetto del dolo di una delle parti in danno dell'altra;

2) se si è giudicato in base a prove riconosciute o comunque dichiarate false dopo la sentenza o che la parte soccombente ignorava essere state riconosciute o dichiarate tali prima della sentenza;

3) se dopo la sentenza sono stati trovati uno o più documenti decisivi che la parte non aveva potuto produrre in giudizio per causa di forza maggiore o per fatto dell'avversario;

4) se la sentenza è l'effetto di errore di fatto risultante dagli atti della causa. Vi è questo errore quando la decisione è fondata sulla supposizione di un fatto la cui verità è incontrastabilmente esclusa, oppure quando è supposta l'inesistenza di un fatto la cui verità è positivamente stabilita, e tanto nell'uno quanto nell'altro caso se il fatto non costituì un punto controverso sul quale la sentenza ebbe a pronunciare;

5) se la sentenza è contraria ad altra precedente avente fra le parti autorità di cosa giudicata, purché non abbia pronunciato sulla relativa eccezione;

6) se la sentenza è l'effetto del dolo del giudice, accertato con sentenza passata in giudicato.

Tra i motivi per i quali può essere richiesta la revocazione presenta spiccato rilievo pratico il vizio previsto dall'art. 395, n. 4, c.p.c., cioè l'errore di fatto revocatorio, che consiste in una svista, una falsa rappresentazione della realtà, rilevabile sulla scorta del mero raffronto tra la sentenza impugnata e gli atti o documenti del giudizio. Deve trattarsi di un errore meramente percettivo, non di un errore di valutazione.

L'errore revocatorio deve emergere da un atto o documento acquisito agli atti del processo e deve interessare un profilo decisivo della sentenza (errore essenziale).

L'errore revocatorio non deve aver rappresentato, infine, un punto controverso nel giudizio: in caso contrario, il rimedio è costituito dal ricorso per cassazione *ex* art. 360, n. 5, c.p.c.

Quando si richiede la revocazione per contrasto di giudicati occorre che la sentenza da revocare «*non abbia pronunciato sulla relativa eccezione*».

B) È definita ordinaria la revocazione fondata sui vizi "palesi" di cui ai numeri 4 e 5 dell'art. 395 c.p.c. (errore di fatto e contrasto con precedente giudicato), che possono essere desunti dalla stessa sentenza o sono relativi ad altri elementi già noti o conoscibili. La revocazione ordinaria deve essere proposta, secondo la norma generale in materia di impugnazioni, entro sessanta giorni dalla notificazione, o nel termine "lungo" di sei mesi dal deposito della sentenza (art. 51).

La revocazione straordinaria, invece, è quella basata sui motivi previsti dai numeri 1, 2, 3 e 6 dell'art. 395 c.p.c., cioè su circostanze non desumibili dal testo della sentenza (i c.d. vizi "occulti": dolo della parte, falsità della prova, ritrovamento di documenti decisivi, dolo del giudice), di cui la parte può venire a conoscenza anche a notevole distanza di tempo dalla decisione.

Anche la revocazione straordinaria deve essere proposta entro il termine di sessanta giorni, che decorre dal giorno in cui è stato scoperto il dolo o sono state dichiarate false le prove o è stato recuperato il documento o è passata in giudicato la sentenza che accerta il dolo del giudice (art. 51).

C) La revocazione è proponibile contro le sentenze delle commissioni tributarie che non sono ulteriormente impugnabili o non sono state impugnate (art. 64).

Ciò significa che le sentenze di primo grado, fino a che sono impugnabili con appello, non sono soggette a revocazione.

La revocazione straordinaria delle sentenze di primo grado è ammissibile a condizione che la parte sia venuta a conoscenza del vizio dopo il decorso del termine per proporre appello.

Le sentenze di secondo grado sono impugnabili per revocazione, per tutti i motivi indicati nell'art. 395 c.p.c., perché si tratta di vizi non denunciabili con il ricorso per cassazione.

D) La revocazione è un giudizio a due fasi. La prima, quella rescindente, ha ad oggetto il motivo di revocazione e si conclude con una pronuncia a carattere esclusivamente processuale. Se si accerta che sussiste il vizio revocatorio alla rescissione della sentenza impugnata segue la fase rescissoria, che si conclude con una sentenza di merito.

E) La sentenza di secondo grado può essere impugnata sia per revocazione, sia per cassazione. La duplicazione è ammessa, perché i due mezzi di impugnazione sono proponibili per motivi diversi.

F) Anche le sentenze della Corte di Cassazione sono revocabili.

L'art. 391-*ter* c.p.c. dispone che la sentenza con cui la Cassazione decide la causa nel merito è impugnabile per i motivi di cui ai numeri 1, 2, 3 e 6 dell'art. 395 c.p.c.

PARTE SPECIALE

CAPITOLO DICIASSETTESIMO

L'IMPOSTA SUL REDDITO DELLE PERSONE FISICHE

1. *I soggetti passivi e la residenza fiscale.*

Il sistema vigente di tassazione dei redditi è disciplinato dal D.P.R. 22 dicembre 1986, n. 917, con cui è stato approvato il Testo unico delle imposte sui redditi (Tuir).

Soggetti passivi dell'Irpef sono le persone fisiche.

A norma dell'art. 2 del Tuir «*si considerano residenti le persone che per la maggior parte del periodo d'imposta sono iscritte nelle anagrafi della popolazione residente o hanno nel territorio dello Stato il domicilio o la residenza ai sensi del codice civile*».

La residenza fiscale, quindi, scaturisce da uno dei seguenti tre fatti (di durata almeno semestrale):

(i) dalla iscrizione anagrafica;

(ii) dal domicilio, ossia dal centro degli affari ed interessi;
(iii) dalla dimora abituale.

Per contrastare il fenomeno dei trasferimenti fittizi di residenza in "paradisi fiscali", si presume, a norma dell'art. 2, comma 2-*bis*, del Tuir, che siano residenti in Italia i cittadini italiani cancellati dalle anagrafi della popolazione residente ed emigrati in Stati o territori aventi un regime fiscale privilegiato, i c.d. paradisi fiscali (indicati nella *black list* contenuta nel D.m. 4 maggio 1999, modificato, da ultimo, dal D.m. 12 febbraio 2014).

Vi è dunque una presunzione legale relativa di permanenza della residenza fiscale in Italia, quando un cittadino italiano si trasferisce in un "paradiso fiscale". È onere del contribuente dimostrare che, dopo la cancellazione dall'anagrafe dei residenti, non ha conservato in Italia né la dimora abituale né il centro dei propri affari e interessi.

2. *La personalità dell'Irpef e la progressività imperfetta.*

L'Irpef mira a tassare in modo progressivo il reddito globale delle persone fisiche residenti in Italia.

Non tutti i redditi sono tassati in modo effettivo. È il caso dei redditi fondiari, determinati catastalmente, la cui misura reale è mediamente superiore a quella catastale (redditi dei fabbricati, redditi delle imprese agrarie più prospere).

Il sistema di tassazione dei redditi di partecipazione in società è del tutto peculiare, come la tassazione delle imprese minori in contabilità semplificata.

Vi sono quindi deroghe al principio di tassazione del reddito effettivo.

L'imposta sul reddito delle persone fisiche è un'imposta personale perché la sua disciplina tiene conto di una serie di circostanze di natura personale: ossia, non solo del fatto che i redditi si aggregano presso un medesimo soggetto costituendone il reddito complessivo (nel quale sono inclusi tutti i redditi del soggetto, ovunque e comunque prodotti), ma anche di altri elementi, di stretto carattere personale.

Si tratta, come vedremo, delle deduzioni dal reddito complessivo e delle detrazioni dall'imposta.

L'imposta dovuta non deriva quindi, soltanto, dall'applicazione delle aliquote progressive al reddito complessivo, ma anche dalle deduzioni e detrazioni.

La progressività è però imperfetta, essendovi – oltre che redditi non tassati in modo effettivo – redditi che non sono inclusi nel reddito complessivo.

Le deroghe sono numerose: regimi di esenzione e agevolazione, regimi sostitutivi, imposte c.d. cedolari, ecc.

Basti qui menzionare i redditi di capitale (interessi dei titoli obbligazionari, dividendi, quote di fondi comuni, ecc.) sottoposti a regimi sostitutivi (proporzionali) e la c.d. cedolare secca sugli affitti delle abitazioni (D.lgs. 14 marzo 2011, n. 23, art. 3). Anche il reddito dell'abitazione principale sfugge alla progressività (Tuir, art. 10, comma 3-*bis*). Si aggiunga che l'art. 24-*bis* del Tuir prevede che le persone fisiche non residenti, che trasferiscono la propria residenza in Italia, possono optare per il pagamento di un'imposta di euro 100.000, sostitutiva dell'Irpef, su tutti i redditi prodotti all'estero.

Vi è dunque un dualismo tra redditi tassati in misura non effettiva o in misura proporzionale e altri redditi (da lavoro, da impresa, ecc.), che, inclusi nel reddito complessivo, sono tassati in misura progressiva.

3. *Le nozioni teoriche di reddito.*

Le nozioni teoriche di reddito tassabile sono tre: il reddito come prodotto, il reddito come entrata e il reddito come consumo (o ricchezza consumata).

Secondo la nozione di reddito come prodotto, un'entrata ha natura di reddito solo se deriva da una fonte produttiva.

La nostra legislazione fiscale ha accolto, sin dall'origine, il concetto di reddito come prodotto, tassando sia i redditi prodotti in modo continuativo, sia i redditi variabili ed eventuali e quelli prodotti *una tantum*.

La nozione di reddito-entrata considera reddito qualsiasi entrata, quale che ne sia la fonte (e, quindi, anche se non deriva da una fonte produttiva).

La nozione è stata elaborata assumendo che è reddito la somma dei consumi potenziali e delle variazioni nette, intervenute nel patrimonio del contribuente, nel periodo di tempo considerato. Consumo potenziale è quanto il contribuente avrebbe potuto spendere nel periodo d'imposta (indipendentemente da quanto ha effettivamente speso) senza accrescere e senza diminuire il suo patrimonio.

Da ciò deriva che, visto dal lato delle entrate (anziché da quello della spesa), il reddito comprende sia i frutti del patrimonio e dell'attività del soggetto, sia gli incrementi patrimoniali, quale che ne sia l'origine causale. Sono inclusi, quindi, gli incrementi di valore del patrimonio, le entrate conseguite a titolo gratuito, come le donazioni e le successioni, i guadagni casuali.

Infine, la concezione del reddito come consumo implica che è tassata solo la ricchezza consumata: non è tassato né il reddito risparmiato, né il reddito di capitale.

4. *Il presupposto dell'Irpef e la nozione positiva di reddito.*

Il presupposto dell'imposta sul reddito delle persone fisiche, secondo l'art. 1 del Tuir, è «*il possesso di redditi in denaro o in natura*», ma nel Tuir non vi è una definizione generale di reddito. Vi è, invece, la definizione dei singoli redditi, ossia delle categorie reddituali.

E poiché tutte le categorie reddituali indicano come reddito proventi derivanti da fonti produttive, il reddito può essere definito, in generale, come un incremento di patrimonio, derivante da una fonte produttiva.

Per stabilire, poi, se tale criterio sia seguito in modo restrittivo o in modo elastico, o sia derogato, è necessario esaminare il contenuto delle singole categorie. Va allora notato che rientrano nel reddito d'impresa non solo i proventi della gestione, ma anche gli incrementi patrimoniali (plusvalenze e sopravvenienze), pur se di origine gratuita; inoltre, sono reddito tutti i proventi che debbono essere iscritti nel conto economico, anche se conseguiti a titolo gratuito (ad esempio, i contributi in conto esercizio). In conclusione, per i redditi d'impresa sembra valere il concetto di reddito-entrata. Ma, in realtà, anche i proventi "non prodotti" risultano comunque riconducibili ad un sistema di natura intrinsecamente produttiva, quale è l'impresa.

Tra i redditi di lavoro dipendente e assimilati sono tassabili le indennità di disoccupazione e le borse di studio (Tuir, art. 50), ipotesi, cioè, che possono essere comprese nella nozione di reddito prodotto solo nell'ambito di una nozione assai lata di fonte produttiva.

Le categorie reddituali tipiche sono comunque tutte categorie di "redditi prodotti", alla luce d'una nozione lata di fonte produttiva, e d'un concetto lato di nesso di causalità tra fonte e reddito.

Nel caso, invece, dei «*redditi diversi*», non vi è una fonte unitaria che valga come tratto comune di tutte le ipotesi tassabili. La derivazione da una fonte produttiva dei «*redditi diversi*» va verificata caso per caso, ed in tale eterogenea categoria troviamo in effetti (anche) ipotesi reddituali non riconducibili al concetto di reddito come prodotto, ma al reddito-entrata: è ad esempio il caso, già indicato, delle plusvalenze non speculative e delle vincite dei concorsi e delle lotterie.

In conclusione, il vigente sistema d'imposizione dei redditi adotta, ed ha sempre adottato, il concetto di reddito prodotto, ma vi sono ipotesi di proventi tassati come reddito che non derivano da una fonte produttiva, per cui – data la tendenza espansiva dell'evoluzione legislativa – si può affermare che il nostro sistema, pur se indubbiamente fondato sul concetto di reddito come prodotto, mostra significative aperture verso il concetto di reddito-entrata.

4.1. *Le categorie reddituali.*

A) Le categorie reddituali sono le seguenti:
a) redditi fondiari;
b) redditi di capitale;
c) redditi di lavoro dipendente;
d) redditi di lavoro autonomo;
e) redditi di impresa;
f) redditi diversi.

Ciascuna categoria presenta una certa omogeneità di contenuto, data dalla fonte, ma i «*redditi diversi*» derivano da fonti eterogenee.

Le categorie sono "inclusive", cioè costruite con l'intento di comprendere tutta la materia imponibile. Ecco perché:

– alcune categorie, anche quando utilizzano definizioni o nozioni extra-tributarie, sono più ampie della nozione utilizzata (ad esempio, la definizione tributaria di impresa utilizza la nozione civilistica di impresa commerciale, ma è più ampia; la definizione tributaria di reddito di lavoro dipendente utilizza la nozione giuslavoristica di rapporto di lavoro, ma la amplia);

– alcune categorie comprendono non solo redditi pienamente rispondenti alla definizione della categoria, ma anche altri redditi, di carattere spurio (si vedano, per esempio, i redditi assimilati a quelli di lavoro dipendente);

– vi è una categoria residuale (quella dei «*redditi diversi*»), che, come detto, non presenta omogeneità di contenuto (e, perciò, non presenta un apparato uniforme di regole di determinazione).

B) A ciascuna categoria corrispondono particolari regole di determinazione: i redditi di capitale sono tassati al lordo (cioè senza deduzione di costi o perdite).

Anche i redditi di lavoro dipendente sono tassati al lordo, per una esigenza di semplicità applicativa, ma vi sono detrazioni dall'imposta, con cui si dà rilievo forfetariamente alle spese.

I redditi fondiari sono tassati in base alla rendita catastale. Non si deducono i costi effettivi perché la rendita catastale ne tiene conto.

Sono tassati deducendo i costi inerenti ai redditi di lavoro autonomo, ai redditi d'impresa e ai redditi diversi.

Non sempre i costi sono dedotti nel loro ammontare effettivo; talvolta sono forfetizzati (redditi da lavoro, contribuenti minori, diritti d'autore, ecc.).

I redditi d'impresa sono determinati sulla base del risultato (utile o perdita) del conto economico, rettificato secondo le norme fiscali.

C) Le diverse categorie reddituali, quindi, non sono soltanto uno strumento di individuazione e classificazione della materia imponibile, ma l'oggetto di regimi giuridici diversi, concernenti, in primo luogo, il sistema di determinazione dell'imponibile (quantificazione e imputazione al periodo d'imposta) e, inoltre, regole formali diverse (in materia di contabilità, obbligo di dichiarazione, metodi di accertamento, ritenute alla fonte).

In molti casi la scelta legislativa, che ha portato alla collocazione di un reddito in una categoria a preferenza di altre, è stata operata in relazione al regime giuridico ritenuto più appropriato. Ad esempio, i redditi di lavoro autonomo e quelli di impresa sono redditi derivanti da attività svolte in modo solitamente continuativo, per cui vi è un apparato normativo (ad esempio in tema di ammortamenti, contabilità, dichiarazione), che risulta consono a redditi continuativi; invece, non a caso, i redditi occasionali di impresa e di lavoro autonomo sono inclusi nella categoria dei «*redditi diversi*».

D) Il presupposto delle imposte sul reddito è dato dal possesso, o disponibilità, di un reddito, ma al termine possesso non va attribuito il significato tecnico che ha nel codice civile (il reddito non è una *res*), né un significato tecnico-tributario uniforme per tutte le categorie reddituali. Se il possesso di un reddito è ciò che ne determina la tassabilità, è necessario esaminare, per ciascuna categoria di reddito, quale sia l'accadimento che lo rende tassabile.

Vi sono redditi tassabili quando sono percepiti (principio di cassa); è il caso dei redditi di capitale, dei redditi di lavoro, dei redditi diversi: per questi redditi, quindi, possesso significa percezione.

Nel caso dei redditi fondiari, il possesso va riferito all'immobile; nel caso del reddito d'impresa, il reddito è frutto di un calcolo; perciò, non vi è possesso del reddito, ma della fonte.

In conclusione, non esiste una nozione unitaria di possesso di reddito, ma tante nozioni, quante se ne traggono dalla disciplina delle diverse categorie.

5. *Reddito vs patrimonio.*

Reddito e patrimonio sono concetti da tenere distinti, come sono da distinguere i proventi reddituali dalle entrate patrimoniali.

Il patrimonio è l'insieme delle situazioni giuridiche soggettive a contenuto economico di cui è titolare un soggetto in un dato momento (diritti reali, crediti, debiti, ecc.). Esso è, quindi, una realtà statica. Il reddito, invece, è un fenomeno dinamico: è infatti la risultante delle variazioni incrementative del patrimonio. Il patrimonio è uno *stock*, il reddito un flusso. Il patrimonio indica ciò che si ha, il reddito ciò che si acquisisce.

Non tutte le entrate sono reddito: non sono reddito le entrate patrimoniali; reddito sono soltanto le entrate o proventi che derivano da una fonte produttiva.

Perciò, ad esempio, per una società sono componenti positivi di reddito i corrispettivi che le spettano a fronte di una sua prestazione; al contrario, non sono reddito i conferimenti e i versamenti dei soci in conto capitale (Tuir, art. 91). Simmetricamente, per i soci è reddito la distribuzione di utili, non lo è la restituzione del capitale investito (Tuir, art. 47, comma 5).

È reddito ciò che costituisce incremento del patrimonio; non lo è la mera reintegrazione del patrimonio già posseduto. È questa la chiave di lettura dell'art. 6 del Tuir, a norma del quale sono tassabili «*i proventi conseguiti in sostituzione di redditi*» e le indennità conseguite «*a titolo di risarcimento di danni consistenti nella perdita di redditi*». Tali proventi o indennità costituiscono redditi della stessa categoria dei redditi sostituiti o perduti.

Sono quindi tassabili i proventi che sostituiscono redditi imponibili, non lo sono i proventi conseguiti in sostituzione di entrate patrimoniali o per reintegrare perdite patrimoniali.

In altri termini, il danno emergente (che è una diminuzione patrimoniale) non è reddito, ma è reddito il lucro cessante (mancata percezione di un reddito).

Lungo la stessa linea concettuale si situa la discriminazione tra pensioni tassabili e pensioni non tassabili; sono tassabili, in linea di principio, le pensioni che si collegano ad un rapporto di impiego o di servizio, e sono, quindi, proiezione di un precedente trattamento economico; non lo sono, invece, le pensioni risarcitorie (come le pensioni di guerra, assegnate in conseguenza di lesioni o *morte* causate da eventi bellici, e quelle che risarciscono infortuni subiti da militari di leva).

Anche la nozione di incremento del patrimonio va intesa in senso lato: vi sono compresi non solo i proventi, in danaro o in natura, ma anche le utilità che derivano dall'uso di un bene o dalla fruizione di un servizio. Si pensi, ad esempio, all'utilità che deriva dal possesso di un fabbricato (redditi c.d. figurativi) o a taluni *fringe benefit* di cui fruiscono i lavoratori dipendenti.

Il reddito indica un incremento patrimoniale che deriva, di regola, da nuove acquisizioni; si ha invece plusvalore o plusvalenza (che può essere o non essere tassata come reddito), quando il patrimonio, rimanendo immutato nella sua composizione, aumenta di valore.

5.1. *Proventi onerosi e proventi gratuiti.*

La conferma che, nel nostro diritto positivo, è accolto un concetto lato di reddito prodotto e che, comunque, il sistema è ancorato a tale concetto, proviene da una verifica di come il legislatore tratta le ipotesi di confine.

In primo luogo, vi è da osservare che il requisito della derivazione del reddito da una fonte produttiva implica che il provento abbia come causa un titolo giuridico di natura onerosa.

Di regola, sono tassati i proventi acquisiti a titolo oneroso (ad esempio, corrispettivi contrattuali), e sono esclusi da imposta i proventi acquisiti a titolo gratuito. Infatti, non sono soggetti ad imposta sul reddito né le donazioni, né le eredità. Le donazioni remuneratorie ricevute da lavoratori dipendenti e le liberalità e i contributi ricevuti dalle imprese sono tassati come redditi, ma si tratta di proventi non del tutto gratuiti.

5.2. *Redditi in natura e valore normale.*

Vi sono redditi monetari e redditi in natura.

Redditi in natura sono frequentemente percepiti dai lavoratori dipendenti, come vedremo nell'esame di tale categoria reddituale.

I redditi in natura possono essere costituiti da beni o da servizi; ad essi deve essere dato un valore in moneta. Si tassa il loro valore normale, che è dato dal loro valore di mercato.

Secondo l'art. 9 del Tuir, per valore normale si intende «*il prezzo o corrispettivo mediamente praticato per i beni e i servizi della stessa specie o similari, in condizioni di libera concorrenza e al medesimo stadio di commercializzazione, nel tempo e nel luogo in cui i beni o servizi sono stati acquistati o prestati, e, in mancanza, nel tempo e nel luogo più prossimi*».

Per determinare il valore normale, si fa riferimento ai listini e alle tariffe del soggetto che ha fornito i beni o i servizi e, in mancanza, alle mercuriali e ai listini delle camere di commercio e alle tariffe professionali, tenendo conto degli sconti d'uso.

Per le azioni, obbligazioni e altri titoli negoziati in mercati regolamentati, si tiene conto della media aritmetica dei prezzi rilevati nell'ultimo mese.

Per le altre azioni, per le quote di società non azionarie e per i titoli di partecipazione in enti non societari, si tiene conto proporzionalmente del valore del patrimonio netto della società o ente.

Vi sono casi in cui si rende necessario il ricorso al "valore normale" per quantificare una componente reddituale: ad esempio, quando non vi è una controprestazione in danaro (in caso di conferimento, autoconsumo, assegnazione ai soci, ecc.), nella quantificazione dei c.d. *fringe benefit* destinati ai lavoratori dipendenti, nelle cessioni infragruppo fra una società residente e una non residente (*transfer price*).

5.3. *Redditi e deprezzamento monetario.*

Il reddito sottoposto ad imposta è una grandezza monetaria. L'inflazione pone il problema se la base imponibile dell'imposta debba essere depurata degli incrementi puramente nominali e se la misura dell'imposta debba essere adeguata al deprezzamento della moneta.

Il nostro sistema dell'imposizione sul reddito non dà rilievo, in linea generale, a tali fenomeni. L'imposta è commisurata al valore nominale del reddito tassabile, e non vi sono norme che consentano di sottrarre all'imposta, in via permanente, gli incrementi puramente nominali. Sono necessarie norme *ad hoc* che diano rilievo alle conseguenze dell'inflazione (ad esempio, leggi sulla rivalutazione, con esonero da imposta, di incrementi di valore fiscalmente riconosciuti).

Il fatto che il peso dell'imposta progressiva aumenti in ragione dell'incremento puramente nominale dei redditi (*fiscal drag*) non comporta, di per sé, una modifica automatica della tassazione.

Taluni parametri di liquidazione dell'imposta (importo delle detrazioni dall'imposta e limiti di reddito che condizionano le detrazioni), possono essere rivisti, quando la variazione degli indici Istat supera il 2 per cento. La revisione può essere stabilita annualmente con decreto del Presidente del Consiglio dei Ministri, per «*neutralizzare integralmente gli effetti dell'ulteriore pressione fiscale non rispondenti a incrementi reali di reddito*» (D.l. 2 marzo 1989, n. 69, convertito con L. 27 aprile 1989, n. 154, art. 3).

5.4. *Periodo d'imposta e imputazione dei componenti di reddito.*

Il reddito assume rilievo come reddito di un determinato periodo di tempo, denominato periodo d'imposta.

Le imposte sui redditi sono imposte periodiche, non tanto perché si applicano continuativamente, quanto perché il loro presupposto è delimitato temporalmente dal periodo d'imposta. Le imposte istantanee colpiscono fatti specifici, mentre quelle periodiche colpiscono l'insieme dei fatti che si verificano in un dato intervallo temporale.

Per le persone fisiche, il periodo d'imposta è l'anno solare; per le società, l'esercizio sociale. Vi possono però essere interruzioni: ad esempio, in caso di morte della persona fisica. Per le società, il periodo d'imposta cessa in caso di trasformazione, fusione, scissione, liquidazione (ordinaria o concorsuale), e inizia un nuovo periodo.

Ciascun periodo d'imposta ha autonoma rilevanza, sia sul piano sostanziale, sia sul piano formale; ad ogni periodo d'imposta «*corrisponde un'obbligazione tributaria autonoma*» (Tuir, art. 7) e si correla una molteplicità di obblighi formali e sostanziali (dichiarazione, versamenti, ecc.).

Per la determinazione dell'obbligazione tributaria di un dato periodo d'imposta rilevano i fatti che si verificano in quel periodo.

Poiché gli eventi economici da cui scaturisce il reddito possono interessare più periodi d'imposta, il legislatore pone regole precise in materia di imputazione temporale dei componenti (positivi e negativi) reddituali. Per la maggior parte dei redditi rileva il momento in cui il reddito è percepito (principio di cassa); per i redditi d'impresa vige invece il principio di competenza, in forza del quale i costi e i proventi vanno imputati al periodo di maturazione, a prescindere dal pagamento e dall'incasso.

Va infine precisato, in tema di autonomia del periodo d'imposta, che la regola per cui ogni periodo d'imposta è autonomo non significa che, nel determinare la base imponibile, si debba tener conto solo dei fatti di quel periodo. Insomma, altro è l'autonomia del periodo d'imposta, altro le regole di determinazione della base imponile. Per determinare quest'ultima, può esser necessario tener conto di fatti avvenuti in altri periodi.

6. *Redditi del* de cuius *percepiti dagli eredi.*

Gli eredi possono essere soggetti passivi per un duplice titolo. In quanto eredi, essi subentrano al *de cuius* quali soggetti passivi dell'imposta dovuta per i presupposti d'imposta realizzati dal *de cuius*.

Inoltre, i redditi prodotti, ma non incassati, dal *de cuius*, sono tassati a carico degli eredi, quando li percepiscono (Tuir, art. 7, comma 3).

I crediti derivanti, ad esempio, dall'attività professionale del *de cuius*, che vengono percepiti dagli eredi, non sono reddito degli eredi (perché non derivano da una loro attività produttiva), ma sono entrate patrimoniali, derivanti dalla realizzazione di crediti che fanno parte dell'asse ereditario.

Ciò rappresenta una deviazione dal modello teorico del reddito inteso come prodotto, perché tali proventi sono, per gli eredi, un acquisto di natura patrimoniale, ed invece sono tassati come se fossero redditi prodotti dagli eredi.

La *ratio* della tassazione, con imposta reddituale, di tali entrate (patrimoniali) è da ravvisare in ciò, che, di norma, ogni arricchimento – prima di diventare elemento patrimoniale – è tassato come reddito; se non fossero tassate presso gli eredi, avremmo un'ingiustificata differenza di trattamento rispetto agli altri elementi patrimoniali ereditati e un definitivo salto d'imposta: il frutto dell'attività del *de cuius* sarebbe acquisito senza scontare l'imposta sui redditi.

7. *Redditi illeciti e costi inerenti.*

A) Sono tassati anche i proventi illeciti. Nelle categorie dei redditi tassabili «*devono intendersi ricompresi, se in esse classificabili, i proventi derivanti da fatti, atti o attività qualificabili come illecito civile, penale o amministrativo se non già sottoposti a sequestro o confisca penale. I relativi redditi sono determinati secondo le disposizioni riguardanti ciascuna categoria*» (L. 24 dicembre 1993, n. 537, art. 14, comma 4).

Non vi è dunque alternatività tra previsione penale di illiceità e tassazione: un reddito può essere, al tempo stesso, illecito e tassabile.

B) I redditi illeciti non costituiscono una categoria reddituale diversa da quelle tipizzate dal legislatore, ma redditi inquadrabili, se ne hanno i requisiti, tra quelli tipici (redditi di impresa, di lavoro autonomo, ecc.). Nel caso in cui non siano classificabili nelle categorie tipiche sono considerati come «*redditi diversi*» (D.l. 4 luglio 2006, n. 223, conv. con L. 4 agosto 2006, n. 248, art. 36, comma 34-*bis*).

Esempi di proventi illeciti, di cui è stata affermata la tassabilità, sono le vincite del gioco d'azzardo, i proventi usurai, i frutti di concussione, le appropriazioni indebite.

C) Un reddito di provenienza illecita potrebbe non essere acquisito definitivamente. Si prevede perciò che i redditi illeciti non sono tassabili se sono sottoposti a sequestro o confisca. In altri termini, sono tassati solo quando sono rimasti nella disponibilità del contribuente. Secondo la giurisprudenza, confisca e sequestro hanno rilievo solo se lo spossessamento interviene nel periodo d'imposta in cui il provento illecito è tassabile. La tassazione non è quindi impedita da provvedimenti di sequestro o confisca successivi al periodo in cui è stato conseguito il provento.

D) Non sono ammessi in deduzione «*i costi e le spese dei beni o delle prestazioni di servizio direttamente utilizzati per il compimento di atti o attività qualificabili come delitto non colposo*» (L. 24 dicembre 1993, n. 537, art. 14, comma 4-*bis*).

La norma può essere applicata solo quando il pubblico ministero abbia esercitato l'azione penale (cioè presentata richiesta di rinvio a giudizio), o quando il giudice penale abbia emesso il decreto che dispone il giudizio (c.p.p., art. 424). La norma si applica anche quando sia pronunciata sentenza di non luogo a procedere per prescrizione del reato.

L'imposta pagata come conseguenza della indeducibilità dei costi, però, deve essere restituita qualora intervenga una sentenza definitiva di assoluzione (c.p.p., art. 530), o una sentenza definitiva di non luogo a procedere (c.p.p., art. 545) fondata sulla sussistenza di motivi diversi dalla prescrizione, o una sentenza definitiva di non doversi procedere, perché l'azione penale non doveva essere iniziata o non deve essere proseguita (c.p.p., art. 529).

La norma introduce una deroga ai normali criteri di determinazione del reddito, per cui si ritiene che la sua *ratio* non sia fiscale, ma punitiva.

8. *I redditi dei coniugi e dei figli minori.*

I coniugi sono tassati separatamente; ciascuno di essi è tassato sul proprio reddito. Il regime previsto per i coniugi si applica anche alle unioni civili.

Quando fu introdotta l'Irpef, i redditi della moglie erano imputati al marito, che era soggetto passivo d'imposta sia per i redditi propri, sia per quelli della moglie. I redditi dei coniugi erano cumulati, per cui, a causa della progressività, la tassazione dei redditi dei coniugi era più elevata rispetto a quella individuale. Il sistema del cumulo penalizzava la famiglia, e fu, perciò, dichiarato incostituzionale (Corte cost., n. 179 del 1976).

Ne è seguita la tassazione separata dei redditi di ciascun coniuge.

In materia di comunione legale e di fondo patrimoniale, la legge prevede che i relativi redditi si imputano a ciascun coniuge per metà del loro ammontare netto, salva diversa pattuizione convenzionale (Tuir, art. 4).

I redditi dei beni dei figli minori, soggetti all'usufrutto legale dei genitori, sono imputati per metà a ciascun genitore; il minore è debitore d'imposta per i redditi degli altri beni e per i redditi da lavoro.

8.1. *I redditi delle imprese familiari.*

L'impresa familiare, disciplinata dall'art. 230-*bis* c.c., assume rilievo fiscale solo quando, prima dell'inizio del periodo d'imposta, sia redatto un atto pubblico o una scrittura privata autenticata da cui risultino nominativamente i familiari che collaborano nell'impresa, prestando un'attività di lavoro che abbia carattere continuativo e prevalente.

Si intendono per familiari, ai fini delle imposte sui redditi, il coniuge, i parenti entro il terzo grado e gli affini entro il secondo grado.

Non vi è dunque coincidenza tra la figura civilistica e quella fiscale dell'impresa familiare perché, secondo il codice civile, l'impresa familiare sorge di fatto, senza che ne occorra una formalizzazione ed inoltre perché, secondo il codice civile, sono collaboratori con diritto a partecipare agli utili (e agli incrementi) anche i collaboratori che operano nell'ambito familiare.

La rilevanza fiscale dell'impresa familiare attiene alla distribuzione del reddito tra imprenditore e collaboratori: ai secondi è imputata una quota del reddito complessivo proporzionata al lavoro effettivamente prestato nell'impresa in modo prevalente e continuativo, ma comunque non superiore al 49 per cento (Tuir, art. 5, comma 4). Tale limite ha lo scopo di impedire manovre intese ad eludere la progressività.

Il reddito dell'impresa familiare è dunque ripartito tra titolare e collaboratori. Al primo è attribuito almeno il 51 per cento del reddito dell'impresa.

Il reddito delle imprese familiari non è un reddito imputato ai partecipanti come reddito omogeneo, ma vi è netta separazione tra reddito dell'imprenditore e reddito dei collaboratori. Solo la quota spettante all'imprenditore è reddito d'impresa; il reddito dei collaboratori rappresenta la remunerazione del lavoro prestato nell'impresa ed è imputato ai collaboratori a prescindere dalla percezione.

Il criterio di riparto degli utili non vale per le perdite (i collaboratori non partecipano alle perdite).

9. *I redditi delle società di persone.*

A) Come è noto, esistono tre tipi di società di persone: la società semplice, la società in nome collettivo e la società in accomandita semplice.

Alle società di persone si contrappongono le società di capitali, ossia: la società per azioni, la società in accomandita per azioni e la società a responsabilità limitata. Nelle società di capitali: a) i soci non rispondono dei debiti della società; b) il potere di amministrare la società è disgiunto dalla qualità di socio; c) la qualità di socio è liberamente trasferibile.

Con disciplina simile a quella prevista per i soggetti passivi Ires, si considerano residenti le società di persone e le associazioni che per la maggior parte del periodo d'imposta hanno la sede legale o la sede dell'amministrazione o l'oggetto principale nel territorio dello Stato (Tuir, art. 5, comma 3).

B) Il trattamento fiscale delle società di persone è diverso da quello delle società di capitali, perché le società di persone non sono soggetti passivi dell'imposta: i loro redditi sono imputati ai soci, a prescindere dalla distribuzione, in applicazione del principio di trasparenza (principio che, come vedremo, può essere applicato anche in ambito Ires).

Le società di persone presentano due tratti, che spiegano il loro peculiare trattamento fiscale.

In primo luogo, i soci delle società di persone non sono meri investitori, ma, di regola, operano nella società e ne sono amministratori (salvo gli accomandanti); tra soci e società vi è, nelle società personali, minor distacco che non tra soci e società di capitali.

In secondo luogo, esse sono caratterizzate da un formalismo minimo: è quindi difficile la determinazione del reddito distribuito e non distribuito.

In forza di tali ragioni, il regime fiscale delle società di persone è improntato al principio di trasparenza. I redditi della società sono trattati come se la società fosse uno schermo trasparente, come se non fosse un soggetto autonomo; i redditi della società sono considerati redditi dei soci. È in tal modo evitato ogni problema di doppia tassazione.

I redditi delle società in nome collettivo e in accomandita semplice, da qualsiasi fonte provengano e quale che sia l'oggetto sociale, sono considerati redditi di impresa e sono determinati unitariamente secondo le norme relative a tali redditi (Tuir, art. 6, comma 3).

Il reddito della società, così determinato, è imputato ai soci.

I redditi imputati ai soci non sono qualificati come redditi d'impresa, o di capitale, ma come redditi di partecipazione; ciò implica che non sono inclusi in una categoria tipica, ma trattati, a certi effetti, come redditi d'impresa (ad esempio, in materia di perdite).

C) Alla società fanno capo obblighi formali (tenuta della contabilità, presentazione della dichiarazione), funzionali all'applicazione dell'imposta personale dovuta dai soci.

I redditi delle società di persone e di altri organismi equiparati sono disciplinati sotto l'etichetta di redditi prodotti in forma associata. Per tali redditi, vigendo il principio di trasparenza:

a) la società non è soggetto passivo dell'imposta; i redditi della società sono imputati a ciascun socio, indipendentemente dalla percezione, proporzionalmente alla quota di partecipazione agli utili (Tuir, art. 5, commi 1 e 2);

b) le perdite della società sono ripartite tra i soci alla stessa maniera degli utili; se l'ammontare delle perdite supera i redditi dell'anno, la differenza può essere detratta negli anni successivi, ma non oltre il quinto (Tuir, art. 8);

c) i redditi prodotti dalle società commerciali di persone sono redditi di impresa; come redditi imputati ai soci, sono redditi di partecipazione; se però il socio è una società commerciale o un imprenditore individuale, anche il reddito del socio è reddito d'impresa;

d) dal punto di vista temporale, il reddito è imputato ai soci nello stesso periodo d'imposta in cui è prodotto dalla società; ha rilevanza la compagine sociale nel momento finale del periodo d'imposta (non è quindi imputata alcuna quota di reddito a chi ha cessato di essere socio nel corso del periodo d'imposta);

e) le ritenute operate sui redditi della società sono scomputate dall'imposta dovuta dai soci (Tuir, art. 22, comma 1).

D) Il principio di trasparenza si applica anche alle società semplici (Tuir, art. 5, comma 1), che differiscono dalle altre società di persone perché non esercitano un'attività commerciale (art. 2249, comma 2, c.c.). Le società semplici sono "società civili". La forma della società semplice è adottata, ad esempio, per le imprese agricole, per la mera gestione immobiliare, per le attività professionali.

Il reddito delle società semplici è imputato ai soci, proporzionalmente alla quota di partecipazione agli utili.

Le principali differenze di trattamento fiscale tra società personali commerciali e società semplici sono le seguenti:

– le società semplici non producono reddito d'impresa, ma singoli redditi (fondiari, di lavoro autonomo, di capitale e diversi); sono tassate, perciò, con le regole proprie di ciascuna categoria reddituale;

– le perdite derivanti dal lavoro autonomo sono imputate ai soci e possono essere compensate con gli altri redditi che concorrono a formare il reddito complessivo;

– vi sono spese e costi delle società semplici che sono imputabili ai soci come oneri deducibili dal reddito complessivo o detraibili dall'imposta lorda (Tuir, artt. 10, comma 3, e 15, comma 3).

E) Il principio di trasparenza si applica anche:

– alle società di fatto, che sono equiparate alle società in nome collettivo o alle società semplici secondo che abbiano o non abbiano per oggetto l'esercizio di attività commerciali (Tuir, art. 5, comma 3, lett. b);

– alle società di armamento, che sono equiparate alle società in nome collettivo o alle società in accomandita semplice secondo che siano state costituite all'unanimità o a maggioranza (Tuir, art. 5, comma 3, lett. a);

– al Gruppo europeo di interesse economico.

9.1. *I redditi delle associazioni tra professionisti.*

I professionisti possono svolgere la propria attività, oltre che in forma individuale, in forma di associazione professionale e in forma societaria (L. 12 novembre 2011, n. 183, art. 10).

Le associazioni professionali sono equiparate, ai fini fiscali, alle società semplici (Tuir, art. 5, comma 3). Vige, quindi, anche per esse, il principio di trasparenza: i redditi delle associazioni, in quanto redditi di lavoro autonomo, sono tassati quando sono percepiti dall'associazione, ma sono poi imputati agli associati, indipendentemente dalla distribuzione.

La dichiarazione dei redditi, che l'associazione è tenuta a presentare, è strumentale all'applicazione dell'imposta a carico degli associati. I compensi percepiti dall'associazione sono soggetti a ritenuta d'acconto; le ritenute sono poi attribuite agli associati, nella proporzione in cui sono attribuiti i compensi.

In materia di perdite e oneri, valgono per le associazioni tra professionisti le regole dettate per le società semplici.

Le perdite sono imputate agli associati in proporzione alla loro quota di partecipazione e possono essere compensate da ciascun associato con gli altri redditi che concorrono a formare il reddito complessivo; l'eccedenza può essere utilizzata in compensazione, nei periodi di imposta successivi, ma non oltre il quinto.

10. *La base imponibile. Reddito complessivo e perdite deducibili.*

Passiamo ora ad esaminare attraverso quale *iter* si perviene alla determinazione della base imponibile e dell'imposta lorda.

La base imponibile lorda è costituita, per i residenti, dal complesso dei redditi, ovunque prodotti.

I redditi e le perdite che concorrono a formare il reddito complessivo sono determinati distintamente per ciascuna categoria, in base al risultato complessivo netto di tutti i cespiti che rientrano nella stessa categoria (Tuir, art. 9, comma 1).

Per calcolare il reddito complessivo occorre, quindi, previamente individuare e qualificare i singoli redditi, aggregandoli secondo le rispettive categorie di appartenenza.

Poiché vi sono due categorie reddituali il cui risultato può essere una perdita, il reddito complessivo è calcolato operando la c.d. compensazione orizzontale delle perdite. Si sommano i redditi delle diverse categorie e si sottraggono le perdite derivanti dall'esercizio di imprese commerciali in regime di contabilità semplificata (c.d. imprese minori) e dall'esercizio di arti e professioni (Tuir, art. 8).

Le perdite delle società in nome collettivo e in accomandita semplice e quelle delle società semplici e delle associazioni professionali sono imputate pro-quota, in base al principio di trasparenza, a ciascuno dei soci o associati.

Per le società in accomandita semplice, la parte di perdita che supera il capitale sociale non è imputata all'accomandante ma solo agli accomandatari, perché la responsabilità dell'accomandante è limitata al capitale investito.

Ciascuno dei soci o associati può "riportare a nuovo" la perdita, ma solo se deriva dall'esercizio di imprese commerciali o dalla partecipazione in società commerciali di persone in regime di contabilità ordinaria. In questi casi, se la perdita supera, in un dato periodo d'imposta, l'ammontare dei redditi della categoria conseguiti in quel periodo, la differenza può essere computata in diminuzione dei redditi della medesima categoria nei periodi di imposta successivi, non oltre il quinto, e per l'intero importo che trova capienza nel reddito di ciascun periodo (Tuir, art. 8, ove ulteriori limitazioni).

Le perdite realizzate nei primi tre periodi di imposta dalla data di costituzione possono essere riportate a nuovo senza limiti di tempo, purché si riferiscano ad una nuova attività produttiva (Tuir, art. 8, comma 3, ultimo periodo, che rinvia all'art. 84, comma 2).

10.1. *Gli oneri deducibili dal reddito complessivo.*

A) L'imposta sul reddito delle persone fisiche è un'imposta personale perché, come già notato, la sua disciplina tiene conto di una serie di circostanze di natura personale: ossia, non solo del fatto che i redditi si aggregano presso un medesimo soggetto costituendone il reddito complessivo (nel quale sono inclusi tutti i redditi del soggetto, ovunque e comunque prodotti), ma anche di altri elementi, di stretto carattere personale.

Ciò viene realizzato concedendo deduzioni dal reddito complessivo e detrazioni dall'imposta.

La scelta dello strumento tecnico non è neutrale: le deduzioni dal reddito complessivo favoriscono i possessori di redditi più elevati, perché il vantaggio che ne trae il contribuente è misurato dall'aliquota marginale.

B) Dal reddito complessivo sono deducibili determinati oneri; in tal modo, è detassata quella parte di reddito che viene impiegata per finalità ritenute meritevoli di particolare considerazione.

Il catalogo degli oneri deducibili è contenuto nell'art. 10 del Tuir, a cui si rinvia. In sintesi, sono deducibili, tra gli altri, i seguenti oneri:

– le spese mediche e quelle di assistenza specifica necessarie nei casi di grave e permanente invalidità o menomazione;

– gli assegni periodici corrisposti al coniuge, a seguito di separazione, annullamento o scioglimento del matrimonio (tali assegni sono reddito imponibile per il coniuge che li riceve);

– i contributi previdenziali e assistenziali versati in ottemperanza a disposizioni di legge;

– i contributi versati per le forme pensionistiche complementari;

– talune erogazioni liberali, quali, ad esempio, quelle in favore di università;

– un importo pari alla rendita catastale della casa di abitazione principale (in tal modo, il reddito della "prima casa" non è colpito da Irpef).

C) Inoltre, il legislatore include, tra gli oneri deducibili, spese che sono da classificare tra quelle di produzione del reddito o che, comunque, incidono sulla determinazione del reddito.

Le spese di produzione sono, di regola, deducibili in sede di calcolo dei redditi netti di ciascuna categoria; ma vi sono spese che, per ragioni volta a volta diverse, sono invece deducibili come oneri in quanto non deducibili come spese di produzione. A quest'ultima categoria appartengono:

– gli oneri fondiari non contemplati dalle stime catastali (ad esempio, contributi ai consorzi obbligatori);

– le somme corrisposte ai dipendenti, chiamati a ricoprire incarichi elettorali;

– le indennità corrisposte dal proprietario di un immobile locato al conduttore, per perdita dell'avviamento, quando cessa il rapporto;

– le somme che il contribuente deve restituire, dopo che hanno concorso a formare il reddito in un periodo d'imposta precedente.

10.2. *Le aliquote e l'imposta lorda.*

Dopo aver dedotto gli oneri dal reddito complessivo, alla base imponibile così calcolata si applicano le aliquote, che sono crescenti per scaglioni di reddito (Tuir, art. 11).

Secondo la disciplina in vigore dal 2007, gli scaglioni di reddito sono cinque: l'aliquota più bassa è del 23 per cento, e si applica ai redditi fino a 15 mila euro; l'aliquota è del 27 per cento per la fascia di reddito da 15.001 a 28.000 euro; allo scaglione da 28.001 a 55.000 euro si applica l'aliquota del 38 per cento; allo scaglione da 55.001 a 75.000 euro si applica l'aliquota del 41 per cento. L'aliquota massima si applica allo scaglione di reddito superiore a 75 mila euro ed è del 43 per cento. Dalla somma degli importi corrispondenti ai diversi scaglioni di reddito si ottiene l'imposta lorda.

10.3. *Le detrazioni dall'imposta lorda.*

L'imposta lorda è ridotta dalle detrazioni, previste, per ragioni eterogenee, dalla complessa disciplina racchiusa negli artt. da 12 a 16-*bis* del Tuir. Ci limitiamo a elencarle in modo sintetico.

A) Alcune detrazioni riflettono la minore capacità contributiva dei beneficiari.

È il caso delle detrazioni per carichi di famiglia, previste dall'art. 12 del Tuir, che sono attribuite per la presenza di familiari a carico (coniuge, figli minorenni, altri familiari per i quali vi è obbligo di mantenimento); il loro importo decresce al crescere del reddito complessivo.

L'art. 13 del Tuir prevede detrazioni per i lavoratori dipendenti e per i pensionati, ma solo se il reddito complessivo (escludendo il reddito della casa di abitazione) non supera l'importo di 55.000 euro.

Queste detrazioni dovrebbero assicurare la non tassazione del minimo vitale (ma nulla è previsto per i lavoratori autonomi e per gli imprenditori). Essendo commisurate, in misura decrescente, all'ammontare del reddito complessivo, concorrono a realizzare la progressività del tributo.

Per i redditi di lavoro dipendente e assimilati non è ammessa la deduzione analitica dei costi. La detrazione dall'imposta prevista per tali redditi ha quindi anche la funzione di sostituire in via forfettaria la deduzione dei costi effettivi inerenti.

B) L'art. 15, comma 1, prevede detrazioni, nella misura del 19 per cento della spesa sostenuta (talvolta entro limiti massimi), per un lungo elenco di oneri, tra cui i seguenti:

a) interessi passivi per mutui agrari;

b) interessi passivi per mutui ipotecari contratti per l'acquisto e per la costruzione della prima casa;

c) spese mediche;

d) spese funebri;

e) spese per la frequenza di corsi di istruzione universitaria;

e-*bis*) spese per la frequenza di scuole dell'infanzia e della scuola secondaria di secondo grado;

f) premi per assicurazione per il rischio morte, invalidità permanente ed eventi calamitosi relativi ad unità immobiliari ad uso abitativo;

g) spese per la manutenzione, la protezione e il restauro di immobili di interesse storico e artistico;

h) erogazioni liberali a determinati soggetti, destinate a finalità particolarmente meritevoli.

D) Sono previste detrazioni di vario ammontare per i titolari di contratti di locazione di unità immobiliari adibite ad abitazione principale (Tuir, art. 16): queste detrazioni fanno da *pendant* alla deduzione dal reddito complessivo di un importo pari al reddito catastale della casa di abitazione, concessa ai proprietari (Tuir, art. 10, comma 3-*bis*).

Infine, è prevista una detrazione percentuale delle spese per interventi di recupero del patrimonio edilizio e di riqualificazione energetica degli edifici (Tuir, art. 16-*bis*).

10.4. *L'imposta netta dovuta e l'imposta da versare.*

Dallo scomputo delle detrazioni si ottiene l'ammontare dell'imposta netta, dovuta per un dato periodo d'imposta.

L'imposta netta non rappresenta la somma da versare quando si presenta la dichiarazione, perché dall'imposta netta si scomputano (Tuir, art. 22, comma 1):

– i crediti d'imposta (come il credito per le imposte pagate all'estero, il c.d. bonus di 80 euro mensili, ecc.);

– i versamenti d'acconto;

– le ritenute subite a titolo d'acconto.

Se il saldo è a debito per il contribuente (cioè se l'ammontare dell'imposta netta supera la somma dei crediti d'imposta, dei versamenti d'acconto e delle ritenute), la differenza deve essere versata prima di presentare la dichiarazione.

Se la dichiarazione è a credito per il contribuente (cioè se l'imposta netta è inferiore alla somma dei crediti d'imposta, dei versamenti e delle ritenute d'acconto), l'eccedenza costituisce un credito. Il contribuente può computarlo in diminuzione dall'imposta relativa al periodo d'imposta successivo o chiederne il rimborso nella dichiarazione (Tuir, artt. 11, comma 4 e 22).

All'imposta dovuta allo Stato devono essere aggiunte le addizionali regionali e comunali.

11. *I redditi soggetti a tassazione separata.*

A norma dell'art. 17 del Tuir sono soggetti a tassazione separata i redditi che sono maturati in anni precedenti quello in cui sono percepiti.

La tassazione è detta separata perché questi redditi non concorrono a formare il reddito complessivo, ma sono tassati a parte, con distinta aliquota, e determinati secondo speciali regole, stabilite in considerazione della loro formazione pluriennale.

Rientrano nel regime della tassazione separata, tra gli altri, i redditi seguenti (indicati in modo sintetico):

– il trattamento di fine rapporto percepito dai lavoratori dipendenti e da altre categorie (per la cessazione di rapporti di collaborazione coordinata e continuativa, di rapporti di agenzia, di funzioni notarili, di attività sportive professionistiche);

– gli emolumenti arretrati per prestazioni riferibili ad anni precedenti, percepiti in ritardo per effetto di leggi, contratti collettivi, sentenze e atti amministrativi sopravvenuti;

– le plusvalenze derivanti dalla cessione di aziende possedute per più di cinque anni;

– le indennità per perdita dell'avviamento spettanti al conduttore di esercizi commerciali alla cessazione della locazione;

– il risarcimento attribuito a titolo di perdita di redditi pluriennali;

– i redditi a formazione pluriennale attribuiti ai soci in caso di recesso da società.

Il trattamento di fine rapporto, a differenza degli altri redditi soggetti a tassazione separata, è imponibile per un importo che si determina con l'aliquota dell'anno in cui è maturato il diritto, corrispondente all'importo che risulta dividendo il suo ammontare (aumentato delle somme destinate alle forme pensionistiche e al netto delle rivalutazioni già assoggettate ad imposta sostitutiva) per il numero degli anni e frazione di anno preso a base di commisurazione, e moltiplicando il risultato per dodici.

Gli uffici finanziari riliquidano l'imposta in base all'aliquota media di tassazione dei cinque anni precedenti a quello in cui è maturato il diritto alla percezione, iscrivendo a ruolo le maggiori imposte dovute ovvero rimborsando quelle spettanti (Tuir, art. 19, comma 1).

Per gli altri redditi tassati separatamente l'imposta è calcolata applicando, alla somma percepita, l'aliquota corrispondente alla metà del reddito complessivo del biennio precedente l'anno in cui è sorto il diritto (Tuir, art. 21).

CAPITOLO DICIOTTESIMO

I SINGOLI REDDITI

1. *I redditi fondiari.*

I redditi fondiari sono i redditi «*inerenti ai terreni e ai fabbricati situati nel territorio dello Stato che sono o devono essere iscritti, con attribuzione di rendita, nel catasto dei terreni o nel catasto edilizio urbano*» (Tuir, art. 25).

Sono fondiari solo i redditi che derivano da un immobile iscritto o iscrivibile nel catasto e, quindi, situato nel territorio dello Stato. I redditi che non sono determinabili catastalmente e quelli degli immobili situati all'estero sono «*redditi diversi*» (Tuir, art. 67, lett. e) ed f).

Producono reddito fondiario soltanto i terreni atti alla produzione agricola; non lo sono i terreni che costituiscono pertinenze di fabbricati urbani, quelli dati in affitto per usi non agricoli e quelli che appartengono a società commerciali (Tuir, art. 27).

I redditi fondiari concorrono a formare il reddito complessivo dei soggetti che possiedono gli immobili in quanto proprietari o titolari di altro diritto reale; in caso di usufrutto, l'imposta colpisce l'usufruttuario.

Dato il carattere catastale dei redditi fondiari, la tassazione prescinde dalla effettiva produzione o percezione del reddito (monetario o in natura): vi è tassazione anche se un fabbricato non è abitato o se un terreno non è coltivato.

Non sono tassati i redditi degli immobili non locati soggetti all'imposta municipale sugli immobili, perché l'Imu è alternativa all'Irpef sui redditi degli immobili non locati (D.lgs. 14 marzo 2011, n. 23, art. 8).

1.1. *Il catasto dei terreni.*

Il catasto dei terreni descrive la proprietà terriera. Il territorio comunale è diviso in particelle. L'unità elementare del catasto è la particella, che rappresenta una porzione continua di terreno, appartenente ad un medesimo possessore ed omogenea per qualità e classe. Il catasto indica, per ciascuna particella, l'appartenenza, la qualità, la classe e il relativo reddito medio ordinario.

La formazione del catasto implica in primo luogo il rilevamento delle proprietà e delle particelle; quindi la qualificazione, ossia la determinazione dei tipi di coltivazione (seminativo, pascolo, ecc.) e, infine, la classificazione (ossia la distinzione dei terreni per classi, in base al grado di produttività).

Le tariffe d'estimo indicano la rendita attribuibile ai terreni, divisi in particelle, in base alla loro qualità (tipo di coltivazione) e classe (grado di produttività). Per formare le tariffe, è necessario individuare, per ciascuna zona censuaria, qualità e classe dei terreni, suddividere le qualità in classi e, quindi, stabilire la rendita attribuibile.

Le operazioni catastali culminano nel classamento, cioè nell'attribuzione, ad ogni particella, della qualità, della classe e del reddito.

Ai fini fiscali, il catasto fornisce la misura del reddito imponibile, da utilizzare, in primo luogo, ai fini dell'Irpef.

Il catasto serve inoltre per l'applicazione dell'imposta di registro, la cui base imponibile dichiarata non può essere rettificata dall'Amministrazione finanziaria, se è superiore ad un dato multiplo della rendita (art. 52, comma 4, del T.u. 26 aprile 1986, n. 131) e per l'applicazione dell'imposta municipale sugli immobili (Imu), la cui base imponibile è calcolata in base alla rendita catastale (L. 23 dicembre 1996, n. 662, artt. 3, commi da 48 a 51).

1.2. *I redditi dei terreni e le imprese agrarie.*

A) Il reddito dei terreni si distingue in reddito dominicale e reddito agrario. Alla base del sistema vi è il concetto che il reddito dei terreni è suddivisibile in quattro parti, che remunerano: a) la terra nel suo stato naturale; b) il capitale di miglioramento che vi è investito; c) il capitale di esercizio; d) il lavoro.

Il reddito dominicale comprende le prime due parti, cioè quelle che corrispondono alla proprietà del fondo e ai capitali stabilmente investiti; ed «*è costituito dalla parte dominicale del reddito medio ordinario ritraibile dal terreno attraverso l'esercizio delle attività agricole*» (Tuir, art. 27).

Il reddito agrario, invece, «*è costituito dalla parte del reddito medio ordinario dei terreni imputabile al capitale d'esercizio e al lavoro di organizzazione impiegati, nei limiti della potenzialità del terreno, nell'esercizio di attività agricole su di esso*» (Tuir, art. 32).

B) Il reddito dominicale e il reddito agrario sono tassati nella misura media ordinaria, risultante dalle tariffe d'estimo catastale.

Il reddito catastale:

– è un reddito ordinario, vale a dire è il reddito ottenuto da un coltivatore di capacità normale, che applichi le tecniche produttive generalmente adottate nella zona;

– inoltre, è un reddito medio, perché calcolato per una media di più anni, in modo da abbracciare un ciclo produttivo che tenga conto della rotazione delle colture e delle vicende favorevoli e sfavorevoli delle coltivazioni che possono succedersi negli anni.

Si prevede, sia per il reddito dominicale, sia per il reddito agrario, la revisione delle tariffe d'estimo e la riduzione dell'imponibile in caso di mancata coltivazione; si prevede, inoltre, che non vi sia reddito imponibile in caso di perdita del prodotto per eventi naturali (Tuir, artt. 29-31).

C) Il reddito agrario è il reddito dell'impresa agraria, ossia il reddito derivante dall'esercizio di attività agricole e di attività "connesse", nei limiti della potenzialità del terreno (Tuir, art. 32).

Le attività agricole in senso stretto sono:

a) la coltivazione del terreno e la silvicoltura;

b) l'allevamento di animali con mangimi ottenibili per almeno un quarto dal terreno e le attività dirette alla produzione di vegetali tramite l'utilizzo di strutture fisse o mobili, anche provvisorie, se la superficie adibita alla produzione non eccede il doppio di quella del terreno su cui la produzione stessa insiste.

Le attività agricole per connessione sono le attività elencate dall'art. 2135, terzo comma, c.c., dirette alla manipolazione, conservazione, trasformazione, commercializzazione e valorizzazione, ancorché non svolte sul terreno, di prodotti ottenuti prevalentemente da attività agricole (coltivazione del fondo o del bosco o dall'allevamento di animali), con riferimento ai beni individuati con decreto ministeriale.

D) La tassazione su base catastale si applica alle persone fisiche, alle società semplici e agli enti non commerciali.

I redditi delle società commerciali, per regola generale, sono redditi d'impresa; di conseguenza, il reddito agrario è reddito d'impresa quando è prodotto da società o da altri enti commerciali ed è determinato secondo le norme relative al reddito d'impresa.

Peraltro, possono optare per l'imposizione dei redditi su base catastale le società di persone, le società a responsabilità limitata e le società cooperative, che rivestono la qualifica di società agricola ai sensi dell'art. 2 del D.lgs. 29 marzo 2004, n. 99, ossia le società che svolgono in via esclusiva le attività agricole indicate nell'art. 2135 c.c. (L. 27 dicembre 2006, n. 296, art. 1, comma 1093).

Inoltre, sono *ex lege* imprenditori agricoli – e, dunque, producono reddito agrario – le società di persone e le società a responsabilità limitata, quando: a) sono costituite da imprenditori agricoli; b) svolgono esclusivamente attività di manipolazione, conservazione, trasformazione, commercializzazione e valorizzazione di prodotti agricoli ceduti dai soci; tali società possono optare per la determinazione del reddito applicando all'ammontare dei ricavi il coefficiente di redditività del 25 per cento (L. 27 dicembre 2006, n. 296, art. 1, comma 1094).

E) Le imprese di allevamento sono imprese agrarie, il cui reddito è determinato catastalmente, ma solo quando l'attività è svolta con mangimi ottenibili per almeno un quarto dal terreno. Il reddito eccedente è reddito d'impresa commerciale, determinato in modo peculiare, cioè moltiplicando ciascun capo allevato per un coefficiente determinato dal Ministero, salva la facoltà di optare per la determinazione del reddito con le norme previste per le imprese commerciali. Se l'attività di allevamento è esercitata da società o enti commerciali il reddito d'impresa è determinato sempre secondo i criteri ordinari.

1.3. *Il catasto dei fabbricati.*

A) Il catasto dei fabbricati comprende sia i fabbricati urbani, sia quelli rurali.

Le singole unità immobiliari sono contraddistinte per zona censuaria, categoria e classe. Le categorie sono cinque: A (abitazioni), B (edifici a uso collettivo, come caserme e scuole), C (commerciali, come negozi), D (immobili industriali), E (immobili speciali). Le categorie sono divise in classi.

Il territorio urbano è diviso in zone censuarie. Quindi zona censuaria, categoria catastale e classe sono i dati da cui scaturisce la tariffa, che fornisce un valore che, moltiplicato per la grandezza dell'immobile, determina la rendita catastale.

Per i fabbricati a destinazione speciale o particolare (opifici, alberghi, case di cura, teatri, ecc.), la rendita viene attribuita caso per caso, mediante «*stima diretta*».

B) L'inserimento di un fabbricato nel catasto (c.d. accatastamento) dev'essere richiesto dal possessore, che deve dichiarare le nuove costruzioni e proporre la rendita, utilizzando il Docfa (Documento Catasto Fabbricati).

All'accatastamento provvede l'Agenzia delle Entrate, che può far propria la rendita proposta dal possessore o modificarla. Gli atti che attribuiscono o modificano la rendita catastale di terreni o fabbricati devono essere notificati agli intestatari delle partite, e sono efficaci (ed impugnabili) dal giorno della notificazione. La revisione può essere richiesta anche dai Comuni.

C) Si è in attesa di una revisione del catasto dei fabbricati, che dovrebbe prevedere la determinazione della rendita catastale, per le unità immobiliari a destinazione ordinaria (cioè abitazioni), non più in base ai vani, ma in base ai metri quadrati della superficie, utilizzando funzioni statistiche che riflettono la relazione tra il valore di mercato, la localizzazione e le caratteristiche edilizie dei fabbricati.

1.4. *Il reddito dei fabbricati. Prima casa e cedolare secca.*

A) Anche il reddito imponibile dei fabbricati è – in via di principio, ma con larghe eccezioni – un reddito medio ordinario, determinato secondo le tariffe d'estimo del catasto urbano, che distinguono le unità immobiliari in categorie e classi.

Per gli immobili non censiti il reddito è determinato mediante comparazione con quello catastale delle unità similari (Tuir, art. 37, comma 4).

B) Il reddito catastale della casa (non di lusso) adibita ad abitazione principale ("prima casa"), non è tassato, in quanto si applica una deduzione dal reddito complessivo pari alla rendita catastale (Tuir, art. 10, comma 3-*bis*).

Se si tratta di immobile soggetto ad IMU non si applica l'imposta reddituale.

Il reddito catastale delle "seconde case" è maggiorato di un terzo, se si tratta di abitazioni non locate, ma tenute a disposizione (Tuir, art. 41).

C) Il reddito degli immobili locati è determinato in base al canone di locazione (ridotto del 5 per cento a titolo di deduzione forfetaria delle spese), se il canone è superiore al reddito catastale (Tuir, art. 37, comma 4-*bis*). I redditi delle locazioni vengono tassati anche se non sono percepiti.

I redditi derivanti dalla locazione di immobili ad uso abitativo possono essere assoggettati, opzionalmente, ad imposta sostitutiva (c.d. cedolare secca sugli affitti), con aliquota del 21 o del 15 per cento (D.lgs. 14 marzo 2011, n. 23, art. 3).

La cedolare secca, quindi, deroga alla progressività, in quanto i canoni di locazione non concorrono alla determinazione del reddito complessivo.

1.5. *Le costruzioni rurali e gli immobili strumentali.*

Non producono reddito fondiario gli immobili che non producono reddito in modo autonomo. Ciò vale per i fabbricati rurali, che concorrono alla produzione del reddito dei terreni (Tuir, art. 42), e per i fabbricati usati per l'esercizio di attività commerciali o di arti e professioni – cioè gli immobili strumentali – che concorrono alla produzione del reddito di impresa commerciale e di lavoro autonomo (Tuir, art. 43).

Gli immobili possono essere strumentali per destinazione o per natura.

Sono strumentali per destinazione gli immobili «*utilizzati esclusivamente per l'esercizio dell'arte o della professione o dell'impresa commerciale da parte del possessore*»; essi si considerano strumentali per presunzione di legge ed a prescindere dalla loro iscrizione nei registri aziendali. Gli immobili strumentali per destinazione, quindi, sono tali – indipendentemente dalle loro caratteristiche – se sono utilizzati esclusivamente per un'attività di lavoro autonomo o d'impresa commerciale, da parte del loro possessore.

Strumentali per natura sono gli immobili «*relativi ad imprese commerciali che per le loro caratteristiche non sono suscettibili di diversa utilizzazione senza radicali trasformazioni*»; essi «*si considerano strumentali anche se non utilizzati o anche se dati in locazione o comodato*» (Tuir, art. 43, comma 2).

In questa ipotesi il possessore di un immobile «*relativo*» ad un'impresa commerciale non lo utilizza direttamente, ma lo concede in locazione o in comodato; la destinazione all'esercizio dell'impresa è subordinata alla condizione che l'immobile abbia caratteristiche fisiche, tali da non poter essere destinato ad uso diverso da quello aziendale senza radicali trasformazioni.

Se il possessore è un imprenditore individuale, occorre che il bene sia iscritto negli appositi registri (Tuir, art. 27).

2. *I redditi di capitale.*

I redditi di capitale sono una categoria che l'art. 44, comma 1, del Tuir, non delimita con una definizione generale, ma con una elencazione, all'interno della quale si distinguono tre gruppi di redditi.

Il primo gruppo è formato dai dividendi e da altri proventi derivanti dalla partecipazione in società.

Non sono però redditi di capitale le plusvalenze che derivano dalla cessione di azioni o di obbligazioni (*capital gain*): questi redditi, definiti dal legislatore come derivanti da «*rapporti attraverso cui possono essere realizzati differenziali positivi e negativi in dipendenza di un evento incerto*», appartengono alla categoria dei «*redditi diversi*» (Tuir, art. 67, comma 1, lett. c, c-*bis*, c-*ter*, c-*quater*, c-*quinquies*).

Il secondo gruppo di redditi di capitale è formato dagli interessi e da altri proventi che derivano da mutui e da altre forme di impiego del capitale.

Non sono dunque redditi di capitale gli interessi non derivanti dall'impiego di capitale, ma da crediti di lavoro o d'impresa (Tuir, art. 6, comma 2).

Il terzo gruppo è formato da altri proventi finanziari, di varia natura, tra cui:

– le rendite perpetue e le prestazioni annue perpetue (artt. 1861 e 1869 c.c.);

– i compensi per prestazioni di fideiussioni e di altre garanzie;

– i proventi derivanti dalla gestione, nell'interesse collettivo di pluralità di soggetti, di masse patrimoniali costituite con somme di denaro o beni affidati da terzi o provenienti dai relativi investimenti;

– i proventi derivanti da riporti e pronti contro termine su titoli e valute;

– i proventi derivanti dal mutuo di titoli garantito;

– i redditi compresi nei capitali corrisposti in dipendenza di contratti di assicurazione sulla vita e di capitalizzazione.

A chiusura della elencazione, nell'art. 44, lett. h), del Tuir, vi è una formula residuale, che ha per oggetto, in generale, i proventi derivanti «*da altri rapporti aventi per oggetto l'impiego del capitale*». L'area dei redditi di capitale va dunque definita considerando l'elenco e la formula di chiusura.

2.1. *I regimi di tassazione dei dividendi.*

A) Sono redditi di capitale i dividendi e gli altri proventi, che derivano «*dalla partecipazione al capitale o al patrimonio di società ed enti soggetti all'imposta sul reddito delle società*» (Tuir, art. 44, comma 1, lett. e).

Assume qui rilievo il possesso di azioni o di altri titoli, individuati in ragione del fatto che rappresentano una frazione del capitale o del patrimonio della società emittente. Ci si riferisce solo alle società ed enti che sono soggetti all'Ires, perché i redditi delle società di persone sono imputati ai soci, in applicazione del principio di trasparenza, e non sono qualificati come redditi di capitale, ma come redditi da partecipazione (che non costituisce però una distinta categoria reddituale, avendo la stessa natura del reddito realizzato dalla società trasparente).

Generano dunque reddito di capitale le azioni delle società per azioni, delle società in accomandita per azioni e la partecipazione in altre società ed enti soggetti ad Ires (società a responsabilità limitata, cooperative a responsabilità limitata, società di mutua assicurazione, enti commerciali pubblici e privati).

B) Occorre distinguere la posizione degli azionisti da quella dei titolari di obbligazioni. Le azioni rappresentano una frazione del capitale sociale, conferiscono la qualità di socio e il diritto di partecipare alla distribuzione degli utili. Le obbligazioni, invece, non rappresentano quote del capitale sociale, ma un diritto di credito; chi detiene obbligazioni di una società non è socio, ma creditore.

Dal punto di vista fiscale, dividendi e interessi, pur facendo parte di una medesima categoria reddituale, sono trattati diversamente. Per le società non è fiscalmente indifferente disporre di capitale proprio (c.d. capitale di rischio) o di capitale di terzi (c.d. capitale di debito), perché il capitale proprio è remunerato con la distribuzione di utili (non deducibili dal reddito della società), mentre le obbligazioni sono remunerate con la corresponsione di interessi, deducibili dal reddito della società erogante (seppur con dei limiti).

Inoltre, i dividendi, essendo previamente tassati gli utili della società che li distribuisce, non possono essere tassati in modo pieno anche a carico del socio; occorre evitare cioè la doppia imposizione economica. Di qui la tassazione ridotta dei dividendi a carico del socio (*participation exemption*).

Diverso è il regime fiscale degli interessi; la società che li corrisponde li deduce come costo, per cui la tassazione del socio non duplica quella della società.

C) Il sistema di tassazione dei redditi dei soci delle società di capitali è stato riformato nel 2003.

Prima della riforma, i redditi della società distribuiti ai soci erano tassati due volte, presso la società e presso i soci, ma la doppia imposizione economica era eliminata dal credito d'imposta attribuito al socio, in misura pari all'imposta dovuta dalla società sui redditi distribuiti.

L'imposta prelevata a carico della società produceva quindi, per lo Stato, un gettito non definitivamente acquisito, perché eliso dal credito d'imposta attribuito al socio. La tassazione complessiva era determinata dalla situazione personale del socio.

Questo sistema di tassazione non presenta inconvenienti quando società e socio appartengono ad un medesimo sistema fiscale. Se invece il socio risiede in uno Stato diverso da quello in cui risiede la società partecipata, il metodo dell'imputazione non è adottabile, perché il socio non residente non è soggetto ad imposta sull'insieme dei suoi redditi nello Stato di residenza della società partecipata.

D) Il sistema di tassazione dei dividendi non è uniforme.

I dividendi percepiti da persone fisiche, non nell'esercizio di impresa, sono redditi di capitale soggetti ad imposta sostitutiva, vale a dire a ritenuta a titolo d'imposta, con aliquota del 26 per cento, da calcolare sull'intero importo percepito (D.P.R. 29 settembre 1973, n. 600, art. 27). Non occorre più distinguere, come in passato, tra partecipazioni qualificate e non qualificate.

Se il socio è un imprenditore individuale e le partecipazioni sono relative all'attività d'impresa, i dividendi sono reddito d'impresa e sono tassati nei limiti del 58,14 per cento dell'importo percepito, come componenti del reddito complessivo Irpef (soggetto alla progressività).
Se il socio è una società di persone commerciale, i dividendi sono reddito d'impresa e sono trattati come quelli percepiti dagli imprenditori individuali.

I dividendi percepiti dalle società semplici sono invece redditi di capitale e sono tassati interamente.

In conclusione, i sistemi di tassazione dei dividendi sono: a) tassazione sostitutiva; b) tassazione parziale; c) tassazione integrale.

Per calcolare l'onere fiscale complessivo bisogna sommare l'Ires dovuta dalla società all'imposta dovuta dal socio sul dividendo.

Ben diverso, come vedremo, è il regime dei dividendi percepiti da soggetti Ires, per i quali vige il sistema della *participation exemption* (in breve: *pex*), ossia «*esclusione*» da tassazione dei dividendi (che, in tale ipotesi, costituiscono componenti di reddito d'impresa e non redditi di capitale), nella misura del 95 per cento (Tuir, art. 89).

Per gli enti non commerciali, i dividendi costituiscono reddito di capitale e sono tassati per intero.

E) Il regime fiscale dei proventi azionari si applica anche ai proventi dei titoli similari alle azioni, ossia dei titoli e strumenti finanziari la cui remunerazione, come per le azioni, «*è costituita totalmente dalla partecipazione ai risultati economici della società emittente o di altre società appartenenti allo stesso gruppo o dell'affare in relazione al quale i titoli e gli strumenti finanziari sono stati emessi*» (Tuir, art. 44, comma 2, lett. a).

I proventi non sono tassati come interessi ma come dividendi.

Questi titoli sono indicati come strumenti finanziari partecipativi, o ibridi, perché sono una via di mezzo tra le azioni e le obbligazioni.

Le società possono emettere però anche strumenti finanziari, a fronte dell'apporto di opere o servizi, che non rappresentano una frazione del capitale (come le azioni), ma attribuiscono il diritto di partecipare agli utili. Può trattarsi anche di strumenti finanziari che danno diritto ad una parte degli utili derivanti da uno specifico affare.

Inoltre, possono esservi anche titoli obbligazionari la cui remunerazione non è fissa, ma collegata all'andamento economico della società (art. 2346 c.c.).

Ai fini fiscali, vale questo principio: i titoli o strumenti finanziari si considerano similari alle azioni quando la loro remunerazione è costituita totalmente dalla partecipazione ai risultati economici della società emittente. In tal caso, i relativi proventi sono trattati come i dividendi dei titoli azionari; e le plusvalenze e minusvalenze derivanti dalla loro cessione sono considerate come quelle relative alla cessione di partecipazioni sociali. Per la società emittente, la remunerazione degli strumenti finanziari legata all'andamento della società è indeducibile, come la distribuzione di utili ai soci (Tuir, art. 109, comma 9).

. In conclusione, se la remunerazione di un titolo è variabile (perché legata agli utili della società emittente), la conseguenza è duplice: la remunerazione, per il percettore, è tassata come i dividendi; per la società emittente è indeducibile.

Va aggiunto che sono assimilati alle azioni solo i titoli la cui remunerazione dipende totalmente dai risultati economici della società emittente. Se la dipendenza è parziale, il titolo va classificato tra i "*titoli atipici*", ossia tra i titoli che non sono né azioni né obbligazioni e non sono neppure riconducibili alle categorie dei titoli similari alle azioni o alle obbligazioni. I proventi dei titoli atipici sono soggetti a ritenuta alla fonte a titolo d'imposta del 26 per cento (D.l. 30 settembre 1983, n. 512, conv. con L. 25 novembre 1983, n. 649, art. 5, commi 1 e 2).

2.2. *Natura non reddituale del riparto di riserve di capitale.*

Non costituisce reddito ciò che i soci ricevono a titolo di ripartizione di riserve di capitale o altri fondi non costituiti con utili, ma con sovrapprezzi di emissione delle azioni o quote; interessi di conguaglio versati dai sottoscrittori di nuove azioni o quote; versamenti dei soci a fondo perduto o in conto capitale; saldi di rivalutazione monetaria esenti da imposta (Tuir, art. 47, comma 5).

Tali introiti non hanno natura reddituale ma patrimoniale (sono restituzioni di conferimenti). Al riguardo va tenuto presente che non può esservi distribuzione di riserve di capitali se vi sono utili o riserve di utili da distribuire. In base ad una presunzione legale, che non ammette prova contraria, si considerano prioritariamente distribuiti l'utile dell'esercizio e le riserve di utili, anche se la delibera assembleare dispone diversamente (Tuir, art. 47, comma 1).

Le somme o valori distribuiti utilizzando riserve di capitale riducono, per il socio, il costo fiscalmente riconosciuto delle azioni o quote possedute.

In base al criterio per cui non sono reddito le restituzioni di conferimenti vanno intese le norme concernenti il recesso e le fattispecie simili.

Le somme o il valore normale dei beni che il socio riceve in caso di recesso, esclusione, riscatto, riduzione del capitale esuberante o di liquidazione (anche concorsuale) delle società ed enti non costituiscono utili per la parte che corrisponde al costo delle partecipazioni; sono, invece, utili per la parte eccedente.

In tutte queste ipotesi, fermo restando che non è reddito la restituzione del capitale investito, la differenza tra somma ricevuta e capitale investito è trattata dal legislatore come reddito di capitale. Ciò comporta che, se il differenziale è negativo, la perdita non è deducibile.

2.3. *Gli utili degli associati in partecipazione.*

Gli utili della persona fisica che sia associato in un contratto di associazione in partecipazione sono equiparati ai dividendi, e l'associante non li può dedurre come costo (Tuir, art. 109, comma 9).

Gli utili dell'associato sono tassati in misura ridotta (come i dividendi) solo se l'apporto superi determinati importi (5 per cento del valore del patrimonio netto della società associante; se l'associante è soggetto al regime delle imprese minori, si richiede un apporto superiore al 25 per cento). Se la misura dell'apporto è inferiore alle soglie, si applica la ritenuta a titolo d'imposta del 26 per cento, a norma dell'art. 3, comma 3, lett. a) del Tuir e dell'art. 27, comma 1, D.P.R. 29 settembre 1973, n. 600.

2.4. *Gli interessi e la presunzione di interessi.*

A) Nei redditi di capitale sono compresi: a) gli interessi e gli altri proventi derivanti da mutui, depositi e conti correnti; b) gli interessi e gli altri proventi delle obbligazioni e titoli similari, degli altri titoli diversi dalle azioni e titoli similari, nonché dei certificati di massa. Questi interessi hanno natura corrispettiva e sono tassati come componenti del reddito complessivo.

Non sono redditi di capitale, ma di altra categoria, gli interessi che non derivano dall'impiego di un capitale. Infatti, gli interessi moratori (previsti *ex lege*) e gli «*interessi per dilazione di pagamento*» (previsti per contratto) «*costituiscono redditi della stessa categoria di quelli da cui derivano i crediti su cui tali interessi sono maturati*» (Tuir, art. 6, comma 2). Da ciò deriva che gli interessi moratori pagati ad un professionista da un cliente sono reddito di lavoro autonomo; gli interessi percepiti da un dipendente sono redditi di lavoro dipendente; gli interessi percepiti nell'esercizio di impresa sono reddito d'impresa.

Gli interessi compensativi non rappresentano un incremento, ma una reintegrazione del patrimonio, e, quindi, non sono reddito.

B) In materia di interessi vi sono due presunzioni legali relative. Secondo la prima, gli interessi derivanti da mutui (in generale) si presumono percepiti alla scadenza e nella misura pattuite. Se le scadenze non sono pattuite, gli interessi si presumono percepiti nell'ammontare maturato nel periodo d'imposta. Se la misura non è determinata per iscritto, gli interessi si computano al saggio legale (Tuir, art. 45, comma 2).

L'altra presunzione riguarda le somme versate dai soci alle società ed enti commerciali soggetti ad Ires (Tuir, art. 46). La qualificazione giuridica del rapporto può non essere chiara: tra socio e società può esservi un rapporto di mutuo, con diritto, quindi, del socio, a percepire degli interessi e alla restituzione del capitale. Ma la prassi conosce anche altri tipi di rapporto: ci si riferisce, in particolare, ai c.d. versamenti in conto capitale o a fondo perduto, a seguito dei quali il socio non ha diritto ad alcuna remunerazione, né ha diritto alla restituzione del capitale ad una scadenza predeterminata. Per la società, tali versamenti non sono sopravvenienze attive, ma conferimenti.

Ora, nel primo caso il socio si pone, nei confronti della società, come un qualsiasi altro soggetto che abbia dato in mutuo delle somme alla società; e quindi si applica la disciplina fiscale dei mutui. Nel secondo caso, il versamento del socio dà vita ad un rapporto sostanzialmente, anche se non formalmente, simile a quello dei conferimenti; si parla, in tal caso, di versamento a fondo perduto, di versamento in conto capitale, di conferimento atipico, ecc.

Le somme date da un socio alla società si presumono date a mutuo se dal bilancio della società finanziata non risulta che il versamento è stato fatto ad altro titolo. La presunzione del mutuo non impedisce però la prova che il mutuo è gratuito.

2.5. *Determinazione dei redditi di capitale.*

Secondo l'art. 45, comma 1, del Tuir, «*Il reddito di capitale è costituito dall'ammontare degli interessi, utili o altri proventi percepiti nel periodo d'imposta, senza alcuna deduzione*».

Sono quindi due le regole generali in materia di determinazione dei redditi di capitale: la tassazione al lordo e il principio di cassa.

La tassazione al lordo impedisce la deduzione, sia di spese di produzione, sia di perdite. Non sono deducibili, ad esempio, le spese bancarie inerenti ad un reddito di capitale, né le perdite che si subiscono perché non viene recuperato un capitale, o perché un titolo obbligazionario viene rivenduto per un importo inferiore a quello di acquisto.

Il secondo principio è quello di cassa: si tassa la somma percepita nel periodo d'imposta, mentre non rileva il credito maturato.

Quando, al termine del rapporto, l'investitore riceve una somma superiore a quella impiegata, la differenza è anch'essa tassata come reddito di capitale: è il caso, ad esempio, dello scarto di emissione di un titolo obbligazionario (differenza tra prezzo di emissione e somma percepita alla scadenza).

2.6. *I regimi sostitutivi. Risparmio amministrato, risparmio gestito e piani individuali di risparmio.*

A) I redditi di capitale non sono sempre tassati in via ordinaria, come componenti del reddito complessivo soggetto ad imposta progressiva, ma anche con altre forme di tassazione – sostitutive ed agevolate – per ragioni connesse al *favor* verso il risparmio.

La normativa fiscale relativa ai redditi da capitale è (in larga misura) una normativa di favore, in linea con l'art. 47 della Costituzione, secondo cui è compito della Repubblica incoraggiare e tutelare il risparmio e, in particolare, l'investimento azionario. Inoltre, cessate le restrizioni alla circolazione dei capitali, oneri fiscali gravosi ne determinerebbero il trasferimento in Paesi a fiscalità più conveniente.

Per tali ragioni, ed anche perché danneggiati dall'inflazione, molti redditi di capitale non entrano a far parte del reddito complessivo soggetto a tassazione ordinaria, ma sono soggetti a regimi fiscali di favore: la tassazione è di tipo proporzionale e in misura ridotta; viene tutelato l'anonimato; il percettore del reddito è esonerato da ogni adempimento, in quanto la tassazione è posta a carico degli intermediari.

Vi sono regimi di ritenuta alla fonte a titolo d'imposta (che si applicano, ad esempio, agli interessi dei depositi e dei conti correnti bancari ed ai dividendi derivanti da partecipazioni) ed altri regimi fiscali sostitutivi, che riguardano il risparmio "gestito", il risparmio "amministrato", i fondi comuni, ecc.

Occorre dunque prendere in esame, non solo le norme del Tuir, ma anche quelle sulle ritenute d'imposta e sui regimi fiscali sostitutivi.

Dal 2014 la tassazione sostitutiva avviene con aliquota del 26 per cento. Ma sono previste varie eccezioni (come i titoli di Stato), alle quali si applica l'aliquota del 12,50 per cento, riservando così a talune forme di investimento un trattamento di maggior favore. Sul risultato di gestione delle forme di previdenza complementare si applica l'aliquota del 20 per cento.

È tassato il reddito "percepito"; la tassazione del "maturato" si applica solo al "risparmio gestito".

B) L'imposta sostitutiva può essere applicata direttamente dal contribuente, mediante dichiarazione (autotassazione), oppure dagli emittenti o dagli intermediari, mediante ritenuta alla fonte.

La prima forma di applicazione dell'imposta sostitutiva è dunque quella operata dallo stesso contribuente che indica, in dichiarazione, i redditi soggetti a imposta e versa il dovuto.

Gli altri regimi (opzionali) sono regimi sostitutivi in senso soggettivo e oggettivo: l'imposta che viene applicata non è l'imposta progressiva sul reddito complessivo, ma quella sostitutiva (proporzionale), ed il soggetto che la applica non è colui che realizza il reddito, ma un sostituto d'imposta. Abbiamo così gli speciali regimi fiscali collegati al risparmio amministrato, al risparmio gestito, e ai fondi comuni.

C) Il regime del "risparmio amministrato" può riguardare esclusivamente le plusvalenze derivanti dalla cessione di partecipazioni e da alcuni strumenti finanziari (escluse quelle relative a società residenti in "paradisi fiscali").

La tassazione del "risparmio amministrato" è a carico dell'intermediario.

L'opzione per il "risparmio amministrato" può essere adottata da chi abbia depositato in custodia o in amministrazione presso una banca o altro intermediario (sim e altri) i titoli, le quote o i certificati da cui derivano le plusvalenze imponibili. L'intermediario assume la veste di sostituto d'imposta, tenuto ad operare una ritenuta a titolo definitivo. Il risparmiatore è libero da obblighi fiscali, anche se non conserva l'anonimato.

La ritenuta dev'essere applicata a ciascun provento realizzato (plusvalenza o altro differenziale positivo), in rapporto ad un parametro calcolato secondo le regole che concernono la determinazione delle singole fattispecie reddituali (Tuir, art. 68).

Le minusvalenze, le perdite e i differenziali negativi che scaturiscono dalle singole cessioni si deducono dalle plusvalenze delle altre cessioni (la compensazione, se non può essere fatta nello stesso periodo d'imposta, è ammessa in quelli successivi, ma non oltre il quarto).

D) Il regime del "risparmio gestito" si applica ai redditi (di capitale) relativi a partecipazioni e ad altri strumenti finanziari; si applica, inoltre, alle plusvalenze derivanti da cessioni di partecipazioni, che sono «*redditi diversi*» (Tuir, art. 67). Non è applicabile alle partecipazioni in società residenti in Paesi considerati "paradisi fiscali".

Anche questo sistema fiscale è opzionale, ed è adottabile da chi affida il suo risparmio ad una banca (o ad una sim), incaricandola di gestirlo ("gestione individuale di portafoglio", o "gestione patrimoniale mobiliare").

I singoli redditi, quando confluiscono nella gestione, non sono sottoposti né a ritenuta né ad altre imposte alla fonte, dato che saranno tassati al momento della percezione da parte dell'investitore.

Se così non fosse, questi redditi sarebbero tassati due volte, prima come redditi della gestione, poi come redditi dei singoli investitori.

E) Per favorire il finanziamento delle imprese sono agevolati i piani individuali di risparmio (PIR) sottoscritti da persone fisiche, al di fuori di un'attività d'impresa (artt. 1, commi 110-114, L. 11 dicembre 2016, n. 232, e 57, comma 2, D.l. 24 aprile 2017, n. 50, conv. con. L. 21 giugno 2017, n. 96).

Si prevede l'esenzione dalle imposte sui redditi e dall'imposta di successione, ma solo dopo cinque anni.

3. *I redditi di lavoro dipendente.*

Secondo l'art. 49 del Tuir, i redditi di lavoro dipendente «*sono quelli che derivano da rapporti aventi per oggetto la prestazione di lavoro, con qualsiasi qualifica, alle dipendenze e sotto la direzione di altri, compreso il lavoro a domicilio quando è considerato lavoro dipendente secondo le norme della legislazione sul lavoro*».

Il lavoro a domicilio è compreso nella categoria quando è considerato lavoro dipendente secondo le norme della legislazione sul lavoro, ossia quando vi è subordinazione tecnica del lavoratore rispetto all'imprenditore.

Rientrano nella categoria anche «*le pensioni di ogni tipo e gli assegni ad esse equiparati*». L'espressione «*pensioni di ogni tipo*» implica che sono comprese non solo le pensioni che derivano da un rapporto di impiego o di servizio, ma anche le pensioni non derivanti da lavoro dipendente (pensioni di lavoratori autonomi, artigiani, imprenditori) e le pensioni di reversibilità e di invalidità. Sono escluse le pensioni che hanno natura risarcitoria, come le pensioni di guerra (D.P.R. 29 settembre 1973, n. 601, art. 34).

3.1. *La base imponibile e il principio di onnicomprensività.*

A) La regola basilare, in materia di determinazione del reddito di lavoro dipendente, è la seguente: «*Il reddito di lavoro dipendente è costituito da tutte le somme e i valori in genere, a qualunque titolo percepiti nel periodo d'imposta, anche sotto forma di erogazioni liberali, in relazione al rapporto di lavoro*» (art. 51 del Tuir).

Il reddito di lavoro dipendente è costituito da tutti i compensi, monetari e in natura («*valori in genere*»), ed è imponibile non quando matura, ma quando è percepito. Per i redditi in natura, si tiene conto del momento in cui il lavoratore fruisce del servizio o riceve il bene. Vi è qui però una deroga rispetto alla scadenza del periodo d'imposta, perché i redditi percepiti entro il 12 gennaio si imputano al periodo d'imposta precedente.

B) Il reddito di lavoro dipendente è costituito da tutti i compensi percepiti «*in relazione*» al rapporto di lavoro (c.d. onnicomprensività).

Perciò è imponibile non soltanto il reddito che remunera le prestazioni effettuate, ma anche quello che, derivando dal rapporto, prescinde da prestazioni effettivamente svolte (indennità di malattia, di maternità, ecc.).

È dunque reddito di lavoro dipendente innanzitutto la retribuzione, che comprende il salario o stipendio, il trattamento di fine rapporto, gli scatti di anzianità, i compensi per lavoro straordinario, le diarie, gli interessi, la rivalutazione monetaria, il compenso per ferie non godute o per riposo settimanale non fruito, ecc.

Sono tassabili l'indennità integrativa speciale dei dipendenti statali; l'indennità di contingenza dei lavoratori privati; l'indennità di malattia, di maternità, di rischio, di residenza; l'indennità di trasferimento e di trasferta, la rivalutazione monetaria, il premio di fedeltà, l'incentivo alle dimissioni o esodo, ecc.

Costituiscono reddito di lavoro dipendente le somme di denaro che il datore di lavoro è condannato a pagare, con sentenza del giudice del lavoro, ai sensi dell'art. 429, ultimo comma, c.p.c., per crediti di lavoro, interessi e danni da svalutazione, nonché le somme che il datore di lavoro corrisponde a titolo transattivo.

Costituiscono reddito di lavoro dipendente anche i proventi conseguiti a titolo risarcitorio (c.d. lucro cessante) in sostituzione di redditi non percepiti, se hanno la funzione di reintegrare il danno costituito dalla mancata percezione di redditi (Tuir, art. 6, comma 2).

Non sono tassabili gli assegni familiari dovuti per legge.

C) L'onnicomprensività comporta che fanno parte della base imponibile anche le liberalità che il lavoratore riceve dal datore di lavoro, dato che esse non sono fatte con *animus donandi*, ma sono liberalità remuneratorie (ciò consente di ritenere che non si ha una deroga al principio per cui è tassato il reddito-prodotto, non il reddito-entrata).

D) Sono tassate le indennità risarcitorie, quando il risarcimento sostituisce un reddito, ma non quando il risarcimento non ha natura retributiva.

Con questa chiave interpretativa devono essere risolte le controversie che sono sorte in ordine ad una molteplicità di fattispecie, delle quali alcuni affermano la tassabilità, in ragione del fatto che dipendono dal rapporto di lavoro, altri affermano l'intassabilità, in ragione del loro carattere risarcitorio.

Non sono invece tassate le indennità che risarciscono una perdita patrimoniale. Si è ritenuto perciò che non è reddito l'indennità corrisposta per la reintegrazione delle energie psicofisiche spese dal lavoratore oltre l'orario massimo di lavoro da lui esigibile.

E) Sono compresi i compensi ricevuti sotto forma di partecipazioni agli utili; tali compensi sono costi per il datore di lavoro e non hanno, per il lavoratore, natura di utili (e quindi di reddito di capitale), ma sono compensi di lavoro; gli utili dell'impresa sono soltanto parametro per la loro determinazione.

F) Del reddito di lavoro dipendente possono far parte anche somme non corrisposte dal datore di lavoro ma da terzi: è il caso delle indennità previdenziali dovute dall'Inps (indennità di malattia, maternità e disoccupazione, integrazioni salariali) o dall'Inail (indennità per inabilitazione temporanea).

3.2. *Il rimborso delle spese di produzione e le trasferte.*

Nella determinazione del reddito imponibile di lavoro dipendente non sono direttamente rilevanti le spese di produzione: in luogo della deduzione delle spese sostenute il legislatore prevede una detrazione forfetaria dall'imposta lorda. Tale sistema dipende, innanzitutto, da ragioni di semplificazione applicativa: si vuole evitare ai lavoratori oneri di documentazione e di contabilità. Ma vi sono, anche, finalità antielusive: si vuole impedire che vengano dedotte spese non inerenti.

A queste preoccupazioni è improntata anche la minuziosa disciplina che il legislatore detta in materia di indennità e spese di trasferta (Tuir, art. 51, comma 4): quando il lavoratore opera al di fuori del territorio comunale, l'indennità di trasferta non è imponibile fino ad un certo limite (che costituisce forfetizzazione della spesa); oltre quel limite è imponibile.

3.3. *I redditi in natura e i* fringe benefit.

Nella retribuzione imponibile sono compresi, come abbiamo visto, anche i compensi in natura. Può trattarsi di beni o di servizi.

I compensi in natura sono denominati *fringe benefit*, in quanto sono aggiunti alla normale retribuzione in danaro.

La casistica dei *fringe benefit* è assai ricca. Alcuni sono stati ideati per fini di elusione fiscale. Ma sovente sono sorti per incentivare la produttività dei dipendenti, per legarli all'impresa, per motivi di prestigio dell'impresa. Ad esempio: uso privato di autovetture aziendali, di telefoni cellulari, speciali assicurazioni contro la malattia o la vecchiaia, mense scontate, attività dopolavoristiche e ricreative, uso di abitazioni di servizio o foresteria, doni in natura, contributi scolastici, iscrizioni a club, ecc.

I *fringe benefits* possono essere dati al lavoratore sia dal datore di lavoro sia da terzi, e possono fruirne anche i familiari del lavoratore: in ogni caso, essi sono tassati come redditi del lavoratore e sono quantificati in base al valore normale (Tuir, art. 51, comma 3).

Per semplificare l'applicazione dell'imposta, i *fringe benefit* non sono tassati quando sono di modico valore (ossia quando il valore complessivo non supera, nel periodo d'imposta, l'importo di 258,23 euro).

3.4. *I redditi non tassabili.*

Per completare il quadro del trattamento fiscale dei lavoratori dipendenti va ora notato che la regola della onnicomprensività è largamente derogata.

Non essendo qui possibile una esposizione dettagliata, ci limitiamo a rilevare che, a norma dell'art. 51, comma 2, del Tuir, non sono tassati:

– i contributi che il datore di lavoro versa per l'assistenza, la previdenza e la sanità;

– le prestazioni di vitto (mensa aziendale, *ticket restaurant* fino a 5,29 euro al giorno);

– le prestazioni di servizi di trasporto collettivo;

– le somme erogate per frequenza di asili nido.

Un cenno particolare merita la disciplina fiscale dell'attribuzione di azioni ai dipendenti.

Le azioni attribuite, con funzione retributiva, alla generalità dei dipendenti (c.d. piani di azionariato diffuso), non sono tassate, ma solo nei limiti di un importo di 2.065,83 euro, ed a condizione che non siano riacquistate dalla società emittente o dal datore di lavoro o comunque cedute prima che siano trascorsi almeno tre anni dalla percezione. Se le azioni sono cedute prima del triennio, l'importo che non ha concorso a formare il reddito al momento dell'acquisto è assoggettato a tassazione nel periodo d'imposta in cui avviene la cessione (Tuir, art. 51, comma 2, lett. g).

3.5. *I redditi assimilati a quelli di lavoro dipendente.*

Vi sono fattispecie reddituali, non propriamente di lavoro dipendente, ma assimilate a quelle tipiche.

In alcuni casi, si tratta di proventi derivanti da attività lavorativa, cui è però estraneo il vincolo di subordinazione (come nel lavoro dipendente), o l'obbligo di risultato (come nel lavoro autonomo); in altri casi, manca l'attività lavorativa (per cui il legislatore avrebbe potuto includerli tra i «*redditi diversi*»). Si tratta, insomma, di ipotesi assai eterogenee.

I redditi assimilati a quelli di lavoro dipendente sono, a norma dell'art. 50, comma 1, del Tuir, tra gli altri:

a) i compensi percepiti dai lavoratori soci delle cooperative di produzione e di lavoro, delle cooperative di servizi e delle cooperative agricole e della piccola pesca, purché non eccedano il limite dei salari correnti maggiorati del 20 per cento;

b) le indennità e i compensi percepiti a carico di terzi da prestatori di lavoro dipendente per incarichi svolti in relazione a tale qualità;

c) le somme corrisposte a titolo di borsa di studio o per fini di studio o di addestramento professionale;

d) le remunerazioni dei sacerdoti, le congrue e i supplementi di congrua;

e) i compensi per l'attività libero professionale intramuraria del personale dipendente del Servizio sanitario nazionale;

f) le indennità, i gettoni di presenza e gli altri compensi corrisposti dallo Stato, dalle province, dalle regioni e dai comuni per l'esercizio di pubbliche funzioni, e i compensi corrisposti ai membri delle commissioni tributarie;

g) le indennità dei parlamentari (del parlamento nazionale e di quello europeo), dei consiglieri regionali, provinciali e comunali, e dei giudici della Corte costituzionale, e gli assegni vitalizi corrisposti in dipendenza della cessazione di tali cariche;

h) le rendite vitalizie e le rendite a tempo determinato, costituite a titolo oneroso;

h-*bis*) le prestazioni erogate dai fondi pensione;

i) gli altri assegni periodici, comunque denominati, alla cui produzione non concorrono attualmente né il capitale né il lavoro (compresi gli assegni al coniuge corrisposti a seguito di separazione o annullamento o scioglimento del matrimonio e gli assegni corrisposti in forza di testamento o donazione modale);

l) i compensi percepiti dai soggetti impegnati in lavori socialmente utili in conformità a specifiche disposizioni normative.

L'assimilazione di questi redditi a quelli di lavoro comporta, in linea di massima, applicazione delle regole previste per i redditi di lavoro dipendente, con alcune particolarità:

a) per taluni redditi, la base imponibile non è pari all'importo percepito, perché sono accordati abbattimenti forfetari per le spese;

b) anche i redditi assimilati sono soggetti a ritenuta, commisurata all'imponibile, ed il datore di lavoro deve tenerne conto quando effettua il conguaglio annuale;

c) ad alcuni dei redditi assimilati non si applicano le detrazioni dall'imposta, previste per i redditi di lavoro dipendente (Tuir, art. 50, comma 3).

I redditi di lavoro, che non rientrano nella definizione di reddito di lavoro dipendente, e neppure nella casistica dei redditi assimilati, sono redditi di lavoro autonomo o «*redditi diversi*».

3.6. *I redditi di collaborazione coordinata e continuativa.*

Sono assimilati ai redditi di lavoro dipendente anche i redditi di collaborazione coordinata e continuativa, ossia i redditi derivanti da «*rapporti di collaborazione aventi per oggetto la prestazione di attività svolte senza vincolo di subordinazione, a favore di un determinato soggetto, nel quadro di un rapporto unitario e continuativo, senza l'impiego di mezzi organizzati e con retribuzione periodica prestabilita*» (Tuir, art. 50, comma 1, lett. c-*bis*).

In via esemplificativa, sono indicati, come rientranti in questa categoria:

– le cariche di amministratore, sindaco e revisore di società, associazioni e altri enti con o senza personalità giuridica;

– la collaborazione a giornali, riviste, enciclopedie e simili;

– la partecipazione a collegi e commissioni (ad esempio, commissioni di esami).

Ai redditi derivanti da collaborazione coordinata e continuativa si applicano tutte le regole dei redditi da lavoro dipendente (tra cui quelle relative alle ritenute e ai *fringe benefit*).

4. *Il reddito di lavoro autonomo.*

A) Secondo la definizione contenuta nell'art. 53 del Tuir, «*sono redditi di lavoro autonomo quelli che derivano dall'esercizio di arti e professioni. Per esercizio di arti e professioni si intende l'esercizio per professione abituale, ancorché non esclusiva, di attività di lavoro autonomo diverse da quelle considerate nel capo VI, compreso l'esercizio in forma associata di cui alla lettera c) del comma 3 dell'art. 5*».

I redditi di lavoro autonomo sono definibili come redditi derivanti da un'attività che ha tre connotati:

– è svolta in modo autonomo;

– è abituale;

– è di natura non commerciale.

Il primo carattere (lo svolgimento in modo autonomo) distingue i redditi in esame da quelli di lavoro dipendente.

I redditi di lavoro autonomo sono redditi derivanti da un'attività continuativa; quando l'attività è occasionale i redditi che ne derivano sono «*redditi diversi*» (Tuir, art. 67, comma 1, lett. l).

Il terzo requisito (non commercialità) distingue i redditi di lavoro autonomo da quelli d'impresa. Al riguardo, va tenuto presente che – come si vedrà nell'esame della definizione di reddito di impresa – sono produttive di reddito di impresa le attività considerate dall'art. 2195 c.c. (attività civilisticamente commerciali), anche se non organizzate in forma di impresa.

Pertanto, il lavoro autonomo si distingue dall'esercizio di impresa commerciale (*ex* art. 2195 c.c.) sotto il profilo dell'oggetto dell'attività: se l'attività ha uno degli oggetti considerati nell'art. 2195, si ha impresa commerciale; se l'attività esula dall'art. 2195, si ha lavoro autonomo.

B) Rientrano dunque tra i redditi di lavoro autonomo non solo le attività artistiche e professionali (secondo il significato corrente di tali espressioni), ma varie altre attività.

Del resto, anche nel codice civile, sotto il titolo dedicato al lavoro autonomo (art. 2222 e seguenti), non sono disciplinati solo i contratti delle professioni intellettuali, ma tutti i contratti d'opera (contratti con cui una persona si obbliga a compiere un'opera o un servizio con lavoro prevalentemente proprio, ossia senza organizzazione di impresa).

Infine, la prestazione di servizi non rientranti nell'art. 2195 c.c. genera redditi d'impresa se svolta con organizzazione in forma di impresa. È decisiva l'organizzazione: se l'organizzazione è di tipo imprenditoriale, si ha reddito d'impresa; se non lo è, si ha reddito di lavoro autonomo. Se prevale l'apporto personale di un determinato soggetto, essendo l'organizzazione uno strumento di supporto, il reddito è di lavoro autonomo.

4.1. *La base imponibile. Compensi e plusvalenze.*

A) Il principale componente positivo della base imponibile dei redditi di lavoro autonomo è costituito dai compensi, in danaro o in natura (art. 54, comma 1, del Tuir, ove anche la precisazione che i compensi tassati possono avere forma di partecipazione agli utili).

Si applica il principio di cassa. I compensi sono i corrispettivi percepiti a titolo di remunerazione dell'attività; sono comprese le somme ricevute a titolo di rimborso spese e gli interessi moratori o per dilazione di pagamento, ma sono esclusi i rimborsi delle spese sostenute in nome e per conto del cliente e i contributi previdenziali e assistenziali posti dalla legge a carico del cliente.

Concorrono a formare il reddito anche i corrispettivi percepiti a seguito di cessione della clientela o di "elementi immateriali", riferibili all'attività artistica o professionale, come la cessione del contratto di *leasing*, relativo ad un bene strumentale (Tuir, art. 54, comma 1-*quarter*).

B) Sono tassabili le plusvalenze (deducendo i costi) dei beni strumentali, realizzate in caso di cessione a titolo oneroso. Alla cessione sono equiparati il risarcimento per perdita o danneggiamento, l'autoconsumo e la destinazione a finalità estranee all'esercizio dell'attività professionale o artistica (Tuir, art. 54, comma 1-*bis*).

La plusvalenza tassabile è pari alla differenza fra il corrispettivo della cessione e il costo non ammortizzato. Si considera l'indennità in caso di risarcimento e il valore normale in caso di autoconsumo.

Simmetricamente, sono deducibili le minusvalenze. In caso di cessione di un bene strumentale verso un corrispettivo inferiore al costo non ammortizzato, la minusvalenza è deducibile. Analogamente è deducibile la minusvalenza in caso di risarcimento. Invece, in caso di autoconsumo o destinazione di un bene a finalità estranee all'arte o professione le minusvalenze non sono deducibili.

4.2. *Le spese e i costi pluriennali.*

A) Le spese deducibili sono quelle sostenute *«nell'esercizio dell'arte o della professione»*, ossia "inerenti" a tale esercizio, nonché le minusvalenze dei beni strumentali (Tuir, art. 54, comma 2).

Il primo requisito generale, in materia di spese deducibili, è dunque quello dell'inerenza; costi deducibili sono soltanto quelli "inerenti" alla produzione del reddito.

Altra regola generale è quella per cui le spese si deducono secondo il principio di cassa, ma vi sono costi deducibili per competenza.

Le spese inerenti sono, per regola generale, integralmente deducibili (ad esempio, canoni di affitto; spese per il personale dipendente; spese di elettricità, premi di assicurazione, imposte e tasse inerenti).

Ma sono numerose le ipotesi di costi non deducibili affatto, o non deducibili per intero.

B) Si applica il principio di competenza, e non il principio di cassa:

– per i costi di acquisto dei beni mobili e dei beni immateriali (ad esempio, *computer*, *software*, arredamento, ecc.), che sono deducibili mediante quote annuali di ammortamento, applicando i coefficienti previsti per i beni delle imprese, ma, se il costo non supera euro 516,46, è ammessa la deduzione integrale nell'anno dell'acquisto (Tuir, art. 54, comma 2);

– per i canoni di *leasing* dei beni mobili strumentali (come le auto), che sono deducibili nell'anno in cui maturano, per un periodo non inferiore alla metà del periodo di ammortamento;

– per le indennità di fine rapporto dovute ai dipendenti, di cui è deducibili la quota maturata anno per anno.

C) I costi di acquisto degli immobili non sono deducibili. I canoni di locazione ordinaria (ossia gli affitti) sono invece deducibili (per cassa) senza particolari limitazioni.

I canoni di *leasing*, relativi a immobili strumentali, sono deducibili (per competenza) per un periodo non inferiore a 12 anni.

Le spese relative all'ammodernamento, alla ristrutturazione e alla manutenzione straordinaria degli immobili sono deducibili nel limite del cinque per cento del costo complessivo dei beni materiali ammortizzabili; l'eccedenza è deducibile in quote costanti nei cinque periodi d'imposta successivi.

D) Vi sono regole particolari (ispirate talvolta da evidenti finalità antiabuso, o solo da ragioni di gettito), che limitano la deducibilità di alcuni costi o li forfetizzano:

a) il costo dei beni ad uso promiscuo è deducibile nella misura del 50 per cento;

b) gli ammortamenti e le spese relative all'auto sono deducibili nella misura del 20 per cento;

b) le spese relative ai telefoni sono deducibili per l'80 per cento;

c) le spese per alberghi e ristoranti sono deducibili nel limite del 75 per cento ed entro il limite complessivo annuo del due per cento dei compensi percepiti; sono però integralmente deducibili se sostenute dal committente per conto del professionista e da questi addebitate nella fattura; tutte le spese relative all'esecuzione di un incarico, sostenute direttamente dal committente, non costituiscono compensi in natura per il professionista (Tuir, art. 54, comma 5, terzo periodo, aggiunto dall'art. 8, L. 22 maggio 2017, n. 81);

d) le spese di rappresentanza sono deducibili nel limite dell'uno per cento dei compensi percepiti; tra le spese di rappresentanza sono compresi gli acquisti di oggetti d'arte, di antiquariato o da collezione, anche se utilizzati come beni strumentali per l'esercizio dell'arte o professione, nonché quelle sostenute per l'acquisto o l'importazione di beni destinati ad essere ceduti a titolo gratuito;

e) le spese di partecipazione a convegni, congressi e simili o a corsi di aggiornamento professionale, incluse quelle di viaggio e soggiorno, sono deducibili entro il limite annuo di 10.000,00 euro.

Per impedire comportamenti elusivi (cioè il c.d. *splitting* dei redditi), o la deduzione di compensi per prestazioni non effettive, non sono deducibili i compensi per prestazioni di lavoro dipendente e per le collaborazioni coordinate e continuative o occasionali corrisposti al coniuge, ai figli minorenni e agli ascendenti per il lavoro prestato o l'opera svolta nei confronti del lavoratore autonomo (Tuir, art. 54, comma 6-*bis*). I compensi indeducibili non sono tassati a carico di chi li percepisce.

4.3. *I redditi equiparati a quelli di lavoro autonomo.*

Posta la definizione generale di reddito di lavoro autonomo, il legislatore allarga la categoria considerando espressamente alcune ipotesi particolari.

La prima ipotesi è costituita dai diritti d'autore (e dai diritti consimili). Analiticamente, il legislatore indica i redditi derivanti dalla utilizzazione economica, da parte dell'autore o inventore, di opere dell'ingegno, di brevetti industriali e processi, formule o informazioni relativi ad esperienze acquisite in campo industriale, commerciale o scientifico. Dall'ammontare lordo dei diritti d'autore si deduce il 25 per cento a titolo di spese di produzione (Tuir, art. 54, comma 8).

In secondo luogo, sono presi in considerazione gli utili derivanti da contratti di associazione in partecipazione, quando l'apporto sia costituito esclusivamente da prestazioni di lavoro (ma, dal 2015, non sono più ammessi contratti di associazione in partecipazione con apporto di lavoro).

Inoltre, sono redditi di lavoro autonomo gli utili spettanti ai promotori e ai soci fondatori di società di capitali; tali redditi sono inclusi tra quelli di lavoro autonomo, invece che tra i redditi di capitale, perché derivano dall'attività svolta per la promozione o costituzione della società.

Sono infine redditi di lavoro autonomo, soggetti a tassazione separata, le indennità per la cessazione di rapporti di agenzia.

In materia di determinazione dell'imponibile, a parte i costi deducibili in misura forfetaria dai diritti d'autore, non sono ammesse altre deduzioni di costi.

5. *Nozione di reddito d'impresa.*

A) La disciplina del reddito d'impresa è collocata all'interno della disciplina dell'Ires, ma le stesse norme valgono anche per gli imprenditori individuali e per le società di persone commerciali (società in nome collettivo e in accomandita semplice).

Nel Tuir (art. 55) l'espressione «*reddito d'impresa*» equivale a «*reddito di impresa commerciale*»; quindi, quando si parla di impresa *tout court*, ci si riferisce all'impresa commerciale (e non all'impresa agraria).

L'attività delle società commerciali (di persone e di capitali) è "istituzionalmente" attività d'impresa: per esse non si pone il problema di qualificare il loro reddito, che è, per definizione legislativa, sempre e per intero reddito d'impresa.

Il problema di definire l'attività d'impresa si pone per le persone fisiche in ambito Irpef (imprenditori individuali) e, in ambito Ires, per distinguere gli enti commerciali dagli enti non commerciali e per separare, tra le attività degli enti non commerciali, quelle imprenditoriali dalle altre.

B) La definizione di esercizio di impresa commerciale, posta dall'art. 55 del Tuir, non coincide con quella civilistica, ma è una "ridefinizione", più ampia e più complessa.

La definizione contenuta nell'art. 55, comma 1, del T.u., è costruita richiamando la definizione civilistica di attività commerciale. L'art. 55 stabilisce infatti che «*per esercizio di imprese commerciali si intende l'esercizio per professione abituale, ancorché non esclusiva, delle attività indicate nell'art. 2195 del codice civile*»; sono perciò attività di impresa, ai fini fiscali, le attività definite commerciali dal codice civile.

Il rinvio alle attività definite commerciali nell'art. 2195 c.c. significa che la definizione fiscale di impresa si basa sulla natura dell'attività (le attività qualificate commerciali nell'art. 2195 c.c.) prescindendo dalle caratteristiche

soggettive (forma soggettiva dell'imprenditore, o struttura organizzativa). Sono commerciali, secondo l'art. 2195 c.c.:
- l'attività industriale diretta alla produzione di beni o di servizi;
- l'attività intermediaria nella circolazione di beni;
- l'attività di trasporto (per terra, per acqua o per aria);
- l'attività bancaria o assicurativa;
- le attività ausiliarie delle precedenti.

C) Va notato che, secondo l'art. 55, comma 1, le imprese commerciali secondo il codice civile sono tali ai fini fiscali «*anche se non organizzate in forma di impresa*».

Per il diritto civile l'impresa è una attività economica «*organizzata*» al fine della produzione o dello scambio di beni e di servizi (art. 2082 c.c.); fiscalmente, invece, vi sono imprenditori senza (organizzazione di) impresa. È il caso, ad esempio, di talune figure ausiliarie dell'imprenditore commerciale, come gli agenti e i rappresentanti di commercio (art. 2195, n. 5): essi sono imprenditori ai fini fiscali anche se non operano in forma organizzata.

D) Se dunque l'attività di natura commerciale è impresa anche senza organizzazione (d'impresa), vi è però un'ipotesi in cui è l'organizzazione (in forma di impresa) che di per sé attribuisce a chi la svolge qualifica di imprenditore, ai fini fiscali, anche se l'attività svolta non è commerciale secondo il codice civile.

Sono infatti redditi d'impresa «*i redditi derivanti dall'esercizio di attività organizzate in forma d'impresa dirette alla prestazione di servizi che non rientrano nell'articolo 2195 del codice civile*» (art. 55, comma 2, lett. a).

Poiché l'art. 2195 c.c. definisce commerciale l'attività industriale di produzione di servizi (mentre l'attività qui considerata è quella di prestazione di servizi), abbiamo, in materia di servizi, la seguente tripartizione:

a) la "produzione" di servizi genera reddito d'impresa anche se non organizzata in forma d'impresa (art. 55, comma 1);

b) la "prestazione" di servizi, non compresi nell'art. 2195 c.c., genera redditi d'impresa solo se organizzata in forma d'impresa (art. 55, comma 2);

c) infine, la prestazione di servizi non compresi nell'art. 2195 c.c., e non organizzata in forma d'impresa, è attività di lavoro autonomo.

Dal punto di vista pratico, non è tanto importante distinguere tra la prima e la seconda attività, perché entrambe generano redditi d'impresa; è importante distinguere tra la seconda e la terza, perché in un caso si ha reddito d'impresa, nell'altro reddito di lavoro autonomo.

Ora, il discrimine tra impresa e lavoro autonomo è dato dalla presenza o dall'assenza di una «*organizzazione in forma d'impresa*».

Si ritiene generalmente che, nelle professioni intellettuali, la presenza di una organizzazione, anche complessa, non vale a qualificare l'attività come impresa, perché l'organizzazione ha un ruolo servente rispetto all'apporto intellettuale del professionista; e poiché, per i redditi di lavoro autonomo, il dato che caratterizza la categoria è il tipo di attività esercitata, indipendentemente dall'organizzazione, i redditi professionali sono redditi di lavoro autonomo anche se organizzati in forma di impresa.

Il legislatore non fornisce alcuna indicazione circa la nozione di organizzazione in forma di impresa; si sono diffuse, perciò, ipotesi interpretative assai disparate, sia per la definizione dei caratteri "qualitativi" dell'organizzazione ad impresa, sia per la individuazione del livello minimo di organizzazione, necessario perché vi sia l'organizzazione ad impresa.

E) L'art. 55, comma 2, stabilisce che si considerano redditi d'impresa anche

– i redditi derivanti dallo sfruttamento di miniere, cave, torbiere, saline, laghi, stagni e altre acque interne;

– i redditi dei terreni, ove spettino a società in nome collettivo e in accomandita semplice, nonché alle stabili organizzazioni di persone fisiche non residenti, esercenti attività di impresa.

Come visto in tema di imprese agrarie, sono tali anche le imprese che svolgono attività agricole per connessione, ma nei limiti previsti dall'art. 32 del Tuir; tali imprese, però, sono commerciali, se non rispettano i limiti predetti.

5.1. *Imprenditori individuali e società di persone.*

A) Al reddito degli imprenditori individuali e delle società di persone commerciali si applica il regime fiscale ordinario, se prestano servizi e conseguono ricavi annui superiori a 400.000 euro, o se esercitano altre attività e realizzano ricavi superiori a 700.000 euro annui. Se conseguono ricavi di ammontare inferiore, si applicano i regimi speciali che esamineremo.

Il regime ordinario comporta la determinazione del reddito in base al bilancio e l'applicazione delle stesse regole fiscali dettate, in ambito Ires, per le società di capitali.

Negli articoli da 56 a 66 del Tuir sono però poste alcune regole, che valgono solo per il reddito d'impresa tassato con Irpef, e di cui indichiamo qui di seguito le principali.

B) Occorre definire la nozione di beni «*relativi all'impresa*». L'imprenditore individuale può essere contemporaneamente proprietario sia di beni «*relativi all'impresa*», sia di altri beni (usati per i bisogni personali e familiari); è perciò necessario distinguere i beni personali (ad esempio, la casa di abitazione) dai beni «*relativi all'impresa*». Nel caso di società di fatto, vi possono essere beni che, pur risultando di proprietà dei soci, sono «*relativi all'impresa*».

Per le imprese individuali, l'art. 65 del Tuir definisce «*relativi all'impresa*»: le merci, i beni strumentali, i crediti acquisiti nell'esercizio dell'impresa, i beni inventariati (*ex* art. 2217 c.c.), gli immobili, anche se strumentali, inclusi nell'inventario.

Per le società di fatto, sono «*relativi all'impresa*», oltre alle merci, ai beni strumentali e ai crediti commerciali, i beni mobili e immobili iscritti nei pubblici registri a nome dei soci ed utilizzati in via esclusiva per l'impresa.

C) Tra i ricavi, si comprende il valore normale dei beni «*destinati al consumo personale o familiare dell'imprenditore*» (c.d. autoconsumo); viene qui equiparato ai ricavi un componente positivo che è da computare in quanto, ai fini fiscali, rileva tutto ciò che si distacca dalla sfera dell'impresa e, quindi, anche ciò che ne esce senza corrispettivo.

Una previsione analoga vi è per i beni che generano plusvalenze. Si ha dunque un componente positivo di reddito ogni volta che un bene cessa di appartenere all'impresa (con o senza corrispettivo).

D) Per gli imprenditori individuali, le plusvalenze che fruiscono del regime di *participation exemption* e i dividendi distribuiti da società di capitale sono tassati nella misura del 58,14 per cento (Tuir, artt. 58, comma 1 e 59).

Correlativamente, le minusvalenze non sono deducibili per intero ma nella stessa percentuale (58,14 per cento).

Le plusvalenze realizzate dalle società di persone e dagli altri soggetti che producono reddito in forma associata (*ex* art. 5 del Tuir) sono invece imponibili nella misura del 49,72 per cento.

E) Le plusvalenze realizzate con la cessione di aziende possono essere tassate separatamente. Il trasferimento di azienda per causa di morte o per atto gratuito non costituisce realizzo delle plusvalenze dell'azienda.

Per gli eredi, l'azienda ha lo stesso "valore fiscalmente riconosciuto" che aveva per il *de cuius* (Tuir, art. 58, comma 1).

F) Non sono ammesse in deduzione i compensi per il lavoro prestato nell'impresa dallo stesso imprenditore o dai suoi familiari (Tuir, art. 60), allo scopo di impedire che vengano simulati rapporti di lavoro tra familiari per ridurre la progressività.

G) Gli interessi passivi, se vi sono ricavi o altri proventi esenti, non sono deducibili per intero, ma per la parte corrispondente al rapporto fra l'ammontare dei ricavi e altri proventi che concorrono alla formazione del reddito di impresa, o che non vi concorrono in quanto "esclusi", e l'ammontare complessivo di tutti i ricavi e proventi (Tuir, art. 61).

H) Le spese sostenute per l'acquisto o la locazione, anche finanziaria, di beni mobili adibiti promiscuamente all'esercizio dell'impresa e all'uso personale o familiare sono ammortizzabili (o deducibili, se il costo non è superiore a 516,46 euro) nella misura del 50 per cento. Per gli immobili ad uso promiscuo, è consentita una deduzione nella stessa misura della rendita catastale o del canone di locazione, anche finanziaria, a condizione che il contribuente non disponga di altro immobile adibito esclusivamente all'esercizio dell'impresa.

I) Se il risultato derivante dall'attività d'impresa è negativo, la perdita può essere portata in diminuzione del reddito complessivo, ma al netto dei proventi esenti da imposta (e, in particolare, della parte dei proventi esenti che eccede gli interessi passivi e le altre spese generali indeducibili).

5.2. *La tassazione separata degli utili non prelevati (IRI).*

L'art. 55-*bis* del Tuir prevede che, dal 1° gennaio 2019, le imprese individuali e le società di persone in contabilità ordinaria possono sottoporre il reddito non distribuito a tassazione proporzionale separata, con la stessa aliquota dell'Ires (24 per cento).

Dalla base imponibile si deducono le somme prelevate dall'imprenditore e dai soci di società di persone; in tal modo, le somme non prelevate sono tassate in misura proporzionale (come il reddito d'impresa soggetto ad Ires e non distribuito), mentre le somme prelevate concorrono a formare il reddito complessivo dell'imprenditore individuale e dei soci delle società di persone, soggetto a tassazione Irpef progressiva.

Questo regime può essere applicato anche dalle società a responsabilità limitata trasparenti (art. 116 Tuir, comma 2-*bis*), in quanto si trovano in una situazione di fatto analoga a quella delle società di persone commerciali.

L'opzione per il regime IRI dura 5 periodi d'imposta, è rinnovabile e deve essere esercitata nella dichiarazione dei redditi, con effetto dal periodo d'imposta cui è riferita la dichiarazione.

Vi sono dunque due regimi fiscali: il reddito che resta presso l'impresa è tassato con la stessa aliquota dell'Ires, mentre le somme prelevate dall'imprenditore e dai soci delle società di persone sono tassate come reddito ordinario soggetto a Irpef.

Si realizza in tal modo uniformità di trattamento tra società di capitali, società di persone e imprese individuali, rendendo il sistema più neutrale rispetto alla forma giuridica; inoltre, si favorisce la patrimonializzazione delle piccole imprese, in continuità con la normativa sull'aiuto alla crescita economica (ACE).

5.3. *Il regime semplificato delle imprese minori.*

A) L'art. 66 del T.u. prevede, per le imprese minori, una disciplina speciale, sia dal punto di vista sostanziale (regole di determinazione del reddito), sia dal punto di vista formale (obblighi contabili e criteri di accertamento).

Imprese minori sono quelle esercitate da persone fisiche e da società di persone, che, avendo ricavi non superiori ad un dato ammontare, sono ammesse al regime di contabilità semplificata (e non hanno optato per il regime di contabilità ordinaria).

L'ammontare di ricavi, al di sotto del quale è ammessa la contabilità semplificata, è di 400.000 euro per le imprese che prestano servizi e di 700.000 euro per le altre.

Le imprese minori possono optare per il regime ordinario di contabilità e di determinazione del reddito; in assenza di tale opzione, gli imprenditori minori possono tenere una contabilità semplificata, limitarsi cioè a tenere i registri Iva, nei quali debbono però essere annotati anche gli elementi rilevanti ai fini reddituali, e i registri degli incassi e dei pagamenti.

Di riflesso, le regole di determinazione del reddito delle imprese minori sono state concepite considerando che la contabilità è semplificata e che non viene redatto il bilancio di esercizio. Non si applica il regime di *participation exemption*, perché non vi è un bilancio in cui classificare le partecipazioni come immobilizzazioni.

B) La determinazione analitica dei redditi delle imprese minori infatti viene effettuata mediante l'applicazione di alcune soltanto delle regole in materia di reddito d'impresa (ossia mediante l'applicazione delle regole ordinarie, con alcune eccezioni, connesse alla circostanza che tali soggetti pongono in essere una contabilità semplificata).

In sintesi, la disciplina dettata per la determinazione analitica del reddito delle imprese minori si basa sulle seguenti regole:

a) si applica un criterio di imputazione misto "cassa-competenza": in linea di principio, ricavi e costi concorrono alla formazione del reddito d'impresa nel periodo, rispettivamente, di incasso e sostenimento (ricavi, dividendi, interessi, spese per beni-merce, utenze, materiali di consumo, assicurazioni, oneri fiscali e contributivi); per alcuni componenti resta però fermo il principio di competenza (plusvalenze, minusvalenze, sopravvenienze attive e passive, ammortamenti, canoni di *leasing*, perdite di beni strumentali e su crediti);

b) il reddito d'impresa è costituito dalla differenza tra determinati componenti positivi (ricavi, plusvalenze, sopravvenienze, proventi immobiliari, dividendi e interessi attivi) e determinati componenti negativi (spese documentate, perdite, minusvalenze);

c) gli unici accantonamenti consentiti sono quelli di quiescenza e previdenza; gli altri accantonamenti non sono consentiti, perché presuppongono la redazione del bilancio (che manca per le imprese minori);

d) gli ammortamenti dei beni strumentali e dei beni immateriali sono consentiti a condizione che sia tenuto il registro dei cespiti ammortizzabili;

e) in via generale, sono applicabili anche alle imprese minori le norme che limitano o comunque regolano la deducibilità delle spese (in tema di oneri di utilità sociale, spese relative a più esercizi, ecc.).

5.4. *Il regime forfettario delle imprese di piccole dimensioni.*

Il regime forfettario (art. 1, commi da 54 a 89, della l. 23 dicembre 2014, n. 190) è riservato alle persone fisiche che esercitano attività di impresa o attività di lavoro autonomo, se, nell'anno precedente:

a) hanno conseguito ricavi o percepito compensi, ragguagliati ad anno, non superiori a determinati importi, correlati al tipo di attività svolta;

b) hanno sostenuto spese per lavoro dipendente non superiore a 5.000 euro lordi;

c) il costo complessivo, al lordo degli ammortamenti, dei beni strumentali alla chiusura dell'esercizio non supera 20.000 euro.

Le persone fisiche che intraprendono l'esercizio di imprese, arti o professioni possono avvalersi del regime forfetario comunicando, nella dichiarazione di inizio di attività, di presumere la sussistenza dei requisiti previsti per accedere al regime in esame.

Adottando il regime forfettario, il reddito imponibile è calcolato applicando all'ammontare dei ricavi o dei compensi percepiti un coefficiente di redditività, diverso a seconda dell'attività svolta.

Sul reddito imponibile, così calcolato, si applica l'aliquota del 15 per cento (sostitutiva dell'imposta sui redditi, delle addizionali regionali e comunali e dell'Irap).

L'aliquota è ridotta al 5 per cento, nei primi cinque periodi d'imposta, per chi avvia una nuova attività.

I contribuenti in regime forfettario sono esonerati dagli obblighi di registrazione e di tenuta delle scritture contabili e non sono tenuti ad operare ritenute alla fonte (devono però indicare, nella dichiarazione dei redditi, il codice fiscale del percettore e l'ammontare delle somme su cui non è stata operata la ritenuta).

Infine, i contribuenti in regime forfettario non applicano l'Iva sulle operazioni attive e non hanno diritto alla detrazione sugli acquisti.

5.5. *Le società di comodo.*

Per motivi anche extrafiscali (scoraggiare l'utilizzo strumentale dell'istituto societario), le società commerciali (di capitale e di persone) sono qualificate «*non operative*», o «*di comodo*», se gli elementi attivi (ricavi, incrementi delle rimanenze, altri proventi), risultanti dal conto economico, sono inferiori a determinate percentuali (2 per cento delle partecipazioni e altri titoli; 6 per cento dei beni immobili; 15 per cento delle altre immobilizzazioni).

Sono inoltre considerate non operative le società che presentano dichiarazioni in perdita fiscale per cinque periodi d'imposta consecutivi oppure che nello stesso arco temporale rilevano una perdita fiscale per quattro periodi d'imposta ed un reddito inferiore all'imponibile minimo per il rimanente anno.

Il legislatore presume che le società così individuate producano un reddito minimo, pari ad una percentuale del loro patrimonio (1,5 per cento delle partecipazioni che non costituiscono immobilizzazioni; 4,75 per cento degli immobili; 12 per cento delle altre immobilizzazioni). L'aliquota ordinaria è maggiorata del 10,5 per cento.

Inoltre, le società di comodo non possono chiedere il rimborso dell'Iva a credito, né compensarla con l'Iva a debito.

Il regime delle società di comodo è un regime antielusivo. Le società considerate di comodo possono chiedere la disapplicazione della normativa che le riguarda ai sensi dell'art. 11, comma 1, lett. b), dello Statuto.

6. *La categoria dei* «redditi diversi».

Nella categoria denominata «*redditi diversi*» il legislatore ha raggruppato una serie di ipotesi reddituali eterogenee, non riconducibili alle categorie tipiche (sinora esaminate), che sono caratterizzate dal fatto che i redditi compresi in ciascuna di esse derivano da una particolare fonte produttiva.

La categoria in esame presenta, quindi, carattere di "residualità", in quanto comprende una serie di ipotesi alle quali manca qualche tratto caratteristico dei redditi delle categorie tipiche.

6.1. *Le plusvalenze immobiliari.*

Tra i «*redditi diversi*» rientrano tre ipotesi di plusvalenze, dette "isolate", perché non realizzate nel contesto di una attività economica di tipo continuativo, come quella d'impresa.

La prima ipotesi è quella delle plusvalenze derivanti dalla lottizzazione di terreni o dalla esecuzione di opere intese a renderli edificabili, e la successiva vendita (anche parziale) dei terreni o degli edifici. Viene qui tassata una plusvalenza che non è riconducibile all'andamento del mercato, in sé considerato, ma all'attività svolta per lottizzare o rendere edificabili i terreni. Si assume come valore iniziale il prezzo di acquisto o quello normale dei terreni nel quinto anno anteriore alla lottizzazione.

La seconda ipotesi è quella delle plusvalenze realizzate mediante la cessione a titolo oneroso di beni immobili acquistati o costruiti da non più di cinque anni, ma non sono tassate le plusvalenze derivanti da immobili acquisiti per successione e da immobili che, per la maggior parte del periodo intercorso tra l'acquisto (o la costruzione) e la cessione, sono state adibiti ad abitazione principale del cedente o dei suoi familiari, in base al concetto che, in tali ipotesi, la plusvalenza non deriva da intento speculativo.

Infine (terza ipotesi), sono tassate le plusvalenze realizzate a seguito di cessione a titolo oneroso di terreni edificabili.

Le plusvalenze realizzate a seguito di esproprio sono soggette ad imposta sostitutiva, mediante ritenuta alla fonte, a titolo d'imposta, del 20 per cento (L. 30 dicembre 1991, n. 413, art. 11).

6.2. *Le plusvalenze da cessione di partecipazioni.*

L'art. 67, comma 1, lett. c) e c-*bis* del Tuir include nei «*redditi diversi*» le plusvalenze realizzate, al difuori dell'attività di impresa, mediante cessione di partecipazioni a titolo oneroso.

La cessione dei contratti di associazione in partecipazione è equiparata alla cessione di titoli azionari, per cui le plusvalenze derivanti dalle cessioni di tali contratti sono trattate come quelle derivanti dalla cessione di partecipazioni sociali (Tuir, art. 67, comma 1, lett. c-*bis*, n. 1).

6.3. *Altri* «redditi diversi».

A) Fanno parte dei «*redditi diversi*» varie altre ipotesi reddituali, che possono essere indicate mettendo in rilievo la categoria tipica a cui sono ricollegabili, ed in cui non sono ricompresi per mancanza di un elemento essenziale della definizione della categoria tipica.

Abbiamo innanzitutto i redditi di natura fondiaria, la cui quantificazione non è data dal catasto, ed i redditi delle sublocazioni: tali redditi sono inseriti nella categoria dei «*redditi diversi*» perché la determinazione catastale è un elemento essenziale dei redditi fondiari.

Per lo stesso motivo, fanno parte dei «*redditi diversi*» i redditi dei beni immobili situati all'estero, che sono determinati in base alla valutazione reddituale effettuata dallo Stato estero (Tuir, art. 70).

I redditi derivanti da attività di lavoro autonomo non esercitate abitualmente, ed i redditi derivanti dall'utilizzazione economica di opere dell'ingegno, di brevetti industriali e di processi, formule e simili, sono «*redditi diversi*», e non redditi di lavoro autonomo, perché manca l'abitualità.

La mancanza di abitualità è anche la ragione per cui sono inseriti tra i «*redditi diversi*» i redditi derivanti da attività commerciali non esercitate abitualmente.

Vicino alla categoria del reddito di impresa è il reddito di chi, proprietario di un'azienda, non esercita attività di impresa ma dà l'azienda in affitto: il reddito che ne deriva è reddito diverso, come la plusvalenza realizzata in caso di vendita.

B) Vi sono, poi, fattispecie reddituali di varia natura, vale a dire:

– redditi derivanti dalla concessione in usufrutto e dalla sublocazione di beni immobili, dall'affitto, locazione, noleggio e concessione in uso di veicoli, macchine e altri beni mobili, dall'affitto e concessione in usufrutto di aziende;

– redditi derivanti dalla «*differenza tra il valore di mercato e il corrispettivo annuo per la concessione in godimento di beni dell'impresa a soci o familiari dell'imprenditore*» (Tuir, art. 67, comma 1, lett. h-*ter*);

– vincite delle lotterie, dei giochi, concorsi a premio, ecc.;

– premi ricevuti come riconoscimento di meriti artistici, scientifici e sociali.

Vi è, infine, una formula di chiusura di portata generale, riguardante i redditi che derivano dall'assunzione di obblighi di fare, non fare e permettere.

I proventi illeciti, non classificabili nelle categorie tipiche, sono, come già detto, «*redditi diversi*» in quanto considerati frutto di uno degli obblighi ora indicati.

In conclusione, nella categoria dei «*redditi diversi*» vi sono redditi simili o prossimi a quelli fondiari, di capitale, di lavoro autonomo, d'impresa, ma privi di un requisito tipico della categoria, e perciò ascritti al novero dei «*redditi diversi*». Ed abbiamo una formula di portata generale (quella che ha riguardo agli obblighi di fare, non fare e permettere), che chiude il sistema, rendendolo potenzialmente comprensivo di ogni ipotesi di reddito prodotto.

C) Data la eterogeneità dei redditi contenuti in questa categoria, le relative regole di determinazione non sono uniformi.

Nella più parte dei casi, l'inclusione di un provento tra i «*redditi diversi*» è stata dettata proprio dall'esigenza di sottrarlo ai criteri di quantificazione dei redditi della categoria che presenta lo stesso tipo di fonte, per collegare ad esso regole particolari di determinazione.

Va notato infine che i «*redditi diversi*», con qualche eccezione, si tassano al netto delle spese e degli oneri di produzione e non sono soggetti a ritenuta alla fonte.

CAPITOLO DICIANNOVESIMO

L'IMPOSTA SUL REDDITO DELLE SOCIETÀ

1. *I soggetti passivi e la residenza fiscale.*

A) L'imposta sul reddito delle società (Ires) colpisce il reddito complessivo netto delle società di capitali e dei soggetti collettivi in genere, con aliquota del 24 per cento (dal 2016).

L'art. 73 del Tuir suddivide i soggetti passivi dell'Ires in quattro gruppi:

a) società di capitali (società per azioni, società in accomandita per azioni, società a responsabilità limitata, cooperative, società di mutua assicurazione, società e cooperative europee);

b) enti commerciali;

c) enti non commerciali;

d) società ed enti non residenti.

Tra gli enti che possono essere soggetti passivi dell'Ires – come enti commerciali o non commerciali, residenti o non residenti – sono da includere le associazioni non riconosciute, i consorzi e, in generale, «*le altre organizzazioni non appartenenti ad altri soggetti passivi nei confronti dei quali il presupposto si verifichi in modo unitario ed autonomo*».

La categoria degli enti commerciali è formata dagli enti, pubblici e privati, compresi i *trust*, che hanno come oggetto esclusivo o principale della propria attività l'esercizio di una attività commerciale.

Enti non commerciali sono, al contrario, gli enti che non hanno, come oggetto esclusivo o principale della propria attività, l'esercizio di una attività commerciale.

L'Ires non si applica alle società di persone ed enti equiparati (i cui redditi, come visto nel capitolo sull'Irpef, sono imputati per trasparenza ai soci) e ad alcuni soggetti esenti (organi e amministrazioni dello Stato, comuni, comunità montane, province e regioni).

La base imponibile dell'Ires è disciplinata da tre gruppi di norme, dei quali, come vedremo tra breve, il primo si applica alle società di capitali e agli enti commerciali, il secondo agli enti non commerciali e il terzo alle società ed enti non residenti (Tuir, art. 75).

B) Sono residenti le società e gli enti che, per la maggior parte del periodo d'imposta, hanno la sede legale o la sede dell'amministrazione o l'oggetto principale nel territorio dello Stato.

A contrario, sono non residenti le società e gli enti, compresi i *trust*, che non hanno in Italia né la sede legale, né la sede dell'amministrazione, né l'oggetto principale della propria attività. Può trattarsi di società ed enti commerciali e di enti non commerciali.

A norma dell'art. 73, comma 5-*bis*, del Tuir, si considera esistente nel territorio dello Stato la sede dell'amministrazione di società (c.d. esterovestite) ed enti che detengono partecipazioni di controllo, ai sensi dell'art. 2359, comma 1, c.c., in società o enti commerciali, se:

a) sono controllati, anche indirettamente, ai sensi dell'art. 2359, comma 1, c.c., da soggetti residenti nel territorio dello Stato; ovvero:

b) sono amministrati da un consiglio di amministrazione, o altro organo equivalente di gestione, composto in prevalenza di consiglieri residenti nel territorio dello Stato.

A norma dell'art. 73, comma 5-*quater*, del Tuir, si considerano residenti nello Stato, salvo prova contraria, le società e gli enti il cui patrimonio sia investito in misura prevalente in quote o azioni di investimento collettivo del risparmio immobiliari, e siano controllati direttamente o indirettamente, per il tramite di società fiduciarie o per interposta persona, da soggetti residenti in Italia; si considerano parimenti residenti, salvo prova contraria e con alcune eccezioni, i redditi degli organismi di investimento collettivo del risparmio istituiti in Italia.

Infine, si presume che siano residenti in Italia i *trust* esteri istituiti in Paesi a fiscalità privilegiata: a) se almeno un disponente e un beneficiario sono residenti in Italia; oppure, b) se il disponente ha trasferito in *trust* immobili o diritti reali immobiliari.

2. *Il reddito delle società e degli enti commerciali.*

Il reddito imponibile delle società e degli enti commerciali non è la somma di redditi distinti per categorie, ma è sempre, tutto, reddito d'impresa, «*da qualsiasi fonte provenga*» (Tuir, art. 81). Ne deriva che se una società possiede immobili, o capitali, i redditi relativi non sono redditi fondiari, o di capitale, ma componenti del reddito d'impresa.

Anche le società fra professionisti, costituite in forma di società di capitali, sono soggette ad Ires, e il loro reddito, dal punto di vista fiscale, è reddito di impresa.

Sono reddito d'impresa anche i redditi dei terreni spettanti a soggetti passivi Ires (Tuir, art. 55, comma 2, lett. *c*), ma con l'eccezione, già rilevata, delle società che – avendo la qualifica di società agricole ai sensi dell'art. 2 del D.lgs. 29 marzo 2004, n. 99, e svolgendo in via esclusiva le attività agricole indicate nell'art. 2135 c.c. – optano per la tassazione su base catastale (L. 27 dicembre 2006, n. 296, art. 1, comma 1093).

3. *La base imponibile e il riporto delle perdite.*

A) Il risultato del singolo esercizio offre un'immagine parziale della situazione economica della società: se, ad uno o più esercizi in perdita, ne segue uno in utile, occorre considerare che l'utile non incrementa il patrimonio della società, se non sono colmate le perdite. È perciò previsto che la perdita di un periodo d'imposta «*può essere computata in diminuzione del reddito dei periodi d'imposta successivi in misura non superiore all'ottanta per cento del reddito imponibile di ciascuno di essi e per l'intero importo che trova capienza in tale ammontare*» (Tuir, art. 84, comma 1). Il limite dell'80 per cento comporta che il 20 per cento del reddito di un periodo è tassato, anche se le perdite pregresse superano il reddito di quel periodo. Non vi sono limiti temporali al riporto delle perdite, ma il limite di utilizzo dell'80 per cento può costringere a prolungare il tempo in cui compensare le perdite.

B) Il riporto delle perdite non è ammesso quando il soggetto che le utilizza è nominalmente lo stesso, ma nella sostanza diverso, da quello che le ha realizzate, o quando muta l'attività che le ha prodotte. Occorre, cioè, che vi sia continuità sotto un profilo sia soggettivo, sia oggettivo.

In particolare, il riporto delle perdite non è ammesso quando «*la maggioranza delle partecipazioni aventi diritto di voto nelle assemblee ordinarie del soggetto che riporta le perdite venga trasferita o comunque acquisita da terzi, anche a titolo temporaneo*».

Inoltre, il riporto non è ammesso quando «*venga modificata l'attività principale in fatto esercitata nei periodi d'imposta in cui le perdite sono state realizzate*» (Tuir, art. 84, comma 3).

La limitazione non si applica qualora le partecipazioni riguardino società che nel biennio precedente hanno rispettato determinati "requisiti di vitalità" (numero di dipendenti mai inferiore alle dieci unità; ammontare dei ricavi e proventi dell'attività caratteristica e delle spese per prestazioni di lavoro subordinato superiore al quaranta per cento della media degli ultimi due esercizi precedenti).

C) I soggetti i cui utili sono esenti (ad esempio, cooperative a mutualità prevalente, i cui utili accantonati a riserva indivisibile non sono imponibili), possono riportare la perdita solo per l'ammontare che eccede l'utile non tassato negli esercizi precedenti.

Inoltre, l'art. 84, comma 1, Tuir, stabilisce che «*la perdita è diminuita dei proventi esenti dall'imposta diversi da quelli di cui all'articolo 87, per la parte del loro ammontare che eccede i componenti negativi non dedotti ai sensi dell'articolo 109, comma 5. Detta differenza potrà tuttavia essere computata in diminuzione del reddito complessivo in misura tale che l'imposta corrispondente al reddito imponibile risulti compensata da eventuali crediti di imposta, ritenute alla fonte a titolo di acconto, versamenti in acconto, e dalle eccedenze di cui all'articolo 80»*.

La perdita fiscale riportabile è dunque solo quella eccedente i proventi esenti (non tenendo conto delle plusvalenze che beneficiano della *participation exemption*), al netto dei componenti negativi che non sono deducibili perché si riferiscono a proventi esenti (Tuir, art. 109, comma 5). Ciò per evitare che i proventi esenti limitino due volte l'ammontare delle perdite fiscali riportabili, posto che la misura dell'indeducibilità dei componenti negativi discende dall'ammontare dei proventi esenti.

In caso di attività che fruiscono di regimi di non tassazione parziale o totale del reddito (ad esempio, imprese marittime, non in regime di *tonnage tax*, il cui reddito è esente all'80 per cento), le perdite fiscali assumono rilevanza in misura corrispondente al reddito tassabile e la perdita riportabile deve essere ridotta nella stessa misura dell'esenzione.

D) Se l'ufficio accerta un maggior imponibile, le perdite di quel periodo devono essere computate dall'ufficio in diminuzione del maggior reddito accertato.

Invece, per il riconoscimento delle perdite pregresse, è onere del contribuente chiederne il computo, entro il termine per la proposizione del ricorso.

In tal caso il termine per l'impugnazione dell'atto è sospeso per un periodo di sessanta giorni. L'ufficio deve ricalcolare imposta, interessi e sanzioni, dandone comunicazione al contribuente entro sessanta giorni dalla presentazione dell'istanza (D.P.R. 29 settembre 1973, n. 600, art. 42, comma 4).

3.1. *La riduzione dell'imponibile in caso di incrementi del capitale proprio (ACE).*

Per incentivare l'aumento del patrimonio delle imprese è prevista una deduzione dal reddito imponibile di un importo pari ad una percentuale del nuovo capitale immesso nell'impresa (a partire da una certa data), sotto forma di conferimenti da parte dei soci o mediante destinazione di utili a riserva, secondo il modello ACE, ossia *Allowance for Corporate*

Equity (D.l. 6 dicembre 2011, n. 201, conv. dalla L. 22 dicembre 2011, n. 214, art. 1).

L'agevolazione si applica sia all'Ires dovuta da società di capitali, enti commerciali e stabili organizzazioni, sia all'Irpef dovuta da imprese individuali, società in nome collettivo e in accomandita semplice in regime di contabilità ordinaria.

4. *Gli enti non commerciali.*

A) La categoria degli enti non commerciali, come già detto, comprende gli enti che non svolgono, in via esclusiva o principale, un'attività commerciale; se svolgono un'attività commerciale, occorre che non sia quella principale. È quindi una categoria molto vasta ed eterogenea: vi rientrano, infatti, enti pubblici, fondazioni, consorzi, *trust*, comitati, associazioni varie (culturali, sportive, politiche, sindacali, ecc.), enti ecclesiastici, ecc.

Le società di capitali (e le altre società commerciali) sono sempre (ontologicamente) imprese commerciali, in ragione della loro forma giuridica (ed anche se non svolgono, in concreto, un'attività commerciale).

Per gli enti diversi dalle società, invece, occorre distinguere tra enti commerciali ed enti non commerciali.

Si è già visto che sono enti commerciali quelli che hanno per oggetto esclusivo o principale l'esercizio di attività commerciali, e che sono, all'opposto, enti non commerciali gli enti che non hanno per oggetto esclusivo o principale l'esercizio di una attività commerciale. La distinzione dipende dunque dall'oggetto dell'attività. Un ente è da qualificare come non commerciale se non svolge attività commerciale o se non la svolge come attività principale.

In proposito, occorre porsi tre interrogativi: a) se l'oggetto si determini in base alla normativa dell'ente o in base all'attività svolta di fatto; b) se l'attività commerciale non è l'unica, in base a quale criterio si stabilisca se sia principale o secondaria; c) infine, come si determini la natura commerciale di una attività.

B) Rileva l'oggetto esclusivo o principale dell'attività, che «*è determinato in base alla legge, all'atto costitutivo o allo statuto, se esistente in forma di atto pubblico o di scrittura privata autenticata*».

Per oggetto principale si intende «*l'attività essenziale per realizzare direttamente gli scopi primari indicati dalla legge, dall'atto costitutivo o dallo statuto*» (Tuir, art. 73, commi 4).

Se manca l'atto costitutivo o lo statuto nelle forme richieste, l'oggetto principale è determinato in base all'attività effettivamente esercitata (Tuir, art. 73, comma 5).

C) La natura commerciale di un'attività si determina in base alla nozione di reddito d'impresa, fissata, in generale, nell'art. 55 del Tuir.

Pertanto, un ente che svolge più attività è da considerare non commerciale se non è commerciale «*l'attività essenziale per realizzare direttamente gli scopi primari*». E un ente non lucrativo è da qualificare come ente commerciale se svolge attività commerciale per realizzare i suoi scopi primari.

Per valutare se una determinata attività assume carattere principale è necessario identificare «*gli scopi primari*» dell'ente, cioè gli scopi il cui perseguimento è irrinunciabile; occorre poi valutare se l'attività sia necessaria per realizzarli direttamente, e cioè se la diretta realizzazione degli scopi primari dell'ente sia o non sia impedita dal mancato esercizio dell'attività considerata.

D) Gli enti perdono la qualifica di enti non commerciali, prescindendo dalle previsioni statutarie, se esercitano prevalentemente attività commerciale per un intero periodo d'imposta (Tuir, art. 149).

Si prevede che, in tale valutazione, si tenga conto anche dei seguenti parametri:

a) prevalenza delle immobilizzazioni relative all'attività commerciale rispetto alle restanti attività;

b) prevalenza dei ricavi derivanti da attività commerciali rispetto al valore normale delle cessioni o prestazioni afferenti alle attività istituzionali;

c) prevalenza dei redditi derivanti da attività commerciali rispetto alle entrate istituzionali (contributi, sovvenzioni, liberalità e quote associative);

d) prevalenza dei componenti negativi inerenti all'attività commerciale rispetto alle restanti spese.

4.1. *I redditi degli enti non commerciali.*

A) Il reddito complessivo imponibile degli enti non commerciali è formato dalla somma dei redditi fondiari, di capitale, d'impresa e diversi (Tuir, art. 143).

Gli enti non commerciali, quindi, come le persone fisiche e le società semplici, possono conseguire redditi appartenenti a categorie diverse (con la eccezione dei redditi di lavoro, di cui possono essere titolari solo le persone fisiche); ciascun reddito è determinato secondo le regole proprie della categoria di appartenenza.

Vi sono, anche per gli enti non commerciali, oneri deducibili dal reddito complessivo ed oneri detraibili dall'imposta (Tuir, artt. 146 e 147).

B) Gli utili percepiti dagli enti non commerciali non sono tassati per intero, perché il 22,26 per cento del loro ammontare non concorre alla formazione del reddito imponibile, in quanto "escluso" (art. 4, comma 1, lett. q, D.lgs. 12 dicembre 2003, n. 344).

Le plusvalenze relative al realizzo delle partecipazioni, invece, sono tassate con le stesse regole previste per le persone fisiche, per cui, se sono conseguite al di fuori dell'attività d'impresa, sono tassate in modo parziale, o sottoposte a prelievo alla fonte a titolo definitivo, a seconda che attengano a partecipazioni qualificate o non qualificate; se conseguite, invece, nell'ambito dell'attività d'impresa, si applicano le regole previste per gli imprenditori individuali.

C) L'ente non commerciale, se svolge attività d'impresa, è tenuto a istituire una contabilità separata, distinguendo ciò che inerisce all'attività d'impresa (beni, costi, ricavi, ecc.), da ciò che inerisce all'attività istituzionale.

La distinzione tra beni relativi all'impresa e beni estranei è fatta con gli stessi criteri che si applicano agli imprenditori individuali (sono relativi all'impresa, tra gli altri, i beni indicati come tali nell'inventario redatto ai sensi dell'art. 2217 c.c.).

I componenti positivi e negativi si determinano secondo le regole ordinarie in materia di reddito d'impresa.

Pertanto: a) le spese specificamente inerenti all'attività commerciale sono deducibili per intero; b) le spese specificamente inerenti ad attività non imponibili non sono deducibili; c) le spese ad utilizzazione promiscua sono deducibili in parte (cioè in misura corrispondente al rapporto tra l'ammontare dei ricavi e proventi che formano il reddito d'impresa e l'ammontare complessivo dei proventi dell'ente).

Gli enti ammessi al regime di contabilità semplificata (vale a dire gli enti il cui volume d'affari non è elevato) possono optare per la determinazione forfettaria del reddito d'impresa; in tal caso, il loro reddito è determinato in misura pari ad una percentuale della somma dei componenti positivi (ricavi, plusvalenze, ecc.).

Le perdite dell'attività commerciale sono deducibili nei periodi successivi applicando le regole previste per gli imprenditori individuali.

D) Particolari disposizioni sono dettate per gli enti di tipo associativo (associazioni, consorzi, ecc.), che il legislatore tributario non definisce, limitandosi a prendere in considerazione la loro attività interna (ossia rivolta agli associati), al fine di escludere, se sono presenti determinati requisiti, la qualifica di attività commerciale (Tuir, art. 148).

L'attività degli enti di tipo associativo non è commerciale se sussistono due condizioni: a) è attività interna, rivolta cioè agli associati e partecipanti; b) non è retribuita con corrispettivi specifici.

Se manca uno di tali requisiti si applicano le ordinarie regole fiscali dell'impresa.

All'interno della categoria generale degli enti di tipo associativo, particolari regole sono previste per le associazioni politiche, sindacali, religiose, assistenziali, culturali, sportive dilettantistiche, di promozione sociale e di formazione extrascolastica.

Per tali associazioni, anche le attività svolte verso corrispettivo non sono commerciali, ma si richiede che siano svolte in diretta attuazione degli scopi istituzionali.

Inoltre, si esige da tali enti che i loro statuti abbiano particolari clausole (divieto di distribuire utili o avanzi di gestione; devoluzione del patrimonio, in caso di scioglimento, ad un ente analogo; effettività del rapporto associativo, con diritto di voto per gli associati; eleggibilità degli organi, ecc.).

5. *I* trust.

I *trust* residenti sono collocati nella categoria degli enti commerciali, o in quella degli enti non commerciali, se hanno o non hanno come oggetto esclusivo o principale lo svolgimento di un'attività commerciale (Tuir, art. 73, comma 1, lett. *b* e *c*). In ragione della natura commerciale o non commerciale dell'attività svolta, si applicano al *trust* le regole in tema di determinazione del reddito complessivo netto e in tema di obblighi contabili previste per le società commerciali o per gli enti non commerciali. I *trust* non residenti (come in generale i soggetti non residenti) sono tassati solo per i redditi prodotti nel territorio dello Stato.

Occorre poi distinguere fra *trust* "trasparenti" e trust "opachi".

Se i beneficiari sono individuati (cioè titolari di un diritto attuale e incondizionato all'assegnazione di una parte del reddito), il *trust* non è soggetto passivo dell'Ires, ma è fiscalmente "trasparente", perché i redditi sono imputati ai beneficiari (come redditi di capitale) in proporzione alla quota di partecipazione (Tuir, art. 44, lett. g-*sexies* e art. 73, comma 2). I beneficiari sono soggetti ad imposta per il reddito ad essi imputato, a prescindere dalla percezione.

Sono invece soggetti passivi dell'Ires i *trust* "opachi" (cioè senza beneficiari individuati): essi sono soggetti a tutti gli obblighi (sostanziali e formali) previsti per i soggetti passivi dell'Ires.

6. *La determinazione del reddito d'impresa. Il bilancio di esercizio.*

A) In materia di bilanci, vanno distinte tre categorie di imprese:

a) le società che applicano i principi contabili internazionali (IAS/IFRS), dette società IAS *adopter*;

b) le società che applicano le regole del codice civile, integrate dai princìpi contabili emanati dall'Organismo italiano di contabilità (società ITA GAAP, o società OIC *adopter*); queste società, ricorrendo le condizioni previste dall'art. 2435-*bis* c.c., possono redigere il bilancio in forma abbreviata;

c) le micro-imprese, il cui bilancio è redatto in forma abbreviata, con le ulteriori semplificazioni previste dall'art. 2435-*ter*.

B) Il bilancio di esercizio è costituito dallo stato patrimoniale, dal conto economico, dal rendiconto finanziario e dalla nota integrativa (art. 2423, comma 1, c.c.).

Nell'art. 2423, comma 4, c.c., è codificato il "principio di rilevanza", secondo cui «*non occorre rispettare gli obblighi in tema di rilevazione, valutazione, presentazione e informativa quando la loro osservanza abbia effetti irrilevanti al fine di dare una rappresentazione veritiera e corretta*».

L'art. 2423-*bis*, n. 1-*bis*, c.c., pone il principio di prevalenza della sostanza sulla forma, stabilendo che «*la rilevazione e la presentazione delle voci è effettuata tenendo conto della sostanza dell'operazione o del contratto*».

C) Lo stato patrimoniale rappresenta la situazione patrimoniale e finanziaria della società e deve essere redatto in base allo schema previsto dall'art. 2424 c.c., raggruppando l'attivo, a sinistra, in quattro classi di valori (crediti verso i soci; immobilizzazioni; attivo circolante; ratei e risconti); e il passivo, a destra, in cinque classi (Patrimonio netto; Fondi per rischi ed oneri; Trattamento di fine rapporto di lavoro subordinato; Debiti; Ratei e risconti).

D) Il conto economico contiene la rappresentazione, da un lato, delle spese e dei costi sostenuti, e, dall'altro, dei ricavi e proventi conseguiti.

Deve essere redatto in forma scalare, seguendo lo schema fissato dall'art. 2425 c.c., che aggrega i componenti positivi e negativi in cinque sezioni (Valore della produzione; Costi della produzione; Proventi e oneri finanziari; Rettifiche di valore di attività finanziarie; Risultato dell'esercizio).

Nel conto economico devono essere iscritte non solo le passività certe ma anche quelle probabili. Fiscalmente, invece, come vedremo, sono deducibili solo le passività certe; i fondi o accantonamenti sono deducibili solo in ipotesi tassativamente previste.

Al «*Risultato prima delle imposte*» si riferisce l'art. 83 del Tuir, elevandolo a elemento costitutivo dell'imponibile (con le variazioni fiscali).

Vanno poi annotate le imposte sul reddito dell'esercizio (imposte correnti, differite e anticipate), in una apposita voce (n. 20).

Segue (e chiude il bilancio) l'utile o perdita dell'esercizio (n. 21).

6.1. *La derivazione (semplice e rafforzata) del reddito fiscale dal bilancio di esercizio.*

A) Il reddito d'impresa è calcolato in base al bilancio. Dispone infatti l'art. 83 del Tuir che «*Il reddito complessivo è determinato apportando all'utile o alla perdita risultante dal conto economico, relativo all'esercizio chiuso nel periodo d'imposta, le variazioni in aumento o in diminuzione conseguenti all'applicazione dei criteri stabiliti nelle successive disposizioni della presente sezione*».

Per calcolare il reddito d'impresa si prendono dunque le mosse dal risultato del conto economico (utile o perdita), al quale si apportano le variazioni previste dalle norme fiscali.

È, questo, il sistema della derivazione, o dipendenza, del reddito fiscale dal bilancio di esercizio: derivazione parziale, perché il reddito imponibile non si identifica, *tout court*, con il risultato del conto economico, ma è anche conseguenza delle variazioni fiscali.

Vi è dunque divergenza tra norme civilistiche e norme fiscali, cioè tra bilancio civilistico – abbreviato ovvero ordinario (scelto per opzione) – e determinazione del reddito fiscale, a causa delle variazioni da applicare in sede fiscale.

B) Per le imprese che redigono il bilancio in base ai principi contabili (internazionali e nazionali) si applica, come vedremo, il principio di derivazione rafforzata, vale a dire il principio secondo cui le qualificazioni, classificazioni e imputazioni temporali di bilancio valgono anche ai fini fiscali, anche in deroga alle norme del Testo unico in tema di reddito d'impresa.

6.2. *Le variazioni fiscali al risultato del conto economico.*

A) Le norme del Tuir, che comportano variazioni fiscali al risultato del conto economico, possono riflettere componenti positivi e componenti negativi del conto economico.

Abbiamo perciò variazioni in aumento di un componente positivo del conto economico e variazioni in aumento che derivano dalla eliminazione o riduzione un componente negativo. Le variazioni in diminuzione possono consistere nella eliminazione o riduzione di un componente positivo, o nella deduzione di componenti negativi non presenti, o presenti in misura minore, nel conto economico.

B) Le variazioni in aumento possono dipendere da norme che impongono di includere nel reddito imponibile componenti positivi non inclusi nel conto economico, o inclusi in misura minore di quanto prescritto dalla norma fiscale.

Esempi di norme di questo tipo sono:

– la norma che assimila ai ricavi il valore normale dei beni-merce assegnati ai soci o destinati all'autoconsumo o ad altre finalità estranee all'impresa (Tuir, art. 85, comma 2);

– la norma che impone, per le operazioni tra società controllate, di tener conto del valore normale dei beni che una società italiana ha venduto ad una società estera controllata, in luogo del corrispettivo pattuito e contabilizzato (*transfer price*), se il valore normale è superiore al corrispettivo (Tuir, art. 110, comma 7).

Più frequente è il caso in cui le variazioni in aumento dipendono da norme che escludono (in tutto o in parte) la deducibilità in sede fiscale di componenti negativi di reddito.

Gli esempi di norme di questo tipo potrebbero essere numerosissimi, poiché tutte le norme in tema di costi pongono dei limiti alla deducibilità di componenti negativi e, quindi, implicano delle variazioni in aumento, quando il conto economico contenga componenti negativi non deducibili, o deducibili in un periodo diverso.

Limiti alla deducibilità possono dipendere da norme che riflettono il principio di inerenza (Tuir, art. 108, comma 2, artt. 61 e 96 e art. 100, in tema di spese di rappresentanza, interessi passivi, oneri di utilità sociale, ecc.).

Dipendono invece dal principio di competenza i costi deducibili in un periodo d'imposta diverso da quello in cui sono dedotti in sede civilistica, con effetti di variazione temporanea. Ad esempio, gli ammortamenti non deducibili in un dato periodo d'imposta, per la parte superiore a quella fiscalmente ammessa, sono deducibili in seguito (Tuir, artt. 102-107).

C) Non tutti i componenti del reddito d'impresa derivano da corrispettivi contrattuali o da altri valori numerari.

Vi sono infatti componenti che sono frutto di una stima. Le norme civilistiche, al riguardo, dettano criteri di massima; le norme fiscali, invece, pongono parametri rigidi.

Ad esempio, in materia di ammortamenti, il codice civile stabilisce che le immobilizzazioni devono essere iscritte in bilancio in base al costo, che «*deve essere sistematicamente ammortizzato in ogni esercizio in relazione con la loro residua possibilità di utilizzazione*» (art. 2426, comma 1, n. 2, c.c.). La misura civilistica degli ammortamenti è dunque stimata. Le norme fiscali prevedono invece criteri rigidi: gli ammortamenti non sono ammessi in misura superiore a determinati coefficienti (Tuir, art. 102, comma 2), e non sono sindacabili gli ammortamenti conformi ai coefficienti. In tal modo, è eliminato ogni motivo di contrasto.

D) Non tutte le norme fiscali sono a favore del fisco.

Vi sono variazioni fiscali che riducono il reddito imponibile rispetto al bilancio in quanto eliminano o riducono, definitivamente o temporaneamente, un componente positivo del conto economico.

La riduzione dell'imponibile può dipendere dal fatto che il conto economico contiene ricavi o proventi esenti (ad esempio, plusvalenze derivanti da partecipazioni immobilizzate che beneficiano del regime di *participation exemption*), o non soggetti al regime ordinario di tassazione (soggetti a ritenuta alla fonte a titolo d'imposta, o tassati con imposta sostitutiva, o soggetti a tassazione separata).

Nel conto economico possono essere presenti proventi "esclusi" da imposizione, o tassabili in misura ridotta (ad esempio, dividendi non tassati per effetto del regime di trasparenza, o tassati in parte).

Vi è riduzione dell'imponibile, inoltre, quando la tassazione di un componente positivo di reddito non avviene nell'anno in cui è realizzata, ma in seguito; si consideri, ad esempio, la norma sulle plusvalenze "rateizzabili" (Tuir, art. 86, comma 4) e quella relativa alle sopravvenienze attive tassabili in cinque esercizi a partire da quello dell'incasso (Tuir, art. 88, comma 3, lett. *b*).

Le variazioni che riducono il reddito imponibile rispetto all'utile di bilancio possono dipendere da costi computati nel conto economico di un dato esercizio, la cui deducibilità fiscale è rinviata. Si veda, ad esempio, la norma secondo cui i compensi agli amministratori sono dedotti nell'esercizio in cui sono corrisposti, e non in quello (precedente) in cui maturano (Tuir, art. 95, comma 5).

7. *I beni relativi all'impresa e il loro valore fiscalmente riconosciuto.*

A) Occorre porre la definizione di beni «*relativi all'impresa*», essendo, tale definizione, necessaria ai fini della determinazione del reddito d'impresa; i componenti positivi e negativi che concorrono a determinarlo sono infatti collegati a tali beni.

Qualificare un bene come relativo all'impresa significa che esso è soggetto al sistema di regole che concernono il reddito d'impresa (in tema di costi, ricavi, plusvalenze, rimanenze, ecc.).

Per le società sono «*relativi all'impresa*» tutti i beni che appartengono ad esse.

I beni «*relativi all'impresa*» sono classificati, nello stato patrimoniale, come attivo circolante o come immobilizzazioni.

Nell'attivo circolante sono compresi i beni-merce, cioè i beni alla cui produzione o scambio è diretta l'attività dell'impresa. La cessione dei beni-merce, come vedremo, genera ricavi.

I titoli di partecipazione in società di capitali (o altri enti commerciali) fanno parte dell'attivo circolante quando costituiscono un impiego transitorio di liquidità (per cui sono destinati ad essere rivenduti); in tal caso, sono equiparati alle merci e, quindi, la loro cessione genera ricavi (Tuir, art. 85, comma 1, lett. c, d ed e).

Nelle immobilizzazioni sono compresi i beni strumentali, cioè i beni inseriti nel processo produttivo dell'impresa in modo durevole e, per tale ragione, destinati a fornire il proprio contributo alla produzione del reddito di più esercizi.

I titoli di partecipazione in società di capitali (o altri enti commerciali) fanno parte delle immobilizzazioni finanziarie (o attivo immobilizzato) quando costituiscono un investimento durevole; la loro cessione genera plusvalenze (Tuir, artt. 86 e 101).

Nelle immobilizzazioni sono compresi anche i beni meramente patrimoniali, che sono una categoria residuale, da individuare per esclusione rispetto ai beni-merce e rispetto ai beni strumentali.

La cessione dei beni strumentali e dei beni patrimoniali genera, come vedremo, plusvalenze o minusvalenze (Tuir, artt. 86 e 101).

B) Per stabilire la categoria di appartenenza di un bene (e, dunque, se genera ricavi o plusvalenze), bisogna aver riguardo alla sua relazione con l'attività dell'impresa, non al bene in sé: un macchinario o un immobile sono beni-merce per l'impresa che li costruisce; sono, invece, beni strumentali per l'impresa che li acquista per usarli.

Per le partecipazioni e i titoli bisogna avere riguardo al bilancio: come regola generale, essi costituiscono immobilizzazioni finanziarie quando sono iscritti come tali nell'attivo dello stato patrimoniale (Tuir, art. 85, comma 3).

I beni-merce, a fine esercizio, sono rilevati come rimanenze (Tuir, art. 92); alla somma dei beni-merce prodotti o acquisiti da un'impresa in un dato esercizio e di quelli residuati da precedenti esercizi (rimanenze iniziali di magazzino) deve corrispondere la somma dei beni alienati nell'esercizio e di quelli giacenti in magazzino alla fine dell'esercizio (rimanenze finali). Le rimanenze di magazzino hanno, dunque, la funzione di trasferire il costo dei beni invenduti da un esercizio all'altro, in coerenza con il principio di correlazione: con questo meccanismo, il costo di acquisto è imputato all'esercizio in cui il bene genera ricavi.

I beni strumentali e meramente patrimoniali, invece, sono rilevati "al costo" nello stato patrimoniale dell'esercizio di acquisizione; il costo dei beni strumentali è ammortizzato, a partire dall'esercizio in cui entrano in funzione.

La distinzione tra beni-merce ed altri beni ha rilievo anche sotto il profilo della diminuzione di valore, perché – come si è appena detto – le variazioni delle giacenze di magazzino concorrono a formare il reddito, mentre le minusvalenze degli altri beni assumono rilievo solo quando sono realizzate (Tuir, art. 101, comma 1).

C) È poi necessario determinarne il «*valore fiscalmente riconosciuto*», il cui concetto non è definito espressamente, ma è richiamato da disposizioni relative al reddito d'impresa, alle operazioni straordinarie, al fallimento, ecc.

L'elemento costitutivo iniziale del «*valore fiscalmente riconosciuto*» è rappresentato dal costo, ossia dal corrispettivo pagato per l'acquisto del bene (in caso di provenienza esterna), o dal costo di fabbricazione (in caso di produzione in proprio).

Il costo di un bene comprende anche gli oneri di diretta imputazione connessi all'acquisto e al suo inserimento nel ciclo produttivo (ad esempio, provvigioni dei mediatori, spese notarili, spese di trasporto, di montaggio, di collaudo, ecc.), con esclusione degli interessi passivi e delle spese generali.

Il costo subisce poi variazioni incrementative o riduttive (per effetto, ad esempio, degli ammortamenti), da cui deriva il «*valore fiscalmente riconosciuto*».

8. *I princìpi generali del reddito d'impresa. Il principio di competenza.*

A) Il Testo unico, a chiusura della disciplina dei singoli componenti del reddito d'impresa (artt. 85 – 108), pone delle norme generali, tra cui, in primo luogo, il principio di competenza (art. 109), che si applica in via residuale, vale a dire quando le singole norme non prevedono diversamente.

L'attività d'impresa è un *continuum*, che convenzionalmente viene frazionato in esercizi sociali annuali. Ad ogni esercizio corrisponde un periodo d'imposta.

I componenti del reddito d'impresa sono imputati temporalmente ad un dato periodo d'imposta, in base al principio di competenza economica.

Secondo tale principio, assume rilievo il momento in cui si verifica il fatto economico-gestionale da cui deriva il componente reddituale: i ricavi devono essere imputati all'esercizio in cui sono conseguiti in senso economico, ossia quando avviene lo scambio con i terzi; i costi assumono rilievo quando sono realizzati i ricavi che contribuiscono a produrre ("principio di correlazione" dei costi ai ricavi).

L'opposto del principio di competenza è il principio di cassa, in base al quale i componenti di reddito assumono rilievo quando avvengono i pagamenti (dei componenti negativi) e gli incassi (dei componenti positivi); in altri termini, ha rilievo il momento finanziario.

B) I componenti del reddito d'impresa non sono rappresentati solo da rapporti con i terzi (momenti di competenza "esterni"), ma anche dalla utilizzazione "interna" del bene o del servizio acquisiti. Vi sono valutazioni del patrimonio che comportano una distribuzione in più periodi di elementi reddituali per i quali il rapporto coi terzi si è svolto in passato o si svolgerà in futuro.

Il termine competenza è quindi da intendere in modo da ricomprendere ogni fenomeno di ripartizione degli elementi reddituali tra più esercizi.

C) L'art. 109, comma 1, del Tuir, pone il principio generale di competenza stabilendo che ricavi, spese ed altri componenti positivi e negativi «*concorrono a formare il reddito nell'esercizio di competenza*».

Segue la disciplina di imputazione temporale di specifici componenti di reddito.

In particolare, per le cessioni di beni mobili, i corrispettivi si considerano conseguiti alla data della consegna o spedizione (però, se l'effetto traslativo si verifica in seguito, ha rilievo la data successiva in cui si verifica l'effetto traslativo); i corrispettivi delle cessioni di immobili e aziende si considerano conseguiti alla data di stipulazione dell'atto (ma, se è successiva, vale la data in cui si verifica l'effetto traslativo).

Il ricavo delle prestazioni di servizi è da imputare all'esercizio nel quale la prestazione è ultimata; in caso di prestazioni periodiche (ad esempio, contratti di somministrazione, di locazione, di assicurazione, di mutuo), rileva la data di maturazione dei corrispettivi.

D) Gli stessi criteri valgono per i costi: se viene acquistato un bene (mobile o immobile), il costo è da imputare all'esercizio nel quale si verificano gli eventi già indicati per i ricavi; analogamente, per il costo dei servizi, vale la data di ultimazione ovvero, in caso di prestazioni periodiche, quella di maturazione dei corrispettivi.

Le regole ora indicate fissano la competenza temporale, cioè la data in cui i costi si considerano sostenuti e quella in cui i ricavi si considerano conseguiti.

I costi non sono tutti deducibili nel periodo in cui si considerano sostenuti: il principio di competenza economica comporta che i costi siano correlati ai ricavi, per cui devono essere dedotti nell'esercizio, o negli esercizi, in cui sono conseguiti i ricavi che concorrono a produrre. I costi pluriennali devono essere dedotti nei diversi esercizi in cui concorrono a produrre i ricavi.

Vi sono norme specifiche che rispecchiano il principio di correlazione, tra cui quelle riguardanti le rimanenze, gli ammortamenti, le spese relative a più esercizi (tra cui le spese relative a studi e ricerche e le spese di propaganda e pubblicità); le spese delle imprese di nuova costituzione, che vengono rinviate all'esercizio in cui si hanno i ricavi, ecc. Se non operano norme specifiche, l'imputazione temporale è da stabilire in base al principio di competenza economica, enunciato in generale (e in via residuale) dall'art. 109 del Tuir.

Per verificare, dunque, come opera il principio di competenza è necessario tener conto, dapprima, delle norme specifiche, e, poi, del richiamo generale al principio di competenza economica (ossia di correlazione). Ciò comporta che, quando non disponiamo di una regola precisa per stabilire la competenza di un determinato elemento di reddito, dobbiamo basarci sul principio di competenza economica.

E) Le norme in materia di competenza determinano una variazione temporanea. Ad esempio, la norma che impone di differire un costo, quando, nell'esercizio di competenza, non è certo nell'esistenza e oggettivamente determinabile nell'ammontare, produce una variazione (in aumento) di natura temporanea, perché destinata ad essere controbilanciata quando il costo, divenuto certo e determinabile, sarà dedotto ai fini fiscali (con una variazione, quindi, in diminuzione del reddito fiscale rispetto al conto economico). Considerazioni analoghe possono essere fatte, ad esempio, nel caso in cui vengano effettuati, in sede civilistica, ammortamenti superiori a quelli ammessi ai fini fiscali.

Vi sono poi variazioni con effetti permanenti: ad esempio, se vi sono proventi esenti, o partecipazioni che fruiscono del regime di esenzione, ciò comporta in via definitiva l'indeducibilità dei costi relativi.

F) Vi sono norme che derogano al principio di competenza; vi è, insomma, una competenza fiscale che diverge da quella economico-civilistica.

I costi sono deducibili nell'esercizio di competenza solo se sono certi nell'*an* ed oggettivamente determinabili nel *quantum*; se non sono certi e oggettivamente determinabili devono essere dedotti nel successivo periodo in cui divengono certi e quantificabili con criteri oggettivi (Tuir, art. 109, comma 1).

Ciò dimostra che diritto tributario e diritto civile seguono criteri diversi: il primo "ammette" i costi solo se sono certi ed oggettivamente determinabili; il secondo "impone" la rilevazione dei costi, anche se sono soltanto probabili. Il diritto tributario tutela il fisco, il diritto civile tutela altri interessi, e quindi segue il "criterio di prudenza".

In materia di costi, si applica il principio di cassa per i compensi dovuti agli amministratori (Tuir, art. 95, comma 5), per gli oneri fiscali e contributivi (Tuir, art. 99), per le erogazioni liberali (Tuir, art. 100, comma 2) e per gli interessi di mora, anche attivi (Tuir, art. 109, comma 7).

G) Anche i ricavi, quando non sono certi ed oggettivamente determinabili, non sono da computare ai fini fiscali nell'esercizio di competenza, ma nel successivo esercizio in cui la loro esistenza diviene certa ed il loro ammontare determinabile in modo oggettivo; per i ricavi, perciò, non vi è divergenza tra disciplina civilistica e disciplina fiscale, dato che, anche in sede civilistica, devono essere computati solo ricavi effettivamente conseguiti.

Deroghe al principio di competenza concernenti i componenti positivi sono previste:

– per gli utili derivanti dalla partecipazione in società ed enti soggetti all'Ires, che concorrono a formare il reddito nell'esercizio in cui sono percepiti (Tuir, artt. 59, comma 1 e 89, comma 2); per tale motivo, gli utili delle partecipate, approvati ma non distribuiti, sono inseriti nel bilancio della partecipante in base al principio di competenza, ma non concorrono a formare il reddito della partecipante, se non sono stati percepiti; ne deriverà una "variazione in diminuzione" nell'anno di competenza, ed una "variazione in aumento" nell'anno di distribuzione;

– per le plusvalenze dei beni relativi all'impresa, la cui tassazione può avvenire non nel periodo in cui sono conseguite, ma in modo dilazionato (Tuir, art. 86, comma 4);

– per le sopravvenienze attive conseguite a titolo di contributo o liberalità, che concorrono a formare il reddito imponibile per intero nell'esercizio in cui sono incassate o, a scelta del contribuente, in quote costanti al massimo in cinque esercizi, a partire da quello di incasso (Tuir, art. 88, comma 3, lett. b).

H) Data l'autonomia dei periodi d'imposta, le violazioni del principio di competenza possono comportare la perdita della possibilità di dedurre un costo, non contabilizzato nell'esercizio di competenza, quando l'Amministrazione ne disconosca la deducibilità in quel periodo. Può anche accadere che il contribuente subisca la doppia tassazione di un ricavo, quando lo ha contabilizzato in un esercizio non di competenza e l'Amministrazione lo accerti come omesso nel periodo di competenza.

Queste conseguenze sono però temperate dal principio secondo cui il contribuente può chiedere la restituzione della maggiore imposta, pagata per l'esercizio non di competenza, nel termine di prescrizione, decorrente dalla data del giudicato che respinge il ricorso contro un avviso di accertamento fondato sulla violazione del principio di competenza, in applicazione del principio secondo cui la prescrizione comincia a decorrere da quando il diritto può esser fatto valere (art. 2935 c.c.).

9. *I componenti positivi. I ricavi.*

Le norme in materia di componenti positivi disciplinano: a) i criteri identificativi dei diversi tipi di componenti; b) le fattispecie che ne determinano la rilevanza; c) i criteri di determinazione.

A) Sono ricavi i corrispettivi delle cessioni di beni compresi nell'attivo circolante, ossia, secondo l'art. 85, comma 1, del Tuir:

a) i corrispettivi delle cessioni di beni e delle prestazioni di servizi alla cui produzione o al cui scambio è diretta l'attività dell'impresa;

b) i corrispettivi delle cessioni di materie prime e sussidiarie, di semilavorati e altri beni mobili, esclusi quelli strumentali, acquistati o prodotti per essere impiegati nella produzione;

c) i corrispettivi delle cessioni di azioni o quote di partecipazione in società, quando sono equiparate alle merci.

B) Sono ricavi le indennità conseguite a titolo di risarcimento, anche in forma assicurativa, per la perdita o il danneggiamento di beni, la cui cessione genera ricavi. L'equiparazione delle indennità ai corrispettivi è una conseguenza del fatto che tali indennità sostituiscono i ricavi (Tuir, art. 85, comma 1, lett. *f*).

C) Sono inoltre ricavi:

– «*i contributi in danaro, o il valore normale di quelli in natura, spettanti sotto qualsiasi denominazione in base a contratto*»;

– «*i contributi spettanti esclusivamente in conto esercizio a norma di legge*» (Tuir, art. 85, comma 1, lett. g e h).

L'inclusione tra i ricavi dei contributi in conto esercizio deriva dal fatto che tali contributi sono dati, di solito, a imprese che operano in regime di prezzi amministrati (ad esempio, imprese di trasporto), o che praticano prezzi non remunerativi per ragioni politico-sociali; i contributi pubblici, quindi, integrano i ricavi (i contributi pubblici in conto capitale sono invece sopravvenienze attive, come si vedrà). I contributi contrattuali sono dei normali corrispettivi.

D) Si configura un ricavo, infine, quando il bene-merce fuoriesce dall'impresa senza corrispettivo (Tuir, art. 85, comma 2), come accade nel caso di "autoconsumo" da parte dei soci e, più in generale, di destinazione a finalità estranee all'esercizio dell'impresa (ad esempio, cessione gratuita). Mancando il corrispettivo, il ricavo è pari al valore normale del bene.

9.1. *Le plusvalenze patrimoniali.*

A) La plusvalenza è la differenza positiva tra due valori dello stesso bene in due momenti diversi (Tuir, art. 86).

Le plusvalenze sono tassate: a) quando sono realizzate mediante cessione a titolo oneroso; b) quando sono realizzate mediante risarcimento, a seguito di perdita o danneggiamento; c) quando i beni fuoriescono dalla sfera dell'impresa mediante assegnazione ai soci o destinazione a finalità estranee all'esercizio dell'impresa.

Altro presupposto di tassazione delle plusvalenze patrimoniali è il trasferimento dell'impresa all'estero, che rende tassabili le plusvalenze già maturate perché il bene fuoriesce dalla sfera impositiva dell'ordinamento italiano (Tuir, art. 166, commi 2-*quater* e 2-*quinquies*). L'imposta (*exit tax*) non è però esigibile al momento del trasferimento, perché ciò contrasterebbe con la libertà di stabilimento, ma quando la plusvalenza è realizzata. Il trasferimento all'estero non rende tassabile la plusvalenza se il bene rimane in Italia, entro una stabile organizzazione, perché, in tale ipotesi, i beni continuano ad essere soggetti al regime fiscale italiano dei beni d'impresa, senza soluzione di continuità.

B) La plusvalenza è la differenza tra un valore finale ed un valore-base.

Il valore-base è dato dal valore fiscalmente riconosciuto, ossia dal costo del bene, incrementato e ridotto dalle variazioni derivanti dall'applicazione delle norme tributarie. I beni strumentali sono iscritti nell'attivo dello stato patrimoniale per un valore pari al costo; tale valore decresce per effetto degli ammortamenti effettuati in base alle norme fiscali; il valore di bilancio (o valore di libro) di un bene, quindi, è pari alla differenza tra costo fiscale e ammortamenti fiscali, ossia è pari al costo fiscale non ammortizzato.

Il valore finale, in caso di realizzo, è dato dal corrispettivo (o dal risarcimento); se non c'è un controvalore (ad esempio nel caso di trasferimento all'estero), si considera il valore normale.

Le plusvalenze dei titoli e delle partecipazioni immobilizzate (e titoli assimilati) devono essere determinate con gli stessi criteri con cui sono determinate le plusvalenze degli altri beni, e cioè come differenza fra il corrispettivo (o il valore normale) e il valore fiscalmente riconosciuto (Tuir, art. 86, commi 1, 2 e 3).

C) Le plusvalenze realizzate possono fruire di una norma di favore: infatti, concorrono a formare il reddito, a scelta del contribuente, nell'esercizio di competenza o in quote costanti in quell'esercizio e nei successivi (ma non oltre il quarto). La rateizzazione è consentita, però, solo per i beni posseduti per un periodo non inferiore a tre anni ed è attuata, come già detto, con il meccanismo delle variazioni (Tuir, art. 86, comma 4).

La ragione di questa norma agevolativa risiede, da un lato, nel fatto che le plusvalenze sono componenti reddituali a formazione pluriennale e, dall'altro, nel fine di incentivare l'autofinanziamento delle imprese (mediante reinvestimento delle risorse provenienti dal realizzo delle plusvalenze).

9.2. *Le plusvalenze esenti (*participation exemption*).*

A) La tassazione del reddito delle società commerciali (e di altri enti la cui finalità è quella di conseguire un lucro da distribuire ai soci) pone il problema di coordinare la tassazione del reddito delle società con la tassazione dei soci, per evitare (o attenuare) che all'imposta dovuta sul reddito della società si aggiunga l'imposta dovuta sul reddito distribuito al socio.

Si possono adottare:

a) il sistema della trasparenza, nel quale la società non è tassata: sono tassati solo i soci, ai quali è imputato il reddito della società;

b) il sistema del credito d'imposta, con cui viene accreditata al socio l'imposta che colpisce i redditi della società (sistema in vigore in Italia fino alla riforma entrata in vigore nel 2004);

c) il sistema dell'esenzione, o esclusione da imposta, o tassazione ridotta del socio.

Dal 1° gennaio 2004 è in vigore un sistema in base al quale, all'imposta dovuta dalla società, si aggiunge una tassazione ridotta del socio.

Nei riguardi dei soggetti che non distribuiscono utili (enti non commerciali) non si pone il problema di evitare o attenuare la doppia tassazione.

B) Per evitare la doppia tassazione, le plusvalenze derivanti da partecipazioni possono godere, come i dividendi, del regime di *participation exemption:* esenzione che, per i soggetti passivi dell'Ires, è del 95 per cento (Tuir, art. 87, comma 2).

L'esenzione ha come presupposto l'assunto che la tassazione del socio duplicherebbe la tassazione dei redditi della società partecipata. Si tratta dunque d'una esenzione che non ha natura agevolativa, essendo prevista per impedire la doppia imposizione economica. Anche il 95 per cento dei dividendi, per lo stesso motivo, non è tassato; e la diversa terminologia ("esclusione" per i dividendi, "esenzione" per le plusvalenze) riflette il diverso regime di deducibilità dei costi connessi.

L'esenzione delle partecipazioni trae la sua giustificazione dall'inerire a beni di secondo grado, che riflettono le plusvalenze dei beni di primo grado; non può esservi quindi esenzione per le plusvalenze dei beni di primo grado, come, ad esempio, le aziende.

Da ciò discende che, se viene ceduta una partecipazione, la plusvalenza fruisce del regime di *participation exemption*, e non è tassata (e l'acquirente non può dedurre il costo che ha sostenuto); invece, se viene ceduta l'azienda, la plusvalenza è tassata (e, simmetricamente, l'acquirente può dedurre il costo che ha sostenuto).

Il regime di esenzione è applicabile non solo alle partecipazioni in società commerciali (di capitali e di persone), ma anche alle partecipazioni in enti soggetti ad Ires, residenti o non residenti. Inoltre, può riguardare anche gli strumenti finanziari assimilati alle azioni e i contratti di associazioni in partecipazione, con apporto di capitale.

C) Le condizioni, da cui dipende l'applicazione del regime di esenzione, sono quattro: le prime due riguardano la società partecipante, le altre la partecipata.

La prima attiene al periodo di possesso (*holding period*), che dev'essere di un anno quando avviene la cessione (si richiede il possesso «*dal primo giorno del dodicesimo mese precedente quello della cessione*»). L'esenzione è dunque accordata solo agli investimenti durevoli.

La seconda condizione è che le partecipazioni siano iscritte fra le immobilizzazioni finanziarie sin dal primo bilancio chiuso durante il periodo di possesso. Sono così impedite riclassificazioni strumentali, eseguite in vista della cessione.

L'iscrizione iniziale in bilancio ha valore decisivo; se dopo la prima iscrizione fra le immobilizzazioni la partecipazione fosse iscritta nell'attivo circolante, l'esenzione non verrebbe meno. L'originaria iscrizione, invece, nell'attivo circolante preclude definitivamente l'applicazione del regime di esenzione.

Questi due primi requisiti intendono assicurare che la plusvalenza rifletta gli utili della partecipata, e non sia frutto di fluttuazioni del mercato.

La terza e la quarta condizione concernono la partecipata.

In base alla terza condizione, il regime di esenzione non compete alle partecipazioni in società che hanno sede in uno Stato o territorio a regime fiscale privilegiato. Ciò in quanto, se la partecipata non è tassata, o è tassata poco, l'esenzione non ha ragion d'essere.

Questo impedimento all'applicazione della *participation exemption* può essere rimosso mediante interpello, provando che non è stato conseguito l'effetto di evitare una tassazione di livello ordinario, localizzando i redditi nello Stato o territorio a regime fiscale privilegiato.

Ciò significa che il regime di esenzione si applica anche se la società partecipata ha sede in Stati o territori a regime fiscale privilegiato, quando sia dimostrato che i redditi provengono da altre società partecipate, residenti in Stati o territori ove hanno subito una tassazione di livello ordinario.

Il quarto requisito concerne l'attività della società partecipata, che dev'essere un'impresa commerciale, come definita dall'art. 55 del Tuir.

L'esenzione è negata, perciò, alle partecipazioni in società senza impresa. In particolare, è negata alle partecipazioni in società immobiliari di mero godimento, ossia in società che non svolgono una effettiva attività commerciale (c.d. immobiliari di comodo).

La distinzione tra società che svolgono, e società che non svolgono, attività d'impresa, dipende dalla natura del patrimonio posseduto: si esclude, per presunzione legale assoluta, che svolgano attività commerciale le società il cui patrimonio è costituito prevalentemente da immobili c.d. patrimoniali; sono considerate, invece, società con attività commerciale quelle che hanno un patrimonio costituito prevalentemente da immobili-merce e immobili strumentali.

Anche quando la società partecipata è una immobiliare sussiste la *ratio* dell'esenzione, che è quella di non tassare due volte la stessa ricchezza; il motivo del requisito non attiene quindi alla doppia imposizione, ma è di tipo antielusivo: il legislatore intende evitare che l'esenzione sia applicata quando le società partecipate siano usate per realizzare plusvalenze dalla cessione di immobili, che la società partecipata potrebbe poi distribuire in regime di esenzione.

Al momento del realizzo della plusvalenza, le ultime due condizioni (residenza in uno Stato a fiscalità non privilegiata ed esercizio di attività commerciale) devono essere integrate ininterrottamente fin dal terzo periodo di imposta anteriore al realizzo (Tuir, art. 87, comma 2).

Infine, nel caso di partecipazioni in società *holding*, le stesse due condizioni devono essere integrate, oltre che dalla *holding*, anche dalle società partecipate dalla *holding* (Tuir, art. 87, comma 5).

I requisiti delle società partecipate dalla *holding* valgono per la *holding*, quando il valore corrente (non quello contabile) del patrimonio sociale della *holding* sia costituito prevalentemente da partecipazioni in società che possiedono i due requisiti. In sostanza, le caratteristiche delle società partecipate sono riferite direttamente alla *holding.* Lo scopo della norma è impedire che, con l'inserimento di una *holding* nella struttura del gruppo, siano aggirati i requisiti della *participation exemption*.

D) L'esenzione delle plusvalenze derivanti da partecipazioni immobilizzate porta con sé la necessità di distinguere le partecipazioni, secondo che siano o che non siano esenti.

Se non sussistono i quattro presupposti, le plusvalenze delle partecipazioni immobilizzate sono tassabili.

Sono pertanto tassabili, in sintesi: a) le partecipazioni possedute da meno di dodici mesi; b) le partecipazioni inizialmente classificate nell'attivo circolante; c) le partecipazioni in società residenti in Paesi o territori a regime fiscale privilegiato (se l'impedimento non è stato rimosso mediante interpello); d) le partecipazioni in società senza impresa.

L'esenzione delle plusvalenze comporta l'indeducibilità dei costi connessi alle partecipazioni in regime di *participation exemption*.

Le plusvalenze delle partecipazioni non sono tassate «*in quanto esenti*»; dividendi, invece, non sono tassati «*in quanto esclusi*» (Tuir, art. 89). Da ciò deriva che i costi inerenti alle plusvalenze esenti non sono deducibili (Tuir, art. 109, comma 5), come i costi specificamente inerenti alla cessione: ad esempio, provvigione ad un intermediario.

Altra conseguenza dell'esenzione è la indeducibilità delle minusvalenze realizzate per effetto della cessione di partecipazioni esenti (Tuir, art. 101, comma 1).

9.3. *I dividendi.*

A) Il regime di *participation exemption* vale anche per i dividendi, che, come le plusvalenze "esenti", sono tassati nella misura del 5 per cento; il 95 per cento è "escluso" da tassazione (Tuir, art. 89, comma 2 e D.m. 2 aprile 2008).

Però, per la tassazione del 5 per cento dei dividendi, non si richiedono le quattro condizioni alle quali è subordinata l'esenzione del 95 per cento delle plusvalenze.

Trattandosi di "esclusione" (e non di "esenzione"), i costi inerenti sono deducibili. L'imponibilità del 5 per cento è da collegare alla deduzione delle spese inerenti.

Se i dividendi fossero totalmente non tassati, i costi inerenti di gestione dovrebbero essere totalmente indeducibili; invece, i costi di gestione sono deducibili, ma sono quantificati nella misura forfetaria del 5 per cento dei dividendi. Di qui la tassazione del 5 per cento, alla stregua del modello delineato nella Direttiva "madre-figlia".

Lo stesso regime di esclusione per il 95 per cento si applica alle remunerazioni che il soggetto Ires (società o ente commerciale) percepisce a fronte di titoli e strumenti finanziari assimilati alle azioni, o come associato nell'ambito di un contratto di associazione in partecipazione (con apporto di capitale), perché, anche in questo caso, le remunerazioni percepite sono assimilate ai dividendi.

B) I dividendi sono tassati quando sono percepiti, secondo il principio di cassa.

Ma occorre notare che, nei casi in cui si applica il principio di trasparenza, gli utili delle società partecipate si imputano ai soci a prescindere dalla distribuzione, che, quindi, è priva di rilievo fiscale. Ciò vale sia per la partecipazione in società di persone, sia per il regime di trasparenza delle società di capitali (Tuir, artt. 89, comma 1, 115 e 116).

9.4. *Le sopravvenienze attive.*

Vi sono sopravvenienze in senso stretto, o proprio, e in senso lato, o improprio (Tuir, art. 88).

Le sopravvenienze (in senso proprio) sono eventi che modificano componenti positivi o negativi di reddito contabilizzati in precedenti esercizi. L'evento sopravvenuto può comportare una modificazione di segno positivo o di segno negativo della componente già computata: e quindi una sopravvenienza attiva o una sopravvenienza passiva.

In particolare, le sopravvenienze attive in senso stretto possono derivare:

– dal conseguimento di ricavi o altri proventi a fronte di spese, perdite od oneri dedotti o di passività iscritte in bilancio in precedenti esercizi (ad esempio, conseguimento di indennizzi per danni subiti; sgravi derivanti dalla fiscalizzazione di oneri sociali; rimborsi di imposte dedotte);

– dal conseguimento di ricavi in misura superiore a quella che ha concorso a formare il reddito in precedenti esercizi (ad esempio, conseguimento di maggiori corrispettivi, a seguito di revisione contrattuale);

– dalla sopravvenuta insussistenza di componenti negative dedotte in precedenti esercizi (ad esempio, riscossione di crediti già considerati inesigibili, per i quali è stata dedotta la relativa perdita; le varie ipotesi di eccedenza di accantonamenti).

Le sopravvenienze attive in senso lato (o improprie) derivano da un evento estraneo alla normale gestione dell'impresa e non modificano voci di reddito precedentemente computate ai fini fiscali. Rientrano in tale categoria:

– le indennità conseguite a titolo di risarcimento per danni non connessi alla perdita di beni che generano ricavi (beni-merce) o plusvalenze (beni strumentali o patrimoniali), come, per esempio, l'indennizzo per la perdita di avviamento commerciale, o per violazione del patto di esclusiva, o per concorrenza sleale;

– i proventi conseguiti a titolo di contributo o liberalità (la tassazione di tali sopravvenienze è agevolata: il contribuente può differirne la tassazione rateizzandola in cinque anni);

– il valore normale del bene in caso di cessione del contratto di locazione finanziaria;

– i contributi pubblici in conto capitale (quelli in conto esercizio sono ricavi, come abbiamo visto).

– la rinuncia dei soci ai crediti, per la parte che eccede il relativo valore fiscale.

Sia per le liberalità, sia per i contributi in conto capitale, la loro inclusione tra i componenti reddituali positivi d'impresa dimostra come, in questo ambito, operi un concetto di reddito per il quale sono rilevanti tutte le modificazioni patrimoniali riconducibili all'impresa, e non soltanto quelle che derivano direttamente dalla gestione.

Per espressa disposizione, non costituiscono sopravvenienze attive i versamenti a fondo perduto o in conto capitale effettuate dai soci in società (perché hanno natura di conferimenti di capitale).

Non si considerano sopravvenienze attive la rinuncia dei soci ai crediti verso la società, nei limiti del valore fiscale e le riduzioni dei debiti derivanti da concordato fallimentare, da concordato preventivo liquidatorio o da procedure estere equivalenti, da concordato di risanamento, o da accordo di ristrutturazione dei debiti (Tuir, art. 88, comma 4-*bis* e 4-*ter*).

9.5. *Gli interessi attivi.*

Gli interessi attivi concorrono a formare il reddito imponibile per l'ammontare maturato nel periodo d'imposta, secondo il principio di competenza, ma gli interessi di mora sono imponibili quando sono percepiti (Tuir, art. 109, comma 7).

Se la misura degli interessi non è prevista in un atto scritto, si presume che sia da applicare il saggio legale, a norma dell'art. 1284 c.c. (Tuir, art. 89, comma 5).

9.6. *I proventi immobiliari.*

Anche gli immobili appartengono all'attivo circolante (beni-merce) o alle immobilizzazioni (immobili strumentali o meramente patrimoniali).

Gli immobili-merce e quelli strumentali, non essendo cespiti autonomi, non sono fonte di redditi fondiari (determinati catastalmente), ma concorrono alla produzione del reddito secondo le regole del reddito d'impresa.

Perciò, gli immobili che costituiscono beni alla cui produzione o al cui scambio è diretta l'attività dell'impresa comportano costi e ricavi alla stessa stregua degli altri beni-merce. Il caso tipico è quello dei fabbricati costruiti da imprese edili: la loro cessione genera ricavi e, prima della cessione, concorrono al calcolo del reddito imponibile come rimanenze. Anche gli immobili strumentali non sono fonte di un reddito fondiario, ma rilevano come beni dell'impresa, in ragione dei costi e dei proventi effettivi.

Solo gli immobili meramente patrimoniali si sottraggono in parte alla regola predetta, in quanto il loro reddito, pur essendo componente del reddito d'impresa, è quantificato in base all'estimo catastale (Tuir, art. 90); sono però deducibili gli interessi passivi relativi ai finanziamenti contratti per l'acquisizione di tali immobili.

9.7. *Le rimanenze di magazzino.*

A) Nel conto economico devono essere registrate le «*variazioni delle rimanenze in corso di lavorazione, semilavorati e finiti*».

Le rimanenze finali sono una componente positiva derivante da costi (di acquisto, di lavorazione, ecc.) che alla fine dell'esercizio non hanno generato ricavi e che, per il principio di correlazione, sono "sospesi" e rinviati all'esercizio successivo.

In coerenza con il principio di continuità dei valori di bilancio, l'ammontare delle rimanenze finali di un periodo predetermina l'entità delle giacenze iniziali del periodo successivo.

Le rimanenze finali di un periodo non possono non coincidere con le giacenze iniziali del periodo successivo.

Dispone infatti l'art. 92, comma 7, del Tuir, che «*Le rimanenze finali di un esercizio nell'ammontare indicato dal contribuente costituiscono le esistenze iniziali dell'esercizio successivo*».

Perciò l'art. 92, comma 8, del Tuir, prevede che «*La rettifica da parte dell'ufficio delle valutazioni fatte dal contribuente in un esercizio ha effetto anche per gli esercizi successivi. L'ufficio tiene conto direttamente delle rettifiche operate e deve procedere a rettificare le valutazioni relative anche agli esercizi successivi*».

B) La valutazione delle rimanenze si effettua raggruppando i beni in categorie omogenee per natura e valore, ed assumendo, come criterio di valutazione, in primo luogo il "costo specifico".

Le rimanenze, al termine del primo esercizio in cui si verificano, sono valutate attribuendo ad ogni unità il valore risultante dalla divisione del costo complessivo dei beni prodotti o acquistati per le loro quantità.

Negli esercizi successivi, se vi è incremento, le maggiori quantità costituiscono gruppi distinti per esercizio di formazione, da valutare con il criterio del costo medio. Se, invece, negli esercizi successivi, vi è diminuzione di quantità, ciò vuol dire che nel corso dell'anno sono stati venduti più beni di quelli acquistati e che la differenza mancante è stata prelevata dal magazzino.

Ma quali beni sono stati prelevati, se le giacenze si sono formate nel corso di vari esercizi mediante incrementi suddivisi in gruppi distinti?

Per espressa previsione, si considerano alienati per primi i beni facenti parte degli incrementi formati negli esercizi precedenti (distinti per esercizio di formazione) a partire dall'incremento più recente. È, questo, il criterio del LIFO (acronimo di *Last In First Out*), secondo cui si considerano venduti per primi i beni acquistati o prodotti per ultimi. Ciò implica che le giacenze di magazzino sono valutate in base ai costi più "vecchi" (perché relativi ai beni acquistati in tempi più remoti) e, dunque, che il reddito imponibile risulta compresso (essendo le rimanenze finali un componente positivo di reddito).

È consentita l'assunzione, anche ai fini fiscali, di altri metodi: le imprese che valutano in bilancio le rimanenze finali con il metodo della media ponderata, o con il metodo FIFO (*Fist In First Out*), o con varianti del LIFO, possono assumerne le risultanze anche ai fini fiscali.

C) Se il valore normale dei beni è inferiore al costo, è consentita la svalutazione del magazzino.

In sede fiscale, quando il valore del magazzino, determinato in base al costo, risulta superiore a quello di mercato dell'ultimo mese dell'esercizio, il contribuente può svalutarlo adottando il valore normale.

Ciò comporta l'azzeramento di tutti gli incrementi che si sono formati nel corso dei vari esercizi e la formazione di un unico (e nuovo) incremento relativo all'anno in cui si svaluta, con "valore totale" pari al valore di mercato e con "valore unitario" dei singoli beni pari al valore totale diviso per la quantità complessiva.

Viene così dato rilievo fiscale alla svalutazione delle rimanenze dei beni-merce, mentre, per gli altri beni, le minusvalenze hanno rilievo quando sono realizzate; ed è, questo, un aspetto rilevante della distinzione tra beni-merce e altri beni.

9.8. *La valutazione dei titoli e delle partecipazioni.*

Tra le rimanenze da valutare vi sono anche i titoli e le partecipazioni assimilate alle merci, e cioè: le azioni e le partecipazioni non immobilizzate; gli strumenti finanziari similari alle azioni; le obbligazioni e i titoli assimilati alle obbligazioni.

Questi beni sono valutati a fine esercizio applicando criteri simili a quelli delle merci (Tuir, art. 94). Pertanto:

– devono essere raggruppati in categorie omogenee (le categorie omogenee sono formate inserendo in una medesima categoria i titoli emessi da una medesima società, distinguendo in più categorie le azioni ordinarie, quelle di risparmio, ecc.);

– nel primo esercizio, ogni titolo è valutato dividendo il costo complessivo per le quantità;

– nei successivi esercizi, le maggiori quantità sono distinte per periodo di formazione; invece, se le quantità sono diminuite, si applica il LIFO;

– le rimanenze di un esercizio costituiscono esistenze iniziali dell'esercizio successivo.

Vi è una importante differenza tra merci e titoli: e cioè che la svalutazione prevista per le merci è permessa anche per le obbligazioni (e titoli assimilati), ma non è permessa né per le partecipazioni, né per gli strumenti finanziari assimilati alle partecipazioni.

In caso di distribuzione di azioni gratuite, a seguito di aumento del capitale sociale fatto con utilizzo di riserve, le azioni gratuite si aggiungono a quelle già possedute e il costo unitario si ottiene dividendo il costo originario per il numero complessivo delle azioni.

L'ammontare dei versamenti fatti a fondo perduto o in conto capitale alle società e delle rinunce ai crediti dei soci nei confronti delle società (nei limiti del valore fiscalmente riconosciuto) si aggiunge al costo (e quindi al valore) delle azioni e delle partecipazioni.

9.9. *I lavori in corso e le opere di durata ultrannuale.*

Oltre alle rimanenze dei beni-merce e dei titoli, occorre calcolare, e rilevare in bilancio tra le rimanenze, anche il valore dei «*prodotti in corso di lavorazione*» e dei «*servizi in corso di esecuzione*», che sono valutati in base alle spese sostenute nell'esercizio.

Altra, più articolata normativa vale per le opere, le forniture e i servizi di durata ultrannuale (Tuir, art. 93). Si pensi, ad esempio, all'appalto di un'opera che richiede più anni di lavori: per tali contratti, la regola generale è che l'imprenditore, alla fine dell'esercizio, deve rilevare tra le rimanenze i lavori effettuati, determinandone il valore in base ai corrispettivi pattuiti.

Mentre il valore dei beni di magazzino viene determinato in base al costo, qui si segue un criterio diverso, valutando le prestazioni eseguite in base ai corrispettivi pattuiti.

I beni giacenti in magazzino sono valutati in base al costo perché contabilizzare i corrispettivi significherebbe contabilizzare utili "sperati" (ed invece il principio di prudenza impone di contabilizzare soltanto gli utili già "realizzati"). Nel caso delle opere di lunga durata, fatte su ordinazione, invece, il corrispettivo è un utile non soltanto sperato, ma economicamente già maturato, perché derivante dal contratto in corso di esecuzione.

La regola è dunque che le prestazioni eseguite, valutate in base ai corrispettivi pattuiti, concorrono a formare il reddito come rimanenze finali dell'esercizio in cui sono state eseguite e come giacenze iniziali dell'esercizio successivo.

Le maggiorazioni di prezzo richieste in base ad una norma di legge o clausola contrattuale devono essere conteggiate, se non sono stabilite in modo definitivo, in misura non inferiore al 50 per cento.

Se vi sono stati di avanzamento dei lavori, si tiene conto dei corrispettivi "liquidati".

Quando l'opera è conclusa, i corrispettivi definitivamente liquidati non fanno parte delle rimanenze, ma dei ricavi.

10. *I sovrapprezzi azionari e l'annullamento di azioni proprie.*

A) I sovrapprezzi azionari sono «*le somme percepite dalla società per l'emissione di azioni ad un prezzo superiore al loro valore nominale*» (art. 2431 c.c.), mentre gli interessi di conguaglio sono somme che i sottoscrittori di nuove azioni devono corrispondere per porsi su di un piano di parità con i precedenti azionisti.

In entrambi i casi si tratta di entrate (non reddituali ma) patrimoniali, simili ai conferimenti; perciò i sovrapprezzi di emissione delle azioni o quote e gli interessi di conguaglio non concorrono a formare il reddito della società che li percepisce (Tuir, art. 91, lett. d).

La distribuzione ai soci di riserve costituite con sovrapprezzi di emissione delle azioni e con interessi di conguaglio non costituisce reddito per i soci, ma restituzione di conferimenti. I soci, nel ricevere queste riserve, non devono sottoporle a tassazione (come utili), ma ridurre il valore fiscale della partecipazione (Tuir, art. 47).

B) Non concorre a formare il reddito, in caso di riduzione del capitale sociale mediante annullamento di azioni proprie, la differenza positiva o negativa tra il costo delle azioni annullate e la corrispondente quota del patrimonio netto (Tuir, art. 91, comma 1, lett. c).

Il costo di acquisto delle azioni proprie può essere superiore o inferiore alla quota di patrimonio netto corrispondente alla riduzione del capitale sociale.

L'operazione non ha rilievo reddituale, come sopravvenienza attiva o passiva (attiva se il costo delle azioni è inferiore, passiva se il costo è superiore alla quota di patrimonio netto riferibile a tali azioni).

11. *I componenti negativi. L'imputazione a conto economico.*

A) Abbiamo già visto che le norme fiscali sul reddito d'impresa non mirano a disciplinare tutti i componenti reddituali che possono essere rilevanti; ciò implica, per i componenti negativi, che possono essere dedotti anche costi non specificamente previsti, a condizione che siano soddisfatte le prescrizioni generali sulla deducibilità dei costi.

Le regole generali, al riguardo, sono: l'iscrizione nel conto economico; il principio di competenza (già esaminato come principio generale valido anche per i componenti positivi); il principio di inerenza.

Sono inoltre indeducibili, come già visto, i costi direttamente utilizzati per il compimento di reati.

Vi sono poi regole specifiche, concernenti singole categorie di costi: tali regole traggono la loro ragion d'essere dal fatto che derogano ai criteri civilistici, oppure alle regole fiscali generali sulla deducibilità dei costi.

B) La regola, stabilita nell'art. 109, comma 4, del Tuir, secondo cui i componenti negativi non sono deducibili se non sono imputati al conto economico dell'esercizio di competenza, riflette il principio di derivazione del reddito imponibile dal risultato del conto economico. Occorre, dunque, che i costi siano iscritti nel conto economico dell'esercizio, altrimenti non sono deducibili.

Non possono essere dedotte ai fini fiscali le spese sostenute, ad esempio, per l'acquisto di materie prime, per retribuire i dipendenti, ecc., se queste spese non sono state contabilizzate e imputate al conto economico.

La previa imputazione a conto economico vale anche per i costi stimati (ammortamenti, altre rettifiche di valori). Se i costi stimati imputati a conto economico sono più elevati di quanto fiscalmente deducibile, la parte eccedente non è deducibile e deve essere ripresa a tassazione.

C) Vi sono tre deroghe al principio di previa imputazione a conto economico.

La prima deroga concerne i componenti negativi iscritti nel conto economico di un esercizio precedente, il cui scomputo è ammesso «*se la deduzione è stata rinviata in conformità alle precedenti norme del presente capo che dispongono o consentono il rinvio*». Questa deroga è un corollario necessario della regola che non consente di dedurre fiscalmente un costo nell'esercizio di competenza (esercizio in cui è stata computato ai fini civilistici). Se i costi, secondo il principio di competenza, sono stati contabilizzati in un esercizio in cui non erano deducibili fiscalmente, è giocoforza ammetterne la deducibilità nell'esercizio successivo, in cui sono divenuti deducibili fiscalmente, benché non imputati al conto economico.

La seconda deroga concerne le spese e gli altri componenti negativi che, «*pur non essendo imputabili al conto economico, sono deducibili per disposizione di legge*». Questa deroga opera in presenza di specifiche norme che ammettono la deducibilità fiscale di componenti negativi non iscritti in bilancio: è il caso, ad esempio, dei compensi spettanti ai promotori e soci fondatori, che sono deducibili anche se non imputati al conto economico (Tuir, art. 95, comma 5).

Infine (terza deroga), «*Le spese e gli oneri specificamente afferenti i ricavi e gli altri proventi, che pur non risultando imputati al conto economico concorrono a formare il reddito, sono ammessi in deduzione se e nella misura in cui risultano da elementi certi e precisi*». In base a questa norma, l'indeducibilità dei costi non imputati al conto economico vale in modo assoluto soltanto per i costi generali, in quanto sono deducibili le spese e gli oneri, che siano correlati a ricavi e altri proventi tassabili. Possono essere dedotti i "costi neri", se si tratta di spese ad imputazione specifica, di cui il contribuente fornisca una prova piena, indicando anche l'identità della controparte contrattuale.

I costi delle operazioni "soggettivamente" inesistenti sono deducibili (Cass., 20 giugno 2012, n. 10167).

11.1. *Il principio di inerenza.*

A) Un costo o una spesa sono deducibili se sono inerenti all'attività d'impresa.

L'inerenza è un nesso funzionale che lega il costo o la spesa alla vita dell'impresa; un costo, che non è sostenuto in funzione della produzione dei ricavi, non è deducibile: in altri termini, non è un *prius* del reddito, funzionale alla sua produzione, ma un *posterius*, una forma di impiego del reddito prodotto.

In forza del principio di inerenza non sono deducibili, ad esempio, le spese che l'imprenditore individuale sostenga per sé o per i suoi familiari; o le spese che una società si accolli senza che siano connesse all'attività economica della società (ad esempio, spese a beneficio degli amministratori o dei soci).

Non sono costi inerenti le somme dovute a titolo di sanzione, neppure quando si tratta di sanzioni irrogate per attività che hanno prodotto redditi (ad esempio, sanzioni dell'Autorità garante del mercato e della concorrenza). Le sanzioni non sono costi funzionali alla produzione del reddito.

Per le società che fanno parte di un medesimo gruppo, i costi che una società sopporta nell'interesse di altre società del gruppo, o di tutte le società del gruppo, possono essere ripartiti tra tutte le società che ne traggono beneficio.

Né ha rilievo la natura giuridica del negozio da cui scaturisce il costo; non può escludersi, perciò, l'inerenza di un costo, perché deriva da un atto a titolo gratuito, se si tratta di una elargizione che è funzionale alla vita dell'impresa.

B) Se una spesa è fatta in funzione dell'impresa, non se ne può disconoscere la deducibilità per ragioni che attengono alla sfera discrezionale delle scelte imprenditoriali.

Un costo è inerente nella misura in cui è congruo, non "antieconomico". Un costo eccessivo è indeducibile per l'eccedenza; non sono perciò deducibili i componenti negativi nella misura in cui siano di entità sproporzionata rispetto ai ricavi ed all'oggetto dell'attività d'impresa.

Si è ritenuto che non è deducibile la parte del compenso ai soci amministratori di una società di persone che superi il limite al di là del quale non vi è inerenza ai ricavi o, quanto meno, all'oggetto dell'impresa.

C) Le spese e gli altri componenti negativi, con l'eccezione degli interessi passivi, sono deducibili «*se e nella misura in cui si riferiscono ad attività o beni da cui derivano ricavi o altri proventi che concorrono a formare il reddito o che non vi concorrono in quanto esclusi*» (Tuir, art. 109, comma 5).

Sono dunque deducibili i costi che si riferiscono ad attività o beni imponibili e a proventi "esclusi" da tassazione (come i dividendi).

Al contrario, non sono deducibili i costi che si riferiscono esclusivamente ad attività o beni "esenti", tra cui i costi correlati alle plusvalenze "esenti".

I costi (come le spese generali) che si riferiscono indistintamente ad attività imponibili o "escluse" e ad attività "esenti" sono deducibili «*per la parte corrispondente al rapporto tra l'ammontare dei ricavi e degli altri componenti che concorrono a formare il reddito d'impresa o che non vi concorrono in quanto esclusi e l'ammontare complessivo di tutti i ricavi e proventi*».

Gli interessi passivi sono deducibili a prescindere dall'inerenza, ma nei limiti quantitativi previsti dalla norma che specificamente li riguarda.

D) L'inerenza non è solo un requisito generale dei componenti negativi del reddito d'impresa; è, anche, la *ratio* di norme specifiche, come, ad esempio:

– la norma che limita all'80 per cento la deduzione delle quote di ammortamento del costo di acquisto e dei canoni di locazione o di noleggio di apparecchiature per i servizi di comunicazione elettronica (Tuir, art. 102, comma 9);

– la norma che limita (per le imprese e per i lavoratori autonomi) la deducibilità delle spese e degli altri componenti negativi relativi ai mezzi di trasporto (Tuir, art. 164);

– la norma (riguardante gli imprenditori individuali) che limita la deducibilità del costo dei beni ad uso promiscuo, ossia dei beni che servono sia all'impresa, sia all'uso personale dell'imprenditore o dei suoi familiari (Tuir, art. 64, comma 2).

Gli «oneri di utilità sociale» sono spese non inerenti: il legislatore, tuttavia, in deroga al principio di inerenza, ne ammette (in misura limitata) la deduzione, per favorire il finanziamento di attività meritevoli di incentivazione.

11.2. *La remunerazione degli strumenti finanziari assimilati alle azioni.*

I titoli e gli strumenti finanziari, che comportano la partecipazione ai risultati economici della società emittente (o di un patrimonio destinato), sono assimilati alle azioni, per cui i proventi che ne derivano sono tassati come dividendi.

Correlativamente, non è deducibile la remunerazione di questi titoli e strumenti finanziari, «*per la quota di essa che direttamente o indirettamente comporti la partecipazione ai risultati economici della società emittente o di altre società appartenenti allo stesso gruppo o dell'affare in relazione al quale gli strumenti finanziari sono stati emessi*» (Tuir, art. 109, comma 9). Vi è dunque un evidente parallelismo fra trattamento dei proventi (assimilati ai dividendi) e indeducibilità della remunerazione (assimilata alla distribuzione di utili).

Sono deducibili le remunerazioni la cui dipendenza dai risultati economici dell'impresa riguardi unicamente l'*an*, ma non il *quantum* (si pensi, ad esempio, ai titoli con tasso di rendimento prestabilito, per i quali il pagamento degli interessi in una data misura sia subordinato all'esistenza di utili o alla effettiva distribuzione di dividendi da parte dell'emittente o di altra società del gruppo). In questi casi, la deducibilità è ammessa perché non vi è partecipazione ai risultati economici della società.

11.3. *Il costo del lavoro.*

Le spese per prestazioni di lavoro sono integralmente deducibili, anche se si tratta di liberalità (Tuir, art. 95).

Taluni *fringe benefit* erogati dalla società sono deducibili nella stessa misura in cui costituiscono reddito tassabile per il dipendente (ad esempio, canoni di locazioni di immobili concessi in uso al dipendente), mentre altri (ad esempio, spese per opere o servizi che vanno a beneficio della generalità o di una determinata categoria di dipendenti, sostenute per finalità di educazione, istruzione, ricreazione, assistenza sociale o sanitaria) sono deducibili entro determinati parametri (nella specie, 5 per mille dell'ammontare complessivo delle spese di lavoro dipendente). Limiti quantitativi sono previsti anche per le spese di vitto e alloggio sostenute dal dipendente in trasferta.

I compensi spettanti agli amministratori delle società sono deducibili nell'esercizio in cui sono corrisposti, in deroga al principio di competenza, per evitare che siano dedotti importi che non saranno corrisposti; importi, cioè, dedotti come costi dalla società ma non percepiti e quindi non tassati come reddito degli amministratori.

I compensi erogati sotto forma di partecipazioni agli utili sono deducibili indipendentemente dall'imputazione al conto economico; ciò vale anche per i compensi spettanti ai promotori e ai soci fondatori e per le partecipazioni agli utili spettanti ai dipendenti e agli associati in partecipazione.

Vi è qui una deroga al principio della previa imputazione a conto economico, che trae giustificazione dal fatto che la partecipazione agli utili di un dato esercizio è calcolata dopo la determinazione dell'utile di quell'esercizio, e quindi non è inserita tra i costi del conto economico di quel periodo.

In deroga alla regola della indeducibilità, è deducibile l'Irap relativa alle spese per il personale dipendente e assimilato (D.l. 6 dicembre 2011, n. 201, conv. dalla L. 22 dicembre 2011, n. 214, art. 2, comma 1).

11.4. *Gli interessi passivi.*

A) Gli interessi passivi non sono soggetti alla regola della inerenza, ma sono previsti dei limiti alla loro deducibilità (sia, come abbiamo visto, per gli imprenditori individuali e le società di persone, sia per i soggetti passivi dell'Ires).

La ragione di tale limitazione è quella di contrastare la sottocapitalizzazione e creare un giusto equilibrio, nel finanziamento delle società, tra mezzi propri e indebitamento, dato che la remunerazione del capitale proprio non è un costo deducibile, mentre gli interessi passivi sono deducibili. Non a caso taluni soggetti passivi dell'Ires, tra cui le banche e le assicurazioni, non sono soggetti alla disciplina fiscale degli interessi passivi (Tuir, art. 96, comma 5). Anche per le imprese minori la deducibilità degli interessi passivi non è limitata. Con gli interessi passivi è deducibile il dieci per cento dell'Irap forfetariamente riferita agli interessi passivi ed oneri assimilati.

B) Nell'Ires, la regola di base è che gli interessi passivi e gli oneri assimilati sono deducibili in ciascun periodo di imposta fino a concorrenza degli interessi attivi e dei proventi assimilati realizzati nel medesimo periodo (Tuir, art. 96).

L'eccedenza negativa (di interessi passivi rispetto agli interessi attivi) è deducibile nel limite del 30 per cento del risultato operativo lordo

(ROL) della gestione caratteristica (il ROL è definito nell'art. 96, comma 2, del Tuir).

La quota di interessi passivi, che supera tale misura, e che è indeducibile in un periodo di imposta, può essere dedotta nei periodi successivi, senza alcun limite di tempo, nella misura in cui tale quota sia inferiore al 30 per cento del ROL dello stesso periodo (Tuir, art. 96, comma 1, terzo periodo).

C) Nell'ambito del consolidato nazionale, l'eccedenza negativa (di interessi non deducibili) di una società può essere "usata" per ridurre il reddito complessivo del gruppo con una rettifica di consolidamento, se e nei limiti in cui le altre società consolidate presentino, per lo stesso periodo di imposta, una parte di ROL non utilizzata per dedurre i propri interessi passivi (Tuir, art. 96, comma 7).

Questa regola si applica anche alle eccedenze negative riportate in avanti, con la esclusione di quelle anteriori all'ingresso nel consolidato.

È così evitata l'indeducibilità degli interessi passivi (e oneri assimilati) per le società che presentano un ROL nullo o negativo, come, ad esempio, le *holding* industriali. Tali soggetti, partecipando al consolidato, potranno "usare" il ROL delle altre società del gruppo; i reciproci rapporti economici sono poi regolati nell'ambito dei patti di consolidamento.

11.5. *Gli oneri fiscali, contributivi e di utilità sociale.*

Dalla base imponibile di un'imposta sul reddito non può essere, e non è, deducibile la somma spesa per pagare l'imposta stessa, che non è un costo di produzione, ma una conseguenza del reddito prodotto. Inoltre, non sono deducibili le imposte per le quali è prevista la rivalsa, anche facoltativa (Tuir, art. 99).

Le altre imposte, invece, sono deducibili secondo il principio di cassa, se rappresentano dei costi per la produzione del reddito. L'Irap non è deducibile (con l'eccezione dell'Irap relativa al costo del lavoro e di un importo forfetario riferito agli interessi passivi). Sono ammessi accantonamenti per il pagamento di tributi, sulla base di dichiarazioni, accertamenti e sentenze.

In tema di Iva, occorre distinguere tra imposta relativa agli acquisti, dovuta a titolo di rivalsa ai fornitori, e imposta dovuta al fisco sulle operazioni attive: la prima si detrae dall'imposta dovuta sulle vendite, e quella sulle vendite si recupera mediante rivalsa sui clienti. Secondo il suo meccanismo caratteristico, l'Iva non è un costo per l'impresa e, quindi, non è prospettabile la sua deducibilità dal reddito. Vi sono però casi in cui l'Iva sugli acquisti non è detraibile (ad esempio, perché le operazioni attive sono esenti), e casi in cui l'Iva sulle vendite non viene recuperata dai clienti: in tali casi, si profila un costo deducibile dal reddito (anche se non in base alla norma sugli oneri fiscali).

I contributi ad associazioni sindacali e di categoria sono deducibili nell'esercizio in cui sono corrisposti (ossia per cassa), ed a condizione che siano dovuti in base a formale deliberazione dell'associazione.

Il Tuir classifica come «*oneri di utilità sociale*» una serie di erogazioni liberali che, essendo rivolte alla utilità di terzi, non sono inerenti all'impresa; il legislatore però ne consente, entro ristretti limiti quantitativi, la deduzione, per favorire i destinatari di tali erogazioni (Tuir, art. 100).

Rientrano tra gli oneri di utilità sociale, ad esempio, le spese a favore dei dipendenti per fini educativi, ricreativi; le erogazioni liberali a favore di enti con finalità assistenziali, di ricerca scientifica e simili; le spese sostenute per il restauro e la manutenzione di beni vincolati per il loro interesse storico o artistico.

11.6. *Le minusvalenze patrimoniali.*

Le minusvalenze dei beni (strumentali e patrimoniali) relativi all'impresa sono deducibili quando sono realizzate (Tuir, art. 101).

Per realizzo si intende la cessione a titolo oneroso, o mediante risarcimento (non rileva l'assegnazione di beni ai soci o destinati a finalità estranee all'esercizio dell'impresa).

È deducibile la differenza tra i valori di realizzo e il costo fiscalmente riconosciuto (costo di acquisto al netto degli ammortamenti).

Le minusvalenze realizzate con la cessione di partecipazioni immobilizzate non sono deducibili se derivano da partecipazioni in regime di *participation exemption*.

Sono invece deducibili le minusvalenze realizzate, derivanti da partecipazioni immobilizzate non esenti, ma la deducibilità è limitata alla parte di minusvalenza che eccede l'importo non imponibile dei dividendi percepiti nei 36 mesi precedenti il realizzo. Ciò vale anche per le differenze negative tra ricavi e costi derivanti dalla cessione di titoli iscritti nell'attivo circolante, il cui realizzo non dà luogo a minusvalenze in senso tecnico (Tuir, art. 109, comma 3-*bis*).

11.7. *Le sopravvenienze passive.*

Le sopravvenienze passive, specularmente alle sopravvenienze attive (in senso stretto), sono l'effetto (Tuir, art. 101, comma 4):

– del mancato conseguimento di ricavi o altri proventi che hanno concorso a formare il reddito in precedenti esercizi;

– del sostenimento di spese, perdite od oneri a fronte di ricavi o altri proventi che hanno concorso a formare il reddito in precedenti esercizi;

– della sopravvenuta insussistenza di attività iscritte in bilancio in precedenti esercizi (purché non siano partecipazioni immobilizzate in regime di *participation exemption*).

11.8. *Le perdite (di beni e su crediti).*

A) Sono deducibili le perdite di beni strumentali o patrimoniali relativi all'impresa, cioè di beni che possono generare plusvalenze o minusvalenze (Tuir, art. 101, comma 5).

La perdita di un bene è da intendere in senso fisico (furto, smarrimento, incendio, ecc.) ed il relativo costo è deducibile se la perdita si verifica nello stesso esercizio in cui i beni sono stati immessi nel patrimonio aziendale; negli esercizi successivi rileva come sopravvenienza passiva.

B) Le perdite su crediti derivano dall'insolvenza del debitore, vale a dire dalla inesigibilità del credito e sono deducibili se risultano da elementi certi e precisi.

Il creditore può rendere certa e definitiva la perdita rinunciando al credito o cedendolo per un corrispettivo inferiore al valore nominale, ma, per la deducibilità fiscale, occorre dimostrarne l'inesigibilità.

In caso di cessione, vi è perdita se il prezzo di cessione è inferiore al valore fiscale del credito; la deduzione è ammessa solo se la cessione è *pro soluto* e se è dimostrata la congruità del prezzo.

C) Gli elementi certi e precisi sussistono in ogni caso:

a) quando il credito sia di modesta entità e sia decorso un periodo di sei mesi dalla scadenza del pagamento;

b) quando il credito è prescritto;

c) in caso di cancellazione dei crediti dal bilancio operata in applicazione dei princìpi contabili.

Il credito si considera di modesta entità quando ammonta ad un importo non superiore a 5.000 euro per le imprese di più rilevante dimensione di cui all'art. 27, comma 10, del D.l. 29 novembre 2008, n. 185, convertito dalla L. 28 gennaio 2009, n. 2, e non superiore a 2.500 euro per le altre imprese.

Le perdite su crediti sono deducibili «*in ogni caso, se il debitore è assoggettato a procedure concorsuali o ha concluso un accordo di ristrutturazione dei debiti omologato (...) o un piano attestato (...) o è assoggettato a procedure estere equivalenti, previste in Stati o territori con i quali esiste un adeguato scambio di informazioni*» (Tuir, art. 101, comma 5).

D) Le perdite attribuite per trasparenza dalle società in nome collettivo e in accomandita semplice sono utilizzabili solo in abbattimento degli utili attribuiti per trasparenza nei successivi cinque periodi d'imposta dalla stessa società che le ha generate.

E) La deduzione di perdite su crediti deve essere coordinata con la disciplina degli accantonamenti per rischi su crediti (Tuir, art. 106, comma 2).

L'accantonamento al fondo rischi su crediti viene appostato in bilancio e fiscalmente dedotto (entro dati limiti) nell'esercizio in cui il credito viene reputato "in sofferenza", anticipando, in tal modo, la deduzione del costo in vista della eventuale futura perdita.

Quando, in un periodo di imposta successivo, si verificherà la perdita, si dovrà tenere conto dell'accantonamento dedotto in precedenza, per cui la perdita sarà deducibile solamente per la parte che eccede l'ammontare già dedotto.

11.9. *L'ammortamento dei beni materiali e le spese incrementative.*

A) Il principio di competenza economica comporta che i costi siano imputati agli esercizi nei quali si manifestano i ricavi che concorrono a produrre: perciò, i costi la cui utilità si estende a più esercizi debbono essere ripartiti (cioè ammortizzati) nei diversi esercizi in cui sono utilizzati.

L'ammortamento riguarda, in primo luogo, i costi di acquisto delle immobilizzazioni materiali (elementi patrimoniali destinati ad essere usati durevolmente), come, ad esempio, gli immobili strumentali, gli impianti, i macchinari, i mobili e le macchine di ufficio, le attrezzature di laboratorio, gli automezzi.

L'ammortamento fiscale dei beni materiali è ammesso per i soli beni strumentali all'esercizio dell'impresa: non è quindi consentito, ai fini fiscali, l'ammortamento dei beni non strumentali (anche se ammortizzabili in bilancio).

Non sono ammortizzabili i beni (come i terreni) non soggetti a logorio fisico o economico, per i quali non si rende necessaria, in tempi più o meno lunghi, una periodica sostituzione.

B) Nell'attivo dello stato patrimoniale le immobilizzazioni devono essere iscritte per un valore pari al costo storico; il *quantum* fiscalmente ammortizzabile è il costo del bene, determinato a norma dell'art. 110, Tuir.

Secondo il codice civile, il costo dei beni «*la cui utilizzazione è limitata nel tempo deve essere sistematicamente ammortizzato in ogni esercizio in relazione con la loro residua possibilità di utilizzazione*» (art. 2426). In sede fiscale, invece, le quote degli ammortamenti non possono eccedere i coefficienti stabiliti con D.m. 31 dicembre 1988.

I coefficienti sono fissati per categorie di beni omogenei in base al normale periodo di deperimento e consumo nei vari settori produttivi. Se, ad esempio, che un certo impianto, usato in un certo settore produttivo, può essere ammortizzato con aliquote non superiori al 20 per cento del costo, equivale a dire che l'ammortamento non può avere durata inferiore a cinque anni. Non sono previste aliquote minime.

Se la quota di ammortamento imputata in bilancio è superiore a quella fiscalmente ammessa, la parte eccedente dev'essere ripresa a tassazione (con una "variazione in aumento"); l'eccedenza può essere dedotta (con "variazioni in diminuzione") a partire dal primo esercizio successivo a quello in cui cessa l'ammortamento civilistico.

Se, invece, la quota di ammortamento imputata in bilancio è inferiore a quella fiscalmente ammessa, la parte non imputata in bilancio non può essere dedotta, per effetto della regola della previa imputazione, nell'esercizio in cui imputata in bilancio, l deduzione è rinviata al primo periodo di imposta successivo a quello in cui cessa l'ammortamento civilistico.

Le quote di ammortamento sono deducibili a partire dall'esercizio di entrata in funzione del bene: nel primo esercizio, la quota di ammortamento deve essere ridotta a metà (Tuir, 102, comma 2).

Per i beni materiali, il cui costo unitario è inferiore a 516,46 euro, è fiscalmente consentita la deduzione integrale delle spese di acquisizione nell'esercizio in cui sono state sostenute; è, questa, un'altra ipotesi in cui agli ammortamenti civilistici non corrispondono ammortamenti fiscali, fermo restando che, per il principio della previa imputazione, non sono ammesse deduzioni più elevate della quota stanziata in bilancio (Tuir, 102, comma 2).

C) Le spese di manutenzione, riparazione, ammodernamento e trasformazione possono essere "patrimonializzate", incrementando così il valore fiscalmente riconosciuto dei beni cui si riferiscono (Tuir, 102, comma 6). Quelle non patrimonializzate (non portate, cioè, ad incremento del costo dei cespiti) dovrebbero essere distinte in costi pluriennali, se incrementano la vita del cespite, e costi annuali, se non sono incrementativi.

Il legislatore fiscale ha semplificato la materia, forfettizzando la quota deducibile nell'esercizio in cui le spese sono sostenute (5 per cento del costo complessivo di tutti i beni materiali ammortizzabili che risultano dal libro cespiti all'inizio dell'esercizio); l'eccedenza è ammortizzabile per quote costanti nei cinque esercizi successivi. In sostanza, vi è una presunzione assoluta circa la quota delle spese incrementative.

Sono invece deducibili nell'esercizio in cui sono sostenute le spese di manutenzione "in abbonamento", ossia le spese dovute in base a contratti di manutenzione; i costi dei beni cui si riferisce la manutenzione "in abbonamento" non devono essere computati in sede di calcolo del limite percentuale di deduzione ordinaria delle spese di manutenzione.

D) Alle imprese che, al termine di una concessione amministrativa, devono devolvere gratuitamente alla pubblica amministrazione i beni costruiti e gestiti in concessione, è consentita, in via alternativa, la procedura di ammortamento finanziario (Tuir, art. 104).

Tale forma di ammortamento ha per oggetto il capitale investito per la costruzione o l'acquisto di beni che, alla scadenza del rapporto di concessione, devono essere gratuitamente devoluti all'ente pubblico (ad esempio, un'autostrada, un impianto sportivo, uno stabilimento balneare, ecc.).

L'ammortamento finanziario è effettuato mediante deduzione fiscale di quote costanti nel tempo, salvi i casi di mutamento della durata della concessione o di modifica del costo dei beni (a seguito, ad esempio, di nuovi investimenti, o di ristrutturazioni, per cui sono incrementate le quote di ammortamento deducibili).

11.10. *L'ammortamento dei beni immateriali.*

Tra le immobilizzazioni immateriali (Tuir, art. 103) rientrano i diritti di utilizzazione di opere dell'ingegno, brevetti industriali, processi, formule e informazioni relativi ad esperienze acquisite in campo industriale, commerciale o scientifico, il cui costo è annualmente deducibile fino al 50 per cento (la durata minima è dunque di 2 anni).

I diritti di concessione di durata limitata, le cui quote di ammortamento possono essere dedotte in misura rapportata alla durata del diritto di utilizzo.

Per i marchi d'impresa, la quota massima di costo deducibile è pari ad un diciottesimo (5,56 per cento annuo) del costo d'acquisto.

Anche l'avviamento, quando sia stato sostenuto un costo di acquisto, è ammortizzabile; ed è ammortizzabile, come i marchi, in 18 anni.

11.11. *Le spese relative a più esercizi.*

Le spese relative a più esercizi sono deducibili nel limite della quota imputabile a ciascun esercizio, in base al principio di competenza (Tuir, art. 108, comma 1).

Le spese di rappresentanza sono le spese sostenute per promuovere il nome e l'immagine dell'impresa, per cui influenzano le vendite in via indiretta e «*sono deducibili nel periodo d'imposta di sostenimento se rispondenti ai requisiti di inerenza stabiliti con decreto del Ministro dell'economia e delle finanze, anche in funzione della natura e della destinazione delle stesse*».

Inoltre, le spese di rappresentanza deducibili «*sono commisurate all'ammontare dei ricavi e proventi della gestione caratteristica dell'impresa risultanti dalla dichiarazione dei redditi relativa allo stesso periodo in misura pari: a) all'1,5 per cento dei ricavi e altri proventi fino a euro 10 milioni; b) allo 0,6 per cento dei ricavi e altri proventi per la parte eccedente euro 10 milioni e fino a 50 milioni; c) allo 0,4 per cento dei ricavi e altri proventi per la parte eccedente euro 50 milioni*» (Tuir, art. 108, comma 2).

11.12. *Gli accantonamenti.*

La disciplina del bilancio impone l'iscrizione dei costi anche soltanto probabili: è questa la ragion d'essere dei fondi-rischio, destinati a far fronte a costi o spese che potranno manifestarsi in esercizi futuri, ma di cui sia incerto l'*an* o il *quantum*. I fondi-rischio, in generale, non sono deducibili, perché non presentano i requisiti di certezza e definitività richiesti dalle norme fiscali.

Vi sono però dei casi in cui, eccezionalmente, i fondi-rischio sono fiscalmente deducibili (Tuir, art. 107, comma 4).

Un fondo-rischio, il cui accantonamento è deducibile, è quello relativo alla svalutazione dei crediti. È data facoltà di dedurre annualmente, a titolo di accantonamento contro tali rischi, un importo pari allo 0,50 per cento del valore nominale o di acquisizione dei crediti, fino ad un massimo del 5 per cento. Come già detto, quando si verificheranno perdite, la deduzione sarà possibile solo per la parte che supera l'accantonamento già dedotto.

Altri accantonamenti, di cui è ammessa la deduzione, sono quelli al fondo delle spese per lavori ciclici di manutenzione e revisione di navi ed aeromobili; quelli delle società concessionarie per spese di ripristino o di sostituzione dei beni gratuitamente devolvibili, e quelli per oneri derivanti da operazioni e concorsi a premio (Tuir, art. 107).

Gli accantonamenti ai fondi per le indennità di fine rapporto e ai fondi di previdenza del personale dipendente, istituiti per ogni singolo dipendente ai sensi dell'art. 2117 c.c., sono deducibili nei limiti delle quote maturate nell'esercizio (Tuir, art. 106): non si tratta, in questo caso, di fondi-rischio in senso proprio, perché riflettono un debito certo, maturato nell'esercizio, che potrà eventualmente aumentare in futuro, ma che, nella misura maturata, è certo nell'*an* e nel *quantum*.

È bene precisare che, se e nella misura in cui un fondo è stato dedotto, non potranno essere dedotti i costi e le spese, quando saranno effettivamente sostenuti.

Invece, i fondi non dedotti (c.d. fondi tassati), non incidono sulla deduzione dei costi e delle spese, quando saranno sostenuti.

12. *I principi contabili internazionali (IAS/ IFRS) e nazionali (OIC) e il principio di derivazione rafforzata.*

A) Le società quotate, le banche, le assicurazioni, le società con strumenti finanziari diffusi presso il pubblico e gli intermediari finanziari devono redigere il bilancio di esercizio (e il bilancio consolidato) in base ai principi contabili internazionali (IAS, acronimo di *International Accounting Standards*), che sono stati recepiti dalla normativa comunitaria e da quella italiana.

Il D.m. 1° aprile 2009, n. 48 (primo decreto IAS) e il D.m. 8 giugno 2011 (secondo decreto IAS) recano le norme che devono essere applicate dai soggetti IAS *adopter*.

B) Per i soggetti che redigono il bilancio in base ai princìpi contabili internazionali (soggetti IAS *adopter*) vige il principio di derivazione "rafforzato" (del reddito fiscale dal risultato del conto economico): per tali soggetti si applicano, anche in deroga alle disposizioni del Tuir, «*i criteri di qualificazione, imputazione temporale e classificazione in bilancio previsti dai rispettivi princìpi contabili*» (Tuir, art. 83, comma 1).

Il principio di derivazione rafforzato, a norma dell'art. 83, comma 1-*bis*, del Tuir, si applica anche alle società che redigono il bilancio a norma del codice civile (anche in forza abbreviata) e dei principi contabili emanati dall'Organismo Italiano di Contabilità (OIC).

Queste società devono applicare le norme contenute nei due decreti ministeriali IAS (del 2009 e 2011), ma solo in quanto compatibili.

Il D.m. 3 agosto 2017 ha modificato e integrato i due decreti IAS (del 2009 e del 2011), al fine di renderli applicabili ai soggetti OIC, ed ha individuato le disposizioni che si applicano anche ai soggetti OIC (diversi dalle micro-imprese).

C) Principio fondamentale del bilancio redatto secondo gli IAS è il principio di prevalenza della sostanza sulla forma.

In applicazione di tale principio, vi sono attività e passività finanziarie che devono essere iscritte in bilancio adottando il criterio di valutazione del *fair value* (valore equo), coincidente di solito con il valore di mercato o valore corrente.

Il criterio del *fair value* sostituisce il tradizionale criterio contabile di valutazione in base al costo, per cui una parte significativa degli elementi patrimoniali sono rappresentati in base al loro valore corrente.

D) Vi sono elementi patrimoniali valutati secondo gli IAS, il cui trattamento non si discosta sostanzialmente da quello previsto dal codice civile (è il caso ad esempio delle immobilizzazioni materiali, delle partecipazioni costituenti immobilizzazioni finanziarie e dei fondi per rischi ed oneri).

In materia di spese pluriennali, gli IAS stabiliscono che sono iscrivibili tra le immobilizzazioni immateriali solo le spese di sviluppo. Le immobilizzazioni immateriali devono essere rilevate inizialmente al costo. In seguito, la valutazione potrà essere effettuata in base al valore corrente, verificando annualmente il valore con l'*impairment test* (valore non superiore a quello recuperabile).

L'avviamento è ammortizzato in base alla stima del periodo nel quale si prevede che l'impresa percepirà benefici economici futuri; se tale periodo eccede i venti anni, l'avviamento deve essere sottoposto in ogni esercizio all'*impairment test* e la perdita di valore deve essere rilevata nel conto economico.

Gli strumenti finanziari devono essere inizialmente valutati al costo; in seguito, devono essere valutati al costo o al *fair value*.

Le rimanenze devono essere iscritte in bilancio al minore tra il costo storico e il valore netto realizzabile. Nella valutazione dei beni fungibili non è più ammesso il LIFO, ma il FIFO e il costo medio ponderato.

12.1. *La determinazione del reddito delle società IAS* adopter *e OIC* adopter.

A) Per i soggetti IAS, come detto, hanno rilevanza fiscale «*i criteri di qualificazione, imputazione temporale e classificazione in bilancio previsti dai rispettivi princìpi contabili*» (Tuir, art. 83, comma 1).

Secondo la Circ. 28 febbraio 2011, n. 7, qualificare significa individuare:

– lo schema giuridico-contrattuale cui ricondurre la specifica operazione in base alla rappresentazione in bilancio (ad esempio, acquisto con pagamento differito);

– se l'operazione genera flussi reddituali o patrimoniali (ad esempio, acquisto e vendita di azioni proprie);

– se l'operazione non sia rappresentata nel bilancio IAS (ora anche OIC *adopter*), ma possa considerarsi fiscalmente realizzata o meno sotto il profilo giuridico-formale (ad esempio, vendita con assunzione di garanzia significativa).

Classificare significa individuare:

– la specifica tipologia o classe di provento/onere (Conto economico) di ciascuna operazione, come qualificata nella rappresentazione IAS (ora anche OIC *adopter*) (ad esempio, fondi di ripristino e bonifica);

– la specifica tipologia o classe di attivo/passivo (Stato Patrimoniale) di ciascuna operazione, come qualificata nella rappresentazione IAS (ora anche OIC *adopter*) (ad esempio, classificazione di attività e strumenti finanziari).

Imputare sotto il profilo temporale significa individuare:

– la maturazione economica che potrebbe essere diversa da quella giuridico-formale (ad esempio, ricavi di attivazione);

– il periodo d'imposta in cui i componenti reddituali fiscalmente rilevanti concorrono a formare la base imponibile (oneri relativi a più esercizi di cui all'art. 108, comma 3, del Tuir).

B) Indichiamo ora le principali norme dei decreti IAS del 2009 e del 2011, che, in base al D.m. 3 agosto 2017, si applicano a tutti i soggetti per i quali vale il principio di derivazione rafforzata.

In base al principio di prevalenza della sostanza sulla forma, in tema di competenza, rileva ai fini fiscali il periodo in cui un componente reddituale deve essere iscritto in bilancio secondo i princìpi contabili, che, essendo basati sui profili sostanziali, prevalgono sui criteri stabiliti dalle norme fiscali, che sono invece basati su profili giuridico-formali.

Non si applicano, quindi, le norme fiscali sulla competenza, racchiuse nei commi 1 e 2 dell'art. 109 del Tuir: in particolare, non si applica la norma che prevede i requisiti di certezza nell'esistenza e di determinabilità oggettiva dell'ammontare (comma 1) e non si applicano le regole che individuano il momento di imputazione temporale dei ricavi e dei costi (comma 2).

Non è ammesso che i criteri contabili possano generare doppie deduzioni o doppie imposizioni in capo al medesimo contribuente.

Si applicano anche ai soggetti IAS:

– le regole del Tuir che fissano limiti quantitativi alla deduzione di componenti negativi, o la loro esclusione, o ne dispongono la ripartizione in più periodi d'imposta;

– le regole del Tuir che prevedono la tassazione o deduzione per cassa.

Per i soggetti IAS si considerano imputati a conto economico i componenti imputati direttamente a patrimonio per effetto dei principi contabili (Tuir, art. 109, comma 4).

È il caso, ad esempio, della vendita di azioni proprie, la cui contabilizzazione comporta una riduzione del patrimonio netto (non vale, perciò, nei casi di incremento di una voce dell'attivo patrimoniale).

Vi sono dunque dei componenti negativi di reddito (ad esempio, ammortamento dell'avviamento e dei marchi, spese ad utilità pluriennale) deducibili anche se non imputati a conto economico, quando sono realizzati da soggetti IAS (Tuir, art. 102, comma 3-*bis*, e art. 108, comma 3).

L'ammortamento dei marchi e dell'avviamento è consentito alle stesse condizioni e con gli stessi limiti annuali previsti per la generalità delle imprese, ma a prescindere dalla imputazione a conto economico delle relative voci di costo (Tuir, art. 103, comma 3-*bis*).

Gli immobili dei soggetti IAS si considerano strumentali solo se presentano i requisiti di cui all'art. 43 del Tuir.

Altre previsioni del D.m. 8 giugno 2011, che si applicano a tutti i soggetti IAS, concernono gli strumenti finanziari (art. 5), le operazioni di copertura (art. 7) e gli accantonamenti (art. 9).

13. *La fiscalità dei gruppi.*

Dal 2004 sono stati introdotti due sistemi opzionali di tassazione dei gruppi: il consolidato e il regime di trasparenza (in alternativa alla tassazione ordinaria di ciascuna singola società).

Il diritto fiscale prende in considerazione i gruppi di società per molteplici fini, adottando, volta per volta, un'apposita definizione del rapporto di controllo. Non esiste una nozione giuridica di gruppo, con validità generale, né in ambito civilistico, né in sede fiscale.

L'art. 2359 c.c. definisce come società controllata:

1) la società in cui un'altra società dispone della maggioranza dei voti esercitabili nell'assemblea ordinaria (controllo interno di diritto);

2) la società in cui un'altra società dispone di voti sufficienti per esercitare un'influenza dominante nell'assemblea ordinaria (controllo interno di fatto);

3) quella che è sotto l'influenza dominante di un'altra società in virtù di particolari vincoli contrattuali (controllo esterno di fatto).

Ai fini del consolidato fiscale, viene richiamato solo il «*controllo interno di diritto*», con ulteriori requisiti (in tema di partecipazione al capitale e gli utili), e con l'applicazione del "demoltiplicatore".

Ai gruppi è dato rilievo, sotto il profilo finanziario, dalla norma che consente il trasferimento, nell'ambito dei gruppi di società, dei diritti al rimborso delle eccedenze di quanto versato rispetto al dovuto (D.P.R. 29 settembre 1973, n. 602, art. 43-*ter*). Ad esempio, una società che chiuda l'esercizio in perdita ed abbia versato degli acconti, dei quali può chiedere il rimborso, può trasferire il diritto al rimborso ad una società in utile del medesimo gruppo, che può compensare il diritto al rimborso con il proprio debito d'imposta.

13.1. *I prezzi di trasferimento (*transfer price*).*

A) L'art. 110, comma 7, del Tuir prevede che l'Amministrazione finanziaria può rettificare i componenti di reddito derivanti da operazioni intercorse tra una impresa italiana ed una impresa estera, facenti parte di un medesimo gruppo, quando i prezzi non corrispondano al «*valore normale*», con l'effetto di trasferire utili da imprese italiane ad imprese residenti all'estero.

La rettifica del *transfer price* può essere la conseguenza di una pratica elusiva, con cui gli utili sono spostati negli Stati con fiscalità più conveniente.

Inoltre, la rettifica può non essere la conseguenza di un comportamento elusivo, ma il corretto riparto di redditi tra i due Stati di domicilio fiscale delle imprese dello stesso gruppo.

Ecco perché l'art. 9 del Modello Ocse di convenzione internazionale, regolando i rapporti tra le potestà impositive degli Stati di residenza di più imprese, prevede che ciascuno dei due Stati possa tassare gli utili che sono stati realizzati praticando prezzi diversi da quelli che sarebbero convenuti tra imprese indipendenti.

La norma del Tuir si applica ai rapporti:

a) tra imprese italiane e società non residenti che controllano direttamente o indirettamente l'impresa italiana, o ne sono controllate;

b) tra imprese italiane e società estere, quando i due soggetti dell'operazione siano entrambi controllati da una medesima società;

c) tra società non residenti e imprese italiane, quando queste ultime svolgono per le prime attività di commercializzazione dei prodotti.

B) La norma sui prezzi di trasferimento opera quando un'impresa italiana cede dei beni, o presta servizi, ad una impresa estera dello stesso gruppo, ed applica prezzi inferiori al valore normale, comprimendo così i propri utili a favore della consociata.

Inoltre, la norma opera quando un'impresa italiana acquista beni o servizi da una consociata estera, ad un prezzo superiore a quello normale.

Per arginare la manipolazione dei prezzi, ai fini fiscali si tiene conto, in luogo dei prezzi pattuiti, dei valori di mercato. Perciò hanno rilievo i prezzi corrispondenti al valore normale, in luogo di quelli pattuiti, se ne deriva un aumento del reddito per l'impresa italiana.

L'impresa italiana che non ha praticato prezzi conformi al valore normale deve operare delle rettifiche in aumento nella dichiarazione dei redditi.

Se la rettifica non è fatta dall'impresa, in sede di dichiarazione, l'Amministrazione finanziaria può rettificare in aumento i corrispettivi inferiori al valore normale, o rettificare in diminuzione i costi superiori al valore normale.

C) Per valore normale si intende «*il prezzo o corrispettivo mediamente praticato per i beni e i servizi della stessa specie o similari, in condizioni di libera concorrenza e al medesimo stadio di commercializzazione, nel tempo e nel luogo in cui i servizi sono stati acquistati o prestati, e, in mancanza, nel tempo e nel luogo più prossimi*» (Tuir, art. 9).

Il valore normale è dunque il prezzo di libera concorrenza; in altri termini, va seguito il criterio – consigliato da un rapporto dell'Ocse del 1979 – del prezzo che sarebbe pattuito per operazioni simili da imprese indipendenti (principio del *dealing at arm's length*).

Le *Transfer Pricing Guidelines for Multinational Enterprises and Tax Administrations* dell'Ocse ("le linee guida") identificano tre metodi per la determinazione del valore normale di una transazione tra parti correlate.

(i) Metodo del confronto del prezzo (Metodo CUP)

Questo metodo mette a confronto il prezzo in una transazione con una parte correlata con il prezzo di una transazione equiparabile intervenuta con una controparte indipendente. Se esiste una differenza, allora la relazione commerciale e finanziaria tra le parti correlate potrebbe non essere conforme al principio del valore normale; in tal caso il prezzo può essere sostituito con il prezzo riscontrato nella transazione indipendente.

In presenza di transazioni con parti indipendenti equiparabili, il metodo CUP è il metodo preferito, secondo la prassi internazionale, per l'applicazione del principio del valore normale.

(ii) Metodo del prezzo di rivendita (Metodo RPM)

Il metodo RPM valuta il valore normale di una transazione con una parte correlata facendo riferimento al margine lordo realizzato in transazioni con parti indipendenti equiparabili. Il prezzo al valore normale viene determinato sottraendo il profitto lordo dal prezzo di rivendita applicabile. In genere si utilizza il metodo del prezzo di rivendita in situazioni di distribuzione che implicano l'acquisto e la rivendita di una proprietà tangibile. Normalmente il distributore non aggiunge valore sostanziale alle merci, né fisicamente né mediante l'uso di una proprietà intangibile, modificandole prima della rivendita.

(iii) Metodo del costo maggiorato (CPLM)

Il metodo del costo maggiorato valuta il valore normale di una transazione con una parte correlata facendo riferimento al ricarico realizzato in transazioni equiparabili tra parti indipendenti. Il prezzo al valore normale per il trasferimento controllato è rappresentato dai costi di produzione della parte collegata, relativi a merci o servizi implicati nella transazione, più un importo pari a quei costi moltiplicati per il ricarico dell'utile appropriato. Il metodo del costo maggiorato è comunemente utilizzato per la determinazione dei prezzi al valore normale per la fabbricazione, assemblaggio o altre attività relative alla produzione di merci che sono vendute alle parti correlate.

14. *Il regime di trasparenza. Aspetti generali.*

L'essenza del regime di trasparenza consiste nella imputazione ai soci dei redditi della società. La società partecipata non è tassata, perché il suo risultato fiscale (reddito o perdita) è imputato ai soci. I redditi prodotti dalla società "trasparente" non sono tassati come redditi della società, ma come redditi dei soci; lo stesso criterio vale per le perdite, che sono utilizzabili per compensare i redditi del socio. La trasparenza è dunque un regime che elimina la doppia imposizione dei redditi societari e consente l'utilizzo immediato delle perdite.

Sono previsti due regimi di trasparenza: a) uno "ordinario", riguardante le società di capitali, che hanno come soci altre società di capitali; b) un regime "speciale", riguardante le "piccole" società a responsabilità limitata, i cui soci sono soltanto persone fisiche, in numero limitato.

In ambito Ires, il regime di trasparenza è applicato solo per effetto di opzione; per le società di persone, invece, la trasparenza è imposta dalla legge.

14.1. *L'opzione per la trasparenza.*

A) L'opzione per la trasparenza può essere esercitata dalle società di capitali delle quali siano socie altre società di capitali. Sia la società partecipata (trasparente), sia le partecipanti, dunque, devono essere società di capitali (Tuir, art. 115). L'opzione deve essere espressa sia dalla società partecipata, sia da tutti i soci (*all in, all out*), ha effetto per tre esercizi sociali della società partecipata e non può essere revocata. La previsione di un periodo minimo di applicazione del regime rispecchia l'analoga norma prevista per il consolidato nazionale.

I soci devono avere una partecipazione non inferiore al 10 per cento e non superiore al 50 per cento. La percentuale riguarda sia i diritti di voto, esercitabili nell'assemblea generale di cui all'art. 2346 c.c., sia il diritto agli utili. Un socio che ha una partecipazione superiore al 50 per cento (e che, quindi, controlla la partecipata), non può adottare il regime di trasparenza, ma il consolidato (Tuir, art. 115, comma 1).

La previsione di una doppia soglia è dovuta al fatto che vi sono categorie di azioni alle quali possono essere attribuiti diritti patrimoniali e diritti amministrativi divergenti (*ex* art. 2348 c.c.).

Anche la previsione del duplice limite quantitativo, minimo e massimo, della partecipazione sociale ha una sua ragion d'essere. Il limite minimo serve ad impedire l'adozione della trasparenza in presenza di una base sociale molto frazionata, e dunque priva di uno stretto legame con la società partecipata, che giustifichi il trattamento fiscale tipico di società con pochi soci e forti legami. Il limite massimo segna lo spartiacque tra regime di trasparenza e consolidato.

B) Il regime di trasparenza non è adottabile in tre ipotesi.

Un primo ostacolo è la circostanza che i redditi di un socio siano soggetti ad una aliquota Ires ridotta. In tale ipotesi il regime di trasparenza non è applicabile, perché i redditi prodotti dalla partecipata, soggetti a tassazione ordinaria, sarebbero imputati ad una società che fruisce di una tassazione ridotta. Nel consolidato vi è una previsione analoga.

La seconda causa ostativa riguarda la società partecipata, cui è vietato optare per la trasparenza se ha aderito al consolidato (nazionale o mondiale), come controllata o come controllante.

Se la partecipata ha aderito al consolidato come controllata (e, quindi, è posseduta per oltre il 50 per cento dalla controllante), l'adozione del regime di trasparenza è impedito dal fatto che il suo socio non può optare per la trasparenza perché possiede più del 50 per cento.

La partecipata non può inoltre aderire alla trasparenza nel caso in cui abbia il ruolo di controllante in un regime di consolidato, perché non si vuole che l'imponibile di gruppo sia imputato per trasparenza a soggetti che sono soci, ma non controllanti, della società capogruppo che consolida. Da ciò si desume che la limitazione non opera se il consolidamento fiscale riguarda una società partecipante e, dunque, un socio cui sono imputati redditi in regime di trasparenza. In questo caso, il reddito o la perdita imputati per trasparenza confluiranno nel consolidato a cui partecipa, in qualità di controllante o controllato, il socio della società trasparente.

Si può dunque ipotizzare una società Beta (socia di Alfa), alla quale sono imputati per trasparenza i redditi di Alfa (partecipata), che, come controllante di Gamma, adotta il consolidato. In tale ipotesi, i redditi di Alfa, imputati per trasparenza a Beta, confluiranno nel consolidato della coppia Beta-Gamma.

In sintesi, la partecipata non può optare per il regime di trasparenza se ha optato per il consolidato (nazionale o mondiale). Le partecipanti, invece, possono optare per la trasparenza (se la loro partecipazione non è inferiore al 10 e non è superiore al 50 per cento) e, al tempo stesso, essere parte di un consolidato come controllanti.

Possiamo avere anche una catena di imputazione per trasparenza. La società-socia, alla quale viene imputato per trasparenza il reddito della partecipata può, a sua volta, essere "trasparente", per cui il reddito che le è imputato è di nuovo imputato alla sua socia (o alle socie).

La terza causa ostativa della trasparenza è l'assoggettamento della società partecipata ad una procedura concorsuale. Se la procedura sopravviene rispetto all'opzione, il regime di trasparenza cessa di avere efficacia a partire dall'inizio del periodo d'imposta in cui è emanato il provvedimento che dispone la procedura.

C) L'opzione per la trasparenza è permessa anche se vi sono soci non residenti, ma solo «*a condizione che non vi sia obbligo di ritenuta alla fonte sugli utili distribuiti*» (Tuir, art. 115, comma 2) e, inoltre, nel caso in cui vi sia diritto al rimborso della ritenuta (D.m. 23 aprile 2004, art. 1, comma 2). I redditi imputati ai soci non residenti sono redditi prodotti, e tassabili, in Italia (Tuir, art. 23, comma 1, lett. g).

Se dunque i dividendi del socio non residente sono soggetti a ritenuta alla fonte, non è ammessa l'opzione per la trasparenza.

Ciò significa, in pratica, che l'opzione può essere esercitata solamente se il socio – non residente in Italia – è una società residente nell'UE, che beneficia del regime "madre-figlia". Non è invece permessa l'opzione per i soci UE che non possiedono i requisiti richiesti per applicare la "madre-figlia".

Possono optare per la trasparenza le società non residenti che partecipino ad una società italiana mediante una stabile organizzazione, e le società che risiedono in Paesi con cui sia stata stipulata una convenzione contro le doppie imposizioni che escluda la ritenuta alla fonte sui dividendi "in uscita" dall'Italia.

D) Le condizioni richieste per l'esercizio dell'opzione devono sussistere dall'inizio alla fine del periodo d'imposta. Se vengono meno (ad esempio, perché una partecipazione scende al di sotto della soglia del 10 per cento o sale al di sopra del 50 per cento, oppure per la trasformazione di una partecipante in società di persone, o ancora perché una partecipazione viene ceduta ad una persona fisica), l'applicazione del regime di trasparenza cessa dall'inizio dell'esercizio sociale in corso della società partecipata.

Il regime può venir meno se una delle partecipanti perde le condizioni per l'esercizio dell'opzione (*all in, all out*); in tal caso, la società partecipata ridiventa soggetto passivo del tributo sui suoi redditi di quel periodo d'imposta. Se i mutamenti non incidono sulla permanenza dei requisiti per l'opzione (ad esempio, perché muta la percentuale di partecipazione di uno o più soci nei limiti del 10-50 per cento, o perché la partecipazione è ceduta ad un nuovo socio che possiede i requisiti soggettivi per l'opzione), non vi è interruzione del regime di trasparenza.

14.2. *Gli effetti della trasparenza.*

A) Il regime di trasparenza delle società di capitali, come quello delle società di persone, comporta che il reddito prodotto dalla società partecipata è imputato a ciascun socio, «*indipendentemente dall'effettiva percezione, proporzionalmente alla sua quota di partecipazione agli utili*». È quindi priva di rilevanza fiscale la distribuzione dei dividendi.

Anche le perdite della partecipata sono imputate ai soci in proporzione delle rispettive quote di partecipazione ed entro il limite della quota del patrimonio netto contabile della società partecipata (Tuir, art. 115, comma 3, terzo periodo). Ciò significa che se si è verificata una perdita fiscale di 1000 ed il patrimonio netto contabile della società partecipata (capitale più riserve) è pari a 800, ai soci non è imputabile l'intera perdita, ma solo una parte della perdita, pari a 800, analogamente a quanto previsto per i soci accomandanti, con riguardo alle perdite delle società in accomandita semplice (Tuir, art. 8).

Una disciplina particolare è prevista per le perdite fiscali anteriori all'esercizio dell'opzione.

Le perdite pregresse della partecipata possono essere utilizzate, secondo le regole ordinarie, solo per compensare i redditi prodotti da tale società prima dell'adozione del regime di per trasparenza (si imputa ai soci, dunque, la quota di reddito residua).

Le perdite pregresse dei soci partecipanti non possono essere utilizzate per compensare i redditi ad essi imputati dalla società partecipata; è ammessa solo la compensazione con gli altri redditi prodotti dai soci.

B) L'imputazione al socio dei redditi e delle perdite della partecipata si riflette sul valore fiscale della partecipazione (Tuir, art. 115, comma 12). I redditi imputati lo incrementano, le perdite e i dividendi distribuiti lo decrementano. La regola ha rilievo per le partecipazioni imponibili, non per quelle esenti.

In caso di cessione delle partecipazioni imponibili, si evita una doppia tassazione conteggiando nel valore l'importo degli utili imputati, al netto dei dividendi distribuiti. Si considerano i dividendi percepiti perché la distribuzione di utili riduce il patrimonio netto della partecipata e riduce, quindi, il valore della partecipazione.

C) Le ritenute a titolo d'acconto sui redditi della partecipata, i crediti d'imposta e gli acconti versati si scomputano dalle imposte dovute dai singoli soci secondo la percentuale di partecipazione agli utili; «*l'imputazione del reddito avviene nei periodi d'imposta delle società partecipanti in corso alla data di chiusura dell'esercizio della società partecipata*» (Tuir, art. 115, comma 3).

I periodi di imposta delle partecipanti possono essere dunque differenti (al limite infrannuali, se interessati da operazioni societarie), diversamente da quanto accade nel consolidato.

D) La società partecipata non è debitrice d'imposta per il proprio reddito, ma è garante del debito dei soci. Ciascun socio risponde del debito tributario che scaturisce dal proprio reddito, ma la società partecipata «*garantisce con il proprio patrimonio l'adempimento degli obblighi tributari da parte dei soci*»; più precisamente, «*la società partecipata è solidalmente responsabile con ciascun socio per l'imposta, le sanzioni e gli interessi conseguenti all'obbligo di imputazione del reddito*» (Tuir, art. 115, comma 8).

Il decreto attuativo indica che la responsabilità solidale non sussiste: «*a) in caso di omessa o parziale dichiarazione da parte del socio del reddito imputato per trasparenza dalla partecipata; b) in caso di omesso o carente versamento dell'imposta da parte del socio*» (art. 13).

La responsabilità della partecipata è una responsabilità "da accertamento"; essa risponde insieme ai soci soltanto in caso di omessa, incompleta o infedele dichiarazione del proprio reddito. Si evita, in questo modo, che la responsabilità della partecipata per il socio inadempiente ponga indirettamente a carico degli altri soci le conseguenze patrimoniali dell'inadempimento.

E) Come le società di persone, le società di capitali "trasparenti" sono obbligate a presentare la dichiarazione dei (propri) redditi, pur se non ne scaturisce per essa alcun debito d'imposta, ma solo una obbligazione di garanzia. Sulla base di tale dichiarazione viene determinato l'imponibile da imputare ai soci, i quali, dal conto loro, devono dichiarare la quota di reddito ad essi imputata.

Alla rettifica della dichiarazione presentata dalla società partecipata il fisco deve provvedere con un unico atto, ai fini della rideterminazione del reddito della società ed ai fini della determinazione delle imposte dovute dai soci.

La rettifica del reddito della società "trasparente" si riflette, poi, sulle quote di maggior reddito da imputare ai soci, nei cui confronti deve essere emesso apposito avviso di accertamento, sulla base dell'avviso notificato alla partecipata.

14.3. *La trasparenza delle "piccole" s.r.l.*

A) Il regime di trasparenza può essere adottato anche dalle società a responsabilità limitata, se sussistono tre condizioni (Tuir, art. 116, comma 1):

a) il volume di ricavi non deve superare le soglie previste per l'applicazione degli studi di settore;

b) la compagine sociale deve essere composta esclusivamente da persone fisiche, in numero non superiore a 10 (20 nel caso di società cooperativa a responsabilità limitata); può optare per questo regime anche una s.r.l. unipersonale;

c) la società non deve essere assoggettata a procedure concorsuali e non deve avere esercitato l'opzione per il consolidato (nazionale o mondiale).

Con la trasparenza, la tassazione delle "piccole" società a responsabilità limitata è allineata a quella delle società di persone (dando rilievo, dunque, non tanto alla forma giuridica, quanto alla sostanza economica di tali società); dall'altro, viene posto a disposizione dei soci delle "piccole" società a responsabilità limitata un sistema di tassazione dei loro redditi conforme al nuovo sistema di tassazione dei dividendi.

Per queste società, si tratta di operare una "scelta di campo" fra la tassazione con Ires, come società, e la tassazione con Irpef a carico dei soci. Se non si opta per la trasparenza, il reddito è tassato prima a carico della società, poi a carico del socio. Invece, con il sistema di trasparenza, viene eliminata la tassazione Ires della società; ed i soci sono tassati in ragione del reddito prodotto dalla società, a prescindere dalla distribuzione.

B) L'opzione per il regime "speciale" di trasparenza delle società a responsabilità limitata è esercitata con le stesse condizioni e modalità dell'opzione per il regime "ordinario". Il reddito della società trasparente ed il meccanismo dell'imputazione sono regolati dalle stesse disposizioni che valgono per il regime "ordinario".

Alcune puntualizzazioni riguardano le perdite (Tuir, art. 116, comma 2), alle quali si applicano le seguenti regole:

– le perdite si imputano ai soci in proporzione delle rispettive quote di partecipazione ed entro il limite della quota del patrimonio netto contabile della società partecipata;

– i soci possono utilizzare le perdite solo per compensare i redditi della società partecipata entro il quinquennio successivo al periodo in cui sono imputate (ma le perdite dei primi tre esercizi della società partecipata sono riportabili senza limiti temporali).

C) Se la società possiede partecipazioni cui si applica la *participation exemption*, le plusvalenze derivanti dalla loro cessione e i dividendi percepiti concorrono alla formazione del reddito della società trasparente nella misura del 58,14 per cento, cioè come se fossero detenute direttamente dalle persone fisiche (Tuir, art. 116, comma 2). La *ratio* della disposizione è di impedire che le persone fisiche, mediante il possesso indiretto di una partecipazione, possano beneficiare del regime di esenzione delle plusvalenze e dei dividendi previsti per i soggetti passivi dell'Ires.

D) In alternativa alla trasparenza, le s.r.l. a ristretta base proprietaria possono optare per il regime di cui all'art. 55-*bis*, Tuir, che prevede la tassazione separata, con aliquota pari a quella Ires, del reddito d'impresa accantonato dalla società; e la tassazione nel reddito complessivo del socio, con aliquote progressive Irpef, degli utili distribuiti (Tuir, art. 116, comma 2-*bis*).

Il reddito accantonato è tassato come il reddito d'impresa ordinariamente prodotto dalla società. Ma, a differenza del regime ordinario, gli utili distribuiti sono deducibili dal reddito d'impresa e sono considerati anch'essi redditi d'impresa per il socio (non redditi di capitale). Non si applica, perciò, la *participation exemption*: gli utili distribuiti sono integralmente imponibili a carico dei soci, perché la doppia imposizione economica è evitata a monte, con la deduzione degli utili distribuiti dal reddito d'impresa.

Questo particolare regime mira a incentivare la patrimonializzazione delle società, ossia il reinvestimento degli utili prodotti, che è invece penalizzata dall'imposizione per trasparenza, sui soci, degli utili non distribuiti.

15. *Il consolidato nazionale. Aspetti generali.*

La tassazione consolidata, nazionale o mondiale, colpisce il risultato del gruppo, visto come una unità economica (Tuir, artt. da 117 a 129). Il gruppo non ha soggettività giuridica. Le diverse società che lo compongono conservano la loro soggettività, sia ai fini della determinazione del reddito, sia ai fini della responsabilità.

Il consolidato fiscale non è fondato sul bilancio consolidato civilistico, che è un bilancio nel quale la pluralità delle società è rappresentata come un soggetto unitario, le poste relative ai rapporti interni di gruppo sono elise, i patrimoni netti sono integrati e il gruppo è rappresentato come un soggetto unitario, con un solo patrimonio ed un solo reddito.

Al contrario, nel consolidato fiscale non cessa la rilevanza dei rapporti tra società del gruppo. Il reddito di ciascuna società, compresa la capogruppo, calcolato secondo le norme ordinarie, confluisce nel risultato del gruppo, che deriva dalla somma algebrica dei risultati reddituali delle società consolidate (con una eventuale rettifica di consolidamento).

Si ottiene così il «*reddito complessivo globale*», su cui si applica l'imposta di cui è debitrice la controllante.

Nel consolidato, i risultati delle partecipate sono imputati alla controllante. Nel regime di trasparenza si ha un meccanismo inverso: si imputano *pro quota* alle partecipanti i risultati della partecipata.

Regime di trasparenza e consolidato sono regimi alternativi: si può adottare il primo o il secondo in base alle percentuali di partecipazione.

15.1. *L'opzione per il consolidato.*

A) L'applicazione del consolidato dipende dalla volontà delle società del gruppo: è necessaria l'opzione congiunta di una capogruppo e di almeno una società controllata.

Non è necessario che aderiscano al consolidato tutte le società del gruppo: non vale per il consolidato nazionale la regola "*all in, all out*", prevista per il regime di trasparenza e per il consolidato mondiale. L'opzione è fatta "a coppia", cioè da una controllante e da una controllata; si hanno quindi tante coppie di opzioni quanti sono i rapporti di partecipazione.

L'opzione richiede:

a) identità di esercizio sociale di ciascuna controllata con quello della società controllante;

b) esercizio congiunto ("a coppia") dell'opzione da parte di ciascuna controllata e della controllante;

c) elezione di domicilio da parte di ciascuna controllata presso la controllante ai fini della notifica degli atti e provvedimenti relativi ai periodi d'imposta per i quali è esercitata l'opzione;

d) comunicazione dell'opzione all'Agenzia delle entrate entro il sedicesimo giorno del sesto mese successivo alla chiusura del periodo di imposta precedente al primo esercizio cui si riferisce l'esercizio dell'opzione.

L'opzione per il consolidato è irrevocabile ed ha efficacia per tre esercizi sociali.

Non possono esercitare l'opzione le società che fruiscono della riduzione dell'aliquota Ires o che sono sottoposte a fallimento o a liquidazione coatta amministrativa (Tuir, art. 126), né le società che esercitano come partecipate l'opzione per la trasparenza (Tuir, art. 115, comma 1, lett. b). L'opzione non è ammessa, in qualità di controllante, per le società che optano per il consolidato mondiale.

B) L'opzione per il consolidato può essere esercitata solo se la controllante dispone, fin dall'inizio del periodo in cui si esercita l'opzione, del "controllo di diritto", diretto o indiretto, ai sensi dell'art. 2359, comma 1, n. 1, c.c., ossia della maggioranza dei voti esercitabili nell'assemblea ordinaria della controllata, con i requisiti previsti dall'art. 120 del Tuir, e cioè:

a) partecipazione, diretta o indiretta, al capitale della controllata in misura superiore al 50 per cento;

b) partecipazione, diretta o indiretta, agli utili della controllata, in misura superiore al 50 per cento.

Non si considerano le azioni prive del diritto di voto.

Il rapporto di controllo può essere diretto o indiretto: è diretto quando la controllante dispone di una partecipazione pari o superiore alla maggioranza; è indiretto quando la maggioranza è posseduta per il tramite di un soggetto intermedio (ossia quando A possiede la maggioranza di B e B la maggioranza di C).

Se la partecipazione è indiretta, è necessario che la partecipazione risulti superiore al 50 per cento, applicando il "demoltiplicatore". Ciò significa che le quote delle società intermedie devono essere moltiplicate per le quote che le intermedie possiedono nelle società sottostanti.

Si supponga che la società Alfa abbia una partecipazione in Beta pari all'80 per cento; e che Beta partecipi a Gamma per il 70 per cento. Alfa può consolidare Beta, perché ha una partecipazione superiore al 50 per cento; può inoltre consolidare Gamma, perché la sua partecipazione "demoltiplicata" in Gamma è pari al 56 per cento (Alfa partecipa a Gamma per l'80 per cento del 70 per cento: *ergo* per una percentuale del 56 per cento).

Se la catena è più lunga (perché, ad esempio, Gamma ha una partecipazione in Delta del 70 per cento), non è possibile un unico consolidato, perché la partecipazione indiretta di Alfa in Delta è pari al 39,2 per cento (80 per 70 per 70).

La nozione di gruppo, che emerge dalla disciplina del consolidato fiscale, è assai ristretta, ed è notevolmente diversa non solo dalla nozione che emerge dall'art. 2359 c.c., ma anche dalla nozione delineata da altre norme fiscali.

Non tutte le società di un gruppo in senso civilistico possono dunque adottare il consolidato fiscale, ma solo quelle unite da un rapporto di controllo che presenta le tre caratteristiche sopra indicate, tenendo conto del demoltiplicatore.

C) La facoltà di optare come capogruppo è attribuita sia alle società di capitali, sia agli enti commerciali residenti.

Le società non residenti possono esercitare l'opzione per il consolidato solo in qualità di controllanti ed a condizione: a) di essere residenti in Paesi con i quali è in vigore una convenzione contro la doppia imposizione; b) di esercitare nel territorio dello Stato un'attività d'impresa mediante una stabile organizzazione, nel cui patrimonio sia compresa la partecipazione nelle società controllata (Tuir, art. 117, comma 2). L'opzione come controllata può essere esercitata da qualsiasi società di capitali residente.

15.2. *Il reddito consolidato.*

A) Ciascuna società consolidata deve determinare il proprio reddito applicando le regole ordinarie in materia di reddito d'impresa. È incluso perciò nell'imponibile il cinque per cento dei dividendi percepiti, anche se provengono da società del gruppo. Dal reddito complessivo di ciascuna consolidata sono computate in diminuzione le perdite relative agli esercizi anteriori all'inizio della tassazione di gruppo.

Il consolidato comporta la tassazione del «*reddito complessivo globale*», corrispondente alla somma algebrica dei redditi e delle perdite delle consolidate, con una eventuale "rettifica di consolidamento" per gli interessi passivi.

Si considera l'intero risultato delle controllate, quale che sia la quota di partecipazione posseduta (direttamente o indirettamente) dalla controllante.

B) La "rettifica di consolidamento" concerne la deduzione degli interessi passivi ed è da apportare alla somma algebrica dei risultati netti delle singole società del gruppo.

Più precisamente, il reddito di gruppo può essere rettificato in diminuzione per un importo corrispondente all'eccedenza di interessi passivi e oneri assimilati indeducibili prodotti da una società consolidata, a condizione che, nello stesso periodo, altre società consolidate presentino una "capienza" di ROL non utilizzata per la deduzione dei propri interessi passivi; la rettifica va effettuata nei limiti di tale "capienza".

Il gruppo in regime di consolidato assume dunque una particolare rilevanza ai fini della massimizzazione della deducibilità degli interessi passivi. Anzi, in tutti i casi di società che presentano un ROL pari a zero o negativo (come accade, ad esempio, per le *holding* industriali), con conseguente indeducibilità di tutti gli oneri finanziari, l'esercizio dell'opzione per il consolidato nazionale rappresenta l'unica via per rendere deducibili gli interessi passivi di una società mediante l'utilizzo della "capienza" di ROL di altre società del gruppo.

L'eccedenza di oneri finanziari indeducibili che residua dopo la rettifica di consolidamento può essere riportata in avanti e utilizzata per ridurre, alle medesime condizioni, il reddito complessivo di gruppo dei periodi di imposta successivi.

Dopo la "rettifica di consolidamento", si ottiene così il risultato complessivo globale del gruppo (reddito o perdita); da esso si deducono le (eventuali) perdite di gruppo di esercizi precedenti e si ottiene il reddito imponibile, o la perdita, di gruppo.

La perdita fiscale del gruppo è imputata alla società controllante, che può riportarla a nuovo e utilizzarla per compensare il reddito imponibile del gruppo dei periodi di imposta successivi.

Le perdite di esercizi precedenti l'opzione per il consolidato, invece, possono essere utilizzate solo dalla società (controllante o controllate) che le ha prodotte (Tuir, art. 118, comma 2).

Sul reddito imponibile del gruppo, così calcolato, si applica l'aliquota dell'Ires.

C) Ciascuna società deve presentare la propria dichiarazione dei redditi all'Agenzia delle Entrate e comunicarla alla capogruppo, perché possa redigere la dichiarazione di gruppo (Tuir, art. 121).

La dichiarazione delle controllate non contiene la liquidazione dell'imposta, che è liquidata dalla dichiarazione di gruppo.

Le consolidate possono cedere alla consolidante, ai fini della compensazione con l'imposta dovuta dalla consolidante, i crediti utilizzabili in compensazione e le eccedenze di imposta, ai sensi dell'art. 43-*ter* del D.P.R. 29 settembre 1973, n. 602.

D) Non hanno rilievo reddituale le somme ricevute o versate tra società del gruppo in contropartita dei vantaggi fiscali attribuiti o ricevuti nell'ambito del gruppo (Tuir, art. 118, comma 4).

Si supponga che il risultato fiscale della controllata Alfa sia una perdita, e che il risultato della controllante Beta sia invece positivo. Il regime del consolidato permette l'utilizzo immediato della perdita di Alfa, mediante compensazione con l'utile di Beta, che, in tal modo, vede ridotto il suo onere fiscale. Per tale beneficio fiscale, Beta deve corrispondere una contropartita ad Alfa, che, quando tornerà a produrre utili, non potrà più utilizzare la perdita "ceduta" a Beta.

La contropartita è rapportata alla minore imposta pagata da Beta, e compensa Alfa della maggiore imposta cui dovrà far fronte, quando tornerà a produrre utili. Si tratta, pertanto, di movimentazioni interne al gruppo, che non hanno rilievo reddituale, né di componente negativo, per la società che le corrisponde, né di componente positivo, per la società che le riceve.

Tale compensazione, come ogni altra correlata al trasferimento di vantaggi fiscali da una società all'altra all'interno del consolidato, non è prevista dalla legge, ma è affidata ai c.d. patti di consolidamento, che hanno lo scopo di tutelare le minoranze.

15.3. *La responsabilità della controllante e delle consolidate.*

A) La società controllante è debitrice d'imposta in base al reddito complessivo del gruppo. Essa deve versare gli acconti infrannuali e l'imposta liquidata nella dichiarazione di gruppo. Se il risultato globale è negativo, alla controllante «*compete il riporto a nuovo della eventuale perdita risultante dalla somma algebrica degli imponibili*» (Tuir, art. 118, comma 1).

In caso di accertamento, la controllante risponde della maggiore imposta accertata, degli interessi e delle sanzioni irrogate alla controllante, in solido con la controllata che ha commesso la violazione (Tuir, art. 127).

Ogni singola società consolidata risponde, nei confronti del fisco, solo per la parte del debito fiscale che è da collegare al suo reddito complessivo. Risponde inoltre degli interessi e delle sanzioni irrogate per le violazioni che ha commesso.

B) La responsabilità (esterna) nei confronti del fisco va tenuta distinta dai rapporti interni. Ciascuna società controllata deve corrispondere alla capogruppo – per la quota parte del debito che corrisponde al suo reddito – i mezzi finanziari per assolvere il tributo; se non vengono forniti anticipatamente, la controllante ha diritto di rivalersi. L'obbligo è desumibile dal principio di causalità delle attribuzioni patrimoniali e dall'art. 127, comma 4, del Tuir.

La tassazione consolidata comporta la compensazione dei risultati positivi e negativi delle società partecipanti: ciò significa che le società con imponibili positivi profittano delle perdite delle società con imponibili negativi. Il vantaggio fiscale così procurato al gruppo deve essere remunerato, per non danneggiare le minoranze. Come già notato, tale remunerazione non concorre alla formazione del reddito imponibile né come componente positivo, per la società che la riceve, né come costo, per la società che la paga (Tuir, art. 118, comma 4),

L'onere economico delle sanzioni deve essere sopportato dalla società cui è imputabile la violazione. Le controllate devono far fronte all'onere per le sanzioni irrogate per violazioni commesse nelle loro dichiarazioni; la controllante risponde delle violazioni commesse in sede di dichiarazione dell'imponibile consolidato (oltre che nella dichiarazione dei suoi redditi).

15.4. *La cessazione del consolidato.*

Il consolidato cessa se, nel corso del triennio, viene meno il rapporto di controllo, o se, decorso il triennio, non è rinnovata l'opzione. In entrambi i casi sono recuperati a tassazione i benefici del consolidato (Tuir, art. 124, comma 1).

Entro trenta giorni dalla cessazione del rapporto di controllo, la controllante e ciascuna controllata devono integrare i versamenti di acconto già effettuati, se inferiori a quelli dovuti senza il consolidamento; e la controllante, che conserva il diritto di utilizzare le perdite fiscali, i crediti e le eccedenze del gruppo, può attribuire, in tutto o in parte, le eccedenze dei pagamenti alla società nei cui confronti è venuto meno il controllo.

Nel caso in cui, al termine di un triennio, non siano rinnovate le opzioni, o una delle società non rinnovi l'opzione, la disciplina è analoga a quella concernente la cessazione infratriennale. Anche in questo caso le società devono integrare gli acconti che siano stati versati in misura inferiore al dovuto.

In entrambi i casi di cessazione, le perdite fiscali di gruppo non ancora utilizzate possono rimanere nella disponibilità della consolidante (Tuir, art. 124, comma 4) o essere attribuite alle società che le hanno prodotte, in maniera proporzionale o secondo altri criteri di imputazione, da indicare al momento dell'esercizio dell'opzione (D.m. 9 giugno 2004, art. 13).

Per contro, i crediti chiesti a rimborso e le eccedenze riportate a nuovo, risultanti dalla dichiarazione di gruppo, competono alla controllante.

15.5. *L'accertamento dei redditi delle società consolidate.*

A) Regole particolari riguardano l'accertamento con adesione e l'accertamento «ordinario» dei redditi delle società consolidate (D.P.R. 29 settembre 1973, n. 600, art. 40-*bis*). Ogni società deve presentare la dichiarazione del proprio reddito, cui si aggiunge la dichiarazione di gruppo presentata dalla consolidante.

Il controllo delle dichiarazioni proprie presentate dalle società consolidate e dalla consolidante, nonché le relative rettifiche, spettano all'ufficio dell'Agenzia delle entrate competente alla data in cui è stata presentata la dichiarazione della consolidata.

Al procedimento di accertamento con adesione, concernente le rettifiche delle dichiarazioni proprie di ciascuna consolidata, devono partecipare sia la consolidante, sia la consolidata, interessata dalle rettifiche. L'atto di adesione, sottoscritto anche da una sola di esse, si perfeziona con il versamento delle somme dovute in base all'atto di adesione o con il versamento della prima rata e la prestazione della garanzia.

La consolidante ha la facoltà di chiedere che siano computate, in diminuzione dei maggiori imponibili, le perdite di periodo del consolidato non utilizzate nella dichiarazione di gruppo.

B) Gli avvisi di accertamento che rettificano il reddito complessivo dichiarato da una consolidata devono contenere anche la rettifica del reddito globale dichiarato dalla consolidante e sono notificati sia alla consolidata, sia alla consolidante.

Se è presentato ricorso, la società consolidata e la consolidante sono litisconsorti necessari.

Il pagamento delle somme scaturenti dall'atto unico estingue l'obbligazione sia se effettuato dalla consolidata che dalla consolidante.

Se vi sono perdite pregresse non utilizzate nella dichiarazione di gruppo, la consolidante può chiedere che siano dedotte dal maggior imponibile accertato, presentando all'ufficio un'istanza entro il termine di proposizione del ricorso.

L'istanza sospende il termine per la presentazione del ricorso sia per la consolidata che per la consolidante, per un periodo di sessanta giorni. L'ufficio deve ricalcolare la maggiore imposta dovuta (oltre interessi e sanzioni) e comunicarla alla consolidata ed alla consolidante, entro sessanta giorni dalla presentazione dell'istanza.

Se la rettifica riguarda solo la dichiarazione di gruppo, la competenza spetta all'ufficio dell'Agenzia delle entrate competente nei confronti della società consolidante alla data in cui è stata presentata la dichiarazione.

CAPITOLO VENTESIMO

I REDDITI TRANSNAZIONALI

1. *I criteri di localizzazione dei redditi transnazionali.*

I criteri in base ai quali si determina il luogo in cui un reddito si considera prodotto sono rilevanti:

– per tassare in Italia i redditi dei non residenti prodotti in Italia e i redditi dei residenti prodotti all'estero

– e per il riconoscimento del credito d'imposta spettante ai residenti che hanno pagato imposte all'estero (Tuir, artt. 23, 151, comma 2, art. 153, comma 2 e 165, comma 2).

I criteri di localizzazione sono, in sintesi, i seguenti:

– per i redditi di origine patrimoniale rileva il luogo in cui è situata la fonte reddituale; per tale motivo, per i redditi fondiari vale la localizzazione dell'immobile; per i redditi di capitale rileva la sede del soggetto che li corrisponde (criterio della localizzazione del pagatore);

– per i redditi che derivano dallo svolgimento di una attività, vale il luogo in cui è svolta l'attività: perciò, i redditi di lavoro sono prodotti in Italia se derivano da attività svolte nello Stato italiano; i redditi d'impresa dei non residenti sono prodotti in Italia se derivano da attività svolte in Italia mediante una stabile organizzazione.

Sono prodotti in Italia i «*redditi diversi*» che derivano da beni situati nello Stato e da plusvalenze relative a partecipazioni in società residenti; sono altresì prodotti in Italia i redditi cui si applica il principio di trasparenza, cioè i redditi delle società di persone (ed enti assimilati) e quelli delle società di capitali che hanno optato per la trasparenza fiscale ed hanno sede in Italia.

Inoltre, si considerano prodotti in Italia, quando siano corrisposti da soggetti residenti (o da una stabile organizzazione italiana): a) le pensioni e le indennità di fine rapporto; b) i redditi assimilati a quelli di lavoro dipendente; c) i compensi per l'utilizzazione di opere dell'ingegno, di brevetti industriali e di marchi d'impresa, nonché di processi, formule, e informazioni relative ad esperienze acquisite nel campo industriale, commerciale o scientifico; d) i compensi conseguiti da imprese, società ed enti non residenti per prestazioni artistiche e professionali effettuate nel territorio dello Stato.

2. *I redditi dei non residenti prodotti in Italia. La tassazione delle persone fisiche.*

Per i non residenti la tassazione è limitata ai redditi che si considerano prodotti nel territorio dello Stato.

Una persona fisica non è residente in Italia, ai fini fiscali, se non ricorre in Italia nessuno degli elementi costitutivi della residenza fiscale: iscrizione anagrafica, dimora abituale e domicilio (Tuir, art. 2).

La residenza fiscale è un criterio di collegamento (di un contribuente ad un dato ordinamento fiscale) che, essendo di natura personale, non afferisce ad un determinato reddito, ma alla persona e, di riflesso, a qualsiasi tipo di reddito. Tutt'altro rilievo hanno i criteri di collegamento di natura reale, che riguardano singole categorie reddituali. Il non residente è soggetto ad imposta in ragione del collegamento dei singoli redditi con il territorio dello Stato, ossia per il fatto che determinati redditi, in base ad una "norma localizzante", sono redditi prodotti in Italia (Tuir, art. 24, commi 2 e 3).

Sono dunque tassati in Italia i redditi che risultano prodotti in Italia, applicando i criteri dettati dall'art. 23 del Tuir.

I redditi di lavoro autonomo e di capitale prodotti in Italia da persone fisiche non residenti sono tassati mediante ritenuta a titolo d'imposta (D.P.R. 29 settembre 1973, n. 600, artt. 25, 26 e 27).

I redditi che non sono tassati alla fonte a titolo definitivo devono essere dichiarati dai non residenti. L'imposta si applica sulla somma dei singoli redditi prodotti in Italia (fatte salve le ipotesi di tassazione separata), ma l'imposta non ha natura personale.

Perciò, dal reddito complessivo prodotto in Italia i non residenti deducono soltanto alcuni degli oneri di cui all'art. 10 (oneri gravanti sugli immobili; donazioni alle Onlus ed altre liberalità, indennità per perdita dell'avviamento). Dall'imposta si scomputano solo alcune detrazioni. Non spettano le detrazioni dall'imposta per carichi di famiglia né le altre detrazioni di natura personale.

2.1. *I dividendi "in uscita" dall'Italia.*

A) I dividendi distribuiti da società residenti a soggetti non residenti (dividendi "in uscita") sono soggetti a ritenuta alla fonte a titolo d'imposta, nella misura del 26 per cento.

La ritenuta è da applicare, in via generale, quale che sia la natura della partecipazione e la natura giuridica del soggetto percipiente (D.P.R. 29 settembre 1973, n. 600, art. 27, comma 3). Peraltro, i soggetti non residenti hanno diritto al rimborso dell'importo di 11/16 della ritenuta subita, se dimostrano – mediante certificazione dell'autorità fiscale estera – di avere pagato sui dividendi percepiti le imposte nel Paese di residenza.

Tale regime generale non trova applicazione nel caso di dividendi distribuiti a società ed enti residenti in Stati membri dell'UE o aderenti all'Accordo sullo spazio economico europeo. I dividendi sono soggetti a ritenuta a titolo d'imposta con aliquota dell'1,20 per cento, che corrisponde alla tassazione subita dai dividendi interni quando il percipiente è un soggetto Ires. Vi è quindi parità di trattamento tra società residenti in Italia e società residenti in altri Paesi dell'UE (D.P.R. 29 settembre 1973, n. 600, art. 27, comma 3-*ter*).

B) I dividendi non sono tassati quando si applica la Direttiva "madre-figlia", che, come si vedrà nel capitolo dedicato alla fiscalità dell'UE, impedisce la tassazione dei dividendi distribuiti tra società "madri" (cioè controllanti) e società "figlie" (cioè controllate) all'interno dell'Unione europea, vietando l'applicazione di ritenute, sia da parte dello Stato della "figlia", sia da parte dello Stato della "madre".

La Direttiva "madre-figlia" è stata recepita in Italia dall'art. 27-*bis* del D.P.R. 29 settembre 1973, n. 600, secondo cui la società "madre" non residente può richiedere che non sia applicata la ritenuta del 26 per cento o chiederne il rimborso.

Il regime previsto dalla Direttiva "madre-figlia", essendo diretto ad incrementare la formazione di gruppi transfrontalieri, non si applica a tutti i dividendi, ma solo ai dividendi percepiti dalle società che detengono una partecipazione diretta non inferiore al 10 per cento del capitale della società "figlia"; inoltre, esse devono:

a) rivestire una delle forme previste nell'apposito allegato alla citata direttiva "madre-figlia";

b) risiedere, ai fini fiscali, in uno Stato membro dell'Unione europea;

c) essere soggette nello Stato di residenza ad una delle imposte indicate nell'allegato alla Direttiva, senza fruire di regimi di opzione o di esonero che non siano territorialmente o temporalmente limitati;

d) detenere la partecipazione ininterrottamente per almeno un anno.

La non applicazione o il rimborso della ritenuta sugli utili "in uscita" evita la doppia tassazione giuridica internazionale (cioè la tassazione di uno stesso reddito a carico dello stesso soggetto da parte di due Stati diversi).

Non è evitata la doppia tassazione economica, e cioè la tassazione degli utili della società figlia (da parte dello Stato della fonte) e la tassazione dei dividendi (nello Stato di residenza del socio).

2.2. *La tassazione in Italia di società ed enti non residenti.*

Sono società ed enti non residenti quelli che, per la maggior parte del periodo d'imposta, non hanno la sede legale, o la sede dell'amministrazione, o l'oggetto principale dell'attività, nel territorio dello Stato. Non ha rilievo la forma giuridica: può trattarsi di società di capitali o società di persone (ed enti assimilati), di enti commerciali o non commerciali, con o senza personalità giuridica, compresi i *trust*.

Secondo il principio della tassazione su base territoriale, si tassano con l'Ires solo i redditi prodotti in Italia (Tuir, art. 151, comma 1).

Per le società e gli enti commerciali non residenti, occorre individuare i redditi prodotti in Italia, applicando l'art. 23 del Tuir e considerare se la società o l'ente commerciale non residente abbia una stabile organizzazione in Italia.

Se l'ente commerciale non residente dispone in Italia di una stabile organizzazione, si applicano alla stabile organizzazione le regole dell'Ires in materia di reddito d'impresa (Tuir, artt. 81 e seguenti).

Non tutti i redditi prodotti in Italia sono reddito d'impresa della stabile organizzazione, poiché non opera il c.d. principio della forza di attrazione della stabile organizzazione (Tuir, art. 152, comma 1).

Indipendentemente dalla presenza di una stabile organizzazione, i redditi della società o ente commerciale non residente conservano la qualifica della categoria di appartenenza, in applicazione del principio del trattamento "isolato" dei redditi (Tuir, art. 151, comma 3).

La stabile organizzazione non esercita alcuna forza attrattiva verso i redditi non commerciali. La sua presenza non comporta la trasformazione di tutti i redditi prodotti dall'ente non residente in reddito d'impresa, ma funge esclusivamente da collegamento tra il territorio e i redditi commerciali prodotti dalla società o ente non residente (se riconducibili all'attività della stabile organizzazione), rendendoli soggetti ad imposta in Italia.

L'imponibile è dato dalla somma dei singoli redditi, determinati secondo le regole proprie di ciascuna categoria. Dal reddito complessivo si deducono gli oneri indicati nel Tuir, all'art. 10, comma 1, lett. a) e g), cioè gli oneri gravanti sugli immobili e le donazioni alle Onlus.

Il reddito complessivo degli enti non commerciali non residenti si determina applicando le regole dettate nell'Irpef per le persone fisiche residenti. Occorre quindi distinguere le varie categorie reddituali, come stabilito per gli enti non commerciali residenti (Tuir, art. 153).

2.3. *La stabile organizzazione in Italia dei non residenti.*

A) Gli imprenditori non residenti producono reddito d'impresa imponibile in Italia solo se, nel territorio dello Stato, operano per mezzo di una stabile organizzazione.

La nozione di stabile organizzazione, nel Tuir, rispecchia la definizione contenuta nell'art. 5 del modello OCSE. Il legislatore ha recepito sia l'elenco delle esemplificazioni (positive e negative) di matrice convenzionale, sia la distinzione fra stabile organizzazione materiale e stabile organizzazione personale.

La stabile organizzazione materiale è definita come «*sede fissa di affari per mezzo della quale l'impresa non residente esercita in tutto o in parte la sua attività sul territorio dello Stato*» (Tuir, art. 162, comma 1). Occorre dunque: che vi sia una sede di affari; che sia stabile; che sia espressione dell'esercizio normale dell'impresa e sia atta a produrre reddito.

L'art. 162, comma 2, del Tuir, reca l'esemplificazione positiva, comprendente: a) una sede di direzione; b) una succursale; c) un ufficio; d) un'officina; e) un laboratorio; f) una miniera, un giacimento petrolifero o di gas naturale. Un cantiere assume rilievo di stabile organizzazione se la sua durata supera i tre mesi.

Costituisce stabile organizzazione anche «*una significativa e continuativa presenza economica nel territorio dello Stato costruita in modo tale da non fare risultare una sua consistenza fisica nel territorio stesso*».

Si mira con tale norma a colpire le multinazionali dell'economia digitale, che realizzano profitti in Italia senza una stabile organizzazione in senso fisico.

L'art. 162, comma 4, del Tuir, prevede che la nozione di stabile organizzazione non comprende (ipotesi negative): a) l'uso di una installazione ai soli fini di deposito, di esposizione o di consegna di beni o merci appartenenti all'impresa; b) la disponibilità di beni o merci appartenenti all'impresa immagazzinati ai soli fini di deposito, di esposizione o di consegna; c) la disponibilità i beni o le merci appartenenti all'impresa immagazzinati ai soli fini della trasformazione da parte di un'altra impresa; d) la disponibilità di una sede fissa di affari utilizzata ai soli fini di acquistare beni o merci o di raccogliere informazioni per l'impresa; e) la disponibilità di una sede fissa di affari utilizzata ai soli fini dello svolgimento, per l'impresa, di ogni altra attività; f) la disponibilità di una sede fissa di affari utilizzata ai soli fini dell'esercizio combinato delle attività dianzi menzionate nelle lettere da a) ad e), purché tali attività o, nel caso della lettera f), l'attività complessiva della sede fissa, quale risulta dalla combinazione delle attività svolte, abbiano carattere preparatorio o ausiliario.

La stabile organizzazione personale è un soggetto (persona fisica o giuridica), che, nel territorio dello Stato, conclude abitualmente, in nome e per conto dell'impresa non residente, contratti diversi da quelli di acquisto di beni. Tale attività deve essere esercitata abitualmente e deve impegnare l'impresa non residente.

Il soggetto che opera come stabile organizzazione personale si pone in condizione di dipendenza rispetto all'impresa non residente, ricevendo istruzioni.

Non vi è stabile organizzazione personale se il soggetto è indipendente, in senso giuridico ed economico, e opera nell'ambito della sua ordinaria attività (Tuir, art. 162, comma 7).

La qualifica di stabile organizzazione può essere assunta da una società controllata, che metta a disposizione della casa madre la sua struttura o agisca concludendo contratti che impegnano la casa madre.

B) La stabile organizzazione non è un soggetto giuridico distinto dalla società non residente, ma mero "centro di imputazione di situazioni giuridiche". Ciò significa che dalla stabile organizzazione scaturiscono situazioni giuridiche che fanno capo al soggetto non residente, al quale è riconducibile la stabile organizzazione (materiale o personale).

La presenza in Italia di una stabile organizzazione rende applicabili le stesse norme che si applicherebbero se l'impresa non residente fosse residente in Italia. Non vi è, però, uno sdoppiamento della personalità giuridica del non residente. In definitiva, la stabile organizzazione non è un soggetto, ma una fattispecie, con effetti costitutivi di situazioni giuridiche che fanno capo al non residente.

C) Il reddito della stabile organizzazione è determinato secondo le disposizioni relative al reddito d'impresa (Tuir, art. 152).

La base imponibile è determinata sulla base di un rendiconto economico e patrimoniale, da redigersi secondo i principi contabili previsti per i soggetti residenti aventi le medesime caratteristiche, come se la stabile organizzazione fosse una entità autonoma, separata e indipendente rispetto alla più vasta organizzazione di cui è parte. Il Fondo di dotazione è determinato secondo gli *standard* OCSE.

I componenti di reddito della stabile organizzazione relativi ai rapporti con la casa madre sono soggetti alla disciplina dei prezzi di trasferimento, come tra società dello stesso gruppo.

3. *I redditi dei residenti prodotti all'estero. I dividendi e le plusvalenze provenienti da Stati a fiscalità ordinaria.*

A) I dividendi percepiti da persone fisiche, provenienti da Stati a fiscalità ordinaria, sono tassati come i dividendi distribuiti da società residenti. Pertanto, si applica o il regime sostitutivo con aliquota del 26 per cento, o la tassazione del 58,14 per cento, o la tassazione integrale (si rinvia a quanto detto nel capitolo sui singoli redditi, nella sezione dedicata ai redditi di capitale, paragrafo sui dividendi), come previsto dal D.P.R. 29 settembre 1973, n. 600, art. 27, commi 1 e 4.

Invece, gli utili distribuiti da società non residenti ai soggetti passivi Ires residenti sono componenti del reddito d'impresa e sono tassati come i dividendi distribuiti da società residenti (Tuir, art. 89, comma 3).

B) Le plusvalenze da cessioni di partecipazioni in società non residenti, realizzate da non imprenditori, sono «*redditi diversi*» e sono tassate con imposta sostitutiva del 26 per cento (Tuir, art. 67, comma 1, lett. c, e c-*bis*).

Invece, le plusvalenze realizzate da soggetti passivi Ires, derivanti da cessioni di partecipazioni in società non residenti, sono trattate come le cessioni di partecipazioni in società residenti (esenzione del 95 per cento, in presenza dei presupposti della *partecipation exemption*).

3.1. *I dividendi e le plusvalenze provenienti da Stati a fiscalità privilegiata.*

A) Se la società partecipata ha sede in un Paese a regime fiscale privilegiato, non vi è motivo per detassare i dividendi e le plusvalenze.

Ecco perché i dividendi provenienti da "paradisi fiscali" sono tassati per intero, sia quando sono redditi di capitale (Tuir, art. 47, comma 4), sia quando sono redditi d'impresa (art. 89, comma 3).

B) Non si applica il regime di piena imponibilità dei dividendi ove sia accertato, anche a seguito di interpello, che, dalla partecipazione in società residenti in "paradisi fiscali", non sia conseguito l'effetto di localizzare i redditi in Stato o territori a fiscalità privilegiata.

In altri termini, deve risultare che la società partecipata abbia ricevuto quei redditi da società residenti in Paesi a fiscalità ordinaria (Tuir, art. 47, comma 4, e art. 89, comma 3).

C) Nel caso di cessione di partecipazioni in società localizzate nei "paradisi fiscali" sono imponibili per intero: a) le plusvalenze realizzate da società o enti commerciali o da società di persone o imprenditori individuali (Tuir, artt. 87, comma 1, lett. c); b) le plusvalenze realizzate da persone fisiche (non imprenditori), se la partecipazione è qualificata (Tuir, art. 68, comma 4). Si tiene conto anche delle minusvalenze, con facoltà di riporto a nuovo.

D) Per le plusvalenze da cessione di partecipazioni in società residenti in Stati a fiscalità privilegiata la piena imponibilità è esclusa per i soggetti passivi Ires ove sia dimostrato che non sia stato conseguito l'effetto di localizzare i redditi in Stato a fiscalità privilegiata (Tuir, art. 87, comma 1, lett. c).

L'art. 89, comma 3, del Tuir, prevede però, per le plusvalenze conseguite da soggetti passivi Ires, un regime di tassazione attenuata, limitata al 50 per cento di quanto percepito, e con attribuzione del credito d'imposta indiretto, quando la società partecipata svolge, in via principale, un'effettiva attività commerciale o industriale, nel mercato dello Stato o territorio di insediamento.

4. *Esenzione opzionale delle stabili organizzazioni estere.*

Le imprese residenti che posseggono una stabile organizzazione all'estero possono optare per l'esenzione degli utili e delle perdite ad essa attribuibili (Tuir, art. 168-*ter*).

L'opzione è irrevocabile ed è esercitata quando è costituita la stabile organizzazione.

L'opzione può essere esercitata anche per le stabili organizzazioni già esistenti. In tal caso, se l'attività delle stabili organizzazioni ha generato perdite dedotte dal reddito imponibile in Italia, gli utili prodotti dalle stabili organizzazioni continuano ad essere tassabili in Italia, fino a concorrenza delle perdite dedotte dal reddito nei precedenti esercizi.

5. *Le imprese estere controllate.*

A) Il regime delle imprese estere controllate (o regime CFC: *Controlled Foreign Companies*) è un regime di trasparenza che si applica alle società e, in generale, ai contribuenti residenti che detengono «*direttamente o indirettamente, anche tramite società fiduciarie o per interposta persona, il controllo di una impresa, di una società o di altro ente, residente o localizzato in Stati o territori a regime fiscale privilegiato*» (Tuir, art. 167, comma 1).

Di regola, i redditi derivanti dalla partecipazione in società residenti all'estero sono soggetti ad imposta quando sono percepiti: secondo il "regime CFC", invece, i redditi delle controllate estere sono imputati al soggetto residente in Italia, a prescindere dalla distribuzione, in base al principio di trasparenza.

Il regime CFC è simile al consolidato mondiale, perché comporta l'imputazione per trasparenza di redditi prodotti all'estero ad un contribuente residente in Italia. Ma, mentre il consolidato è opzionale, il regime CFC ha funzione antielusiva, e, quindi, si applica obbligatoriamente.

Per effetto del regime di trasparenza, i redditi prodotti dalle CFC sono tassati in Italia nel periodo in cui sono prodotti: è così contrastato il *tax deferral,* cioè il rinvio della tassazione in Italia mediante rinvio della distribuzione dei redditi prodotti dalle imprese estere controllate.

Si considerano privilegiati i regimi fiscali, anche speciali, di Stati o territori il cui livello nominale di tassazione risulti inferiore al 50 per cento di quello applicabile in Italia (Tuir, art. 167, comma 4).

Rileva il controllo ai sensi dell'art. 2359 c.c., secondo cui vi è controllo se una società dispone della maggioranza dei voti o di un numero di voti sufficienti per esercitare un'influenza dominante sull'altro soggetto; il controllo può inoltre derivare dalla presenza di particolari vincoli contrattuali (Tuir, art. 167, comma 3).

B) Il regime CFC non si applica in due ipotesi:

a) nel caso in cui il soggetto estero «*svolga un'effettiva attività industriale o commerciale, come sua principale attività, nel mercato dello Stato o territorio di insediamento*»;

b) quando il soggetto residente non fruisce del regime fiscale privilegiato, perché il soggetto estero partecipato riceve utili prodotti da una stabile organizzazione o da una partecipata i cui redditi sono tassati in un Paese a fiscalità normale.

C) Per la determinazione del reddito da imputare al soggetto residente, il l'art. 167, comma 6, del Tuir prevede che i redditi del non residente sono assoggettati a tassazione separata con l'aliquota media Irpef applicata sul reddito complessivo del soggetto residente e, comunque, non inferiore all'aliquota ordinaria dell'imposta sul reddito delle società.

I redditi del soggetto estero sono determinati applicando le norme italiane in materia di reddito d'impresa.

Dall'imposta così determinata sono ammesse in detrazione le imposte pagate all'estero a titolo definitivo.

D) Ai sensi dell'art. 167, comma 8-*bis*, Tuir, il regime CFC è esteso ai casi in cui i soggetti esteri controllati non hanno sede in Stati o territori a regime privilegiato, qualora:

a) siano assoggettati ad una tassazione effettiva inferiore a più della metà di quella a cui sarebbero soggetti se fossero residenti in Italia;

b) abbiano conseguito proventi ("*passive income*") derivanti per più del 50 per cento dalla gestione, dalla detenzione o dall'investimento in titoli, partecipazioni, crediti o altre attività finanziarie, dalla cessione o dalla concessione in uso di diritti immateriali relativi alla proprietà industriale, letteraria o artistica) o dalla prestazione di servizi infragruppo.

L'estensione del regime CFC ora indicata può essere però evitata se il soggetto residente dimostra – mediante interpello – che l'insediamento all'estero non rappresenta una "costruzione artificiosa", volta a conseguire un indebito vantaggio fiscale.

Con questa estensione, il regime CFC appare diretto a contrastare non solo il *tax deferral*, ma più in generale la dislocazione di profitti propri del soggetto controllante presso strutture estere artificiose, con sede in Stati o territori a fiscalità privilegiata.

6. *Il consolidato mondiale.*

A) Il consolidato mondiale comporta la imputazione, alla capogruppo italiana, del risultato fiscale delle controllate estere, in proporzione alla quota di partecipazione.

Vi è una fondamentale differenza tra consolidato nazionale e mondiale. Il primo determina la tassazione unitaria di più soggetti passivi. Il consolidato mondiale, invece, concerne la tassazione di un solo soggetto passivo (la controllante residente), a cui sono imputati i redditi delle partecipazioni in controllate estere.

Alla controllante sono imputati in misura proporzionale i redditi e le perdite di tutte le controllate non residenti (*all in, all out*), per un periodo non inferiore a cinque esercizi (i successivi rinnovi vincolano per almeno tre esercizi).

Si imputano quote di reddito della società estera: non avrebbe alcun fondamento tassare una quota di reddito superiore alla frazione riferibile alla controllante in base alla partecipazione posseduta.

Questo sistema di tassazione presenta, al tempo stesso, vantaggi e svantaggi.

Il lato positivo è dato dalla compensabilità delle perdite fiscali delle controllate non residenti con i redditi delle società residenti. La controllante che non adotta il consolidato può dedurre le perdite delle stabili organizzazioni (Tuir, art. 84), ma non le perdite delle controllate estere. La principale "ragion pratica" del consolidato mondiale è dunque la compensabilità delle perdite tranfrontaliere. Tutte le limitazioni e le cautele che circondano l'istituto (che, non a caso, è adottato solo da Francia e Danimarca) vanno dunque spiegate avendo presente che consente la compensazione delle perdite di società estere con utili realizzati in Italia.

D'altro canto, però, il consolidato rende immediatamente tassabili in Italia, per imputazione (alla controllante), gli utili delle controllate non residenti.

B) Il soggetto controllante deve essere una società di capitali o un ente commerciale residente in Italia. Non possono adottare il consolidato mondiale né le società di persone, né le società non residenti. Per brevità, nella esposizione che segue, ci riferiremo alle società, ma resta inteso che anche gli enti commerciali residenti possono assumere il ruolo di capogruppo.

La controllante può optare per il consolidato mondiale: a) se è una società quotata nei mercati regolamentati; b) se è controllata dallo Stato, o da altri enti pubblici, o da persone fisiche residenti, che non abbiano il controllo di altre società.

Il requisito del controllo sussiste quando la controllante possiede: a) la maggioranza dei diritti di voto esercitabili nell'assemblea ordinaria; b) il diritto di partecipare agli utili in misura superiore al 50 per cento.

Il controllo può essere detenuto anche in modo indiretto, ossia per il tramite di una o più controllate residenti; in tal caso, però, è necessario che la capogruppo e le controllate residenti optino per il consolidato nazionale (Tuir, art. 131, comma 2). Va anche qui tenuto conto, come nel consolidato nazionale, dell'effetto "demoltiplicativo" della catena di controllo.

Non sono previsti requisiti per le controllate, che possono dunque essere società di qualsiasi tipo.

L'opzione per il consolidato mondiale deve essere esercitata unicamente dalla società o ente controllante residente. Le controllate non devono esprimere alcuna opzione, perché il consolidato mondiale non tassa i loro redditi. Le controllate devono però assumere alcuni impegni (come si vedrà).

L'opzione è efficace se, oltre ai presupposti già indicati, sussistono le seguenti ulteriori condizioni:

a) l'opzione ha per oggetto tutte le controllate non residenti (*all in, all out*);

b) vi è identità dell'esercizio sociale di ciascuna società controllata con quello della controllante;

c) i bilanci di tutte le società del gruppo sono soggetti a revisione contabile;

d) il consenso delle controllate alla revisione del proprio bilancio e l'impegno a fornire alla controllante la collaborazione necessaria per la determinazione dell'imponibile e per adempiere, entro un periodo non superiore a 60 giorni dalla loro notifica, alle richieste dell'Amministrazione finanziaria.

6.1. *Gli effetti del consolidato mondiale.*

Il consolidato mondiale comporta, come già accennato, l'imputazione alla controllante dei risultati reddituali (utile o perdita) delle società non residenti, in proporzione della quota di partecipazione agli utili (Tuir, art. 131).

Il risultato reddituale delle società estere, calcolato secondo la legislazione fiscale dello Stato di residenza fiscale, deve essere ricalcolato applicando le disposizioni vigenti in Italia in materia di Ires (Tuir, art. 134), analogamente a quanto previsto per le CFC.

Devono poi essere effettuate le "rettifiche di consolidamento", così sommariamente riassumibili:

– trattamento uniforme dei componenti di reddito risultanti dai bilanci revisionati delle controllate;

– riconoscimento dei valori risultanti dal bilancio relativo al periodo anteriore a quello di adozione del consolidamento, a condizione che non vi sia stato un mutamento di principi contabili;

– esclusione degli utili e perdite di cambio risultanti da finanziamenti infragruppo di durata superiore a diciotto mesi;

– conversione degli imponibili espressi in valuta estera;

– applicazione del principio del valore normale ai beni e servizi scambiati tra società residenti e non residenti;

– esclusione dei fondi per rischi ed oneri che non rientrano nelle categorie tipizzate dal Tuir, di cui va rispettata la misura.

Sulla base imponibile risultante dalle rettifiche di consolidamento, la controllante determina la corrispondente imposta lorda, da cui sono scomputabili i crediti e le ritenute di pertinenza della controllante, nonché il credito per le imposte pagate all'estero dalle controllate (Tuir, art. 165, comma 6).

6.2. *Interruzione e revoca dell'opzione per il consolidato mondiale.*

La disciplina degli eventi *lato sensu* interruttivi distingue, essenzialmente, due ipotesi principali, a seconda che l'evento interessi la capogruppo ovvero le controllate (Tuir, art. 165, comma 6).

Se la capogruppo perde lo *status* legittimante (ad esempio, privatizzazione di una *holding* pubblica), il regime cessa di avere efficacia a partire dall'inizio del periodo di imposta successivo.

Quando si verifica l'evento interruttivo, le perdite maturate durante il consolidamento vengono ridotte proporzionalmente al "contributo" che le controllate hanno dato alla loro produzione. Si verifica il medesimo effetto in caso di revoca dell'opzione.

Nell'ipotesi in cui venga meno il requisito di controllo rispetto ad una o più entità sono recuperati a tassazione, nella base imponibile consolidata, le perdite proporzionalmente riferibili alle società uscite dal consolidamento, qualora ne rappresentino oltre due terzi.

In caso di interruzione o di revoca dell'opzione, i dividendi percepiti e le plusvalenze realizzate dalla controllante, per effetto delle partecipazioni detenute nelle società consolidate, concorrono a formare il reddito imponibile della controllante, per la quota parte che ha beneficiato della *participation exemption*, fino a concorrenza della differenza fra le perdite delle società estere dedotte e i redditi delle stesse società tassati nell'ambito del consolidato (Tuir, art. 139-*bis*).

Tale regola si applica anche in costanza di consolidato, quando la partecipazione posseduta dalla controllante residente in una società estera consolidata si riduce, ma senza scendere al di sotto della percentuale di controllo che dà titolo all'inclusione nel consolidato.

7. *Il credito d'imposta per le imposte pagate all'estero.*

L'attribuzione del credito d'imposta per le imposte assolte all'estero, in via definitiva, ai contribuenti residenti in Italia mira a fare in modo che la tassazione del reddito prodotto all'estero sia pari alla tassazione del reddito prodotto nello Stato di residenza dell'investitore.

A tale scopo, per eliminare (o attenuare) la doppia imposizione internazionale, a parte i rimedi previsti dalle convenzioni internazionali, è attribuito al contribuente residente un credito d'imposta (Tuir, art. 165).

Il credito d'imposta si compensa con il debito per l'imposta dovuta dal soggetto residente; in sostanza, si tratta di una detrazione, che spetta fino a concorrenza della quota di imposta italiana corrispondente al rapporto tra redditi prodotti all'estero e reddito complessivo. La detrazione è data per il tributo pagato all'estero, ma non in misura superiore alla quota di imposta italiana proporzionalmente attribuibile al reddito prodotto all'estero.

Se alla formazione della base imponibile concorrono redditi prodotti in più Stati esteri, la detrazione si applica separatamente per ciascuno Stato.

Nel caso in cui il reddito prodotto all'estero sia tassato parzialmente (ad esempio, dividendi percepiti da società, che concorrono solo per il 5 per cento, o da persone fisiche, che concorrono solo in parte), anche l'imposta estera detraibile è ridotta in misura corrispondente. E il credito d'imposta è ridotto in misura proporzionale alla quota del reddito estero che non concorre alla formazione del reddito complessivo.

Inoltre, la detrazione può essere fatta valere solo se i redditi possono considerarsi prodotti all'estero secondo i criteri previsti per la localizzazione dei redditi prodotti da non residenti in Italia, e se i redditi esteri concorrono alla formazione del reddito complessivo imponibile (il credito d'imposta non spetta per i redditi di fonte estera sottoposti in Italia a ritenute alla fonte o imposte sostitutive).

8. *La patrimoniale su immobili e attività finanziarie.*

Gli immobili posseduti all'estero, da persone fisiche residenti in Italia, sono tassati con una patrimoniale, cioè dall'imposta sul valore degli immobili situati all'estero (art. 19, commi dal 13 al 17, del D.l. 6 dicembre 2011, n. 201, conv. dalla L. 22 dicembre 2011, n. 214). L'imposta è dovuta nella misura dello 0,76 per cento del valore degli immobili.

Per evitare doppie imposizioni, dall'imposta dovuta si deduce un credito d'imposta pari all'ammontare dell'imposta patrimoniale versata nello Stato in cui è situato l'immobile.

Sono soggette ad imposta anche le attività finanziarie detenute all'estero dalle persone fisiche residenti nel territorio dello Stato.

L'imposta è dovuta nella misura del 2 per mille del valore delle attività finanziarie. Dall'imposta si detrae un credito d'imposta pari all'ammontare dell'imposta patrimoniale versata nello Stato estero.

9. *La dichiarazione dei beni e redditi esteri.*

I soggetti residenti fiscalmente in Italia devono dichiarare i beni detenuti e i redditi prodotti all'estero (obblighi di monitoraggio).

Le persone fisiche, gli enti non commerciali e le società semplici, residenti in Italia, devono indicare nella dichiarazione dei redditi gli investimenti che detengono all'estero e le attività estere di natura finanziaria, attraverso cui possono essere conseguiti redditi imponibili in Italia (art. 4, commi 1 e 3, D.l. 28 giugno 1990, n. 167, conv. dalla L. 4 agosto 1990, n. 227). La violazione dell'obbligo di dichiarazione è punita con sanzione amministrativa pecuniaria dal 3 al 15 per cento dell'ammontare degli importi non dichiarati; La sanzione è raddoppiata (quindi dal 6 al 30 per cento), se lo Stato estero è a regime fiscale privilegiato (art. 5 del D.l. 28 giugno 1990, n. 167, conv. con L. 6 agosto 1990, n. 227).

A ciò vanno aggiunte le imposte dovute sui redditi prodotti all'estero dai capitali non dichiarati e le sanzioni connesse alla omessa o infedele dichiarazione di redditi.

CAPITOLO VENTUNESIMO

LE OPERAZIONI STRAORDINARIE

1. *Operazioni sui beni. Le cessioni di azienda.*

A) Per l'imprenditore, l'azienda acquistata ha un valore fiscalmente riconosciuto, pari al costo, che può essere ammortizzato per la parte riferibile ai beni strumentali. Se l'azienda è ceduta ad un prezzo maggiore del valore fiscalmente riconosciuto, la plusvalenza – pari alla differenza fra il corrispettivo, al netto degli oneri accessori di diretta imputazione, e il costo non ammortizzato – è tassata integralmente nel periodo d'imposta del realizzo (Tuir, art. 86, comma 4).

Accanto al regime ordinario sono però previsti dei regimi fiscali attenuati, o di non tassazione.

Chi cede un'azienda posseduta da meno di tre anni, e, quindi, realizza una plusvalenza formata in poco tempo, non ha alcuna agevolazione; le attenuazioni sono riservate alle plusvalenze che si sono formate in un periodo relativamente più lungo (di tre o di cinque anni).

Se l'azienda ceduta è stata posseduta per un periodo non inferiore a tre anni, il contribuente ha la facoltà di scelta tra tassazione immediata nell'esercizio del realizzo e tassazione frazionata in più esercizi, in quote costanti, nell'esercizio del realizzo e nei successivi, non oltre il quarto (Tuir, art. 86, comma 4).

La tassazione immediata della plusvalenza realizzata può essere conveniente quando compensa perdite dell'esercizio o perdite pregresse.

In luogo di questo regime, se l'azienda è stata posseduta per almeno cinque anni, l'imprenditore individuale può optare (nella dichiarazione dei redditi) per la tassazione separata (Tuir, artt. 17 e 58).

La plusvalenza derivante dalla cessione dell'unica azienda da parte degli imprenditori individuali, che sia stata data in affitto e poi ceduta senza rientrarne in possesso, è tassabile come reddito diverso (Tuir, art. 67, comma 1, lett. h).

In caso di permuta, non vi è tassazione se il corrispettivo della cessione è costituto da beni ammortizzabili (anche se si tratta di un complesso o ramo aziendale), e se vi è continuità di valori fiscali (cioè se i beni ricevuti sono complessivamente iscritti in bilancio allo stesso valore al quale erano iscritti i beni ceduti). Si tassa l'eventuale conguaglio in danaro, cioè la parte di plusvalenza che è monetizzata (Tuir, art. 86, comma 2, ultimo periodo).

B) Il trasferimento di azienda per causa di morte o per atto gratuito non rende tassabili le plusvalenze, purché vi sia continuità di valori fiscali: l'azienda deve essere assunta ai valori fiscalmente riconosciuti nei confronti del dante causa (Tuir, art. 58); se l'erede o il donatario cede l'azienda, la plusvalenza è tassata come reddito diverso (Tuir, art. 67, comma 1, lett. h-*bis*).

C) La plusvalenza realizzata con la cessione di una azienda non è tassata se l'azienda è conferita in una società, in regime di neutralità fiscale (Tuir, art. 176, comma 1); la partecipazione ricevuta, se è iscritta come immobilizzazione, può essere poi ceduta in regime di *participation exemption*.

L'art. 176, comma 3, del Tuir, esclude espressamente che tale operazione possa essere considerata elusiva.

2. *La responsabilità del cessionario d'azienda.*

Chi acquista un'azienda è solidalmente responsabile con il cedente per il pagamento dell'imposta e delle sanzioni riferibili alle violazioni commesse nell'anno in cui è avvenuta la cessione e nei due precedenti, nonché per quelle già irrogate e contestate nel medesimo periodo, anche se riferite a violazioni commesse in epoca anteriore (D.lgs. 18 dicembre 1997, n. 472, art. 14).

Si tratta di una responsabilità limitata, oltre che temporalmente, anche nella misura, perché il cessionario è obbligato nei limiti del valore dell'azienda ceduta.

La responsabilità del cessionario non ha limiti se la cessione è avvenuta in frode al fisco. La frode è presunta se il trasferimento si è verificato entro sei mesi dalla constatazione di una violazione penale.

2.1. *Le cessioni di partecipazioni immobilizzate.*

Secondo il regime ordinario, sono imponibili le plusvalenze realizzate con la cessione di partecipazioni sociali iscritte nell'attivo immobilizzato (c.d. partecipazioni strategiche), se non fruiscono del regime di *participation exemption*. Se si tratta di partecipazioni iscritte fra le immobilizzazioni finanziarie negli ultimi tre bilanci, il contribuente può sottoporre la plusvalenza a tassazione immediata o frazionarla in quote costanti, nell'esercizio del realizzo e nei successivi, non oltre il quarto (Tuir, art. 86, comma 4).

Questo regime non opera, però, per le partecipazioni immobilizzate che fruiscono della *participation exemption*. In tale regime, le plusvalenze derivanti dalla cessione di partecipazioni "strategiche" sono:

a) esenti da imposizione, nella misura del 95 per cento, se il cedente è una società di capitali o un ente commerciale;

b) esenti da imposizione, nella misura del 41,86 per cento, se il cedente è un imprenditore individuale;

c) esenti da imposizione, nella misura del 50,28, se il cedente è una società di persone commerciale.

3. *I conferimenti in generale.*

I conferimenti, generalmente, hanno per oggetto danaro; possono però avere per oggetto anche altri beni (crediti, immobili, partecipazioni, aziende, ecc.). Se è conferito danaro, non sorgono problemi di tassazione.

I conferimenti di altri beni possono essere fiscalmente "realizzativi" (cioè con tassazione delle plusvalenze realizzate) o "neutrali" (cioè senza tassazione delle plusvalenze).

In linea di principio, i conferimenti sono equiparati alle cessioni a titolo oneroso (Tuir, art. 9, comma 5): sono, quindi, realizzativi. Ciò significa che, di norma, le plusvalenze dei beni conferiti sono da considerare realizzate e sono tassate, come nel caso in cui il bene è ceduto verso un corrispettivo in danaro. Vi sono, però, anche ipotesi in cui, come vedremo, i conferimenti sono neutrali.

Per effetto del conferimento, il conferente riceve una partecipazione (azioni o quote); la plusvalenza insita nel bene conferito (bene di primo grado) non viene "monetizzata", ma "scambiata" con un bene di secondo grado (il titolo di partecipazione). La plusvalenza è data dalla differenza tra valore delle partecipazioni ricevute e valore del bene conferito.

Per determinare il valore delle partecipazioni ricevute bisogna distinguere tra conferimenti in società quotate e conferimenti in società non quotate (Tuir, art. 9, comma 2).

Se la conferitaria è una società quotata in borsa o in altri mercati regolamentati, il valore normale delle partecipazioni è determinato in base alle quotazioni della borsa (in specie, si tiene conto della media aritmetica dei prezzi rilevati nell'ultimo mese).

Se la conferitaria non è quotata, si assume che il valore normale delle partecipazioni ricevute sia pari al valore normale dei beni conferiti. La plusvalenza è dunque pari alla differenza tra valore normale e valore fiscale dei beni conferiti.

I conferimenti hanno rilievo non solo per il conferente, ma anche per la società conferitaria, che deve dare un valore ai beni ricevuti. Il Tuir non fornisce però alcuna indicazione sul valore fiscale che il bene conferito deve assumere per la conferitaria.

3.1. *I conferimenti di azienda.*

A) Per i conferimenti di azienda effettuati nell'esercizio di impresa il regime ordinario non è il realizzo, ma la neutralità fiscale. I conferimenti d'azienda sono equiparati alle altre operazioni straordinarie (trasformazioni, fusioni, scissioni) e sono considerati una mera riorganizzazione; la partecipazione sostituisce l'azienda, nel patrimonio del conferente; il rapporto fra conferente e struttura produttiva non cessa, ma continua per il tramite della partecipazione ricevuta.

Il regime di continuità e neutralità fiscale comporta che il valore fiscale dell'azienda conferita diventa, per il conferente, valore della partecipazione ricevuta; per la conferitaria, il valore fiscale dei beni ricevuti è lo stesso valore che i beni avevano per il conferente.

La neutralità fiscale non viene meno se le plusvalenze sono iscritte in contabilità. Il conferente può infatti attribuire alla partecipazione ricevuta un valore contabile superiore al valore fiscale della azienda conferita; e il conferitario può iscrivere l'azienda ad un valore superiore al valore fiscale (riprendendo i valori di perizia). La plusvalenza messa così in evidenza non è tassata, ma le divergenze tra valori fiscali e valori contabili devono essere indicate in un "prospetto di riconciliazione", allegato alla dichiarazione dei redditi, per "memorizzare" la differenza tra valori civilistici e fiscali (Tuir, art. 176, comma 1).

Non vi è dunque tassazione di plusvalenze per effetto del conferimento; vi sarà tassazione quando il soggetto conferente cederà la partecipazione, o la società conferitaria cederà l'azienda, per un corrispettivo superiore al valore fiscale. Il valore di partenza, ai fini del calcolo della plusvalenza, non è il valore contabile di iscrizione (che è fiscalmente irrilevante), ma il valore fiscale indicato nel prospetto di riconciliazione.

B) Alla conferitaria è riconosciuta la facoltà di attribuire un valore fiscalmente riconosciuto ai plusvalori latenti delle immobilizzazioni (materiali e immateriali) dell'azienda ricevuta pagando un'imposta sostitutiva (Tuir, art. 176, comma 2-*ter*).

Riceve in tal modo riconoscimento fiscale il maggior valore degli elementi dell'attivo costituenti immobilizzazioni (materiali e immateriali) dell'azienda ricevuta, compreso l'avviamento; sono esclusi, quindi, gli elementi dell'attivo circolante e le immobilizzazioni finanziarie (ad esempio, le rimanenze di merci o titoli).

L'imposta è sostitutiva dell'Irpef, dell'Ires e dell'Irap. I maggiori valori assoggettati ad imposta sostitutiva possono essere oggetto di ammortamento fiscale a partire dal periodo di imposta nel corso del quale è esercitata l'opzione, ma i beni non devono essere ceduti prima del quarto periodo d'imposta successivo a quello di esercizio dell'opzione.

La plusvalenza o minusvalenza deve essere calcolata contrapponendo al corrispettivo ricevuto (o al valore normale) il costo fiscale del cespite ceduto, ridotto dei maggiori valori affrancati e del maggior ammortamento dedotto. In tale ipotesi, è riconosciuto un credito d'imposta in misura pari al tributo sostitutivo versato.

L'opzione effettuata dalla società conferitaria non riguarda il conferente, per il quale la partecipazione ricevuta conserva il valore fiscale dell'azienda conferita: in caso di cessione della partecipazione, il conferente può fruire del regime di *participation exemption*.

C) Il regime di neutralità fiscale si applica anche all'imprenditore individuale che conferisce l'unica azienda di cui è proprietario.

Il valore fiscale delle partecipazioni ricevute è dato dal valore fiscale dell'azienda conferita; vi sarà tassazione della plusvalenza se le partecipazioni ricevute saranno alienate verso un corrispettivo superiore al valore fiscale di partenza (Tuir, art. 176, comma 2-*bis*).

Poiché l'imprenditore individuale, per effetto del conferimento dell'unica azienda, cessa di essere imprenditore, la plusvalenza realizzata cedendo la partecipazione è tassata come reddito diverso.

La partecipazione ceduta sarà considerata partecipazione qualificata e sarà tassata in misura parziale (esenzione del 50,28 per cento). Si applicherà, dunque, il regime di *participation exemption*, assumendo come valore di partenza per il calcolo della plusvalenza il valore della partecipazione sociale che, come detto, è pari al valore fiscale dell'azienda conferita.

3.2. *I conferimenti di partecipazioni di controllo o di collegamento.*

Per effetto dell'equiparazione generale dei conferimenti alle cessioni, le plusvalenze derivanti dal conferimento di partecipazioni sono imponibili come le altre plusvalenze (Tuir, art. 86, comma 4) o soggette al regime di *participation exemption* (Tuir, artt. 58 e 87).

Peraltro, il conferimento di partecipazioni di controllo o di collegamento (ai sensi dell'art. 2359 c.c.), effettuato nell'esercizio di imprese commerciali, è assimilato ai conferimenti di aziende, per cui può essere effettuato in regime di neutralità fiscale, come i conferimenti di aziende.

Vi è però una importante differenza, perché il conferimento di aziende resta neutrale anche se le plusvalenze emergono a livello contabile (neutralità dunque solo fiscale), mentre i conferimenti di partecipazioni di controllo o di collegamento sono neutrali solo se la plusvalenza non emerge a livello contabile.

Il regime di neutralità si applica dunque solo se il conferente iscrive la partecipazione ricevuta allo stesso valore contabile della partecipazione conferita e se, a sua volta, il conferitario iscrive la partecipazione al valore contabile che aveva presso il conferente.

Vi è invece tassazione se la plusvalenza è rilevata da uno dei due soggetti dell'operazione. Ossia se il conferente attribuisce alla partecipazione ricevuta un valore superiore a quello della partecipazione conferita o se il conferitario attribuisce alla partecipazione conferita un valore contabile superiore a quello che aveva presso il conferente.

In definitiva, i soggetti coinvolti possono concordare la non tassazione, dando continuità ai precedenti valori, o decidere di tassare in tutto o in parte la plusvalenza, facendo emergere in tutto o in parte il valore reale della partecipazione conferita o di quella ricevuta.

Il regime di neutralità non è applicabile nel caso in cui siano conferite partecipazioni di controllo o di collegamento imponibili (cioè prive dei requisiti della *participation exemption*) e si ricevono in cambio partecipazioni esenti, cioè con i requisiti della *participation exemption*, con esclusione del requisito temporale (Tuir, art. 175, comma 2). In tale ipotesi, è subito tassata la plusvalenza latente, che è pari alla differenza tra valore normale e valore fiscalmente riconosciuto. Non vi è neutralità perché la plusvalenza, insita nelle partecipazioni imponibili conferite, è "trasferita" nella partecipazione (esente) ricevuta e, se non fosse tassata per effetto del conferimento, non sarebbe più tassata.

Invece, nel caso di conferimento di una partecipazione di controllo o di collegamento esente, in cambio di un'altra partecipazione pure esente, non vi sono plusvalenze imponibili latenti.

3.3. *Lo scambio di partecipazioni.*

Il regime di neutralità può essere applicato, a certe condizioni, anche allo scambio di partecipazioni, quando sia in gioco il controllo societario.

In caso di permuta, cioè nel caso in cui una società acquista (o integra, o incrementa) il controllo di un'altra società, cedendo azioni proprie, lo scambio avviene in regime di neutralità fiscale (Tuir, art. 177), a condizione che:

a) i soggetti dello scambio siano società o enti commerciali, soggetti ad Ires;

b) oggetto dello scambio sia una partecipazione che permetta di acquisire o integrare il controllo ai sensi dell'art. 2359, comma 1, n. 1), c.c. (ossia la maggioranza dei voti esercitabili nell'assemblea ordinaria) o di incrementare il controllo in virtù di un obbligo legale o di un vincolo statutario;

c) l'operazione avvenga con continuità dei valori fiscali delle azioni o quote, e cioè con attribuzione, alle azioni o quote ricevute, del valore fiscalmente riconosciuto delle azioni o quote proprie, che sono state cedute.

In tal caso, la plusvalenza resta latente e sarà tassata quando la partecipazione sarà ceduta (salvo che ricorrano i presupposti di applicazione della *participation exemption*). L'eventuale conguaglio in denaro è tassabile, applicando, se ne ricorrono le condizioni, il regime di *participation exemption* (Tuir, art. 87, per i soggetti Ires, e artt. 58 e 67, comma 3, per gli altri soggetti).

Il regime di neutralità si applica anche allo scambio di partecipazioni mediante conferimento, ossia quando la società che acquista una partecipazione di controllo, o incrementa la percentuale di controllo in virtù di un obbligo legale o statutario, aumenta appositamente il capitale sociale, attribuendo al conferente le nuove azioni.

In tal caso, le azioni o quote ricevute dai conferenti sono valutate in base alla corrispondente quota delle voci di patrimonio netto formato dalla società conferitaria per effetto del conferimento (Tuir, art. 177, comma 2).

Vale anche per il conferimento attuato mediante scambio di partecipazioni la regola, già vista in materia di conferimenti di partecipazioni di controllo e di collegamento, secondo cui il regime di neutralità non si applica nel caso in cui lo scambio avvenga tra una partecipazione non esente con una partecipazione alla quale si applica la *participation exemption* (Tuir, art. 177, comma 3, che rinvia all'art. 175, comma 2).

4. *Operazioni sui soggetti. Le trasformazioni omogenee.*

Trasformazione, fusione e scissione sono tre forme di riorganizzazione societaria che possono essere considerate in modo unitario perché nessuna di esse dà luogo, di per sé, alla tassazione delle plusvalenze latenti, essendo operazioni che, a differenza delle cessioni e dei conferimenti, non hanno per oggetto i beni (se non in via mediata), ma i soggetti.

Con la trasformazione, muta la forma sociale di una società, ma non vi è realizzo di presupposti impositivi. Ecco perché «*la trasformazione della società non costituisce realizzo né distribuzione delle plusvalenze e minusvalenze dei beni, comprese quelle relative alle rimanenze e il valore di avviamento*» (Tuir, art. 170, comma 1).

In realtà, le trasformazioni non sono sempre neutrali, ma anche realizzative.

La trasformazione da un tipo di società commerciale ad altro di società commerciale (trasformazioni omogenee dal punto di vista civilistico) assume particolare rilievo fiscale quando consiste nella trasformazione di una società di capitali in società di persone, o viceversa, ossia quando il mutamento di tipo societario produce mutamento dell'imposta da applicare (trasformazione eterogenea dal punto di vista fiscale).

In tali casi, il periodo d'imposta in corso si divide in due: la trasformazione interrompe il periodo d'imposta in corso e inizia un nuovo periodo. Il periodo interrotto decorre dall'inizio dell'esercizio fino alla data in cui ha effetto la trasformazione; il secondo dal giorno successivo alla data in cui ha effetto la trasformazione fino alla chiusura dell'esercizio sociale. Si applicano, a ciascuno dei due periodi, le regole cui la società è soggetta in ragione della sua forma sociale.

La trasformazione esige perciò la redazione di due conti economici, relativi ai due periodi d'imposta, e la presentazione di correlative dichiarazioni dei redditi, applicando le norme fiscali proprie del tipo sociale.

Se una società di persone si trasforma in società di capitali, i redditi del periodo che precede la trasformazione sono tassati con le regole previste per le società di persone, imputando ai soci i redditi della società.

Le riserve costituite prima della trasformazione con utili tassati in capo ai soci per imputazione conservano il loro originario *status* fiscale anche dopo la trasformazione e non saranno da tassare quando la società trasformata le distribuirà ai soci. È però necessario che siano iscritte in bilancio con la indicazione della loro origine.

Se una società di capitali, cui non si applica il regime di trasparenza, si trasforma in società di persone, e nel suo bilancio vi sono riserve costituite con utili, gli utili non sono imputati ai soci, perché la trasformazione non determina l'immediata applicazione alle riserve delle norme in tema di redditi delle società di persone.

Le riserve conservano il loro *status* fiscale originario di utili tassabili come dividendi presso i soci solo a seguito di distribuzione (a condizione, però, che siano iscritte in bilancio con indicazione della loro origine). Pertanto, solo quando sono distribuite ai soci, o utilizzate per scopi diversi dalla copertura di perdite di esercizio, sono tassate presso i soci.

In definitiva, quindi, in caso di passaggio da società di capitali a società di persone, alle riserve costituite prima della trasformazione continuano ad applicarsi le norme Ires relative ai dividendi, anche se la società non è più soggetta a tale imposta.

Il Tuir omette di considerare espressamente il caso in cui una società commerciale (di capitali o di persone) si trasforma in società semplice ed il caso, inverso, in cui una società semplice si trasforma in società commerciale (di persone o di capitali).

La trasformazione di una società di capitali in società semplice (c.d. de commercializzazione) è analoga alla trasformazione di una società di capitali in ente non commerciale. I beni della società di capitali cessano di essere “beni d’impresa”, e ciò comporta la tassazione delle plusvalenze perché la trasformazione realizza una destinazione dei beni plusvalenti a finalità estranee all’impresa.

Il caso, inverso, in cui una società semplice si trasforma in società di capitali, dev’essere trattato come la trasformazione di un soggetto non commerciale in soggetto commerciale. Cioè equiparando la trasformazione al conferimento.

4.1. *Le trasformazioni eterogenee.*

La trasformazione eterogenea, in senso civilistico, può avvenire:

– o come trasformazione di una società di capitali in consorzio, società consortile, società cooperativa, comunione di azienda, associazione non riconosciuta e fondazione (art. 2500-*septies* c.c.);

– o come trasformazione di tali soggetti in società di capitali (art. 2500-*octies* c.c.).

Si tratta, anche in questi casi, di trasformazione in senso proprio: muta la forma giuridica, non l’identità del soggetto, per cui si ha piena continuità di rapporti giuridici.

Dal punto di vista fiscale nulla muta se vi è identità di regime fiscale tra situazione anteriore e situazione posteriore alla trasformazione (la trasformazione è omogenea dal punto di vista fiscale): ciò accade, ad esempio, quando un ente pubblico economico si trasforma in società di capitali o quando, viceversa, una società di capitali si trasforma in ente pubblico economico.

Assumono invece rilievo le ipotesi in cui muta il regime fiscale (trasformazione eterogenea dal punto di vista fiscale).

Se vi è trasformazione di una società di capitali in soggetto non commerciale, l’operazione comporta il realizzo dei beni della società secondo il valore normale (salvo che non confluiscano nell’attività di impresa del soggetto non commerciale). Le plusvalenze sono imponibili perché i beni aziendali cessano di essere beni d’impresa. La trasformazione determina infatti la destinazione dei beni aziendali a finalità estranee all’esercizio di impresa.

Nel caso di trasformazione da soggetto non commerciale in società di capitali, l’operazione è fiscalmente equiparata ad un conferimento (Tuir, art. 171, comma 2). Ma il conferimento è equiparato ad una cessione (Tuir, art. 9, comma 5) e, quindi, la trasformazione equivale, fiscalmente, ad una cessione. Ecco perché le plusvalenze insite nel patrimonio dell’ente che, trasformandosi, si "commercializza", sono tassate come le plusvalenze dei beni ceduti e, quindi, come redditi diversi (Tuir, art. 67, comma 1, lett. *n*). In altri termini, le plusvalenze dei beni dell'ente non commerciale che si trasforma in società commerciale sono trattate come quelle realizzate da un "privato", cioè come redditi diversi (Tuir, art. 67, comma 1).

Sennonché, l'ente non commerciale che si trasforma in società commerciale non riceve nessun corrispettivo. Può accadere che il "corrispettivo" venga dato ad un terzo, cui sono attribuite le azioni della società risultante dalla trasformazione. Il tributo sulla plusvalenza ha come soggetto passivo l'ente che si trasforma: questo pagamento di imposta è lo scotto che si paga per la trasformazione dei "beni non d'impresa" (dell'ente non commerciale) in "beni relativi all'impresa", rivalutandone i valori di riferimento rispetto al costo.

Come si quantifica la plusvalenza? Dato per noto il valore di partenza (costo fiscale) del patrimonio dell'ente che si trasforma, vi è da individuare il valore finale (nuovo valore fiscale del patrimonio). Normalmente, la plusvalenza è la differenza tra corrispettivo percepito e costo fiscale (Tuir, art. 67, comma 1). Qui, però, non c'è un corrispettivo in senso stretto, ma, a fronte del conferimento, vi sono delle partecipazioni che vengono date ad un terzo. Ci si deve quindi riferire a queste partecipazioni, e determinarne il valore ai sensi dell'art. 9, comma 4, del Tuir. In particolare, ci si deve riferire all'art. 9, comma 4, lett. b), dove si stabilisce che rileva il valore del bene conferito, se la conferitaria è di nuova costituzione.

Le partecipazioni devono essere valutate in base al valore corrente del patrimonio che si trasforma in bene d'impresa; e questo valore dev'essere confrontato con il costo storico del patrimonio. Ne possono scaturire una plusvalenza imponibile e una "rivalutazione" del patrimonio ai fini delle successive vicende "realizzative" di plusvalenze, secondo lo schema dei conferimenti "realizzativi".

5. *La fusione.*

La fusione può avvenire o con la costituzione di una nuova società o mediante incorporazione (art. 2501 c.c.): in pratica, però, le fusioni sono realizzate prevalentemente mediante incorporazione. Nell'esposizione che segue ci riferiremo, per semplicità espositiva, quasi solo a tale ipotesi.

La società incorporante subentra in tutte le situazioni giuridiche che facevano capo alle società fuse, o alla incorporata. Ad esempio, l'avviso di rettifica della dichiarazione dell'incorporata dovrà essere emesso nei confronti dell'incorporante; le imposte dovute dalla incorporata dovranno essere pagate dall'incorporante.

La fusione interessa l'organizzazione patrimoniale e societaria dei soggetti d'imposta, non la loro gestione, ed è quindi evento fiscalmente neutro ai fini reddituali.

La neutralità riguarda, in particolare, le plusvalenze e le minusvalenze insite nel patrimonio della società incorporata o fusa e le differenze di fusione (avanzi e disavanzi). Nel patrimonio della società che è fusa o incorporata possono esservi – e, solitamente, vi sono – beni il cui valore reale è diverso da quello fiscalmente riconosciuto (Tuir, art. 172, comma 2); possono esservi, quindi, plusvalenze o minusvalenze latenti.

Di regola, le plusvalenze latenti divengono tassabili, e le minusvalenze divengono deducibili, se si realizzano determinati eventi (realizzo mediante cessione a titolo oneroso, distribuzione ai soci, ecc.). La fusione non è però evento rilevante a tali fini. Infatti «*non costituisce realizzo né distribuzione delle plusvalenze e minusvalenze dei beni delle società fuse o incorporate, comprese quelle relative alle rimanenze e il valore di avviamento*» (Tuir, art. 172, comma 1). In definitiva, la fusione non conferisce rilievo alle differenze (positive o negative) tra valori reali e valori fiscalmente riconosciuti dei beni delle società che partecipano alla fusione.

I beni provenienti dalle società fuse o incorporate possono essere iscritti ad un valore contabile superiore a quello di provenienza, se dalla fusione emerge un disavanzo. Questi maggiori valori non costituiscono plusvalenze imponibili per la società risultante dalla fusione o incorporante.

I beni ricevuti dalla incorporante assumono lo stesso valore fiscale che avevano presso l'incorporata. E i divergenti valori contabili e valori fiscali devono essere annotati in un "prospetto di riconciliazione", da unire alla dichiarazione dei redditi (Tuir, art. 172, comma 2). In caso di successiva cessione dei beni, si assumerà come valore di partenza, per il calcolo della plusvalenza, non il valore contabile del bene, ma il valore fiscalmente riconosciuto, indicato nel prospetto. Sarà in tal modo tassata la parte di plusvalenza latente, non tassata in occasione della fusione.

La fusione è fiscalmente neutra anche per i soci.

Le partecipazioni dei soci delle società fuse o incorporate sono annullate e sostituite da partecipazioni della società risultante dalla fusione o incorporante, e il concambio avviene in base al rapporto calcolato nel progetto di fusione. Il concambio non rientra tra le ipotesi alle quali la legge ricollega il realizzo di plusvalenze imponibili, ma è considerato una semplice sostituzione di titoli, per cui «*il cambio delle partecipazioni originarie non costituisce né realizzo né distribuzione di plusvalenze o minusvalenze, né conseguimento di ricavi per i soci della società incorporata o fusa*» (Tuir, art. 172, comma 3). È tassabile solamente il conguaglio in denaro pagato ai soci in occasione del concambio: sono tassate come reddito di capitale le somme ricevute che eccedono il costo della partecipazione annullata (Tuir, art. 47, comma 7).

5.1. *Avanzi e disavanzi da annullamento.*

Passiamo ora ad esaminare il trattamento fiscale delle differenze di fusione (avanzi e disavanzi), che hanno significato diverso nelle fusioni con o senza cambio di azioni.

Cominciamo dall'incorporazione senza cambio di azioni.

Quando la società incorporante possiede per intero le azioni della società da incorporare, con la fusione è annullata la partecipazione nella società incorporata; nel suo bilancio, in luogo della partecipazione annullata, sono iscritti gli elementi dell'attivo e del passivo della società incorporata. Per stabilire se vi è avanzo, si dovrà calcolare la somma delle attività e sottrarre quella delle passività; si ottiene così il valore del patrimonio netto della società incorporata, che sostituisce, nel bilancio della incorporante, il valore della partecipazione.

In simile ipotesi, vi è avanzo di fusione se il patrimonio netto contabile della società incorporata è superiore al valore contabile della partecipazione posseduta dalla incorporante.

L'avanzo è iscritto come posta di patrimonio netto della incorporante e dev'essere utilizzato innanzitutto per la ricostituzione delle riserve in sospensione d'imposta presenti nel patrimonio della società incorporata. La parte residua acquisisce il regime fiscale del capitale e delle riserve della società incorporata (diverse da quelle ricostituite), che hanno proporzionalmente concorso a determinarlo (Tuir, art. 172, comma 6).

Vi è, invece, disavanzo di fusione, quando il valore del patrimonio netto contabile della incorporata è inferiore al valore contabile della partecipazione.

Questa ipotesi è più frequente perché, di solito, i valori contabili dei beni d'impresa sono inferiori a quelli reali e il valore contabile delle azioni (o quote) corrisponde ai valori reali.

Ora, tanto l'avanzo, quanto il disavanzo, non concorrono – per espresso disposto di legge – a formare il reddito della incorporante; in altri termini, l'avanzo non è un componente positivo di reddito, il disavanzo non è un componente negativo.

La fusione è fiscalmente neutra con riguardo alle differenze di fusione, in un duplice senso:

a) nel senso che avanzi e disavanzi di fusione non hanno rilievo reddituale: «nella determinazione del reddito della società risultante dalla fusione o incorporante non si tiene conto dell'avanzo o disavanzo iscritto in bilancio per effetto del rapporto di cambio delle azioni o quote o dell'annullamento delle azioni o quote di alcuna delle società fuse possedute da altre» (Tuir, art. 47, comma 7);

b) nel senso che il disavanzo può essere utilizzato, nel bilancio della società incorporante o risultante dalla fusione, per rivalutare i beni provenienti dalla società fusa o incorporata in bilancio, ma non anche fiscalmente dato che «*i beni ricevuti sono valutati fiscalmente in base all'ultimo valore riconosciuto ai fini delle imposte sui redditi*» (Tuir, art. 172).

Si supponga che la società Alfa abbia acquistato per 100 euro la totalità delle azioni di Beta, che ha un patrimonio netto contabile di 50 euro; a seguito dell'incorporazione, emergerà un disavanzo di 50. Ora, se il costo delle azioni (100) corrisponde al valore reale del patrimonio della società incorporata (100), il disavanzo non indica una perdita, ma soltanto che il valore contabile del patrimonio della incorporata (50) è inferiore al valore effettivo del patrimonio (100). La differenza può dipendere dal fatto che i singoli beni hanno un valore contabile e fiscale inferiore a quello corrente; e può dipendere dal fatto che il valore della somma dei singoli beni è inferiore al valore complessivo dell'azienda, in quanto comprensivo dell'avviamento. Il disavanzo, dunque, non indica una perdita, a meno che non risulti che il costo della partecipazione è superiore al valore effettivo del patrimonio dell'azienda.

Il legislatore, peraltro, non distingue le due ipotesi, e non attribuisce rilevanza fiscale al disavanzo, nemmeno nel caso in cui, avendo riguardo alle ragioni del disavanzo, sarebbe opportuno trattarlo come componente negativo deducibile.

Considerazioni simmetriche valgono per l'avanzo, che emerge quando il valore contabile della partecipazione annullata (cioè, di regola, il costo) è inferiore al valore contabile del patrimonio netto dell'incorporata. Ripetendo le considerazioni fatte per il disavanzo, va osservato che l'incorporante realizza un profitto solo in apparenza, perché acquista per un dato importo (costo della partecipazione) un *quid* che, al momento della fusione, risulta valere di più (secondo i valori di libro); ma, anche qui, si tratta di un'apparenza che può essere illusoria, perché il valore di ciò che è stato acquisito non è dato dal patrimonio netto contabile, ma dal valore reale del patrimonio della incorporata.

La fusione senza concambio, dunque, di per sé, non determina emersione di perdite deducibili o di componenti positive tassabili; avanzo e disavanzo da annullamento sono, perciò, fiscalmente neutri.

Potranno emergere componenti positivi o negativi di reddito quando avranno rilievo fiscale i valori reali dei beni della incorporata, acquisiti dalla incorporante.

5.2. *Avanzi e disavanzi da rapporti di cambio.*

La nozione di avanzo e disavanzo, nelle fusioni con concambio di azioni, è diversa da quella che abbiamo esaminato fin qui, con riguardo alle fusioni senza concambio.

Se l'incorporante non possiede l'intero capitale della società da incorporare (perché non possiede alcuna azione o possiede una partecipazione non totalitaria), i soci della società incorporanda entrano a far parte della compagine sociale della incorporante, ottenendo, in luogo delle azioni della incorporanda da essi possedute (che sono annullate), azioni della incorporante, che a tale scopo deve aumentare il proprio capitale.

Fusione con concambio di azioni può aversi, inoltre, in caso di fusione in senso proprio, ossia quando due o più società confluiscono in una terza società, di nuova costituzione, le cui azioni sono distribuite tra i soci delle vecchie società, in sostituzione delle azioni annullate.

Per i soci della incorporata vi è dunque un cambio di azioni, perché ricevono, in sostituzione delle azioni della incorporata, azioni della incorporante.

La società incorporante deve aumentare il proprio capitale sociale per assegnare le nuove azioni ai soci della società incorporata. La differenza di fusione è qui data dalla differenza tra misura dell'aumento del capitale dell'incorporante e valore del patrimonio netto contabile dell'incorporata.

Quindi, considerando l'incorporazione in termini di acquisizione del patrimonio di una società da parte di un'altra, dobbiamo osservare che, nel caso di incorporazione senza concambio, il "costo" da considerare è dato dal costo della partecipazione pre-posseduta dall'incorporante; e che, nel caso di fusione con concambio, il "costo" è dato dall'aumento di capitale, deliberato dall'incorporante, per disporre di nuovi titoli da assegnare ai soci della incorporata.

Le differenze di fusione scaturiscono, quindi, dalle differenze tra tali "costi" ed il patrimonio netto contabile dell'incorporata.

Se l'aumento di capitale dell'incorporante è inferiore al patrimonio netto dell'incorporata, si ha un avanzo: una quota del patrimonio netto dell'incorporata bilancia l'aumento di capitale, il resto (l'avanzo) costituirà una posta (passiva) dello stato patrimoniale della incorporante (o della nuova società). E poiché l'avanzo ha natura di sovrapprezzo (e quindi, in ultima analisi, di capitale), si comprende perché non è tassato (come componente reddituale positivo). Anche questo avanzo deve essere utilizzato innanzitutto per la ricostituzione delle riserve in sospensione d'imposta, sottoponendone la parte residua al regime fiscale del capitale e delle riserve (diverse da quelle già ricostituite) della società fusa o incorporata che hanno proporzionalmente concorso a determinarlo.

Vi è disavanzo quando l'aumento di capitale deliberato dalla incorporante supera il patrimonio netto contabile della incorporata. Esso indica che l'incorporante deve compensare i soci della incorporata con azioni il cui valore nominale complessivo supera il valore netto del patrimonio della incorporata. Il disavanzo ha dunque origine dall'aumento di capitale della incorporante, effettuato per disporre dei titoli da assegnare ai soci dell'incorporata.

Il disavanzo da concambio sarà una posta dell'attivo dello stato patrimoniale della società incorporante o risultante dalla fusione, iscritta per equilibrare quella parte di aumento di capitale della incorporante o della nuova società che supera il patrimonio netto contabile delle società fuse o della incorporata. Il disavanzo figura nello stato patrimoniale della incorporante come posta attiva che ha la funzione di contropartita di parte del capitale sociale (il passivo è incrementato dall'aumento del capitale sociale; nell'attivo si iscrive il patrimonio netto della incorporata che, essendo minore dell'aumento di capitale, comporta una contropartita che bilancia l'incremento del capitale sociale).

5.3. *Il riconoscimento opzionale dei maggiori valori iscritti in bilancio.*

La regola generale secondo cui i disavanzi da annullamento o da concambio non sono imponibili per l'incorporante (o per la società risultante dalla fusione) comporta che non siano fiscalmente rilevanti i valori o i maggiori valori iscritti in bilancio mediante l'utilizzo di tali poste (ad esempio, mediante l'iscrizione dell'avviamento o la rivalutazione dei singoli cespiti della società incorporata o fusa).

La società incorporante (o risultante dalla fusione) può però "affrancare" tali valori o maggiori valori, ossia ottenerne il riconoscimento fiscale, mediante applicazione dell'imposta sostitutiva prevista per i conferimenti di azienda (Tuir, art. 172, comma 10-*bis*).

Si applica la disciplina del riconoscimento dei maggiori valori iscritti dalla società conferitaria nell'ipotesi di conferimento di azienda.

5.4. *Il riporto delle perdite e degli interessi passivi.*

Tra le situazioni soggettive che vengono acquisite dalla società incorporante (o risultante dalla fusione) vi è il diritto di utilizzare le perdite fiscali pregresse delle società coinvolte nella fusione.

Che le perdite di una società siano "computate" dalla società che le realizza, o dalla società che la incorpora, appare indifferente, se la fusione ha comportato la unificazione di due apparati produttivi. Il riporto delle perdite fiscali pregresse di una delle società fuse o incorporate da parte della nuova società o della incorporante non ha nulla di eccepibile quando la fusione è posta in essere per la causa giuridica che la contraddistingue, ed ha realizzato una razionale riorganizzazione di più apparati produttivi. L'operazione appare invece strumentale ad un risultato di pura elusione fiscale quando una società non viene fusa o incorporata per il suo valore economico-produttivo, ma solo in quanto portatrice di un "beneficio fiscale" (cioè di perdite che potrebbero essere utilizzate dalla incorporante). Il legislatore, perciò, limita tale diritto per scopi antielusivi, ossia per arginare il fenomeno di fusioni attuate non per fini economico-produttivi, ma solo per permettere all'incorporante di utilizzare le perdite dell'incorporata, o viceversa (Tuir, art. 172, comma 7).

Sono tre i limiti al riporto delle perdite a seguito di fusione.

Il primo limite condiziona la stessa possibilità di riportare a nuovo le perdite: si richiede che la società incorporata abbia avuto, nell'ultimo esercizio, un ammontare di ricavi e proventi dell'attività caratteristica, e un ammontare di spese per prestazioni di lavoro subordinato e per i relativi contributi, superiore al quaranta per cento della media dei due esercizi precedenti (Tuir, art. 172, comma 7). Tale previsione (relativa ai c.d. indici di vitalità) mira ad impedire l'incorporazione di società inattive a fini elusivi.

Il secondo limite riguarda il *quantum* della perdita riportabile: le perdite di ciascuna società partecipe della fusione sono riportabili in misura non superiore al rispettivo patrimonio netto, risultante dall'ultimo bilancio o dalla situazione patrimoniale di cui all'art. 2501-*quater* c.c., senza tener conto dei conferimenti e dei versamenti fatti negli ultimi ventiquattro mesi anteriori alla data cui si riferisce la situazione patrimoniale.

Il terzo limite è anch'esso quantitativo e concerne le fusioni con annullamento quando, prima dell'incorporazione, la società incorporante abbia svalutato la partecipazione dell'incorporanda. Per impedire che l'incorporante, dopo aver dedotto la svalutazione dei titoli, deduca anche le perdite pregresse della società incorporata, è precluso all'incorporante di utilizzare le perdite fino a concorrenza dell'importo della svalutazione, nel presupposto che le perdite pregresse della incorporata abbiano già trovato riconoscimento fiscale con la svalutazione. Questa previsione ha perso gran parte del suo rilievo, a seguito dell'introduzione del regime di *participation exemption*. I limiti al riporto delle perdite si applicano anche agli interessi passivi che, indeducibili nel periodo in cui sono sostenuti, possono essere riportati in avanti (Tuir, art. 172, comma 7, ultimo periodo, che richiama l'art. 96, comma 4).

5.5. *La sorte delle riserve.*

Il subentro dell'incorporante nelle situazioni tributarie dell'incorporata riguarda anche le riserve in sospensione d'imposta: il debito fiscale potenziale ad esse collegato passa all'incorporante.

Vanno però distinte due categorie di riserve: quelle tassabili per qualunque utilizzo; quelle tassabili solo in caso di distribuzione.

In linea generale, le riserve "in sospensione" sono tassabili se la società subentrante non le ricostituisce nel suo bilancio.

La ricostituzione, presso l'incorporante, delle riserve in sospensione d'imposta equivale alla iscrizione di un debito; ne deriva, quindi, riduzione dell'avanzo.

Se non vi è avanzo, o se l'avanzo non è capiente, la ricostituzione può esser fatta vincolando a tale fine le poste disponibili del patrimonio netto e, in particolare, le riserve già tassate (ma anche, in mancanza, il capitale sociale della società risultante dalla fusione o incorporante, indicando il vincolo nella nota integrativa).

La ricostituzione delle riserve non è necessaria quando si tratta di riserve tassabili solo in caso di distribuzione ai soci; esse vanno ricostituite nei limiti in cui vi sia un avanzo o un aumento di capitale sociale superiore alla somma dei capitali delle società partecipanti alla fusione. Le riserve sono tassate solo se la società incorporante o risultante dalla fusione le distribuisce ai soci.

Può accadere che l'aumento di capitale disposto dalla società incorporante o risultante dalla fusione o l'avanzo (da annullamento o da concambio) eccedano la ricostituzione e l'attribuzione delle riserve in sospensione; a tale eccedenza si applica il regime delle riserve delle società fuse o incorporate, diverse da quelle in sospensione, che hanno proporzionalmente concorso alla sua formazione.

Ciò rispecchia il principio secondo cui l'incremento di capitale attuato dalla società risultante dalla fusione o dall'incorporante (in funzione del concambio), e l'avanzo (da concambio o da annullamento), assorbono il patrimonio netto delle società fuse o incorporate, e, di conseguenza, ne conservano la natura fiscale.

Vi sono insomma quote di patrimonio della società risultante dalla fusione o incorporante, che non nascono presso tale società da nuovi conferimenti, ma derivano da quote di patrimonio netto delle società fuse o incorporate, di cui conservano lo *status* fiscale.

5.6. *La fusione retroattiva.*

Gli effetti fiscali della fusione, di regola, coincidono temporalmente con quelli civilistici; è però ammesso che l'atto di fusione abbia effetti retroattivi ai fini fiscali, risalendo non oltre la data in cui si è chiuso l'ultimo esercizio della società incorporata o, se più prossima, non oltre la data in cui si è chiuso l'ultimo esercizio della incorporante (Tuir, art. 172, comma 9).

La retrodatazione degli effetti della fusione è utile per semplificare gli adempimenti contabili e fiscali connessi all'operazione, perché impedisce che assuma valore di autonomo periodo d'imposta, per l'incorporata, l'intervallo di tempo che va dall'inizio del periodo d'imposta, in cui avviene la fusione, alla data in cui ha effetto, ai fini civilistici, l'atto di fusione.

Con la retrodatazione, gli effetti possono retroagire in modo da comprendere, sin dall'inizio, il periodo d'imposta in corso per l'incorporante al momento della fusione; tale periodo non viene frazionato e i relativi effetti vengono imputati per intero, ai fini dell'imposizione sui redditi, all'incorporante (fermi restando gli adempimenti già compiuti dall'incorporata).

La retrodatazione opera *ex nunc*: fermi gli adempimenti fiscali già posti in essere dalla incorporata (ad esempio, fatture, ritenute, ecc.), la retrodatazione implica soltanto che le conseguenze reddituali dei fatti di quel periodo sono imputati alla incorporante. Se il risultato della frazione di periodo di una delle società partecipanti alla fusione è negativo, si applicano le limitazioni qualitative e quantitative previste per il riporto delle perdite pregresse (Tuir, art. 172, comma 7).

La retroattività non è dunque assoluta, perché non viene cancellata retroattivamente la soggettività tributaria della incorporata, ma è relativa, perché attiene soltanto all'imputazione soggettiva dei fatti reddituali del periodo considerato.

6. *La scissione.*

A) Fenomeno inverso alla fusione è quello della scissione, che può avvenire in due modi:

(i) scissione totale: trasferimento dell'intero patrimonio di una società ad altre società (due o più), preesistenti o di nuova costituzione; le società beneficiarie, in cambio di ciò che ricevono dalla società scissa, non danno nulla a tale società ma assegnano proprie azioni ai soci della società scissa;

(ii) scissione parziale: trasferimento di parte del patrimonio di una società (Alfa), che permane, ad una o più società (Beta e Gamma), con assegnazione ai soci di Alfa di azioni di Beta e Gamma.

La differenza fondamentale, tra le due forme di scissione, è che nel primo caso la società scissa diventa un "guscio vuoto", in quanto, non possedendo più nulla, è destinata ad estinguersi, mentre, nel secondo, è soltanto impoverita (e, quindi, non si estingue).

B) La disciplina fiscale della scissione presenta notevoli affinità – di problemi e di soluzioni – con la fusione.

Anche la scissione, come la fusione, non determina il realizzo o altro evento che attribuisca rilevanza fiscale alle plusvalenze e minusvalenze latenti nei beni della società scissa trasferiti alla beneficiaria (Tuir, art. 173, comma 1).

Per quel che riguarda le plusvalenze, il trasferimento (totale o parziale) del patrimonio della società scissa alle società beneficiarie avviene senza corrispettivo; non vi sono, pertanto, i presupposti per la tassabilità, a carico della società scissa, delle plusvalenze latenti nei beni trasferiti. Né vi sono, per le stesse ragioni, i presupposti per considerare rilevanti le minusvalenze che emergono. Ciò trova espresso riconoscimento nell'art. 173, comma 2, Tuir, ove si afferma l'irrilevanza fiscale dei maggiori valori iscritti nel bilancio delle società beneficiarie per effetto dell'imputazione del disavanzo, a condizione che i divergenti valori civilistici e fiscali siano annotati in un "prospetto di riconciliazione" da allegare alla dichiarazione dei redditi.

Anche la scissione, come la fusione, è un'operazione fiscalmente neutra per i soci: la sostituzione delle partecipazioni sociali non costituisce né realizzo né distribuzione di plusvalenze o di minusvalenze o di ricavi, salva la tassabilità del conguaglio, per la parte fiscalmente rilevante ai sensi dell'art. 47, comma 7, del Tuir.

C) Possono darsi, anche a seguito della scissione, avanzi e disavanzi, sia da concambio, sia da annullamento.

Essi risultano dal confronto, presso la società beneficiaria, tra aumento di capitale disposto dalla stessa società beneficiaria e valore netto contabile dei beni, provenienti dalla società scissa e pervenuti alla beneficiaria; oppure, nel caso in cui la beneficiaria sia socia della scissa, dal confronto fra il valore contabile della partecipazione posseduta e la parte proporzionalmente corrispondente del valore contabile del patrimonio ricevuto.

Anche per le differenze di scissione il principio è quello della neutralità: avanzi e disavanzi riflettono, qui, fenomeni analoghi a quelli visti in materia di fusione con concambio e senza concambio: si applicano, pertanto, le regole fiscali previste per le differenze di fusione.

Anche alle società beneficiarie è consentito optare – al pari dell'incorporante o alla società risultante dalla fusione – per l'affrancamento dei valori o maggiori valori iscritti in bilancio mediante applicazione del regime dell'imposta sostitutiva per i conferimenti di azienda (Tuir, art. 173, comma 15-*bis*).

D) In caso di scissione totale, le posizioni soggettive (attive e passive) che facevano capo alla società scissa passano tutte alla società beneficiaria, mentre, nel caso di scissione parziale, le posizioni soggettive della società scissa sono trasferite solo in parte (Tuir, art. 173, commi 4, 5 e 6).

Peraltro, in caso di scissione parziale, per i debiti fiscali della scissa relativi a periodi anteriori alla scissione, rispondono, solidalmente e illimitatamente, anche le società beneficiarie (Tuir, art. 173, commi 13). La responsabilità non è dunque limitata (come prevede l'art. 2506-*bis* c.c.), e concerne anche le sanzioni (D.lgs. 18 dicembre 1997, n. 472, art. 15, comma 2).

7. *La liquidazione ordinaria delle società.*

A) Quando una società, soggetta a Ires, viene messa in liquidazione, si rende necessario separare fiscalmente la gestione ordinaria dalla liquidazione (Tuir, art. 182). Per tale motivo, l'intervallo temporale che va dall'inizio del periodo d'imposta alla messa in liquidazione costituisce autonomo periodo d'imposta, in funzione del quale deve essere formato un apposito bilancio (art. 2277 c.c.). Sarà quindi oggetto di tassazione il reddito di impresa relativo al periodo compreso tra l'inizio dell'esercizio e l'inizio della liquidazione; il liquidatore deve presentare la dichiarazione relativa a tale periodo entro nove mesi dalla messa in liquidazione (D.P.R. 22 luglio 1998, n. 322, art. 5, comma 1).

B) Il reddito relativo al periodo compreso tra l'inizio e la chiusura della liquidazione è determinato in base al bilancio finale. Se la liquidazione si protrae oltre l'esercizio in cui ha avuto inizio, il reddito relativo alla residua frazione di tale esercizio e a ciascun successivo esercizio intermedio è determinato in via provvisoria in base al rispettivo bilancio, liquidando l'imposta, salvo conguaglio, in base al bilancio finale.

Se la liquidazione si protrae per più di cinque esercizi, compreso quello in cui ha avuto inizio, nonché in caso di omessa presentazione del bilancio finale, i redditi determinati in via provvisoria si considerano definitivi e ai fini dell'imposta sul reddito delle persone fisiche i redditi compresi nelle somme percepite o nei beni ricevuti dai soci, ancorché già tassati separatamente, concorrono a formarne il reddito complessivo per i periodi di imposta di competenza.

C) Con riguardo alla liquidazione degli imprenditori individuali e delle società di persone, vanno distinte tre ipotesi.

Se la liquidazione non va oltre il periodo d'imposta in cui inizia, deve essere redatto un bilancio finale di liquidazione, in base al quale è determinato il reddito imponibile.

Quando la liquidazione della società si protrae oltre il periodo in cui inizia, e dura non più di tre esercizi, il periodo della liquidazione costituisce un periodo d'imposta unico. Il risultato dei singoli esercizi ha carattere provvisorio; ad essi segue il conguaglio, sulla base del bilancio finale di liquidazione. Le perdite degli esercizi che precedono la messa in liquidazione sono compensate con il risultato finale.

Ultima ipotesi è quella in cui la liquidazione dura più di tre esercizi: in tal caso, i risultati dei singoli esercizi intermedi cessano di essere provvisori ed assumono carattere di definitività.

8. *Il fallimento e la liquidazione coatta amministrativa.*

A) In tema di disciplina fiscale del fallimento, valida anche per la liquidazione coatta amministrativa, occorre distinguere tra:

– periodi d'imposta pre-fallimentari (già interamente trascorsi, nel momento in cui viene dichiarato il fallimento);

– mini-periodo prefallimentare, che va dall'inizio del periodo d'imposta in corso nel momento della dichiarazione di fallimento alla data di dichiarazione del fallimento;

– periodo fallimentare (o maxi-periodo fallimentare), che va dall'inizio della procedura fino alla chiusura.

I crediti fiscali dei periodi d'imposta pre-fallimentari sono soggetti alle regole del fallimento (c.d. crediti concorsuali); per riscuoterli, il fisco deve insinuarsi al passivo sulla base di un titolo idoneo.

La dichiarazione di fallimento interrompe il periodo d'imposta in corso; il lasso di tempo che va dall'inizio del periodo d'imposta alla data della dichiarazione di fallimento è, come nella liquidazione ordinaria, un periodo d'imposta autonomo, il cui reddito è determinato in base al bilancio redatto dal curatore o dal commissario liquidatore (Tuir, art. 183, comma 1).

Il curatore ha l'obbligo di presentare la dichiarazione relativa a tale particolare periodo d'imposta (dichiarazione c.d. iniziale), entro nove mesi dalla nomina (D.P.R. 22 luglio 1998, n. 322, art. 5, comma 4).

Se il fallimento riguarda una società di persone o un imprenditore individuale o un'impresa familiare, alla dichiarazione del curatore segue quella del soggetto fallito, che deve tener conto di quando dichiarato dal curatore, il quale, a tal scopo, deve inviare copia della sua dichiarazione iniziale al soggetto fallito.

Analogamente, il risultato della dichiarazione finale (reddito o perdita) concorre a formare il reddito di questi soggetti.

B) Il periodo che va dall'inizio alla chiusura del fallimento è un unico periodo d'imposta (c.d. maxi-periodo), il cui risultato fiscale è determinato in modo particolare, essendo costituito «*dalla differenza tra il residuo attivo e il patrimonio netto dell'impresa o della società all'inizio del procedimento determinato in base ai valori fiscalmente riconosciuti*» (Tuir, art. 183). In pratica, però, è rarissimo che un fallimento venga chiuso con un residuo attivo; di solito, il fallimento si chiude con un residuo passivo. Il risultato fiscale della procedura fallimentare è calcolato in base alle dichiarazioni iniziale e finale del curatore (presentate a norma dell'art. 10 del D.P.R. 29 settembre 1973, n. 600). Il curatore, entro nove mesi dalla chiusura del fallimento, deve presentare la dichiarazione finale, previo versamento dell'imposta, che fosse in ipotesi dovuta (D.P.R. 22 luglio 1998, n. 322, art. 5, comma 1).

CAPITOLO VENTIDUESIMO

L'IMPOSTA SUL VALORE AGGIUNTO

1. *Origine e natura dell'Iva.*

A) L'imposta sul valore aggiunto è stata ideata in sede europea ed è stata introdotta in tutti gli Stati membri della Comunità (ora Unione) in base ad un modello tracciato nel 1967 da due direttive comunitarie. La disciplina dell'UE è ora racchiusa principalmente nella Direttiva 2006/112/CE del Consiglio del 28 novembre 2006 (detta Direttiva «rifusione»), seguita da altre direttive.

In Italia, l'Iva è stata istituita ed è disciplinata dal D.P.R. 26 ottobre 1972, n. 633 (che sarà indicato come D.P.R. n. 633).

Considerato il rapporto tra diritto dell'UE e diritto interno, la disciplina dell'Iva dev'essere ricostruita tenendo presente, in via prioritaria, il diritto dell'UE (con la giurisprudenza della Corte di giustizia), e, poi, in via secondaria, la disciplina nazionale.

L'Iva è una delle «risorse proprie» dell'UE. Gli Stati membri sono tenuti a devolvere all'Unione parte del gettito del tributo e devono garantirne la corretta applicazione e l'effettiva riscossione.

Perciò, in base al diritto dell'UE, l'Iva non può essere oggetto di condono.

Può, però, essere oggetto di falcidia nel concordato preventivo e nell'accordo di ristrutturazione dei debiti, ma solo se un esperto indipendente attesti che l'Erario non otterrebbe un pagamento maggiore in caso di fallimento (Legge fallimentare, art. 182-*ter*).

B) L'imposta sul valore aggiunto appartiene alla categoria delle imposte sui consumi, che possono essere "monofase" o "plurifase". Le prime sono applicate una sola volta (ad esempio, sulle cessioni dal produttore al commerciante, o dal dettagliante al consumatore finale). Le seconde, invece, sono applicate nelle varie fasi del processo produttivo-distributivo.

Le imposte plurifase sono "cumulative" (o "a cascata"), se il tributo dovuto in ciascuna fase si somma agli altri; oppure sul valore aggiunto (come appunto l'Iva), se l'imposizione colpisce il maggior valore che ciascuna fase aggiunge al bene.

L'imposta "a cascata" non è neutrale rispetto alla tassazione complessiva di una merce, che dipende dalla lunghezza del ciclo distributivo; i prodotti che pervengono al consumatore dopo un numero maggiore di passaggi sono tassati più di altri, anche quando, per ragioni economico-sociali, dovrebbero essere tassati di meno.

Inoltre, l'imposta "a cascata" influisce sull'organizzazione produttiva, in quanto favorisce le aziende integrate colpendo di più quelle specializzate; ne deriva una concentrazione innaturale delle imprese industriali e commerciali ed un intralcio alla divisione razionale del lavoro fra le imprese.

L'imposta sul valore aggiunto, invece, grava sul consumatore in proporzione del prezzo finale del bene, ed è neutrale rispetto al numero dei passaggi, per cui non interferisce con la organizzazione delle imprese. Si ritiene perciò che il sistema d'imposizione sul valore aggiunto sia da preferire all'imposizione cumulativa.

C) Le ragioni per cui la Comunità europea ha imposto ai Paesi membri l'adozione dell'imposta sul valore aggiunto sono diverse. Per impedire che uno Stato membro applichi, ai prodotti provenienti da altro Stato membro, tributi superiori a quelli che gravano sui prodotti nazionali, o che favorisca le esportazioni accordando rimborsi dei tributi prelevati nello Stato in misura superiore all'ammontare effettivamente riscosso, è necessario calcolare esattamente l'imposizione che grava su di una merce; il che, con il sistema dell'imposta cumulativa, non è agevole, per cui si ricorre ad una determinazione forfetaria.

Con l'imposta sul valore aggiunto, invece, si conosce esattamente il carico fiscale di un bene, per cui è possibile determinare l'ammontare dell'imposta sulle importazioni e la misura dei rimborsi all'esportazione, senza porre in essere – abusando del *forfait* – agevolazioni all'esportazione e aggravi all'importazione. La neutralità dell'imposta sul valore aggiunto rispetto al meccanismo degli scambi internazionali è quindi una delle ragioni per cui tale forma d'imposizione è stata preferita in sede comunitaria.

D) Per la Corte di giustizia le caratteristiche essenziali dell'Iva sono quattro: l'Iva si applica in modo generale alle operazioni aventi ad oggetto beni o servizi; è proporzionale al corrispettivo dei beni e servizi forniti; è riscossa in ciascuna fase del procedimento di produzione e di distribuzione, compresa la vendita al minuto, a prescindere dal numero di operazioni effettuate in precedenza; gli importi pagati in occasione delle precedenti fasi del processo sono detratti dall'imposta dovuta, cosicché il tributo si applica, in ciascuna fase, solo al valore aggiunto, e, in definitiva, grava solo sul consumatore finale.

1.1. *La neutralità.*

È rilevante distinguere tra "soggetti passivi" (o "assoggettati") e "consumatori finali": i primi sono gravati da una serie di obblighi formali e sostanziali (in ordine alle dichiarazioni, alla contabilità, alla fatturazione, ai versamenti, ecc.), ma possono detrarre l'imposta pagata (o da pagare) "a monte"; per essi, l'Iva non è un costo.

Soggetti passivi dell'Iva sono gli imprenditori, i lavoratori autonomi e coloro che importano beni o servizi; essi sono debitori verso lo Stato, ma hanno il diritto di detrarre l'Iva sugli acquisti.

Ad ogni passaggio, lo Stato deve incassare la differenza tra Iva sugli acquisti e Iva sulle vendite.

L'imposta è neutrale per i soggetti passivi, che sono debitori verso lo Stato dell'Iva commisurata ai corrispettivi, ma sono, contemporaneamente, creditori (di rivalsa) verso i cessionari o committenti.

Inoltre, i soggetti passivi sono debitori (per Iva di rivalsa) verso i propri fornitori, ma, al tempo stesso, l'Iva dovuta per rivalsa può essere detratta nei confronti dello Stato.

La risultante economica dell'operare combinato di queste quattro situazioni soggettive è la neutralità dell'imposta per i soggetti passivi (imprenditori e lavoratori autonomi).

Il consumatore finale, invece, effettua solo operazioni di acquisto, per le quali è debitore per rivalsa verso colui che gli cede un bene o presta un servizio, ma non ha il diritto di detrarre l'imposta.

Perciò, «*una volta giunto al consumatore finale, che non sia un soggetto passivo, il bene resta gravato dall'Iva per un importo proporzionale al prezzo che detto consumatore ha pagato al proprio fornitore*» e, quindi, solo sul consumatore finale grava, alla fine, «*l'onere di pagare l'importo dell'Iva proporzionale al prezzo del bene acquistato*» (Corte di giustizia, 4 febbraio 1988, *Commissione c. Regno del Belgio,* causa 391/85; I). Il consumatore finale è il soggetto definitivamente "inciso" dal tributo.

In conclusione, l'imposta, dal punto di vista giuridico-formale, ha come soggetti passivi (in senso tecnico) gli imprenditori e i lavoratori autonomi e coloro che effettuano importazioni; dal punto di vista economico, invece, grava solo sui "consumatori finali".

Il diritto di detrazione (del soggetto passivo verso il fisco) caratterizza l'imposta sul valore aggiunto e la distingue da ogni altra imposta. Vi è una inversione di ruoli rispetto ad altre imposte, perché, a fronte del diritto di detrazione, il fisco è debitore, il contribuente creditore.

Nell'alternativa tra assoggettamento ad Iva o assoggettamento ad imposta di registro, il "soggetto passivo" Iva ha in genere convenienza a che una prestazione sia soggetta ad Iva, se l'imposta può essere da lui "recuperata".

Altra peculiarità del tributo attiene alle esenzioni, che, nell'Iva, può risolversi in uno svantaggio, perché – come vedremo – alle operazioni attive esenti corrisponde la non detraibilità dell'imposta sugli acquisti.

1.2. *Il fondamento costituzionale.*

L'Iva è un'imposta generale sul consumo. Il consumo è il fatto espressivo di capacità contributiva, che giustifica l'imposta sul piano costituzionale, ed il consumatore finale è il portatore della capacità contributiva incisa dal tributo. Ciò vale anche per altre imposte sui consumi, come le accise, il cui soggetto passivo è il fabbricante o altro operatore economico, ma il cui onere economico grava, in definitiva, sul consumatore, per effetto della traslazione dell'imposta.

Vi è dunque divario tra aspetto giuridico-formale e aspetto economico-sostanziale dell'Iva. Dal primo punto di vista, il tributo ha come presupposti determinate "operazioni" (cessioni di beni e prestazioni di servizi), poste in essere da determinati soggetti (imprenditori e lavoratori autonomi), che sono anche i soggetti passivi in senso tecnico-formale.

Ciò spiega anche la tassazione delle importazioni, la cui giustificazione è la destinazione al consumo interno, nell'Unione europea, di un bene proveniente da Paesi terzi; il bene, con l'applicazione dell'Iva sull'importazione, è assoggettato ad imposta alla stessa stregua dei prodotti interni all'Unione.

Ciò spiega anche il diritto di detrazione, che è il tratto peculiare che distingue l'Iva da tutte le altre imposte; come abbiamo visto, è il diritto di detrazione (ossia il meccanismo "detrazione-rivalsa"), che rende neutrale l'imposta per i soggetti passivi, ma non per il c.d. consumatore finale, sul quale dunque grava economicamente il tributo.

2. *I soggetti passivi.*

A) L'imposta sul valore aggiunto ha come soggetti passivi gli imprenditori e i lavoratori autonomi e si applica sulle cessioni di beni e sulle prestazioni di servizi, oltre che sulle importazioni, da chiunque effettuate.

Secondo l'art. 4 del D.P.R. n. 633, «*per esercizio di imprese si intende l'esercizio per professione abituale, ancorché non esclusiva, delle attività commerciali o agricole di cui agli artt. 2135 e 2195 del codice civile, anche se non organizzate in forma di impresa, nonché l'esercizio di attività organizzate in forma di impresa, dirette alla prestazione di servizi che non rientrano nell'art. 2195 del codice civile*».

Ponendo a confronto la definizione di imprenditore ai fini Iva e quella di imprenditore ai fini delle imposte sui redditi, si notano identità e differenze:

a) nelle due definizioni, vi è in comune il rimando alle attività qualificate commerciali dall'art. 2195 c.c. e l'irrilevanza della «*organizzazione in forma di impresa*»; perciò, nei due settori, è imprenditore chiunque svolga un'attività commerciale, anche se non organizzata in forma di impresa; come ai fini Irpef, le prestazioni di servizi a terzi, che non rientrano nell'art. 2195 c.c., sono ugualmente attività d'impresa se vi è l'organizzazione in forma d'impresa;

b) la definizione Iva di imprenditore comprende anche gli imprenditori agricoli, che sono soggetti ad imposta come gli imprenditori commerciali (invece, nelle imposte dirette, vi è diversità di disciplina);

c) nelle due definizioni, vi è in comune che sono qualificate in modo onnicomprensivo come attività imprenditoriali tutte le attività svolte da società ed enti commerciali; invece, le attività degli enti non commerciali sono da discriminare tra attività di impresa (soggette ad Iva) ed attività non imprenditoriali.

B) Ai fini Iva, sono considerate in ogni caso imprenditoriali (e quindi imponibili) le operazioni effettuate da società commerciali e da enti che abbiano per oggetto principale od esclusivo l'esercizio di attività commerciali od agricole. Sono dunque soggette ad imposta tutte le cessioni di beni e le prestazioni di servizi delle società commerciali e degli enti commerciali.

Invece, per gli enti (pubblici e privati) non commerciali sono imponibili «*soltanto le cessioni di beni e le prestazioni di servizi fatte nell'esercizio di imprese commerciali o agricole*».

Tutte le attività economiche rese a titolo oneroso sono soggette ad imposta, ma vi è una deroga per gli organismi di diritto pubblico, che non sono soggetti passivi per le attività che esercitano «*in quanto pubbliche autorità, anche quando, in relazione a tali attività od operazioni, percepiscono diritti, canoni, contributi o retribuzioni*». L'imposta però si applica anche alle attività economiche svolte dagli enti pubblici come pubbliche autorità «*quando il loro non assoggettamento provocherebbe distorsioni di concorrenza di una certa importanza*», e cioè quando l'attività dell'ente pubblico può essere svolta anche da privati.

C) Ai fini Iva, come nelle imposte dirette, «*per esercizio di arte o professione si intende l'esercizio per professione abituale, ancorché non esclusiva, di qualsiasi attività di lavoro autonomo*» (D.P.R. n. 633, art. 5). Esercenti arti o professioni possono essere, ai fini Iva, le persone fisiche, le società semplici e le associazioni professionali.

Questa categoria di soggetti passivi dell'Iva è molto ampia, in quanto comprende qualsiasi attività di lavoro: può trattarsi tanto di una professione intellettuale, come di un'attività materiale. Si richiede: a) che l'attività sia svolta in modo autonomo (ossia senza il vincolo di subordinazione che caratterizza il lavoro dipendente); b) che non vi siano i connotati dell'imprenditorialità.

3. *Il "campo di applicazione" e le operazioni "escluse".*

Una operazione economica è rilevante ai fini dell'Iva se sussistono tre condizioni: se è posta in essere da un imprenditore o da un lavoratore autonomo (presupposto soggettivo); se rientra nel "campo di applicazione" del tributo (presupposto oggettivo); se è effettuata nel territorio dello Stato (presupposto territoriale).

Le operazioni che rientrano nel "campo di applicazione" dell'Iva si distinguono in:
– operazioni "imponibili";
– operazioni "non imponibili";
– operazioni "esenti".

Le operazioni "imponibili" comportano il sorgere del debito d'imposta e non limitano il diritto di detrazione.

Le operazioni "non imponibili" e quelle "esenti" non fanno sorgere il debito d'imposta, ma comportano gli stessi adempimenti formali delle operazioni imponibili (devono essere fatturate e registrate, devono essere incluse nel calcolo del volume d'affari, ecc.).

L'aspetto caratteristico delle operazioni "esenti" risiede nel fatto che esse limitano il diritto di detrazione, a differenza delle operazioni "non imponibili" (esportazioni), che non incidono su tale diritto.

Infine, le operazioni "fuori campo Iva", o "escluse", sono quelle che non hanno alcun rilievo ai fini dell'applicazione dell'imposta: non comportano né il sorgere del debito d'imposta, né obblighi formali; non incidono sul diritto di detrazione e non rilevano ai fini del calcolo del "volume d'affari".

3.1. *Le operazioni imponibili. Le cessioni di beni.*

A) Nella categoria delle operazioni imponibili sono comprese quattro specie di operazioni:
1) le cessioni di beni (all'interno del territorio nazionale);
2) le prestazioni di servizi (rese nel territorio nazionale);
3) gli acquisti intra-UE;
4) le importazioni (da Paesi extra-UE).

Secondo l'art. 2, comma 1, del D.P.R. n. 633, «*costituiscono cessioni di beni gli atti a titolo oneroso che importano trasferimento della proprietà ovvero costituzione o trasferimento di diritti reali di godimento su beni di ogni genere*».

Il termine "cessione" comprende dunque non solo il trasferimento della proprietà o di altro diritto reale, ma anche la costituzione di un diritto reale. Rientrano nella fattispecie in esame non solo i contratti, ma tutti gli atti giuridici che determinano effetti traslativi o costitutivi di diritti reali (compresi i trasferimenti coattivi).

Le cessioni di beni immateriali non sono considerate cessioni, ma prestazioni di servizi.

Le cessioni imponibili sono quelle a titolo oneroso; ma le cessioni a titolo gratuito non sono sempre escluse da imposta, perché sono imponibili le cessioni gratuite di beni-merce (beni che l'impresa produce o commercia).

B) L'art. 2, comma 2, del D.P.R. 633, prevede che sono assimilate alle cessioni di beni alcune operazioni, che non presentano uno dei requisiti delle "cessioni", e cioè:

1) le vendite con riserva di proprietà;

2) le locazioni con clausola di trasferimento della proprietà vincolante per ambedue le parti;

3) i passaggi dal committente al commissionario e dal commissionario al committente di beni venduti o acquistati in esecuzione di contratti di commissione;

4) le cessioni gratuite di beni la cui produzione o il cui commercio rientra nell'attività propria dell'impresa;) la destinazione di beni al consumo personale o familiare dell'imprenditore o del lavoratore autonomo o ad altre finalità estranee all'esercizio dell'impresa o della professione (è il c.d. autoconsumo):

6) le assegnazioni delle società ai soci, nonché le assegnazioni o le analoghe operazioni fatte da altri enti privati o pubblici, compresi i consorzi e le associazioni o altre organizzazioni senza personalità giuridica.

C) Vi sono infine delle operazioni che, pur presentando tutti i requisiti delle "cessioni", sono "escluse" dal campo di applicazione dell'Iva (D.P.R. n. 633, art. 2, comma 3).

Tra di esse, sono da ricordare alcune "cessioni", che non appartengono alla gestione ordinaria dell'impresa, ma sono operazioni straordinarie di organizzazione. L'Iva si riferisce alla gestione ordinaria, mentre alle operazioni straordinarie corrisponde l'imposta tipica per la raccolta di capitali (imposta di registro). Perciò, sono esclusi da Iva le cessioni e i conferimenti di azienda (o di rami d'azienda); sono esclusi anche i passaggi di beni dipendenti da fusioni, scissioni o trasformazioni di società.

Sono "escluse" le cessioni di terreni non edificabili.

Sono "escluse", infine, le cessioni gratuite di campioni di modico valore, le cessioni soggette alla disciplina della tassa sulle lotterie, le cessioni di danaro e di valori bollati e postali, ecc.

3.2. *Le prestazioni di servizi.*

Le prestazioni di servizi sono, in generale, le prestazioni che danno esecuzione ad obbligazioni di fare, non fare o permettere, dietro corrispettivo, come, ad esempio, le prestazioni dipendenti da contratti d'opera, appalto, trasporto, mandato, spedizione, agenzia, mediazione, deposito (D.P.R. n. 633, art. 3). Anche per le prestazioni di servizi è richiesta la onerosità, a meno che non si tratti di autoconsumo.

Anche qui vi sono fattispecie "assimilate" e fattispecie "escluse".

Le ipotesi più significative di fattispecie assimilate sono le seguenti: a) le concessioni di beni in locazione, affitto, noleggio e simili; b) le cessioni di diritti su beni immateriali (ad esempio, cessioni di diritti d'autore e di diritti su invenzioni industriali, marchi, insegne, modelli, ecc.); c) i prestiti di denaro e di titoli non rappresentativi di merci; d) le somministrazioni di alimenti e bevande; e) le cessioni di contratto.

L'elenco delle prestazioni di servizi "escluse" da imposta comprende, tra le altre: a) le cessioni di diritti d'autore; b) i prestiti obbligazionari; c) le cessioni di contratti che hanno per oggetto beni la cui cessione è "esclusa" da imposta (denaro, terreni non edificabili, ecc.).

3.3. *Le esenzioni.*

A) Le operazioni "esenti" non comportano il sorgere del debito d'imposta, ma, come le operazioni "imponibili" e "non imponibili", rientrano nel "campo di applicazione" dell'Iva e, perciò, comportano gli adempimenti formali richiesti per le operazioni imponibili (fatturazione, annotazione nei registri, ecc.); inoltre, non consentono la detrazione dell'Iva "a monte".

Come già osservato, il trattamento giuridico delle operazioni "esenti" è diverso da quello delle operazioni "escluse"; queste ultime non hanno alcuna rilevanza ai fini Iva, mentre le operazioni esenti fanno parte del "campo di applicazione" del tributo e incidono sul diritto di detrazione.

Il soggetto passivo Iva che effettua operazioni esenti non può detrarre l'Iva sugli acquisti; mancando la detraibilità, viene meno la neutralità del tributo, che assume natura economica di costo.

Per tale motivo, per il soggetto passivo, il fatto che un'operazione attiva sia esente non è un vantaggio, se si considera, da un lato, che l'Iva a debito sarebbe recuperata con la rivalsa, e, dall'altro, che le operazioni esenti escludono il diritto di detrazione. L'esenzione può insomma essere sconveniente, se il costo dell'Iva sugli acquisti non è trasferito sui prezzi delle vendite.

Vi è quindi differenza tra operazioni "escluse" ed "esenti", perché le prime non incidono sul diritto di detrazione.

L'esenzione di un bene o di un servizio dovrebbe giovare al consumatore finale, che acquista il bene o il servizio ad un costo non maggiorato dall'Iva.

B) L'elenco delle operazioni esenti è contenuto nell'art. 10 del D.P.R. n. 633. Limitandoci a poche indicazioni, noteremo che sono esenti:

– talune operazioni di carattere finanziario (operazioni creditizie, assicurative, valutarie, relative a valori mobiliari);
– le operazioni relative alla riscossione dei tributi;
– l'esercizio di giochi e scommesse;
– le prestazioni di mandato e di mediazione;
– le operazioni in oro;
– alcune operazioni immobiliari;
– alcune operazioni socialmente rilevanti (cessioni gratuite di beni a determinate categorie di soggetti; taluni servizi di pubblica utilità; le prestazioni sanitarie; le attività educative e culturali);
– le cessioni di beni acquistati senza detrazione dell'Iva.

Le ragioni che giustificano l'esenzione sono di vario genere: alcune operazioni sono esenti per ragioni sociali (ad esempio, prestazioni sanitarie, educative, di tipo culturale); altre per ragioni di tecnica tributaria (ad esempio, le operazioni finanziarie e assicurative, che sono soggette a tributi).

4. *Il momento impositivo.*

A) Il momento impositivo è quello in cui un'operazione si considera effettuata e l'imposta diviene esigibile (D.P.R. n. 633, art. 6).

L'espressione "esigibilità" dell'imposta non significa "esigibilità attuale" e non è da riferire all'imposta dovuta o da versare sulla massa di operazioni compiute in un determinato periodo di tempo, ma significa che si attualizzano gli effetti giuridici legati alla singola operazione.

Per esigibilità dell'imposta il diritto dell'UE intende «*il diritto che l'Erario può far valere a norma di legge, a partire da un determinato momento, presso il debitore, per il pagamento dell'imposta, anche se il pagamento può essere differito*» (Direttiva 2006/112/CE del Consiglio del 28 novembre 2006, art. 62). Nel diritto interno, l'esigibilità è legata al momento in cui una operazione si considera effettuata; coincide, quindi, con il momento impositivo (D.P.R. n. 633, art. 6, comma 5).

Tale effetto giuridico ha una doppia valenza: per chi effettua operazioni attive fa decorrere il termine della fatturazione e registrazione; per il compratore o committente segna la nascita del diritto alla detrazione.

B) Vediamo ora, in dettaglio, quando una operazione si considera effettuata.

Per le cessioni di beni immobili la regola è che si considerano effettuate nel momento della stipulazione, ma, se gli effetti sono differiti, rileva il momento in cui si producono gli effetti traslativi.

Le cessioni di beni mobili si considerano effettuate nel momento della consegna o spedizione, salvo, anche qui, il caso in cui gli effetti traslativi siano differiti; in ogni caso, però, l'operazione si ha per effettuata dopo il decorso di un anno dalla consegna o spedizione.

Le prestazioni di servizi si considerano effettuate quando è pagato il corrispettivo. Non ha rilievo, quindi, la conclusione della prestazione. Prima del pagamento, non vi è obbligo (ma solo la facoltà) di emettere fattura o di pagare l'imposta.

C) Vi sono due fattispecie che anticipano il momento di effettuazione delle operazioni: l'emissione della fattura e il pagamento del corrispettivo.

Sia la fattura, sia il pagamento, costituiscono effettuazione della operazione per le cessioni di beni. Il pagamento di acconti, perciò, deve essere fatturato e sottoposto a imposta. Per le prestazioni di servizi, abbiamo già visto che il pagamento è la fattispecie principale di compimento dell'operazione.

È opportuno notare che il momento in cui una operazione si considera effettuata ai fini Iva può essere diverso da quello in cui rileva ai fini reddituali. Secondo le norme del reddito di impresa, un ricavo è da computare in base al principio di competenza, e non hanno rilievo né la fatturazione né il pagamento. È quindi fisiologico che vi sia divario tra volume d'affari Iva e ammontare dei ricavi imponibili ai fini del reddito.

5. *La base imponibile.*

A) La base imponibile è costituita, di regola, dall'ammontare complessivo dei corrispettivi dovuti al cedente o al prestatore secondo le condizioni contrattuali (D.P.R. n. 633, art. 13); non ha dunque rilievo il valore normale o il valore venale dell'oggetto del contratto, ma il corrispettivo pattuito.

Sono compresi nell'imponibile anche gli oneri e le spese inerenti all'esecuzione, nonché i debiti e gli oneri verso terzi accollati al cessionario o al committente e le integrazioni dovute da altri soggetti.

B) Solo nel caso in cui non vi è un corrispettivo, o il corrispettivo è in natura, assume rilievo il valore normale, definito, dall'art. 14 del D.P.R. n. 633, come l'importo che il cessionario o committente dovrebbe pagare, in condizioni di libera concorrenza, per ottenere quel bene o servizio, nel tempo e nel luogo di tale cessione o prestazione.

C) Ai sensi dell'art. 15 del D.P.R. n. 633, non concorrono a formare la base imponibile (ma sono "escluse"):

1) le somme dovute a titolo di interessi moratori o di penalità per ritardi o altre irregolarità nell'adempimento degli obblighi del cessionario o del committente;

2) il valore normale dei beni ceduti a titolo di sconto, premio o abbuono in conformità alle originarie condizioni contrattuali, tranne quelli la cui cessione è soggetta ad aliquota più elevata;

3) le somme dovute a titolo di rimborso delle anticipazioni fatte in nome e per conto della controparte, purché regolarmente documentate;

4) l'importo degli imballaggi e dei recipienti, quando ne sia stato espressamente pattuito il rimborso alla resa;

5) le somme dovute a titolo di rivalsa dell'imposta sul valore aggiunto.

6. *Le aliquote.*

L'aliquota ordinaria è del 22 per cento (dal 1° ottobre 2013). Vi sono poi due aliquote ridotte (del 10 e del 4 per cento) per i beni e servizi che maggiormente incidono sul costo medio della vita. La maggior parte delle operazioni avviene con aliquota ordinaria. Invece, i beni di prima necessità, come gli alimentari, scontano aliquote ridotte.

Le operazioni "non imponibili" possono essere considerate come operazioni a tasso zero (in tal modo, sono distinte dalle operazioni esenti, che pure non determinano alcun debito d'imposta, ma incidono sul diritto di detrazione).

7. *Il diritto di rivalsa.*

A) Il soggetto passivo (cedente o prestatore) che effettua una operazione imponibile (e che, perciò, è debitore d'imposta verso il fisco), ha il diritto di rivalersi nei confronti del cessionario o del committente. In tal modo, il debito tributario è neutralizzato dalla rivalsa.

Il diritto di rivalsa è quindi un credito del soggetto passivo dell'Iva (cedente o prestatore), nei confronti della controparte (cessionario o committente), che si aggiunge, per effetto di legge, al corrispettivo.

Il credito sorge, in concreto, dall'addebito dell'Iva nella fattura (D.P.R. n. 633, art. 18, comma 1). La fattispecie da cui scaturisce il diritto di rivalsa è composta, perciò, di due elementi: la effettuazione di una operazione imponibile e la emissione della fattura.

B) Il soggetto passivo Iva, quando effettua una operazione imponibile, deve emettere fattura addebitando l'imposta, a titolo di rivalsa, al cessionario o committente (D.P.R. n. 633, art. 18, comma 1).

La rivalsa, oltre che un diritto, è un obbligo. L'obbligo ha per oggetto l'emissione della fattura, con addebito della rivalsa. Il soggetto passivo Iva ha l'obbligo di far sorgere il diritto di rivalsa; ha l'obbligo, in altri termini, di costituirsi creditore.

L'obbligo riguarda, quindi, non l'esercizio del credito di rivalsa, ma la nascita del credito; ed attiene alla fase costitutiva del diritto, non alle vicende del diritto già sorto.

Nel commercio al minuto non è obbligatoria l'emissione della fattura: il prezzo si intende comprensivo dell'imposta.

C) Al diritto-dovere del cedente di un bene o prestatore di un servizio di emettere fattura con Iva corrispondono simmetriche situazioni soggettive del cessionario o committente, che deve corrispondere al cedente o al prestatore l'Iva di rivalsa ed ha il diritto di ricevere la fattura con addebito dell'imposta; tale diritto è in funzione della detrazione, che presuppone il ricevimento della fattura con addebito dell'imposta e l'annotazione della fattura nel registro degli acquisti.

Un risvolto della previsione legislativa dell'obbligo di rivalsa è la nullità di patti che la escludano (nullità espressamente prevista dalla legge). Il rapporto di rivalsa, insomma, non è disponibile.

D) Non vi è una norma che limiti nel tempo la rivalsa, che quindi può essere esercitata anche in ritardo, vale a dire dopo che è decorso il termine per la emissione della fattura, ed anche dopo che il cedente o prestatore ha ricevuto un avviso di accertamento.

In caso di accertamento, il cedente o prestatore ha diritto di rivalersi, ma dopo che ha pagato l'imposta, con le sanzioni e gli interessi; simmetricamente sorge, per il cessionario o committente, il diritto di detrazione, entro il termine di presentazione della dichiarazione del secondo anno successivo a quello in cui l'imposta gli è stata addebitata (D.P.R. n. 633, art. 60, comma 7).

E) Il rapporto di rivalsa è un rapporto tra privati, distinto dal rapporto tributario che intercorre tra fisco e contribuente, ma correlato al rapporto tributario. Trattandosi di rapporto tra privati, le relative liti appartengono alla giurisdizione del giudice ordinario.

8. *Il diritto di detrazione. Esigibilità ed inerenza.*

A) Il diritto di detrazione ha per oggetto «*l'imposta assolta o dovuta dal soggetto passivo o a lui addebitata a titolo di rivalsa in relazione ai beni ed ai servizi importati o acquistati nell'esercizio di impresa, arte o professione*» (D.P.R. n. 633, art. 19, comma 1).

Gli acquisti e le importazioni di beni e servizi danno diritto alla detrazione se sono effettuati nell'esercizio di impresa, arte o professione, cioè se sono "inerenti" all'attività esercitata.

Nel caso di importazioni, è detraibile l'Iva risultante dalle bollette doganali; nel caso di acquisto interno, il soggetto passivo Iva può detrarre l'imposta che gli è stata addebitata nelle fatture di acquisto. La detrazione non presuppone che chi esercita il diritto di detrazione abbia pagato l'imposta, ma che abbia ricevuto la fattura con addebito dell'Iva di rivalsa e che la fattura sia annotata.

Per poter esercitare il diritto di detrazione occorre dunque che siano annotate, nel registro degli acquisti, le fatture e le bollette doganali (comprese le autofatture); l'importo detraibile risulta dalla somma dell'Iva di rivalsa annotata nel registro degli acquisti (registro dell'Iva a credito). La detrazione è esercitata nelle liquidazioni periodiche (mensili o trimestrali) o in sede di dichiarazione annuale.

Il diritto di detrazione è soggetto a decadenza; può essere esercitato, al più tardi, con la dichiarazione relativa all'anno in cui il diritto è sorto ed alle condizioni esistenti al momento in cui è sorto (D.P.R. n. 633, art. 19, comma 1, secondo periodo).

B) La detrazione (come la rivalsa) realizza la neutralità dell'Iva; perciò la legislazione nazionale non può sottoporla a limiti non compatibili con il principio di neutralità.

Il diritto di detrazione, se ne sussiste il presupposto sostanziale (acquisto di beni o servizi inerenti), deve essere riconosciuto, per realizzare la neutralità del tributo, anche al cessionario/committente che abbia omesso gli adempimenti formali, come l'autofatturazione, la integrazione della fattura (Corte di giustizia, 8 maggio 2008, *Ecotrade*, C-95/07 e C-96/07), o la registrazione di acquisti intracomunitari (Corte di giustizia, 11 dicembre 2014, *Idexx Laboratories*, C 590/13),

È solo necessario che gli inadempimenti formali non impediscano all'Amministrazione finanziaria il controllo dei requisiti sostanziali.

8.1. *Esclusioni della detrazione.*

A) Non è detraibile l'imposta relativa ad acquisti direttamente destinati al compimento di operazioni esenti, o al compimento di operazioni non soggette o escluse dal campo di applicazione dell'Iva (D.P.R. n. 633, art. 19, comma 2).

Questa forma di indetraibilità è detta "analitica", o "per destinazione", in quanto concerne singoli beni o servizi, direttamente destinati ad operazioni che escludono la detrazione.

B) Vi sono beni e servizi per i quali il legislatore esclude la detraibilità in quanto presume in modo assoluto la non inerenza, o ammette la detraibilità solo parziale, presumendo la parziale inerenza (D.P.R. n. 633, art. 19-*bis*1).

Non è perciò detraibile l'imposta relativa all'acquisto di aerei e imbarcazioni; l'imposta relativa all'acquisto di auto è detraibile nella misura del 40 per cento; l'imposta relativa all'acquisto di carburanti e lubrificanti segue il regime di non detraibilità, o di detraibilità limitata, previsto per aerei, imbarcazioni e auto.

Non è inoltre detraibile l'Iva relativa alle spese di trasporto delle persone, alle spese di rappresentanza ed a spese per alimenti e bevande, né l'Iva relativa all'acquisto o alla locazione di fabbricati ad uso abitativo.

C) Gli enti non commerciali possono detrarre soltanto l'Iva relativa agli acquisti fatti nell'esercizio di attività agricole o commerciali, purché gestiscano tali attività con contabilità separata (cioè distinta rispetto a quella relativa all'attività principale).

Qui il limite al diritto di detrazione trae giustificazione dal fatto che i beni e i servizi acquistati non sono tutti inerenti ad attività d'impresa. Si presume, in sostanza, che una parte degli acquisti di tali soggetti siano utilizzati per attività fuori del "campo Iva", in veste di consumatori finali.

8.2. *Il* pro-rata.

A) Quando non vi sono legami diretti tra acquisti e specifiche operazioni attive che non sono soggette ad imposta, ed il soggetto passivo Iva esercita sia attività che danno diritto, sia attività che non danno diritto alla detrazione, la quota di Iva detraibile è calcolata in modo forfetario (*pro-rata*).

Il criterio del *pro-rata* si applica, dunque, quando non è applicabile la regola della indetraibilità specifica, ossia quando il contribuente ponga in essere operazioni esenti in modo sistematico (D.P.R. n. 633, art. 19, comma 5 e art. 19-*bis*).

Il diritto alla detrazione dell'imposta spetta in misura proporzionale alle operazioni che danno diritto alla detrazione. È quindi pari al risultato della frazione avente al numeratore l'ammontare delle operazioni con diritto a detrazione, effettuate nell'anno, e al denominatore la somma di tutte le operazioni attive effettuate nello stesso periodo.

Ad esempio, se le operazioni imponibili sono pari a 50 euro, e quelle esenti sono pari a 100, la percentuale di detrazione è data dal risultato di una frazione che ha come numeratore 50 e come denominatore 150. Poiché le operazioni che danno diritto alla detrazione sono un terzo del totale, l'Iva detraibile è pari ad un terzo dell'imposta relativa agli acquisti.

B) Vi sono operazioni attive che non devono essere considerate nel calcolo della percentuale di detrazione, tra cui le cessioni di beni ammortizzabili e alcune operazioni esenti (D.P.R. n. 633, art. 19-*bis*, comma 2).

Limitano il diritto di detrazione non tutte le esenzioni, ma solo quelle relative all'attività propria dell'impresa. Le operazioni esenti, che «*non formano oggetto dell'attività propria del soggetto passivo o sono accessorie ad operazioni imponibili*», non si riflettono sul diritto di detrazione. Solo le attività esenti, che costituiscono attività "proprie", limitano la detrazione.

In sostanza, l'impresa che effettua un'operazione esente in via occasionale, o la effettua in aggiunta ad un'operazione imponibile, conserva intatto il diritto di detrazione; in tal modo, la neutralità del tributo non è intaccata da operazioni sporadiche, non significative della attività della impresa. L'attività propria dell'impresa non è quella astrattamente prevista dallo statuto, ma quella effettivamente svolta.

8.3. *La rettifica della detrazione.*

Le norme in tema di detraibilità, sin qui esaminate, non sono applicate in via definitiva, ma sulla base di una previsione dell'utilizzo che sarà dato al bene o al servizio acquistato.

La detrazione può essere operata al momento dell'acquisto, senza bisogno di attendere l'effettivo utilizzo; ma, se il bene o servizio è impiegato in modo difforme, la detrazione operata deve essere rettificata, in aumento o in diminuzione, in base al concreto utilizzo che ne viene fatto (D.P.R. n. 633, art. 19-*bis*2).

Una particolare disciplina concerne la rettifica della detrazione dell'Iva relativa all'acquisto di beni ammortizzabili.

È ammessa la detrazione dell'Iva sui beni ammortizzabili in misura integrale nell'anno di acquisto del bene, ma la detrazione può venir meno, o essere modificata, se negli anni successivi aumenta la percentuale delle operazioni esenti.

La percentuale di detraibilità può dunque variare di anno in anno per effetto del mutamento del rapporto tra operazioni esenti e volume di affari.

Tale sistema è detto *pro-rata temporis*: con esso si vuole ovviare all'incongruenza che si verifica quando un soggetto, che acquista beni strumentali in un anno in cui non effettua, o effettua in misura minima, operazioni esenti, fruisca di tali beni in anni in cui aumenta sensibilmente la percentuale di operazioni esenti.

Più precisamente, è detraibile di regola l'intero ammontare dell'Iva dovuta sull'acquisto di beni ammortizzabili, ma tale ammontare deve essere rettificato nei quattro anni successivi a quello di acquisto se si verifica una variazione della percentuale di detrazione superiore a dieci punti.

9. *Il numero di partita Iva, la fattura e i registri.*

A) Il primo adempimento imposto ai contribuenti è quello di identificarsi, cioè di presentare la dichiarazione di inizio dell'attività, cui segue l'attribuzione di un numero di partita Iva.

Correlativamente, deve essere dichiarata anche la cessazione dell'attività.

I soggetti che intendono effettuare operazioni intracomunitarie devono iscriversi nell'archivio VIES (*VAT Information Exchange System*).

B) I soggetti passivi sono tenuti a emettere fattura per le operazioni che effettuano e a registrare le fatture emesse: l'obbligo riguarda tutte le operazioni che rientrano nel "campo di applicazione" dell'imposta e, quindi, non solo le operazioni imponibili, ma anche quelle "non imponibili" ed "esenti" (D.P.R. n. 633, art. 21).

Dal 1°gennaio 2019 la fattura deve essere emessa in forma elettronica.

La fattura non è obbligatoria, se non è richiesta dal cliente, per il commercio al minuto e per le attività assimilate (D.P.R. n. 633, art. 22).

La fattura non deve essere sottoscritta. Datata e numerata in modo progressivo per anno solare, deve indicare:

a) i soggetti fra cui è effettuata l'operazione, con il numero di partita Iva del cedente o prestatore;

b) l'oggetto dell'operazione, cioè natura, qualità e quantità dei beni ceduti e dei servizi prestati;

c) la base imponibile (corrispettivi ed altri dati necessari per la determinazione della base imponibile, compreso il valore normale dei beni ceduti a titolo di sconto, premio o abbuono);

d) il valore normale degli altri beni ceduti a titolo di sconto, premio o abbuono;

e) l'imponibile, l'aliquota e l'imposta;

f) il numero di partita Iva del cessionario del bene o del committente del servizio qualora sia debitore dell'imposta in luogo del cedente o del prestatore, con l'indicazione della relativa norma;

g) la data della prima immatricolazione o iscrizione in pubblici registri e numero dei chilometri percorsi, delle ore navigate o delle ore volate, se trattasi di cessione intracomunitaria di mezzi di trasporto nuovi;

h) l'annotazione che la fattura è compilata dal cliente ovvero, per conto del cedente o prestatore, da un terzo.

La fattura, nella dinamica dell'Iva, ha un particolarissimo rilievo, in quanto la sua mera emissione vale come "effettuazione" della operazione imponibile e rende dovuta l'imposta in essa indicata, per il solo fatto che è indicata in fattura. La fattura è necessaria sia ai fini della rivalsa, sia ai fini della detrazione.

D) I registri Iva sono due: uno per le operazioni attive (registro delle fatture emesse), uno per gli acquisti. Nel registro delle operazioni attive devono essere annotate, entro quindici giorni, le fatture, le autofatture, le note di variazione, le c.d. dichiarazioni di intento.

Nel registro degli acquisti devono essere annotate le fatture passive, le autofatture e le bollette doganali; la registrazione è *conditio sine qua non* della detrazione.

Dal registro delle operazioni attive risulta l'Iva a debito; da quello delle operazioni passive l'Iva a credito: ogni mese (od ogni trimestre) dev'essere liquidata la differenza (algebrica) tra Iva a debito e Iva a credito.

Perciò, il registro delle vendite è utilizzato non solo per la registrazione delle fatture attive, ma ogni volta che il contribuente deve registrare un documento da cui scaturisce un debito; al contrario, il registro degli acquisti è utilizzato per registrare sia le fatture di acquisto, sia altri documenti da cui deriva il diritto di detrazione.

9.1. *La comunicazione delle operazioni attive.*

Allo scopo di fornire all'Agenzia delle entrate dati utili per contrastare l'evasione, i soggetti passivi sono tenuti a comunicare telematicamente all'Agenzia delle entrate le operazioni attive effettuate (D.l. 31 maggio 2010, n. 78, conv. dalla L. 30 luglio 2010, n. 122, art. 21). Sono esonerati i contribuenti minimi.

Devono essere comunicate, per ciascun cliente e fornitore, i dati di tutte le fatture emesse nel trimestre di riferimento, e di quelle ricevute e registrate.

Quando il pagamento avviene mediante carte di credito, di debito o prepagate, la comunicazione deve essere effettuata dagli operatori finanziari che le hanno emesse.

9.2. *L'inversione contabile (*reverse charge*).*

A) Di regola, soggetto passivo dell'Iva è il soggetto che cede un bene o presta un servizio (e deve emettere fattura con addebito d'imposta).

Vi sono però dei casi in cui l'obbligo di applicare l'imposta, emettendo fattura con Iva, è rovesciato, essendo posto a carico del cessionario o del committente. Vi è una "inversione contabile", o *reverse charge*.

Il cessionario o committente è tenuto ad emettere fattura, o a integrare la fattura ricevuta, e a registrare il documento sia nel registro delle fatture emesse, sia nel registro degli acquisti, con l'effetto che l'Iva a debito è pari all'Iva detraibile.

Anche in caso di inversione contabile, quindi, l'Iva è neutrale.

B) Vi è inversione contabile per le cessioni di beni e le prestazioni di servizi effettuate nel territorio dello Stato da soggetti non residenti nei confronti di soggetti passivi residenti.

Nel caso di cessioni di beni o di prestazioni di servizi effettuate da un soggetto passivo stabilito in un altro Stato membro dell'Unione europea, il cessionario o committente italiano deve applicare le disposizioni previste per gli acquisti intracomunitari.

Non vi è inversione contabile quando il non residente si è identificato in Italia o ha nominato un rappresentante fiscale o quando operi in Italia per mezzo di una stabile organizzazione.

C) Il meccanismo dell'inversione contabile si applica anche come strumento anti-evasione in una molteplicità di ipotesi, in cui si teme che il soggetto passivo "naturale" del tributo (colui che cede il bene o presta il servizio) possa essere evasore. Possa, cioè, emettere fattura, incassare il tributo, e non versarlo al fisco, rendendosi poi insolvente. Gli adempimenti Iva sono perciò posti a carico del cessionario o committente, ritenuto maggiormente affidabile.

L'inversione si applica ad esempio alle prestazioni di servizi rese, nel settore dell'edilizia, da subappaltatori nei confronti di imprese che svolgono attività di costruzione e ristrutturazione di immobili, alle cessioni di *personal computer* e di cellulari, ecc. (D.P.R. n. 633, art. 17, comma 6).

D) Quando il soggetto che cede un bene o presta un servizio omette di fatturare, l'obbligo si sposta sul cessionario o committente, che deve regolarizzare l'operazione (D.lgs. 18 dicembre 1997, n. 471, art. 6, comma 8). Più precisamente, il cessionario o committente:

a) se non riceve la fattura entro quattro mesi dall'effettuazione dell'operazione deve presentare all'ufficio un documento sostitutivo della fattura non ricevuta e versare la relativa imposta (in sostanza, deve versare l'Iva che avrebbe dovuto versare per rivalsa al cedente o prestatore);

b) se riceve una fattura irregolare, deve presentare all'Agenzia delle Entrate un documento che regolarizza la fattura ricevuta, e versare l'imposta o la maggiore imposta eventualmente dovuta.

Il cessionario o committente che non regolarizza l'operazione è punito con sanzione amministrativa pari all'imposta non fatturata, ma non è tenuto al pagamento dell'imposta.

9.3. *Le note di variazione.*

Dopo che una fattura è stata emessa e registrata può risultare che debba (o possa) essere apportata una rettifica, in aumento o in diminuzione, all'ammontare dell'imponibile o dell'imposta. Ciò può accadere in conseguenza di eventi sopravvenuti, per rimediare ad errori ed inesattezze, ecc.

A) Una prima evenienza è che, per eventi successivi all'emissione della fattura o per inesattezze, siano modificati gli estremi di una operazione imponibile, con un aumento dell'imponibile o dell'imposta.

Quando ciò accade (ad esempio, perché viene concordato un aumento del corrispettivo già fatturato), il cedente o prestatore deve emettere una nota di variazione in aumento (*id est*, una fattura integrativa), la cui disciplina non differisce da quella delle normali fatture.

B) Le ipotesi che possono dare adito a variazioni in diminuzione sono quelle che comportano l'eliminazione del contratto o la riduzione del corrispettivo (nullità, annullamento, risoluzione, rescissione del contratto; modifica transattiva del corrispettivo, ecc.).

Quando ciò accade, resta ferma la fattura già emessa, ed al fatto sopravvenuto può essere data rilevanza tributaria con la emissione di una "nota di variazione" (o "nota di credito"), di contenuto uguale e di segno contrario a quello della fattura originariamente emessa. Si tratta di una procedura facoltativa, piuttosto complessa.

Ad esempio, se il contratto di vendita di un bene viene risolto:

– il cedente (che ha già emesso fattura con addebito di Iva) può ora emettere una "nota di variazione", che gli attribuisce il diritto di detrarre l'Iva (viene così neutralizzata l'Iva di cui si era reso debitore con la fattura di vendita); il debito d'imposta documentato dalla fattura annotata nel registro delle vendite viene "riequilibrato" dal sopravvenuto diritto di detrazione, documentato dalla "nota di variazione" (che deve essere annotata nel registro degli acquisti, ossia dell'Iva a credito);

– il cessionario, che aveva detratto l'Iva di rivalsa annotando la fattura nel registro degli acquisti, deve registrare la variazione (annotandola nel registro delle vendite); per lui sorge un debito Iva pari alla detrazione effettuata in precedenza.

Le note di variazione in diminuzione non possono essere emesse dopo il decorso di un anno dall'effettuazione dell'operazione imponibile, qualora la causa della riduzione derivi da un sopravvenuto accordo fra le parti.

C) Il soggetto passivo Iva, emettendo la fattura, è senz'altro debitore dell'Iva verso lo Stato, anche se non incassa l'imposta. Ciò confligge con la neutralità del tributo, che si realizza solo se il soggetto passivo recupera l'Iva esercitando la rivalsa. Perciò l'art. 26 del D.P.R. n. 633 prevede che la nota di variazione possa essere emessa come rimedio all'inadempienza del debitore assoggettato ad una procedura concorsuale o ad una procedura esecutiva individuale (art. 26, comma 2, del D.P.R. n. 633, art. 26, comma 2).

D) Alla procedura di variazione si può ricorrere anche per rimediare, in aumento, ad inesattezze della fatturazione o della registrazione.

Gli errori materiali e di calcolo commessi nelle registrazioni o nelle liquidazioni possono essere corretti mediante annotazioni nei registri delle fatture emesse (se la variazione comporta un aumento dell'imposta) e nei registri degli acquisti (se si tratta di variazioni in diminuzione).

In caso di applicazione di imposta non dovuta (o superiore a quella dovuta), si può rimediare con una nota di variazione e con l'ordinaria procedura di rimborso.

10. *Volume d'affari, contribuenti minori e forfettari.*

Il regime degli adempimenti cui sono tenuti i soggetti passivi varia in ragione del volume d'affari, che è dato dall'ammontare complessivo delle operazioni effettuate nel corso di un anno solare, conteggiando tutte le operazioni che devono essere registrate (operazioni "imponibili", "non imponibili" ed "esenti"). Il volume d'affari è dato dalla somma di tutte le operazioni che rientrano nel "campo di applicazione" del tributo.

Sono definiti "contribuenti minori" i contribuenti il cui volume d'affari non supera un dato ammontare (400.000 euro annui per le imprese che prestano servizi e per i professionisti; 700.000 euro per le altre imprese). I contribuenti minori:

– possono adempiere gli obblighi di fatturazione e registrazione mediante tenuta di un bollettario a madre e figlia (D.P.R. n. 633, art. 32);
– possono effettuare le liquidazioni periodiche con cadenza trimestrale (D.P.R. 14 ottobre 1999, n. 542, art. 7).

I contribuenti forfettari – come visto in materia reddituale – sono le persone fisiche che esercitano attività di impresa, arti o professioni, entro determinati limiti (L. 23 dicembre 2014, n. 190, art. 1, commi da 54 a 89). Essi non devono applicare l'Iva sulle operazioni attive e non hanno diritto alla detrazione dell'Iva sugli acquisti.

Vi sono, poi, regimi speciali per i produttori agricoli, per l'editoria e per le agenzie di viaggi.

10.1. *Versamenti, eccedenze e rimborsi.*

A) Ogni mese i contribuenti soggetti al regime normale devono calcolare l'Iva a debito e versarla entro il giorno 16 del mese successivo; la differenza a credito è riportata in avanti.

Vi sono poi soggetti che liquidano l'imposta trimestralmente (banche, compagnie assicuratrici, ecc.).

Alla fine dell'anno, entro il 27 dicembre, deve essere versato un acconto (simile all'acconto da versare per le imposte sui redditi), in misura pari ad una percentuale della somma che doveva essere versata per il mese di dicembre dell'anno precedente.

Con la dichiarazione annuale è effettuata la liquidazione finale, basata sul calcolo dell'Iva a debito e a credito relative all'intero anno solare; il versamento della somma dovuta in base alla dichiarazione annuale deve essere eseguito entro il 16 marzo dell'anno successivo.

B) La determinazione finale annuale del tributo, che il contribuente espone nella dichiarazione annuale, può comportare un debito o una eccedenza a credito.

L'Iva a debito deve essere versata, salvo compensazione.

Vi è eccedenza quando la somma dell'Iva detraibile e dei versamenti effettuati in corso d'anno supera il debito d'imposta (D.P.R. n. 633, art. 30).

L'eccedenza è un credito del contribuente che può essere: a) compensato con debiti d'imposta diversi dall'Iva; b) riportato a nuovo, per essere compensato con le situazioni debitorie degli anni successivi; c) chiesto a rimborso.

C) La compensazione o il riporto a nuovo delle eccedenze sono la regola. Il contribuente può chiedere nella dichiarazione annuale il rimborso (in tutto o in parte) dell'eccedenza detraibile, se di importo superiore a 2.582,28 euro:

a) quando esercita esclusivamente o prevalentemente attività che comportano l'effettuazione di operazioni soggette ad imposta con aliquote inferiori a quelle dell'imposta relativa agli acquisti e alle importazioni;

b) quando effettua operazioni non imponibili (esportazioni) per più del 25 per cento dell'ammontare di tutte le operazioni effettuate;

c) limitatamente all'imposta relativa all'acquisto o all'importazione di beni ammortizzabili, nonché di beni e servizi per studi e ricerche;

d) quando effettua prevalentemente operazioni non soggette all'imposta per effetto degli artt. da 7 a 7-*septies*, in tema di territorialità;

e) quando si trova nelle condizioni previste dal terzo comma dell'art. 17, in tema di non residenti.

Il rimborso inoltre può essere chiesto da chi cessa l'attività e da qualsiasi soggetto passivo, quando la dichiarazione sia risultata a credito per tre anni di seguito.

La esecuzione dei rimborsi, effettuata prima della scadenza del termine per la rettifica della dichiarazione, è circondata da particolari cautele: il contribuente deve garantire la restituzione, nell'eventualità che il rimborso si rivelasse indebito. Perciò, deve prestare una garanzia, che duri fino a quando non è scaduto il termine entro cui l'ufficio può rettificare la dichiarazione.

Il rimborso ha normalmente per oggetto il credito che emerge dalla dichiarazione annuale, ma talune categorie di contribuenti possono anche richiedere il rimborso dei crediti emergenti dalle liquidazioni infrannuali (D.P.R. n. 633, art. 38-*bis*).

Sono, questi, i rimborsi c.d. accelerati, che possono essere richiesti:

– dai soggetti passivi che effettuano in modo prevalente operazioni attive con aliquote inferiori a quelle degli acquisti;

– dai soggetti passivi le cui operazioni attive sono costituite, per almeno il 25 per cento, da operazioni non imponibili.

10.2. Split payment.

L'art. 17-*ter* del D.P.R. n. 633 prevede che alcune pubbliche amministrazioni, nel ricevere fatture da imprenditori, devono versare l'Iva, non ai fornitori, ma all'Erario. In ciò consiste lo *split payment*, o "scissione dei pagamenti".

La norma concerne le pubbliche amministrazioni, che non sono soggetti passivi di Iva. Cioè le pubbliche amministrazioni che non effettuano acquisti nell'esercizio di attività commerciali.

Gli imprenditori che forniscono beni o servizi alle pubbliche amministrazioni, obbligate allo *split payment,* devono emettere la fattura con l'annotazione "scissione dei pagamenti" e devono annotarla nel registro delle vendite, senza però computare l'imposta a debito nella liquidazione periodica (e quindi senza obbligo di versarla).

La regola non riguarda i lavoratori autonomi.

10.3. *Dichiarazione annuale ed opzioni.*

La dichiarazione annuale deve essere presentata in via telematica tra il 1° febbraio e il 30 aprile di ogni anno (D.P.R. 22 luglio 1998, n. 322, art. 8).

La dichiarazione annuale deve essere presentata da tutti i soggetti passivi del tributo, anche se nel corso dell'anno non siano state effettuate operazioni imponibili (analogamente a quanto previsto in materia reddituale, per i soggetti obbligati a tenere la contabilità). Sono però esonerati i contribuenti che, nell'anno solare precedente, hanno registrato esclusivamente operazioni esenti.

Nella dichiarazione devono essere riportati, sulla scorta delle registrazioni eseguite, l'ammontare delle operazioni attive e delle operazioni passive; l'ammontare dell'imposta dovuta e delle detrazioni; i versamenti effettuati nel periodo d'imposta; l'imposta dovuta a conguaglio o la differenza a credito.

La dichiarazione Iva, in larga misura, è mera riproduzione di dati preesistenti, risultanti dai registri Iva. È dunque diversa dalla dichiarazione dei redditi d'impresa, che ha per base il conto economico, e comporta variazioni in aumento e in diminuzione del risultato dell'esercizio.

Anche la dichiarazione annuale Iva può contenere delle opzioni:

– i contribuenti che esercitano più attività possono non applicare l'imposta in modo unitario e cumulativo a tutte le attività se dichiarano di optare per l'applicazione separata (D.P.R. n. 633, art. 36);

– in sede di dichiarazione, il contribuente, che risulti a credito, sceglie se riportare a nuovo il credito o chiederne il rimborso;

– in sede di dichiarazione, il contribuente può, in certi casi, decidere se applicare il regime normale oppure optare per un regime speciale.

Va però tenuto presente che «*L'opzione e la revoca di regimi di determinazione dell'imposta o di regimi contabili si desumono da comportamenti concludenti del contribuente o dalle modalità di tenuta delle scritture contabili*» (D.P.R. 10 novembre 1997, n. 442, art. 1).

La disciplina della dichiarazione Iva, per alcuni aspetti, è simile a quella della dichiarazione dei redditi (ad esempio, in materia di ravvedimento operoso, regolarizzazione della dichiarazione non sottoscritta, ecc.).

I contribuenti il cui esercizio sociale coincide con l'anno solare e che, come sostituti d'imposta, abbiano effettuato ritenute nei confronti di non più di venti soggetti, devono presentare la "dichiarazione unificata annuale".

11. *Presunzioni di acquisto e di vendita.*

Si presumono ceduti i beni acquistati, importati o prodotti che non si trovano nei luoghi in cui il contribuente svolge le proprie operazioni (D.P.R. 10 novembre 1997, n. 441). La presunzione è superata se è dimostrato che i beni:

a) sono stati impiegati per la produzione, perduti o distrutti;

b) sono stati consegnati a terzi in lavorazione, deposito, comodato o in dipendenza di contratti estimatori, di contratti di opera, appalto, trasporto, mandato, commissione o di altro titolo non traslativo della proprietà.

I beni che si trovano in uno dei luoghi in cui il contribuente svolge le proprie operazioni si presumono acquistati se il contribuente non dimostra di averli ricevuti in base ad un titolo non traslativo della proprietà.

12. *Le fatture relative ad operazioni inesistenti.*

In campo Iva sono frequenti le frodi attuate con false fatturazioni.

Le fatture false riguardano operazioni (in tutto o in parte) inesistenti, dal punto di vista oggettivo o soggettivo.

L'operazione è "soggettivamente" inesistente quando la fattura si riferisce ad una operazione effettiva, ma posta in essere da un soggetto diverso da colui che ha emesso la fattura.

Superfluo aggiungere che l'operazione "oggettivamente" inesistente è quella non posta in essere.

Dispone l'art. 21, comma 7, D.P.R. n. 633, che, «*Se il cedente o prestatore emette fattura per operazioni inesistenti, ovvero se indica nella fattura i corrispettivi delle operazioni o le imposte relative in misura superiore a quella reale, l'imposta è dovuta per l'intero ammontare indicato o corrispondente alle indicazioni della fattura*».

La fattura ha di per sé valore costitutivo del debito d'imposta per colui che la emette, anche se ha per oggetto un'operazione inesistente, o se indica un corrispettivo superiore a quello reale, o un'imposta superiore a quella prevista.

L'imposta è dovuta, in sostanza, a titolo di sanzione, in base alla c.d. "cartolarità" dell'operazione. La relativa obbligazione è "fuori conto", "isolata" dal debito risultante dalla massa di operazioni effettuate ed estranea al meccanismo di compensazione tra Iva "a valle" ed Iva "a monte".

Pur se l'imposta è dovuta da chi emette una fattura falsa, colui che la riceve non ha il diritto di detrarre l'imposta.

Il cessionario che ha partecipato alla frode (come vedremo in tema di "frodi carosello") non ha diritto di detrazione; può detrarre l'imposta solo se è estraneo alla frode e se non ne aveva e non poteva averne conoscenza.

13. *Il rimborso dell'Iva non dovuta.*

Il soggetto passivo, che ha applicato e versato indebitamente l'imposta, ha diritto al rimborso, che deve essere richiesto all'Agenzia delle entrate, nel termine di due anni dalla data del versamento ovvero, se successivo, dal giorno in cui si è verificato il presupposto della restituzione (D.P.R. n. 633, art. 30-*ter*, comma 1).

Il cessionario o committente, che ha pagato indebitamente l'Iva di rivalsa al cedente o al prestatore, non può detrarla (l'Iva non dovuta non è detraibile) e non può agire con azione di rimborso nei confronti del fisco. Può solo chiedere la restituzione al cedente o al prestatore, con azione di ripetizione d'indebito, *ex* art. 2033 c.c., dinanzi al giudice ordinario, nel termine ordinario (decennale) di prescrizione.

Qualora il cessionario o il committente agisca nei confronti del cedente o del prestatore quando è ormai decorso per il soggetto passivo Iva il termine biennale di decadenza per richiedere il rimborso al fisco, il termine biennale dev'essere disapplicato (Corte di giustizia, 15 dicembre 2011, *Banca Antoniana*, C-427/10).

Perciò, nell'art. 30-*ter*, comma 2, si prevede che, nel caso di applicazione di un'imposta non dovuta ad una cessione di beni o ad una prestazione di servizi, accertata in via definitiva dall'Amministrazione finanziaria, la domanda di restituzione può essere presentata dal cedente o prestatore entro il termine di due anni dall'avvenuta restituzione al cessionario o committente dell'importo pagato a titolo di rivalsa.

La questione dell'Iva indebita si pone, ad esempio, quando l'Iva è applicata alla cessione di una molteplicità di beni aziendali, e l'Amministrazione finanziaria riqualifica l'operazione come cessione di azienda. In tal caso, essendo la cessione soggetta ad imposta di registro, l'Iva è indebita. Il cedente può chiedere il rimborso all'Amministrazione finanziaria e il cessionario, cui non spetta il diritto di detrazione, ha azione d'indebito nei confronti del cedente.

14. *Profili transnazionali. Il principio di territorialità.*

Il principio di territorialità svolge un ruolo di grande rilievo nella disciplina dell'Iva. Ai fini di tale principio, rilevano due ambiti territoriali: quello statale nazionale (territorio della Repubblica italiana) e quello dell'Unione europea.

Dal punto di vista della territorialità, occorre distinguere tra: operazioni nazionali (o interne); operazioni intra-UE; operazioni extra-UE.

Le operazioni intra-UE sono quelle che si svolgono tra soggetti residenti in Stati diversi dell'Unione europea: esse sono soggette ad un particolare regime, in vigore dal 1993.

Le operazioni extra-UE sono quelle che comportano uno scambio tra un paese dell'UE e un Paese terzo; è solo con riferimento a questi scambi che si può parlare, in senso tecnico, di importazioni ed esportazioni.

Dal punto di vista spaziale, il campo di applicazione dell'Iva è il territorio dello Stato: cessioni di beni e prestazioni di servizi rilevano in quanto sono effettuate nel territorio dello Stato; la territorialità è dunque una condizione *sine qua non* dell'imponibilità e, più in generale, della rilevanza di una operazione ai fini del tributo.

Inoltre, le nozioni di importazione e di esportazione presuppongono la nozione di territorio; la disciplina delle importazioni e quella delle esportazioni, quindi, postulano il principio di territorialità.

Con una normativa assai complessa ed articolata, il legislatore definisce il territorio statale ed i criteri che localizzano nel territorio dello Stato le operazioni soggette ad imposta.

Circa la localizzazione delle operazioni, per le cessioni di beni vale il luogo in cui si trovano i beni ceduti al momento della cessione.

Per le prestazioni di servizi la territorialità varia a seconda del soggetto che riceve il servizio. Per le prestazioni di servizi rese nei confronti dei soggetti passivi (servizi *business-to-business*) si applica il criterio territoriale del luogo del committente; invece, per le prestazioni rese nei confronti dei privati (servizi *business-to-consumer*) vige il criterio del domicilio o residenza del soggetto che presta il servizio (D.P.R. n. 633, art. 7-*ter*, comma 1). Pertanto, le prestazioni rese da una impresa non residente ad una impresa residente si considerano effettuate in Italia e l'imposta deve essere applicata dall'impresa italiana con il *reverse charge*.

15. *Le operazioni intra-UE.*

A) Il trasferimento di beni all'interno dell'Unione non è soggetto a controlli fiscali e alla tassazione doganale. Gli scambi intra-UE non sono importazioni ed esportazioni in senso tecnico, ma «*acquisti intra-UE*» e «*cessioni intra-UE*», soggetti ad uno specifico regime, fondato sul principio di tassazione nel paese di destinazione.

Le vendite tra soggetti passivi Iva all'interno dell'Unione non sono tassate nello Stato di origine (a carico del cedente) ma in quello di destinazione (a carico del cessionario). Altro è invece, come si vedrà, il regime vigente quando uno dei due soggetti è un consumatore finale.

Non esistono controlli e formalità doganali. I controlli fiscali sono fatti *a posteriori*, come per l'Iva interna. A tal fine è stato creato un sistema di scambio rapido di informazioni tra le amministrazioni fiscali nazionali e le imprese devono dichiarare trimestralmente o mensilmente, a seconda dei casi, le transazioni effettuate con imprese di altri Stati dell'UE (elenchi Intrastat).

Prima di effettuare operazioni intra-UE i soggetti passivi Iva devono risultare iscritti negli elenchi VIES. Il cessionario deve verificare che il cedente sia presente nell'archivio VIES e fornirgli il proprio numero di partita Iva. Il cedente deve verificare la presenza del cliente nell'archivio VIES ed emettere fattura senza addebito di imposta.

Il cessionario deve numerare e integrare la fattura ricevuta, indicando in essa il corrispettivo in euro (se la fattura non proviene dall'eurozona), l'aliquota e l'imposta.

La fattura, così integrata, deve essere annotata sia nel registro delle vendite (registro dell'Iva a debito), sia nel registro degli acquisti (registro dell'Iva a credito).

In tal modo, l'Iva a debito, annotata nel registro delle vendite, è neutralizzata dall'Iva detraibile, annotata nel registro degli acquisti.

L'annotazione sul libro delle fatture emesse vale in luogo del pagamento dell'imposta in dogana; il debito che ne scaturisce è però neutralizzato dall'annotazione nel registro degli acquisti, che equivale all'annotazione della bolletta doganale.

B) La disciplina in esame ha per oggetto gli acquisti fatti da soggetti passivi Iva; nel caso, invece, in cui l'acquirente sia un consumatore finale (o, come anche si dice, un "privato"), l'operazione è imponibile a carico del venditore (e quindi nel Paese del cedente, come se l'operazione avvenisse all'interno di quel mercato).

Ai consumatori finali è assicurata ampia libertà di effettuare acquisti in qualsiasi paese dell'Unione. Il bene così acquistato (tassato con Iva nel paese in cui avviene l'acquisto) è liberamente trasportabile e consumabile in altri paesi (ad esempio, nello Stato di residenza). Gli acquisti intra-UE fatti da consumatori finali non sono tassati nel paese di destinazione ma nel paese di origine (debitore d'imposta verso l'Erario è dunque il venditore). Perciò, il viaggiatore che fa acquisti in un paese UE (pagando l'Iva al negoziante) può liberamente portare in Italia il bene acquistato (senza pagare l'Iva sulle importazioni).

Gli acquisti intra-UE fatti da enti non commerciali non sono, in linea di principio, acquisti intra-UE in senso tecnico, ma lo diventano al di sopra di una data soglia: sono perciò tassati in Italia, a carico del compratore (al di sopra di una data soglia, quindi, gli enti non commerciali sono trattati come i soggetti passivi).

C) Le cessioni intra-UE (ad esempio: vendita di una merce da parte di un imprenditore italiano ad un commerciante di altro Stato dell'UE) sono operazioni non imponibili in Italia, a condizione che il cessionario sia un soggetto passivo (o un ente non commerciale); esse sono imponibili nel paese di destinazione (vale cioè un regime analogo a quello delle esportazioni).

15.1. *Le operazioni extra-UE. Le importazioni.*

In materia di trattamento degli scambi con l'estero, le imposte sul valore aggiunto possono rispondere al principio della "tassazione nel paese di destinazione" o a quello della "tassazione nel paese di origine".

Nell'UE vige il principio della "tassazione nel paese di destinazione": ciò comporta, da un lato, la tassazione delle importazioni e, dall'altro, la detassazione delle esportazioni.

I beni importati sono tassati come quelli prodotti nello Stato, mentre quelli esportati non sono soggetti ad imposta (la cessione all'esportazione è operazione "non imponibile") e comportano la restituzione dell'imposta che ha gravato su tali beni all'interno dello Stato.

L'importazione di un bene o di un servizio è, dunque, operazione imponibile.

L'Iva sulle importazioni ha lo scopo di uniformare il trattamento fiscale dei beni provenienti dal territorio extracomunitario a quello dei beni prodotti all'interno dell'UE.

La base imponibile dell'Iva sulle importazioni è il valore pieno della merce; e, non essendovi applicazioni dell'imposta sulle pregresse fasi produttive e distributive, opera come imposta monofase, applicata su ciascuna operazione di importazione.

Più precisamente, l'Iva all'importazione ha come base imponibile il valore della merce determinato secondo le disposizioni doganali (D.P.R. 26 ottobre 1972, n. 633, art. 69).

L'Iva sulle importazioni non è un "diritto di confine", ma un tributo interno, anche se è amministrata dagli uffici doganali ed è accertata, liquidata e riscossa secondo le norme della legislazione doganale; anche in materia sanzionatoria si applicano le norme doganali.

15.2. *I depositi Iva.*

Il diritto tributario prevede tre tipi di deposito: a) il deposito doganale, per le merci extra-UE soggette ai diritti doganali; b) il deposito fiscale, per i prodotti nazionali e UE soggetti ad accisa; c) il deposito Iva, per i prodotti nazionali e UE soggetti ad Iva.

Il deposito Iva è un luogo fisico; l'immissione di un bene nel deposito Iva consente la sospensione temporanea dell'imposta.

Sono considerati depositi Iva anche i depositi fiscali (per i prodotti soggetti ad accisa) e i depositi doganali (relativamente ai beni nazionali o UE che vi possono essere introdotti in base alle disposizioni doganali).

Se sono introdotti in un deposito Iva, i beni provenienti da altro Stato dell'UE non ricevono un trattamento fiscale meno favorevole rispetto a quello previsto per i beni di provenienza da Paesi terzi che, se introdotti nei depositi doganali, beneficiano della sospensione dell'imposta.

L'imposta è applicata con il meccanismo dell'inversione contabile da chi estrae la merce UE.

I beni extra-UE possono essere inseriti in un deposito Iva solo dopo che sono stati immessi in libera pratica, cioè dopo che sono stati pagati i dazi doganali.

Per tali beni, l'imposta è dovuta da chi estrae i beni dal deposito, senza possibilità di compensazione con crediti d'imposta, ma deve essere versata dal gestore del deposito, in nome e per conto di colui che effettua l'estrazione.

16. *Le esportazioni.*

Le esportazioni al di fuori dell'UE non sono soggette ad imposta; esse sono dette, convenzionalmente, "operazioni non imponibili" (dizione che, come sappiamo, le differenzia dalle operazioni "escluse" e da quelle "esenti").

Le operazioni "non imponibili" sono di tre specie:

a) cessioni all'esportazione (D.P.R. n. 633, art. 8);

b) operazioni assimilate alle cessioni all'esportazione (D.P.R. n. 633, art. 8-*bis*);

c) servizi internazionali o connessi agli scambi internazionali (D.P.R. n. 633, art. 9).

16.1. *Cessioni interne non imponibili nelle operazioni "triangolari".*

Le imprese che vendono all'estero parte della loro produzione sono permanentemente in credito verso il fisco. Ciò può costituire un danno finanziario per gli esportatori, che sono costretti a versare al proprio fornitore l'Iva di rivalsa, per poi aspettare a lungo che il fisco rimborsi. Si prevede, perciò, che l'esportatore possa acquistare senza imposta nelle operazioni "triangolari", cioè quando il bene è ceduto da un soggetto residente che lo esporta, su incarico del cessionario residente, per cui i beni vengono inviati all'estero direttamente dal cedente.

L'operazione triangolare richiede l'intervento di tre soggetti (cedente, cessionario residente e acquirente estero) e si realizza con due passaggi "non imponibili": il primo dal cedente al cessionario e il secondo da quest'ultimo all'operatore straniero.

Il cedente emette la fattura nei confronti del cessionario, ma invia direttamente i beni all'estero; il cessionario, a sua volta, emette la fattura nei confronti dell'acquirente estero.

Abbiamo quindi due passaggi di proprietà e due fatture, ma il passaggio fisico è uno soltanto.

Con tale congegno, l'imposta – oltre a non essere applicata sul passaggio esterno (esportazione) – non è applicata neppure sull'ultimo passaggio interno. L'esportatore acquista il bene in Italia in regime di non imponibilità, con il vantaggio finanziario di non dover versare al cedente un'Iva di cui sarà creditore verso lo Stato (D.P.R. n. 633, art. 8, comma 1, lett. a, b e b-*bis* e comma 2).

16.2. *Cessioni ad esportatori abituali.*

L'acquisto senza imposta è permesso anche ai c.d. esportatori abituali, cioè ai soggetti che, in un dato periodo di tempo, hanno effettuato esportazioni per almeno il 10 per cento del loro volume d'affari. Ad essi viene concesso il diritto di acquistare, nell'anno successivo, la stessa quantità di beni senza pagamento di Iva (D.P.R. n. 633, art. 8, comma 2; D.l. 29 dicembre 1983, n. 746, conv. con L. 27 febbraio 1984, n. 17, artt. da 1 a 5).

Il regime di "non imponibilità" può riguardare, dunque, oltre che le esportazioni, anche le cessioni interne agli esportatori abituali. La norma è fondata sulla presunzione che vi sia continuità nelle esportazioni di un'impresa.

Gli esportatori abituali che intendono acquistare o importare senza applicazione dell'Iva debbono trasmettere telematicamente all'Agenzia delle Entrate la c.d. dichiarazione d'intento, che, unitamente alla ricevuta di presentazione rilasciata dall'Agenzia delle Entrate, va poi consegnata al fornitore o prestatore, oppure in dogana (D.lgs. 21 novembre 2014, n. 175, art. 30, lett. a). L'esportatore può avvalersi di tale facoltà nei limiti del *plafond*. Ciò non lo obbliga ad esportare il bene acquistato senza imposta.

Se il bene è esportato, l'acquisto in Italia senza pagamento di imposta equivale a definitiva non tassazione di quel bene. Se invece il bene è rivenduto in Italia, l'imposta sarà applicata sulla rivendita nel mercato interno.

Il meccanismo si presta ad operazioni fraudolente da parte di chi, sedicente esportatore abituale, acquista dei beni senza Iva, esibendo al fornitore una dichiarazione d'intento falsa, per poi rivenderli applicando l'Iva, ma omettendo di versarla al fisco. È stato perciò previsto l'introduzione dell'obbligo di comunicazione telematica delle dichiarazioni di intento, per mettere in grado l'Amministrazione finanziaria di effettuare controlli tempestivi.

17. *Le operazioni dei non residenti. La stabile organizzazione.*

A) I non residenti possono agire in Italia per adempiere gli obblighi, o esercitare i diritti, connessi all'Iva in tre modi, e cioè o mediante "identificazione diretta", o mediante nomina di un rappresentante fiscale, o mediante una stabile organizzazione (D.P.R. n. 633, art. 17).

L'identificazione diretta del non residente avviene a seguito di apposita dichiarazione e della attribuzione di un numero di partita Iva (D.P.R. n. 633, art. 35-*ter*).

Il non residente può inoltre nominare un rappresentante fiscale, incaricandolo di adempiere gli obblighi, ed esercitare i diritti, derivanti dall'applicazione dell'imposta, come la presentazione della dichiarazione, la riscossione dei rimborsi, ecc. (D.P.R. n. 633, art. 17).

I non residenti operano in Italia mediante identificazione diretta o mediante il rappresentante fiscale solo se non vi è stabile organizzazione. Ben altra è la disciplina se vi è stabile organizzazione.

B) La normativa Iva non fornisce alcuna definizione di stabile organizzazione: sono perciò importanti le elaborazioni giurisprudenziali, che utilizzano (analogicamente) anche la definizione che si rinviene nelle convenzioni internazionali in materia reddituale e nel Tuir. È utilizzato il concetto di stabile organizzazione materiale, definito nel modello OCSE, per cui si richiede l'esistenza di una struttura dotata di risorse materiali ed umane, deputata alla gestione di una effettiva attività d'impresa che non sia meramente preparatoria o ausiliaria, ma si esclude che nell'Iva abbia cittadinanza la stabile organizzazione personale.

In tema di rapporti tra casa madre e stabile organizzazione, le prestazioni di servizi effettuate da una società avente sede in uno stato membro dell'UE in favore di una propria struttura secondaria, situata in Italia, non sono assoggettabili ad imposizione (Corte di giustizia, 23 marzo 2006, *FCE Bank plc*, C-210/04).

C) Un non residente può effettuare in Italia operazioni sia attive, sia passive.

Se un soggetto passivo non residente (senza stabile organizzazione in Italia) effettua operazioni attive nei confronti di soggetti passivi d'imposta residenti in Italia, gli obblighi fiscali devono essere adempiuti dai cessionari o committenti italiani, applicando il *reverse charge* (D.P.R. n. 633, art. 17, comma 2).

Se dunque un'impresa non residente vende un bene, o presta un servizio, ad una impresa residente, è l'impresa residente che deve sottoporre ad imposta l'operazione, mediante autofattura.

Il *reverse charge* non si applica quando il soggetto non residente, che effettua un'operazione territorialmente rilevante in Italia, ha qui una stabile organizzazione. Inoltre, questa regola non si applica per le prestazioni rese nei confronti di un "privato".

D) Se vi è una stabile organizzazione, il non residente non può operare con la identificazione diretta o nominare un rappresentante fiscale, ma deve operare solo mediante la stabile organizzazione.

Le operazioni compiute dalla stabile organizzazione sono imputabili ad essa, che si pone, ai fini degli adempimenti e dei diritti in materia di IVA, come se fosse un soggetto distinto dalla casa madre, rispondendo quindi "in proprio" delle operazioni da essa effettuate. Le operazioni effettuate dalla stabile organizzazione devono essere fatturate dalla stabile organizzazione.

In presenza di una stabile organizzazione, anche le operazioni effettuate o ricevute dalla casa madre devono confluire nella posizione Iva della stabile organizzazione.

E) I soggetti passivi non residenti possono recuperare l'imposta assolta sugli acquisti di beni e servizi effettuati in Italia solo per il tramite della propria stabile organizzazione (D.P.R. n. 633, artt. 38-*bis*2 e 38-*ter*).

Nel caso in cui un soggetto non residente effettui operazioni imponibili in Italia nei confronti di privati consumatori (ai quali non è imposta l'inversione contabile), l'Iva dovrà essere assolta dalla stabile organizzazione italiana, anche se l'operazione non è riferibile ad essa.

Anche le operazioni effettuate direttamente dalla casa madre nei confronti di una impresa residente devono essere riferite alla stabile organizzazione. In sostanza, le operazioni compiute direttamente dalla casa madre sono "attratte" dalla stabile organizzazione.

Anche quando la casa madre acquista direttamente dei beni in Italia, senza l'intervento della stabile organizzazione italiana, il diritto di detrazione deve essere effettuato dalla stabile organizzazione. Gli acquisti «diretti» della casa madre devono essere inclusi nelle liquidazioni periodiche della stabile organizzazione (D.P.R. n. 633, art. 38-*bis*2); il diritto di detrazione (e rimborso) deve essere esercitato dalla stabile organizzazione.

17.1. *Il commercio elettronico diretto.*

La Direttiva 2002/38/CE prevede la tassazione dei beni digitalizzati immessi al consumo nell'UE e la detassazione di quelli che, forniti da un operatore dell'UE, sono destinati al consumo al di fuori dell'Unione.

Oggetto della Direttiva è il commercio elettronico diretto (cioè la cessione di prodotti digitalizzati). Per l'acquisto per via elettronica di beni poi consegnati nelle forme tradizionali (c.d. commercio elettronico "indiretto") si applica la disciplina delle c.d. "vendite a distanza" (da cataloghi, per telefono, per posta, ecc.).

La Direttiva muove dal presupposto che tutte le operazioni del commercio elettronico siano da qualificare come prestazioni di servizi ed il luogo di tassazione è sempre quello in cui risiede il cliente, ossia il luogo di utilizzazione. Di conseguenza, tali operazioni non sono soggette ad Iva se fornite ad un residente in un paese extra-UE; devono, invece, essere tassate se fornite da un operatore extra-UE ad un cliente dell'UE (D.P.R. n. 633, art. 7, comma 4).

Le prestazioni di servizi rese da soggetti passivi extracomunitari a favore di committenti (consumatori finali) italiani si considerano effettuate (e, dunque imponibili) in Italia (D.P.R. n. 633, art. 7-*sexies*).

Secondo la Direttiva, gli operatori extracomunitari, quando prestano servizi a consumatori finali comunitari (per un ammontare superiore ad una data soglia annua), devono registrarsi ai fini Iva in uno Stato membro, e le operazioni da essi compiute sono imponibili in tale Stato.

Invece, se la prestazione è effettuata da un operatore extra-UE nei confronti di un soggetto passivo residente nell'UE, è quest'ultimo a dover applicare l'imposta (mediante autofatturazione).

18. *Le "frodi carosello".*

Sono frequenti le frodi all'Iva realizzate in ambito UE, tra cui le "frodi carosello", nel cui schema tipico vi è innanzitutto una società, detta *conduit company*, Alfa, che effettua una cessione intracomunitaria (cessione, quindi, non imponibile) ad una società Beta (cartiera, o *missing trader*), residente in un altro Stato membro.

Ad esempio, vi è una società tedesca Alfa che vende dei beni (ad esempio, auto) a una società italiana Beta (cartiera o *missing trader*).

La società italiana Beta è un soggetto interposto (tra venditore Alfa e acquirente effettivo Gamma), che acquista l'auto senza pagamento dell'Iva (operazione intracomunitaria).

L'auto è poi rivenduta a Gamma, denominata *broker*, che paga l'Iva di rivalsa a Beta e rivende il bene. La società Beta acquista senza essere debitrice di Iva e vende con Iva; incassa quindi l'Iva sulle vendite fatte al *broker*, ma non la versa al fisco (e scompare). A sua volta, il *broker* Gamma detrae l'Iva (effettivamente) versata a Beta.

Il danno per il fisco è duplice. Da un lato, vi è Beta che non versa l'Iva che ha incassato per la vendita a Gamma; al tempo stesso, Gamma acquisisce il diritto di detrazione, per cui il fisco diventa debitore verso Gamma per un'Iva mai incassata.

Il caso in cui la frode è realizzata interponendo un soggetto (cartiera, *missing trader*) tra due operatori effettivi è ricorrente. Il soggetto interposto è in genere una società che non ha strutture, ha vita breve, non presenta dichiarazioni fiscali, o dichiara ma non versa, per cui l'Amministrazione finanziaria deve monitorarle con cura.

Il perno della frode è dunque Beta, che incassa e non versa l'Iva. L'omesso versamento dell'Iva era solo una violazione amministrativa (sanzione del 30 per cento dell'imposta non versata). Ma, per contrastare le frodi, è previsto che sia reato (D.lgs. 10 marzo 2000, n. 74, art. 10-*bis*).

La "frode carosello" vera e propria (carosello chiuso) si verifica quando la società Gamma non vende ad un consumatore finale (ad esempio) italiano ma ad una società di un altro Stato dell'UE (società Delta), la quale rivende ad Alfa. I beni tornano così al punto di partenza (di qui l'espressione "frode carosello").

Al fine di occultare la frode, lo schema potrebbe essere reso più complesso con l'inserimento di società-cuscinetto (società *buffer*).

Tra il *missing trader* (Beta) ed il *broker* (Gamma) vengono frapposte società-ombra, le c.d. società *buffer* – che potrebbero essere ignare della frode – le quali acquistano (da Beta) e vendono (a Gamma) applicando un loro margine di guadagno.

Conseguentemente, nell'ultimo passaggio della merce, l'Iva sarà versata dal cedente e detratta dal cessionario, mentre la società cartiera (Beta) si renderà, comunque, irreperibile.

Con queste frodi, a parte il profilo fiscale, si verifica una distorsione della concorrenza, perché – grazie all'omesso versamento dell'imposta – i beni possono essere venduti a prezzi più competitivi rispetto a quelli praticati dalle imprese concorrenti.

Nelle "frodi carosello" non sempre tutte le società coinvolte sono partecipi della frode. Il *broker* ha diritto alla detrazione se è estraneo alla frode; non ha diritto alla detrazione se ha partecipato alla frode, o ne è soltanto consapevole (consapevolezza desumibile, ad esempio, dal fatto che la merce gli è venduta ad un prezzo basso, reso possibile dal fatto che il *missing trader* incassa l'Iva di rivalsa omettendo di versarla al fisco).

Secondo la Corte di giustizia, «*gli operatori, che adottano tutte le misure che possono essere da essi ragionevolmente pretese al fine di assicurare che le loro operazioni non facciano parte di una frode*», hanno il diritto di fare affidamento sulla liceità di tali operazioni, senza perdere il diritto alla detrazione dell'Iva pagata a monte.

Se, invece, «*sapeva o avrebbe dovuto sapere*» che, con il proprio acquisto, partecipava ad un'operazione che si iscriveva in una frode all'Iva, il soggetto passivo «*deve essere ritenuto partecipante alla frode, indipendentemente dalla circostanza che egli tragga o meno beneficio dalla vendita dei beni*».

Il diritto alla detrazione è dunque negato al cessionario, quando «*sapeva o avrebbe dovuto sapere*» di essere partecipe di una frode (Corte di giustizia, 12 gennaio 2006, *Optigen*, C-354/03, C-355/03 e C-484/03).

Per contrastare questi fenomeni, il legislatore ha previsto che – in alcuni casi – il cessionario sia coobbligato con il suo fornitore per il pagamento dell'Iva. La norma si applica alle cessioni di determinati beni (auto e moto, telefonini, *personal computer*, ecc.), quando la cessione avvenga per un corrispettivo inferiore al valore normale (D.P.R. n. 633, art. 60-*bis*).

CAPITOLO VENTITREESIMO

L'IMPOSTA DI REGISTRO E L'IMPOSTA SULLE SUCCESSIONI E DONAZIONI

1. *Le imposte sugli affari e l'imposta di registro.*

L'imposta di registro rientra nella categoria delle imposte sugli affari, che comprende:

a) le imposte sugli atti e negozi giuridici (come l'imposta di bollo);

b) le imposte sugli scambi e sulla cifra d'affari (come l'imposta sul valore aggiunto);

c) le imposte sui trasferimenti e sulla circolazione della ricchezza (come l'imposta di registro, l'imposta sulle successioni, l'imposta ipotecaria e catastale).

L'imposta di registro è solitamente definita (soprattutto negli scritti di scienza delle finanze) come imposta sui trasferimenti. Questa definizione ne coglie un aspetto economico saliente. L'imposta ha però un campo di applicazione più vasto, in quanto sono soggetti ad imposta anche atti non traslativi.

La disciplina dell'imposta di registro è contenuta nel D.P.R. 26 aprile 1986, n. 131 (d'ora innanzi, T.u. registro).

2. *Presupposto e natura del tributo di registro.*

Il tributo del registro può atteggiarsi come imposta e come tassa. È tassa quando è dovuto in misura fissa; in tal caso, ha come presupposto e giustificazione la prestazione di un servizio, cioè la registrazione (e conservazione) di un atto.

Si tratta, invece, di imposta, quando il tributo è rapportato, in ragione proporzionale, al valore dell'atto registrato: in tal caso ha come *ratio* la stipulazione o formazione di un atto a contenuto economico (contratto, sentenza, ecc.), assunto dal legislatore come indice di capacità contributiva.

La registrazione di un atto comporta l'applicazione – alternativa – di una delle due forme di tributo; quando è dovuta l'imposta, non si applica la tassa, e viceversa.

3. *La richiesta di registrazione e la registrazione d'ufficio.*

A) La registrazione avviene a seguito di richiesta o d'ufficio. Sotto tale riguardo, vanno distinte tre categorie di atti:

a) atti soggetti a registrazione in termine fisso;

b) atti soggetti a registrazione in caso d'uso;

c) atti non soggetti a registrazione.

Per gli atti soggetti a registrazione in termine fisso, la legge pone, a carico di determinati soggetti (contraenti, notai, ecc.), l'obbligo di richiederne la registrazione entro un dato termine (di venti giorni per gli atti formati in Italia; sessanta per gli atti formati all'estero).

Obbligo di richiedere la registrazione e obbligazione tributaria sono – come diremo – situazioni giuridiche distinte (che, in alcuni casi, gravano su persone diverse).

Per gli atti da registrare in caso d'uso, non v'è alcun obbligo di richiedere la registrazione; ma l'atto non può essere "usato" se non è stata previamente effettuata la registrazione (e pagata l'imposta); in simili casi, la registrazione non è un obbligo, ma un "onere".

Infine, per gli atti per i quali non vi è né obbligo, né onere di registrazione, è ammessa la registrazione c.d. volontaria, essendo previsto che, per qualsiasi atto scritto, può chiederne la registrazione «*chiunque vi abbia interesse*».

B) La richiesta di registrazione comporta la materiale presentazione dell'atto all'ufficio dell'Agenzia delle entrate, che liquida l'imposta e ne richiede il pagamento (T.u. registro, art. 10).

La richiesta di registrazione dei contratti verbali e delle operazioni societarie è fatta presentando all'Ufficio apposita denuncia (non essendovi un atto scritto da registrare, viene registrata la denuncia).

La registrazione degli atti relativi a diritti sugli immobili deve essere richiesta in via telematica.

Le richieste devono essere precedute dal pagamento dei tributi, autoliquidati dal richiedente.

Gli uffici controllano la regolarità dell'autoliquidazione e del versamento e, se risulta dovuta una maggiore imposta, notificano, entro trenta giorni dalla presentazione del modello informatico, un avviso di liquidazione per l'integrazione dell'imposta versata.

C) Di regola, la registrazione avviene a seguito di richiesta dei soggetti obbligati, ma, se non è stato osservato l'obbligo di richiederla, la registrazione è fatta d'ufficio (T.u. registro, art. 15). Non esistono norme generali che consentano all'Amministrazione finanziaria o alla Guardia di finanza di porsi alla ricerca degli atti non registrati e di sequestrarli; la repressione dell'evasione è affidata, per questa imposta, ad altri strumenti, che tengono conto, da un lato, degli interessi fiscali, dall'altro del diritto dei contribuenti alla riservatezza.

La disciplina della registrazione d'ufficio, ispirata a tali principi, si articola nel modo seguente:

a) per gli atti dei notai e dei pubblici ufficiali la registrazione d'ufficio è possibile sol che si rinvengano, nei registri o repertori, gli estremi di atti non registrati; qui non v'è un problema di riservatezza;

b) il problema della riservatezza si pone per le scritture private non autenticate: per esse, quando non sia stato osservato l'obbligo della richiesta di registrazione in termine fisso, la registrazione d'ufficio è prevista solo nei seguenti casi:

– quando le scritture siano depositate presso pubblici uffici;

– quando l'Amministrazione finanziaria ne sia venuta legittimamente in possesso in base ad una legge che autorizzi il sequestro;

– quando l'Amministrazione ne abbia avuta visione nel corso di accessi, ispezioni o verifiche eseguiti ai fini di altri tributi;

c) per i contratti verbali e per le operazioni societarie, la registrazione (che in tali ipotesi prescinde dall'acquisizione di un atto scritto) può essere effettuata d'ufficio sulla base di prove anche presuntive.

3.1. *La registrazione in termine fisso e la registrazione in caso d'uso.*

A) Al T.u. è allegata una tariffa, divisa in due parti: la prima elenca gli atti da registrarsi in termine fisso, la seconda quelli da registrarsi in caso d'uso. Segue la tabella degli atti per i quali non vi è obbligo di registrazione.

Sono da registrare in termine fisso:

a) gli atti scritti indicati nella tariffa;

b) i contratti verbali;

c) le operazioni societarie;

d) taluni atti formati all'estero.

In linea generale, sono da registrare in termine fisso tutti gli atti «*aventi per oggetto prestazioni a contenuto patrimoniale*» (T.u. registro, tariffa, parte prima, art. 9), con la duplice eccezione degli atti indicati nella seconda parte della tariffa (per i quali vale la regola del caso d'uso) e di quelli indicati nella «*tabella degli atti per i quali non vi è obbligo di registrazione*».

Come vedremo, anche se la definizione generale degli atti da registrarsi in termine fisso è molto ampia, in pratica non si tratta di un numero elevatissimo, dato che gli atti della vita commerciale sono da registrare solo in caso d'uso.

I contratti verbali soggetti a registrazione sono quelli di locazione o affitto di beni immobili e di trasferimento o affitto di aziende (T.u. registro, art. 3).

Inoltre, devono essere registrate le operazioni di organizzazione societaria, quali: l'istituzione o il trasferimento in Italia della sede legale o amministrativa di enti o società estere, ecc. In tali casi, le operazioni societarie assumono rilievo indipendentemente dalla forma dell'atto scritto da cui prendono origine (T.u. registro, art. 4).

Infine, devono essere registrati gli atti formati all'estero, che hanno per oggetto il trasferimento della proprietà di beni immobili, la costituzione o il trasferimento di altri diritti reali, anche di garanzia, e la locazione o l'affitto di beni immobili o aziende esistenti nel territorio dello Stato (T.u. registro, art. 2).

B) La seconda parte della tariffa elenca gli atti da registrarsi in caso d'uso. L'atto, prima di essere depositato presso una pubblica amministrazione, dev'essere registrato. Ciò significa che può essere depositato solo con il timbro che ne attesta la registrazione.

Per "uso" di un atto si intende l'uso dell'atto a fini amministrativi, ossia la sua produzione in un procedimento amministrativo.

Vi è caso d'uso anche «*quando un atto si deposita, per essere acquisito agli atti, presso le cancellerie giudiziarie nell'esplicazione di attività amministrative*» (T.u. registro, art. 6), ossia in procedimenti di volontaria giurisdizione.

Non vi è onere di registrazione quando il deposito avvenga ai fini dell'adempimento di un'obbligazione delle suddette amministrazioni, enti o organi ossia obbligatorio per legge o regolamento.

Va notato che devono essere registrati solo in caso d'uso i contratti formati mediante corrispondenza e le scritture private non autenticate relative ad operazioni soggette ad Iva.

In sostanza, i contratti più ricorrenti nella vita economica, conclusi mediante corrispondenza, sono soggetti a registrazione solo in caso d'uso.

3.2. *Modalità ed effetti della registrazione.*

La registrazione consiste nell'annotazione in apposito registro dell'atto o della denuncia e, in mancanza, della richiesta di registrazione (T.u. registro, art. 16).

Per gli atti pubblici, le scritture private autenticate e gli atti giudiziari, la registrazione deve essere richiesta all'ufficio dell'Agenzia delle entrate, nella cui circoscrizione ha sede il pubblico ufficiale; negli altri casi la registrazione può essere richiesta a qualunque ufficio (T.u. registro, art. 9).

La registrazione ha un doppio effetto di natura probatoria: attesta l'esistenza degli atti ed attribuisce ad essi data certa, ai sensi dell'art. 2704 c.c. (T.u. registro, art. 18).

Si tratta di effetti che hanno importanza pratica per le scritture private non autenticate, non per gli atti pubblici e per le scritture private autenticate.

La registrazione ha inoltre l'effetto di liberalizzare il rilascio di atti formati o autenticati da pubblici ufficiali (T.u. registro, art. 66). Va ricordato al riguardo che i notai non possono rilasciare né l'originale, né la copia degli atti da loro formati, prima che siano registrati; e che i cancellieri non possono rilasciare copia autentica dei provvedimenti giurisdizionali prima della registrazione.

Vi è insomma un generale divieto di rilascio di atti non registrati. Il pagamento dell'imposta di registro condiziona, quindi, l'utilizzo degli atti giuridici, ma vi sono delle eccezioni, tra cui il rilascio di copia delle sentenze e degli atti giurisdizionali da utilizzare per la prosecuzione del giudizio o per dar corso a procedure di esecuzione forzata.

4. *I soggetti passivi.*

Vi sono soggetti obbligati a pagare l'imposta ma non a richiedere la registrazione, e soggetti obbligati a richiedere la registrazione ma non a pagare l'imposta (T.u. registro, artt. 10 e 57).

Gli obbligati possono perciò essere distinti in tre gruppi.

Il primo gruppo è formato dalle parti dell'atto da registrare, che sono obbligate sia a richiedere la registrazione, sia a pagare l'imposta. Per le scritture private non autenticate, per i contratti verbali e per gli atti formati all'estero, le parti dell'atto devono chiederne la registrazione e pagare l'imposta.

Un secondo gruppo di soggetti è costituito dai notai e altri pubblici ufficiali, che sono obbligati insieme con le parti degli atti. Per gli atti pubblici e per le scritture private autenticate, l'obbligo di richiedere la registrazione è a carico dei notai (e in generale dei pubblici ufficiali): per tali atti, i notai e pubblici ufficiali sono tenuti al pagamento della sola imposta principale (come "responsabili d'imposta"), ma non delle imposte complementari e suppletive.

Vi sono infine dei soggetti che sono obbligati a chiedere la registrazione, ma non a pagare l'imposta:

a) cancellieri e segretari di organi giurisdizionali sono obbligati a richiedere la registrazione degli atti giudiziari, ma l'imposta è dovuta dalle parti del giudizio;

b) gli impiegati dell'Amministrazione finanziaria e gli appartenenti alla Guardia di finanza sono obbligati a richiedere la registrazione degli atti per i quali è prevista la registrazione d'ufficio; anche in tali casi, l'obbligo di pagamento dell'imposta grava sui soggetti che hanno dato vita all'atto.

5. *L'interpretazione degli atti registrati. Gli atti collegati.*

A) L'imposta di registro è qualificata "imposta d'atto", per indicare che si tratta di un tributo che colpisce l'atto sottoposto a registrazione, quale risulta dallo scritto, senza tener conto di elementi extratestuali. Di questo aspetto dell'imposta di registro si hanno diverse applicazioni, a cominciare dai criteri in base ai quali gli atti da registrare devono essere interpretati, al fine di individuarne il regime fiscale.

Norma basilare, in materia, è quella – di recente novellata – secondo cui: «*L'imposta è applicata secondo la intrinseca natura e gli effetti giuridici dell'atto presentato alla registrazione, anche se non vi corrisponda il titolo o la forma apparente, sulla base degli elementi desumibili dall'atto medesimo, prescindendo da quelli extratestuali e dagli atti ad esso collegati, salvo quanto disposto dagli articoli successivi*» (T.u. registro, art. 20).

L'art. 20 indica dunque che l'interprete deve attenersi alla tipologia ed agli effetti giuridici degli atti. Non a caso, la tariffa distingue gli atti in base alla loro tipologia giuridica. La sostanza dell'atto prevale sulla forma: e l'art. 20 indica chiaramente che occorre riferirsi alla sostanza giuridica, non a profili economici o empirici. In altri termini, gli atti possono essere riqualificati, ma con un preciso limite: la riqualificazione deve avvenire in termini di effetti giuridici, non in chiave economica.

Ciò vuol dire, ad esempio, che una cessione di partecipazioni, se anche potesse essere considerata, dal punto di vista economico o empirico, come una cessione d'azienda (sol perché, da un punto di vista metagiuridico, possedere la partecipazione totalitaria equivale a possedere il patrimonio della società), non può essere considerata tale dal punto di vista fiscale, perché la valutazione fiscale deve restare ancorata all'effetto giuridico. E una cessione di partecipazioni non è una cessione d'azienda, e non può essere tassata come se lo fosse.

B) L'art. 20, come emendato, enfatizza una caratteristica tradizionale dell'imposta di registro: quella di essere determinata dando esclusivo rilievo al testo dell'atto registrato, senza tener conto di elementi extratestuali.

Ciò significa che, in sede di interpretazione, non valgono i criteri interpretativi extratestuali, che invece devono essere tenuti in considerazione nella interpretazione dei contratti secondo le regole civilistiche.

Perciò la «*comune intenzione delle parti*», evocata dall'art. 1362 c.c. per l'interpretazione dei contratti, non ha rilievo nell'interpretazione del contratto ai fini fiscali. Non valgono, in sede fiscale, neppure gli eventi successivi alla registrazione.

5.1. *Gli atti complessi.*

A) Vi sono atti complessi ai quali si applica una pluralità di imposte e atti complessi ai quali si applica un'imposta unica.

L'art. 21, comma 1, del T.u. registro, dispone che «*Se un atto contiene più disposizioni che non derivano necessariamente, per la loro intrinseca natura, le une dalle altre, ciascuna è soggetta ad imposta come se fosse un atto distinto*». Se dunque in un solo documento sono racchiusi più negozi giuridici, l'imposta si applica distintamente a ciascun atto.

Si applicano più imposte anche in caso di collegamento negoziale, se le cause dei singoli negozi, essendo autonomamente identificabili, portano ad escludere che le disposizioni possano ritenersi derivanti, per loro intrinseca natura, le une dalle altre.

Al criterio impositivo in tema di atti contenenti disposizioni plurime, non necessariamente connesse, si collegano altre previsioni:

– quando sono unitariamente negoziati beni per i quali sono previste aliquote diverse, si applicano aliquote diverse per i beni o diritti per cui siano pattuiti prezzi distinti; se non c'è distinzione, si applica l'aliquota più elevata (T.u. registro, art. 23);

– un atto in parte a titolo oneroso, in parte a titolo gratuito, è soggetto all'imposta di registro per la parte onerosa, all'imposta sulle donazioni per la parte gratuita (T.u. registro, art. 25).

B) Si applica una sola imposta, sulla disposizione soggetta all'imposta maggiore, quando le disposizioni sono necessariamente connesse. Dispone l'art. 21, comma 2, T.u. registro, che «*Se le disposizioni contenute nell'atto derivano necessariamente, per la loro intrinseca natura, le une dalle altre, l'imposta si applica come se l'atto contenesse la sola disposizione che dà luogo alla imposizione più onerosa*».

Precisa la giurisprudenza che si applica una sola imposta nel caso in cui la pluralità di disposizioni sia riconducibile ad un'unica causa, ovvero quando, per volontà della legge, o per l'intrinseca natura delle diverse disposizioni, vi sia un rapporto di connessione oggettiva, necessaria e inscindibile, tra le diverse disposizioni, per cui non si possa concepire che venga posta in essere una disposizione se si prescinde dall'altra.

C) L'art. 21, comma 3, T.u. registro dispone che non sono soggetti ad imposta gli accolli di debiti ed oneri collegati e contestuali ad altre disposizioni e le quietanze rilasciate nello stesso atto che contiene le disposizioni cui esse si riferiscono.

D) Secondo un principio generale dell'imposta che si esamina, quando un unico disegno negoziale è realizzato con più atti, l'imposta proporzionale si applica su un atto soltanto, mentre l'altro è tassato in misura fissa.

Si collegano a tale criterio le seguenti regole impositive:

a) i contratti preliminari sono soggetti alla tassa fissa di registro; la normale imposta proporzionale sarà poi applicata al contratto definitivo;

b) in caso di atti sottoposti a condizione sospensiva, approvazione od omologazione, si applica, inizialmente, la tassazione in misura fissa; l'imposizione in misura ordinaria segue quando si verifica la condizione o quando l'atto è approvato o omologato (T.u. registro, art. 27);

c) in caso di stipulazione di un contratto e di successiva risoluzione, il contratto è tassato in misura proporzionale, ma si applica la tassa fissa per la risoluzione (T.u. registro, art. 28);

d) la ratifica, la convalida e la conferma sono soggette a tassa fissa (T.u. registro, art. 30);

e) la dichiarazione di nomina che segue un contratto per persona da nominare è soggetta a tassa fissa, se fatta entro tre giorni dall'atto cui si riferisce (T.u. registro, art. 32).

5.2. *Enunciazione di atti non registrati.*

Quando un atto enuncia atti non registrati sono tassati distintamente l'atto enunciante e quello enunciato. «*Se in un atto sono enunciate disposizioni contenute in atti scritti o contratti verbali non registrati e posti in essere fra le stesse parti intervenute nell'atto che contiene la enunciazione, l'imposta si applica anche alle disposizioni enunciate*» (T.u. registro, art. 22, comma 1).

Ad esempio, con la sentenza dichiarativa di fallimento di una società di fatto, si tassa anche l'atto costitutivo della società.

Quando è pronunciato un decreto ingiuntivo in base ad un accordo non registrato, è tassato sia il decreto ingiuntivo, sia l'accordo "*enunciato*" nel decreto; se sono enunciate delle fideiussioni, sono tassate anche le fideiussioni.

L'imposta sull'atto enunciato si applica non quando un atto è semplicemente menzionato, ma solo se l'atto non registrato è posto a fondamento dell'atto enunciante (ad esempio, un provvedimento giudiziale).

6. *Alternatività tra registro e Iva.*

Imposta proporzionale di registro e Iva sono tributi alternativi.

Un atto scritto, compreso nel novero degli atti soggetti ad imposta proporzionale di registro, se reca cessioni di beni o prestazioni di servizi soggetti ad Iva, non è soggetto ad imposta proporzionale, ma alla tassa fissa (T.u. registro, art. 40).

Il principio di alternatività riguarda tutte le operazioni che rientrano nel "campo di applicazione" dell'Iva, e, quindi, non solo le operazioni "imponibili", ma anche quelle "non imponibili" o "esenti".

Ad esempio, un decreto ingiuntivo, con cui un imprenditore intima ad un suo cliente il pagamento di una merce, non è tassato con imposta proporzionale di registro, perché la cessione di merci è soggetta ad Iva. Una sentenza di condanna è soggetta ad imposta fissa se riguarda il corrispettivo di una operazione che rientra nel campo di applicazione dell'Iva (anche come operazione esente).

Le scritture private non autenticate, se relative ad operazioni soggette ad Iva, sono da registrare solo in caso d'uso (T.u. registro, art. 5). Perciò, quando si applica l'Iva, le scritture private si registrano solo in caso d'uso e a tassa fissa; gli atti pubblici e le scritture private autenticate si registrano in termine fisso, ma il tributo dovuto è la tassa fissa.

In caso di permuta, quando, delle due cessioni, una sia soggetta ad Iva e l'altra al registro, ciascuna imposta si applica in modo autonomo su ciascuna cessione (T.u. registro, art. 40, comma 2).

7. *Misure antiabuso. La presunzione di liberalità.*

L'imposta di registro è collegata, come abbiamo visto, non tanto alla natura economica degli atti, ma alla natura e agli effetti giuridici. Vi sono, però, atti o contratti che possono prestarsi alla realizzazione di scopi pratici diversi da quelli che ad essi normalmente corrispondono.

Vi sono perciò norme specifiche, intese ad impedire condotte elusive, come quella secondo cui i trasferimenti immobiliari e di partecipazioni sociali posti in essere tra coniugi o tra parenti in linea retta (o che tali siano considerati ai fini dell'imposta sulle successioni e donazioni) si presumono donazioni, se l'ammontare complessivo dell'imposta di registro e di ogni altra imposta dovuta per il trasferimento risulta inferiore a quello delle imposte applicabili in caso di trasferimento a titolo gratuito (T.u. registro, art. 26).

7.1. *La presunzione di trasferimento delle accessioni e delle pertinenze.*

Nei trasferimenti immobiliari le accessioni, i frutti pendenti e le pertinenze si presumono trasferiti all'acquirente, a meno che siano esclusi espressamente dalla vendita o si provi, con atto che abbia acquistato data certa mediante registrazione, che appartengono ad un terzo o sono stati ceduti all'acquirente da un terzo.

Ciò significa, ad esempio, che, se si trasferisce un suolo, si presume trasferito anche il fabbricato che insiste su di esso. La presunzione non può ritenersi vinta quando si dimostri che il fabbricato è stato costruito dall'acquirente, atteso che il fabbricato costruito sul suolo appartiene, per il principio dell'accessione di cui all'art. 934 c.c., al proprietario del suolo. Per vincere la presunzione, occorre che l'edificazione sia stata preceduta o accompagnata da altro negozio, contenuto in atto scritto di data certa, avente ad oggetto l'attribuzione, dal cedente al cessionario, del diritto di superficie.

7.2. *Il contratto per persona da nominare e il mandato irrevocabile.*

Un contratto può prevedere che una parte si riserva la facoltà di nominare successivamente la persona che acquista i diritti e assume gli obblighi nascenti dal contratto (contratto per persona da nominare); la dichiarazione di nomina deve essere comunicata all'altra parte nel termine di tre giorni dalla stipulazione del contratto, salvo che le parti abbiano stabilito un termine diverso (artt. 1401 e 1402 c.c.).

Agli effetti dell'imposta di registro, la dichiarazione di nomina, se fatta entro tre giorni, viene tassata in misura fissa; in tutti i casi in cui è fatta oltre i tre giorni, viene tassata con la stessa imposta che è dovuta per l'atto cui si riferisce la dichiarazione di nomina (T.u. registro, art. 32).

Il legislatore tributario muove dal presupposto che la dichiarazione di nomina, fatta oltre i tre giorni, dissimuli un trasferimento degli effetti del contratto da chi contrae per persona da nominare alla persona poi nominata. La norma è quindi diretta ad impedire che, con l'artificio del contratto per persona da nominare, taluno possa acquistare per sé con l'intento di rivendere ad un terzo, ed invece di far risultare il doppio trasferimento ne faccia risultare uno soltanto.

Il mandato irrevocabile, con dispensa dall'obbligo di rendiconto, è soggetto all'imposta stabilita per l'atto per il quale è conferito (T.u. registro, art. 33). Anche qui, la norma ha funzione antifrode: si suppone, infatti, che un mandato che presenti, congiuntamente, i caratteri della irrevocabilità e la dispensa dall'obbligo del rendiconto, dissimuli un trasferimento dal mandante al mandatario dei diritti cui si riferisce.

7.3. *Nullità dei patti contrari alla legge del registro.*

Nell'ottica delle misure antiabuso deve essere considerata anche la disposizione contenuta nell'art. 62 del T.u. registro, secondo cui «*I patti contrari alle disposizioni del presente Testo unico, compresi quelli che pongono l'imposta e le eventuali sanzioni a carico della parte inadempiente, sono nulli anche fra le parti*».

La norma, nella parte in cui sancisce la nullità dei patti contrari alla legge del registro (non solo nei confronti del fisco, ma anche tra le parti), corrisponde alla norma del codice civile che prevede la nullità dei contratti contrari a norme imperative (art. 1418). È quindi nullo, ad esempio, l'accordo di non registrare un contratto.

Non è nulla la clausola con cui le parti stabiliscono che l'imposta è a carico di una di esse: tale clausola ha effetto solo tra le parti, e non ha alcun effetto nei confronti del fisco (che resta creditore nei confronti di tutte le parti contraenti, che sono obbligate in solido). Una simile clausola non è in contrasto con la norma fiscale che pone l'imposta a carico di tutti i contraenti, dato che essa, regolando solo i rapporti interni, non incide (né potrebbe incidere) sulla disciplina legale in tema di soggetti passivi del tributo.

8. *Atti invalidi e atti dichiarativi della nullità.*

L'imposta di registro è dovuta anche sugli atti invalidi. Prevede infatti l'art. 38 del T.u. che «*La nullità o l'annullabilità dell'atto non dispensa dall'obbligo di chiedere la registrazione e di pagare la relativa imposta*». Anche questa regola può essere ricondotta alla connotazione dell'imposta di registro come "imposta d'atto": rileva l'atto scritto, per quello che vi è stabilito, a prescindere dalla sua validità ed efficacia (ed a prescindere anche da ogni evento successivo alla formazione dell'atto).

In linea di principio, quindi, l'imposta è dovuta (e non è rimborsabile) anche se l'atto è invalido.

La restituzione dell'imposta pagata per la registrazione di un atto invalido è ammessa, per la parte eccedente la misura fissa, solo se sussistono tre condizioni: occorre che l'invalidità non sia imputabile alle parti (il che significa che non deve essere restituita l'imposta pagata per la registrazione di atti simulati, di negozi in frode alla legge o comunque contrari a norme di legge, ecc.); occorre che la nullità o l'annullamento dell'atto registrato siano sanciti da una sentenza passata in giudicato e, infine, che l'atto non sia suscettibile di ratifica, conferma o convalida.

Collegato al problema dell'imposta dovuta sugli atti nulli è quello relativo all'imposta dovuta sugli atti che accertano la nullità. La giurisprudenza ritiene che un atto traslativo, nullo tra le parti (ad esempio perché simulato), sia da considerare efficace ai fini fiscali; di conseguenza, l'atto dichiarativo della nullità sarebbe, sempre e solo ai fini fiscali, anch'esso traslativo (produttivo della retrocessione), da tassare, quindi, con l'imposta proporzionale prevista per gli atti traslativi.

In realtà, se le parti stipulano un contratto traslativo, che viene poi dichiarato nullo (perché simulato), se ne deve dedurre: a) che il primo atto, benché nullo e inefficace, resta soggetto all'imposta prevista per i trasferimenti (in forza della regola secondo cui l'imposta è dovuta anche sugli atti nulli); b) che l'imposta sul primo atto non è restituibile, essendo la nullità imputabile alle parti; c) che l'atto dichiarativo della simulazione è un atto, appunto, dichiarativo.

9. *La Direttiva sulla raccolta di capitali e la tassazione dei conferimenti.*

A) La Direttiva del Consiglio del 17 luglio 1969, n. 69/335/CEE sulla "raccolta di capitali" (intendendo, con tale espressione, i conferimenti in società), ha inteso favorire la realizzazione del mercato comune permettendo ai capitali di circolare liberamente all'interno della comunità (ora UE) senza ostacoli alle frontiere e in condizioni di neutralità fiscale (cioè senza diversità di trattamento fiscale nei diversi Paesi membri). La Direttiva prevede l'istituzione di una imposta sui conferimenti, da applicare nello Stato in cui ha sede la direzione effettiva o la sede statutaria della società.

I presupposti dell'imposta sono: a) la costituzione di una società di capitali; b) la trasformazione in società di capitali di una società, associazione o persona giuridica che non sia una società di capitali; c) l'aumento del capitale sociale di una società di capitali mediante conferimento di beni di qualsiasi natura; d) l'aumento del patrimonio sociale di una società di capitali mediante conferimento di beni di qualsiasi natura, remunerato non con quote rappresentative del capitale o del patrimonio stesso, bensì con diritti della stessa natura di quelli dei soci, quali il diritto di voto, la partecipazione agli utili o all'attivo risultante dalla liquidazione.

Sono inoltre tassati i trasferimenti, da un Paese terzo in uno Stato membro, o da uno Stato membro in un altro Stato membro, della sede della direzione effettiva o della sede statutaria di una società.

La Direttiva vieta che possano essere applicate alle società di capitali imposte indirette diverse da quella configurata dalla Direttiva; possono comunque essere applicate imposte sui trasferimenti di valori mobiliari e immobiliari, imposte relative a privilegi ed ipoteche, diritti remunerativi e l'imposta sul valore aggiunto. Nulla osta, dunque, a che, nel diritto italiano, quando sono conferiti immobili, siano applicate l'imposta di registro e l'imposta ipotecaria e catastale.

Dopo la prima Direttiva (n. 69/335), la Comunità ha armonizzato le aliquote e previsto trattamenti di favore per le operazioni di concentrazione, che, dal 1985, sono state esentate.

Il trattamento di favore accordato ai conferimenti si applica anche alle fusioni, dato che le fusioni si realizzano mediante conferimenti (Corte di Giustizia, 13 febbraio 1996, *Soc. Bautiaa*, C-197/94 e C-252/94).

B) Nel nostro ordinamento, in linea con la Direttiva, la fusione tra società, la scissione, il conferimento di aziende o di complessi aziendali relativi a singoli rami dell'impresa fatto da una società ad altra società esistente o da costituire, analoghe operazioni poste in essere da enti diversi dalle società, sono soggette alla tassa di registro fissa.

I conferimenti di immobili sono soggetti ad imposta proporzionale; sono, invece, soggetti a tassa fissa i conferimenti di aziende, danaro e beni mobili.

Questa differenza di regime fiscale risponde al criterio secondo cui, tassato il trapasso di un bene dall'economia privata a quella imprenditoriale, non sono invece da tassare i fatti di riorganizzazione interna al sistema produttivo, quali sono le fusioni, le scissioni e i conferimenti tra società.

10. *La tassazione delle sentenze.*

Quando si conclude un procedimento giudiziario, il fascicolo viene trasmesso dalla cancelleria all'Agenzia delle entrate, la quale liquida il tributo dovuto sulla sentenza e sugli atti presenti nel fascicolo.

Il tributo è innanzitutto dovuto e liquidato sulla sentenza di primo grado; e, secondo la giurisprudenza, la riforma totale o parziale (nel successivo corso del giudizio e fino alla formazione del giudicato) della prima sentenza non si riflette sul tributo liquidato sulla sentenza riformata, ma fa sorgere un autonomo diritto al rimborso, che dev'essere azionato in modo autonomo. Si ritiene dunque che il tributo non cessa di essere dovuto sulla sentenza di primo grado, anche quando è sostituita da quella di appello.

Le aliquote sono diverse, a seconda della natura della sentenza. Alle sentenze con effetti costitutivi si applicano le stesse aliquote che sono previste per i negozi privati che producono i medesimi effetti (ad esempio, una sentenza che stabilisce il trasferimento della proprietà di un immobile è tassata con la stessa aliquota prevista per le compravendite); se si tratta di sentenze dichiarative, l'aliquota è dell'1 per cento; se di condanna, l'aliquota è del 3 per cento. Le sentenze che non hanno contenuto patrimoniale sono soggette a tassa fissa.

11. *Base imponibile e giudizio di congruità.*

A) La base imponibile è data dal valore dell'atto registrato, cioè dal valore della prestazione, o delle prestazioni, che sono oggetto dell'atto.

Secondo l'art. 43 del T.u. registro, per i contratti a titolo oneroso traslativi o costitutivi di diritti reali la base imponibile è costituita dal valore del bene.

Ai sensi dell'art. 51, comma 1, del T.u. del registro, si assume come valore dei beni o dei diritti quello dichiarato dalle parti nell'atto (e, in mancanza o se superiore, il corrispettivo pattuito per l'intera durata del contratto).

Vi sono però prestazioni per le quali – se il prezzo o valore indicato nell'atto non è ritenuto congruo dall'ufficio dell'Agenzia delle entrate – si rende necessaria una stima, o giudizio di congruità (T.u. registro, art. 51).

B) Il giudizio di congruità non è previsto per le cessioni di abitazioni (e relative pertinenze), nei casi in cui intervengono fra persone fisiche che non agiscono nell'esercizio di attività commerciali, artistiche o professionali (T.u. registro, art. 52).

In tali ipotesi, l'acquirente può richiedere, con dichiarazione recepita nell'atto, che la base imponibile sia costituita dal valore catastale dell'immobile, determinato attraverso i coefficienti catastali rivalutati e moltiplicati. È il c.d. principio del prezzo-valore.

Il corrispettivo è pertanto irrilevante ai fini della tassazione, ma le parti hanno l'obbligo di indicarlo nell'atto, fermo restando che la tassazione avviene sulla base del valore catastale.

Se le parti occultino, anche in parte, il corrispettivo effettivamente pattuito, viene meno la tassazione sul valore catastale e la base imponibile è costituita dal corrispettivo effettivamente pattuito, e si applica una sanzione amministrativa dal cinquanta al cento per cento della maggiore imposta dovuta in base al corrispettivo.

Per i fabbricati non iscritti in catasto il criterio automatico si applica se ne sia stato chiesto l'accatastamento.

C) Il criterio di valutazione automatica non si applica al di fuori del caso ora indicato, e cioè quando la parte acquirente non chiede che l'imposta sia applicata sul valore catastale ed alle cessioni di immobili ad uso non abitativo e che non intervengano tra persone fisiche al di fuori dell'esercizio di impresa o di arti e professioni.

L'imposta non si applica dunque sul valore catastale, ma sul valore venale. Vale la regola generale secondo cui l'imposta, in sede di registrazione dell'atto, è applicata al prezzo pattuito, ma l'ufficio può accertare come dovuta un'imposta complementare, se il valore normale dell'immobile è superiore al prezzo.

Sono soggetti a giudizio di congruità anche i conferimenti in società, se non si applica l'imposta in misura fissa. In caso di conferimento di immobile da parte di persona fisica in una società a responsabilità limitata, l'Agenzia delle entrate può determinare il valore del bene conferito, senza essere vincolata dalla perizia redatta ai sensi dell'art. 2343 c.c.

D) Vi sono atti per i quali non è ammesso il giudizio di congruità; in tali casi, il valore imponibile è costituito:

a) per i contratti costitutivi di obbligazione di fare, dal corrispettivo;

b) per le cessioni di contratto, dal corrispettivo pattuito e dal valore delle prestazioni ancora da eseguire;

c) per i contratti che importano obbligazioni, che non costituiscono corrispettivo di altra prestazione, dall'ammontare della somma o dal valore del bene dovuto;

d) per gli atti di garanzia, dalla somma garantita;

e) per i contratti di associazione in partecipazione, dal valore dei beni apportati dall'associato:

f) per i contratti diversi da quelli indicati, dall'ammontare dei corrispettivi in danaro.

12. *Poteri istruttori. Avvisi di liquidazione e di accertamento.*

I poteri di indagine e controllo, previsti per le imposte sui redditi negli artt. da 31 a 45 del D.P.R. 29 settembre 1973, n. 600, e l'art. 10-*bis* dello Statuto (in tema di elusione), si applicano anche all'imposta di registro (T.u. registro, art. 53-*bis*).

Pertanto, gli uffici, anche ai fini dell'imposta di registro, possono eseguire accessi, ispezioni e verifiche; invitare i contribuenti a comparire di persona e inviare questionari; richiedere alle banche dati, notizie e documenti relativi a qualsiasi rapporto intrattenuto od operazione effettuata, ecc.

Agli effetti dell'imposta di registro, l'ufficio può emettere due tipi di atto: avvisi di liquidazione e avvisi di accertamento.

Emette avvisi di liquidazione quando, essendo già determinata la base imponibile (per effetto di dichiarazione o di avviso di accertamento), si tratta soltanto di quantificare l'imposta (T.u. del registro, art. 76, commi 1 e 3). La liquidazione non è operazione puramente matematica: essa implica la qualificazione giudica dell'atto registrato, la scelta dell'aliquota, ed altre scelte. Perciò l'avviso di liquidazione, in quanto atto che statuisce sull'imposta, è un atto impositivo, le cui determinazioni divengono definitive se non impugnate. In quanto atto con cui viene richiesto il pagamento dell'imposta, l'avviso di liquidazione è un atto della procedura di riscossione; se ad esso non segue il pagamento del tributo, l'Amministrazione può iscrivere a ruolo il dovuto.

L'ufficio, quando rettifica il valore imponibile, emette un avviso di accertamento, che deve altresì liquidare l'imposta, con gli interessi e le sanzioni (T.u. registro, art. 52).

L'imposta può essere definita mediante accertamento con adesione.

Qui l'accertamento con adesione ha per oggetto il valore dei beni e diritti indicati in ciascun atto, denuncia o dichiarazione che ha formato oggetto di imposizione. Il valore definito vincola l'ufficio ad ogni ulteriore effetto limitatamente ai menzionati tributi. Sono escluse adesioni parziali riguardanti singoli beni o diritti contenuti nello stesso atto, denuncia o dichiarazione.

Se un atto contiene più disposizioni che non derivano necessariamente, per la loro intrinseca natura, le une dalle altre, ciascuna di esse, se soggetta ad autonoma imposizione, costituisce oggetto di definizione come se fosse un atto distinto.

A seguito della definizione, le sanzioni dovute per ciascun tributo oggetto dell'adesione si applicano nella misura di un terzo del minimo previsto dalla legge.

L'accertamento definito con adesione non è soggetto ad impugnazione e non è integrabile o modificabile da parte dell'ufficio.

Il termine per accertare l'imposta sugli atti non presentati alla registrazione è di cinque anni da quando doveva essere richiesta la registrazione; il termine per rettificare la liquidazione dell'imposta principale è di tre anni da quando è stata richiesta la registrazione (T.u. registro, art. 76).

13. *Imposta principale, suppletiva e complementare.*

A) Nell'imposta di registro si definisce principale l'imposta «*applicata al momento della registrazione e quella richiesta dall'ufficio se diretta a correggere errori od omissioni effettuati in sede di autoliquidazione nei casi di presentazione della richiesta di registrazione per via telematica*» (T.u. registro, artt. 42 e 54).

L'imposta principale è dunque quella liquidata e richiesta dall'ufficio sulla base dell'atto sottoposto a registrazione ed è dovuta subito per intero.

È prevista la facoltà di utilizzare procedure telematiche per la registrazione di atti relativi a diritti sugli immobili. Le richieste sono presentate utilizzando un modello trasmesso per via telematica, con la documentazione necessaria, ed il tributo è autoliquidato dal notaio. Gli uffici controllano la regolarità dell'autoliquidazione e del versamento, e, se risulta dovuta una maggiore imposta, notificano, anche per via telematica, entro trenta giorni dalla presentazione del modello informatico, un avviso di liquidazione; entro quindici giorni dalla notifica deve essere eseguito il pagamento della maggiore imposta (D.lgs. 18 dicembre 1997, n. 463, art. 3-*bis*).

B) L'imposta suppletiva è quella richiesta dopo la registrazione, quando sia «*diretta a correggere errori od omissioni dell'ufficio*» (T.u. registro, art. 42). Si tratta, dunque, di un'imposta che l'ufficio avrebbe dovuto richiedere a titolo di imposta principale, sulla base dell'atto o della dichiarazione; l'ufficio la richiede in seguito, quando si avvede dell'errore o dell'omissione. È suppletiva anche l'imposta che derivi da errori commessi in sede di liquidazione dell'imposta complementare.

L'imposta suppletiva è riscossa per intero in base alla sentenza di secondo grado.

C) L'imposta complementare è, residualmente, ogni imposta richiesta dopo la registrazione, che non abbia carattere suppletivo.

Il caso più frequente di imposta complementare si ha quando l'ufficio rettifica in aumento la base imponibile: ad esempio, applicata l'imposta principale in base al prezzo stipulato dalle parti, accerta poi il valore venale in misura superiore al prezzo.

Si ha poi imposta complementare nelle varie ipotesi in cui la prima applicazione dell'imposta avviene su di una base imponibile provvisoria, cui deve seguire un nuovo momento applicativo, tenendo conto del valore imponibile definitivo (T.u. registro, art. 19).

Di solito l'imposta complementare, poiché scaturisce da una nuova determinazione dell'imponibile, è applicata con l'emanazione di un avviso di accertamento del nuovo valore.

La riscossione dell'imposta complementare derivante dall'accertamento di un valore imponibile maggiore del dichiarato è frazionata. Il ricorso contro l'accertamento sospende (in parte) la riscossione: in tal caso, l'Agenzia può riscuotere, in pendenza del giudizio di primo grado, un terzo della maggiore imposta accertata. Sono poi riscuotibili i due terzi dell'imposta dovuta in base alla sentenza di primo grado; dopo il secondo grado, è riscuotibile l'intera imposta dovuta in base alla sentenza di tale grado di giudizio (T.u. registro, art. 56).

14. *La registrazione a debito.*

La registrazione a debito è effettuata senza contemporaneo pagamento delle imposte dovute: la riscossione è rinviata. Si ha così una eccezione alla regola per cui l'imposta deve essere pagata dopo la richiesta di registrazione, e prima della registrazione.

Sono registrati a debito (T.u. registro, art. 59):

a) le sentenze e gli atti dei procedimenti contenziosi in cui sono interessate le amministrazioni dello Stato e i soggetti ammessi al gratuito patrocinio;

b) gli atti relativi alla procedura fallimentare;

c) le sentenze che condannano al risarcimento del danno prodotto da reato.

La registrazione a debito realizza dunque una sospensione della riscossione; concerne situazioni pendenti, e l'imposta sarà riscossa quando sarà cessata la pendenza; l'imposta sarà richiesta al soggetto che risulti soccombente e cioè alla controparte dell'amministrazione statale o del soggetto ammesso al gratuito patrocinio.

15. *L'imposta sulle successioni. Il presupposto.*

A) L'imposta sulle successioni – che è disciplinata dal T.u. approvato con D.lgs. 31 ottobre 1990, n. 346 – si applica «*sui trasferimenti di beni e diritti per causa di morte, per donazione o a titolo gratuito e sulla costituzione di vincoli di destinazione*» (T.u. successioni, art. 1).

L'elenco dei presupposti del tributo comprende:
a) il trasferimento di beni e diritti mediante successione *mortis causa*;
b) le donazioni e altre liberalità tra vivi;
c) le liberalità indirette risultanti da atti soggetti a registrazione;
d) la costituzione di vincoli di destinazione;
e) il trasferimento di beni e diritti mediante atti a titolo gratuito;
f) la costituzione di diritti reali di godimento, la rinunzia a diritti reali o di credito e la costituzione di rendite o pensioni.

B) Non sono soggetti all'imposta i trasferimenti gratuiti, effettuati anche mediante patti di famiglia (di cui all'art. 768-*bis* e ss. c.c.), a favore dei discendenti e del coniuge, aventi ad oggetto aziende o rami di esse, quote sociali o azioni (T.u. successioni, art. 3, comma 4-*ter*).

Quando le quote sociali o le azioni si riferiscono a società di capitali, cooperative o società di mutua assicurazione, l'applicazione del particolare regime fiscale è subordinata alla condizione che il possesso delle partecipazioni consenta al beneficiario di acquisire o integrare il controllo della società attraverso la maggioranza dei voti esercitabili nell'assemblea ordinaria.

È sempre necessario che, in caso di trasferimento di azienda o di un suo ramo, il beneficiario prosegua l'esercizio dell'attività d'impresa e che, in caso di trasferimento di partecipazioni, detenga il controllo per un periodo non inferiore a cinque anni dalla data del trasferimento.

C) Occorre distinguere tra soggetti residenti e soggetti non residenti: in caso di morte di un soggetto residente nello Stato «*l'imposta è dovuta in relazione a tutti i beni e diritti trasferiti, ancorché esistenti all'estero*» (T.u. successioni, art. 2); se invece il *de cuius* è residente all'estero, l'imposta è dovuta soltanto sui beni esistenti in Italia.

15.1. *I soggetti passivi.*

A) L'art. 5 stabilisce che l'imposta è dovuta dagli eredi e dai legatari. L'art. 28 prevede che obbligati a presentare la dichiarazione sono: i chiamati all'eredità (per legge o per testamento, anche se non hanno ancora accettato l'eredità, purché non vi abbiano rinunziato) e i legatari; i soggetti immessi nel possesso temporaneo dei beni dell'assente; gli amministratori dell'eredità; i curatori dell'eredità giacente; gli esecutori testamentari; i *trust*.

L'art. 36 pone una disciplina più articolata, in quanto prevede:

– che i chiamati all'eredità e gli altri soggetti obbligati a presentare la dichiarazione rispondono solidamente dell'imposta nel limite del valore dei beni ereditari rispettivamente posseduti;

– che gli eredi rispondono in solido dell'imposta globalmente dovuta (ma chi accetta con beneficio d'inventario ne risponde nel limite del valore della propria quota ereditaria);

– che i legatari sono obbligati al pagamento dell'imposta relativa ai rispettivi legati.

Pertanto, bisogna distinguere tra soggetti obbligati a presentare la dichiarazione e soggetti obbligati a pagare l'imposta.

I chiamati all'eredità sono obbligati, in ogni caso, a presentare la dichiarazione, e sono obbligati a pagare l'imposta solo se sono nel possesso dei beni ereditari (e nel limite del valore dei beni posseduti).

Identica alla posizione dei chiamati è la posizione degli altri soggetti obbligati a presentare la dichiarazione.

Tali soggetti hanno obblighi limitati; i legatari sono obbligati a presentare la dichiarazione ma sono obbligati a pagare soltanto la parte d'imposta che grava sul legato; solo gli eredi, quindi, sono obbligati in modo pieno.

15.2. *La base imponibile.*

A) La base imponibile è costituita dal valore complessivo netto dei beni devoluti a ciascun beneficiario, considerando le franchigie. Il valore netto si ottiene sottraendo, al valore dell'attivo, le passività e gli oneri deducibili.

Si presumono compresi nell'attivo ereditario danaro, gioielli e mobilia per un importo pari al dieci per cento del valore globale netto dell'asse ereditario; la presunzione può essere vinta con la formazione di inventario analitico, redatto secondo le norme del codice di procedura civile.

Si presumono compresi nell'attivo ereditario, salvo prova contraria, i titoli di qualsiasi specie indicati nell'ultima dichiarazione dei redditi del defunto.

Le partecipazioni in società si considerano comprese nell'attivo ereditario anche se per clausola del contratto di società o dell'atto costitutivo o per atto parasociale ne sia previsto a favore di altri il diritto di accrescimento o il diritto di acquisto ad un prezzo inferiore al loro valore normale.

Non sono compresi nell'attivo ereditario (ossia sono esenti):

– i trasferimenti a favore dello Stato, di enti pubblici e di fondazioni o associazioni legalmente riconosciute, che hanno come scopo esclusivo l'assistenza, lo studio, la ricerca scientifica, l'educazione, l'istruzione o altre finalità di pubblica utilità, nonché quelli a favore di Onlus e fondazioni bancarie;

– i titoli del debito pubblico e le auto;

– i beni culturali.

B) Per gli immobili, la base imponibile è data dal valore venale in comune commercio alla data di apertura della successione, ma il valore dichiarato non può essere rettificato quando sia determinato in base al reddito catastale (T.u. successioni, art. 34).

È invece rettificabile il valore dichiarato dei terreni edificabili.

Per le aziende, la base imponibile è data dal valore complessivo dei beni e diritti che ne fanno parte, al netto delle passività, e senza considerare l'avviamento (T.u. successioni, art. 8, comma 1-*bis*).

La base imponibile, per azioni, obbligazioni, altri titoli e quote sociali, è determinata assumendo:

a) per i titoli quotati la media dei prezzi dell'ultimo trimestre anteriore all'apertura della successione;

b) per le azioni e per i titoli o quote di partecipazione al capitale di enti diversi dalle società, non quotate in borsa, né negoziati al mercato ristretto, nonché per le quote di società non azionarie, il valore proporzionalmente corrispondente al valore, alla data di apertura della successione, del patrimonio netto dell'ente o della società risultante dall'ultimo bilancio pubblicato o dall'ultimo inventario regolarmente redatto e vidimato, ovvero, in mancanza di bilancio o inventario, al valore complessivo dei beni e dei diritti appartenenti all'ente o alla società, al netto delle passività.

C) Le passività deducibili sono costituite: dai debiti del defunto esistenti alla data di apertura della successione; dalle spese mediche e chirurgiche sostenute dagli eredi negli ultimi sei mesi di vita del defunto, e dalle spese funerarie.

16. *Le aliquote.*

L'imposta è proporzionale, con la previsione di aliquote differenti in relazione al grado di parentela dei successori con il defunto:

– 4 per cento, per il coniuge e i parenti in linea retta, da calcolare sul valore eccedente, per ciascun erede, 1.000.000 di euro;

– 6 per cento, per fratelli e sorelle, da calcolare sul valore eccedente, per ciascun erede, 100.000 euro;

– 6 per cento, da calcolare sul valore totale (cioè senza alcuna franchigia), per gli altri parenti fino al quarto grado, affini in linea retta, nonché affini in linea collaterale fino al terzo grado;

– 8 per cento, da calcolare sul valore totale (cioè senza alcuna franchigia), per le altre persone (i non parenti).

Ai soli fini dell'applicazione della franchigia sulla quota devoluta all'erede o al legatario, si deve tener conto del valore delle donazioni fatte dal *de cuius* a favore dello stesso erede o legatario.

Nel computo della franchigia rilevano soltanto le donazioni pregresse per le quali, in base al regime vigente *ratione temporis*, sia stata riconosciuta una franchigia d'imposta che abbia assorbito, in tutto o in parte, l'imposta dovuta. Più precisamente, le donazioni pregresse rilevano nei limiti di valore relativamente al quale il beneficiario abbia fruito della franchigia. Detto valore deve essere poi attualizzato, avendo riguardo al valore normale dei beni e dei diritti alla data di apertura della successione del donante. Rilevano tutte le donazioni pregresse per le quali, in considerazione del rapporto intercorrente tra donante e donatario, non sia stata applicata l'imposta.

A seguito dell'ampliamento dell'ambito di applicazione dell'imposta sulle successioni e donazioni, devono considerarsi non solo le donazioni, ma anche gli atti a titolo gratuito e la costituzione di vincoli di destinazione (a partire dal 29 novembre 2006).

17. *Procedimento applicativo.*

Sono obbligati a presentare la dichiarazione: i chiamati all'eredità e i legatari; gli immessi nel possesso temporaneo dei beni; gli amministratori dell'eredità e i curatori delle eredità giacenti; gli esecutori testamentari. Quando vi sono più obbligati, la dichiarazione presentata da uno libera tutti.

Il termine per la presentazione della dichiarazione è di dodici mesi dall'apertura della successione.

Il chiamato è obbligato fino a quando conserva lo *status* di chiamato; non lo è più se rinuncia all'eredità, prima di sei mesi; l'obbligo rimane definitivamente a suo carico se non rinuncia prima di sei mesi (e, ovviamente, se accetta l'eredità).

Il contenuto della dichiarazione è piuttosto complesso; in essa devono essere indicati, tra l'altro: i beni che compongono l'eredità, quelli alienati negli ultimi sei mesi di vita e quelli donati; il valore di tali beni; i crediti contestati e quelli verso enti pubblici non ancora liquidati; le passività, ecc.

Sulla base della dichiarazione l'ufficio liquida l'imposta principale e notifica l'avviso di liquidazione entro il termine decadenziale di tre anni dalla presentazione della dichiarazione.

In sede di liquidazione dell'imposta principale l'ufficio corregge gli errori materiali di calcolo commessi nella dichiarazione ed esclude le passività e gli oneri deducibili non provati, nonché le riduzioni e le detrazioni dell'imposta non spettanti perché non previste dalla legge o non provate.

Se la dichiarazione richiede rettifiche diverse da quelle già indicate (cioè se sono accertati beni non dichiarati o sono da rettificare i valori dichiarati), l'ufficio emette un atto denominato "avviso di rettifica e di liquidazione della maggiore imposta".

La riscossione dell'imposta avviene previa emissione, da parte dell'ufficio, dell'avviso di liquidazione. In caso di pendenza di giudizio, la riscossione è frazionata se l'imposta è complementare (un terzo entro novanta giorni dall'avviso; due terzi dopo la decisione di primo grado; l'intero dopo la decisione di secondo grado).

L'imposta supplementare è esigibile per intero dopo il secondo grado.

18. *L'imposta sulle donazioni.*

L'imposta si applica alle donazioni stipulate mediante atto pubblico (artt. 769 e 782 c.c.), e, in generale, ai trasferimenti a titolo gratuito.

Gli atti gratuiti che non determinano il trasferimento di diritti, come, per esempio, il comodato, non sono tassati con questa imposta, ma con imposta di registro.

Le donazioni indirette (ad esempio, quella del genitore che corrisponde al terzo venditore il prezzo di un immobile acquistato dal figlio) sono soggette ad imposta in due casi (T.u. successioni, art. 56-*bis*):

a) quando l'esistenza di esse risulti da dichiarazioni rese dall'interessato nell'ambito di procedimenti diretti all'accertamento di tributi;

b) quando le liberalità abbiano determinato, da sole o unitamente a quelle già effettuate nei confronti del medesimo beneficiario, un incremento patrimoniale superiore all'importo di 350 milioni di lire.

19. *Costituzione di vincoli di destinazione.*

Sono soggetti ad imposta gli atti costitutivi di vincoli di destinazione, e, cioè, i negozi giuridici mediante i quali determinati beni sono segregati e sottratti alla disponibilità del disponente.

Il negozio di destinazione può essere privo di effetti traslativi, come accade quando un fondo patrimoniale è costituito con beni di proprietà di entrambi o di uno solo dei coniugi e nell'atto costitutivo del fondo sia espressamente stabilito che la proprietà rimane al conferente. Non produce effetto traslativo la costituzione, da parte di una società, di un patrimonio destinato ad uno specifico affare (art. 2447-*bis* c.c.).

La costituzione di vincoli non traslativi non è soggetta all'imposta sulle successioni e donazioni, ma all'imposta di registro in misura fissa, prevista per gli atti privi di contenuto patrimoniale.

La costituzione di un vincolo di destinazione con effetto traslativo, disposta mediante testamento o con atto *inter vivos*, è soggetta all'imposta sulle successioni e donazioni.

20. *Fiscalità dei* trust.

Gli atti relativi al *trust*, rilevanti ai fini delle imposte indirette, sono: l'atto istitutivo del *trust*; l'atto che vincola i beni in *trust*; il trasferimento dei beni del *trust* ai beneficiari.

L'atto istitutivo del *trust*, se non contempla anche il trasferimento di beni nel trust, è soggetto ad imposta di registro in misura fissa, quale atto privo di contenuto patrimoniale.

Invece, l'atto con cui il disponente vincola i beni in *trust* è un negozio a titolo gratuito, soggetto all'imposta sulle successioni e donazioni, in misura proporzionale (D.l. 3 ottobre 2006, n. 262, conv. dalla L. 24 novembre 2006, n. 286, art. 2, commi dal 47 al 49).

Secondo l'Amministrazione finanziaria, nei *trust* con beneficiario individuato, la costituzione del vincolo di destinazione sorge sin dall'origine a favore del beneficiario; perciò, ai fini della determinazione delle aliquote, occorre guardare al rapporto intercorrente tra disponente e beneficiario (e non a quello tra disponente e *trustee*).

Il ritenere che il vincolo di destinazione nasca a favore dei beneficiari individuati comporta che la devoluzione ad essi dei beni vincolati in *trust* non costituisca un presupposto impositivo ulteriore. Non si applica, quindi, una seconda tassazione, dopo quella che grava sulla costituzione del vincolo di destinazione al momento della segregazione in *trust*.

CAPITOLO VENTIQUATTRESIMO

ALTRI TRIBUTI INDIRETTI

1. *Il bollo e l'imposta di bollo.*

A) Il bollo, nel significato di marca o valore bollato, è una carta valore (come le banconote e i francobolli). Il fisco realizza un'entrata con la vendita delle carte da bollo (o di un equivalente). Il tributo è assolto non tanto con l'acquisto del bollo, ma con il suo uso. Le marche da bollo sono state e sono usate anche per il pagamento di tributi diversi dall'imposta di bollo, come le tasse sulle concessioni governative e le imposte di fabbricazione (su carte da gioco, fiammiferi, ecc.) e per il pagamento di entrate non tributarie (marche previdenziali o assistenziali, come la marca detta Cicerone, ora abolita, usata per la previdenza forense). Le marche da bollo sono dunque un mezzo con cui lo Stato (o altro ente pubblico) si procura una entrata, tributaria o non tributaria.

B) Il presupposto dell'imposta di bollo è costituito dalla redazione, o dall'uso, di atti, documenti e registri.

Il D.P.R. 26 ottobre 1972, n. 642, che disciplina l'imposta, è accompagnato da una tariffa che indica, nella parte prima, gli atti, i documenti e i registri soggetti all'imposta fin dall'origine e, nella parte seconda, i casi d'uso. Segue la tabella delle esenzioni.

Tra gli atti soggetti all'imposta sin dall'origine vi sono gli atti rogati o autenticati da notai e da altri pubblici ufficiali, le scritture private, i ricorsi e le istanze ad organi amministrativi, i certificati rilasciati da organi amministrativi, le cambiali, i vaglia cambiari, gli assegni bancari e circolari, i registri delle società.

Sono soggetti ad imposta di bollo in caso d'uso gli atti, documenti e registri che non sono compresi né nell'elenco degli atti per i quali il bollo è da applicare sin dall'origine né in quello degli atti esenti: si tratta, dunque, di una categoria residuale.

Si ha caso d'uso quando gli atti, i documenti e i registri sono presentati all'Agenzia delle entrate per la registrazione.

Gli atti processuali non sono soggetti al bollo, essendo dovuto il contributo unificato per gli atti giudiziari.

Bollo e Iva sono tributi alternativi. Le fatture, le quietanze, le note e altri documenti, relativi ad operazioni soggette ad Iva, sono esenti dal bollo.

C) L'imposta di bollo è assolta:

– mediante pagamento ad un intermediario convenzionato con l'Agenzia delle entrate, il quale rilascia un contrassegno telematico;

– in modo virtuale, mediante pagamento all'Agenzia delle entrate o mediante versamento in conto corrente postale.

L'imposta è dovuta in misura fissa o proporzionale.

L'imposta fissa è dovuta per un dato importo per ogni foglio (formato da quattro facciate).

Nei casi in cui è proporzionale, la misura dell'imposta dipende dal valore dell'atto: è il caso del bollo sulle cambiali.

D) Sono obbligati in solido per il pagamento dell'imposta e delle sanzioni amministrative:

a) tutte le parti che sottoscrivono, ricevono, accettano o negoziano atti, documenti o registri non in regola con le disposizioni in materia di bollo ovvero li enunciano o li allegano ad altri atti o documenti;

b) tutti coloro che fanno uso di un atto, documento o registro non soggetto al bollo fin dall'origine senza prima farlo munire del bollo prescritto.

Chi riceve un atto, documento o registro non in regola con il bollo è tenuto a regolarizzarlo entro quindici giorni presentandolo all'Agenzia delle entrate e pagando l'imposta.

E) Sono soggette all'imposta di bollo le comunicazioni periodiche alla clientela relative ai prodotti finanziari, anche quando non vi sia un obbligo di deposito in custodia e amministrazione, ivi compresi i depositi bancari e postali (art. 13, comma 2-*ter*, della Tariffa, parte prima).

Qui il tributo assume i caratteri di imposta patrimoniale, perché non colpisce la formazione di un atto scritto, ma il fatto in sé dell'esistenza di prodotti finanziari; inoltre, si tratta di un'imposta proporzionale (1,5 per mille).

2. *L'imposta ipotecaria e catastale.*

L'imposta ipotecaria è disciplinata dal T.u. approvato con D.P.R. 31 ottobre 1990, n. 347 e non riguarda solo le ipoteche, ma tutte le formalità eseguite nei registri della proprietà immobiliare.

I trasferimenti immobiliari comportano infatti il pagamento dell'imposta di registro o sulle successioni e, insieme, dell'imposta ipotecaria, vale a dire dell'imposta sulle trascrizioni di atti e sentenze che trasferiscono la proprietà o costituiscono o trasferiscono altri diritti reali; iscrizioni e rinnovazioni di ipoteche, annotazioni per cancellazioni o riduzioni di ipoteche, ecc.

L'imposta sulle trascrizioni è proporzionale ed è commisurata alla base imponibile determinata ai fini dell'imposta di registro o dell'imposta sulle successioni e donazioni; è fissa l'imposta sulla trascrizione dei contratti preliminari *ex* art. 2645-*bis* c.c. e sui trasferimenti soggetti all'Iva.

L'imposta catastale è dovuta sulle volture, nella misura del 10 per mille del valore dell'immobile determinato ai fini dell'imposta di registro o sulle successioni e donazioni.

3. *Il contributo unificato per le spese di giustizia.*

Il D.P.R. 30 maggio 2002, n. 115 (T.u. spese di giustizia) prevede il pagamento del «*contributo unificato di iscrizione a ruolo*» per ciascun grado del processo civile, amministrativo, contabile e tributario.

Il contributo è dovuto in misura variabile in relazione al valore della controversia (importo progressivo per scaglioni). Dev'essere pagato dalla parte che dà inizio al processo (o che si costituisce per prima), con diritto alla ripetizione nei confronti della parte soccombente, ai sensi dell'art. 91 c.p.c.

Il valore della lite, determinato a norma degli artt. 10 e ss. c.p.c., dev'essere indicato nelle conclusioni dell'atto introduttivo.

Il contributo, se non è assolto spontaneamente, è riscosso, previo invito al pagamento, mediante iscrizione a ruolo da parte dell'ufficio del Ministero di giustizia che riscuote le spese di giustizia.

4. *Le tasse di concessione governativa.*

Le tasse sulle concessioni governative (disciplinate dal D.P.R. 26 ottobre 1972, n. 641) colpiscono i provvedimenti amministrativi emessi da amministrazioni statali.

Sono soggetti alla tassa non solo le concessioni in senso stretto, ma gli atti concessori in senso lato (autorizzazioni, licenze, legalizzazioni, certificazioni, ecc.).

Le tasse in esame possono essere raggruppate in relazione al modo con cui sono collegate al procedimento amministrativo; si dividono perciò in: a) tasse di domanda; b) tasse di rilascio; c) tasse periodiche; d) tasse cui è estranea ogni forma di attività amministrativa.

Le tasse di domanda devono essere corrisposte prima della presentazione della domanda (ad esempio, domanda di brevetto).

Altre tasse devono essere corrisposte prima del rilascio di licenze, autorizzazioni e simili (porto d'armi, passaporto, licenza di pesca, libretto radio e TV).

Vi sono poi tasse a carattere periodico, che devono essere corrisposte annualmente e si correlano ad atti amministrativi la cui efficacia dura nel tempo (ad esempio, porto d'armi).

In generale, gli atti per i quali sono dovute le tasse non sono efficaci se il tributo non è assolto.

Le tasse in esame sono riscosse in modo ordinario (versamento sul conto corrente postale intestato all'Ufficio delle concessioni governative di Roma o versamento all'agente della riscossione) o in modo straordinario (mediante l'impiego di marche).

5. *L'imposta sugli intrattenimenti.*

L'imposta sugli intrattenimenti (disciplinata dal D.P.R. 26 ottobre 1972, n. 640) colpisce le manifestazioni nelle quali prevale l'aspetto ludico ed è assente ogni profilo culturale. Gli spettacoli non soggetti a questa imposta sono tassati con Iva.

Il presupposto dell'imposta è l'attività spettacolistica intesa in senso ampio e l'elemento essenziale, ai fini impositivi, non è la fruizione dello spettacolo, ma l'organizzazione dell'intrattenimento.

Le attività rientranti nel campo di applicazione dell'imposta sono indicate specificamente nella Tariffa allegata al decreto legislativo.

Vi sono comprese le esecuzioni musicali (ma non i concerti musicali, vocali e strumentali) e gli intrattenimenti danzanti (quando l'esecuzione di musica dal vivo non sia prevalente). L'imposta colpisce anche i proventi degli apparecchi da divertimento (bigliardini, *flippers*, ecc.) e delle sale da gioco.

6. *I tributi ambientali.*

Tributi ambientali, in senso generale, sono i tributi a finalità ambientale, come i tributi che hanno per scopo di coprire i costi di servizi ambientali o di finanziare la spesa pubblica nel campo ambientale, o di disincentivare comportamenti dannosi per l'ambiente.

Tributi ambientali in senso stretto sono i tributi la cui base imponibile è costituita da una unità fisica che ha un provato e specifico impatto negativo sull'ambiente.

Sono tributi ambientali in senso stretto il tributo provinciale per l'esercizio delle funzioni di tutela, protezione e igiene dell'ambiente; il tributo speciale per il conferimento dei rifiuti in discarica; la tariffa per la raccolta e la depurazione delle acque di rifiuto; la tassa per i rifiuti (Tari); l'imposta sulle emissioni di anidride solforosa; l'imposta regionale sulle emissioni sonore degli aeromobili; la *carbon tax*.

Con la Direttiva del Consiglio 27 ottobre 2003, n. 2003/96/CE, è stata armonizzata la tassazione dei prodotti energetici e dell'elettricità.

In Italia la Direttiva è stata recepita dal D.lgs. 2 febbraio 2007, n. 26.

La *ratio* delle nuove norme è di tassare il contenuto energetico di ogni prodotto capace di generare calore o movimento.

7. *La* web tax.

L'imposta sulle transazioni digitali è prevista dalla L. 27 dicembre 2017, n. 205 (legge di bilancio 2018), art. 1, commi 1011-1016, ma è da applicare dopo l'emanazione del decreto attuativo.

Colpisce le prestazioni di servizi effettuate tramite mezzi elettronici, rese nei confronti di imprese residenti e di stabili organizzazioni, da imprese residenti e non residenti.

Il presupposto del tributo è la prestazione del servizio, dietro corrispettivo (come nell'Iva); la base imponibile è data dal corrispettivo; l'aliquota è del 3 per cento.

Soggetto passivo è il committente (l'impresa italiana che riceve il servizio), ma con obbligo di rivalsa verso il prestatore (impresa che opera nel *web*).

L'onere tributario non ricade su chi riceve il servizio (come accade per l'Iva), ma su chi lo presta (come un'imposta sul reddito).

Ai fini dell'accertamento, delle sanzioni, della riscossione e del contenzioso si applicano le norme Iva, in quanto compatibili.

8. *Le accise.*

A) In ambito comunitario le accise sono state armonizzate da una serie di direttive del 1992, che sono state recepite dal T.u. accise (D.lgs. 26 ottobre 1995, n. 504). I prodotti soggetti ad accisa sono gli oli minerali (benzina, gasolio, GPL) e il gas metano; l'alcole e le bevande alcoliche; l'energia elettrica; i tabacchi lavorati e i fiammiferi.

È stato conservato il sistema di prelievo dell'imposta nel paese di consumo del prodotto, ma è stato istituito un sistema di collegamento dei "depositi fiscali" situati negli Stati membri, simile a quello previsto a livello nazionale.

Poiché l'imposta è dovuta nel luogo di immissione al consumo, i prodotti possono circolare liberamente nel territorio dell'UE (in regime di sospensione d'imposta, passando da un deposito fiscale ad altro deposito). La tassazione avviene al momento e nel luogo di immissione al consumo, senza controlli alle frontiere.

Fatto generatore dell'obbligazione tributaria è la fabbricazione; l'obbligazione, così nata, rimane in regime sospensivo, fino alla immissione al consumo, che rende esigibile l'imposta.

Quando si trova in regime di sospensione, il prodotto può circolare da un deposito all'altro, in tutto il territorio dell'UE.

L'imposta è dovuta nel Paese dell'UE in cui avviene l'immissione al consumo, in conformità al principio della «*tassazione nel paese di destinazione*».

Quando un prodotto è importato da un Paese extra-UE e immesso al consumo nell'Unione, si applica la sovrimposta di confine, che colpisce il prodotto importato con imposizione uguale all'accisa che si applica all'interno.

B) Il deposito fiscale (o deposito delle accise) è «*l'impianto in cui vengono fabbricati, trasformati, detenuti, ricevuti o spediti prodotti sottoposti ad accisa, in regime di sospensione dei diritti di accisa, alle condizioni stabilite dall'Amministrazione finanziaria*» (D.lgs. 26 ottobre 1995, n. 504, art. 1, comma 2, lett. e).

Soggetti passivi delle accise sono il titolare del deposito fiscale dal quale avviene l'immissione al consumo e, in solido, il soggetto che si sia reso garante dell'imposta e ogni soggetto nei cui confronti si verificano i presupposti di esigibilità dell'imposta.

C) Data l'importanza del gettito e il pericolo di evasione, il meccanismo applicativo delle accise è soggetto ad un regime di controllo costante.

La fabbricazione, la lavorazione e la detenzione del prodotto soggetto ad accisa sono effettuate in regime di "deposito fiscale".

Il fabbricante deve denunciare l'inizio di attività, e può iniziare l'attività solo dopo essere stato autorizzato (licenza di esercizio).

Deve, poi, presentare la denuncia di lavorazione, nella quale è esposta una molteplicità di dati sulle caratteristiche dell'attività produttiva. Inoltre, deve tenere un sistema di contabilità imperniato sui registri di carico e scarico della merce, e la lavorazione è controllata con contatori e misuratori meccanici.

9. *Il diritto doganale. Le fonti.*

Il diritto doganale è costituito da un sistema armonizzato di fonti di diritto internazionale, fonti dell'Unione europea e fonti nazionali.

In ambito internazionale la fonte principale sono i trattati tra gli Stati e, in particolare, il Trattato che ha dato vita all'Organizzazione Mondiale del Commercio, nota come WTO, e gli accordi adottati in seno al WTO.

Altra organizzazione intergovernativa con funzioni specifiche in ambito di fiscalità doganale è l'Organizzazione Mondiale delle Dogane (in breve, WCO), che ha il compito di dare attuazione agli accordi stipulati dal WTO e che ha adottato, nel 1973, la Convenzione di Kyoto, per armonizzare e semplificare regimi e prassi doganali.

In ambito UE l'art. 28 TFUE prevede l'unione doganale e il divieto di dazi doganali e misure ad effetto equivalente fra Stati membri, nonché l'adozione di una tariffa doganale comune nei rapporti con i paesi terzi. L'unione doganale è materia di competenza esclusiva dell'UE. Il testo normativo fondamentale in materia è il Codice doganale dell'Unione europea (CDU), in vigore dal 1° maggio 2016.

In Italia le fonti principali sono:
– il D.P.R. 23 gennaio 1973, n. 43 (T.u. doganale), e
– il D.lgs. 8 gennaio 1990, n. 374.

L'applicazione della normativa doganale (europea e nazionale) è affidata all'Agenzia delle dogane e dei monopoli.

10. *I diritti doganali e i diritti di confine.*

Il T.u. doganale, all'art. 34, denomina «*diritti doganali*» i diritti che sorgono, a favore della Dogana, per effetto delle operazioni doganali.

In tale ampia categoria sono compresi istituti di natura tributaria («*diritti di confine*») e non tributaria (diritti dovuti per prestazioni amministrative varie: magazzinaggio, apposizione di contrassegni, facchinaggio, visita sanitaria delle merci; servizi resi dal personale doganale fuori dell'orario ordinario; entrate a carattere sanzionatorio; corrispettivi per lo sbarco e l'imbarco, ecc.).

I diritti di confine comprendono i dazi doganali di importazione e di esportazione, i prelievi agricoli e altri prelievi all'importazione e all'esportazione e i tributi corrispondenti a tributi interni (Iva all'importazione, diritti di monopolio, sovrimposte di confine, sovrimposte di consumo).

Le sovrimposte di confine colpiscono i prodotti che all'interno sono tassati con imposte di fabbricazione; le sovrimposte di consumo colpiscono i prodotti gravati all'interno da imposte di consumo; infine l'Iva colpisce le importazioni di beni o servizi ai quali si applica tale imposta all'interno dello Stato.

10.1. *I dazi doganali.*

A) I dazi doganali sono da distinguere in dazi di esportazione, di transito e di importazione. La categoria più importante è l'ultima, perché negli scambi internazionali viene generalmente applicato il principio della «*tassazione nel paese di destinazione*».

Dal punto di vista del loro scopo, i dazi si distinguono in fiscali ed extrafiscali: i primi hanno il solo scopo di procurare un'entrata allo Stato (ad esempio nei casi di imposizione di una merce che non è prodotta nello Stato), i secondi hanno prevalentemente altre finalità, tra cui favorire le produzioni interne.

Secondo il principio della *«tassazione nel paese di destinazione»*, gli Stati detassano i prodotti che vengono esportati, non applicando imposte all'esportazione e restituendo all'esportatore i tributi cui la merce è stata assoggettata nello Stato; per contro, lo Stato, in cui la merce è importata, la sottopone alle stesse imposte cui sono soggette le merci prodotte nello Stato (così da parificare le merci estere importate a quelle nazionali).

B) Il processo di integrazione europea ha comportato la creazione, nel 1968, di una unione doganale e, quindi, la eliminazione dei dazi sugli scambi tra Paesi membri della Comunità europea (ora Unione).

Dal 1993 sono state soppresse anche le Dogane per gli scambi interni all'Unione. Perciò le nozioni di importazione ed esportazione interessano solo gli scambi tra UE e Paesi terzi.

Nell'UE sono vietate fra gli Stati membri le restrizioni quantitative all'importazione nonché qualsiasi misura di effetto equivalente (TFUE, art. 34).

Gli Stati dell'UE non possono colpire i prodotti provenienti dagli altri Stati membri con imposizioni interne, di qualsivoglia natura, superiori a quelle applicate direttamente o indirettamente ai prodotti nazionali similari o intese a proteggere indirettamente altre produzioni (TFUE, art. 110). Infine, i prodotti esportati nel territorio di uno degli Stati membri non possono beneficiare di alcun ristorno di imposizioni interne che sia superiore alle imposizioni ad essi applicate direttamente o indirettamente (TFUE, art. 111).

C) I dazi doganali colpiscono soltanto gli scambi con i Paesi terzi, in applicazione della Tariffa doganale comune (TFUE, art. 31).

Altri strumenti della politica di protezione doganale sono i dazi *antidumping*, i dazi compensativi e le misure tariffarie speciali.

L'UE può imporre dazi *antidumping* o dazi compensativi quando un prodotto viene importato nell'area dell'Unione ad un prezzo inferiore al suo valore normale o quando sono state accordate sovvenzioni all'esportazione.

Infine, possono essere adottate misure tariffarie speciali (aumento dei dazi esistenti, imposizione di nuovi dazi) per contrastare pratiche commerciali illecite, che ledono gli interessi dell'Unione.

10.2. *I regimi doganali.*

A) Per gli operatori dell'Unione europea le merci si distinguono, dal punto di vista doganale, in merci di provenienza UE *ab origine* ovvero già immesse in libera pratica all'interno dell'Unione e merci di provenienza extra UE.

I regimi doganali consistono nel trattamento applicato dagli operatori delle dogane alle merci sottoposte al loro controllo, e differiscono in base alla posizione doganale delle merci e in base alla loro destinazione.

Il CDU prevede i seguenti regimi doganali:

a) immissione in libera pratica ed importazione definitiva;

b) esportazione;

c) regimi speciali.

I primi due sono regimi che modificano la posizione doganale della merce con effetti definitivi.

I regimi speciali invece non comportano un mutamento della posizione doganale della merce e non sono funzionali all'applicazione dei diritti doganali.

B) Secondo l'art. 29 del TFUE «*Sono considerati in libera pratica in uno Stato membro i prodotti provenienti da paesi terzi per i quali siano state adempiute in tale Stato le formalità di importazione e riscossi i dazi doganali e le tasse di effetto equivalente esigibili e che non abbiano beneficiato di un ristorno totale o parziale di tali dazi e tasse*».

L'immissione in libera pratica è dunque lo sdoganamento, presso una dogana dell'UE, di merci provenienti da un Paese extra-UE.

L'immissione in libera pratica attribuisce la qualifica di «*merce unionale*» ad una merce di origine extra-UE, previo pagamento dei dazi.

Invece, l'importazione definitiva prevede, oltre all'immissione in libera pratica, anche l'immissione al consumo, attraverso il pagamento dell'Iva all'importazione e delle accise (ove dovute), o delle misure di fiscalità interna. L'esito di tale ulteriore procedura di riscossione comporta l'attribuzione alla merce della qualifica di merce nazionalizzata.

Il regime definitivo di esportazione, al contrario, prevede l'assolvimento delle procedure formali e sostanziali connesse alla fuoriuscita delle merci dal territorio UE.

Anche se previsti dal CDU, non vengono applicati dazi alle merci esportate dal territorio UE e sono previste procedure di dichiarazione e verifica, anche fisica, delle merci da parte della dogana all'atto della fuoriuscita dal territorio dell'Unione.

I regimi speciali infine sono regimi che consentono che le merci possano entrare ed uscire dal territorio dell'Unione, a determinate condizioni e in determinate ipotesi, senza applicazione di misure fiscali doganali o interne. La *ratio* dei regimi speciali è quella di consentire la circolazione delle merci senza aggravio finanziario in ragione della finalità per la quale attraversano il territorio dell'Unione: i regimi speciali riguardano infatti casi in cui le merci transitano senza essere destinate al consumo nel mercato interno.

Un esempio di regime speciale è quello dei depositi doganali: si tratta di luoghi fisici, specificamente autorizzati, all'interno dei quali le merci possono essere depositate in regime di sospensione da imposizione fiscale, in attesa di ricevere una destinazione definitiva.

10.3. *L'obbligazione doganale.*

Presupposto dell'obbligazione doganale è l'attribuzione, ad una merce, del regime di libera pratica nel territorio dell'UE (CDU, art. 77).

L'immissione «*in libera pratica*» comporta il pagamento dei dazi doganali, previsti dalla Tariffa doganale e (talora) l'applicazione di misure *antidumping* o di salvaguardia.

Altra cosa è l'immissione al consumo, che attiene alla fiscalità interna, e comporta l'applicazione dell'Iva all'importazione e delle accise.

L'introduzione della merce è normalmente accompagnata dalla presentazione della dichiarazione alla Dogana, in cui è indicato il regime doganale cui si intende vincolare la merce.

L'obbligazione doganale sorge al momento dell'accettazione della dichiarazione da parte della dogana, dalla quale deriva il nuovo regime doganale della merce.

L'obbligazione sorge, inoltre, a seguito della introduzione non regolare di merce nel territorio dell'Unione europea o in caso di inosservanza della normativa doganale (CDU, artt. 202 e ss.).

L'obbligazione doganale è quantificata in base a quattro elementi: la quantità, la qualità, l'origine e il valore imponibile della merce.

L'origine di una merce è rilevante poiché il dazio applicato alle importazioni varia proprio in ragione del Paese di origine.

10.4. *L'accertamento doganale.*

A) La procedura doganale inizia con la presentazione della dichiarazione, nella quale è indicata la «*destinazione doganale*» che si intende dare alla merce.

Effetto giuridico delle operazioni doganali è l'attribuzione, alla merce, di un nuovo stato giuridico doganale.

La dichiarazione può essere resa, oltre che per iscritto, anche in via informatica o in via orale (CDU, artt. 162 e 166).

B) Alla presentazione della dichiarazione segue l'accettazione.

Alla dichiarazione accettata segue la riscossione dei diritti dovuti.

Dopo che sono stati pagati i diritti la bolletta è consegnata al dichiarante e la merce è «*svincolata*».

L'obbligazione doganale è commisurata a quanto dichiarato; la Dogana, se accerta dati diversi da quelli dichiarati, notifica al debitore la decisione di rettifica della dichiarazione (CDU, artt. 101 e 102).

C) L'accertamento può essere sottoposto a revisione, entro tre anni, su istanza del contribuente o su iniziativa dell'ufficio.

L'avviso di rettifica è emesso previo contraddittorio.

Il T.u. doganale prevede una fase di contenzioso amministrativo (artt. 65-76).

Contro la decisione della Dogana il soggetto interessato può presentare ricorso, dapprima in sede amministrativa, e poi in sede giurisdizionale (CDU, art. 44 e D.lgs. 8 novembre 1990, n. 374, artt. 8 e 9).

CAPITOLO VENTICINQUESIMO

I TRIBUTI DI COMUNI E REGIONI

1. *Finanza locale e regionale Le fonti.*

A) L'art. 119, Cost., prevede che comuni, province, città metropolitane e regioni «*stabiliscono ed applicano tributi ed entrate propri, in armonia con la Costituzione e secondo i princìpi di coordinamento della finanza pubblica e del sistema tributario*».

L'art. 119 Cost. è stato attuato dalla L. 5 maggio 2009, n. 42, che classifica i tributi regionali in:

1) tributi «*propri derivati*», istituiti e regolati da leggi statali, il cui gettito è attribuito alle regioni, le quali possono modificare le aliquote e disporre esenzioni, detrazioni e deduzioni;

2) «*addizionali*» sulle basi imponibili dei tributi erariali; le regioni possono modificare le aliquote e disporre detrazioni nei limiti fissati da leggi statali;

3) tributi «*propri*», istituiti da leggi regionali, in relazione a presupposti non assoggettati ad imposizione erariale.

Alla L. 5 maggio 2009, n. 42 è seguito il D.lgs. 6 maggio 2011, n. 68, che ha previsto, per le regioni a statuto ordinario, dal 2013, le seguenti entrate tributarie: addizionale all'Irpef; compartecipazione all'Iva; Irap; tributi regionali propri; gettito derivante dalla lotta all'evasione fiscale.

Dal 1° gennaio 2013 sono trasformati in tributi regionali propri la tassa per l'abilitazione all'esercizio professionale, l'imposta regionale sulle concessioni statali dei beni del demanio marittimo, l'imposta regionale sulle concessioni statali per l'occupazione e l'uso dei beni del patrimonio indisponibile, la tassa per l'occupazione di spazi e aree pubbliche regionali, le tasse sulle concessioni regionali, l'imposta sulle emissioni sonore degli aeromobili.

La delega, nella parte relativa alla finanza degli enti locali, è stata attuata dal D.lgs. 14 marzo 2011, n. 23.

La L. 27 dicembre 2013, n. 147, art. 1, comma 639 (legge di stabilità per il 2014) ha istituito l'imposta unica comunale (IUC), che comprende Imu, Tari e Tasi.

C) Le regioni hanno potestà regolamentare generale; possono dunque emanare regolamenti anche in materia tributaria.

Il D.lgs. 15 dicembre 1997, n. 446, all'art. 52, prevede che «*le province ed i comuni possono disciplinare con regolamento le proprie entrate, anche tributarie, salvo per quanto attiene alla individuazione e definizione delle fattispecie imponibili, dei soggetti passivi e della aliquota massima dei singoli tributi, nel rispetto delle esigenze di semplificazione degli adempimenti dei contribuenti*».

I regolamenti comunali sono approvati con deliberazione consiliare e sono comunicati al Ministero dell'Economia e delle Finanze, che può impugnarli per vizi di legittimità dinanzi al giudice amministrativo.

Le tariffe e le aliquote sono deliberate entro la data fissata da norme statali per la deliberazione del bilancio di previsione e hanno effetto dal 1° gennaio dell'anno di riferimento.

I regolamenti locali possono prevedere che l'accertamento e la riscossione dei tributi comunali siano affidati a terzi (D.lgs. 15 dicembre 1997, n. 446, art. 52, comma 5).

2. *Accertamento e riscossione dei tributi locali. Il baratto.*

A) Anche i tributi locali devono essere dichiarati. Gli enti locali possono rettificare le dichiarazioni incomplete o infedeli e accertare i tributi non dichiarati con avvisi di accertamento che devono essere notificati, a pena di decadenza, entro il 31 dicembre del quinto anno successivo a quello in cui la dichiarazione è stata o avrebbe dovuto essere presentata (L. 27 dicembre 2006, n. 296, art. 1, commi da 161 a 168).

Gli stessi termini valgono in caso di versamento omesso o incompleto e per contestare o irrogare sanzioni amministrative tributarie, a norma degli artt. 16 e 17 del D.lgs. 18 dicembre 1997, n. 472.

Le disposizioni in tema di motivazione degli avvisi di accertamento dei tributi locali sono uguali a quelle che regolano la motivazione degli avvisi delle imposte erariali.

B) Alla riscossione spontanea dei tributi comunali provvedono gli stessi comuni. Per la riscossione coattiva i comuni, e gli altri soggetti cui può essere affidato il compito di riscuotere i tributi comunali, si avvalgono dell'ingiunzione fiscale, che ha valore di titolo esecutivo (D.l. 13 maggio 2011, n. 70, conv. dalla L. 12 luglio 2011, n. 106, art. 7, comma 2, lett. gg-*quater*).

In caso di impugnazione dell'avviso di accertamento, non è prevista la riscossione frazionata; l'imposta accertata, quindi, è riscuotibile per intero anche se è proposto ricorso, ma le sanzioni si possono riscuotere solo dopo le sentenze delle commissioni tributarie, applicando l'art. 19 del D.lgs. 18 dicembre 1997, n. 472.

Il titolo esecutivo deve essere notificato al contribuente, a pena di decadenza, entro il 31 dicembre del terzo anno successivo a quello in cui l'accertamento è divenuto definitivo.

I comuni possono prevedere riduzioni o esenzioni tributarie per i cittadini che effettuano interventi riguardanti la pulizia, la manutenzione, l'abbellimento di aree verdi, piazze, strade ecc. (è il c.d. baratto amministrativo, previsto dall'art. 24 del D.l. 12 settembre 2014, n. 133, conv. dalla L. 11 novembre 2014, n. 164).

Il rimborso delle somme versate e non dovute deve essere richiesto entro cinque anni dal versamento o da quando è stato accertato il diritto alla restituzione.

3. *L'imposta municipale sugli immobili (Imu).*

L'imposizione patrimoniale sugli immobili è tradizionalmente riservata agli enti locali, perché si tratta di una forma di imposizione di cui è facile individuare e localizzare i presupposti e quantificare, con il sistema catastale, l'imponibile. Le imposte patrimoniali generali colpiscono il patrimonio complessivo, le imposte speciali colpiscono il possesso di determinati beni. L'Imu (imposta municipale) è dunque una patrimoniale speciale.

L'Imu è disciplinata dagli artt. 8 e 9 del D.lgs. 14 marzo 2011, n. 23 e dall'art. 13 del D.l. 6 dicembre 2011, n. 2011, n. 201, oltre che da norme già vigenti per l'Ici (D.lgs. 30 dicembre 1992, n. 504).

L'Imu ha sostituito l'Ici (imposta comunale sugli immobili) ed è alternativa all'Irpef (e relative addizionali) dovuta per i redditi fondiari dei beni non locati.

B) Il presupposto dell'Imu è il possesso di immobili (fabbricati, aree fabbricabili e terreni agricoli non montani).

L'unità immobiliare, adibita ad abitazione principale (la c.d. prima casa), non è soggetta ad Imu. Sono però tassate le abitazioni classificate A/1 (case di tipo signorile), A/8 (ville) e A/9 (castelli e palazzi con pregi artistici e storici).

Non è tassata la casa coniugale assegnata al coniuge, a seguito di separazione legale, annullamento, scioglimento o cessazione degli effetti civili del matrimonio.

Sono esenti gli immobili posseduti dalle amministrazioni pubbliche, nonché alcune categorie di immobili destinati ad usi culturali, all'esercizio del culto, o utilizzati da enti non commerciali, destinati esclusivamente allo svolgimento, con modalità non commerciali, di attività assistenziali, previdenziali, sanitarie, didattiche, ricettive, culturali, ricreative, sportive.

Sono esenti anche i terreni agricoli delle zone montane e collinari, i terreni posseduti e condotti da coltivatori diretti e da imprenditori agricoli professionali e i fabbricati collabenti.

Sono esenti i fabbricati costruiti e destinati dall'impresa costruttrice alla vendita (beni-merce), se non siano locati.

C) La base imponibile è costituita dal valore dell'immobile, che, per i fabbricati iscritti in catasto, è calcolato applicando alle rendite catastali rivalutate, vigenti al 1° gennaio dell'anno di imposizione, i moltiplicatori fissati per legge.

È ridotta del 50 per cento la base imponibile degli immobili dati in comodato tra genitori e figli.

Per i terreni agricoli il valore è ottenuto applicando all'ammontare del reddito dominicale, risultante in catasto al 1° gennaio dell'anno di imposizione, rivalutato del 25 per cento, un moltiplicatore pari a 120.

Per i fabbricati non iscritti in catasto si tiene conto della rendita attribuita a fabbricati similari.

Per i fabbricati posseduti da imprese, che non siano iscritti in catasto, si considera il costo di acquisto, al lordo degli ammortamenti, e lo si moltiplica per un coefficiente di rivalutazione che varia in relazione all'anno di acquisto.

La rendita catastale degli immobili strumentali censiti alle categorie D ed E (c.d. imbullonati) è calcolata tenendo conto del suolo e delle costruzioni, nonché degli elementi ad essi strutturalmente connessi che ne accrescono la qualità e l'utilità, nei limiti dell'ordinario apprezzamento. Restano, invece, fuori dalla stima i macchinari, congegni, attrezzature ed altri impianti, funzionali al processo produttivo.

Per le aree fabbricabili si tiene conto del valore venale in comune commercio, determinato sulla base di una serie di parametri stabili dalla legge (ubicazione, indice di edificabilità, destinazione d'uso, prezzi di mercato, ecc.).

E) Sono soggetti passivi dell'imposta il proprietario dell'immobile o il titolare del diritto di usufrutto, uso, abitazione, enfiteusi, superficie.

Qualora vi sia un diritto di superficie, prima che su un suolo venga costruito un fabbricato, il soggetto passivo del tributo è il proprietario del suolo. Dopo che è stato costruito il fabbricato, soggetto passivo è il titolare del diritto di superficie.

Se l'immobile è dato in affitto, non è previsto che il proprietario possa rivalersi sul conduttore, ma, in caso di *leasing*, il tributo è dovuto dal locatario.

In caso di concessione di beni demaniali, soggetto passivo è il concessionario.

Per gli immobili compresi nel fallimento o nella liquidazione coatta amministrativa il curatore o il commissario liquidatore, entro novanta giorni dalla nomina, devono presentare al comune di ubicazione degli immobili una dichiarazione attestante l'avvio della procedura; e devono versare l'imposta dovuta per il periodo di durata dell'intera procedura concorsuale entro tre mesi dalla data del decreto di trasferimento degli immobili.

F) L'aliquota dell'imposta è del 0,76 per cento (cioè 7,6 per mille).

È data facoltà ai comuni di modificare, in aumento o in diminuzione, l'aliquota, sino a 0,3 punti percentuali.

Le aliquote Imu e Tasi deliberate dai comuni sono ridotte del 25% per chi stipula (o ha stipulato) un contratto di locazione a canone concordato.

I comuni hanno il potere di disciplinare, con regolamento, diversi profili del tributo (presupposto, esenzioni, base imponibile, accertamento e riscossione).

3.1. *La tassa per i servizi indivisibili (Tasi).*

La Tasi è disciplinata dall'art. 1, commi 669 ss., della L. 27 dicembre 2013, n. 147; non ha come presupposto specifiche prestazioni rese al soggetto passivo, ma il possesso o detenzione degli immobili. Non è quindi una tassa, ma un'imposta, molto simile all'Imu.

Il presupposto impositivo della Tasi è il possesso o la detenzione, a qualsiasi titolo, di fabbricati e di aree edificabili, ad eccezione dei terreni agricoli e dell'abitazione principale, come definiti ai fini dell'Imu.

Come nell'Imu, dunque, non sono tassate le abitazioni principali, ma sono tassate le abitazioni classificate A/1 (abitazioni di tipo signorile), A/8 (ville) e A/9 (castelli e palazzi con pregi artistici e storici).

La base imponibile della Tasi è la stessa dell'Imu.

L'aliquota base è pari all'1 per mille, ma i comuni possono disporre riduzioni e aumenti. L'aliquota massima è il 2,5 per mille.

Il Comune può stabilire riduzioni ed esenzioni (ad esempio, se l'abitazione ha un unico occupante, se è ad uso stagionale, se è abitata da persone che risiedono per più di sei mesi all'anno all'estero, se il fabbricato rurale è ad uso abitativo, ecc.).

3.2. *La tassa per i rifiuti (Tari).*

La tassa per i rifiuti è disciplinata dall'art. 1, commi 669 ss., della L. 27 dicembre 2013, n. 147. Ha come presupposto il possesso o la detenzione a qualsiasi titolo di locali o di aree scoperte, a qualsiasi uso adibiti, suscettibili di produrre rifiuti urbani.

Soggetto passivo è chiunque possieda o detenga i locali o le aree che costituiscono presupposto del tributo.

Per determinare il tributo si considera la superficie calpestabile delle unità immobiliari a destinazione ordinaria, iscritte o iscrivibili nel catasto edilizio urbano; il comune può assumere come superficie tassabile l'80 per cento della superficie catastale.

Il tributo è dovuto per ogni anno solare, cui corrisponde un'autonoma obbligazione tributaria. La tariffa è stabilita dai comuni ed è commisurata alle quantità e qualità medie ordinarie di rifiuti prodotti per unità di superficie, in relazione agli usi e alla tipologia di attività che vi sono svolte.

La tariffa è composta da una quota determinata in relazione alle componenti essenziali del costo del servizio di gestione dei rifiuti, riferite in particolare agli investimenti per le opere ed ai relativi ammortamenti, e da una quota rapportata alle quantità di rifiuti conferiti, al servizio fornito e all'entità dei costi di gestione, in modo che sia assicurata la copertura integrale dei costi di investimento e di esercizio.

Il consiglio comunale approva le tariffe entro il termine fissato da norme statali per l'approvazione del bilancio di previsione, in conformità al piano finanziario del servizio di gestione dei rifiuti urbani.

Possono essere previste riduzioni tariffarie nel caso di: abitazioni con unico occupante o tenute a disposizione per uso stagionale od altro uso limitato e discontinuo; locali ed aree scoperte adibiti ad uso stagionale o ad uso non continuativo, ma ricorrente; abitazioni occupate da soggetti che risiedano o abbiano la dimora, per più di sei mesi all'anno, all'estero; fabbricati rurali ad uso abitativo.

Il tributo, in quanto tributo (e non corrispettivo privatistico) è dovuto anche nelle zone in cui non è effettuata la raccolta, ma in misura non superiore al quaranta per cento della tariffa.

Nella modulazione della tariffa sono assicurate riduzioni per la raccolta differenziata riferibile alle utenze domestiche.

I comuni che hanno realizzato sistemi di misurazione puntuale della quantità di rifiuti conferiti al servizio pubblico possono prevedere l'applicazione di una tariffa avente natura corrispettiva, in luogo del tributo.

4. *La tassa per l'occupazione di spazi ed aree pubbliche (Tosap).*

La tassa per l'occupazione di spazi ed aree pubbliche ha come presupposto «*le occupazioni di qualsiasi natura, effettuate, anche senza titolo, nelle strade, nei corsi, nelle piazze e, comunque, sui beni appartenenti al demanio o al patrimonio indisponibile dei comuni e delle province*» (D.lgs. 15 novembre 1993, n. 507, art. 38).

Rileva dunque qualsiasi occupazione di un bene pubblico, quale che sia il titolo giuridico dell'occupazione, ed anche se l'occupazione è abusiva.

Sono soggette al tributo anche le occupazioni dello spazio sovrastante il suolo e del sottosuolo.

Il potere dell'ente pubblico di applicare e riscuotere la tassa, avendo natura tributaria, può coesistere con il diritto dello stesso ente di esigere il canone di concessione, in quanto proprietario del suolo pubblico dato in concessione.

Soggetto attivo della tassa sono i comuni e le province, che devono adottare un regolamento per disciplinare i criteri di applicazione e le tariffe, entro i limiti già fissati dal decreto legislativo.

I comuni e le province possono prevedere che non si paghi la tassa, ma un canone (Cosap), che non ha natura tributaria ed è determinato nell'atto amministrativo di concessione dell'uso (esclusivo o speciale) del suolo.

5. *L'imposta sulla pubblicità.*

La pubblicità è disciplinata da un regolamento comunale, che contiene il piano generale degli impianti pubblicitari e regola le modalità di effettuazione della pubblicità, la tipologia e la quantità degli impianti pubblicitari, ecc.

L'imposta sulla pubblicità ha come presupposto «*la diffusione di messaggi pubblicitari effettuata attraverso forme di comunicazione visiva o acustica, in luoghi pubblici o aperti al pubblico o che sia da tali luoghi percepibile*» (D.lgs. 15 novembre 1993, n. 507, art. 5).

Soggetti passivi in solido dell'imposta sono colui che dispone del mezzo attraverso il quale il messaggio pubblicitario viene diffuso (impresa di pubblicità) e colui che produce o vende la merce o fornisce i servizi pubblicizzati (impresa pubblicizzata).

Il soggetto che dispone del mezzo è indicato come obbligato in via principale. Ciò non vuol dire che debba essere escusso prioritariamente. Vuol dire soltanto che deve presentare la dichiarazione. Non si tratta di solidarietà paritaria. L'impresa di pubblicità non è obbligata come contribuente, ma come responsabile d'imposta. Ha perciò diritto di rivalsa nei confronti del soggetto pubblicizzato.

I comuni possono escludere l'applicazione dell'imposta sulla pubblicità e prevedere, per le iniziative pubblicitarie «*che incidono sull'arredo urbano o sull'ambiente*», il pagamento di un canone in base a tariffa.

6. *L'imposta di scopo.*

La legge finanziaria per il 2007 (L. 27 dicembre 2006, n. 296, artt. 145-151) prevede che i comuni possono deliberare l'istituzione di un'imposta di scopo, destinata esclusivamente alla parziale copertura delle spese per la realizzazione di opere pubbliche.

L'imposta è dovuta per un periodo massimo di cinque anni ed è determinata applicando, alla base imponibile dell'Imu, un'aliquota nella misura massima dello 0,5 per mille.

Il regolamento che istituisce l'imposta determina: l'opera pubblica da realizzare; l'ammontare della spesa da finanziare; l'aliquota; l'applicazione di esenzioni, riduzioni o detrazioni in favore di determinate categorie di soggetti, in relazione all'esistenza di particolari situazioni sociali o reddituali; le modalità di versamento del tributo.

7. *L'imposta di soggiorno.*

L'imposta di soggiorno è stata istituita dall'art. 4 del D.lgs. 14 marzo 2011, n. 23, che attribuisce ai comuni capoluogo di provincia, alle unioni di comuni, nonché ai comuni inclusi negli elenchi regionali delle località turistiche o città d'arte, il potere di istituire un'imposta a carico di coloro che alloggiano nelle strutture ricettive situate nel proprio territorio.

Si tratta di un tributo di scopo, i cui gettito è vincolato al finanziamento di interventi in materia di turismo, anche a sostegno delle strutture ricettive, e di interventi di manutenzione, fruizione e recupero dei beni culturali ed ambientali locali e dei servizi pubblici locali.

8. *L'imposta regionale sulle attività produttive (Irap).*

A) L'imposta regionale sulle attività produttive è stata istituita dal D.lgs. 15 dicembre 1997, n. 446; è, quindi, un tributo regionale "proprio derivato".

Il gettito va alle Regioni, ma in forza di un rapporto Stato-regioni, al quale il contribuente resta estraneo.

Resta affidato all'Amministrazione finanziaria dello Stato il potere di accertarla e di riscuoterla secondo norme statali.

B) L'Irap ha come presupposto lo svolgimento di un'attività (economica o no), autonomamente organizzata, per la produzione di beni e servizi; in altre parole, sono presupposti dell'Irap lo svolgimento, con autonoma organizzazione, di un'attività imprenditoriale, di un'attività artistica o professionale, o di un'attività amministrativa.

Perciò vi sono tre categorie di soggetti passivi: imprenditori, lavoratori autonomi, pubbliche amministrazioni.

Sono colpiti tutti coloro che producono reddito d'impresa commerciale: imprenditori individuali, società di persone o di capitali, enti commerciali, enti non commerciali.

Sono inoltre tassati coloro che esercitano un'arte o una professione, vale a dire un'attività professionalmente organizzata di lavoro autonomo (non sono colpiti coloro che svolgono attività di collaborazione coordinata e continuativa, né coloro che producono redditi assimilati a quelli di lavoro dipendente).

Sono infine tassati gli organi e le amministrazioni dello Stato, le regioni, le province, i comuni, gli enti non commerciali.

Sono esclusi coloro che producono redditi occasionali (di lavoro autonomo o d'impresa); gli imprenditori agricoli; i fondi di investimento, i fondi pensione, i Gruppi europei di interesse economico.

C) La base imponibile, per gli imprenditori, è data dal «*valore della produzione netta*», che, per le società di capitali e per gli enti commerciali, è calcolato in base al conto economico, i cui dati si assumono secondo le regole di qualificazione, imputazione temporale e classificazione dello stesso conto economico. I componenti del reddito d'impresa concorrono a formare la base imponibile dell'Irap nell'ammontare indicato nel conto economico; sono irrilevanti le variazioni (in aumento e in diminuzione) da effettuare ai fini dell'imposta sui redditi.

Per i soggetti che redigono il bilancio in base ai principi contabili internazionali (IAS) la base imponibile è determinata assumendo le voci del valore e dei costi della produzione corrispondenti a quelle suindicate; essi devono perciò predisporre un ulteriore conto economico, nella forma prevista dall'art. 2425 c.c.

Come già visto nel capitolo sull'Ires, il conto economico è composto applicando lo schema previsto dall'art. 2425 c.c.

Per determinare la base imponibile dell'Irap va presa in considerazione (con alcune rettifiche) la differenza tra valore e i costi della produzione, di cui alle lettere A) e B) dell'art. 2425 c.c. Ciò significa che rileva la gestione ordinaria dell'impresa, non quella finanziaria.

Non rilevano tutti i costi della produzione. Non sono deducibili: i compensi delle prestazioni di lavoro assimilate al lavoro dipendente; i compensi corrisposti per le collaborazioni coordinate e continuative; i costi e i compensi per attività d'impresa e di lavoro autonomo occasionale; la quota di interessi dei canoni di *leasing*; le perdite su crediti; le svalutazioni relative a immobilizzazioni e crediti; gli accantonamenti; l'imposta municipale sugli immobili.

Vi sono dunque remunerazioni tassate a carico dell'impresa e non di chi percepisce il reddito. Si può dire, in sintesi, che l'Irap colpisce, a carico dell'imprenditore, il valore aggiunto complessivo realizzato dall'impresa, e cioè dall'imprenditore, da alcuni collaboratori e dai finanziatori.

Per le società di persone e per gli imprenditori individuali i componenti positivi della base imponibile sono i ricavi e le rimanenze.

Si deducono i costi delle materie prime, sussidiarie e di consumo, delle merci, dei servizi, dell'ammortamento e dei canoni di locazione (anche finanziaria) dei beni strumentali (materiali e immateriali).

La base imponibile non muta per le imprese in contabilità semplificata: per esse occorre procedere alla riclassificazione dei componenti positivi e negativi, utilizzando lo schema di conto economico previsto dal codice civile.

Vi sono poi modalità particolari di calcolo della base imponibile per i produttori agricoli, per le banche, le società finanziarie e le assicurazioni.

Per i lavoratori autonomi il valore della produzione è dato dalla differenza tra i compensi (percepiti nel periodo d'imposta) e la somma dei costi inerenti all'attività e degli ammortamenti.

Non sono deducibili gli interessi passivi e le spese per il personale dipendente e assimilato.

Per gli enti non commerciali e per le pubbliche amministrazioni la base imponibile è pari alle spese per stipendi.

L'aliquota è del 3,9 per cento.

D) La giustificazione costituzionale dell'Irap è stata molto discussa. Il presupposto dell'Irap, come definito dal legislatore, è l'esercizio delle attività dirette alla produzione o allo scambio di beni ovvero alla produzione di servizi. Ma, per tassare tali attività, non viene adottato nessuno dei tradizionali indici di capacità contributiva (patrimonio, reddito, consumo, ecc.), ma una grandezza economica – il valore aggiunto netto della produzione – che è misurata dalla differenza tra valore e costo della produzione, con l'aggiunta di taluni costi.

In tal modo, si colpisce una entità economica che, per un verso, è assunta come misura del "valore aggiunto prodotto", dall'altro, è considerata espressiva di una capacità contributiva oggettiva, derivante dall'organizzazione dell'impresa.

La Corte costituzionale ha ritenuto che il valore aggiunto, prodotto dalle attività autonomamente organizzate, è indice costituzionalmente idoneo di capacità contributiva, trattandosi di una nuova ricchezza, che è assoggettata ad imposizione prima di essere distribuita per remunerare i diversi fattori della produzione, «*trasformandosi in reddito per l'organizzatore dell'attività, i suoi finanziatori, i suoi dipendenti e collaboratori*» (sent. 21 maggio 2001, n. 156).

Dubbi di costituzionalità sono sorti per la tassazione dei lavoratori autonomi, perché equiparati alle imprese, in contrasto con quanto ritenuto dalla Corte costituzionale in tema di Ilor (sent. 25 marzo 1980, n. 42).

Altro aspetto critico della disciplina dell'Irap è la norma secondo cui tale imposta non è deducibile dalla base imponibile delle imposte sui redditi (salvo in alcuni casi, visti nel capitolo sul reddito d'impresa). Trattandosi di un tributo che si rende dovuto per il mero fatto dello svolgimento di una attività produttiva, esso costituisce un costo di quell'attività, e, quindi, dovrebbe essere dedotto nel calcolo del reddito imponibile. La norma che impedisce di dedurla fa gravare l'imposta reddituale su un indice fittizio di capacità contributiva, perché l'imposta sul reddito viene pagata anche su quella parte di reddito che il contribuente utilizza per il pagamento dell'Irap.

La questione se l'Irap violi la norma comunitaria, che vieta agli Stati di istituire imposte che rappresentano un duplicato dell'Iva, è stata risolta dalla Corte di giustizia in senso negativo (sent. 3 ottobre 2006, *Banca Pop. di Cremona*, C-475/03), in quanto l'Irap è diversa dall'Iva per il fatto che non è proporzionale al prezzo dei beni e servizi forniti dal soggetto passivo, non deve essere sistematicamente trasferita sul consumatore finale e colpisce le attività produttive senza ripercuotersi sul consumatore finale.

CAPITOLO VENTISEIESIMO

LA FISCALITÀ DELL'UNIONE EUROPEA

1. *Libertà fondamentali e principio di non discriminazione.*

Mercato interno e libertà fondamentali sono concetti chiave per l'UE. Prevede infatti il Trattato sul funzionamento dell'Unione europea (TFUE) che «*il mercato interno comporta uno spazio senza frontiere interne, nel quale è assicurata la libera circolazione delle merci, delle persone, dei servizi e dei capitali*» (art. 26).

Le norme fiscali degli Stati devono essere compatibili con le norme dell'UE; in particolare, non devono ostacolare le libertà fondamentali, non devono essere contrarie al principio di non discriminazione e non devono alterare il regime di libera concorrenza, concedendo aiuti di Stato incompatibili.

L'art. 18 del TFUE vieta «*ogni discriminazione effettuata in base alla nazionalità*». Il principio trova specifiche applicazioni nelle norme che sanciscono le libertà fondamentali.

La normativa di uno Stato membro, che discrimina i soggetti in base alla nazionalità, prevedendo per i non cittadini un trattamento fiscale deteriore rispetto a quello stabilito per i cittadini, è incompatibile con le libertà fondamentali.

Sono vietate non solo le discriminazioni palesi in base alla nazionalità, ma anche le discriminazioni dissimulate o indirette, basate su criteri diversi dalla nazionalità, come la residenza. Perciò è vietata ogni discriminazione fiscale tra residenti e non residenti (persone fisiche o società) perché «*i non-residenti il più delle volte non sono cittadini dello Stato ove svolgono la loro attività*» (Corte di giustizia, 14 febbraio 1995, *Schumacker*, C-279/93).

2. *La circolazione delle merci.*

Secondo l'art. 28 del TFUE, «*L'Unione comprende un'unione doganale che si estende al complesso degli scambi di merci*».

L'Unione doganale «*comporta il divieto, fra gli Stati membri, dei dazi doganali all'importazione e all'esportazione e di qualsiasi tassa di effetto equivalente, come pure l'adozione di una tariffa doganale comune nei loro rapporti con i paesi terzi*».

Sono vietate sia le imposizioni interne discriminatorie, sia i ristorni all'esportazione di imposizioni interne superiori a quelle effettivamente applicate. Nei confronti dei Paesi terzi, si applica la Tariffa doganale comune.

2.1. *La circolazione delle persone.*

Residenti e non residenti sono assoggettati nei diversi ordinamenti a regimi fiscali diversi, in quanto i residenti sono soggetti ad imposta per la totalità dei loro redditi, ovunque prodotti, ed invece i non residenti sono tassati in modo limitato, ossia solo per i redditi prodotti nello Stato.

Il reddito percepito nel territorio di uno Stato da un non residente costituisce, nella maggior parte dei casi, solo una parte del suo reddito complessivo; è nello Stato in cui risiede (in cui vive stabilmente e ha il centro dei suoi interessi personali ed economici) che il contribuente di solito produce la maggior parte del suo reddito. Perciò, in linea di principio, le legislazioni che distinguono tra residenti e non residenti non violano il principio di uguaglianza.

Può accadere però che un soggetto produca la maggior parte del suo reddito in un Paese dell'UE diverso da quello di residenza, o che una famiglia produca il suo reddito in più Stati.

Per rispettare la libera circolazione dei lavoratori, a chi produce la maggior parte del suo reddito in uno Stato in cui non è residente devono essere accordate le stesse attenuazioni del carico fiscale che sono concesse ai residenti.

2.2. *Il diritto di stabilimento.*

A) Il Trattato sancisce la libertà di stabilimento, in forza della quale le imprese e i lavoratori autonomi possono stabilirsi e operare in ogni Stato membro alle condizioni definite per i residenti.

La libertà di stabilimento comporta il diritto di ogni imprenditore di trasferirsi da uno Stato membro all'altro, per esercitare un'attività economica in uno Stato membro diverso da quello di origine ("libertà di stabilimento primaria").

Inoltre, ogni imprenditore deve essere libero di aprire filiali (cioè società controllate), agenzie o succursali (stabili organizzazioni) in un altro Paese membro ("libertà di stabilimento secondaria").

Le libertà di stabilimento, primaria e secondaria, devono essere tutelate sia dallo Stato di origine (divieto di *home State restriction*), sia dal Paese ospitante (divieto di *host State restriction*).

B) La libertà di stabilimento primaria – prescindendo qui dalle questioni relative alle restrizioni poste da norme non fiscali – comporta il divieto di ostacolare con norme fiscali il trasferimento di una impresa o di un lavoratore autonomo da uno Stato membro all'altro.

La società che risiede in uno Stato membro ha diritto di creare altre società in altri Stati membri, anche se nell'altro Stato gli utili prodotti dalla società controllata sono soggetti ad un livello impositivo inferiore a quello che si applica nello Stato di origine. Ciò costituisce esercizio, non abuso, della libertà di stabilimento.

Occorre però che la società costituita nell'altro Stato non sia una «*costruzione di puro artificio*», sia realmente impiantata nello Stato di stabilimento e vi eserciti attività economiche effettive. Senza queste condizioni, si è in presenza di un fenomeno elusivo, che autorizza lo Stato di origine a tassare la controllante per gli utili prodotti dalla controllata nell'altro Stato (Corte di giustizia, 9 marzo 1999, *Centros*, C-212/97).

C) La libertà di stabilimento incide sul trattamento fiscale dei costi e delle perdite transfrontaliere. Ciò vale sia per la legislazione fiscale dello Stato di origine, sia per il Paese ospitante, in cui è insediata una stabile organizzazione o una controllata (Corte di giustizia, 12 settembre 2006, *Cadbury Schweppes*, C-196/04).

Non è compatibile con il diritto di stabilimento la normativa di uno Stato membro che impedisce la deduzione dei costi sostenuti dalla società madre nei rapporti con una controllata. È il caso degli interessi passivi derivanti da prestiti contratti per finanziare società figlie residenti in altri Paesi membri (Corte di giustizia, 18 settembre 2003, *Bosal*, C-168/01).

In tema di perdite infragruppo, non è compatibile con la libertà di stabilimento la legislazione dello Stato, in cui risiede la controllante, che non ammette la deducibilità delle perdite delle controllate residenti in altro Stato membro, neppure nel caso in cui le perdite non possono essere dedotte dalla controllata nello Stato in cui risiede (Corte di giustizia, 13 dicembre 2005, *Marks & Spencer*, C-446/03).

D) La libertà di stabilimento comporta il diritto di trasferirsi da uno Stato membro all'altro. Lo Stato di origine non deve ostacolare il diritto delle società residenti di trasferirsi e stabilirsi in altri Stati membri. Le norme che prevedono l'imposizione sulle plusvalenze latenti all'atto del trasferimento della sede all'estero (*exit tax*) non sono di per sé incompatibili con il Trattato (Corte di giustizia, 11 marzo 2004, *de Lasteyrie du Saillant*, C-9/02), ma contrasta con la libertà di stabilimento l'imposizione immediata. (Corte di giustizia, 29 novembre 2011, *National Grid Indus*, C-371/10). Perciò lo Stato di provenienza può tassare i plusvalori latenti al momento del trasferimento, ma la riscossione dell'imposta deve essere differita all'atto del realizzo (come prevede l'art. 166 del Tuir).

E) La libertà di stabilimento secondaria deve essere garantita dal Paese ospitante assicurando alle società residenti, controllate da società non residenti, e alle stabili organizzazioni, parità di trattamento rispetto alle altre società residenti.

Dev'essere garantita la libertà di scegliere la forma giuridica con la quale esercitare il diritto di stabilimento. Ciò impone che società controllate e stabili organizzazioni siano trattate in modo equivalente (Corte di giustizia, 8 gennaio 1986, *Avoir Fiscal*, causa 270/84).

F) La libertà di stabilimento concerne anche le partecipazioni in società di altri Stati membri, quando consentono di esercitare una "sicura influenza" sulle decisioni della società partecipata. Per contro, le partecipazioni che hanno solo lo scopo di realizzare un investimento finanziario, senza influenze sulla gestione dell'impresa, devono essere valutate alla luce del principio di libera circolazione dei capitali.

La Corte di giustizia ha sancito l'incompatibilità con la libertà di stabilimento delle norme sulla *thin capitalization*, che prevedono la riqualificazione degli interessi in dividendi nei confronti delle controllanti non residenti, ma non nei confronti delle controllanti residenti (sentenza 12 dicembre 2002, *Lankhorst*, C-324/2000).

2.3. *La prestazione dei servizi.*

La libera circolazione dei servizi, disciplinata dall'art. 56 del TFUE, interessa gli operatori economici che prestano servizi in un Paese diverso da quello in cui sono stabiliti. Mentre la libertà di stabilimento implica il diritto di operare in modo permanente, la libertà di prestazione dei servizi riguarda le attività svolte in modo non permanente.

Il principio in esame riguarda i servizi transfrontalieri, e deve essere assicurato sia nei riguardi di chi presta il servizio, sia nei riguardi di chi ne fruisce: gli operatori devono dunque essere in grado di fornire servizi all'estero, i consumatori di richiederli (Corte di giustizia, 28 aprile 1998, *Safir*, C-118/96).

2.4. *La circolazione dei capitali.*

Il principio di libera circolazione dei capitali, sancito dall'art. 63, n. 1, TFUE, vieta ai Paesi membri di ostacolare gli investimenti con norme che possono avere effetti restrittivi della circolazione dei capitali o effetti discriminatori tra gli Stati membri o tra gli Stati membri e gli Stati terzi.

I diritti derivanti dalle libertà fondamentali sono riservati ai cittadini dell'UE (persone fisiche e società). Invece la tutela della libera circolazione dei capitali è di tipo oggettivo, essendo tutelata la circolazione dei capitali di per sé, anche nei rapporti con i Paesi terzi.

Inoltre, la libera circolazione dei capitali interessa i dividendi solo quando derivino da partecipazioni detenute a scopo di investimento, dato che, come già notato, le partecipazioni che permettono l'esercizio di una "sicura influenza" sulla società partecipata ricadono nella sfera della libertà di stabilimento.

In materia di dividendi, la Corte di giustizia ha stabilito (nella sentenza 6 giugno 2000, *Verkooijen*, C-35/98) che una legislazione fiscale – che preveda una esenzione parziale da imposta per i dividendi distribuiti da società residenti, ma non per i dividendi esteri – non è compatibile con il principio di libera circolazione dei capitali. I dividendi provenienti dall'estero non possono essere trattati in modo diverso rispetto ai dividendi provenienti da società residenti.

La sentenza 7 settembre 2004, *Manninen*, C-314 afferma lo stesso principio con riguardo al caso in cui una legislazione non riconosca ai dividendi esteri il credito d'imposta accordato ai dividendi interni.

È stata censurata la legislazione italiana che assoggettava i dividendi distribuiti a società stabilite in altri Stati membri ad un regime fiscale meno favorevole di quello applicato ai dividendi distribuiti alle società residenti (Corte di giustizia, 19 novembre 2009, *Commissione c. Italia,* C-540/07).

In conclusione, i dividendi "in entrata" (distribuiti da società non residenti) e i dividendi "in uscita" (distribuiti da società residenti a contribuenti non residenti) non devono essere discriminati rispetto ai dividendi domestici (dividendi distribuiti da società residenti a contribuenti residenti).

3. Rule of reason. *Le misure antifrode e antiabuso.*

A parte le deroghe espressamente consentite da norme specifiche del Trattato, la Corte di giustizia ha elaborato altre cause di giustificazione di trattamenti discriminatori, denominate *rule of reason.*

Il *leading case* è la sentenza 20 febbraio 1979, *Cassis de Dijon,* causa 120/78, secondo la quale le norme che ostacolano l'esercizio delle libertà sono ammesse «*quando siano necessarie per rispondere ad esigenze imperative attinenti, in particolare, all'efficacia dei controlli fiscali, alla protezione della salute pubblica, alla lealtà dei negozi commerciali e alla difesa dei consumatori*».

La Corte ha riconosciuto che sono *rule of reason*: l'esigenza di contrastare le frodi e l'elusione fiscale e di preservare l'efficacia dei controlli fiscali; il principio di coerenza dell'ordinamento fiscale nazionale.

In particolare, una misura nazionale che restringe la libertà di stabilimento è giustificabile se concerne «*costruzioni di puro artificio*».

Nella sentenza 12 settembre 2006, *Cadbury Schweppes*, C-196/04, la Corte ha esaminato un regime fiscale di imprese estere controllate (CFC), in base al quale sono inclusi (per trasparenza), nella base imponibile di una società residente in uno Stato membro, gli utili realizzati da una società estera controllata, allorché tali utili sono soggetti, nello Stato della controllata, ad un livello impositivo inferiore a quello applicabile alla controllante. Secondo la Corte, il regime fiscale delle CFC non è ammesso quando la controllata è realmente impiantata nello Stato di stabilimento e vi esercita attività economiche effettive. Le norme antielusive sono consentite in presenza di «*costruzioni di puro artificio destinate ad eludere l'imposta nazionale normalmente dovuta*».

3.1. *Il principio di coerenza.*

L'esigenza di preservare la coerenza dei sistemi fiscali nazionali può giustificare le deroghe delle legislazioni nazionali rispetto alle regole dell'UE.

Il principio di coerenza è alla base della sentenza 28 gennaio 1992, *Bachmann*, C-204/90, in tema di deducibilità dei premi versati a compagnie assicuratrici non residenti. Quando i premi sono versati a compagnie residenti, la deduzione dei premi operata dall'assicurato è controbilanciata dalla tassazione del capitale, mentre ciò non avviene nell'ipotesi di impresa di assicurazione non residente.

Al principio di coerenza la Corte attribuisce rilievo solo se sussiste un collegamento diretto fra fattispecie discriminata (ad esempio, una deduzione) e fattispecie tassata (ad esempio, una pensione), e cioè quando si ha l'applicazione di una stessa imposta allo stesso contribuente. Esso si traduce, dunque, in un divieto di doppia imposizione.

3.2. *Il principio di proporzionalità.*

Una misura discriminatoria o restrittiva delle libertà è consentita se sia effettivamente necessaria per raggiungere un obiettivo d'interesse generale.

Il principio di proporzionalità esige che vi sia un rapporto di stretta necessità e idoneità delle misure adottate rispetto al perseguimento dei fini propri della normativa dell'Unione.

Una normativa nazionale che comporta una restrizione alle libertà fondamentali può, dunque, essere giustificata dalla lotta alle frodi e all'elusione fiscale, dalla coerenza del sistema fiscale, ecc., ma non deve essere sproporzionata rispetto allo scopo che si vuole raggiungere (sentenza 15 maggio 1997, *Futura*, causa n. 250/95).

4. *Il divieto di aiuti di Stato.*

A) Il TFUE contiene regole sulla concorrenza applicabili alle imprese e regole rivolte agli Stati. L'art. 107 del TFUE dichiara «*incompatibili con il mercato comune, nella misura in cui incidano sugli scambi tra gli Stati membri, gli aiuti concessi dagli Stati, ovvero mediante risorse statali, sotto qualsiasi forma che, favorendo talune imprese o talune produzioni, falsino o minaccino di falsare la concorrenza*».

Il divieto riguarda anche le norme fiscali di favore. Sono infatti aiuti di Stato sia le sovvenzioni fiscali (ad esempio, crediti d'imposta), sia le norme che escludono o riducono i normali oneri fiscali, o che consentono di differire il pagamento di un tributo.

Una misura si considera aiuto di Stato quando presenta quattro requisiti:

i) vi è un vantaggio sotto forma di alleggerimento di costi;

ii) il vantaggio è concesso dallo Stato o mediante risorse statali;

iii) il vantaggio incide sulla concorrenza e sugli scambi tra Stati membri;

iv) il vantaggio è concesso in maniera specifica e selettiva.

Il divieto non è assoluto. Vi sono tre deroghe.

Sono fatte salve le deroghe contemplate dal Trattato, in materia di agricoltura, pesca, trasporti, cultura, sicurezza nazionale, ecc.

Sono compatibili *de iure* con il mercato comune gli aiuti a carattere sociale concessi ai singoli consumatori e gli aiuti concessi in occasione di calamità naturali o altri eventi eccezionali.

Infine, vi è un elenco di aiuti (tra cui le misure a favore delle regioni meno sviluppate) che la Commissione può, con valutazione discrezionale, giudicare compatibili.

B) Sono aiuti di Stato (e comportano anche violazione delle norme sulla concorrenza) i trattamenti fiscali di favore che alcuni Stati membri dell'UE (in particolare, Lussemburgo, Irlanda e Olanda) concedono alle multinazionali, che concentrano i loro profitti dove la tassazione è più bassa.

C) Gli Stati, prima di adottare un provvedimento a favore delle imprese, devono comunicarne il progetto alla Commissione (c.d. obbligo di notifica) e non devono eseguirlo prima che la Commissione si sia pronunciata. La Commissione deve stabilire se il progetto sia o non sia compatibile.

Se gli Stati concedono aiuti non notificati o non compatibili, la Commissione può disporne la revoca e ordinare il recupero dell'aiuto.

5. *L'armonizzazione delle imposte indirette.*

L'Unione non ha un proprio sistema di imposte e non ha competenza generale in materia tributaria.

L'art. 113 del TFUE prevede che il Consiglio possa adottare disposizioni rivolte ad armonizzare le legislazioni degli Stati membri in materia di imposte indirette, con deliberazioni adottate all'unanimità, su proposta della Commissione, e dopo aver sentito il Parlamento e il Comitato economico e sociale.

L'armonizzazione riguarda le imposte sulla cifra d'affari, le imposte sui consumi e altre imposte indirette. L'armonizzazione delle imposte indirette è stata sempre considerata essenziale ai fini della realizzazione del mercato unico e della libera concorrenza.

5.1. *L'armonizzazione dell'Iva.*

A) La disciplina EU dell'Iva è racchiusa nella Direttiva 2006/112/CE del Consiglio del 28 novembre 2006, in cui sono rifluite le norme precedenti.

Il sistema tradizionale di tassazione degli scambi internazionali è quello della tassazione nel Paese di destinazione, che comporta dazi sulle importazioni e detassazione delle esportazioni. Tale regime è oggi operante nei rapporti tra operatori residenti nell'Unione europea e operatori residenti in Paesi terzi.

Per gli scambi interni all'Unione è stato programmato il passaggio dal regime di tassazione nel Paese di destinazione al regime di tassazione nel Paese di origine. Peraltro vige tuttora, dal 1° gennaio 1993, il c.d. regime transitorio, esaminato nel capitolo sull'Iva.

Il (vagheggiato) regime fiscale definitivo ha come punto qualificante la tassazione nel Paese di origine. L'Iva dovrebbe essere applicata sugli scambi tra Stati UE come all'interno di ciascun Paese.

Il venditore emetterà fattura nei confronti del compratore (residente in altro Stato membro), applicando l'Iva; il compratore, a sua volta, potrà detrarre l'imposta pagata in via di rivalsa. L'imposta sarà dunque percepita nel Paese di origine, ma lo Stato di destinazione dovrà recuperare, nei confronti dello Stato di origine, l'Iva concessa in detrazione.

Il piano, per conservare il principio che l'Iva deve essere percepita dallo Stato nel quale avviene il consumo, prevede un sistema di compensazione tra gli Stati, gestito dalla Commissione, che dovrà trasferire l'Iva percepita dal Paese di origine a quello del consumo.

6. *I tributi ambientali.*

L'ambiente è materia di competenza concorrente dell'Unione e degli Stati (art. 4 TFUE). L'art. 191 del TFUE prevede che la politica dell'Unione in materia ambientale mira a un elevato livello di tutela, tenendo conto della diversità delle situazioni nelle varie regioni dell'Unione. Essa è fondata sui principi della precauzione e dell'azione preventiva, sul principio della correzione, in via prioritaria alla fonte, dei danni causati all'ambiente, nonché sul principio «*chi inquina paga*». Secondo l'art. 192 del TFUE, il Consiglio può adottare «*disposizioni aventi principalmente natura fiscale*».

7. *Il ravvicinamento delle imposte dirette.*

L'armonizzazione delle imposte dirette non è espressamente prevista nel Trattato. Ma l'Unione può intervenire anche in materia di imposte dirette, in base al potere di ravvicinare le legislazioni degli Stati membri, previsto dagli artt. 114 e 115 TFUE.

Dopo la Direttiva in materia di reciproca assistenza tra le autorità fiscali (1977) e il Regolamento istitutivo del GEIE (1988), è il 1990 un anno importante, perché il Consiglio accolse tre proposte della Commissione, ossia:

– la Direttiva sulle fusioni e sulle altre operazioni straordinarie;

– la Direttiva sulla distribuzione di utili tra società madri e figlie;

– la Convenzione arbitrale, diretta a porre rimedio alle doppie imposizioni che si verificano quando uno Stato rettifica gli utili di imprese associate residenti in Stati diversi (Convenzione di Bruxelles).

Nel 2003 sono state adottate la Direttiva "risparmio" e quella sul pagamento di interessi e *royalties*.

8. *La Direttiva "fusioni".*

A) La Direttiva sulle fusioni e su altre operazioni straordinarie transfrontaliere è stata emanata allo scopo di creare un regime fiscale comune, in modo che le operazioni di riorganizzazione societaria dei gruppi multinazionali possano avvenire in ambito UE come in un mercato interno.

La Direttiva – recepita in Italia negli artt. 178-181 del Tuir – reca la disciplina fiscale di fusioni, scissioni, conferimenti di attivo e scambi di azioni, che concernono società di Stati membri diversi dell'UE; regola inoltre l'avanzo di fusione e il passaggio – dalla conferente alla beneficiaria – dei fondi in sospensione d'imposta e delle perdite.

Il *clou* della Direttiva è questo: le operazioni straordinarie transfrontaliere non sono presupposto impositivo delle plusvalenze; non sono tassate (ma restano latenti) le plusvalenze risultanti dalla differenza tra valori reali e valori fiscali dei beni coinvolti nelle operazioni.

Anche i conferimenti di attivo sono considerati operazioni straordinarie, ivi compreso il conferimento di una stabile organizzazione

L'art. 4 della Direttiva prevede che «*la fusione o la scissione non comporta alcuna imposizione delle plusvalenze risultanti dalla differenza tra il valore reale e degli elementi d'attivo e di passivo conferiti ed il loro valore fiscale*», né devono essere applicabili altre norme impositive (come la tassazione dei fondi in sospensione d'imposta). Le plusvalenze sono tassate solo quando sono realizzate.

B) In tema di avanzo e disavanzo di fusione occorre mettere a confronto la posizione dello Stato della incorporante con quello della incorporata.

La Direttiva si limita a stabilire che la società beneficiaria (ad esempio, la società incorporante), quando annulla la partecipazione e realizza una plusvalenza (avendo ricevuto beni di valore superiore alla partecipazione), non è tassata (quindi, l'avanzo di fusione non è tassato).

Ad esempio, se una società non residente incorpora una società italiana, l'avanzo non può essere tassato da parte dello Stato estero.

Per quanto concerne il disavanzo, se una società non residente incorpora una società italiana (con il conseguente configurarsi di una stabile organizzazione in Italia) e se il costo della partecipazione (valore fiscale rilevante di fronte al fisco estero) è superiore al valore della stabile organizzazione (valore fiscale rilevante di fronte al fisco italiano), la società non residente, annullando il costo della partecipazione, può allineare il valore fiscale (italiano) dei beni ricevuti a quello della partecipazione (valore fiscale nello Stato estero).

In proposito la Direttiva tace; se ne deduce che non è possibile l'utilizzo del disavanzo per rivalutare i beni ricevuti, dato che il nuovo valore (dei beni ricevuti) dovrebbe avere rilevanza in Italia, e un simile utilizzo del disavanzo significherebbe trasferire nell'orbita fiscale italiana un valore fiscale proveniente dallo Stato estero.

C) Nelle riorganizzazioni "in entrata" vi è una società residente che ha il ruolo di organizzazione derivata (o beneficiaria), in quanto è la società residente che incorpora una società non residente, o beneficia della scissione di una società non residente, o riceve un conferimento d'azienda di una società non residente.

In tali casi vi sono dei beni (aziende) che passano da un ordinamento estero a quello italiano. A tali beni va attribuito, quale valore fiscale, il valore normale (Tuir, art. 166-*bis*).

9. *La Direttiva "madre-figlia".*

La Direttiva "madre-figlia" (2011/96/UE) mira ad impedire la doppia tassazione degli utili distribuiti all'interno dei gruppi, tra società con sede nell'UE.

La Direttiva disciplina i dividendi sia dal punto di vista dello Stato della società madre, sia dal punto di vista dello Stato della figlia, e cioè sia come utili che la società-madre riceve dalla società-figlia (utili "in entrata"), sia come utili distribuiti dalla figlia (utili "in uscita").

L'art. 4 della Direttiva prevede che quando una società madre o la sua stabile organizzazione riceve utili in base alla partecipazione nella società figlia, lo Stato in cui risiede la madre o la sua stabile organizzazione deve astenersi dal sottoporre tali utili ad imposizione, o, se li tassa, deve ammettere la deduzione di un importo pari all'imposta pagata dalla società figlia. Può tassarne il 5 per cento, a fronte della deduzione in misura forfettaria delle minusvalenze e dei costi relativi alla partecipazione.

Allo Stato della figlia è fatto divieto di tassare i dividendi "in uscita". L'art. 5 della Direttiva dispone al riguardo che sono esenti da ritenuta.

Nella Direttiva vi è anche una clausola anti-abuso, con cui si prevede che gli Stati membri non applicano i benefici della Direttiva a una costruzione posta in essere allo scopo principale (o a uno degli scopi principali) di ottenere un vantaggio fiscale, e non per valide ragioni economiche, si presenti come artificiosa, non genuina.

In Italia, i dividendi "in entrata" sono esclusi da imposta nella misura del 95 per cento (Tuir, art. 89) e, per gli utili "in uscita", si prevede l'esonero da ritenuta o il rimborso (D.P.R. 29 settembre 1973, n. 600, art. 27-*bis*).

10. *La Direttiva su interessi e* royalties.

La Direttiva 2003/49/CE disciplina il regime fiscale di interessi e canoni (*royalties*) corrisposti da una società ad altre società o stabili organizzazioni di un medesimo gruppo, con sede in Stati membri dell'UE.

Occorre che siano residenti in Stati membri sia il soggetto che paga interessi o *royalties*, sia il soggetto che riceve il pagamento.

La Direttiva sopprime l'imposizione alla fonte di interessi e canoni, permettendo che siano tassati solo nello Stato di residenza del percettore.

Lo scopo della Direttiva è di impedire la doppia imposizione, assoggettando le operazioni tra società di Stati membri diversi ad un trattamento fiscale non meno favorevole di quello applicabile tra società residenti nello stesso Stato membro.

Vi è anche in questa Direttiva una clausola antiabuso, che consente alle amministrazioni fiscali nazionali di revocare o rifiutare l'esenzione qualora le transazioni abbiano come solo o principale obiettivo l'evasione o l'elusione delle imposte e quando il percettore non ne sia il beneficiario effettivo.

11. *Lo scambio di informazioni.*

La Direttiva 2003/48/CE, nota come Direttiva "risparmio", è stata abrogata e ad essa è subentrata la Direttiva 2011/16/UE (modificata dalla Direttiva 2014/107/UE, in vigore da 1° gennaio 2016 e dalla Direttiva 2015/2376/UE, in vigore dal 1° gennaio 2017).

L'art. 8 della Direttiva 2011/16/UE prevede che l'autorità fiscale di ciascuno Stato membro comunichi all'autorità competente di qualsiasi altro Stato membro, mediante scambio automatico, le informazioni disponibili.

L'ambito di applicazione dello scambio di informazioni concerne tutte le persone fisiche e giuridiche e comprende una vasta gamma di istituti giuridici (da quelli tradizionali come *trust*, fondazioni e fondi di investimento ai nuovi strumenti).

La Direttiva 2014/107/UE ha ampliato l'ambito di applicazione dello scambio automatico obbligatorio di informazioni.

In tal modo lo scambio automatico comprende le stesse informazioni del modello *standard* globale elaborato dall'Ocse, denominato *Common reporting standard* (Crs), e cioè dividendi, plusvalenze, altri redditi finanziari e saldi dei conti correnti.

12. *La convenzione arbitrale e la MAP.*

La Convenzione arbitrale 90/436/CEE, ratificata dall'Italia con L. 22 marzo 1993, n. 99, ha lo scopo di eliminare la doppia imposizione causata da rettifiche dei prezzi di trasferimento.

I contribuenti possono chiedere che sia avviata una *MAP* (*Mutual agreement procedure*) quando l'Amministrazione finanziaria italiana o quella dell'altro Stato membro dell'UE intendano operare, o abbiano operato, una rettifica degli utili delle imprese associate o delle stabili organizzazioni residenti nel proprio territorio (cfr. Circ. 5 giugno 2012, n. 21/E).

L'istanza deve essere presentata entro tre anni dalla prima notifica della misura che comporta o può comportare una doppia imposizione e può essere presentata anche prima dell'emissione di un avviso di accertamento (ad esempio dopo la notifica di un processo verbale di constatazione).

Vi è una fase amichevole e una arbitrale.

Nella fase amichevole le autorità fiscali dei due Stati devono cercare di raggiungere un accordo che elimini la doppia imposizione.

La procedura amichevole può svolgersi in parallelo al processo instaurato contro l'avviso di accertamento.

Il processo può essere sospeso, su richiesta delle parti.

Di solito, alla fase amichevole della Map si affianca un processo instaurato con la impugnazione dell'avviso di accertamento perché l'avviso di accertamento divenuto definitivo non è modificabile da un accordo raggiunto in via amichevole fra le autorità competenti.

Se le autorità competenti giungono a un accordo che elimina la doppia imposizione prima che l'accertamento diventi definitivo, l'accordo amichevole prevale sull'avviso di accertamento, a patto che il contribuente accetti i suoi contenuti e rinunci al ricorso.

Se l'accordo non è raggiunto entro due anni si passa alla fase arbitrale, che è alternativa al processo tributario interno; perciò è esperibile soltanto se l'impresa associata rinuncia all'impugnazione dell'avviso di accertamento.

L'avvio della fase arbitrale comporta l'istituzione di una commissione consultiva, che esprime un parere vincolante.

Le autorità fiscali dei due Stati sono obbligate ad accordarsi entro i sei mesi successivi al parere.

13. *Le Direttive antielusione.*

La Direttiva 2016/1164/UE intende coordinare le misure degli Stati membri dirette ad attuare il piano BEPS dell'OCSE con cinque misure.

La prima misura è volta a contrastare lo spostamento dei profitti attraverso operazioni di indebitamento *inter-company*. A tal fine, l'articolo 4 della Direttiva introduce la c.d. *earning-stripping rule* che impone agli

Stati membri di dotarsi di una normativa (in Italia già prevista nell'art. 96 del Tuir) che limiti la deducibilità degli interessi passivi ad un importo non superiore al 30% dell'EBITDA.

La seconda misura mira a scoraggiare le multinazionali dallo spostare i propri *assets* (quali brevetti e proprietà intellettuali) in Stati o territori con tassazione ridotta; si prevede che gli Stati membri debbano dotarsi di una tassazione "in uscita" (in Italia prevista dall'art. 166 del Tuir) da calcolarsi sulla differenza tra valore normale degli *assets* al momento dell'uscita e valore fiscalmente riconosciuto.

La terza misura è la c.d. *General Anti-Abuse Rule* (molto simile all'art. 10-*bis* dello Statuto) secondo cui, ai fini del calcolo dell'imposta dovuta sulle società, gli Stati membri devono ignorare una costruzione o una serie di costruzioni che, essendo state poste in essere allo scopo principale di ottenere un vantaggio fiscale, sono in contrasto con l'oggetto o la finalità del diritto fiscale applicabile.

La quarta misura concerne le *controlled foreign companies*. Tale disciplina (in Italia prevista dall'art. 167 del Tuir) è volta ad evitare che i gruppi societari possano trasferire utili verso società controllate residenti in Stati o territori a bassa fiscalità. Si prevede che i redditi delle società controllate estere soggette a bassa tassazione siano imputati alla società madre.

Infine, per impedire alle multinazionali di trarre vantaggio dal disallineamento dei sistemi fiscali nazionali mediante doppie deduzioni o doppie non imposizioni, l'art. 9 della Direttiva prevede che, se un disallineamento da ibridi determina la doppia deduzione di un pagamento, la deduzione si applica unicamente nello Stato membro in cui il pagamento ha origine.

La Direttiva 2017/957/UE si occupa dei disallineamenti da ibridi con i Paesi terzi.

Appunti

Appunti

Appunti

Appunti

Appunti

Appunti

Appunti

Appunti

Appunti

Appunti

Appunti